Jakob Böhme

Beschreibung der drei Prinzipien göttlichen Wesens

Jakob Böhme

Beschreibung der drei Prinzipien göttlichen Wesens

ISBN/EAN: 9783743657762

Hergestellt in Europa, USA, Kanada, Australien, Japan

Cover: Foto ©Lupo / pixelio.de

Weitere Bücher finden Sie auf **www.hansebooks.com**

Andeutung der Titul Figur über die drey
PRINCIPIEN.

UMb die Morgenröthe scheidet sich der Tag von der Nacht/ und wird ein jedes in seiner Art und Krafft erkant/denn ohne Gegensatz wird nichts offenbahr / kein Bild erscheinet im klaren Spiegel/ so eine Seite nicht verfinstert wird. Wer weiß von Freuden zu sagen/ der kein Leyd empfunden/ oder vom Frieden/ der keinen Streit gesehen oder erfahren.

Also ist die Widerwertigkeit eine Offenbahrung der Gleichheit/ die in der stillen Ewigkeit in sich selber unempfindlich schwebet/ ohne Licht/ ohne Finsternüß /ohne Freud/ ohne Leid.

Wo komt aber die Widerwertigkeit in die gleiche und stille Ewigkeit/ die nichts kennet/ weiß / oder hat ausser sich?
Wo man was haben will/ das nicht da ist/ so thut solche Begierde/ Angst und Wehe. Also ein verborgen Leben gibt keine Freude: und so dann die einsahme Ewigkeit nichts ausser sich hat/ so suchet sie die Lust ihrer eigener Offenbahrung in sich ; denn es liegt Krafft Macht und Herrligkeit /ja alles in ihrem Busem. Die tunckele Hölle/ und die lichtende Hölle hallet aus einem Hertzen durchs Wort nach der Schrifft/ Ich mache das Licht/ und schaffe die Finsternüß / ich gebe Friede und schaffe das Übel. Ich bin der Herr der solches alles thut / auff daß man erfahre beyde von der Sonnen Auffgang / und der Sonnen Niedergang/ daß ausser mir nichts sey. Esai: 45. v. 6.7.

Und darumb theilet sich die all-einige Freyheit/und bleibet doch eine ungetheilte sanffte Einheit. Sie suchet Licht und Krafft/ und machet sich selbst in der Begierde zur Angst und Finsternüß. Also gebähret sie sich aus der Finsternüß zum Licht/ denn die Finsternüß erwecket das Feuer/ und das Feuer das Licht/ und das Licht offenbahret die Wunder der Weißheit in Bildnüssen und Figuren / welche sie aus ihrer sanfften Freyheit (aus dem Spiegel der Weißheit und Wunder) in die finstere Begierde geführet / und in ihr verborgen gewesen.

Welches alles durch Göttliche Offenbahrung aus der ewigen Tieffe erkläret wird in diesem Buche.

Cap. 1. v. 15. c. 3. v. 12. 13. c. 4. v. 18. 46. 47. 48. 50. biß 53. 58. biß 62. 65. biß 76. c. 5. v. 7. 8. 9. 10. 13. biß 18. 21. 25. 27. 28. 31. c. 6. v. 2. 5. 14. c. 7. v. 8. 9. 14. 15. 24. 26. 28. 29. 30. 31. 34. c. 8. v. 3. 7. 16. 19. 20. 23. c. 9. v. 30. c. 17. v. 51. 52. 104. c. 18. v. 19. c. 22. v. 14. 25. 26. c. 24. v. 29. c. 27. v. 8. Appendix. v. 35.

Und nachfolgends in der

Aurora. Cap. 14. v. 103. c. 18. v. 49. 50. 51. 54. 55. 58. biß 65. 95.
biß 105. 112. 114. 122. c. 19. v. 90. biß 96. 105. 111. 112. 114.
115. 117. 118. 119. 120. c. 20. v. 64. 94. 96. 97. c. 21. v. 3. 4. 7.
8. 9. 24. 25. c. 23. v. 70. 73.

Dreyfachen Leben. Cap. 5. v. 11. 110. 113. c. 8. v. 24. 31.
Viertzig Fragen. Vier und Dreyßigste Frage v. 1. 2.
Menschwerdung Christi. Cap. 1 v. 7. 8. 9. 10. cap. 2. v. 1. 3. 5.
6. 8. c. 11. v. 4.
Zweyter Theil der Menschwerdung Christi. Cap. 8. v. 13.
Sechß Puncten. Cap. 9. v. 30. biß 36.

Die Druck-fehler in diesem Buch der drey Principien sind diese:

Folio 27. Linie 33. dele. aus.
F. 76. L. 22. liese so wil.
F. 80. L. 9. für unerbrechlich liese unzerbrechlich.
F. 101. L. 6. für Quall / liese Quell.
F. 163. L. 20. dele der Geist dieser Welt.
F. 165. L. 25. für die hatte liese und.
F. ——— 26. für Element liese Regi ment.
F. ——— 27. zwischen theilete/un gerne/liese hätte die.
F. 180. L. 19. zwischen Engel / setze (/)
F. 247. L. 36. dele er.
F. 303. L. 32. für beflecketet liese beflecket.
F. 316. L. 34. für Bildnüssen liese Bildnüß.
F. 341. L. 28. für als durch liese als er durch
F. 359. L. 16. dele welcher.
F. 145. L. 9. Hie haben die Alten ꝛc. biß zu End des §.
F. 151. L. 24. O Mensch ꝛc. biß zu End des §.
F. 161. L. 4. Hätte die Seel ꝛc. biß zu End des §. gehö-
ren alle drey nicht zum Text/ sondern sind
im MSS. als frembde marginalien gefunden
worden.

Beschreibung der drey Principien Göttliches Wesens.

Das ist

Von der ohn Ursprung ewigen Gebuhrt
der H. Dreyfaltigkeit GOttes/ und wie durch uns aus derselben sind geschaffen worden die Engel/ so wol die Himmel/ auch die Sterne und Elementa, samt allem Creatürlichen Wesen/ und alles was da lebet und schwebet.

Fürnemlich

Von dem Menschen/ woraus er geschaffen worden/ und zu waserley Ende : Und dan wie Der aus seiner ersten Paradisischen Herrligkeit gefallen in die zornige Grimmigkeit/ und in seinem ersten Anfange zum Tode erstorben/ und wie deme wieder geholffen worden.

Und dan auch

Was der Zorn GOttes (Sünde/ Todt/ Teuffel und Hölle) sey: Wie derselbe in ewiger Ruhe/ und in grosser Freude gestanden: Auch wie alles in dieser Zeit seinen Anfang genommen/ und wie sichs jetzo treibet/ und endlich wieder werden wird.

Durch JACOB BÖHMEN, von A. S.
Teutonicus Philosophus genant.

Zu Amsterdam/
Gedruckt im Jahr Christi/ 1682.

VORREDE
An den Christlichen Gottliebenden Leser.

1.

ES kan ihm ein Mensch von Mutterleibe an / im gantzen Lauff seiner Zeit in dieser Welt nichts fürnehmen / das ihme nützlicher und nötiger sey / als dieses / das er sich selbst recht lerne erkennen / 1. Was er sey? 2. Woraus oder von wenne? 3. Wozu er geschaffen worden? und 4. Was sein Ambt sey? In solcher ernstlichen Betrachtung wird er anfänglich 1 befinden/ wie er samt allen Geschöpffen / die da sind / alles von GOTT herkomme. Wird auch in allen Geschöpffen finden / 2. wie er die aller Edelste Creatur unter allen Geschöpffen sey. Darauß er denn wohl kan befinden/ 3. wie GOTT gegen ihm gesinnet sey / dieweil er ihn zum Herren über alle Creaturen dieser Welt gemacht / und ihn über alle Creaturen / mit Sinn / Vernunfft und Verstande begabet / fürnemblich mit der Sprache / daß er alles was thönet oder sich reget / beweget / webet und wächset / kan unterscheiden/ und von jedes Tugend / Treiben und Herkommen richten/ und das alles unter seine Hände gethan / daß er durch seine Sinne und Vernunfft solches alles kan bendigen / und nach seinem Willen brauchen und treiben / wie es ihme gefället.

2. Ja noch mehr höhere und grössere Erkäntnuß hat ihme GOTT gegeben / daß er kan allen Dingen ins Hertze sehen/ waß Essentz, Krafft und Eigenschafft sie haben: es sey gleich in Creaturen / in Erden / Steinen / Bäumen / Kräutern / in allen bewegenden und unbewegenden Dingen/ so wol auch in Sternen und Elementen / daß er weiß weß Wesen und Krafft die sind / und wie in derselben Krafft alle natürliche Sinnligkeit / Wachsen / Mehren und lebend Wesen stehet.

A 2   3. Uber

Vorrede

3. Uber diß alles hat GOTT ihm den Verstandt und die höchste Sinnligkeit gegeben/ daß er kan GOTT seinen Schöpffer erkennen/ was/ wie/ und wer er sey/ auch wo er sey/ worauß er geschaffen worden und herkommen sey/ (verstehe der Mensch) und wie er deß ewigen/ ungeschaffenen/ und unendlichen GOttes Bilde/ Wesen/ Eigenthumb und Kind sey; wie er auß GOttes Wesen geschaffen worden: in deme GOTT sein Wesen und Eigenthumb hat: in deme er mit seinem Geist lebet und regieret/ durch welchen GOTT seine Geschäffte verrichtet/ ihn auch hertzlich liebet/ als sein eigen Hertz und Wesen/ umb welches willen er diese Welt sambt allen Creaturen geschaffen/ welche meistentheil ohne deß Menschen Vernunfft und Regiment nicht leben könten in solcher Qualificirung.

4. In dieser hohen Betrachtung stehet die Göttliche Weißheit selber/ und hat weder Zahl noch Ende/ und wird darinn erkant die Göttliche Liebe gegen dem Menschen/ daß der Mensch erkennet/ was GOTT sein Schöpffer sey: was er von ihm wil gethan und gelassen haben; und ist dem Menschen das allernützlichste/ das er je in dieser Welt gründen und suchen mag. Denn er lernet hierinne kennen Sich selbst/ waß für Materi und Wesen er sey/ auch wovon seine Sinnlichkeit und Verstand herrühre/ und wie er auß GOttes Wesen sey geschaffen. Als eine Mutter ihr Kind auß ihrem eigenen Wesen gebiehret/ und deß pfleget/ und ihm alle ihr Guth zum Eigenthumb verlässet/ und zum Besitzer machet. Also thut GOTT mit dem Menschen/ seinem Kinde auch: Er hat ihn geschaffen/ und pfleget sein/ und hat ihn zum Erben aller seiner Güter gemacht. In solcher Betrachtung wächst die Göttliche Erkäntnüß/ und die Liebe gegen GOTT im Menschen/ als zwischen den Kindern und Eltern/ daß der Mensch GOTT seinen Vatter liebet/ dieweil er erkennet daß er sein Vatter ist/ in deme er lebet/ webet und ist/ der sein pfleget/ und ihn nehret. Denn so spricht Christus/ unser Bruder/ welcher uns zum Heyl vom Vatter gebohren/ und in diese Welt gesandt ist: Das ist das ewige Leben/ daß sie dich/: daß du allein wahrer GOTT bist/ und den du gesandt hast/ JEsum Christum/ recht erkennen/ Joh. 17, 3.

5. So wir denn nun uns selbst erkennen/ wie wir zu GOttes Bilde/ Wesen und Eigenthumb/ auß Gottes eigenem

An den Christlichen Leser.

genem Wesen erschaffen sind: So ists ja billig/ daß wir in seinem Gehorsamb leben/ und ihme folgen/ dieweil er uns führet/ als ein Vatter seine Kinder: und haben auch die Verheissung/ so wir ihme folgen/ daß wir sollen das Liecht deß ewigen Lebens haben/ Iohan. 8. Ohne welches Betrachten wir alle blind seynd/ und keine wahre Erkäntnuß GOttes haben/ sondern lauffen dahin wie das tumme Vieh/ und sehen uns selbst und die Schöpffung GOttes an wie eine Kuhe ein new Scheunthor/ setzen uns wider GOTT und seinen Willen/ und leben also in der Widerstrebung zum Verderben Leibes und Seele/ und der edlen Geschöpffe GOttes: In welche grausame erschreckliche Finsternuß wir gerahten/ so wir uns selbst nicht wollen lernen kennen/ was wir seynd/ weß Wesens/ weß Würde? ob wir ewig/ oder mit dem Leibe vergänglich sind: oder ob wir auch von unserm Thun und Wesen müssen Rechenschafft geben/ dieweil wir zu Herren aller Geschöpffe und Creaturen sind gemacht/und dasselbe alles in unserer Gewalt haben und treiben.

6. Dieweil wir dann unwiederstreblich sehen/ wissen und befinden/ daß GOTT von allem unserm Thun wil Rechenschafft haben/ wie wir mit seinen Geschöpffen haußhalten/ und so wir von ihme und seinem Geboten fallen/ er uns schrecklich darumb straffet: Wie wir denn dessen schreckliche Exempel haben von der Welt hero/ bey Juden/ Heyden und Christen: fürnemblich das Exempel der Sündfluht/ so wohl an Sodom und Gomorrha: auch an Pharao/ und Israels-hauffe in der Wüsten/ und hernach immerdar biß auff dato: So ists ja das allernötigste/ daß wir Weißheit lernen/ und lernen uns selber erkennen/ welche große Untugend wir an uns haben/ wie greuliche Wölffe unter uns sind/ zu widerstreben GOTT und seinem Willen.

7. Denn es kan sich kein Mensch entschuldigen seiner Unwissenheit/ sintemahl GOttes Wille ist in unser Gemühte geschrieben/ daß wir wohl wissen was wir thun sollen. Es überzeugen uns auch alle Creaturen/ darzu haben wir GOttes Gesetz und Gebot/ daß also keine Entschuldigung ist/ als unsere schläffrige/ faule Nachläßigkeit/ und werden also faule/ unnütze Knechte im Weinberg des Herrn erfunden.

8. Endlich ist uns ja zum allerhöchsten noth/ daß wir uns lernen kennen/ weil der Teuffel bey uns in dieser Welt wohnet/ welcher ist GOttes und unser Feind/ der uns täglich

lich verführet und betreugt / von GOTT unserm Vatter abzufallen / wie er unsern ersten Eltern gethan hat / damit er sein Reich mehre / und uns umb unser ewiges Heyl bringe / wie geschrieben stehet / 1 Pet. 5. v. 8. Ewer Widersacher der Teuffel gehet umbher als ein brüllender Löwe / suchende welche er verschlinge.

9. Weil wir dan je in so gar schrecklicher Gefahr in dieser Welt schweben / daß wir auff allen Seiten mit Feinden umbgeben sind / und gar unsicher zu wandeln haben in unserer Pilgramschafft / darzu den ärgesten Feind in uns tragen / den wir verdecken / und nicht wollen kennen lernen / welcher doch der allerschädlichste Gast ist / der uns in GOttes Zorn stürtzet: Ja er ist selber der Zorn GOttes / der uns stürtzet in das ewige Zorn-fewer / in die ewige unerleschliche Pein. So ists ja gar nötig / daß wir denselben Feind wol kennen lernen / waß er sey / wer er sey / und wie er sey / wie er in uns komme / was sein Recht und Eigenthumb in uns sey / so wol des Teuffels Recht und Zugang in uns / wie derselbe mit unserm eigenen Feinde / der in uns wohnet / befreundet ist / wie sie einander günstig und hold seynd: wie sie beyde GOttes Feinde seynd / und uns immer nachstellen uns zu verderben und zu ermorden.

10. Ferner ist uns zu betrachten / und uns selbst kennen zu lernen / hochnötig / aus den grossen Ursachen / weil wir sehen und wissen / daß wir umb unsers eigenen Feindes willen (der GOttes und unser Feind ist / der in uns wohnet / ja der halbe Mensch selbst ist) müssen sterben und verwesen / und so derselbe in uns mächtig wird / daß er oberhand krieget / und Primas wird / stürtzet er uns in Abgrund zu allen Teuffelen / bey denen ewig zu wohnen in ewiger unerleschlicher Quaal und Pein in ewiger Finsternuß: Ja er stürtzet uns in ein Haus des Wustes / in die ewige Vergessung alles Guten / in den Widerwillen GOttes / daß uns GOTT und alle Creaturen ewig anfeinden.

11. Noch viel höhere Ursache haben wir uns selbst kennen zu lernen / wie wir sind in Guten und Bösen / in dem wir die Verheissung haben des ewigen Lebens / daß so wir unsern eigenen Feind / sambt dem Teuffel überwinden / wir sollen GOttes Kinder seyn / und in seinem Reiche bey ihme / und in ihme bey seinen H. Engelen in ewiger Frewde / Klarheit / Herrligkeit / und Wohlthun in Hulde und Sanfftmuth / ohne einige Berührung des Bösen / auch ohne einige

An den Christlichen Leser.

rige Erkåndtnüß des Bösen in GOTT ewig leben. Dazu haben wir die Verheissung/ daß so wir unsern eigenen Feindt haben überwunden/ und in die Erde verscharret/ wir in einem newen Leibe/ in welchem keine Quaal seyn wird/ am Jüngsten Tage wiederumb sollen herfürgehen/ und mit GOTT ewig leben/ in vollenkommener Liebe/ Frewde/ Wonne und Seeligkeit.

12. Auch so haben wir die Erkåndtnüß und Wissenschafft/ daß wir in uns haben die vernünfftige Seele / welche in GOttes Liebe ist/ und unsterblich; und so sie von ihrem Gegensatz nicht überwunden wird/ sondern kämpfet wider ihren Feind / als ein geistlicher Ritter / daß ihr GOTT wil beystehen mit seinem H. Geiste/ wil sie erleuchten und kräfftig machen zu siegen wider alle ihre Feinde/ wil für sie streiten/ und in überwindung des Bösen/ sie als einen rewren Ritter glorificiren und krönen/ mit der schönesten Himmels Crone/ 2 Tim. 4. v. 7, 8. Apoc. 2. v. 10.

13. Dieweil der Mensch denn nun weiß/ daß er auch ein zweifacher Mensch ist/ in guten und bösen habhafft/ und daß dieses alles sein Eigenthumb ist/ und er selbst derselbe einige Mensch ist/ der da ist gut und böse/ und daß er von beiden die Belohnung zugewarten hat/ daß wo er alhie in diesem Leben hinwirbet/ auch gleich seine Seele hinfåhrtt/ wenn er stirbet/ und daß er in seiner Arbeit/ die er alhie macht/ in Krafft wird, am Jüngsten Tage auffstehen/ und darinnen ewig leben / auch darinnen glorificiret werden/ und daß dasselbe seine ewige Speise und Quaal seyn wird : So ist ihme ja hochnötig/ daß er sich selbst lerne erkennen? wie er beschaffen sey : wovon ihme der gute und böse Trieb komme : und was doch das Gute und Böse in ihme eigen selbst sey? Auch wovon es herrühre : Was doch eigentlich der Ursprung alles Guten und alles Bösen sey? wovon oder wodurch doch das Böse sey in Teuffel und Menschen/ so wohl in alle Creatur kommen? Sintemahl der Teuffel ein H. Engel gewesen/ und der Mensch auch gut erschaffen worden ist / sich auch solche Unlust in allen Creaturen findet/ daß sich alles beisset/ schläget/ stösset/ quetschet und feindet/ und also ein Widerwille in allen Creaturen ist/ und also ein iglicher Cörper mit ihme selbst uneins ist; wie nicht allein zusehen in lebendigen Creaturen/ sondern auch in Sternen/ Elementen/ Erden/ Steinen/ Metallen/ Laub/ Graß und Holtz/ in allen ist Gifft

A 4 und

Vorrede

und Boßheit: Befindet sich auch/ daß es also seyn muß/ sonst wäre kein Leben noch Beweglichkeit/ auch wäre weder Farbe/ Tugend/ Dickes oder Dünnes oder einigerley Empfindtnüß/ sondern es wäre alles ein Nichts.

14. In solcher hohen Betrachtung findet man/ daß diß alles von und auß GOTT selber herkomme/ und daß es seines eigenen Wesens sey/ das er selber ist/ und er selber auß sich also geschaffen habe: und gehöret das Böse zur Bildung und Beweglichkeit/ und das Gute zur Liebe/ und das Strenge oder Widerwillige zur Frewde. Sofern die Creatur im Liechte GOttes ist/ so machet das Zornige oder Widerwillige die auffsteigende ewige Frewde/ so aber das Liecht GOttes erlischet/ machet es die ewige auffsteigende peinliche Quaal/ und das höllische Fewer.

15. Diß alles/ wie es sey/ wil ich alhie drey Göttliche Principia beschreiben/ darinnen dann alles erkläret wird/ was GOTT sey: was die Natur sey: und was Creaturen sind: was GOttes Liebe und Sanfftmuht ist: was GOttes Wallen und Wille ist/ was der Teuffel und Zorn GOttes ist: In Summa/ was Frewde und Leyd ist/ und wie alles seinen Anfang nehme/ und ewig währe. Auch wollen wir darstellen/ den rechten Unterscheid zwischen den ewigen und vergänglichen Creaturen/ sonderlich vom Menschen und seiner Seelen/ waß die sey/ und wie die eine ewige Creatur sey? was der Himmel sey/ darinnen GOtt und die H. Engel und Menschen wohnen? und was die Hölle sey/ darinnen die Teufel wohnen? und wie alles im Urkund also geschaffen und worden sey: In Summa was das Wesen aller Wesen sey. Dieweil mich die Liebe GOttes mit dieser Erkäntnüß hat begnadet/ wil ich mir solches für ein Memorial oder Gedächtnüß auffschreiben/ weil wir in dieser Welt also in grosser Gefahr zwischen Himmel und Hölle leben/ und uns stäts müssen mit dem Teuffel kratzen/ ob ich vielleichte möchte auch durch Schwachheit in GOttes Zorn fallen/ dardurch mir das Liecht meiner Erkäntnüß möchte entzogen werden/ damit ich solches möchte zu einer Erinnerung/ und Wiederauffrichtung haben.

16. Denn GOTT wil daß allen Menschen geholffen werde/ und wil nicht den Todt des Sünders/ sondern daß er sich wieder bekehre/ zu ihm wende/ und in ihm ewig lebe: zu welchem Ende er sein eigen Hertze/ das ist/ seinen Sohn hat lassen Mensch werden/ daß wir uns solten an ihn halten/ und in

ihme

An den Christlichen Leser.

ihme wieder auffstehen / und newgebohren werden / von unsern Sünden und Widerwillen.

17. Darumb ist dem Menschen in dieser Welt / aldieweil er in diesem elenden / verderbten Fleischhause lebet / in so grosser Gefahr / nichts nützlichers / als das / daß er sich selber lerne recht kennen; Und so er sich nun recht kennet / so kennet er auch GOTT seinen Schöpffer / sambt allen Creaturen / auch (so erkennet er) wie GOTT gegen ihme gesinnet sey / und ist mir diese Erkändnuß die allerliebste /. so ich jemahlen erfunden habe.

18. Ob sichs aber nu zutrüge / daß diese Schrifften möchten gelesen werden / und vielleicht die Sodomitische Welt und derselben Mastsäwe darüber kommen / und in meinen Lustgarten wühlen / welche nichts können wissen oder verstehen / als lästern und hochmütig auß-schaliren / kennen also weder sich selber noch GOTT / viel weniger seine Kinder: So wil ich doch denselben nichts geschrieben haben / und beschliesse mein Buch mit einer fästen Mawren und Riegel vor solchen Idioten und wilden Teuffels-Kälbern / welche doch nur ins Teuffels Mordgruben sitzen biß über die Ohren / und kennen sich nicht / thun eben das / was der Teuffel ihr Lehrmeister thut / und bleiben Kinder des grimmigen Zorns GOttes. Wil aber den Kindern GOttes hierinnen klar genug geschrieben haben / die Welt und Teuffel mögen wüten und toben biß in Abgrund / denn ihr Stunden-Glaß ist auffgesetzet / da ieder wird ernden / was er gesäet hat / und wird manchen das höllische Fewer / dessen er alhier keinen Glauben hat / für seinen stolzen verächtlichen Hochmuth wol kitzelen.

19. Auch so ist mir dieses nicht wol zu unterlassen auffzuschreiben / dieweil GOTT von iedes Gaben wil Rechenschafft fordern / wie er die hat angeleget / denn er wil sein überantwortet Pfund mit Wucher fordern / und deme geben der viel gewonnen hat. Weil ich ihm aber auff dißmahl nicht mehr kan thun / lasse ich seinen Willen walten / und schreibe nach meiner Erkäntnuß immer fort.

20. Anlangend die Kinder GOttes / werden die mein Schreiben wohl vermerken / was das sey / denn es hat gar ein treflich Zeugnuß / es kan mit allen Creaturen / ja mit allen Dingen erwiesen werden / fürnemblich am Menschen / welcher ist GOttes Bilde und Gleichnüs; aber den Kindern der

Boßheit bleibets verborgen / und ist ein festes Siegel dafür. Wiewol der Teuffel den Braten möch=te riechen / und das Sturmwetter er=regen / vom Auffgang gegen Mitter=nacht / da dan im grimmen Baum ei=ne Lilie wächset mit einer Wurtzel / so breid der Baum mit seinen Aesten reicht / und seinen Geruch biß in das Paradeis GOttes bringet.

21. Es wird eine Zeit kommen / die ist wunderlich / weil sie aber in der Nacht ansähet / werdens ihrer viel nicht sehen / wegen des Schlaffs / und der grossen Tunckelheit: Jedoch wird den Kindern die Sonne mitten in der Nacht schei=nen. Thue denn Leser hiemit der sanff=ten Liebe GOttes empfehlen.

Das

Das I. Cäpittel.
Vom erſten Principio Göttliches Weſens.

1.

SO wir nun von GOTT wollen reden was er ſey/und wo er ſey? So müſſen wir ja ſagen/ daß er ſelber das Weſen aller Weſen ſey. Denn von ihm iſt alles erbohren/ geſchaffen und herkommen/ und nehmen alle Ding ihren erſten Anfang aus GOtt: Solches bezeuget auch die Heil. Schrifft/die da ſaget/ daß von Ihm/ durch Ihn/ un in Ihm ſind alle Ding. Item/ der Himmel und aller Himmel Himmel mögen dich nicht verſorgen. Item/ der Himmel iſt mein Stuhl/ und die Erde meine Fußbanck; Und im Vatter unſer ſtehet: Dein iſt das Reich/ und die Krafft (verſtehe alle Krafft) und die Macht/ und die Herrligkeit von Ewigkeit zu Ewigkeit.

2. Daß aber nun ein Unterſcheid ſey/ daß das Böſe nicht GOtt heiſſe und ſey/ das wird im erſten Principio verſtanden/ dañ da iſt der ernſtliche Quell der Grimmigkeit/ nach welcher ſich GOtt einen zornigen/grimmigen/eyferigen GOtt nennet. Deñ in der Grimmigkeit beſtehet des Lebens und aller Beweglichkeit urkund/ ſo aber derſelbe ernſtliche ängſtliche Quell der Grimmigkeit mit dem Liechte GOttes wird angezündet/ ſo iſts nicht mehr Grimmigkeit/ ſondern die ängſtliche Grimmigkeit wird in Freude verwandelt.

3. Da nun GOtt dieſe Welt ſambt allem hat erſchaffen/ hat Er keine andere Materi gehabt/daraus ers machete/als ſein eigen Weſen/ aus ſich ſelbſt. Nun iſt GOtt ein Geiſt/der unbegreifflich iſt/der weder Anfang noch Ende hat/und ſeine Gröſſe und Tieffe iſt alles. Ein Geiſt aber thut nichts/deñ daß er auffſteige/walle/ ſich bewege/ und ſich ſelbſt immer gebähre: Und hat fürnemlich dreyerley Geſtalt in ſeiner Geburt in ſich/als 1. Bitter/ 2. Herbe/ und 3. Hitzig: Und iſt dieſe dreyerley Geſtalt doch keine die erſte/ ander oder dritte/ ſondern es ſind alle drey nur eine/ und gebieret eine jede die ander und dritte: denn zwiſchen Herbe und Bitter

A 6   gebie-

Von den drey Principien Cap. 1.

gebieret sich das Fewr/ und die Grimme des Fewers ist die Bitterkeit oder der Stachel selber/ und ist die Herbigkeit der Stock dieser beyder Vatter/und wird doch auch von ihnen gebohren/den̄ ein Geist ist wie ein Wille oder Sinn der auffsteiget/ und sich selbst in seinem Auffsteigen suchet/inficiret/ oder gebieret.

4. Nun kan man dieses mit Menschen Zungen nicht reden/und zum Verstand bringen/ denn GOtt hat keinen Anfang; ich wil aber also setzen/ als hätte er einen Anfang/ damit das werde verstanden/ was im ersten Principio sey/ damit man auch verstehe/ den Unterscheid des ersten und andern Principii, was GOtt oder Geist sey. Es ist in GOtt wohl kein Unterscheid: Allein wenn man forschet/wovon Böses oder Gutes komme/muß mans wissen/ was da sey der erste und urkundliche Quell des Zornes/ und den̄ auch der Liebe/weil sie beyde auß einem Urkunde seynd/ aus einer Mutter/und sind ein Ding; so muß man auff creatürliche Arth reden/als nähme es einen Anfang/ auff daß es zur Erkändtnüß bracht werde.

5. Dann man kan nicht sagen/ daß in GOtt sey Feuer/ Bitter oder Herbe/ vielweniger Lufft/Wasser/ oder Erde/allein man siehet/daß es darauß worden ist. Man kan auch nicht sagen/daß in GOtt sey Todt oder höllisch Feuer/ oder Trawrigkeit/ alleine man weiß/daß es daraus ist worden. Den̄ GOtt hat keine Teuffel aus sich gemacht/ sondern Engelen in Freuden zu leben/ zu seiner Freude; Man siehet aber/daß sie Teuffel sind worden/ und darzu GOttes Feinde: So muß man forschen den Quell der Ursachen was prima Materia ist zur Boßheit/ und daßelbe in Urkund GOttes/ so wohl als in Creaturen. Denn das ist im Urkund alles ein Ding/ es ist alles aus GOtt/ aus seinem Wesen nach der Dreyheit gemacht/ wie er ist einig im Wesen/und dreyfaltig in Personen.

6. Sihe es sind fürnemlich drey Dinge im Urkund/ daraus sind worden alle Ding/Geist und Leben/Weben und Begreifflig keit/als Sulphur, Mercurius, und Sal, da wirstu sagen/ es sey in der Natur und nicht in GOtt. Ja recht also: Die Natur aber hat ihren Grund in GOtt/ verstehe nach dem ersten Principio des Vatters/denn GOtt nennet sich auch einen zornigen/ eyferigen GOtt. Ist nicht der Verstand/ daß sich GOtt erzörne sich selbst/ sondern im Geist der Creatur/ welche sich entzündet/ alsdann brennet GOtt in seinem ersten Principio alda innen/ und der Geist der Creatur leidet Pein/ und nicht GOtt.

7. Nun hat Sulphur, Mercurius und Sal solchen Verstand/

Cap. 1.   **Göttliches Weſens.**   13

creatürlich zu reden. Sul iſt die Seele / oder der aufgegangene
Geiſt/oder in Gleichnüß GOtt. Phur iſt prima materia,daraus
der Geiſt iſt erbohren/ſonderlich die Herbigkeit. Mercurius hat
in ſich viererley Geſtälte/als Herbe/Bitter/Feuer/Waſſer.: Sal
iſt das Kind/das dieſe 4. gebähren/und iſt herbe/ſtrenge/und ein
Urſach der Begreifflichkeit.

8. Nun verſtehe recht was ich dich beſcheide : Herbe / Bitter/
Feuer/ſind im Urkunde im 1. Principio, der Waſſer-Quell wird
in ihnen erbohren / und heiſſet GOtt nach dem erſten Principio
nicht GOtt/ſondern Grimmigkeit/Zornigkeit/ernſtlicher Quall/
davon ſich das Böſe urkundet / das Wehethun / Zittern und
Brennen.

9. Das iſt nun alſo wie vorgemeldet : Die Herbigkeit iſt prima materia, iſt ſtrenge / gantz ernſtlich zuſammen ziehend / das
iſt Sal. In der ſtrengen Anziehung wird die Bitterkeit : Dann
im ſtrengen Anziehen ſchärffet ſich der Geiſt/daß er gantz ängſt-
lich wird. Nim ein Exempel im Menſchen/ſo er erzürnet wird/
wie ſein Geiſt an ſich zeucht/ davon er bitter zitterend wird / und
ſo nicht balde widerſtanden und geleſchet/wird ſich das Feuer des
Zornes in ihm entzünden/ daß er in Boßheit brennet : Alda daß
im Geiſte und Gemüthe /alsbald eine Subſtantz und gantz Weſen wird ſich zu rächen.

10. Alſo iſts im Urkunde der Gebährung der Natur auch zu
vergleichen. Jedoch muß mans verſtändlicher ſetzen. Sihe was
Mercurius ſey. Es iſt herbe/bitter/Feuer-und Schwefel-waſſer/
das allerſchrecklichſte Weſen ; jedoch ſolſtu alhie keine Materia,
oder begreifflich Ding verſtehen / ſondern alles Geiſt / und den
Quell der urkundlichen Natur. Herbe iſt das erſte Weſen/ das
zeucht an ſich / weils aber ein harte und kalte Krafft iſt / ſo iſt der
Geiſt gantz ſtachlich und ſcharff : Nun kan der Stachel und die
Schärffe das Anziehen nicht erdulden / ſondern reget ſich und
wehret ſich / und iſt ein Widerwille / ein Feind der Herbigkeit /
und von dem Rägen wird die erſte Beweglichkeit/das iſt die dritte Geſtalt.

11. Nun zeucht die Herbigkeit immer härter an ſich/ daß ſie
alſo hart und ſtrenge wird/daß die Krafft ſo hart wird/ gleich den
härteſten Steinen : Welches die Bitterkeit / das iſt der Herben
eigen Stachel nicht erdulden kan / und wird alda innen groſſe
Aengſtigkeit/ gleich dem Schweffel-geiſt : Und der Stachel der
Bitterkeit ſticht und reibet ſich ſo harte/ daß in der Aengſtigkeit
ein ſchielender Blitz wird / welcher ſchrecklich auffähret / und die

A 7   Her-

14 Von den drey Principien Cap. 1.

Herbigkeit zubricht. Weil er aber nicht Ruhe findet/und von unten immer mehr also gebohren wird / so wird er wie ein drehend Radt / welches sich ängstlich und erschrecklich drehet / mit dem schielenden Blitze gleich einer Unsinnigkeit/ und der Blitz in ein stachlicht Feuer verwandelt wird/ welches doch nicht brennend Feuer ist/ sondern gleich dem Feuer in einem Stein.

12. Weil aber alda keine Ruhe ist / und das drehende Radt also geschwinde gehet / wie ein schneller Gedancke/ denn der Stachel treibts so geschwinde/so entzündet sich der Stachel also hart/ daß der Blitz / welcher zwischen der Herbigkeit und Bitterkeit gebohren wird/ schrecklich feurende wird / und auffgehet gleich einem schrecklichen Feuer / davon die gantze Materi erschricket / und zurücke fället / gleich wie todt oder überwunden / und zeucht nicht mehr also strenge an sich/ sondern giebt sich auß einander/ und wird dünne. Denn der Feuer-blitz ist nun primas worden / und dieselbe Materia, welche im Urkund also herb und strenge war/ ist nun wie erstorben / und ohnmächtig/ und der Feuer-blitz holet seine Stärcke nunmehr darinnen. Denn es ist seine Mutter / und die Bitterkeit fähret im Blitz aus der Herbigkeit mit auff/ und entzündet den Blitz/ denn sie ist des Blitzes oder Feuers Vatter / und stehet das drehende Radt nunmehr im Feur-blitz / und die Herbigkeit bleibet überwunden / und ohnmächtig. Das ist nun der Wasser-geist / und vergleichet sich die Materi der Herbigkeit nunmehr dem Schwefel-geist / gantz dünne / rauh / ängstlich überwunden/ und der Stachel darinnen zitterend/ und im Blitz trucknet und schärffet er sich. Weil er aber zu dürre im Blitz wird / wird er immer schrecklicher und feuriger / davon die Herbigkeit immer sehrer überwunden wird/und der Wasser-geist immer grösser. Also labet er sich nun immer im Wasser-geist / und bringet den Feuer-blitz immer mehr Materi/ davon er sich sehrer entzündet; denn das ist des Blitzes und Feuer-geistes Holtz also zu vergleichen.

13. Nun verstehe recht / wie diß Mercurius sey. Das Wort Mer ist erstlich die strenge Herbigkeit: Denn im Wort auff der Zungen verstehestu es/ daß es aus der Herbigkeit kärret / und verstehest auch wie der bitter Stachel darinnen sey. Denn das Wort Mer, ist herb und zitterend / und formet sich ein jedes Wort von seiner Krafft/ was die Krafft thut oder leidet. Das Wort Cu, verstehestu / daß es sey des Stachels Reibung oder Unruhe/ der mit der Herbigkeit nicht zu frieden ist / sondern sich erhebet und auffsteiget: dann die Sylbe dringet mit Krafft vom

Hertzen

Cap. 2.   Göttliches Wesens.   15

Hertzen zum Munde aus: Also geschiehet es auch in der Krafft
primæ materiæ im Geist. Weil aber die Sylbe Cu also einen
starcken Nachdruck hat vom Hertzen/ und doch auch balde von der
Sylbe Ri gefangen wird / und in dieselbe der gantze Verstand
verwandelt wird/ so bedeutet und ist es das bittere und stachlichte
Rad in der Gebährung/ das sich drehet und ängstet so geschwinde
als ein Gedancke. Die Sylbe Us, ist der geschwinde Feuer-Blitz/
daß sich die Materi im geschwinden Drehen/ zwischen der Herbigkeit und Bitterkeit im geschwinden Rade entzündet: Da
verstehet man im Worte gar eigentlich / wie die Herbigkeit erschrickt / und die Krafft im Wort wieder zurücke auffs Hertze
sincket und ohnmächtig wird gantz dünne. Der Stachel aber mit
dem drehenden Rade bleibet im Blitz / und fähret zum Munde
durch die Zähne aus/ da dann der Geist zischet gleich einem angezündeten Feuer / und sich zurücke im Wort wieder stärcket.

14. Diese 4. Gestalten sind im Urkund der Natur/ davon
die Beweglichkeit entstehet / und auch das Leben im Saamen in
allen Creaturen sich urkunde / und ist keine Begreiffligkeit im
Urkund / sondern solche Krafft und Geist. Denn es ist ein giff-
tig/ feindig Wesen / und also muß es seyn / sonst wäre keine Be-
weglichkeit/ sondern alles ein Nichts / und ist der Zorn-Quell der
erste Urkund der Natur.

15. Nicht verstehe ich hiemit gäntzlich den Mercurium in dem
3ten Principio dieser beschaffenen Welt/ den man in Apotheken
braucht/ ob er gleich wohl auch diese Krafft hat/ und dieses Wesens
ist. Sondern ich rede im ersten Principio vom Urkund des
Wesens aller Wesen/ von GOtt und der ewigen unanfänglichen
Natur/ daraus die Natur dieser Welt ist erbohren. Wiewohl
in beyden/ im Urkunde/ keine Abtrennung ist/ als nur das äusserste / und dritte Principium. Das Syderische und Elementische
Reich ist aus dem ersten Principio erbohren/ durchs Wort und
Geist GOttes/ aus dem ewigen Vatter/ aus dem H. Himmel.

Das 2. Capittel.

Vom ersten und andern Principio, was GOtt und die
Göttliche Natur sey / darinnen weitere Erklärung
des Sulphuris und Mercurii wird geschrieben.

1. Jeweil zu diesem Verstande ein Göttlich Liecht
gehöret/ und ohne dasselbe alles keine Begreifflig-
keit vom Göttlichen Wesen ist / wil ich die hohen
Geheimnüß etwas auf die creaturliche Arth für-
bil-

Von den drey Principien Cap. 2.

bilden/ damit der Leser in die Tieffe komme. Deñ das Göttliche Wesen kan nicht alles mit der Zungen geredet werden: Alleine Spiraculum vitæ, der Seelen-Geist/ welcher im Liechte GOttes siehet/ begreifft es alleine. Denn ein jede Creatur siehet und erkennet nichts weiter und tieffer/ als in ihrer Mutter/ daraus sie urkundlich worden ist.

2. Die Seele/welche aus GOttes ersten Principio ihren Urkund hat/ und von GOtt in Menschen/ in das dritte Principium eingeblasen worden/ in die Syderische und Elementische Gebuhrt/ siehet wieder in das erste Principium GOttes/ daraus und in deme sie ist/ und des Wesens und Eigenthumb sie ist/ und ist nichts wunderliches/ dann sie siehet nur sich selbst/ in ihrem Auffsteigen der Gebuhrt/ so siehet sie die gantze Tieffe GOttes des Vatters/ im ersten Principio.

3. Dann solches wissen und sehen auch die Teuffel: denn sie sind auch aus dem ersten Principio GOttes/ welches ist die Quell der urkundlichsten Natur GOttes: Sie wünscheten auch/ daß sie es nicht sehen und fühlen dürfften/ alleine sie sind selbst schuld/ daß ihnen das ander Principium verschlossen ist/ welches heisset und ist GOtt/ Einig im Wesen/ und Dreyfaltig in persönlichem Unterscheid/ wie hernach recht soll vermeldet werden.

4. Die Seele des Menschen aber/ welche mit dem H. Geiste GOttes erleuchtet wird/ welcher im andern Principio vom Vatter und Sohne außgehet in dem H. Himmel/ das ist in der rechten Göttlichen Natur/ welche GOtt heist/ verstehe der H. Geist/ die siehet auch im Liechte GOttes in dasselbe andere Principium der H. Göttlichen Gebuhrt in das himmlische Wesen: Aber der Syderische Geist/ mit welchem die Seele umfangen ist/ so wol auch der Elementische/ welcher das Quellen/ und den Trieb des Geblüts hat/ sehen keiner weiter als in ihre Mutter/ daraus sie sind/ und darinn sie leben.

5. Darumb ob ich gleich eitel Himmel und alles von der klaren Gottheit redete und schriebe/ so wäre es doch dem Leser stumm/ welcher nicht die Erkäntnüß und Gaben hat. Ich wil aber also schreiben auff göttliche und auf creatürliche Arth/ ob ich manchen möchte lüsterend machen/ den hohen Dingen nachzusinnen: Und da er befindet/ daß er solches nicht thun kan/ daß er vielleichte in seiner Lust möchte suchen und anklopffen/ und GOtt umb seinen H. Geist bitten/ daß ihme die Thür des anderen Principii möchte auffgethan werden: Denn Christus heisset uns bitten/ suchen/ und anklopffen/ so soll uns auffgethan werden. Denn er spricht:

Alles

Cap. 2. **Göttliches Wesens.** 17

Alles was ihr den Vatter werdet bitten in meinem Nahmen/das
wird er euch geben: Bittet so werdet ihr nehmen / suchet so werdet ihr finden / klopffet an so wird euch auffgethan.

6. Weil mir dañ durch Suchen und Anklopffen ist meine Erkäntnüß worden/schreibe ich es zu einem Memorial, ob ich einen
möchte lüsterend machen nachzusuchen/damit mein Pfund möchte wuchern/ und nicht in der Erden verborgen liegen. Aber den
vorhin Klugen/welche alles/ und doch auch nichts begreiffen und
wissen/denen habe ich nichts geschrieben/denn sie sind vorhin satt
und reich (arm): sondern den Einfältigen/ wie ich bin/ damit ich
mich möchte mit meines gleichen ergetzen.

7. Weiter vom Sulphur, Mercurius und Sal und Göttlichem
Wesen. Das Wort Sul bedeut und ist die Seele eines Dinges /
denn es ist im Wort Sulphur das Oel / oder das Liecht / welches
aus der Sylbe Phur erbohren wird / und ist eines Dinges Schö-
ne/oder Wolthun/seine Liebe oder Liebstes: In einer Creatur ist
es das Liecht / davon die Creatur siehet / und stehet darinnen die
Vernunfft und Sinnen/und ist der Geist/der aus der Sylbe Phur
erbohren wird. Das Wort oder Sylbe Phur ist prima materia,
und hält im dritten Principio in sich den Macrocosmum, davon
das Elementische Reich oder Wesen erbohren wird. Aber im
ersten Principio ist es das Wesen der innersten Geburt/aus welchem GOtt der Vatter seinen Sohn von Ewigkeit gebieret / und
aus welchem der H. Geist außgehet. (verstehe aus dem Sul und
aus dem Phur.) In dem Menschen ist es auch das Liecht/ welches
aus dem Syderischen Geist erbohren wird im andern Centro des
Microcosmi: Aber in dem Spiraculo oder Seelen-Geiste/in dem
inneren Centro ists das Liecht GOttes / welches allein dieselbe
Seele hat / so in GOttes Liebe ist / denn es wird allein vom H.
Geist angezündet und aufgeblasen.

8. Nun mercket die Tieffe der Geburt GOttes. In GOtt
ist kein Sulphur, ist aber vom Ihm erbohren / und ist in Ihme
solche Krafft : Denn die Sylbe Phur ist die innerste Krafft der
urkundliche Quell des Zorns / der Grimmigkeit / oder der Bewegligkeit / wie im 1. Cap. gemeldet/ und hat in ihr viererley
Gestalt/als 1. Herbe/2. Bitter/3. Feuer/und 4. Wasser. Herbe zeucht an sich/ ist rauh / kalt und scharff/und machet alles hart/
derb und ängstlich; und dasselbe Anziehen ist ein bitter Stachel/
gantz erschrecklich/und in derselben Aengstigkeit entstehet das erste Auffsteigen: Weils aber nicht von seinem Sede kan höher/son-
dern

dern von unten immer also gebohren wird / geräth es in ein drähend Rad / gleich einem geschwinden Gedancken / in grosser Aengstigkeit / in welchem es in einen schielenden Blitz geräht / gleich als würden Stein und Stahl mit einander also mächtig gerieben.

9. Denn die Herbigkeit ist also harte gleich einem Steine / und die Bitterkeit wütet und tobet gleich einem brechenden Rade in der Herbigkeit / welche die Herbigkeit zubricht / und das Feuer auffschläget / daß alles in einen schrecklichen Feuer-Schrack geräht / und auffähret / und die Herbigkeit zersprenget / davon die finstere Herbigkeit erschrickt / um zurück unter sich sincket / und wie unmächtig wird / oder gleich wäre sie erteubet und ertödtet / und sich außdähnet / dünne wird / und sich überwunden gibt. Wenn aber der grimme Feuer-Schrack wieder zurücke in die Herbigkeit blicket / und sich darinnen inficiret / und findet die Herbigkeit also dünne und überwunden / erschrickt er viel sehrer / denn es ist wie man Wasser in ein Feuer gösse / davon ein Schrack wird. Weil aber der Schrack nun in der dünnen überwundenen Herbigkeit geschiehet / so krieget er einen andern Quell / und wird aus der Grimmigkeit ein Schrack grosser Freuden / und fähret in der Grimmigkeit auf wie ein angezündetes Liecht. Denn der Schrack wird augenblicklich weiß / helle und liechte: denn also geschiehet des Liechtes Anzündung / so bald und augenblicklich das Liecht / das ist / der neue Feuer-Schrack sich mit der Herbigkeit inficiret / so entzündet sich die Herbigkeit / erschrickt vor dem grossen Liechte / welches augenblicklich in sie kommet / als ob sie vom Tode auffwachete / und wird sanffte / lebendig und freudenreich / verleuret alsbald ihre finstere / harte und kalte Krafft / und steiget freudenreich auff / und freuet sich im Liechte / und ihr Stachel / welcher ist die Bitterkeit / der triumphiret im drähenden Rade für grosser Freude.

10. Hie mercke: Es wird der Feuer-Schrack in der herben Aengstigkeit im Schwefel-Geist angezündet / alsdenn fähret der Schrack triumphirende auff / und der ängstliche / herbe oder Schwefel-Geist wird vom Liechte dünne und süsse: Denn gleich wie vom Feuer-Schrack in der überwundenen Herbigkeit / das Liecht oder der Blitz helle wird / und sein grimmig Recht verleuret: also verleuret die Herbigkeit vom inficirenden Liechte ihr Recht / und wird vom weissen Liechte dünne und süsse: Denn in Urkund war die Herbigkeit gantz finster und ängstlich / wegen

Cap. 2.   Göttliches Wesens.

gen ihres harten Anziehens/ nun ist sie gantz liechte/ darumb
verleuret sie ihre eigene Qualität/ und wird auß der grimmen
Herbigkeit eine Essentia, die ist scharff/ und das liecht machet
die Schärffe gantz süsse.

Die Porte GOttes.

11. Nun siehe / wenn die Bitterkeit oder der bitter Stachel/
welcher im Urkundt also bitter/wütend und reissend war/
als er in der Herbigkeit seinen Urkund nahm / dieses helle
Liecht in sich krieget / und kostet nun die Süssigkeit in der Herbigkeit seiner Mutter / so ist er nun so freudenreich / und mag
sich nicht mehr also erheben / sondern zittert und frewet sich
in seiner Mutter / die ihn gebieret / und thriumphiret wie
ein freudenreich Rad in der Gebuhrt / und in diesem triumphiren kriegt die Gebuhrt die fünffte Gestalt / und gehet auff
der fünffte Quell / nemlich die holdsehlige Liebe. Wenn der
bitter Geist das süsse Wasser kostet/ so frewet er sich in seiner
Mutter/ labet und stärcket sich/ und machet seine Mutter in grossen Frewden rüge/ da gehet im süssen Wasser-Geiste auff gar
ein süsser holdschliger Quell/denn der Fewer-Geist/welcher ist die
Wurtzel des Liechts/der im Anfang war ein grimmiger Schräck/
der steiget nun gar lieblich und freudenreich auff.

12. Da ist nichts dan eitel liebe-kosen / lieb-haben/ hier hertzet
der Bräutigam seine liebe Braut / und ist nichts anders / alß
wenn im herben Tode das Liebe-Leben gebohren wird / und in einer Creatur ist des Lebens Gebuhrt also. Von diesem Rügen /
Bewegen oder Drähen der Bitterkeit in der Essentia der
Herbigkeit des Wasser-geistes / krieget die Gebuhrt die sechste Gestalt / Nemlich den Thon / und heisset diese sechste Gestalt
billig Mercurius, denn er nimmet seine Gestalt / Krafft und Anfang in der ängstlichen Herbigkeit durch das Wüten der Bitterkeit; denn er nimt im Auffsteigen mit die Krafft seiner Mutter /
das ist die Essentia der süssen Herbigkeit/ und bringet die in Fe-
wer-Blitz/ davon sich das Liecht entzündet/ alda gehet an die Probierung / daß eine Krafft die andere siehet / und im Fewer-Blitz
eine die andere fühlet durch das Auffsteigen/und vom Rügen eine
die andere höret/und in der Essentia eine die andere schmäcket/und
durch den lieblichen holdschligen Quell/ der von des Liechts Süssigkeit auß der Essentia des süssen und herben Geistes (welcher nunmehr der Wasser-geist ist) auffgehet / reucht / und
wird auß dieser sechserley Gestalt in der Gebährung nun ein

sechs-

sechserley selbständiges Wesen / welches unzertreñlich ist / da je eines das ander gebiehret / und keines ohne das andere ist / oder seyn kan / und wäre auch außer dieser Gebuhrt und Wesen nichts. Denn die sechserley Gestalt haben nur ein jede aller sechserley Kräffte Essentiam in sich / und ist gleich Ein Ding und nicht mehr / allein jede Gestalt hat nun ihre eigene Art; denn mercke wohl also:

13. Obgleich nun in der Herbigkeit ist worden Bitterkeit / Feuer / Thon / Wasser / und auß dem Wasser-quell die Liebe oder das Oleum, darauß das Liecht auffgehet und scheinend wird / so behält doch die Herbigkeit ihre erste Eigenschafft / so wohl die Bitterkeit ihre Eigenschafft / das Fewer seine Eigenschafft / der Thon oder Rägen seine Eigenschafft / und die überwindung in der ersten herben Aengstigkeit (welches ist die Zurückwendung unter sich / oder der Wasser-geist /) seine Eigenschafft / und der vom Liechte angezündete im herben bitteren und nunmehr süssen Wasser-Quell / auffgehende Quell / der holdseligen Liebe seine Eigenschafft / und ist doch kein abtreñlich Wesen auß einander / sondern alles in einander gantz ein Wesen / und jede Gestalt oder Gebuhrt nimt ihre eigene Gestalt / Krafft / Würckung / Auffsteigen von allen Gestalten / und behält die gantze Gebuhrt alles zusammen / nun fürnemblich viererley Gestalt in ihrer Gebuhrt / als das Auffsteigen / Absteigen und dann durch das drähende Rabt in der herben Essentia / die Quericht / außgehen zu beyden Seyten / gleich einem ✠ / oder wie ich möchte sagen / es giengen auß dem Puncte auß gegen Aufgang / Abend / Mitternacht und Mittag. Denn von dem rügen / bewegen und auffstehen der Bitterkeit im Fewr-blitz entstehet eine ✠ gebuhrt; denn das Fewer steiget über sich / und das Wasser unter sich / und die Essentia der Herbigkeit quericht.

Das 3. Capittel.

Von der unendlichen und unzahlbahren vielfältigen Außbreitung oder Gebährung der ewigen Natur.

Die Porte der grossen Tieffe.

1. Leser / verstehe mein Schreiben recht / wir haben nicht Macht zu reden von der Gebuhrt GOttes / denn dieselbe hat von Ewigkeit keinen Anfang jemals gehabt; allein das haben wir Macht zu reden / von GOTT unserm Vatter / was und wie er sey / und wie die ewige Gebährung sey.

Cap. 3.   Göttliches Wesens.   21

2. Obs uns nun wohl nicht gut ist / daß wir die strenge/ ernstliche und urkündligste Gebuhrt wissen müssen : (in welche Wissenschaft und Erkäntnüß / auch Fühlung und Begreifflig-keit uns unsere erste Eltern durchs Teuffels Inficirung und Betrug gebracht haben :) So thut uns doch nun diese Wissenschafft hoch vonnöten / damit wir den Teuffel / welcher in der allerstrengesten Gebuhrt lebet / und unsern eignen Feind / den uns unsere erste Eltern erwecket und angeerbet haben / den wir in uns tragen / und der wir nun selber sind / lernen kennen.

3. Ob ich nun wohl schreibe / als nähme es also einen Anfang in der ewigen Gebuhrt / so ist es doch nicht / sondern also gebieret sich die ewige Natur ohne Anfang : Mein Schreiben soll nicht creatürlich gleich der Gebuhrt eines Menschen (welcher ist GOttes Gleichnüß) verstanden werden : Obs nun wohl im ewigen Wesen also ist / aber ohne Anfang und Ende ; Und gelanget mein Schreiben allein zu dem Ende/daß sich ein Mensch soll lernen selber kennen / was er sey / was Er im Anfang sey gewesen / wie gar ein herrlicher / heiliger und ewiger Mensch / der die Porte der strengen Gebuhrt in Ewigkeit nie erkant hätte / so er sich nicht darnach hätte lassen gelüsten durch des Teuffels Inficiren, und nicht hätte von derselben Frucht gessen / davon er nicht solte / darduch er ein solcher nacketer und blosser Mensch ward mit Thieres Gestalt / und das himmlische Kleid der Göttlichen Krafft verlohr / und nun in dem inficirten Salniter ins Teuffels Reich lebet / und der inficirten Speise isset. Thut uns nun Noth / daß wir uns lernen kennen / was wir sind / und wie wir möchten auß der ernstlichen und strengen Gebuhrt erlöset werden / und wieder newgebohren in einem newen Menschen leben / welcher ähnlich ist dem ersten Menschen / vor dem Fall in Christo unserm Wiedergebährer.

4. Dann wenn ich gleich lange von unserm ersten Fall rede und schreibe / und dann auch von der Wiedergeburt in Christo/ und komme nicht auff den Zweck und Grund was der Fall sey gewesen / und womit wir verderbt sind worden / was die Krafft sey / dafür GOtt ein Eckel habe / und wie das geschehen / wider GOttes Verbot und Willen : Was verstehe ich davon ? nichts. Wie soll ich dann deme entfliehen / das ich nicht kenne ? Oder wie soll ich mich zur newen Gebuhrt schicken / und mich darein ergeben? so ich nicht weis wie / oder wo / oder womit.

5. Ist doch die Welt erfüllet mit Büchern und Reden vom
Fall

Fall/ und der newen Wiedergeburt. Es ist aber in der Theologen Bücher meistentheils nur die Historia beschrieben/ daß es einmahl geschehen sey/ und daß wir sollen wieder newgebohren werden in Christo. Was verstehe ich aber davon/ nichts als die Historiam, daß es einmahl geschehen sey/ und wieder geschehe/ und geschehen soll.

6. Unsere Theologi legen sich mit Händen und Füssen darwider/ ja mit gantzem Vermögen/ mit Verfolgung und Schmähen/ daß man nicht soll forschen vom tieffen Grunde was GOtt sey/ man soll nicht in der Gottheit grübelen und forschen/ so ich soll Teutsch davon reden/ was ists aber? Ein Koth und Unflat ists es/ daß man den Teuffel verdecket/ und die inficirte Boßheit des Teuffels im Menschen zudecket/ daß man beydes den Teuffel/ den Zorn GOttes/ und die unartige böse bestia im Menschen nicht kenne.

7. Es ist eben das/ der Teuffel reucht den Braden/ darumb wehret er/ daß sein Reich nicht erkant werde/ daß er Großfürst bleibe/ sonst möchte der Mensch vor ihm fliehen. Wo ist ihm aber nötiger zu wehren/ als an der Lücke/ da der Feind möchte einbrechen? Er verdecket der Theologen Hertz/ Sinn und Gemüte/ führet sie in Geitz/ Hoffart und Unzucht/ daß sie sich selbst für dem Liecht GOttes entsetzen/ fürchten und erschrecken; darumb decken sie zu/ denn sie sind nackend/ und mißgönnen auch dem Sehenden das Liecht/ das heisset recht dem Teuffel gehofieret.

8. Aber es komt eine Zeit/ da die Morgenröthe des Tages anbricht/ da die böse bestia, das böse Kind/ soll bloß stehen/ und in grossen Schanden/ denn das Urtheil der Huren des grossen Thieres gehet an. Darumb wachet auf ihr Kinder GOttes/ und fliehet/ daß ihr nicht das Mahlzeichen des grossen und bösen Thiers an ewren Stirnen gepfetzet/ mit fürs helle Liecht bringet/ ihr werdet deß sonst grosse Schande und Spott haben. Es ist nunmehro Zeit vom Schlaff auffzuwachen/ denn der Bräutigam rüstet sich seine Braut zu holen. Er komt aber mit einem hellscheinenden Liechte: welcher wird Oele in seiner Lampen haben/ dessen Lampe wird angezündet werden/ und der wird Gast seyn: Die aber nicht Oele haben/ deren Lampen werden finster bleiben/ und sie
Schla-

Cap. 3.   **Göttliches Wesens.**   23

schlaffend / und behalten das Mahl-zeichen des Thieres biß die Sonne auffgehet: Dan werden sie greulich erschrecken / und in ewiger Schande stehen / denn das Urtheil wird exequiret. Die Kinder Gottes werdens mercken / aber die Schlaffenden / schlaffen biß zum Tage.

Weiter von der Gebuhrt.

9. Die Gebuhrt der ewigen Natur ist gleich wie im Menschen die Sinnen / da sich ein Sinn von etwaß gebiehret / und nachmals in unendlich außbreitet: Oder wie sich die Wurtzel des Baums gebiehret / und hernach darauß der Stam̃ und viel Zweige und Aeste / auch von der einigen Wurtzel viel Wurtzeln / und viel Zweige und Aeste; und kom̃t alles von der ersten einigen Wurtzel her. Also auch mercke / wie forne gemeldet / in deme die Natur in sechserley Gestalt stehet / So gebieret nun eine iede Gestalt wieder auß sich eine Gestalt nach ihrer qualität Ahrt / die hat nun aller Gestalten Qualität und Ahrt in sich.

10. Aber mercke: die erste Gestalt unter den sechsen gebieret nur einen Quell nach ihres gleichen / nach desselben Quell-geistes gleichen / und nicht nach der ersten Mutter der Herbigkeit / gleich wie ein Ast im Baume einen andern Zweig auß sich gebieret. Denn in iedem Quell-geiste ist nur ein Centrum, darinnen der Feur-quell auffgehet / und auß dem Feur-blitz das Liecht / und sind in jedem Quell der ersten sechserley Gestalten.

11. Aber mercke die Tieffe im Gleichnuß: Ich setze also: Der herbe Quell im Urkunde ist die Mutter / darauß die andern fünff Quelle / als Bitter / Feuer / Liebe / Tohn / Wasser / sind erbohren. Nun die seind Glieder in ihrer Gebuhrt / und ohne dieselben wäre sie auch nichts / als ein ängstlich finster Tahl / da keine Beweglichkeit wäre / auch kein Liecht oder Leben. Nun aber das Leben durch Anzündung des Liechts in ihr ist erbohren / so erfrewet sie sich in ihrer eigenen Qualität / und arbeitet in ihrer eigenen herben Qualität wieder zur Gebuhrt / und gehet wieder in ihrer eigenen Qualität ein Leben auff / da sich dan wieder ein Centrum auffschleust / und wird das Leben wieder in sechserley Gestalt auß ihr erbohren / aber nun nicht mehr in solcher Aengstligkeit7 wie im Urkund / sondern in grosser Frewde.

12. Denn der Quell der grossen Aengstligkeit / der im Urkund für dem Liechte in der Herbigkeit war / davon der bitter

Stachel war erboren / ist nun in dem sanfften Quell der Liebe im Liechte aus dem Wasser-Geiste verwandelt / und ist aus der Bitterkeit und Stachel nu der Quell und Auffsteigen der Frewde im Liechte worden: So ist der Fewer-blitz nunmehr des Liechtes Vatter / und das Liecht scheint in ihme / und ist nun die einige Ursache der bewegenden Gebuhrt / und die Liebe-gebuhrt / welche im Urkund war der ängstliche Quell / ist nun Sul oder das Oleum, der freundliche Quell / der durch alle Quelle bringet / davon / oder darauß sich das Liecht anzündet.

13. Und der Thon oder Schall im brähenden Rade ist nun der Verkündiger oder Ansager in allen Quellen / daß das liebe Kind geboren sey: Denn er komt mit seinem Schall für alle Thüren / und in alle Essentien / daß also in seinem Auffwecken alle Kräfften rege sind / und im Liechte einander sehen / fühlen / hören / riechen und schmäcken. Denn die gantze Gebuhrt nehret sich in der herben Essentia, als in ihrer ersten Mutter: weil sie aber nun also dünne / demütig / süsse und freudenreich ist worden / so stehet die gantze Gebuhrt in grosser Frewde/Liebe/Demuth und Sanftmuth / und ist nichts dan ein eitel Liebe-kosten / freundlich seyn / wolriechen / gerne hören / sanffte fühlen / und das keine Zunge reden noch sprechen kan: Wie wolte da nicht Frewde und Liebe seyn / wo mitten im Tode das ewige Leben gebohren wird / da keine Furcht einiges Endes ist / noch seyn kan.

14. Also ist in der Herbigkeit wieder eine newe Gebuhrt / verstehe / da die Herbigkeit in derselben Gebuhrt Primas ist / und da das Feuer nicht nach dem bittern Stachel / oder vom Auffgang der Aengstligkeit angezündet wird / sondern die erhebliche Frewde ist nun das Centrum, und Anzündung des Lichts / und die Herbigkeit hat nun in ihrer eigenen Qualität das Sul, Oele und Liecht deß Vatters: Darumb wird die Gebuhrt aus dem Ast des ersten Baums / nun gantz nach demselben herben Quell qualificirt, und ist das Feuer darinne ein herbes Feuer / und die Bitterkeit darinn eine herbe Bitterkeit / und der Thon ein herber Thon / und die Liebe eine herbe Liebe / aber alles in eitel Volkommenheit und in gar hertzlicher Liebe und Frewde.

15. Und also gebieret auch der erste bitter Stachel / oder die erste Bitterkeit (nachdem nun das Liecht angezündet und die erste Gebuhrt in Volkommenheit stehet) wieder aus ihrer eigenen Qualität eine Essentiam, darinnen ein Centrum ist / da auch ein newer Quell in einem Feuer oder Leben aufgehet mit aller Qualitäten Art und Eigenschafft: Und ist doch in diesem

newen

Cap.3. **Göttliches Wesens.** 25

newen Außgange die Bitterkeit in allen Gestalten primas: als
eine bittere Bitterkeit/ eine bittere Herbigkeit/ ein bitterer Was-
ser=geist/ ein bitterer Thon / ein bitter Fewer/ eine bittere Liebe:
Aber alles volkömlich im Auffsteigen grosser Frewden.

16. Und das Fewer gebieret auch nun ein Fewer nach aller
Qualitäten Eigenschafft/ in dem herben Geiste ists herbe/ im
bitteren bitter: In der Liebe ist es gar ein inbrünstig Anzün=
den der Liebe/ gar ein hitzig Anzünden/ und macht gar treffliche
Begierde: Im Thon ist es gar ein hellklingendes Fewer/ dar=
inne alles gar helle und eigentlich wird entschieden/ da der Thon
in allen Qualitäten alles wie mündlich oder zungenlich anmeldet/
was in allen Quell=geistern ist: Was für Frewde/ Krafft/ We=
sen und Eigenschafft/ und im Wasser ist es ein trucken Fewer.

17. Fürnemlich mercke von der Liebe Außbreitunge/ das ist
der allersänffteste/ holdseeligste Quell/ wenn die Liebe=gebuhrt
wieder eine gantze Gebuhrt mit allen Quellen der uhrkundlig=
sten Essentien auß sich gebiehret/ daß also in derselben newen
Gebuhrt in allen Quellen die Liebe primas ist/ daß ein Centrum
auffgehet/ so wird die erste Essentia, als die Herbigkeit gantz
begierlich/ gantz sanffte/ gantz liechte/ und dähnet sich aus zur
Speise aller Quell=geister mit hertzlicher Begierde nach allen/
als eine liebe Mutter ihren Kindern thut.

18. Und die Bitterkeit heist alhier recht Frewde/ denn sie ist das
Auffsteigen und Bewegen. Was alhier für Frewde sey/ ist
dazu kein Gleichnüs/ als ob ein Mensch uhrplötzlich aus der
Höllen=pein erlöset/ und ins Göttliche Freuden=licht versetzet
würde.

19. Also thut auch der Thon/ wo die Liebe primas ist/ der
bringet gar freuden=reiche Botschafft in alle Gestälte der Ge=
buhrt; So wol das Fewer in der Liebe/ wie obgemeldt/ zündet
die Liebe recht an in allen Quell=geistern/ und die Liebe in ihrer
eigenen Essentia der Liebe/ wann die Liebe in der Liebe primas ist/
das ist der aller=sanfftmütigste/ demütigste/ holdseeligste Quell/
der in allen Quellen auffgehet/ und die himmlische Gebuhrt
confirmiret und bestätiget/ daß es ein heilig/ Göttlich We=
sen sey.

20. Nun ist auff des Wasser=geistes Gestalt zu mercken/ wan
der seines gleichen gebieret/ daß er in seiner Wieder=gebuhrt
primas ist/ und ein Centrum in ihme erwecket wird/ welches er
doch nicht in seiner eigenen Essentia thut/ sondern die anderen
Quell=geister in ihme/ der hält stille/ als ein sanffte Mutter/

B und

und lässet die anderen ihren Saamen in sich säen / und das Centrum erwecken / daß das Fewer auffgehet / davon das Leben rüge wird: In deme ist das Fewer nicht ein hitzig brennend Fewer/ sondern kalt / linde / sanfft und süsse / und die Bitterkeit ist auch nicht bitter / sondern kalt / linde und treiblich / oder quellende / davon die Bildung in der Himmlischen Pomp auffgehet / das ein sichtlich Wesen ist. Dann auch der Thon in dieser Geburth gantz sanffte außgehet / alles gleich wie faßlich oder begreifflich / oder in Gleichnuß / wie ein Wort daß zu einer Substantz, oder zu einem begreifflichen Wesen wird. Denn in dieser Wieder=geburht / welche im Wasser=geiste (das ist / in der rechten Mutter der Wieder=gebuhrt aller Quell=geister) geschiehet / wird alles gleich wie begreifflich oder substantialisch: wiewol man allhier keine Begreifligkeit verstehen soll / sondern Geist.

Das 4. Capittel.
Von der rechten ewigen Natur.
Das ist /

Von der unzahlbahren oder undenklichen Gebährung der Gebuhrt des ewigen Wesens / welches ist das Wesen aller Wesen / darauß erstanden / gebohren / und endlich erschaffen ist diese Welt / mit den Sternen und Elementen / und alles was sich beweget / webet und lebet.

Die offenbahre Porte der grossen Tieffe.

1. Hier muß ich dem Stoltzen und vorhin Klugen / welcher doch nur in der Finsternis verteuffet ist / und nicht vom Geist GOttes weiß oder verstehet / begegnen / und ihme sambt dem begierlichen Gottliebenden Leser trösten / und ein kleines Thürlein weisen zum himmlischen Wesen / wie er doch diese Schrifften erkennen mag / ehe ich zum Capittel schreite.

2. Ich weiß wohl / denn mein Geist und Gemüthe zeiget mirs / daß sich mancher wird ärgeren an der Einfalt und Niedrigkeit deß Autoris, in deme er von so hohen Dingen wil schreiten / wird mancher dencken / er habe des keine Macht / und handle gantz sündlich hierinnen / und lauffe wider GOTT und seinen

Cap. 4. **Göttliches Wesens.** 27

seinen Willen/ daß ein Mensch wolle reden und sagen was
GOtt sey.

3. Denn kläglich ists/daß wir nach dem elenden/ erschrecklichen
Fall Adæ uns immer lassen den Teuffel äffen und narren/ als
wären wir nicht GOttes Kinder/ und seines eigenen Wesens/
er bildet uns immer ein/ wie er Mutter Heven gethan/ die Monstrosische Gestalt/ daran sie sich vergaffete und wurde durch ihre
imagination ein unverständiges Kind dieser Welt/ gantz nackend
und bloß. Also auch thut er uns noch immerdar/ wil uns in andere Bildnuß führen/ daß wir uns sollen für GOttes Liecht und
Krafft schämen/ wie Adam und Heva im Paradeis sich schämeten; in deme sie sich hinter die Bäume (das ist/ hinter die Monstrosische Gestalt) verstecken. Als der HErr im Centro ihres
Lebens-Gebuhrt erschiene und sagte: Wo bistu Adam? Sprach
er/ ich bin nackend und fürchte mich. Das war anders nichts/
als sein Glaub und Erkäntnus des Heiligen GOttes war erloschen: denn (uhrsache war diese) er sahe an seine Monstrosische Gestalt/ welche er ihme durch seine imagination und Lust
durch des Teuffels Fürbilden/ und falsch überreden zu essen von
dem dritten Principio, in welchem die Zerbrechlichkeit stehet/hatte
zugerichtet.

4. Dieweil er nun sahe/ und auch auß GOttes Befehl wuste/
daß so er ässe vom Baume der Erkäntnuß Gutes und Böses/ er
müste sterben und zerbrechen: bildete er ihm immer ein/ er wäre
nicht mehr GOttes Kind/ aus GOttes eygenem Wesen/ auß
dem ersten Principio erschaffen/ vermeinete er wäre nun nur
bloß ein Kind dieser Welt/ dieweil er seine Zerbrechlichkeit sahe/
und darzu das Monstrosische Bildt/ so er an ihme trüg: ihm
auch die Paradisische Witze/ Lust und Frewde entfiel/ in deme
sein Geist und Vollkommenheit auß dem Paradeis (das ist auß
dem andern Principio GOttes/ in welchem das Liecht oder Hertze GOttes von Ewigkeit in Ewigkeit wird gebohren/ da
der heilige Geist vom Vatter und Sohne auß außgehet) ward
getrieben/ und er nicht mehr bloß lebete vom Worte GOttes/ das ist/ von und in der Heiligen Gebährung GOttes/ sondern aß und tranck/ das ist/ seine Lebens-Gebuhrt stundt nunmehr in dem dritten Principio, als in dem Sternen und Elementen-reich: Er muste nun von desselben (Principii oder
Reichs) Krafft und Frucht essen und leben. Da vermeinte er/
nun ists aus in mir/ das Edle Bild GOttes ist zerbrochen: in
welchem ihm der Teuffel immer seine Zerbrechlichkeit und Sterb-

B 2 lichkeit

lichkeit zeigete/ und er auch selber anders nichts sehen konte/ sintemahl er aus dem Paradiß war außgegangen/ das ist/ aus der unzerbrechlichen heiligen Gebährung GOttes/ in welcher er GOttes heilige Bildnüß und Kind war/ in welcher ihn GOtt schuff ewig zu bleiben. Und so ihn nicht die barmhertzige Liebe GOttes hätte im Centro seines Lebens-gebuhrt wieder erblicket und getröstet/ so hätte er vermeinet/ er wäre von der ewigen Göttlichen Gebuhrt abgetrennet/ er wäre nicht mehr in GOtt/ und GOtt nicht mehr in ihme/ er wäre nicht mehr seines Wesens.

5. Aber die holdseelige Liebe/ das ist/ der eingebohrne Sohn des Vatters (oder wie ichs setzen möchte zum Verstande/ der sanffte Quell/ da das ewige Licht GOttes gebähren wird) gieng auff und grünete wieder in Adam/ im Centro seines Lebens-gebuhrt/ in seiner fünfften Gestalt seiner Gebuhrt. Da erkante Adam/ daß er nicht wäre abgebrochen auß der Göttlichen Wurtzel/ sondern wäre noch GOttes Kind/ und reuwete ihn seiner ersten bösen Lust. Darauff ihm der HErr zeigete den Schlangen-tretter/ welcher seine Monstrosische Gebuhrt solte zertretten: und er solte in desselben Schlangen-tretters der Monstrosischen Gebuhrt/ Gestalt/ Form/ Macht und Krafft wieder neu-gebehren und mit Gewalt wieder ins Paradeiß/ in die heilige Gebuhrt gesetzet werden/ und wieder essen von dem Verbo Domini und ewig Leben/ über und wider alle Porten des Grimmes/ in welchen der Teuffel lebet/ ꝛc. davon an seinem Orthe soll weiter gemeldet werden.

6. Lieber Leser/ mercke und bedencke dieses ja wohl/ laß dich keine Einfalt irren/ der Autor ist nichts mehr als andere/ er weiß und kan auch nichts mehr/ er hat auch keine gröffere Macht/ als alle Kinder GOttes/ allein/ sihe dich doch an/ warumb denckestu doch irdisch von dir? warumb lässestu dich den Teuffel äffen/ als wärestu nicht GOttes Kind/ auß seinem eygnen Wesen? lässest dich die Welt narren/ als wärestu nur ein figurlich Gleichnüß/ und nicht aus GOtt gebohren.

7. Deine Monstrosische Gestalt ist nicht GOtt/ oder seines Wesens: allein der verborgene Mensch/ welcher ist die Seele (so ferne die Liebe im Liecht GOttes in deinem Centro auffgehet) ist GOttes eigen Wesen/ da der Heilige Geist aufgehet/ darinne das andere Principium GOttes stehet: wie woltestu denn nicht Macht haben zu reden von GOtt/ der dein Vater ist/ deß Wesens du selber bist? Schawe an/ ist doch diese Welt
GOt-

Cap.4. **Göttliches Wesens.** 29

GOttes: und so GOttes Liecht in dir ist/ so ist sie auch dein/ wie geschrieben stehet: Alles hat der Vatter dem Sohne gegeben/ und der Sohn hat dirs gegeben. Der Vatter ist die ewige Krafft/ und der Sohn ist sein Hertz und Liecht/ ewig bleibend in dem Vatter/ und du bleibest in Vatter und Sohne. So nun der H. Geist vom Vatter und Sohne außgehet/ und des Vatters ewige Krafft ist in dir/ und des Sohnes ewiges Licht scheinet in dir/ was lässestu dich denn narren? weistu nicht was S. Paulus saget: Unser Wandel ist im Himmel/ von dannen wir warten des Heylandes Jesu Christi/ der uns auß dieser Monstrosischen Gebuhrt und Bildnuß/ in Zerbrechung des 3ten Principii dieser Welt führen wil in die Paradisische Gebuhrt/ zu essen vom Verbo Domini.

8. Was lässestu dich den Antichrist narren mit seinen Gesetzen und schwätzen? wo wilstu GOTT suchen in der Tieffe über den Sternen? da wirstu ihn nicht finden: Suche ihn in deinem Hertzen im Centro deines Lebens Gebuhrt/ da wirstu ihn finden/ wie Vatter Adam und Mutter Heva thäten.

9. Denn es stehet geschrieben: Ihr müsset von newen gebohren werden/ durch das Wasser und Geist/ sonst werdet ihr das Reich GOttes nicht sehen. Diese Gebuhrt muß in dir geschehen/ das Hertz oder Sohne GOttes muß in deines Lebens-Gebuhrt auffgehen/ alsdan ist der Heyland Christus dein getrewer Hirte/ und du bist in ihme/ und er in dir: und alles was er und sein Vatter hat/ ist dein: und niemand wird dich auß seinen Händen reissen: Sondern wie der Sohn (das ist des Vatters Hertz) ist einig; also auch ist dein newer Mensch im Vatter und Sohne einig/ eine Krafft/ ein Liecht/ ein Leben/ ein ewig Paradeys/ eine ewige Himmlische Gebuhrt/ ein Vatter/ Sohn/ Heiliger Geist/ und du sein Kind. Sihet doch der Sohn wol/ was der Vatter im Hause machet/ so es nun der Sohn auch lernet/ was Mißfallen hat der Vatter am Sohne? wird sich nicht der Vatter frewen über seinem Sohne/ daß er so wol gerathen ist? warumb wolte dann der Himmlische Vatter Verdruß nehmen von seinen Kindern in dieser Welt/ die ihm anhangen und nach ihm fragen/ ihn gerne wolten kennen/ sein Werck treiben/ und seinen Willen thun? Heisset uns doch der Wieder-gebährer zu ihm kommen/ und wer zu ihm komt/ den wil er nicht hinauß stossen. Wolte dann iemand wehren dem Geist der Weissagung/ welche ist GOttes? Sehet doch an die Apostel Christi/ wer lehret sie anders/ als GOTT/ der in ihnen war/ und sie in GOTT.

10. O lieben Kinder GOttes in Christo/ fliehet ja für dem

Anti-Christ / der sich über die breite der Erden gesetzet hat / der euch eine Bildnüß fürmahlet/ wie die Schlange Mutter Heren that/ und ewer Bildnüß GOttes weit von GOTT mahlet: Dencket doch wie geschrieben stehet; Das Wort ist dir nahe / ja in deinem Hertzen und Lippen / und GOTT selber ist das Wort/ das in deinem Hertzen und Lippen ist.

11. Der Anti-Christ aber hat nie nichts gesuchet / als seine Wollust in dem dritten Principio, in diesem Fleisch-hause zu volbringen / darumb hat er die Menschen genarret mit Gesetzen/ welche weder im Paradeiß GOttes / noch im Centro des Lebens-Gebuhrt gefunden werden: auch nicht in die Natur gepflantzet seynd.

12. Liebes Kind dencke ihm nach / wie mächtig und krässtig mit Wunder und Thaten ging der Geist GOttes im Worte und Wercke bey der Apostel-zeit: Und hernach ehe der Anti-Christ und Geist der eigenen Hoffart mit seinen Gesetzen und Syderischen Weißheit herfürbrach/ und sich unter weltlichen und fleischlichen Arm setzete; nur darumb/ daß er sein eigen Wollust und Ehre suchte! Da musten die theüren Worte Christi, (welcher doch dem Menschen kein Gesetze gab / als nur das Gesetze der Natur/ und das Gesetze der Liebe/ welche ist sein eigen Hertze) ihme dem Anti-Christ oder Wider-Christ/ Fürst in dem dritten Principio ein Deckel seyn/ das muste nun die Stimme bey Mose aus dem Busche seyn/ und überredete sich der Mensch der Hoffahrt selber / er hätte Göttliche Gewalt auff Erden/ und wuste nicht in seiner Blindheit / daß sich der Heilige Geist nicht binden liße.

13. Sondern da je ein Mensch wil selig werden / muß er nach dem Zeugnüs Jesu Christi new-gebohren werden durchs Wasser im Centro des Lebens-Gebuhrt / und durch den H. Geist/ welcher im Centro im Licht GOttes auffgehet: zu welchem Ende GOTT der Vatter durch seinen Sohn die H. Tauffe geboten/ daß wir also ein Gesetz und scharffes Denckmahl haben / wie ein unverständiges Kind ein äusserliches Zeichen / und der innerliche Mensch die Krafft und newe Gebuhrt im Centro des Lebens-Gebuhrt empfähet / und allda auffgehet die Confirmation, so das Licht GOttes in Adam bracht/ als GOTT der Vatter mit seinem Liecht oder Hertzen im Centro der fünfften Gestalt des Lebens-Gebuhrt in Adam anbrach oder auffgieng; also auch in der Tauffe des Kindes / also auch im bußfertigen und wiederkommenden Menschen in Christo zum Vatter.

14. Das

Cap.4.   Göttliches Wesens.   31

14. Das letzte Abendmahl Christi mit seinen Jüngern ist eben dieses / es ist eben ein solcher Bundt wie die Kinder-Tauffe: was bey dem unmündigen Kinde geschiehet in der Tauffe / daß geschiehet am armen wiederkommenden / und vem Schlaff des Anti-Christs auffwachenden Sünder zu Christo / und durch Christum zum Vatter auch / wie an seinen Orthe sol außgeführet werden.

15. Darumb hab ich dich wollen warnen und zuvor weisen / daß du nicht sehest in diesen hohen Dingen auff Fleisch und Bluth / oder auff weltliche Weißheit der hohen Schulen / sondern dencke daß diese Wissenschafft von GOTT selber in ersten und letzten / ja in allen Menschen gepflantzet ist / und fehlet nur daran / daß du mit dem verlohrnen Sohne wieder zum Vatter kommest / so wird er dich zum lieben Kind annehmen / und dir ein neu Kleid (verstehe) der Edlen Jungfrawen Sophiæ, anziehen / und einen Siegel-ring (Mysterii Magni) an deine Hand des Gemütes stecken: Und in demselben Kleide (der newen Wieder-gebuhrt) hastu alleine Macht von der ewigen Gebuhrt GOttes zu reden.

16. Wenn du es aber nicht erlanget hast / und wilst viel von GOTT schwätzen / so bistu ein Dieb und Mörder / und gehest nicht zur Thür in Schaaf-Stall Christi / sondern du steigest anderswo mit dem Anti-Christ und Dieben in Schaaf-Stall / und wilst nur morden / rauben / deine eigene Ehre und Wollust suchen / und bist ferne vom Reiche GOttes; deine Kunst der hohen Schulen hilfft dir nichts / dein Einsitzen in groß Ansehen durch Menschen-gunst ist deine Gifft / du sitzest auff dem Stuhl der Pestilentz / und bist blos ein Diener des Anti-Christs; du seyest dann new-gebohren und lehrest auß dem heiligen Geiste / so ist dein Sitz GOTT gahr lieb und angenehm / und deine Schäflein werden deine Stimme hören / und du wirst sie weiden und zum Ertz-hirten JEsu Christo führen /. GOTT wil sie von deinen Händen foderen: darumb dencke was du lehrest und von GOTT redest ohn Erkäntnuß seines heiligen Geistes / daß du nicht ein Lügener erfunden werdest.

17. Die ewige Gebährung ist ein unanfängliche Gebuhrt / und hat weder Zahl noch Ende / und seine Tieffe ist unergründlich / und das Band des Lebens unzertrennlich: Der Syderische und Elementische Geist kans nicht schawen / viel weniger fassen / allein er fühlet es / und schawet den Glantz im Gemüte / welches ist der Seelen Wagen / darauff sie führet in dem ersten Prin-

B 4   cipio,

Von den drey Principien Cap. 4.

cipio, in ihrem eignen Sitz in der Gebährung des Vatters/deñ deſſelben Weſens iſt ſie/ gantz roh/ ohne Leib/ und hat doch des Leibes Form in ihrer eignen geiſtlichen Geſtalt/ die erkennet und ſiehet im Liechte GOttes des Vatters/ welches iſt ſein Glantz oder Sohn/ ſo ferne ſie im Liechte GOttes wiedergebohren iſt/ in die ewige Gebuhrt/ in der ſie lebet und ewig bleibet.

18. Menſch verſtehe recht: GOTT der Vatter hat den Menſchen (welches Leiblichkeit im Anfang aus dem Element oder Wurtzel der vier Elementen/ darvon ſie außgehen/ welches iſt das fünffte Weſen den vieren verborgen/ darauß das finſter Geſtieb für den Zeiten der Erden ward/ welches Uhrkund der Waſſer-Quell iſt/ und darauß dieſe Welt mit Sternen und Elementen ſambt dem Himmel des dritten Principii ward erſchaffen) gemachet.

19. Die Seele aber iſt blos aus des Vatters uhrkundlichſten Gebährung (welche iſt vor des Lebens Liecht/ welches iſt in den vier Aengſtlichkeiten/ auß welchen ſich das Liecht GOttes anzündet/ allda der Rahme GOttes uhrkundet) durch den wallenden Geiſt/ welcher iſt der H. Geiſt/ der vom Vatter auß des Vatters Liecht außgehet/ in den Menſchen geblaſen worden: Darumb iſt die Seele GOttes eigen Weſen.

20. Und ſo ſie ſich zurücke in die Aengſtlichkeit der vier Geſtalten des Uhrkundts erhebet/ und wil ſchrecklich in Fewrs Uhrkundt auß Hoffahrt (weil ſie ſich mächtig weiß) qualificiren/ ſo wird ſie ein Teuffel: denn der Teuffel hat auch dieſen Uhrkundt mit ſeinen Legionen, und hats alſo aus Hoffart im Fewer des Grimmes zu leben/ verderbet/ und iſt ein Teuffel blieben.

21. So aber die Seele ihre Imagination für ſich ins Liecht erhebet/ in die Sanfftmütigkeit und Demütigkeit/ und nicht ihre ſtarcke Fewrs-macht braucht im qualificiren/ wie Lucifer thät/ ſo wird ſie vom Verbo Domini geſpeiſet/ und holet ihre Krafft/ Leben und Stärcke im Verbo Domini, welches iſt das Hertze GOttes; und ihr eigen uhrkundlich grimmig Quell der ewigen Lebens-gebuhrt wird Paradeiß/ hochlieblich/ freundlich/ demütig/ ſanffte/ darinn das Lachen und Quell des ewigen Lobgeſangs auffgehet; und in dieſer Imagination iſt ſie ein Engel und GOttes Kind/ und ſtehet die ewige Gebährung des unaufflößlichen Bandes/ und von dieſem hat ſie macht zu reden/ denn es iſt ihr eigen Weſen: Aber von der unendlichen Gebährung nicht/ denn es iſt kein Anfang noch Ende.

22. So ſie ſich aber unterſtehe, von der Räumligkeit oder Abmäßligkeit

Cap. 4. **Göttliches Wesen.** 33

mäßigkeit zu reden/ so wird sie lügenhaft und wird turbiret: denn sie leuget die unmäßliche GOttheit an/ wie der Anti-Christ thut/ der die GOttheit wil alleine über dem gestirneten Himmel haben/ damit er GOtt auff Erden bleibe/ reitende auff dem grossen Thier/ welches doch nahend von dato muß in uhrkündlichsten Schwefel-pfuhl gehen/ in König Lucifers Reich: denn die Zeit der Offenbahrung und Außspeyung des Thiers kommet/ davon den Kindern der Hoffnung in der Liebe mag hierinn gnugsam verstanden seyn? Aber den Dienern des Anti-Christs ist eine Mawer und Siegel dafür/ biß über sie der Zorn der Hurerey vollendet/ und Babel/ die Hure des grossen Thiers bezahlet wird/ und sie ihres gewesenen Reichs Krone schändet/ und den blinden die Augen auffgethan werden: dann sitzet sie als eine Schand-hure/ die jederman zum Verdamnuß urtheilet.

Die hohe tieffe Porten der H. Dreyfaltigkeit den Kinderen GOttes.

23. SO du dein Sinn und Gemühte erhebest/ und fähreſt auff der Seelen Wagen/ wie obgemelt/ und schawest dich sampt allen Creaturen an/ und denckest wie doch deine Lebens Gebuhrt sey in dir entstanden und deines Lebens Liecht/ daß du kanst von einem Glast die Sonne sehen/ und dann auch ohne Sonnenschein durch deine imagination in eine grosse Weite/ da deines Leibes Augen nicht hinreichen/ und denckest dann/ was doch mag die Uhrsache seyn daß du vernünftiger bist als andere Creaturen; sintemal du kanst alle Dinge erforschen/ was in allen Dingen ist/ und sinnest weiter worvon sich die Elementa, Fewr und Lufft uhrkunden/ wie das Fewr im Waſſer sey/ und im Wasser sich gebähre/ und wie sich deines Leibes Licht im Wasser gebähre/ so wirstu darauff kommen/ was GOtt und die ewige Gebuhrt sey/ bistu aber aus GOtt gebohren.

24. Denn du siehest/ fühlest und empfindest/ daß diese Dinge alle müssen noch eine höhere Wurtzel haben darauß sie also werden/ welche nicht für Augen ist/ sondern verborgen/ sonderlich so du den gestirneten Himmel ansiehest/ der also währet/ und sich nicht verändert/ mustu ja sinnen/ wo er sey herkommen/ und daß er also stehet und nicht zerbricht/ oder weder über

B 3 oder

oder unter sich sincket/ wiewol kein oben und unten ist. So du nun sinnest/ was das alles hält/ und worauß es worden sey/ so findestu die ewige Gebuhrt/ die keinen Anfang hat/ und findest den Uhrkundt des ersten principji, als nemlich das ewige unauflößliche Bandt: Und in anderen siehestu die Scheidung/ daß auß dem ersten ist worden die materialische Welt mit den Sternen und Elementen/ welche in sich hat das äusserste oder dritte Principium. Denn du findest in dem Elementischen Reiche in allen Dingen eine Uhrsache/ warumb/ oder wie sichs also könne gebähren und treiben/ du findest aber nicht die erste Ursachen/ worauß es also worden sey/ darumb sind es zwey unterschiedliche Principia: Denn in dem sichtlichen findestu die Zerbrechligkeit und erkundest/ daß es einen Anfang habe/ dieweil es ein Ende nimmet.

25. Zum dritten findestu in allen Dingen eine hertzliche Krafft/ welches jedes Dinges Leben/ wachsen und aufsteigen ist/ und empfindest darinnen seine Schöne und sansftes Wohlthun/ davon es sich reget. Nun siehe an ein Kraut oder Holtz/ und betrachte/ was ist sein Leben/ davon es wächset/ so findestu im uhrkundt Herbe/ Bitter/ Fewr und Wasser: Nun ob du gleich diese vier Dinge entscheidest/ und thust sie wieder zusamen/ wirstu doch kein wachsen sehen und empfinden/ sondern bliebe Todt/ so es von seiner selbs-eygnen Mutter/ die es anfänglich gebiehret/ getrennet würde: vielweniger würstu den lieblichen Geruch darein bringen/ auch nicht seine Farben.

26. Also siehestu/ daß alda ist eine ewige Wurtzel/ die das giebt/ und ob du köntest Farben und Gewächs darein bringen/ so kanstu doch den Ruch und Krafft nicht darein bringen/ und findest/ daß im Uhrkund des Ruchs und Geschmacks muß ein ander Principium seyn/ das der Stock nicht selber ist/ denn diß Principium uhrkundt sich vom Lichte der Natur.

27. Nun siehe weiter an das menschliche Leben/ du siehest/ greiffest und erkennest durch dein Anschawen nicht mehr als Fleisch und Blut/ darmit bist du andern Thieren gleich. Zum andern findest du das Element Lufft und Feuer das in dir qualificiret/ und das ist nun ein Thierisch Leben; denn ein jedes Thier hat das in sich/ davon es Lust hat sich zu füllen und wieder zugebühren/ wie alle Kräuter/ Laub und Graß. Du findest aber/ daß in diesem allen kein recht Verstandt ist; Denn ob gleich das Gestirn darinnen qualificiret/ und ihme Sinnen gibt/ so sinds doch nur Sinnen sich zu nehren und mehren/ gleich allen Thieren.

28. Den

Cap. 4. **Göttliches Wesens.** 35

28. Denn die Sternen sind selber stumm / und haben keine Erkäntnuß noch Fühlung/ allein ihr sämbtlich Gewircke machet im Wasser ein Quellen durcheinander: und in der Tinctur des Geblüts ein auffsteigen / sehen / fühlen/ hören und schmecken. Nun dencke / wovon komt aber die Tinctur, darinnen das Edle Leben aufgehet / daß aus Herbe / Bitter und Fewr / süsse wird? So wirstu ja kein ander Ursachen finden/ als das Liecht. Wovon kombt aber das Liecht/ daß es in einem finstern Cörper scheinet? wilst du sagen vom Glast der Sonnen? was scheinet dann in der Nacht / und leitet dir deine Sinnen und Verstandt / daß du auch mit zugedruckten Augen siehest / und weist was du thust? da wirstu sagen / das edle Gemühte führet mich. Ja recht also: wo hat aber das Gemühte seinen Uhrkundt? So sagest du die Sinnen machen das Gemühte beweglich: Ist auch recht. Wovon kommen aber diese alle beyde? was ist ihre Geburth oder Herkommen? warumb ists nicht auch in Thieren?

29. Mein lieber Leser/ kanstu / lye schleuß auff / und siehe in Leib/ du wirsts nicht finden / suche nun gleich in der Tieffe / suche in Steinen/ suche in Elementen / suche in allen Creaturen / in Steinen / Kräutern / Bäumen / in Metallen / suche gleich im Himmel und Erden / du findests nicht.

30. Nun sagstu: Wo muß ich denn suchen und finden? Lieber Leser ich kan dir keinen Schlüssel darzu leihen/ allein ich wil dir weisen/ wo du ihn findest: der lieget im Evangelisten Johannes am dritten. Cap. und heisset: Ihr müsset von newen gebohren werden durch das Wasser und Heiligen Geist. Derselbe Geist ist der Schlüssel / wann du den kriegest / so nimb ihn und gehe für das erste Principium / daraus diese Welt ist erschaffen sampt allen Creaturen / und schleus auff die Erste Wurtzel / daraus solche sichtliche und empfindliche Dinge sind worden.

31. So wirstu sagen: Das ist alleine GOtt / und der ist ein Geist / und hat alle Dinge aus nichts geschaffen. Ja recht also/ Er ist ein Geist und vor unsern Augen ist ER wie ein Nichts: So wir Ihn nicht an der Schöpffung kenneten/ wüsten wir nichts von Ihm: Wäre Er nicht von Ewigkeit gewesen/ so wäre auch nichts worden.

32. Was meinestu aber sey vor den Zeiten der Welt gewe-
,, sen/daraus Erde und Steine sind worden/so wohl die Sternen
,, und Elementa? Das ist gewesen die Wurtzel desselben / darauß
,, es worden ist. Was ist aber die Wurtzel dieser Dinge? Schawe an/ was findestu in diesen Dingen? Anderst nichts als Fewer/

Bitter/ Herbe/ und das sind doch nur ein Ding/ und aus diesen wird geboren alle Ding. Nun ists aber vor den Zeiten der Welt nur ein Geist gewesen/ und findeſt in dieſen dreyen Geſtalten noch nicht GOtt: Die pure GOttheit iſt ein Liecht/ das unbegreifflich iſt/darzu auch unempfindlich/auch Allmächtig und All-kräfftig.

Wo findet man denn GOTT?

33. Nun thue auff dein Edel Gemüthe und ſiehe/ forſche weiter. Dieweil dann GOtt allein gut iſt/ wovon kompt das Böſe? ,,Dieweil Er alleine das Leben und Liecht iſt/ und die heilige ,,Krafft/ wie es dann unwiderſprechlich wahr iſt: Wovon kompt ,,dann der Zorn GOttes/ der Teufel und ſein Wille/ ſo wohl das ,,hölliſche Fewer/ wovon uhrſtändet ſichs? Dieweil vor den Zei- ,,ten der Welt nichts war/ als allein GOTT/ und der war und iſt ein Geiſt/ und bleibet in Ewigkeit: wovon iſt dann die erſte materi zur Boßheit worden: denn es muß ja ein Wille im Geiſte GOttes geweſen ſeyn/ den Zorn-Quell zu gebähren? Alſo richtet die Vernunfft.

34. ,,Nun ſaget aber die Schrifft/ der Teuffel ſey ein heiliger ,,Engel geweſen: und ferner: Du biſt nicht ein GOtt/ der das Böſe wil/ und im Ezechiel: So wahr Ich lebe/ Ich wil nicht den Todt deß Sünders. Welches GOttes ernſte Straffe beym Teuffel und allen Sündern außweiſet/ daß Er ihn nicht wil.

35. Was hat dann den Teufel bewogen zornig und böſe zu wer- ,,den? was iſt die erſte materia in ihme/ dieweil er aus dem ,,uhrkündtlichſten ewigen Geiſte geſchaffen iſt? Oder woraus ,,iſt der Höllen Uhrkundt/ darinnen der Teuffel ſol ewig bleiben/ ,,wann nun dieſe Welt mit Sternen/ Elementen, Erden und Steinen am Ende vergehen wird.

36. Alhier lieber Leſer! thue deine Augen deß Gemüthts auff/ und wiſſe daß keine andere Quaal ihn quälen wird/ als ſein eigen Quaal in Ihme/ denn das iſt ſeine Hölle/ darauß er gemacht oder geſchaffen iſt: und das Liecht GOttes iſt ſeine ewige Schande: Darumb iſt er GOttes Feind/ daß er nicht mehr im Lichte GOttes iſt.

37. Nun kanſtu hier nicht weiter etwas auffbringen/ daß GOTT gebrauchet hätte irgends eine materi, darauß Er den Teuffel hat geſchaffen: ſonſt würde ſich der Teuffel rechtfertigen/ GOTT hätte ihn böſe/ oder auß böſer materia gemacht: Denn Er hat ihn aus nichts geſchaffen/nur bloß auß ſeinem eygnen We-

Cap. 4. Göttliches Weſens. 37

ſen / ſo wohl als die anderen Engel / wie geſchrieben ſtehet : von Jhm / durch Jhn und in Jhm ſind alle Ding : Und ſein iſt allein das Reich / Krafft / Macht und Herrligkeit von Ewigkeit zu Ewigkeit : und iſt alles in Jhme / vermöge der H. Schrifft : und ſo das nicht wäre / ſo würde dem Teuffel / ſo wohl dem Menſchen nicht Sünde zugerechnet : So ſie nicht beyde ewig und in GOtt wären / und auß GOtt ſelber.

38. Denn keinem Viehe wird Sünde zugerechnet / das aus einer Materia iſt geſchaffen : Denn ſein Geiſt erreichet nicht das erſte Principium, ſondern uhrkundet ſich in dem dritten / im Elementiſchen und Syderiſchen Reiche / in der Zerbrechlichkeit / und berüret nicht die GOttheit / wie der Teuffel und Seele des Menſchen.

39. Und ſo du diß nicht kanſt gläuben / ſo nimb die Heillige Schrifft für dich / die ſaget dir : Als der Menſch in Sünden gefallen war / daß ihm GOtt ſein eigen Hertz / Leben oder Liecht auß ihm ſelber geſendet ins Fleiſch / und die Porten ſeines Lebens Gebuhrt / in welcher er mit der GOttheit vereiniget geweſen / und im Liecht abgetrennet / aber im uhrkunde des erſten Principii blieben / wieder angezündet / und ihme vereiniget habe.

40. Wäre des Menſchen Seele nicht aus GOtt dem Vatter / aus ſeinem erſten Principio, ſondern aus einer anderen Materia, ſo hätte er nicht das höchſte Pfandt auff ihn gewandt / ſein eigen Hertz und Liecht / wie er ſelber zeugt : Ich bin das Liecht der Welt und das Leben der Menſchen : ſondern hätte ihm wol können ſonſt helffen.

41. Was meineſt du aber / hat er dem Menſchen ins Fleiſch bracht / als er kam ? Nichts als nur das Adam im Paradeis und Mutter Heva verlohren hatten / das bracht der Schlangenträter der Monſtroſiſchen Gekuhrt wieder / und erlöſete den Menſchen auß dem Elementiſchen und Syderiſchen Fleiſch-Hauſe wieder / und ſetzete ihn wieder ins Paradeis. Davon ich hernach außführlich ſchreiben wil.

42. Darumb ſo du nun von GOtt wilſt dencken oder reden: So muſt du dencken / daß er ſelber Alles iſt / und muſt ferner anſchauen die drey Principia, darinnen wirſtu finden / was GOtt ſey : Du wirſt finden / was Zorn / Teuffel / Hölle / Sünde ſey / was Engel / Menſch oder Thier ſey / und wie die Scheidung folget / darauß alles alſo iſt worden : Du wirſt die Schöpffung der Welt finden.

43. Allein Leſer / Ich wil dich trewlich verwarnet haben / ſo

du nicht auff dem Weege des verlohrnen und wieder zum Vatter kommenden Sohns bist/ so laß diß mein Buch ungelesen/ es wird dir sonst übel bekommen. Denn der Groß-Fürst Lucifer wird nicht feyren dich zu betrüben. Denn in diesem Buche stehet er vor den Kindern GOttes gantz nackend und bloß. Er schämet sich deßgleichwol als ein Mensch/ so umb übelthat willen für allen Leuten zu Spott gesetzet wird. Darumb sey gewarnet/ so dir ja das zarte Fleisch zu lieb ist/ so laß mein Buch ungelesen. So du je nicht folgest/ und dir unheyl entstünde/ so wil ich unschuldig seyn/ gib dir nur selber Schuldt. Denn was ich jetzo erkenne/ das schreibe ich mir zu einem Memorial, aber GOTT weiß wol was Er thun wil/ daß mir noch etlicher maßen verborgen ist.

44. Dieweil wir denn in der gantzen Natur nichts können finden/ daß wir möchten sagen: das ist GOTT/ oder hier ist GOTT/ darauß wir könten schliessen/ daß GOTT ein frembd Wesen sey: Und Er selbst bezeuget/ daß da seine sey/ das Reich/ und die Krafft/ von Ewigkeit zu Ewigkeit: und Er sich auch selber Vatter nennet: Ein Sohn aber wird aus deß Vatters Lenden gezeuget: So müssen wir Ihn ja im Uhrkundt suchen/ in dem Principio, darauß die Welt ist erbohren und geschaffen: und können anders nicht sagen/ als daß das erste Principium GOTT der Vatter selber sey.

45. Nun findet man aber im Uhrkundt die allerstrengeste und schrecklichste Gebuhrt/ als Herbe/ Bitter und Feuer: da kan man nicht sagen/ daß es GOTT sey/ und ist doch der innerliche erste Quell/ der in GOTT dem Vater ist/ nach welchem Er sich einen Zornigen/ Eyferigen GOTT nennet/ und derselbe Quell (wie du forne in den ersten drey Capitulen findest vom Uhrkundt der ewigen Gebuhrt) ist das erste Principium und ist GOTT der Vatter in seinem Uhrkundt/ darauß diese Welt sich uhrkundet.

46. Aber die Engel und Teuffel/ auch die Seele des Menschen ist pur-lauter aus demselben Geist/ darinnen die Engel und Teuffel in Zeit ihrer Corporirung stehend blieben: und die Seele des Menschen in Zeit des Leibes Schöpffung vom Geist GOttes eingeblasen in die Wurtzel des dritten Principii, und ist nun auch darin stehend in seine Ewigkeit (im ewig-uhrkundlichen Wesen GOttes)unzertrenlich auch unverrücklich. So wenig die pur-ewige Gebuhrt/ und das unaufflößliche Bandt des Vatters sich endet oder vergehet/ so wenig auch ein solcher Geist.

47. Nun aber stehet in diesem Principio nichts als nur die al-
ter-

Cap. 4.   Göttliches Wesens.   39

ler schröcklichste Gebährung / die gröste Aengstlichkeit / feindliche Wonne / gleich einem Schwefel-geist / und ist eben der Höllen Pforten und Abgrund / darinnen Fürst Lucifer in verleschung seines Liechts verklieben / und darinnen (verstehe in derselben Höllen Abgrund) die Seele (welche vom andern Principio getrennet wird / und ihr Licht des Hertzens GOttes verleschet) bleibet in derselben Höllen Abgrund. Darauff den auch im Ende dieser Zeit eine Entscheidung / oder Außtreibung von den Liecht-heiligen der Verdamten (welcher Quell ohne GOttes Liecht seyn wird) geschehen wird / vermöge der Schrifft.

48. Nun hab ich dir alhie das Erste Principium gewiesen / darauß alle Dinge sich uhrkunden / und muß also reden / als wäre ein Orth / oder abtheilich Wesen / da ein solcher Quell sey / nur zu dem ende / daß das erste Principium verstanden werde / daß man die Ewigkeit / so wohl GOttes Zorn / Sünde / ewigen Todt der Finsternuß / von verleschung des Liechts also gemeint / so wol das höllische Feuer und Teuffel erkenne und verstehe.

49. Nun wil ich schreiben vom andern Principio, von der klaren reinen GOttheit / dem Hertzen GOttes.

50. Wie obgemeldet / so ist im ersten Principio Herbe / Bitter und Feuer / und sind doch nicht drey Dinge / sondern eines / und eines gebieret das ander. Herbe ist der erste Vatter / der ist strenge / gantz scharff an sich ziehend / und daßelbe Anziehen ist der Stachel und Bitterkeit / welche die Herbigkeit nicht mag dulden / und sich nicht läst im Tode gefangen nehmen / sondern sticht und fähret auff als ein grimmig Wesen / und kan doch auch nicht von seinem Sitz. Alsdan wird eine erschröckliche Aengstlichkeit / welche nicht Ruhe findet / und stehet die Gebuhrt gleich einem drehenden Rade / also harte stechende und brechende / gleich einer Unsinnigkeit / welches die Herbigkeit nicht mag dulden / sondern zeucht je mehr und härter an sich / gleich riebe man Stein und Stahl in einander / davon der schielende Fewer-blitz auffgehet / welchen / wann ihn die Herbigkeit erblicket / sie erschricket und zu rücke sincket / gleich wie todt / oder überwunden: Und wann der Fewer-blitz in seine Mutter die Herbigkeit kompt und findet sie also überwunden und sanffte / so erschrickt Er viel sehrer / und wird in der überwundenen Herbigkeit augenblicklich weiß und helle.

51. Wann nun die Herbigkeit dieses helle weisse Liecht in sich krieget / erschricket sie also sehr / daß sie gleich wie todt überwunden zu rücke sincket / sich außdähnet und wird gantz dünne und über-

wunden

wunden: Denn ihr eygen Quell war finster und harte: Nun ist er liechte und sanffte/ darumb ist er recht wie ertödtet/ und ist nun der Wasser=geist.

52. Also krieget die Gebuhrt eine Essentiam von der Herbig= keit scharff/ vom Liechte süsse/ dünne außdehnend: Und wan nun der Feuer=blitz in seine Mutter komt/ und findet sie also dünne/ süsse und liechte/ so verleuret er sein Recht in der Quali- ficirung/ und fähret nicht mehr in die Höhe/ reist und wütet nicht mehr/ sticht auch nicht mehr; sondern bleibet in seiner Mutter und verleuret sein feurig Recht/ zittert und freuet sich in seiner Mutter.

53. Und in derselben Freude im Wasser=Quell gehet auff der holdseelige Quell der unerforschlichen Liebe/ und ist das ander Principium, welches da auffgehet. Denn die gantze Gebährung geräth nun gar in eine hertzliche Liebe/ denn die Herbigkeit lie- bet nun das Liecht/ darumb daß es so wonnesahm und schön ist. Denn aus derselben lieblichen Wonne wird sie also süsse/freund- lich und demütig/ und die Bitterkeit liebet nun die Herbigkeit/ daß sie nicht mehr finster und also streng an sich ziehende ist/ son- dern ist süsse/ milde/ rein und liechte.

54. Da gehet an der Geschmack/ daß je eines das ander kostet/ und mit grossen Begierden in dem andern inqualiret/ daß alda nichts/ denn eitel Liebhaben ist. Also frewet sich nun die Bitter- keit in ihrer Mutter/ und stärcket sich darinnen/ und gehet vor grosser Freude auff durch alle Essentien, und verkündiget das liebe Kind dem andern Principio daß es gebohren sey/ da dann alle Essentien aufmercken/ und sich des lieben Kindes frewen: von welchem das Gehör entstehet/ welches ist die sechste Gestalt/ da das Stadt der Gebuhrt im Triumph stehet. Und in dieser grossen Freude kan sich die Gebuhrt nicht mehr enge halten/ son- dern gehet aus/ wallende gantz freudenreich/ und gekieret nun eine jede Essentia wieder ein Centrum in dem andern Principio.

55. Da gehet an die unerforschliche Vielfältigung. Denn der wallende und außgehende Geist aus dem ersten und andern Principio confirmiret und bestätiget alles: und ist in der gantzen Gebuhrt wie eine Wachsung oder Vielfältigung in einem Wil- len/ und krieget die Gebuhrt alhier die siebende Gestalt/ als nemlich die Vielfältigung in einem Liebe=wesen: und in dieser 7ten Gestalt stehet das Paradeiß oder Reich GOttes/ oder die unzahlbare Göttliche Gebuhrt aus einem Wesen in allen Wesen.

56. Wiewohl alhier keine Menschen Zunge diß erheben oder
erzehlen

Cap. 4. Göttliches Wesen.

erzehlen mag / und diese Tieffe außforschen / da weder Zahl noch Ende ist: So haben wir doch Macht davon zu reden / wie die Kinder von ihrem Vatter. Aber die gantze Tieffe zu erforschen / turbiret uns / denn GOTT selber keinen Anfang oder Ende in ihme weiß.

57. Und so wir nun wollen reden von der H. Dreyfaltigkeit / so müssen wir erstlich sagen / es sey ein GOTT: und der heißt der Vatter und Schöpfer aller Dinge / der da ist allmächtig und alles in allem / alles ist sein / und alles ist von ihm / in ihm / und auß ihme herkommen / und bleibet in ihm ewiglich: Und dann 2tens sagen wir er sey Dreyfaltig in Persohnen / und habe von Ewigkeit aus sich gebohren seinen Sohn / welcher ist sein Hertz / Liecht und Liebe / und seind doch nicht zwey Wesen / sondern eins: Und dann 3tens sagen wir vermöge der Schrifft / es sey ein H. Geist / der gehe vom Vatter und Sohne aus / und sey ein Wesen in dem Vatter/Sohn und heiligem Geiste. Und das ist recht also geredet.

58. Denn siehe 1. der Vatter ist das uhrkundlichste Wesen aller Wesen. So nun nicht das ander Principium in der Gebuhrt des Sohns anbräche und auffgienge / so wäre der Vatter ein finster Thal. Also siehestu ja 2. daß der Sohn / welcher des Vatters Hertz / Liebe / Liecht / Schöne und sanffte Wolthun ist / in seiner Gebuhrt ein ander Principium auffschleust / und den zornigen / grimmigen Vatter / vom Uhrkunde dem ersten Principio also zu reden / versöhnet / lieblich und (wie ich reden möchte) barmhertzig macht / und ist ein andere Persohn als der Vatter. Denn in seinem Centro ist nichts / dann eytel Freude / Liebe und Wonne. Nun siehestu ja auch wol 3. wie der H. Geist vom Vatter und Sohne außgehe. Denn wan das Hertze oder Liecht GOttes im Vatter gebohren wird / so gehet in der Anzündung des Liechtes / in der fünfften Gestalt auff aus dem Wasser-Quell im Liechte / ein gahr liebreicher / wolriechender / wolschmäckender Geist; das ist der Geist / welcher im Uhrkunde war der bitter Stachel in der herben Mutter / und der macht nun in dem Wasser-Quell der Sanfftmuht viel tausent / ja ohn Ende und Zahl Centrum, und das alles im Wasser-Quell.

59. Nun verstehestu ja wohl / daß des Sohnes Gebuhrt im Feuer sich uhrkundet / und krieget seine Persohn und Nahmen in der Anzündung des sanfften weissen und hellen Liechtes / welches er selber ist / und machet selber den lieblichen Ruch / Schmack und sanffte Wohlthun im Vatter / und ist billich des Vatters

Hertze

Hertze und ein andere Persohn / denn er bringet und schleust auff das ander Principium im Vatter / und sein eigen Wesen ist die Krafft und das Liecht / darumb ER billich die Krafft GOttes genant wird.

60. Der heilige Geist aber wird nicht im Uhrkund des Vatters deren Liechte erkant / sondern wann der sanffte Quell in dem Liechte auffgehet / so gehet er als ein starcker / allmächtiger Geist in grossen Freuden aus dem lieblichen Wasser-quell und Liechte aus / und ist des Wasser-quells und Liechts Krafft. Der machet nun Formungen und Bildungen / und ist in allen Essentien Centrum, da sich des Lebens Liecht uhrkundet in dem Liechte des Sohns oder Hertzen des Vatters. Und der H. Geist wird darumb ein sondere Persohn genant / dieweil er als die lebendige Krafft vom Vater und Sohne außgehet / und die ewige Gebuhrt der Dreyheit confirmiret.

61. Nun bethen wir: Unser Vatter / der du bist im Himmel / dein Nahm werde geheiliget rc. und Genes. cap. 1. stehet: GOTT schuff den Himmel auß dem Mittel des Wassers: wird verstanden der Himmel deß dritten Principii. Nun hat Er ihn freylich aus seinem Himmel erschaffen / darinnen Er wohnet: So findestu sein / wie die Gebuhrt der heyligen GOttheit im Wasserquell stehe / und der träfftige Geist ist ferner darin der Formirer und Bilder.

62. Also ist nun in derselben Formirung der Himmel und die Formirung und Auß-gebuhrt in unendlich / ist das Paradeys GOttes / wie dann der theure Moses schreibet: Der Geist GOttes schwebete auff dem Wasser in der Formirung der Welt: Das bleibet und ist also in seine Ewigkeit / daß der Geist GOttes auff dem Wasser schwebet in der Gebuhrt des Sohnes GOttes / denn Er ist die Krafft und Außgang im Vatter / aus dem angezündeten Liecht-wasser / aus dem Wasser und Liechte GOttes.

63. Also ist GOTT ein einiges / unzertrenliches Wesen / und aber dreyfaltig in persöhnlichem Unterscheid / ein GOTT / ein Wille / ein Hertze / eine Begierde / eine Lust / eine Schöne / eine Herrligkeit / eine Allmächtigkeit / eine Fülle aller Dinge / kein Anfang noch Ende. Denn so ich wolte von einem Ziel / Anfange oder Ende sinnen / so würd ich turbiret.

64. Und ob ich alhier geschrieben habe / als näme es einen Anfang / in dem ich schreibe vom Aufgange deß andern Principii und Gebuhrt deß Göttlichen Wesens / so solstu doch keinen Anfang verstehen. Denn also ist die Ewige Gebuhrt / und solches ist im uhrkunde.

Cap. 4.   **Göttliches Wesens.**   43

Uhrkunde. Ich schreibe allein zu dem Ende / daß der Mensch sich
lerne kennen / was er sey / was GOtt / Himmel / Engel /
Teuffel und Hölle / so wohl der Zorn GOttes und höllisch Feuer
sey. Denn es ist mir auch so weit zugelassen zuschreiben vom Uhrkundt.

65. Darumb bedencke dich du Menschen-Kind / in dieser Zeit /
was du seyest / schätze dich nicht so leichte und geringe / und dencke ja
daß du im Paradeiß bleibest / und nicht verleschest das Göttliche
Liecht in dir / und must hernach im Uhrkunde des Zorn-quelles /
im finstern Tahl ewig bleiben / und werde dein edel Bildnüß auß
GOtt zu einer Schlangen und Drachen.

66. Denn das soltu wissen / so bald das Göttliche Liecht ist in
Teuffelen verloschen / so haben sie auch ihre schöne Engels-gestalt
und Bildnüß verlohren / und sind ähnlich worden den Schlangen /
Drachen / Würmen und bösen Thieren / wie solches bey Adams
Schlange zu sehen ist: Und eben also gehets auch der verdamten
Seele. Denn das wissen wir im Uhrkunde in dem ersten Principio
gar eigen. Fragestu warumb das? Folget

Die Beschreibung eines Teuffels / wie er in seiner eignen Gestalt sey / und auch in Engels Gestalt gewesen.

67. Ihe Menschen-Kind / die Engel alle-samt seind im ersten Principio erschaffen / durch den wallenden Geist formiret und corporiret auff recht Englisch und Geistliche Ahrt / und
vom Liechte GOttes erleuchtet / daß sie solten die Paradisische
Freude vermehren und solten ewig bleiben. Solten sie aber ewig
bleiben / so musten sie aus dem unaufflößlichen Bande figuriret
seyn / aus dem ersten Principio, welches ein unaufflößlich Band
ist: Und die solten auff das Hertze GOttes sehen / und essen von
dem Verbo Domini, und dieselbe Speise hätte sie heilig erhalten /
und hätte ihre Bildnüß klahr und liechte gemacht / gleich wie das
Hertze GOttes im Aufgang des andern Principii den Vatter (das
ist das erste Principium) erleuchtet / und alda aufgehet die Göttliche Krafft / Paradeis und Himmelreich.

68. Also auch in Engeln / welche im Himmel-reich / im rechten Paradeise verblieben / die stehen im ersten Principio, in
dem unaufflößlichen Bande / und ihre Speise ist die Göttliche
Krafft / ihre Imagination oder Einbildung ist der Wille der H.
Dreyheit in der Gottheit: Die Confirmation ihres Willens
Lebens und Thuns / ist die Krafft des heiligen Geistes. Was
derselbe

derselbe thut in der Gebährung des Paradeises/ deß frewen sich die Engel/ und singen den Lobgesang des Paradeises/ von der heldseeligen Frucht und ewigen Gebuhrt. All ihr thun ist eine Vermehrung der himlischen Frewde/ und eine Lust des Hertzens GOttes/ ein heiliges Spiel im Paradeise/ ein Wille des ewigen Vatters: Zu dem Ende hat sie GOtt geschaffen/ daß Er offenbahr würde/ und sich in seinen Creaturen frewe/ und die Creaturen in ihme/ daß also sey in dem Centro der Vielfältigung oder ewigen Natur/ in dem auffslößlichen ewigen Bande/ ein ewiges/ freudenreiches Liebe-spiel.

69. Dieses Liebe-spiel hat Lucifer (also genant von Verleschung seines Liechtes/ und Verstossung seines Thrones/ ein Fürst und König vieler Legionen) selber verderbet/ und ist ein Teuffel worden/ und hat sein schön und hertzlich Bildnüß verlohren. Denn er ist so wohl als die andern Engel aus der ewigen Natur/ aus dem ewigen unaufflößlichen Bande erschaffen/ und im Paradiß gestanden: auch hat er gefühlet und gesehen die Gebuhrt der heiligen Gottheit/ die Gebuhrt des andern Principii, des Hertzens GOttes/ die confirmation des heiligen Geistes: Seine Speise wäre auch gewesen vom Verbo Domini, und darinn wäre er ein Engel blieben.

70. Weil er aber sahe/ daß er ein Fürst instehend im ersten Principio war/ verachtet er die Gebuhrt des Hertzens GOttes/ und sein sanfftes und liebreiches qualificiren: und vermeinete ein gantz gewaltiger und schröcklicher Herr im ersten Principio zu seyn/ wolte in Fewers-macht qualificiren/ die Sanfftmuth des Hertzens GOttes verachtet er/ seine imagination wolte er darein nicht setzen/ darumb konte er vom Verbo Domini nicht gespeiset werden/ und verleschete dadurch sein Liecht. Darumb er alsbald zur stunde ein Eckel im Paradeiß ward/ und ward außgespeyet von seinem Fürstlichen Thron mit all seinen Legionen/ die ihm anhingen.

71. Und weil nun das Hertze GOttes war von ihm gewichen/ so war ihm das ander Principium verschlossen/ verlohr also GOtt und Himmel-reich/ alle Paradisische Witz/ Lust und Frewde/ verlohr auch alsbald das Bilde GOttes/ die confirmation des H. Geistes. Dieweil er verachtete das ander Principium, in welchem er war zum Engel und Bilde GOttes worden/ entwiech alles von ihm/ und blieb er im finstern Thal und vermöchte seine Imagination nicht mehr in GOtt zu erheben; sondern blieb in den vier Aengstlichkeiten des ewigen Uhrkundes.

72. So

Cap. 4. **Göttliches Wesen.** 45

72. So er seine Imagination erhub / zündete er in ihme an den Quell oder die Fewer-wurtzel: So aber die Fewer-wurtzel suchte das Wasser / als die rechte Mutter der ewigen Natur / fand sie die strenge Herbigkeit / und die Mutter im ängstlichen Tode / und der bitter Stachel formete die Gebuhrt zu einer grimmigen wütenden Schlangen / gantz schrecklich in sich auffsteigende / in dem unaufflößlichen Bande eine ewige Feindschafft / ein Wieder-wille in sich selbst / eine ewige Verzweifflung alles Guten / das Gemüth ein brechendes und stechendes Radt / sein Wille immer auffsteigend zur Fewers-macht / und zu verderben des Hertzens GOttes / und kans doch nimmer erreichen.

73. Denn Er ist im ersten Principio, als im ewigen Tode immer verschlossen / und erhebet sich doch immerdar / vermeinend das Hertze GOttes zu erreichen / und über das zu herrschen. Denn sein bitter Stachel in der Gebuhrt steiget also im Fewer-quell ewig auff und giebet ihm einen Willen der Hoffahrt alles zu haben / krieget aber nichts. Seine Speise ist der Wasser-quell / welches ist die Mutter / gantz ängstlich / gleich dem Schwefel-geist / davon nehret sich sein unauflößlich Band. Seine Wonne ist das ewige Fewer / in der herben Mutter ewigen Frost / in der Bitterkeit ewigen Hunger / im Fewers-quell ewigen Durst: sein Auffsteigen ist sein Fall. Je mehr er auffsteiget im Willen / je grösser ist sein Fall / gleich einem so auff einem Felsen stehet / und begehret sich in eine unmäßliche Tieffe zu schwingen / je tieffer er drein siehet / je tieffer er darein fället / und findet doch keinen Grund.

74. Also ist der Teuffel ein ewiger Feind des Hertzens GOttes / und aller H. Engel / kan auch in ihme keinen andern Willen schöpffen: Seine Engel und Teuffel sind vielerley Ahrt / alles nach der ewigen Gebuhrt. Denn in Zeit seiner Schöpffung stund er im Himmelreich im Principio und Loco, als der heilige Geist in der Gebuhrt des Hertzens GOttes im Paradeis unmäßliche und unzählbahre Centra auffschloß/ in der ewigen Gebuhrt: Im selben Sitz ist er auch corporiret / und hat seinen Anfang genommen in Auffschliessung der Centrorum in der ewigen Natur.

75. Darumb (wie vorne im dritten Capitel vermeldet) wann auffgehet die Gebuhrt des Lebens / eine jede Essentia wieder ein Centrum in sich hat / nach seiner eignen Qualität / und ein Leben figuriret nach derselben Essentia: Als Herbe / Bitter / Feuer/ Thon / und alles ferner / vermöge der ewigen Gebuhrt / so im Himmelreich confirmiret wird. 76. Weil

76. Weil dañ die Engel Luciferi in Zeit ihrer Schöpffung im Himmel gestanden / ist ihre Qualität auch vielerley worden / und wäre alles Englisch gewesen und blieben / so sie der grosse Bruñ Lucifer / von welchem sie außgangen / nicht hätte verderbet: Ist aber gleichwol in ihrem Fall ein jeder in seiner Essentia blieben / allein das ander Principium ist ihnen verschlossen. Also gehets auch der Seele des Menschen / wañ das Liecht GOttes in ihr verleschet / weil es aber in ihr scheinet / ist sie im Paradeis / und isset vom Verbo Domini. Davon an seinem Orthe soll klärer geredet werden.

Das 5. Capittel.

Vom dritten Principio, oder Erschaffung der Materialischen Welt / sampt den Sternen und Elementen / da dann das erste und ander Principium klärer verstanden wird.

1. Jewohl ich dem begierlichen Leser nicht möchte genug verstanden seyn / und dem ungöttlichen gantz stumm; denn nicht leicht oder balde, verstanden wird das ewige unaufflößliche Band / darinnen das Wesen aller Wesen stehet. Ist aber dem begierlichen Leser noth / daß er sich mit grossem Ernst selber betrachte / was er sey / und wovon ihm seine Vernunfft und Sinnen kommen / in welchem er GOttes Gleichheit findet / sonderlich / so er sinnet und erkennet / was seine Seele sey / die ein ewiger unzerbrechlicher Geist ist.

2. Es kan aber der Leser nicht eher oder näher zur Erkäntnüß der dreyen Principien kom̃en / (ist er aber aus GOTT gebohren) als so er betrachtet die newe Gebuhrt / wie die Seele durch GOttes Liebe im Liecht newgebohren werde: Wie sie aus dem Kercker der Finsternüß durch eine andere Gebuhrt ins ewige Liecht versetzet werde. Und so du nun betrachtest dieselbe Finsternüß / darinnen sie ausser der newen Gebuhrt muste seyn / und betrachtest denn auch wie die Schrifft saget / und auch die Erfahrung giebet einem jeden / so in GOttes Zorn fället / auch schröckliche Exempel vorhanden sind / wie die Seele in sich selber müsse feindliche Pein leiden in ihrer selbst eignen Lebens-gebuhrt / so lange sie in GOttes Zorn ist: uud dann so sie wiedergebohren wird / in ihr erheblich grosse Frewde auffgehet / so findest u ja gahr hell und

Cap. 5. Göttliches Wesens.

und klahr zwey Principia, darzu GOtt / Paradeis und Himmelreich.

3. Denn du findest in der Wurtzel des Uhrkundes des Seelengeistes in sich selber in der substantz der Seelen ewigen Bande die allererschröcklichste feindlichste Quaal / darinnen sie allen Teufelen gleich ist ausser dem Liechte Gottes / darinnen ihre ewige Quaal stehet / eine Feindung in ihr selber / ein Widerwille gegen GOtt: Nichts gutes oder liebes wollen / ein Auffsteigen der Hoffart in Fewers-macht / eine bittere Grimmigkeit wider das Paradeiß / GOtt und Himmelreich / auch alle Geschöpfe im andern und dritten Principio sich allein erhebend /; wie dan die Bitterkeit im Fewer thut.

4. Nun findestu ja hergegen wan sie im Liechte GOttes new-gebehren wird / wie die Schrifft durchauß zeuget / und der new-gebohrne Mensch selber erfähret / daß die Seele gar ein demütiges / sanfftes / liebliches / wonnesahmes Wesen sey / die alles Creutz und Verfolgung duldet / die dem Leibe wehret des ungöttlichen Weeges / die keine Schmach von Teuffeln und Menschen achtet / die ihr Vertrawen / Zuversicht und Liebe ins Hertze GOttes setzet / die gar freudenreich ist / die vom Wörte GOttes gespeiset wird / in welcher ein Paradisisch lachen und triumph ist / die der Teufel nicht berühren kan / denn sie ist in ihrer eigenen Substantz / mit welcher sie creatürlich im ersten Principio im unaufflöslichen Bande stehet / mit dem Liechte Gottes erleuchtet / und der H. Geist (welcher aus der ewigen Gebuhrt des Vatters im Hertzen und Liecht des Hertzens GOttes außgehet) der gehet auch in ihr aus / und bestätiget sie zu GOttes Kinde.

5. Darumb alles was sie thut / geschiehet in GOttes Liebe / dieweil sie in GOttes Liecht lebet / der Teuffel kan sie nicht sehen / denn das ander Principium (darin sie lebet / und darin GOtt und Himmelreich / auch Engel und Paradeiß stehet) ist ihm verschlossen / und mag das nicht erreichen.

6. In dieser Betrachtung findestu / was ich mit dem Principio verstehe: Denn ein Principium ist anders nichts / als eine newe Geburht / ein new Leben: darzu ist nicht mehr als ein Principium, da ein ewiges Leben innen ist / das ist die ewige GOttheit / und die würde nicht offenbahr / so nicht GOtt in sich selbst Creaturen / als Engel und Menschen erschaffen hätte / welche verstehen das ewige unaufflösliche Band / und wie die Gebuhrt des ewigen Liechts in GOtt sey.

7. Also wird nun darinnen verstanden / wie das Göttliche We-

Wesen im Göttlichen Principio habe gewürcket in der Wurtzel des ersten Principii, welches ist die Gebährerin in der ewigen Gebuhrt in dem Limbo, oder uhrkundlichsten Waſſer-Geiſt/ durch welches Gewürcke endlich die Erde und Steine ſeynd worden. Denn im andern Principio, als in der heiligen Gebuhrt/ da iſt alleine Geiſt/ Liecht und Leben/ und die ewige Weißheit/ die hat gewürcket in der ewigen ſtummen und unverſtändigen Gebährerin/ als in ihrem Eigenthum vorm Uhrkunde des Liechts/ daraus iſt worden das finſter Geſtieb/ welches in Erhebung Lucifers, als ſich ihm das Liecht GOttes entzogen/ und angezündet ward der Grieß des Fewer-Quells/zur harten Materia, als Steine und Erden ward/ darauff die Zuſammentreibung der Erden erfolget/ und die Außſpeyung Lucifers von ſeinem Thron erging: Und die Schöpffung des dritten Principii erfolgete/ und er ins dritte Principium verſchloſſen ward als ein Gefangener/ nun wartend auffs Gerichte Gottes/ob ihm diß nicht mag Schaude/ Spott und Widerwillen ſeyn/ alſo zwiſchen Paradeiß und dieſer Welt gefangen ſeyn und keines zu begreiſſen/ gebe ich zubedencken.

8. So wir aber nun wollen reden vom dritten Principio, als vom Auffgang und Gebuhrt dieſer Welt/ wird betrachtet die Wurtzel der Gebährerin/ ſintemahl ein jedes Principium ein andere Gebuhrt iſt/ aber nicht aus einem andern Weſen/ ſo befinden wir/ daß im erſten Principio, in dem unaufflößlichen Bande (welches in ſich ſelbſt ſtumm iſt/ und kein recht Leben hat/ſondern die Quell des rechten Lebens iſt erbohren durch den wallenden Geiſt GOttes/ welcher im erſten Principio von Ewigkeit uhrkundet/ und im andern Principio, als in der Gebuhrt des Hertzens oder Sohnes GOttes/ von Ewigkeit/außgehet) ſey auffgeſchloſſen die Matrix der Gebährerin/ welche iſt uhrkundlich die Herbigkeit/ aber im Liecht die ſanffte Mutter des Waſſer-geiſtes. So ſiehet und findet man nun klärlich für Augen/ wie der Geiſt GOttes habe alda in der Matrix gewürcket/ daß aus der unbegreifflichen Matrix, welche nur ein Geiſt iſt/ worden iſt das begreiffliche und ſichtliche Waſſer.

9. Zum andern ſieheſtu klar an den Sternen und feurigen Himmel die Scheidung/ wie in der ewigen Matrix die ewige Scheidung ſey/ denn du ſieheſt ja wie die Sternen und der feurige Himmel mit dem wäſſeriſchen/ ſo wohl lufftiſchen/ auch irdiſchen aus einer Mutter ſind erbohren. Sintemahl ſie in einander qualificiren und die Gebuhrt dieſes Weſens eins im andern/ auch

Cap. 5. **Göttliches Wesens.** 49

eins des anderen Kasten und Behalter ist / und doch nicht einerley qualificirung haben. Also erkenne ich hierinnen die Scheidung wie die ewige Matrix ein: Scheidung in sich habe / wie vorn im 3. Cap. gemeldet / so der ewigen Gebuhrt von den vier Aengstlichkeiten / da sich zwischen Herbe und Bitter das Fewer gebieret / und im Fewer=blitz das Liecht / und behält doch ein jeder Quell sein Recht.

10. Also verstehe / da der Geist GOttes diese Matrix bewegete / so hat die Matrix gewürcket / und im anzünden des Geistes GOttes in der fünfften Gestalt der Matrix ist auffgegangen der feurige Himmel des Gestirnes / welcher ist eine lautere quinta Essentia erbohren / in der fünfften Gestalt der Matrix, an welchem Ohrt sich das Liecht uhrkundet / darauß auch endlich die Sonne erbohren / mit welcher das dritte Principium auffgangen ist / welche nun im dritten Principio ist das Leben und Auffschliesser in der Matrix des Lebens aller Leben in diesem Loco. Gleich wie das Hertze GOttes im Paradeisischem Himmel in dem unmaterialischen Himmel und Gebuhrt auffschleust die ewige Krafft GOttes / darinnen das ewige Leben immer auffgehet / und darinnen die ewige Weißheit immer scheinet: Also auch schleust auff das Liecht der Sonnen welches auffgangen ist in der stummen Matrix, durch den wallenden Geist in der Matrix das dritte Principium dieser materialischen Welt / das dritte und anfängliche Principium, welches wieder in dieser Gestalt ein Ende nimbt / und wieder in sein æther gehet / am Ende dieser Enumeration, vermöge der Schrifft.

11. So bleibet alsdan alles wieder von diesem dritten Principio in der ersten Matrix : allein was in diesem Principio ist gesamblet worden / und sich uhrkundet auß dem Paradeisischen Himmel und andern Principio, als der Mensch / bleibt ewig in der Matrix: Hat er nun in dieser Zeit die Gebuhrt des andern Principii erreichet und ist darin wiedergebohren / wol ihme: wo aber nicht / so bleibet er doch ewig in der Matrix , aber er berühret das Liecht GOttes nicht.

12. Nun weiß ich wol / daß ich dem Leser alhier etlicher massen nicht werde allein stumm und unverstanden seyn / sondern auch kümmerlich / dieweil ich geschrieben habe von der Mutter / darinn die Gebuhrt des Göttlichen Wesens stehet: Und nun schreibe / wie dieselbe Matrix stumm und unverständig sey / darauß auch ein unverständig Principium gebohren sey / wie solches vor Augen ist / daß in dieser Welt weder im Gestirn / noch Elementen kein
C   recht

rechter Verstandt ist/ so wol auch in allen ihren Creaturen ist nur ein Verstandt zu qualificiren, nehren und mehren/ wie die Matrix an ihr selber ist.

13. Darauff wisse/ das die Matrix im andern Principio, welche doch im ersten ihren Grundt und ewige Wurtzel hat/ ist allein pur ein ewiger unanfänglicher/ sanffter Geist/ welcher kein solch feurig unerträglich Liecht hat/ sondern alles lieblich und wonnesam/ und wird die ewige uhrkundlichste Matrix nie erkant: sondern das sanffte Liecht des Hertzens GOttes machet alles freundlich und wonnesahm.

14. Darumb auch der Geist/ so in der sanfften Matrix auffgehet/ ist der H. Geist/ und wohnet GOTT in sich selber/ und nennet sich allein einen zornigen/ eifferigen GOTT nach der uhrkundlichsten Matrix, welche im Paradeis nicht offenbahr ist/ und dem Menschen auch im Anfang verbothen ward/ nicht zu essen von der Frucht der uhrkundlichsten Matrix, bös und gut: Es hätte auch der Mensch die uhrkundlichste Matrix nie erkant/ hätte er nicht darnach imaginiret, und von derselben Frucht gessen/ davon ihn die Matrix alsbalde fieng und gefangen hielt/ und in ihme inqualiret, auch nehret und pfleget/ wie nunmehr vor Augen ist.

15. Also wisse nun/ daß das ander Principium das Häft hat/ und ist alda alleine Verstandt und Weißheit/ auch nur alleine darinnen die Allmächtigkeit/ und ist dieses dritte Principium des andern Eigenthumb/ nicht abgetrennet/ sondern darinn allwesend/ und doch eine Gebuhrt zwischen ihnen/ wie Luc. 16. beym reichen Manne und armen Lazaro/ da einer im Paradeis/ der ander in der uhrkundlichsten Matrix oder Höllen zusehen.

16. Und hat GOTT das dritte Principium darumb erbohren/ daß er mit der materialischen Welt offenbahr würde; dieweil er im andern Principio in der Paradisischen Welt hatte geschaffen die Engel und Geister/ so verstunden sie in dem dritten Principio die ewige Gebuhrt/ auch Weißheit und Allmächtigkeit GOttes/ darinnen sie sich konten spiegelen/ und ihre Imagination bloß ins Hertze GOttes setzen/ in welcher Gestalt sie konten im Paradeis und Engel bleiben/ welches die Teuffel nicht gethan: sondern vermeineten in der Matrix auffzusteigen und in grosser Macht über Paradeis und alle Englische Nester zu herrschen/ darumb sie aus dem Paradeis fielen/ und wurden darzu aus ihrem Loco getrieben in eine Enge/ also daß sie auch die Matrix dieser Welt gefangen hält.

17. Denn

Cap. 5. Göttliches Wesens.

17. Denn der Locus dieser Welt ist ihr Englisch Königreich gewesen / da sie im Loco dieser Welt im Paradeis und Himmelreich waren.

18. So wir nun wollen reden vom Paradisischen und dann auch vom Principio dieser Welt / von seiner Krafft und wunderlichen Gebuhrt / wie die Göttliche und ewige Weißheit sey / ist uns nicht möglich zu reden: Denn der Brunn der Tieffe mag in keinem Geiste / er sey Engel oder Mensch / ergriffen werden / darumb machet die unzahlbahre / ewige Gebührt und Weißheit im Paradeis eine wunderliche / ewige Freude. Diese unzahlbahre Weißheit und Krafft wird nun von uns Menschen / so wir diß warnehmen im dritten Principio auch erkant: So wir anschawen den gestirneten Himmel / die Elementa, so wol die Creaturen / auch Holtz / Kraut und Graß / so sehen wir an der materialischen Welt das Gleichnüß der Paradisischen unbegreifflichen Welt. Denn diese Welt herrühret auß der ersten Wurtzel / darinnen sie alle beyde stehen / beydes die materialische / und dann auch die Paradisische / geistliche Welt / die un-untergänglich und un-anfänglich ist.

19. Und so wir nun sinnen und dencken vom Uhrsprung der vier Elementen / so finden wir klar / sehen und fühlen in uns selber den Uhrsprung / so wir aber Menschen und nicht Thiere sind / voll Boßheit und Widersprechens wider GOTT und die Ma rix dieser Welt. Denn der Uhrsprung wird im Menschen so wol erkant / als in der Tieffe dieser Welt: Wiewol es dem unerleuchten Menschen wunderlich fürkomt / daß er solte sagen vom Uhrkunde des Lufftes / Fewers / Wassers und Erden / so wol des Gestirnes / ꝛc. hälts mehr vor unmöglich zu wissen / schwimmet also in seiner eigenen Mutter / und wil die nicht kennen / ist ihm auch wol nicht gut / daß ers wissen muß; Weil uns aber der Fall Adæ darein gestürtzet / so ists uns hochnoht zu wissen zu entfliehen dem viehischen Menschen / und zu leben im rechten Menschen.

20. So du nun deine Augen des Gemühts auffthuest / so sihestu wie das Fewer im Wasser ist / und wird im Wetter-leuchten ersehen / und wird doch kein Fewer das beharlich sey alda ergriffen / und ist doch wahrhaftig Fewer / welches Häuser anzündet und verbrennet. So siehestu auch / wie alda eine grosse Macht des Luffts außgehe / und eines im andern iß: darzu siehestu / wie das Wasser also im Sturm werde erbohren.

21. Alhier wirstu nun diese Wurtzel nicht finden / du must

C 2 nur

nur in die Matrix schawen/da ist sie gantz offenbahr/und erkennest sie in allen Dingen/denn die Matrix dieser Welt stehet in der ewigen Matrix, davon sich Paradeiß und Himmel uhrkundet.

22. Wie nun die ewige Matrix ist eine außgehende Gebuhrt/ da im uhrkunde ist herbe/ finster/ harte und ängstlich: Also siehestu/ als der Geist GOttes die innere Matrix angezündet/ so ist sie würckende und qualificirende worden.

23. Denn erstlich ist im Uhrkunde Herbe/ das zeucht an sich/ schleust ein/ machet finster/ und die scharffe Kälte. Nun kan die Bitterkeit das Anziehen nicht erdulden/ denn das Anziehen in der Kälte machet den Stachel der Bitterkeit/ welcher wütet und sich vorm harten Tode wehret/ weil er aber nicht aus der Herbigkeit kan wegkommen/ weil sie seine Mutter ist/ darinn sie stehet / so wütet er gantz schrecklich/ als wolte er die Herbigkeit zersprengen: sticht über sich und quericht/ und findet doch keine Ruhe biß die Gebuhrt der Herbigkeit in ein ängstlich schrecklich Wesen geräth/ gleich einem Schwefel=geist gantz raw/ harte in sich stechende/ wie ein drähendes Radt/ und die Bitterkeit gantz schnell über sich steigende/ darauß ein schielender Blitz wird/ für welchem die finster Herbigkeit erschricket/ zurücke gleich wie überwunden sincket: Und wann nun die Bitterkeit die Mutter also überwunden/ und gleich wie halb ertödtet oder sanffte findet/ erschrickt sie viel sehrer als die Mutter: Weil aber der Schrack in der herben Mutter/ welche nun halb todt und sanffte ist/ geschiehet/ verleuret die Bitterkeit ihr schrecklich Recht/. und wird weiß/ liecht und helle/ und ist die Anzündung oder Gebuhrt des Fewers/ wie vorne bemeldet.

Lieber Leser halts nicht für spott/ auff daß dich diese Gebuhrt/ welche doch in deines Lebens Anfang fast dergleichen geschiehet/ nicht turbire/ und mercke weiter.

24. Als sich GOTT in der ersten Matrix zur Schöpffung beweget und die Engel geschaffen/ hat Er dieselben im Paradeiß in der Liecht=heiligen Matrix, welche zwar nur diese/ und kein andere ist/ geschaffen. Es ist aber die Matrix mit ihrem feurigen/ finstern und herben=bittern Recht gantz verborgen gestanden. Denn das Liecht GOttes hat sie von Ewigkeit lieblich/ helle und wonnesahm erhalten: Als sich aber GOTT zur Schöpffung bewegete/ ist sie offenbahret worden: Denn die Engel sind auß dem unaufflößlichem Bande/ auß der Mattis erschaffen/ und dem wallenden Geist GOttes corporiret.

25. Als

Cap. 5. Göttliches Wesens. 53

25. Als nun GOtt mächtige Fürsten-Engel groß und im Loco der vierdten Gestalt in der Matrix, wo der Fewer-quell sich uhrkundet/ erschaffen/ sind sie nicht bestanden/ und haben nicht für sich in die fünffte Gestalt imaginiret/ in welcher die Außgeburht des Paradeises stehet/ sondern haben ihre imagination zurück in sich erhoben/ und einen Willen in der Matrix geschöpffet/ im Fewer über das Paradeiß und Liecht GOttes zu herrschen. Denn die fewrige Matrix als der Höllen Abgrund/ hat sich in der Schöpffung also harte mitbeweget/ darauß Lucifer der Groß-Fürst seinen Willen geschöpffet und darinnen verblieben/ vermeinet also selber ein grosser und schrecklicher Herr zu seyn in seinem gantzen Loco.

26. Also hat der Teuffel die Matrix, und die feurige Gestalt den Teuffel bewogen/ denn sie auch creatürlich seyn wolte/ wie alle Gestälte in der Matrix, welches doch wider die 5te Gestalt in der Matrix lauffet/ da im sanfften und hellen Liechte der holdselige Quell der Liebe auffgehet/ darinnen das ander Principium ewig stehet.

27. Als nun dieser Sturm in der Schöpffung ergangen in dem ersten Principio, so ist die Matrix erheblich und sehr entzündet gestanden/ und hat jede Gestalt in der Matrix gewürcket/ weil sich aber alda der Zorn und Grimmigkeit erhoben/ und dieser Locus also nicht im Paradeiß konte bestehen/ so hat GOtt diesen Locum noch sehrer beweget in der Matrix, welche noch sehrer entzündet worden/ da dem Teufel sein Bad ward/ und die vierdte Gestalt im Fewer-blitz stund/ welcher sich zurück in der Mutter erblicket/ und den Geist GOttes in der formirung befund/ alda augenblicklich sein grimmig Recht verlohr in grosser Frewden/ weiß/ helle und liechte wurd.

28. Und an diesem Orthe stehet das Fiat, daß GOtt geschaffen habe Himmel und Erden. Denn es ist vor dem Fiat das dritte Principium nicht offenbahr gewesen/ sondern alleine das Paradeiß im Loco dieser Welt.

29. Als aber GOtt sahe/ daß der Groß-Fürst Lucifer welte in diesem Loco in Fewers Macht in der Matrix herrschen/ hat Er ihme die fünffte Gestalt in der Matrix des Paradeises verschlossen. Denn die ist ihrer incorporlichen Gestalt verloschen/ und auch euserlich.

30. Denn als die Matrix vom auffgegangenem Liechte wieder dünne/ todt und überwunden wurdt/ so wurdt sie materialisch zu Wasser/ wie wir jetzt sehen/ und in derselben Anzündung vorm
C 3 Liechte

Liechte der Sonnen / als die Matrix noch im herben Grimm stund / hat die Matrix das Gewürcke zusammen gezogen im Wasser-geist / daraus Felsen und Steine sind worden / und die finster Erde / welche vor der Zeit der Schöpfung nur ein Gestieb gewesen / und ist in dieser Stunde auffgangen das dritte Principium, der fewrige Himmel in der fünfften Gestalt der Matrix durch das Fiat, welches GOTT der Vatter durch sein Hertz oder Sohn gesprochen. Durch und in Ausgang seines Geistes / welcher alda über der Matrix geschwebet / und in der Matrix in der fünfften Gestalt den feurigen Himmel formiret / wie der theure Moses klar davon schreibet. Denn die Matrix ist im Uhrkund der Wasser-geist in der ersten Gestalt / und als sie nun im Loco dieser Welt materialisch ward / schwebete der Geist auff dem Wasser in der himlischen Matrix, welche nun materialisch ist / von welcher das materialische Wasser erbohren wird / und formete die Geschöpfe.

31. Also ist mit diesem Aufgang der materialischen Matrix wieder gelöschet / und in seinen Sitz kommen die Grimmigkeit / und ist der Teuffel im Urkund der Matrix, welche in Ewigkeit nicht mag geändert werden / zwischen Paradeis und dieser Welt in der finstern Matrix blieben / und mit der Schöpfung der Erden vom höhern Sitz (wo jetzt der feurige gestirnete Himmel ist) gestossen worden.

Das 6. Capittel.
Von der Scheidung in der Schöpfung im dritten Principio.

1. SO man nun uhrkundet die Scheidung und Ausgang im dritten Principio dieser Welt / wie auffgangen sey der gestirnete Himmel / und wie jeder Stern eine sonderliche Eygenschaft und Gestalt in sich habe / da in jedem ein sonderlich Centrum vermercket wird / also / daß ein jeder fix und ein Meister vor sich ist / und herrschet ein jeder in der Matrix dieser Welt / qualificiret und gebieret in der Matrix nach seiner Art. Und sehen darnach an die Sonne / welche ihr König / Hertz und Leben ist / ohn welcher Liecht und Krafft sie alle keine Würckung verbrächten / sondern im harten / finstern Tode stünden / und wäre in dieser Welt alles ein Nichtes / alles als nur eine grimmige / rauhe Herbigkeit. Und sehen weiter an die Elementa: Feuer / Lufft und

Cap. 6.   Göttliches Wesens.   55

und Wasser / wie sich die immer gebähren / eines im andern /
und dann wie das Gestirn in diesem / als in seinem Eygenthumb
herrschet / und sehen an die Mutter / davon dieses Wesen alles
ausgehet. So kommen wir auff die Scheidung und auff die
ewige Mutter / der Gebährerin aller Dinge.

2. Und haben das ja klar vor Augen in uns selbst und in allen Dingen / so wir nicht so toll / blind und eygensinnig wären/
und liessen uns einen Lehrbuben führen / sondern hielten uns am
Meister / der da ist der Meister aller Meister. Denn wir sehen
ja 1. Daß das alles herrühret aus der ewigen Mutter / wie die
in ihrer ewigen Geburt ist/ Also auch hat sie diese Welt gebohren/
und also auch wird eine jede Creatur gebohren: und wie dieselbe
in ihrem Ausgange ist in der Vielfältigung / da ein jeder Quell
wieder ein Centrum der Gebährerin in sich hat / und eine Scheidung / aber nicht abtheilig aus einander ; Also auch ist diese
Welt aus der ewigen Mutter gebohren / welche nun auch eine
solche Gebährerin ist / und von der ewigen Mutter nicht abgetrant / sondern ist auff eine materialische Ahrt worden / und
hat durch die Sonne ein ander Liecht und Leben bekommen / welches nicht der weise Meister selber ist/ sondern der weise Meister/
welcher GOtt ist / der hälts / daß es stehe in der ewigen Matrix,

3. Sintemahl diese Gebuhrt einen Anfang hat durch den
Willen GOttes / und wieder in sein Æther gehet / so hat sie
nicht die Krafft der Weißheit / sondern sie kawet nach ihrer Ahrt
immer hin / macht lebendig und tödtet / was sie trifft / das trifft
sie / böse / krum / lahm oder gut / schön oder mächtig / macht
Leben und Tödtet / giebt Macht und Stärcke / zerbricht die auch
wieder / und alles ohne vorbedachte Weißheit/ Daran zu sehen
daß sie nicht die Göttliche Vorsichtigkeit und Weißheit selber
sey / wie die Heyden gedichtet / und sich in ihrer Macht vergaf-
fet haben.

4. So wir nun ihren Grund wollen sehen / müssen wir nur
die erste Mutter anschawen in ihrer Gebuhrt / so sehen und finden wir alles. Denn gleich wie die erste Mutter / so wir sinnen/
wie sie im Uhrkunde ausser dem Lichte sey / ist Herbe / Finster/
Harte / Kalt / und ist doch in der Ausgebuhrt der Wasser-
Geist/ also findestu/ als die materialische Welt ist auffgangen/ da
hat GOtt den ersten Tag geschaffen/ den Himmel und die Erden.

5. Nun ist der Himmel aus der herben Matrix, welche im
Paradeisischen der Wasser-geist ist / aus der selben paradeisi-

schen ist geschaffen der materialische / wie Moses schreibet: der Himmel sey auß dem Mittel des Wassers gemacht / auch gantz recht. Nun ist die Erde und Steine / so wohl alle Metall in d r= selben Stunde zugleich / als die Matrix dieser Welt noch finster gewesen / aus der Matrix erbohren.

6. Denn als die Matrix beweget ward / und Herr Lucifer wol= te im Fewr herrschen / so hat sie die herbe finstere Matrix zusam= men gezogen / das gantze Gewürcke in der Außgebuhrt / darauß Erde / Stein: / Metalla, Schwefel und Saltz ist worden/ und ist dem Fürsten Lucifer hiermit sein Reich verschlossen worden / und er im inneren Centro blieben / im äussern gefangen.

7. Daß aber in der Matrix solche Dinge möchten gewürcket werden / daß giebt die Krafft / so in der Matrix war / denn ein Stein ist anders nichts / als ein Wasser / Mercurius, Saltz und Schwefel / in welchem ein Oele verborgen ist.

8. Nun hat die Gebuhrt der Matrix eine solche Gestalt in ihrem ewigen Wesen und Lebens Gebuhrt: Denn erstlich ist Herbe / Strenge / Hart / davon die Kälte uhrkundet: Nun zeucht Her= be an sich / und schärffet die Kälte / und macht in ihrem anziehen den bittern Stachel / der sticht / wütet / und mag das harte An= ziehen nicht dulden / ängstet sich gleich einer tollen Unsinnigkeit/ fähret auff und wütet / wird gleich einem Schwefel=Geiste.

9. In dieser Gestalt ist nun in dem Grimm in der wässerigen herben Mutter / die herbe bitter Erde / Schwefel und Saltz er= bohren / vor Anzündung der Sonnen in der verständigen Matrix: Daß aber alda eine Scheidung sey ergangen / machet daß die Ge= buhrt in grossen ängsten ist gestanden / und in der Gebuhrt die Scheidung begehret: Denn die Bitterkeit mit der Herben sich nicht verträget / und ist doch Mutter und Sohn ein Glied im an= deren / und muß also seyn / sonst wäre nichts. Denn es ist das ewige Band und Lebens Uhrkund.

10. Ferner / so nun die Bitterkeit also in der herben Mutter wütet / auffsteiget / sich ängstet / geräht sie in einen schielenden Blitz gantz erschrecklich: In dieser Gestalt ist in der Matrix der Mercurius oder Gifft erbohren. Denn wenn die Matrix diesen Fewr=Blitz in ihrer finstern / herben Gestalt erblicket / erschri= cket sie / und wird ertödtet in ihrem harten / herben Recht. Und an diesem Ohrte ist in der Matrix erbohren der Todt / Gifft / Hin= fallen und Zerbrechen / so wohl auch das edle Leben im Mercurio und Auffgang des dritten Principii.

11. Nun ferner / als der Fewr=Schrack ist in die herbe Mut= ter

Cap. 6. Göttliches Wesens.

ter kommen/ und hat seine Mutter also überwunden/ ist er viel sehrer erschrocken: denn er sein grimmig Recht alda verlohren/ dieweil die Mutter einen andern Quell bekommen/ und auß dem Fewer-Schrack eine Hölle worden/ in welchem in der stummen Matrix ist die Materia mitten im Schrack zu weicherer und lichterer vermengter Materia worden/ als vom Liechtes-Schrack/ Gold/ Silber/ Kupfer/ Zinn/ Bley/ alles weiters/ wie an jedem Ohrte die Matrix im riegenden Centro ist gestanden.

12. Denn die Gebuhrt ist im gantzen Raum dieser Welt/ so weit Lucifers Königreich hat gereichet/ also gestanden. Darumb an einem Ohrte viel ander Erdreich/ auch Metall und Wesen ist worden/ als am andern. Und sichet man für Augen/ wie alle Metallen sind vermenget/ das macht alles die Auß-gebuhrt in unendlich/ welches wir zwar verstehen und schawen/ aber nicht reden können noch dürffen/ denn es turbiret uns/ und gelanget in die Gottheit/ die ohne Anfang und Ewig ist: darumb die Creatur demselben weichen soll/ bey verlierung der Vernunfft und Sinnen.

13. Nun dieses weiter zu erklären; Als nun die Matrix ist also in der Gebuhrt gestanden/ alda die Materia der Erden ist erbohren worden/ so ist die Matrix mit der Anzündung zu Wasser worden. Da verstehe recht/ nicht gantz im Wesen/ sondern gleich wie sich hat Erde/ Steine und Metall gebohren/ und doch die Matrix blieben/ also auch Wasser in der Tödtung und Uberwindung/ mit welcher die materialische Welt ist angegangen: Alda in dieser Bewegung ist die Kugel der Erden zusammen getrieben worden/ und stehet mitten im Circkel als ein Punct von unten und oben.

14. Alda ist der Geist GOttes im Centro in der Paradeisischen Matrix gestanden/ und im Paradeisischen Himmel gestanden in seinem ewigen Sitz/ davon nicht gewichen/ und hat auff dem materialischen Wasser geschwebet mit dem Fiat, und alda den Himmel formiret/ welcher aus dem Mittel der wässerigen Matrix geschaffen worden/ und die Wurtzel der Finsterniß vom Liecht in der Matrix geschieden/ in welcher Finsterniß die Teuffel verblieben/ und die Materia in der Matrix, so wol auch das newe Liecht nicht ergrieffen/ welches in der Matrix auffgangen. Alda ist mit diesem Geschöpff und Scheidung eines Tages Länge hingangen/ und ist aus Anfang und Ende Morgen und Abend worden der erste Tag/ wie Moses schreibet.

15. Daß wir aber vom Himmel reden/ und den Leser verständ-

ligen

digen/ was er sey/ den GOTT alda geschaffen/ so schreibet Moses darvon/ GOTT habe eine Feste zwischen die Wasser gemacht/ und das Wasser unter der Feste von dem Wasser über der Festen geschieden/. und die Feste Himmel geheissen: Ist gar recht/ aber bißher schwer verstanden worden.

16. Nun siehe der Himmel ist die gantze Tieffe/ so weit sich die Æther haben zur Gebuhrt dieser Welt eingegeben/ und der ist die Matrix, aus welcher die Erde/ Steine/ und materialisch Wasser sind erbohren. Nun hat GOTT das materialische Wasser alda entschieden von der Matrix, und siehet man gahr eigentlich alhier/ wie das materialische Wasser gleich wie ertödtet/ oder darinnen der Todt ist/ denn es hat nicht können in der schwebenden Mutter bleiben/ sonder ist auff die Erd-Kugel geschaffen worden/ und GOTT hat es Meer geheissen/ darinnen verstanden wird in der Natur-sprache ein grünen im Tode/ oder ein Leben in der Zerbrechlichkeit. Wiewol ich dem Leser mit diesem stum seyn werde/ weiß ichs doch wol/ lasse mir auch genügen/ dieweil der viehische Mensch dieses zu wissen nicht wehrt ist/ wil derowegen die Perlen alhie nicht gar für die Säw werffen. Anlangend die Kinder GOttes/ welchen dieses alleine gilt/ wird der Geist GOttes wol unterweisen und lehren.

17. Nun als der Himmel ist von der Erden und finstern Gestieb in der Zusammen-treibung lauter worden; So sind alda in der Matrix des Himmels gestanden die drey Elementa: Fewer/ Lufft und Wasser. Dieses sind drey Dinge in einander in einer Mutter/ und die Mutter wird alhier der Himmel geheissen/ darumb werde ich nun im schreiben vor das Wort Matrix das Wort Himmel gebrauchen/ denn der Himmel ist die Matrix.

18. Und heisset darumb Himmel/ wegen der Scheidung/ daß die quinta Essentia des Gestirns ist entschieden und in höhern Himmel gesetzet/ alda die Matrix mehr sewrend ist/ wie in der Natur-Sprache eigentlich verstanden wird/ und auch für Augen ist.

19. Alhier ist aber nun des Himmels Qualität/ Gebuhrt und Eigenschafft zu beschreiben/ dieweil die 4 Elementa alda/ als in ihrer Mutter auffgehen/ und alda innen die Krafft aller Leben dieser Welt stehet. Muß man den Uhrsprung der Elementen beschreiben/ in welchen man erst recht verstehet/ was Himmel ist. ꝛc.

Das

Cap. 7.   Göttliches Wesens.   59

Das 7. Capittel.

Vom Himmel/ seiner Ewigen Gebuhrt und Wesen/ und wie die Elementa erbohren werden: darinnen dann das ewige Band durch Anschawen und Betrachtung der materialischen Welt besser und mehr verstanden wird.

Die grosse Tieffe.

1. IN jeder Geist siehet nicht weiter als in seine Mutter/ darauß er seinen Uhrkund hat/ und darinnen erstehet/ denn es ist keinem Geiste müglich in eygener natürlicher Macht in ein ander Principium zu sehen und das zu schawen/ er werde dan darinnen wiedergebohren.

2. Der natürliche Mensch aber (welchen die Matrix dieser Welt hat in seinem Fall gefangen/ dessen natürlicher Geist schwebet zwischen zweyen Principien, als dem Göttlichen und höllischen/ und stehet in beyden Pforten/ und in welch Principium er fället/ alda wird er wiedergebohren/ entweder zum Himmel/ oder Höllen-Reich/ und vermag doch in dieser Zeit keines zu schawen. Der ist in seiner Substantz und gantzem Wesen ein zweyfacher Mensch/ denn seine Seele in ihrer eigenen Substantz ist aus dem ersten Principio, welches von Ewigkeit keinen Grund oder Anfang hat/ und die ist in Zeit der Schöpfung des Menschen im Paradeiß oder Himmel-Reich durch das Fiat auff Geistes Ahrt recht corporiret worden/ ist aber mit der ersten Krafft/ welche von Ewigkeit ist in der ersten ihrer eigenen Krafft/ in der ersten Wurtzel unabtrenlich blieben stehen/ und durch das ander Principium, als das Hertze GOttes durchleuchtet/ damit im Paradeis instehend vom wallenden Geiste GOttes in die Matrix des dritten Principii, in den gestirneten und elementischen Menschen eingeblasen worden. Der verstehet/ so ferne das Liecht GOttes in ihm scheinet/ den Grund des Himmels/ so wol der Elementen und auch der Höllen. Denn so das Liecht in ihme ist/ so ist er in allen dreyen Principien gebohren/ ohn das er nur ein Funcke darvon ist/ und nicht der grosse Brunn/ welcher GOTT ist selber.

3. Darumb saget auch Christus: So ihr Glauben habet als ein Senff-Korn/ So möget ihr sagen zum Berge: Stürtze dich ins Meer/ so sols geschehen; Und in dieser Macht haben Menschen durchs Wort und GOttes Krafft Todten aufferwe-

C 6

cket/ und Krancken gesund gemacht. Anders hätten sie dieses nicht thun können/ so sie nicht in der Macht aller dreyen Principien wären gestanden.

4. Denn der geschaffene Geist des Menschen/ welcher aus der Matrix dieser Welt ist/ der herrschet ins Liechtes Krafft/ verstehe durch Krafft des andern Principii, über und in Krafft des Sternen-und Elementischen Geistes/ alles gantz mächtig als in seinem Eigenthumb. Aber im Fall Adams haben wir diese grosse Macht verlohren/ in deme wir das Paradeiß raumeten und wanderten ins dritte Principium, in die Matrix dieser ,, Welt/ die hielt uns alsbald im Zwang gefangen. Darumb ,, haben wir die Erkäntnüß noch im Glast/ und sehen gleich wie ,, durch einen tunckelen Spiegel die ewige Gebuhrt.

5. Dieweil wir nun so unmächtig in allen dreyen Gebuhrten schweben/ daß uns die Paradeisische Pforte so offte vertunckelt wird/ und der Teuffel uns so offte in die höllische Pforte zeucht/ auch die Elementa uns die Syderische Pforte verdecken und gantz geschwul machen/ daß wir also offte in der gantzen Matrix schweben als taub/ stumm/ oder halb ertödtet: So uns aber das Paradeisische Liecht scheinet/ so sehen wir hindurch in die Mutter aller dreyen Principien. Denn die mag uns nichts hindern/ der dreyfache Geist des Menschen siehet eine jede Gestalt und Qualität in seiner Mutter.

6. Darumb ob wir gleich reden von der Schöpfung der Welt/ als wären wir dabey gewesen und hätten solches gesehen/ deß darff sich kein Mensch wundern/ und vor unmöglich halten/ denn der Geist/ so in uns ist/ den ein Mensch vom anderen erbet/ der ist aus der Ewigkeit in Adam geblasen/ der hat es alles gesehen/ und siehet es alles im Liechte GOttes/ und ist gahr nichts fernes/ oder unerforschliches: denn die ewige Gebuhrt/ so im Menschlichem Centro verborgen stehet/ thut nichts news/ sie erkennet/ würcket und thut eben das/ was sie von Ewigkeit gethan hat/ würcket zum Liecht und Finsternüß und arbeitet in grossen Aengsten. Wenn aber das Liecht in ihr scheinet/ So ist in ihrem Gewürcke eitel Frewde und Erkäntnüß.

7. Darumb so man redet vom Himmel und von der Gebuhrt der Elementen/ so redet man nicht von fernen Dingen/ so weit von uns sind/ sondern wir reden von Dingen/ so in unserem Leibe und Seele geschehen/ und ist uns nichts näher als diese Gebuhrt/ denn wir leben und schweben darinnen/ als in unserer

Cap. 7. **Göttliches Wesens.** 61

Mutter / reden also nur von unserem Mutter-Hause / und so
wir vom Himmel reden / so reden wir von unserm Vatter-Lan=
de / welches die erleuchte Seele wohl schawen kan / und obs gleich
dem Leibe verborgen stehet.

8. Denn gleich wie die Seele des Menschen im Menschen zwi=
schen der Sternen und Elementen Krafft schwebet und schwim=
met: also auch schwebet der geschaffene Himmel zwischen Para=
deiß und Höllen-Reich / und schwimmet in der ewigen Matrix,
sein Wesen ist unfaßlich und unbegreifflich / und ist eine eitele
Krafft aus der ewigen Matrix, sein Ende ist so weit als sich die
æther haben zur Schöpfung eingegeben / so weit als Lucifers Kö=
nig-Reich hat gewehret oder gereicht / dadoch kein Ende gespüret
wird. Denn die Göttliche Krafft ist ohn Ende / allein unser Sinn
reichet biß in sewrigen Himmel der Sternen / welche sind eine
Außgebuhrt in der fünfften Gestalt der ewigen Mutter / oder
eine quinta Essentia, in welcher die Scheidung in Zeit des drit=
ten Principii, oder Anfang dieser Welt / die Krafft der Matrix
entschieden / da also die entschiedene schwebend stehet / und eine
jede Essentia in der Außgebuhrt in den vielfältigen Centris der
Sternen ein sehnlich Begehren nach der andern hat / einen stäten
Willen zu insiciren / und ist eine Essentia und Krafft der andern
Speise und Tranck / auch Kasten und Behalter.

9. Denn gleich wie im Paradeisischen Principio der H. Geist
in der Dreyheit der GOttheit immer außgehet / und wallet gantz
sanffte / unbeweglich und der Creatur unempfindlich / und for=
met und bildet doch alles in der Paradeisischen Matrix; Also auch
ist das dritte Principium, nach dem die Matrix sichtbar und ma=
terialisch worden / so hat ein jede Krafft in der Matrix ein groß
sehnen und verlangen in der andern / ein immer auffsteigen /
blühen und wieder absteigen / gleich einem Gewächse oder sieden=
der Materia, da die herbe / kalte und strenge Matrix, ohn unter=
laß an sich zeucht / und daßelbe anziehen / oder Stachel ohn un=
terlaß sich immer reget und wehret / also daß die herbe Matrix we=
gen der innern höllischen oder uhrkundlichsten Matrix immer in
Aengsten stehet mit grossem bezehren des Liechtes / welches sie in
der Fewrwurtzel erblicket / und davon immer erschricket / milde /
sanfft und materialisch wird / davon sich das Element Wasser im=
mer gebieret.

10. Also mustu den Grund der vier Elementen verstehen / wel=
che doch nicht vier abtheilige Wesen seynd / sondern ein Wesen /
und sind doch vier unterschiede in dieser Gebuhrt / und liegt ein

C 7 jedes

Von den drey Principien Cap. 7.

jedes Element in des andern Kasten / und ist sein Behalter/ auch Glidt in ihme.

(Verstehe den Grund recht/ wie folget:)

11. Die Herbigkeit ist Matrix, und eine Uhrsache aller Dinge/ die ist in ihrer eigenen Substantz gantz finster / kalt und wie ein Nichts. Dieweil aber die ewige GOttheit ist / und sich in der Herbigkeit spiegeliret / so wird die finstere Herbigkeit nach der Göttlichen Krafft begierlich/und zeucht an sich/wiewol alda in der Herbigkeit kein Leben oder Verstand ist/ sondern es ist der Grund der ersten Essentz, und der Uhrkundt das etwas werde. Den Grund der GOttheit können wir alhier weiter nicht forschen/ denn es turbiret uns.

12. Nun zeucht die Herbigkeit in ihrer Lust und grossem Sehnen nach dem Liecht immer an sich / und ist in ihrer eigenen Substantz nichts/ als ein hefftiger Hunger / gantz dürr/ gantz wie Nichts / ein begehrender Wille / der Finsternüß nach dem Liechte: Und ihr Hunger oder Anziehen machet die Bitterkeit/ das Wehe / daß sie nicht kan ersättiget / oder gesänfftiget werden / davon die Aengstligkeit entstehet/ daß sich der Wille / oder der Stachel der Lust / des Begehrens in sich reibet/ nöhtiget/ und sich nicht dem finstern Nichtes oder Tode wil ergeben/sondern setzt seine Begierde und Aengstlichkeit/auch starcken Willen also harte gegen dem verborgenen Liechte GOttes / daß der Wille ein schielender Blitz wird / gleich einem Feuer-schrack/ davon die Herbigkeit alß augenblicklich immer erfüllet wird und gleich getödet/ davon der herbe Geist sanffte / süsse und materialisch wird zu Wasser.

13. Weil aber die Bitterkeit also harte vor dem Feuer-blitz in der Herbigkeit erschricket / so fasset er seine Mutter die Herbigkeit/ welche vom Schrack ist materialisch worden / und fähret aus/ und ist von der materialischen Herbigkeit geschwul/ gleich als wäre er auch materialisch / und webet/ stärcket sich immer in der Mutter/ und das ist das Element Lufft in dieser Welt/ welches seinen Uhrkundt in der wässerigen Mutter hat/ und das Wasser von der Lufft/ und das Feuer von der sähnlichen Aengstlichkeit. Und die Erde und Steine haben ihren Anfang mit dem grimmen Anziehen beym Fall Lucifers bekommen/ als die Herbigkeit also strenge im erhebenden Anziehen stundt/ welches Anziehen das Liecht im dritten Principio wieder leschete.

14. Also

Göttliches Wesens.

14. Also verstehet man gar eigentlich/ wie das Liecht GOttes aller dinge eine Uhrsache ist/ und verstehet hierinnen alle drey Principia. Denn wann die Göttliche Krafft und Liecht nicht wäre/ so wäre auch in der finstern Ewigkeit kein sehnen darnach/ so wäre das herbe begehren (welches ist die Mutter der Ewigkeit) auch alles ein Nichts: Und verstehet man wie die Göttliche Krafft in allen Dingen erscheinet/ und ist doch nicht das Ding selber/ sondern der Geist GOttes ist im andern Principio, das Ding aber ist sein Glast/ welches von dem sehenden Willen also worden ist. Nun ist aber das Hertze GOttes in dem Vatter der erste Wille/ und der Vatter ist das erste Begehren nach dem Sohne/ und der Sohn ist des Vatters Krafft und Liecht/ davon die ewige Natur immer lüsternd ist/ und gebieret also von der Krafft des Hertzens GOttes in der ewigen Matrix das dritte Principium, denn also ist GOTT offenbahr/ sonst stünde die Gottheit ewig verborgen.

15. Nun sagen wir/ vermöge der Schrifft/ GOTT wohne im Himmel/ und das ist wahr. Nun siehe/ Moses schreibet/ ,, GOTT schuff den Himmel aus dem Mittel des Wassers/ und ,, die Schrifft saget: GOTT wohnet im Himmel. So dencke ,, nun wie das Wasser seinen Uhrkund hat als vom Sehnen der ,, ewigen Natur/ nach dem ewigen Liechte GOttes. Nun aber wird die ewige Natur vom Sehnen nach Gottes Liecht offenbahr/ wie vorhin gemeldet/ und GOttes Liecht ist gegenwertig und bleibet doch der Natur verborgen. Denn die Natur empfähet nur des Liechtes Krafft/ und die Krafft ist der Himmel/ darinnen das Liecht GOttes verborgen wohnet/ und scheinet in der Finsternüß. Das Wasser ist die Materia, so vom Himmel erbohren wird/ und darinnen stehet das dritte Principium, das wieder ein Leben und begreifflich Wesen aus sich gebieret/ als die Elementa und Creaturen.

16. Darumb du edler Mensch/ laß dich ja den Teuffel und den Antichrist nicht narren/ der dir die GOttheit weit von dir zeigen wil/ und dich in einen weit abgelegenen Himmel weiset. Es ist dir nichts näher als der Himmel/ allein du stehest vor der Thür des Himmels/ und bist mit Adam aus dem Paradeiß-Himmel außgegangen ins dritte Principium, du stehest aber in der Pforten. Mache es nur wie die ewige Mutter/ welche mit grossem Sehnen und Begierde nach GOTT/ das Himmelreich wird/ da GOTT innen wohnet/ darinnen das Paradeis auffgehet. Also thue du auch/ setze alle deine Begierde ins Hertze

GOttes/

GOttes / so dringestu mit Gewalt ein / wie die ewige Mutter der Natur / so wirds mit dir gehen / wie Christus saget: Das Himmel-reich leidet Gewalt / und die Gewalt thun / reissen es zu sich. Also wirstu dir Freunde im Himmel mit dem ungerechten Mammon machen / und bist recht GOttes Gleichnüß / Bilde und Eigenthumb. Denn in dir sind alle drey Principia mit der Ewigkeit / und in dir wird wieder erbohren das heilige Paradeiß / da GOTT innen wohnet / wo wilstu doch GOTT suchen? Suche Jhn nur in deiner Seelen / die ist aus der ewigen Natur / darinnen die Göttliche Gebuhrt stehet.

17. O ach! daß ich Menschen Griffel hätte / und könte den Geist der Erkäntnüß schreiben! Muß ich doch an dem grossen Geheimnüß stamlen gleich einem Kinde / das gehen lernet: So gar kans die irrdische Zunge nicht erheben / was der Geist begreifft und verstehet. So wil ichs doch wagen / ob ich manchen möchte lüsternd machen zu suchen die Perlen / darmit ich in meinem Paradeisischen Rosen-Garten auch GOttes Werck würcke. Denn mich treibet auch die Lust der ewigen Matrix darzu / mir solche meine Erkäntnüß zu schreiben und zu üben.

18. So wir nun wollen unser Gemüht erheben / und forschen nach dem Himmel / da GOTT innen wohnet / so können wir nicht sagen / daß GOTT alleine über den Sternen wohnet / und also eine Feste umb sich habe geschlossen / welche aus dem Wasser sey gemacht / da niemand hinein käme / es würde ihm dann auffgethan. Welcher Gedancke die Menschen fast narret: Oder aber auch können wir nicht sagen / wie etliche vermeinen / GOtt der Vatter mit dem Sohne sey also im obern eingesperreten Himmel mit den Engelen / und regiere also alhier in dieser Welt nur mit dem Heiligen Geiste / welcher vom Vater und Sohne außgehet. Diese Gedancken alle / haben noch keine rechte Erkäntnüß von GOTT / denn also wäre GOTT zertheilet und wäre umbfaßlich gleich der Sonnen / welche hoch über uns schwebet / und ihre Krafft und Liecht zu uns scheust / daß also die gantze Tieffe Lichte wird und überall würcket.

19. Dieser Gedancke narret die Vernunfft fast sehr / und das Antichristische Reich stehet in diesen Gedancken gebohren / und hat sich der Antichrist mit dieser Meinung an GOttes stat gesetzet / und vermeinet GOTT auff Erden zu seyn / und mässet ihm Göttliche Gewalt zu / und verstopfft dem Geiste GOttes seinen Mund / und wil ihn nicht hören reden.

20. Also komt kräfftiger Jrrthumb daß sie glauben dem Geist

Cap. 7. Göttliches Wesens. 65

„der Lügen/ welcher in gleißnerey kräfftige Irrthumb redet
„und verführet werden die Kinder der Hoffnung/ wie S. Paulus
„bezeuget.

21. Der rechte Himmel/ da GOTT innen wohnet/ ist überall/ an allen Orthen/ auch mitten in der Erden. Er begreifft die Hölle/ da die Teuffel wohnen/ und ist nichts auffer GOTT: denn da Er gewesen ist vor der Welt Schöpfung/ da ist Er noch/ als in sich selber/ und ist selber das Wesen aller Wesen: Alles ist von Jhme erbohren/ und uhrkundet von Jhme/ und heist darumb GOTT/ daß er alleine ist das Gute/ das Hertze oder Bestes/ verstehe das Liecht und die Krafft/ davon die Natur uhrkundet.

22. So du nun wilst von GOTT sinnen/ so nimb dir vor die ewige Finsternüß/ die auffer GOTT ist/ denn GOTT wohnet in Sich Selber/ und vermag Jhn aus eigener Macht nichts zu fassen/ die hat ein groß Sehnen nach dem Liechte/ dieweil sich das Liecht in der Finsternüß spiegeliret und in sich scheinet/ und in demselben Sehnen oder begehren findestu die Quell/ und die Quell fänget des Liechtes Krafft/ und das Sehnen macht die Krafft materialisch: und die materialische Krafft ist der Schluß vor GOTT/ oder der Himmel. Denn in der Krafft stehet das Paradeiß/ in welchem der Geist/ so vom Vatter und Sohne ausgehet/ würcket/ dieses alles ist der Creatur unbegreifflich/ aber nicht unempfindlich im Gemühte. Denn im Gemühte der heiligen Seelen stehet das Paradeiß offen.

23. Also siehestu wie GOTT Alles aus Nichts habe geschaffen/ nur aus sich: und ist doch die Aus-gebuhrt nicht seines Wesens/ sondern uhrkundet sich aus der Finsternüß.

24. Die Quahl der Finsternüs ist das erste Principium, und die Krafft des Liechtes ist das ander Principium, und die Ausgebuhrt aus der Finsternüs durchs Liechts Krafft ist das dritte Principium, und heisset nicht GOTT/ alleine GOTT ist das Liecht und des Liechtes Krafft/ und der Auszang auß dem Liechte ist der H. Geist.

25. Ein Gleichnüß nimb an dir selber/ deine Seele in dir giebt dir 1. Vernunfft/ das du kanst sinnen/ die bedeut GOTT den Vatter/ 2. Das Liecht/ so in deiner Seele scheinet/ daß du die Krafft erkennest und dich leitest/ bedeut GOTT den Sohn/ oder Hertze/ die ewige Krafft. Und 3. das Gemüthe welches ist des Liechtes Krafft/ und der Ausgang vom Liechte/
damit

damit du den Leib regierest / das bedeut GOTT den Heiligen Geist.

26. I. Die Finsternüß in dir / welche sich sehnet nach dem Liechte / ist das erste Principium.

II. Des Liechts Krafft in dir / dadurch du ohne Augen siehest im Gemüthe / ist das andere Principium.

III. Und die sehnende Krafft / so im Gemüthe ausgehet / und an sich zeucht / und sich füllet / davon der materialische Leib wächst / ist das dritte Principium.

27. Und verstehest gar eigentlich / wie zwischen jedem Principio ein Schluß ist / und GOTT der Anfang und erste Krafft in allem ist: und verstehest auch / daß du in diesem tölpischen Leibe nicht im Paradeise bist. Denn er ist nur ein geschwule Ausgebuhrt im dritten Principio, in welchem die Seele gefangen ligt / als in einem finstern Kercker. Davon du beym Fall Adam solst ausführlichen bericht finden.

28. Nun siehe / da sich GOTT mit der materialischen Welt wolte offenbahren / und die Matrix in der ängstlichen Gebuhrt-stund / da der Schöpfer das erste Principium bewegete zur Schöpfung der Engel / da ist die Matrix unzertheilet in einem Wesen gestanden / denn da ist keine Begreifflichkeit gewesen / sondern nur Geist und Krafft vom Geiste. Der Geist war GOTT und die Krafft war Himmel / und der Geist würcket in der Krafft / daß die Krafft sehnend und lüsternd ward. Denn der Geist spiegelierete sich in der Krafft / da schuf der Geist die Krafft / daraus sind worden die Engel: Also wurd die Krafft die Wohnunge der Engel / und das Paradeiß / in welchem der Geist würcket / und die Krafft sehnet sich nach dem Liechte; und das Liecht schien in der Krafft / also ist eine Paradeisische Wonne / und ist GOtt offenbahr darin ein Liebes-spiel.

29. Nun schwebet das ewige Liecht / so wol die Krafft des Liechtes / oder das Himlische Paradeiß in der ewigen Finsternüß / und die Finsternüß kan das Liecht nicht ergreiffen / denn es sind zwey unterschiedliche Principia, und sehnet sich die Finsternüß nach dem Liecht. Uhrsachen / daß sich der Geist darinn spiegelieret / und die Göttliche Krafft darinnen offenbahr ist; weil sie aber die Göttliche Krafft und Liecht nicht hat ergriffen / hat sie sich doch gegen derselben mit grosser Lust immer erhaben / biß sie vom Glast des Liechts GOttes in ihr die Fewrwurtzel hat entzündet / da ist auffgegangen das dritte Principium, und uhrkundet sich auß dem ersten / aus der finstern Matrix, durch die spiegelierung der Göttlichen

Krafft;

Krafft: Weil aber die angezündete Krafft in diesem Auffgang in der Finsternüß sewrend gewesen/ so hat GOTT daß Fiat daher gestellt/ und hat durch den wallenden Geist/ welcher in des Liechtes Krafft ausgehet/ die sewrende Quell auff corporliche Art geschaffen/ und von der Matrix entschieden/ und hat der Geist die sewrige geschaffene Art Sternen geheissen wegen ihrer Qualität.

30. Also ist vor Augen/ wie der sewrige gestirnte Himmel/ oder aber wie ichs dem erleuchten Leser möchte besser setzen/ die quinta Essentia, oder die fünffte Gestalt in der Geburt ist entschieden von der wässerigen Matrix, sonst würde nicht seyn auffgehöret worden Steine und Erde zu gebähren/ so die sewrige Art nicht wäre entschieden worden. So sich aber das ewige Wesen/ als GOtt hat wollen offenbahren in der finstern Matrix, und aus dem Nichts etwas machen; so hat er die angezündete Krafft entschieden/ und die Matrix helle und rein gemacht.

31. Also stehet nun die Matrix unbegreiflich/ und sehnet sich nach der sewrigen Art/ und die sewrige Art sehnet sich nach der Matrix, denn der Geist GOttes/ welcher ist der Geist der Sanfftmuth/ spiegelieret sich in der wässerigen Matrix, und die Matrix empfähet Krafft von ihm. Also ist ein stäter Wille zu gebähren und zu würcken/ und stehet die gantze Natur in grossem Sähnen und Aengsten immer willens zu gebähren die Göttliche Krafft/ dieweil GOtt und Paradeiß darinnen verborgen stehen/ sie gebieret aber nach ihrer Art/ nach ihrem Vermögen.

32. Als nun GOtt die Matrix mit ihrer sewrigen Gestalt entschieden hatte/ und wolte sich mit dieser Welt offenbahren/ so hat Er das Fiat in die Matrix gestellet/ und aus sich gesprochen: Es gehe herfür Kraut/ Graß/ Bäume/ Thiere/ ein jedes nach seiner Art. Das Sprechen war das Hertz/ oder die Krafft des ewigen Vatters/ der Geist aber der das Fia hatte/ ging vom ewigen Vatter in der Krafft des Hertzens GOttes aus mit dem Willen/ und der Wille war das Fiat, und schuff die Krafft der Ausgebuhrt im dritten Principio materialisch/ sichtbarlich und begreiflich/ ein jedes nach seiner Essentia: wie die Krafft war/ also wurd auch sein Leib. Denn da hat die sewrige Matrix, oder das Gestirn seine Krafft gegeben dem Fiat, und die wässerige Matrix mit den Elementen hat die Krafft empfangen/ ist schwanger worden und gebohren/ ein jedes Element seine Creaturen aus sich selbst/ auch ein jede Gestalt in der sewrigen und wässerigen Natur aus sich selbst/ und ist doch kein abtrennlich Wesen worden/ alleine die Geschöpffe sind

ſe ſind abtheilig worden/ ein jedes nach ſeiner Art/ nach der ewigen Krafft/ welche iſt im Sehnen durch Luſt aufgangen/ und wurde das dritte Principium, welches vor den Zeiten nicht geweſen war.

33. Alſo herrſchet der geſtirnete Himmel in allen Creaturen/ als in ſeinem Eigenthumb/ er iſt der Mann/ und die Matrix, oder wäſſerige Geſtalt iſt ſein Weib/ welches er immer ſchwängert/ und die Matrix iſt die Gebärerin/ die gebieret das Kind/ daß der Himmel machet. Und iſt daß der geſchaffene Himmel im dritten Principio, daraus die Elementa ausgehen/ als nemlich die wäſſerige Matrix. daraus ſich das ſichtliche Waſſer hat erbohren/ und noch immer in der Sehnligkeit gebieret.

34. Darumb ſchreibet Moyſes recht: GOtt ſchuff den Himmel aus dem Mittel des Waſſers. Allhie aber muſtu verſtehen/ aus der ewigen wäſſerigen Matrix, welche nur ein Geiſt iſt/ darinnen das Paradeiß und der Heilige Himmel iſt/ als die Göttliche Krafft/ nach welchem die finſtere Matrix im Hunger gelüſtet/ daraus iſt worden die ſichtbahre Matrix der Elementen/ aus welcher durchs Fiat ſind geſchaffen worden durch den ewigen Geiſt GOttes die Weſen aller Weſen/ ſo da nur ſind.

35. Denn eine jede Geſtalt in der Matrix hat ſeine Creaturen ſichtbahr und unſichtbahr vor menſchlichen Augen/ welche ein Theil gegen uns zu rechnen nur wie ein figurlicher Geiſt ſind; als im Fewer hats unſichtbahre Geiſter und Creaturen vor unſeren materialiſchen Augen/ und können die nicht ſehen: Im Lufft auch unſichtbahre Geiſter/ welche wir nicht ſehen/ dieweil die Lufft unmaterialiſch iſt/ alſo auch ihre Geiſter. Im Waſſer hats materialiſche Creaturen/ die ſind aber uns nicht ſichtbahr/ dieweil ſie nicht aus dem Fewer und Lufft ſind/ ſind ſie einer andern Qualität/ und den lufftigen auch fewrigen verborgen/ ſie wollen ſich denn ſelber offenbahren.

36. Alſo/ gleichwie Fewr/ Lufft/ Waſſer/ Erden in einem einigen Kaſten liegt/ und die vier nur ein Ding ſind/ und doch vier Unterſcheide/ und vermag keines das ander zu ergreiffen oder zu halten/ und etwan von den vieren eines in einer jeden Creatur fix iſt/ nach demſelben kan ſich die Creatur nicht bergen/ ſondern ſtehet darinnen offenbahr/ und demſelben Geiſte nach ſichtlich und begreifflich/ und den andern Element-Geiſtern unbegreifflich.

37. Denn alle Ding ſind aus dem Nichts zu Etwas worden/ und hat ein jede Creatur das Centrum, oder den Circkel des Lebens-gebuhrt in ſich ſelber. Nun gleichwie die Elementa in einander

Cap. 8.   Göttliches Wesens.   89

ander in einer Mutter verborgen liegen/ und keines das ander ergreiffet/ obs gleich des andern Glied ist; Also auch sind die geschaffene Creaturen einander verborgen und unsichtbahr. Denn eine jede siehet nur in seiner Mutter/ welche in ihme fix ist/ das materialische siehet das materialische Wesen/ siehet aber nicht das unmaterialische Wesen/ die Geister im Fewr und Lufft/ gleich wie der Leib nicht die Seele siehet/ die doch in ihme wohnet/ oder wie das dritte Principium nicht das ander/ in welchem GOtt ist/ ergreiffet oder fasset; und ob es gleich in GOtt ist/ so ist doch eine Gebuhrt darzwischen/ gleichwie mit dem Seelen-geiste des Menschen/ und dem Elementischen Geiste im Menschen/ welches doch eines des andern Kasten und Behalter ist/ davon du bey Erschöpfung des Menschen findest.

Das 8. Capittel.
Von der Schöpfung der Creaturen und Aufgang aller Gewächse: So wohl von den Sternen und Elementen/ und Uhrkund der Wesen dieser Welt.

1. Wie im nähesten Capittel/im Eingange gemeldet worden/ nichts frembdes ist es/ ob ein Mensch redet/ schreibet und lehret von der Welt Schöpfung/ ob er gleich nicht ist dabey gewesen/ so er nur die wahre Erkäntnüß im Geiste hat. Denn da stehet er als in einem Spiegel in der Mutter der Gebährerin alle Ding/ denn es liegt je ein Ding im andern/ und je mehr er suchet/ je mehr er findet/ und darff sein Gemühte nicht ausser dieser Welt schwingen/ er findet alles in dieser Welt/ darzu in sich selber/ ja in allem deme was lebet und webet; Alles was er nur ansiehet und forschet/ so findet er darinnen den Geist mit dem Fiat, und spiegeliret sich die Göttliche Krafft in allen Dingen/ wie geschrieben stehet: Das Wort ist dir nahe/ ja in deinen Lippen und Hertzen. Denn wenn das Liecht GOttes im Centro des Seelen-Geistes anbricht/ so siehet der Seelen-Geist/ als in einem hellen Spiegel/ die Schöpfung der Welt gar wol/ und ist nichts fernes.

2. Ich wil den Leser an die Geschöpfe gewiesen haben/ er mag darinnen forschen/ er wird es alles also befinden/ und noch viel wunderlicher/ daß man nicht schreiben/ oder reden kan/ ist er
aber

Von den drey Principien Cap. 8.

aber aus GOtt gebohren. Wir müssen unsern Verstandt und Wissenschafft nicht gründen von dem Göttlichen machen oder Schaffen / als wie ein Mensch etwas machte / gleich wie ein Töpfer aus Tohn ein Gefäß / oder Schnitzer ein Bild / wie ihm das gefället / welches er zerbricht/so es ihme nicht gefället. Nein die Wercke GOttes in der Schöpfung der Welt sind alle fix / gut und volkommen gewesen / wie Moyses schreibet / und GOtt sahe an alles was er gemacht hatte / und siehe es wahr sehr gut.

3. Denn er hat nicht einen Klumpen Erden nach dem andern/ oder viel Klumpen Erden zugleich genommen und Thiere daraus gemacht / das bewähret sich nicht / und ist mehr ein viehischer Gedancken als Menschlich / sondern wie vorhin gemeldet / nachdem der Teuffel mit seinen Legionen gefallen / welcher seinen Englischen Sitz und Königreich im Loco dieser Welt gehabt im ersten Principio, corporlich nach Geistes Ahrt instehende / und mit dem andern durchleuchtet recht im Paradeis und Göttlichen Krafft wohnend / aber aus Hoffart außem Liechte GOttes gefallen; und nach seiner eignen Mutter der Feuer-wurtzel gegriffen / verneinend über die Sanfftmuht des Hertzens GOttes zu herrschen / so ist ihm seine Wohnung im ersten Principio, in der feurigen finstern Matrix blieben: Und hat GOtt die Ausgeburth aus der Matrix zu einem Principio erschaffen / und in der ewigen Matrix in ihrem sehnenden Willen auffgeschlossen / das Centrum oder Lebens-gebuhrt / alda ist auffgegangen nach der Gottheit recht (in forma, wie sich die ewige Gottheit von Ewigkeit immer gebieret) das dritte Principium, in welchem die Gottheit gleich wie verborgen stehet / aber doch in allen Dingen sich kräfftig einbildet / das ist nun dem Teuffel unbegreifflich und kein Nutze.

4. Es ist aber das dritte Principium ein Gleichnüs der Paradeisischen Welt / welche geistlich ist / und darinnen verborgen stehet / und hat sich GOtt also offenbahret / dieweil die geistliche Welt der Engel in diesem Loco nicht ist bestanden / so hat er dem Loco ein ander Principium gegeben / da doch ein Liecht auffgehet / und eine liebliche Wonne ist. Denn der Fürsatz GOttes muste bestehen / und musten eher die ersten Creaturen in der Finsternüß bleiben.

5. Also muß man nun die Matrix dieser Welt mit den Sternen und Elementen nicht ansehen/ als wenn GOtt nicht alda wäre: Seine ewige Weißheit und Krafft hat sich mit dem Fiat in alle Ding eingebildet/ und er ist selber der Werck-meister / und

in

Cap.8. Göttliches Wesens. 71

in dem Fiat seynd alle Ding herfür gegangen / ein jedes in seiner Essentia, Crafft und Eygenschafft.

6. Denn gleichwie ein jeder Stern am Firmament eine andere Eigenschafft vorm andern hat; Also ist die Mutter / darauß die quinta Essentia der Sternen ist außgegangen auch / denn als die fewrige Gestalt der Sternen von ihr getrennt ward / so ist sie darumb vom ersten ewigen Gebuhrt-recht nicht getrennt worden/ sondern hat ihre ewige Krafft behalten / alleine die erhobene Fewers-macht ist von ihr entschieden / daß sie eine liebliche Wonne ist / und eine sanffte Mutter ihrer Kinder.

7. Als nun GOTT am ersten Tage hat den Klumpen der Erden in der grossen Tieffe dieser Welt zusammen getrieben / so ist die Tieffe lauter worden / aber finster / und hat kein Liecht gehabt in der Matrix, als die quinta Essentia, das ist / die fünfte Gestalt in der Matrix, hat als ein Fewer geleuchtet / in welcher der Geist GOttes mit dem Fiat auff der wässerigen Matrix geschwebet / und ist die Erde gantz wüste und leer / auch kein Gräßlein gewesen.

8. So spricht nun Moses / und GOTT sprach: Es werde Liechte / und es ward Liecht. Dieses Liecht ist nun die fünfte Gestalt in der Matrix gewesen. Denn die quinta Essentia ist noch nicht in der Matrix geschaffen und entschieden worden/ biß an vierten Tag / da GOTT Sonn und Sternen darauß geschaffen hat/ und das Liecht von der Finsternüß entschieden. Da dann das Liecht die Krafft des Glantzes in sich habhafft bekommen / und die Feuer-wurtzel im Centro in der Finsternüß verborgen blieben.

9. Am andern Tage hat GOTT die Fäste des Himmels geschaffen / den starcken Schlus zwischen die Finsternüß der uhrkundlichsten Matrix, daß sich dieselbe nicht mehr entzünde / und Erde und Steine gebähre / darumb hat er den Schluß / oder Fäste aus dem Mittel des Wassers gemacht / welches der Fewersmacht wehret / und ist worden der sichtbahre Himmel / darauß die Geschöpffe gangen sind / darauß nun die Elemente / Fewer / Lufft und Wasser außgehen.

10. Den dritten Tag hat GOTT durch das Fiat die Wasser auff Erden zertheilet / und an sondere Oehrter geschaffen / daß es eine Wonne sey auff Erden / daß die Erden ist trocken worden. Als nun dieses geschehen ist / so hat GOTT das Geschöpff gesucht / und sprach der ewige Vatter / das ist / würckete durch den Sohn / welcher ist sein Hertze und Glantz im Fiat in der Erden. Da grünete das Leben durch den Todt / und gieng auff Graß und
Kraut

Kraut und allerley Bäume/ allerley Kräuter/ ein jedes nach der ewigen Quell/ wie der war vorhin gewesen. Also wird eine jede Essentia sichtbahr/ und offenbahret GOTT seine ewige Krafft mit den mancherley Kräutern/ Bäumen und Stauden/ daß wer das ansiehet/ GOttes ewige Krafft und Weißheit erkennet/ ist er aber aus GOtt gebohren/ so erkennet er an allen Gräselein seinen Schöpffer/ in deme er lebet.

11. Also ist in dieser Stunde herfür gegangen/ alles was in der Erden lebet/ und ist die Matrix der Erden biß an dritten Tag/ gleich wie im Tode gestanden/ von dem grossen Sturm/ aber im Fiat hat das Leben durch den Todt gegrünet/ und hat sich die ewige Krafft und Weißheit GOTTES an der blühenden Erden lassen sehen/ welche sich im Fiat hatte eingebildet. Hier ist ein groß Geheymnüß/ wie Christus der Mensch biß am dritten Tag in der Erden gewesen/ und herwiederbracht die Zeit des Todes: Aber der Mensch wil zu blind seyn/ und nichts wissen.

12. Da siehet man das Gleichnüß der Paradeisischen Welt gahr schön. Denn obgleich viel tausenderley Kräuter in einer Wiesen neben einander stehen/ und eines je träfftiger und schöner ist als das ander/ noch mißgönnet keines dem andern seine Gestalt/ sondern ist eine liebliche Wonne in einer Mutter; Also ist auch ein Unterscheid im Paradeise/ da eine jede Creatur nur seine gröste Freude an des andern Krafft und Schöne hat/ und ist die ewige Krafft und Weißheit GOttes ohne Zahl und Ende/ wie du vorne im dritten Capittel von Auffschliessung der Centrorum des ,, ewigen Lebens findest. Du wirst kein Buch finden/ da du die ,, Göttliche Weißheit köntest mehr inne finden zu forschen/ als ,, wann du auff eine grüne und blühende Wiese gehest/ da wirstu ,, die wunderliche Krafft GOttes sehen/ riechen und schmecken/ ,, wiewohl es nur ein Gleichnüß ist/ und ist die Göttliche Krafft ,, im dritten Principio materialisch werden/ und hat sich GOTT ,, im Gleichnüß offenbahret: Aber dem Suchenden ists ein lieber ,, Lehr-Meister/ er findet gahr viel alda.

13. Den vierdten Tag hat GOTT den Locum dieser Welt recht beym Hertzen genommen; Denn da hat er den weisen Meister aus seiner ewigen Weißheit im dritten Principio erschaffen/ als die Sonne und Sternen. Hierinnen siehet man erst recht die Gottheit und ewige Weißheit GOttes/ als in einem hellen Spiegel/ wiewol das für Augen sichtbahre Wesen nicht GOTT selber ist/ sondern es ist die Göttin im dritten Principio, welche endlich wieder in ihr æther gehet und ein Ende nimbt.

14. Wie-

Cap. 8. Göttliches Wesens. 75

14. Wiewol man die Perlen nicht sol auff den Weeg werffen/ daß die Thiere darauff mit Füssen gehen/ vielweniger den Säwen in die Träber zu verschlucken. Denn der leichtfertigen Welt dieses nichts nütze ist/ sie sucht nur ihren Mißbrauch dadurch/ denn der Teuffel/ dem sie dienet/ lehret sie das/ so sie nun den Grund des Himmels und der Sternen gelernet/ so wil sie GOTT seyn/ wie Lucifer auch thät. So wil ich doch etwas schreiben vom Auffgang und Krafft der Sternen/ dieweil der Mensch und alle Creaturen in derer Krafft/ Trieb und Wesen leben/ und ein jede Creatur ihre Eigenschafft davon empfähet/ umb der Suchenden willen/ welche gerne dem viehischen Menschen entfliehen/ und in rechten Menschen/ welcher GOttes Bilde und Gleichnüß ist/ leben wollen/ denen ists hochnötig zu wissen/ auch umb der Lilien willen/ so da wächst im Baum des Grimmes gegen Mitternacht in der Matrix.

15. Moses schreibet/ GOTT habe gesprochen: Es werden Liechter an der Feste des Himmels/die da scheiden Tag und Nacht/ und geben Zeichen/ Zeiten/ Tage und Jahr/ und seyen Liechter an der Feste des Himmels/ daß sie scheinen auff Erden. Und es geschach also: und GOTT machte zwey grosse Liechter/ ein groß Liecht/ das den Tag regiere/ und ein klein Liecht/ das die Nacht regiere/ darzu auch Sternen. Und GOTT setzte sie an die Feste des Himmels/ daß sie schienen auff Erden/ und den Tag und die Nacht regierten/ und scheideten Liecht und Finsternüß.

16. Ob nun wol Moses recht geschrieben/ daß sie sollen Tag und Nacht regieren/ auch Liecht und Finsternüß scheiden/ auch Zeiten/ Jahr und Tage machen: So ists doch dem begierlichen Leser nicht gnug verstanden/ denn man findet gahr ein hohes in der Sternen Krafft und Gewalt: Als/ wie alles Leben/ Gewächß/ Farben und Tugend/ Dickes und Dünnes/ Kleines und Grosses/ Gut und Böse durch ihre Krafft herrühre/ darumb sich dann auch die weisen Heyden vergaffet/ und sie für GOTT geehret. Darumb wil ich etwas von ihrem Uhrkund schreiben/ so weit mir dißmahl zugelassen wird/ umb der Suchenden willen/ welcher der Perlen begehren. Aber den Säwen und anderen wilden Thier=menschen hab ich nichts geschrieben/ welche die Perlen in Dreck träten/ und den Geist der Erkäntnüß spotten und verachten; Die mögen mit der ersten Welt der Sünd=fluht des Fewers gewarten/ und so sie nicht wollen Englische Bildnüß tragen/ so müssen sie Löwen und Drachen/ auch böser Würmen und Thiere Bildnüß tragen/ wenn sie ihnen ja nicht wollen las-

sen rahten/ daß ihnen GOTT helffe/ so müssen sie doch erfahren/ ob ihnen die Schrifft der Weissagung wird lügen.

17. Der Evangelist Johannes schreibet vom Uhrkunde der Wesen und Geschöpffe dieser Welt also gantz hoch und recht/ als man sonst in keiner Schrifft in der Bibel findet: Im Anfang war das Wort/ und das Wort war bey GOTT/ und GOTT war das Wort/ dasselbe war im Anfange bey GOTT: Alle Ding sind durch dasselbe gemacht/ und ohne dasselbige ist nichts gemacht/ was gemacht ist. In ihme war das Leben/ und das Leben war das Liecht der Menschen/ und das Liecht schiene in der Finsternüß/ und die Finsternüß habens nicht begriffen.

18. Siehe was Johannes saget: Im Anfange der Schöpfung/ und vor Zeiten der Welt ist gewesen das Wort/ und das Wort ist GOTT gewesen/ und im Wort ist das Liecht gewesen/ das hat in der Finsternüß geschienen/ und die Finsternüß hats nicht können fassen. Da verstehet man klar 1. wie das ewige Liecht GOTT sey/ und verstehest 2. wie es in der ewigen Krafft seinen ewigen Uhrkundt habe/ und verstehest 3. wie es das ewige Wort sey/ das in der Finsternüß scheine. Weil dann dasselbe Wort an allen Orthen hat alles geschaffen/ so ists auch an allen Orthen gewesen/ denn ohne dasselbe ist nichts gemacht.

19. Nun hat dasselbe Wort keine Materia gehabt/ darauß es etwas gemacht hat/ sondern aus der Finsternüß hats alle Ding geschaffen und ans Liecht gebracht/ das es erscheine und da sey. Dan in ihme war das Leben/ und er gab das Leben ins Geschöpffe; Und das Geschöpffe ist aus seiner Krafft/ und die Krafft ist materialisch worden/ und das Liecht scheinet darinnen/ und die materialische Krafft kans nicht ergreiffen/ denn sie ist im Finsternüß. Weil aber die materialische Krafft nicht kan das Liecht ergreiffen/ das von Ewigkeit in der Finsternüß scheinet: So hat ihm GOTT ein ander Liecht gegeben/ das aus der Krafft worden ist/ als die Sonne/ die leuchtet in dem Geschöpffe/ daß das Geschöpffe im Liechte und offenbahr sey.

20. Denn 1. gleich wie die Gottheit ist die Krafft und Liecht des Paradeises im andern Principio; Also ist die Sonne die Krafft und Liecht dieser materialischen Welt im dritten Principio. Und 2. wie die Gottheit scheinet in der ewigen Finsternüß im ersten Principio; Also scheinet die Sonne in der Finsternüße im dritten Principio: Und 3. wie die Gottheit ist die ewige Krafft und der Geist des ewigen Lebens; Also ist die Sonne die Krafft und der Geist in dem zerbrechlichen Leben.

21. Nun

Cap. 8.   **Göttliches Wesens.**   75

21. Nun ist ein Geist anders nichts / als ein auffsteigender Wille / und im Willen ist die Aengstlichkeit zur Gebuhrt / und in der Aengstlichkeit gebieret sich das Fewer / und im Fewer das Liecht / und vom Liechte wird der Wille freundlich / lieblich / milde und süsse / und im süssen Willen gebieret sich die Krafft / und aus der Krafft gebieret sich das Reich und die Herzlichkeit. Also behält das Liecht die Macht / wo das verleschet / so höret auff die Krafft und Herzligkeit / und auch das Reich.

22. GOTT der da ist das ewige Liecht / der ist der ewige Willen / der scheinet in der Finsternuß / und die Finsternuß hat ergriffen den Willen / und im selben Willen den die Finsternuß ergriessen / gehet auff die Aengstlichkeit / und in der herben Aengstlichkeit das Fewer / und im Fewer das Liecht / und aus dem Liechte die Krafft / und aus der Krafft das Reich. Nun ist worden aus dem Fewer das Gestirn / und ferner die Sonne / und aus der Krafft der Himmelen / und das Reich ist GOttes. Dieses alles war im ersten Willen in der Schöpffung untereinander. Da scheidet GOTT den fewrigen Willen vom milden Liechtes Willen / und hieß den fewrigen / Sternen / und den milden / Himmel / wegen jedes Krafft.

23. Die Sonne ist die Göttin im dritten Principio in der geschaffenen Welt / verstehe in der materialischen Krafft / die ist außgegangen aus der Finsternuß in der Aengstlichkeit des Willens / auff Ahrt und Weise der ewigen Gebuhrt. Denn als das Liecht GOttes das Fiat setzete in die Finsternuß / so hat die Finsternuß den Willen GOttes empfangen / und ist schwanger worden zur Gebuhrt / der Wille macht die Herbigkeit / das Anziehen und das Regen des Anziehens zur Beweglichkeit macht die Bitterkeit / die Bitterkeit das Wehe / und das Wehe macht die Aengstlichkeit / und die Aengstlichkeit macht das Rügen / Brechen und Auffsteigen. Nun kan die Herbigkeit das Rügen nicht erdulden / und zeucht viel härter an sich / und die Bitterkeit oder das Anziehen lässet sich nicht halten / sondern bricht und sticht also harte im anziehen / bis es die Hitze erwecket / in welcher auffzehet der Blitz / und vom Blitz erschricket die finstere Herbigkeit / und im Schrack zündet sich an das Fewer / und im Feuer das Liecht. Nun würde alda kein Liecht wenn nicht der Schrack in der Herbigkeit geschehe / sondern bliebe nur Fewer: Der Schrack aber in der Herbigkeit vom Fewer ertödtet die harte Herbigkeit / daß sie wie zu bodem unter sich sincket / und wird wie todt und sanfte / und wann sich der Blitz in der Herbigkeit erblicket / so erschricket er viel sehrer /

D 2   in

76　**Von den drey Principien**　Cap.8.

in dem er die Mutter so milde und halb ertödtet in ohnmacht findet / in diesem Schrack wird sein fewrig Recht weiß / sanfte und milde / und ist des Liechts Anzündung / da das Fewer in eine weisse Helle verwandelt wird.

24. Auff eine solche Arth ist im Fiat auffgangen die Sonne / und aus der Sonnen in ihrer ersten Anzündung die andern Planeten, als über sich aus der wüttenden Bitterkeit / Mars, welchen der Sonnen Glantz / als ihn der erblicket / gehalten / und aus der Sonnen Krafft / welche sich höher erhoben / der Jupiter im Centro vom Fiat gefangen / und aus der ängstlichen Kammer Saturnus; Unter sich Venus von der sanften Mildigkeit / als die Herbigkeit überwunden wurde / und sanfte / süsse / gleich dem Wasser unter sich sanck / als sich das Liecht anzündete: so wurde aus dem herben Grim die Liebe und Demühtigkeit / welche unter sich stieg / und aus der überwundenen Kraft in der Herbigkeit Mercurius, darinnen stehet die Wissenschaft / was im uhrkunde vorm Liechte sey. Als aber das Liecht die Krafft im Loco der Sonnen materialisch machete / gleich wie auff irrdische Ahrt / der Mond.

25. Wiewohl die Welt dieses nicht begreift / sondern verspottet es nur / so wil ich alhier weiter die Perlen nicht den Säuen geben: denn es gehöret ein ander Licht zu dieser Erkäntnüß / wil ichs übergehen und fortfahren.

26. Auß der Aengstlichkeit der Finsternuß / als GOTT das Fiat darein gesprochen / sind auffgangen alle Ding: Die Aengstligkeit uhrkundet sich im Fiat, und das Fiat im Willen / und der Wille ist ewig ohn Uhrkund / denn er ist in GOTT die Matrix der Gebährerin.

27. Nun ist GOTT unsichtbahr / und der Wille auch unsichtbahr / und die Matrix auch unsichtbahr / und sind doch im Wesen / und sind von Ewigkeit / und bleiben in Ewigkeit / und das Wort ist die Krafft des Willens / und die Krafft macht das Fiat, und das Fiat machet das Reich / und das ist alles gleich ewig in einem Wesen. Der Wille hat von Ewigkeit gebohren das Wort / und das Wort die Krafft / und die Krafft den Geist / und im Geist ist das Liecht / und im Liechte die Macht / Verständtnüß und Erkäntnüß / sonst wäre alles ein Nichtes.

28. Dasselbe Liecht hat in der Erkäntnüß und Verständnuß gewürcket und gebohren ein Gleichnüß seines Wesens / und das Wesen / das da würckete / war das Fiat, und das Fiat formete die Gleichnüß / welche ward gebohren aus dem ewigen Willen /

und

Cap. 8.   Göttliches Wesens.   77

und machte sie sichtbar. Und die Gleichnüß ward gebohren aus der Finsternüß / aus dem ewigen Nichts / und da doch etwas war als der Uhrkund der Aengstligkeit / darauß sich der ewige Wille von Ewigkeit uhrkundet.

29. Nun hat die Gleichnüß aus dem Fiat auch empfangen einen solchen Willen / wie der ewige Wille ist / und hat gebohren die Krafft / und die Krafft ist der Himmel/und das Liecht / so in der Krafft ist scheinend worden / ist die Sonne / und die würcket in der Krafft / das da ist Verstandnüß und Erkäntnüß / sonst wäre in dieser Welt alles ein unbeweglich Wesen / und läge alles stille / auch wüchse kein Kraut noch Graß.

30. Nun ist im Fiat aus der ängstlichkeit aufgangen das Gleichnüß / der Erkäntnüß und des Verstandes / das ist das Gestirn / und ist die fünffte Gestalt im Fiat der Gebuhrt / und das Fiat hat die Gestalten in der Gebuhrt entschieden / daß jeder Essentia sey besonder / als harte / weich / dicke / dünne / hitze / kälte / bitter / herbe / sawr / süsse und so fort / wie für Augen ist / und in der Matrix des Himmels ist blieben. Der Geist gehet von ihr aus / als die Lufft / und der Geist empfähet vom Gestirn die Verständnüß / denn das ist ein Glidt im andern in einer Mutter.

31. Nun ist die Matrix, als der geschaffene Himmel im Fiat mit den Sternen das Gleichnüß / deß/ das von Ewigkeit gewesen ist / wiewol nicht sichtbar : Und das Fiat ist im Gleichnüß / und das Paradeiß / da die Engel inne wohnen ist in der Matrix verborgen / und GOTT im Paradeiß scheinend und doch unbegreiflich / so wenig der Sonnen Glantz mag ergrieffen werden.

32. Nun ist GOTT unmäßlich / und die Gleichnüß ist auch unmäßlich. Er ist in der Gleichnüß / und die Gleichnüß begreift ihn nicht / die Gleichnüß ist sein Werck / und das Fiat ist der Werck-Meister / das Gestirn ist der Werck-zeug / die Matrix mit den Elementen ist die Materia, darauß der Meister schnitzet und machet.

33. Nun machet der Meister immerhin ohn bedacht / was er trifft / das machet er / denn der Bedacht ist im Wercke. Darumb stehet die gantze Natur in grossen ängsten und sähnen von der Eytelkeit loß zu werden. Wie die Schrifft solches auch bezeuget / dieweil sie in sich schmecket das Paradeis / und im Paradeis die Volkommenheit / so ängstet und erhebet sie sich nach dem Liechte GOttes und Paradeis/und bringet in ihrer Aengstlichkeit immer herfür was schöners / höhers und newes / wie das in der Menschen Gemüthe gnugsam erfahren und verstanden wird / auch einem

D 3

nem geringen Verstande gar sichtlich ist/ daß also im Wercke immer was wunderliches an Tag komt/ wie das an Menschen/ Thieren/ ja an Kraut und Graß zu sehen ist/ bistu nicht blind.

34. Also hat GOTT aus der Krafft durch das Fiat das Gleichnüß seines Wesens am vierdten Tage zugerichtet/ daß es sey eine Matrix, die gebähre alle seines Wesens ein Gleichnüß aus der Weißheit/ so von Ewigkeit in ihme gewesen ist/ daß alle Gestälte herfür giengen und sichtbahr würden/ so von Ewigkeit in der Matrix gewesen sind/ und das Gleichnüß der vielerley ja unerforschlicherley Ahrt/ Krafft und Tugend sind die Sternen/ die geben ihre Krafft alle in die Matrix des Himmels/ und der Himmel gibt denselben Geist den Creaturen/ also gehen alle Creaturen nach demselben Wesen einher/ und werden nach demselben Geist formiret/ der ist ihr Krafft/ Geist und Leben.

35. Als nun GOTT solches am vierdten Tage vollendet hatte/ sahe er solches an und betrachtets/ und es war gut/ wie Moses schreibet. Da wolte GOTT in seinem ewigen Willen/ daß diß Reich oder Principium auch Creatürlich wäre/ wie das volkommene Reich deß Paradeises/ daß lebendige Creaturen darinnen wären. Und der Wille setzete die Krafft/ welches ist das Wort ins Fiat, da gebahr die Matrix allerley Creaturen am fünfften Tage/ jedes nach seiner Ahrt. Die Ahrt mustu so verstehen/ als vielerley Ahrt die Matrix ist wie du diß am Gestirn magst ersinnen.

36. Nun werde ich dem Meister in seinem gekröneten Hütlein in seine Schule fallen/ der wird fragen worauß die Thiere/ Vögel/ Fische und Würme sind gemacht worden? Denn er wil haben es sey alles aus Erden gemacht/ und bewehret das aus Mose/ und er verstehet doch den Mosen so wenig/ als das Paradeiß/ welches er alles wil alleine leiblich haben/ darumb ist ein grosser Todt im Verstande. Wiewol ich Teutsch genug schreibe/ so werde ich doch demselben Tode in der unverständigen Seele auch noch stum seyn/ dafür kan ich nun nicht: Es heißet/ Ihr müsset von newen gebohren werden/ wolt ihr das Reich GOttes sehen. Wilstu diß wissen/ so lege das Hütlein der Hoffahrt in deinem Gemühte beyseyte/ und spatzire mit in Paradeisischen Rosen-Garten/ da findestu Kraut stehen/ so du desselben issest/ so werden deine Augen auffgethan/ daß du es erkennest/ und siehest was Moses geschrieben hat.

37. Die Glossen, so über dem Mose aus der Vernunfft gesetzt

setzt sind / werden dirs Paradeiß nicht zeigen / viel weniger den Schöpfer. Der Prophet und Apostel hat in der Paradeiß-Schule in einer Stunde mehr gelernet / als der Doctor in seiner Schule in dreißig Jahren. Es lieget nichts am eigenen Witz / wem GOTT wil dem giebt Ers umbsonst / es ist umb kein Geldt oder Gunst zu kauffen / das wird dir König Salomon sagen. So wir ja nun wolten also irrdisch gesinnet seyn / und wolten dencken / GOTT hätte alle Thier bloß auß Erd-Klumpen gemacht / worauß ist dann ihr Geist gemacht? sintemahl die Erde doch nicht Fleisch / und das Bluth nicht bloß Wasser / auch die Erde und das Wasser kein Leben ist? Und wenn gleich die Lufft drein komt / so bleibts doch nur eine Essentia, welche nur im Fiat grünet / und die Tinctur, welche im Fewr auffgehet / ist verborgen / davon das edle Leben rüge wird.

38. Moses schreibet also: Und GOTT sprach / es gehen herfür allerley Thier / ein jegliches nach seiner Ahrt. Ist die Frage / worauß solte es gehen? Aus der Matrix, wer ist die Matrix darauß die Thiere solten gehen? Es sind die vier Elementa, so in der Erden gleichsals sind. Das Fiat hat herauß gebracht die Thiere gantz ungeschickt / wie sie im Wesen sind / nicht vom Himmel / sondern auß der Erden Matrix: Und die Matrix der Erden ist mit der Matrix der Tieffe über der Erden ein Ding / ein Regiment: Das Gestirn herrschet in allem / und ist der Limbus oder Mann / darinnen die Tinctur stehet / und in der Erden Matrix ist der Geist Aquastrisch. Alleine darumb sind sie aus der Erden Matrix herauß gangen / daß sie der Erden Essentiæ wären / daß sie essen von der Frucht / so auß der Erden wächset. Denn einem jeden Geist lüstert nach seiner Mutter / darauß er ist.

39. So nun das Thier bloß aus einem Erden-Kloß wäre / so äße es Erde / so es aber aus der Matrix der Erden ist durchs Fiat herfür gegangen / so begehret es auch solche Speise / welche die Matrix aus ihrer Essentia herfür giebt / und ist nicht Erde / sondern Fleisch / das Fleisch aber ist ein Mensch oder Massa, darauß ist worden das Corpus, und der Geist des Gestirns machet darinnen die Tinctur, der als in einer Mutter überall herrschet / und die Verständnüß in allen Leben dieser Welt machet. Denn der Geist des Gestirns herrschet in allen Dingen / in Erde / Steinen / Metallen / Elementen und Creaturen.

40. Denn es ist im Anfang der Schöpfung alles aus einem Wesen erbohren / zur Zeit / da die Erde materialisch ward / und ist nur eine Entscheidung von einander geschehen / darumb ist je ein

Von den drey Principien Cap. 8.

ein hefftiger Hunger in einem jeden / eines nach dem andern: wie du dessen ein Exempel hast an der Fortpflantzung / umb welches willen die Scheidung auch also geschehen ist. Denn du siehest / daß ein Männlein und sein Weiblein ist / und je eines des andern hefftig zur Vermischung zu besaamen begehret / das ist ein groß Geheimnuß. Siehe da der Schöpffer durchs Fiat die Matrix geschieden / da hat er die fünffte Gestalt in der Matrix von dem Aquaster geschieden. Denn die fünfte Gestalt ist Himlisch und unterbrechlich / weil diß Reich der Welt stehet / und die Wurtzel der fünfften Gestalt hält das Paradeiß. Ich wils verständlicher setzen umb der begierigen Einfalt willen.

41. Siehe wie offte gemeldet / als auffgegangen ist im Fiat in der ängstlichen Matrix der finstern Herbigkeit das Fewer im brechenden Rade in der Anzündung / und im Fewer das Liecht der Sonnen und aller Sternen / da ist in der herben Matrix / welche vom Liechte dünne / demütig und materialisch zu Wasser worden ist / auffgangen der heldseelige Quell der Liebe / daß eine Gestalt die ander hefftig liebet wegen der Sanfftmuht des Liechtes / welches in alle Gestälte kommen war. Nun war aber die Sanfftmuht ein newes Kind / das nicht im finstern Uhrkund in der ängstlichkeit war / und dasselbe Kind war das Paradeiß: Weils aber nicht in der materia stund / so konte es die Matrix der Herbigkeit nicht ergreiffen / sondern gab sich aus gantz begierig und sähnend mit grossem Willen nach dem Fewr und Bitterkeit / zu ergreiffen den freundlichen Quell der Liebe / und konte ihn doch nicht fassen / denn er war Paradeisisch / und also stehet sie noch in der grossen Sähnlichkeit / und gebieret Wässer.

42. Nun hat aber GOtt das Fewer als die Quinta Essentia oder fünffte Gestalt vom Wasser entschieden / und daraus Sternen gemacht / und das Paradeiß ist in der Matrix verborgen: So begehret nun die Wassers-Mutter mit grossem Ernst die Fewers-Mutter / und suchet das Kind der Liebe / und die Fewers-Mutter suchts in der Wassers-Mutter / als da es gebohren ward / und ist ein hefftiger Hunger zwischen ihnen eines nach dem andern / sich zu vermischen.

43. Nun sprach GOtt: Es gehen herfür allerley Thiere / ein jedes nach seiner Art. Da ist aus jeder Essentiæ Art herfür gegangen das Männlein und sein Fräwlein. So sich nun der Sternen-geist / oder der Geist in der Fewr-gestalt / durch sein Sähnen mit dem wässerischen vermischet hatte / so giengen aus einer Essentia zwey Geschlechte / eines nach dem Limbo in fewriger Gestalt /

Cap. 8. Göttliches Wesens.

Gestalt/ das ander nach dem Aquaster in wässeriger Gestalt/ doch also vermischet/ daß sie am Leibe gleiche waren: Also wurde das Männlein nach dem Limbo oder Fewers-gestalt qualificiret/ und das Weiblein nach dem Aquaster, oder wässerigen Gestalt.

44. Also ist nun eine hefftige Begierde in den Creaturen/ der Geist des Männleins sucht das liebe Kind im Weiblein/ und das Weiblein im Männlein. Denn die Unvernunfft des Leibes in den unvernünfftigen Creaturen weiß nicht was es thut/ sein Leib würde sich nicht also hefftig zur Fortpflantzung bewegen/ es weiß auch wol nichts von der Schwängerung: Allein sein Geist nach dem Kinde der Liebe ist also entbrandt/ daß es die Liebe sucht/ welche doch Paradeiß ist/ und nicht kan ergreiffen/ sondern macht nur einen Saamen/ darinnen wieder das Centrum zur Gebuhrt ist. Und also ist der Uhrkund beyder Geschlechte und ihrer Fortpflantzung. Aber das Paradeisische Kind der Liebe erreichen sie nicht/ sondern es ist ein hefftiger Hunger/ also gehet die Fortpflantzung mit grossem Ernst.

45. Daß ich aber nun schreibe/ wie die Sternen/ so wol in allen Thieren und Creaturen herrschen/ und daß alle Creatur in der Schöpffung der Sternen-geist habe empfangen/ und daß noch alles in derselben Regiment stehet/ wird der Einfältige nicht glauben wollen/ wiewol es der Doctor weiß/ den weise ich an die Erfahrung: Siehe ein Männlein und ein Fräwlein zeugen Junge/ und das öffter; nun kommen sie aus einem Leibe/und haben doch nicht einerley Art/ Farbe und Tugend/ auch Gestalt des Leibes/ das macht alles der Sternen Aenderung. Denn wenn der Saame gesäet ist/ so machet der Schnitzer daraus ein Bilde/ wie er will/ zwar nach der ersten Essentia, die kan er nicht änderen/ aber den Geist in der Essentia giebt er ihm nach seinem Gewalt/ mit Sitten und Sinnen/ Farben und Gebärden/ wie er ist/ und wie das Gestirn zur Zeit wenn es seinen Odem von der Lufft holet/ in seiner Essentia ist im bösen oder guten/ zu beissen/ stossen/ schlagen/ auch zur Sanfftmuth: Alles wie der Himmel dißmahl ist: Also wird auch des Thieres Geist und Willen.

D 5   Das

Das 9. Capittel.

Vom Paradeiß/ und dann von aller Creatur Vergängligkeit/ wie alles seinen Anfang und Ende nimt/ und zu waserley Ende es allhie erschienen ist.

Die edle hoch-theure Pforten der vernünfftigen Seelen.

1. Ein Geld noch Gut/ weder Kunst noch Macht wird dich bringen zur ewigen Ruhe der ewigen Sanfftmuth des Paradeises/ alleine die edele Erkändnüß/ darein kanstu deine Seele wicklen/ das ist die Perle die keine Motte frist/ und kein Dieb stielet/ darumb suche die/ so findestu einen edelen Schatz.

2. Unser Wissen und Erkäntnüß ist uns also harte zerrunnen/ daß wir keine Erkändnüß mehr vom Paradeiß haben/ es sey dann daß wir wieder new gebohren werden/ durch das Wasser und Heiligen Geist/ sonst ligt uns immer die Decke Moysis vor unsern Augen/ wann wir seine Schrifften lesen/ und vermeinen daß sey das Paradeiß gewesen/ davon Moses saget: GOtt habe Adam in den Garten Eden gesetzet/ den er gepflantzet hatte daß er den bawe.

3. Mein lieber Mensch es ist nicht das Paradeiß/ Moses saget solches auch nicht/ sondern es ist der Garten in Eden gewesen/ da sie sind versucht worden/ davon du beym Fall Adams findest. Das Paradeiß ist die Göttliche Wonne/ die ist in ihrem eigenen Gemüthe gewesen/ da sie in GOttes Liebe waren. Als aber der Ungehersam kam/ wurden sie ausgetrieben/ und sahen daß sie nackend waren/ denn es empfing sie zur Stunde der Geist dieser Welt/ darinnen eytel Angst/ Noth/ Kummer und Elend ist/ und endlich die Zerbrechlichkeit und der Todt. Darumb war es Noth/ daß das ewige Wort Fleisch ward/ und führete sie wieder in die Paradeisische Ruhe/ davon du an seinem Orte findest beym Falle des Menschen.

4. Das Paradeiß hat ein ander Principium, denn es ist die Göttliche und Englische Wonne/ aber nicht ausser dem Loco dieser Welt/ wol ausser der Krafft und Queil dieser Welt/ es mags auch der Geist dieser Welt gar nicht begreiffen/ viel weniger einige Creatur/ denn es stehet nicht in der ängstlichen Gebuhrt/ und obs gleich also seinen Uhrkund empfangen/ so stehets doch in eytel

Voll-

Vollkommenheit / in eytel Liebe / Frewd und Wonne / da kein Furcht ist / auch kein Todt noch Quaal; Kein Teufel kan das berühren / kein Thier erreichet das.

5. Wann wir aber wollen reden von des Paradeises Quell und Frewde / und von seinem höchsten Wesen / was das sey / so haben wir kein Gleichnüß in dieser Welt / wir dürfften Engels-Zungen darzu / und Englische Erkändtnüß / und ob wir die hätten / so können wirs doch mit dieser Zungen nicht reden. Im Gemüthe so die Seele auff dem Paradeisischen Braut-wagen fähret / wird es wohl verstanden / aber mit der Zungen können wirs nicht erheben: jedoch wollen wir das A b c nicht weg-werffen / und derweil mit den Kindern reden / biß uns ein anderer Mund zu reden wird gegeben werden.

6. Als GOtt die Thier geschaffen hatte / brachte er die zu Adam / daß er ihnen Nahmen gebe / einem jeden nach seiner Essentia und Art / wie das qualificirt war. Nun war Adam im Garten Eden in Hebron / und auch zugleich im Paradeiß: Kein Thier aber kan ins Paradeiß gehen / denn es ist die Göttliche und Englische Wonne / darinnen nichts Unreines ist / auch kein Todt; oder zerbrechlich Leben / viel weniger die Erkändnüß Böses und Gutes: Da doch Moses schreibet / daß in dem Garten Eden sey gewesen der Versuch-Baum / der getragen hat die Erkändtnüß Böses und Gutes. Welches zwar wohl kein anderer Baum gewesen / als wir noch von Bäumen essen in der Zerbrechlichkeit / und auch kein anderer Garten / als wir noch haben / da irdische Frucht wächset / böß und gut / wie für Augen ist.

7. Allein das Paradeiß ist etwas anders / und doch auch kein anderer Ort / aber in einem andern Principio, da GOtt und Engel wohnen / und da die Vollkommenheit ist / da eitel Liebe / Frewd und Erkändnüß ist / da keine Quaal ist / welches der Todt und Teuffel nicht berühren / auch nicht wissen / welches doch weder Erde noch Steine zur Für-mauren hat. Es ist aber eine solche Klufft zwischen dem Paradeiß und dieser Welt / daß die da wolten von dannen hinein fahren / können nicht / und die von ihnen wollen zu uns fahren / können auch nicht / und die Hölle mit dem Reich der Finsternüß ist darzwischen / und kan niemand hinein reichen / als durch eine newe Gebuhrt / davon Christus redet zu Nicodemo: Die Seelen der Heiligen und Newgebohrnen müssen durch den Todt der Finsternüß hinein gehen / welche der Ertz-hirte JEsus Christus mit den Engeln auff seinem Braut-wagen hinein führet / davon du an seinem gebührendem Orte in der Ordnung findest.

8. Dieweil mir aber aus Gnaden der Göttlichen Krafft ist etwas verliehen worden / zu erkennen den Weeg zum Paradeiß / und einem jeden gebühret GOttes Werck zu würcken / darinnen er stehet / davon dann auch GOtt wil von einem jeden Rechenschafft fordern / was er gearbeitet hat in seinem Tage-werck in dieser Welt/ und wil sein Werck/ so er einem jeden gegeben mit Nutze fordern / und nicht leer haben / oder dem faulen Knechte Hände und Füsse binden/ und ihn in die Finsternüß werffen / da er doch würcken muß / aber in der Aengstlichkeit / und in Vergessung seines ihme allhie gegebenen Tage-wercks / darinnen er ein unnützer Knecht erfunden worden.

9. So wil ich doch mein Tage-werck nicht so gar übergehen / sondern arbeiten auff dem Weege so viel ich kan / und solte ich gleich kaum können auff diesem hohen Weege die Buchstaben zehlen / so wirds doch so hoch seyn/ daß mancher sein Leben lang wird dran zu lernen haben; der vermeinet / er wisse es gar wohl / wird noch nicht den ersten Buchstaben vom Paradeiß erlernet haben. Denn es werden keine Doctores auff diesem Weege in dieser Schule gefunden/ sondern nur eytel Schüler.

10. Darumb darff sich Meister Hans in seinem gekröneten Hüttlein nicht so klug hierinnen düncken / und seinen Spott so kühn ausschütten. Denn er weiß noch nichts/ also lange er ein Spötter ist: Er lasse ihm nur sein Hüttlein nicht so wohl anstehen/ und rühme sich seines menschlichen Ruffes / wie er durch Göttliche Ordnung in seinem Ruff sitze/ da er doch nicht von GOtt / sondern durch Menschen-gunst ist eingesessen/ er verbiete nicht zu viel den Weeg zum Paradeiß / er weiß ihn selber nicht / und wird von seinem Einsitzen durch Menschen-gunst müssen schwere Rechenschafft geben / in dem er sich Göttliches Ruffes rühmet / und der Geist GOttes ist doch ferne von ihm/ wird er ein Lügner / und leuget die Gottheit an.

11. Darumb sehe ein jeder was er thut: Ich sage noch / wer sich ohne Göttlichen Ruff/ ohne Erkändnüß GOttes / zum Hirten eindringet/ der ist ein Dieb und Mörder / und gehet nicht zur Thür ins Paradeiß / sondern kreucht mit den Hunden und Wölffen in Raub-Stall / und meinet nur seinen Bauch und eigen Ehre. Er ist nicht Hirte / sondern hänget an der grossen Huren / am Antichrist / und meynet doch er sey Hirte / aber er wird im Paradeiß nie erkandt.

12. Christus lehret und warnet uns trewlich für den Zeiten / die kommen würden / da ein jeder würde sagen: Siehe / da ist
Chri-

Cap. 9.   **Göttliches Weſens.**   85

Chriſtus/ dort iſt Er/ Er iſt in der Wüſten/ Er iſt in der Kam̃er/ ſo gehet nicht hinaus/ und glaubts nicht. Denn wie der Blitz auffgehet vom Auffgang und ſcheinet biß zum Niedergang/ alſo wird auch ſeyn die Zukunfft des Menſchen Sohns.

13. Darumb du Menſchen-Kind/ ſiehe/ obs nicht alſo gehet/ ,, da die falſchen Hirten ohne Göttlichen Ruff immer zancken/ ,, und ein jeder ſaget: Lauffet mir zu/ hie iſt Chriſtus/ da iſt ,, Chriſtus/ und einer richtet den andern/ und giebt ihn den Teu- ,, fel/ zerſtöret die Einträchtigkeit/ und verleſchet die Liebe/ ,, darinnen der Geiſt GOttes gebohren wird/ und macht eytel ,, Bitterkeit/ und verführet den Leyen/ daß er vermeinet Chri- ,, ſtus ſey ein Zanck-Hirte/ und greifft alſo in ſeine Wiederpart/ ,, richtet Krieg und Mordt an/ da ſoll nun der Geiſt GOttes ,, ſeyn/ das ſoll der Weeg zum Paradeiß ſeyn.

14. Chriſtus ſprach: liebet einander/ dabey wird man erkennen/ daß ihr meine Jünger ſeyd: So dich einer auff einen Backen ſchläget/ ſo beut ihm auch den andern dar: So ihr verfolget werdet umb meines Rahmens willen/ ſo freweteuch alsdann/ ewer Lohn iſt im Himmelreich groß. Jetzt aber wird eytel Schmach gelehret/ es müſſen auch die gerichtet werden/ die vor viel hundert Jahren todt/ die im Gerichte GOttes ſind/ eins theils wohl im Paradeiß/ die werden von den Zanck-Hirten vermaledeyet. Solte nun der Heilige Geiſt aus ihnen reden/ wie ſie ſchreyen/ da ſie doch voll bitter Gallen ſind/ und nichts als Geitz und Rache in ihnen ſtecket/ und ſind ferne vom Paradeiß-Weege.

15. Darumb O Menſchen-Kind! Sihe dich in dieſer Zeit für/ daß dir die Ohren nicht jucken/ wenn du höreſt die falſchen Hirten die Kinder Chriſti hinrichten/ es iſt nicht Chriſti Stim̃e/ ſondern des Anti-chriſts. Der Weeg zum Paradeiß hat gar einen andern Eingang. Dein Hertz muß zu GOtt gerichtet ſeyn aus gantzen Kräfften/ und wie GOtt wil/ daß allen Menſchen geholffen werde/ und daß einer des andern Laſt tragen/ einander freundlich mit züchtiger Ehr-erbietung im Heiligen Geiſt entgegenen ſollen: Auch ein jeder ſeines Nechſtens Heyl mit Demuth und Ernſt ſuchen/ und gerne wollen/ daß er von der Eitelkeit loß würde/ und mit ihme in Roſen-garten gienge.

16. Die Erkäntnüß iſt in dem unendlichen GOTT mancherley: Es ſol ſich aber ein jeder des andern Gaben und Erkäntnüß freuen/ und dencken/ daß uns GOTT in der Paradeiſi-

D 7   ſchen

schen Welt wird so überschwengliche Wissenschafft geben/ wel=
ches wir alhie mit den unterschiedlichen Gaben nur ein Fürbilde
haben. Darumb solten wir nicht zancken wegen der Gaben und
Erkäntnüß/ denn der Geist giebt einem jeden nach seiner Essen=
tia in dem wunderlichen GOTT auszusprechen nach seiner Gestalt. Denn das wird im Paradeis in der vollkommenen Liebe
gar ein sänliches Liebespiel seyn/ da ein jeder aus seiner Erkäntnüß der grossen Wunder/ in der heiligen Gebuhrt wird reden.

17. O ach des Dornenstechens! Das der Teuffel in diß hohe
Liebe=Spiel gebracht hat/ daß wir in der edlen Erkäntnüß einen
solchen hoffärtigen Zanck treiben/ daß man den H. Geist mit
Gesetzen bindet! Was sind die Gesetze im Reich Christi/ der
uns frey gemacht/ daß wir sollen in ihme wandelen im heiligen
Geiste? Worzu sind sie anders erdichtet/ als zur Wollust des
Antichrists/ damit er mächtig und prächtig einhergehe/ und
GOTT auff Erden sey? O fliehe vor Ihm du Menschen=
Kindt/ die Zeit vom Schlaff des Antichrists auffzu-
wachen ist kommen/ Christus komt mit der schönen Lilien aus dem Paradeise in Josaphats Thall: Es ist Zeit
die Lampen zu schmücken/ wer zur Hochzeit des Lambs
gehen wil.

Die Pforten.

18. DAs Paradeis stehet in der Göttlichen Krafft/ und ist
nichts leibliches oder begreifliches/ sondern seine Leibligkeit oder Begreifflichkeit ist gleich den Engeln/ da ein helle
sichtliches Wesen ist/ gleich als wäre es materialisch/ und ist
auch materialisch/ aber bloß aus der Krafft figuriret/ da alles
durchsichtig und scheinend ist/ da das Centrum der Gebuhrt
auch in allen Dingen ist/ darumb die Gebuhrt ohne Ende und
Zahl ist.

19. Ich gebe dir ein Gleichnüß von des Menschen Gemüte/
daraus die Gedancken gebohren werden/ welcher kein Ende noch
Zahl ist. Denn ein jeder Gedancken hat wieder das Centrum zu
gebären andere Gedancken. Also ist das Paradeis von Ewigkeit
zu Ewigkeit: weil aber das Liecht GOttes ewig ist/ und ohne
wancken oder mangel scheinet/ so ist auch in der Gebuhrt ein un=
wandelbahr Wesen/ da alles in eytel Vollkommenheit auffgehet
in grosser Liebe.

20. Denn das gibt der Geist der Erkäntnüß/ daß im Para=
deise

Cap. 9.   **Göttliches Wesens.**   87

deise so wohl Gewächse sind / als in dieser Welt / in solcher form / aber nicht in solcher Quell und Begreifflichkeit. Denn die Materia oder Corpus ist Krafft und Wesen im himlischen Limbo, die Wurtzel stehet in der Matrix, in welcher weder Erde noch Steine ist / denn es ist ein ander Principium. Das Feuer darinnen ist GOtt der Vatter: und das Liecht darinnen ist GOtt der Sohn: und die Lufft darinnen ist GOtt der H. Geist / und die Krafft da alles auffgehet / ist Himmel und das Paradeis.

21. Als wir sehen das alhie wächset aus der Erden alles Kraut und Frucht / welches seine Krafft von der Sonnen und Gestirn empfähet: Also ist der Himmel oder himlische Limbus an statt der Erden / und das Liecht GOttes an statt der Sonnen / und der ewige Vatter an statt der Sternen Krafft. Die Tieffe dieses Wesens ist ohne Anfang und Ende / seine weite ist nicht zu erreichen / es ist weder Jahr noch Zeit / keine Kälte / keine Hitze / kein weben der Lufft / kein Sonne und Gestirne / kein Wasser noch Feuer / kein Gesichte der bösen Geister / von dieser Welt Trübsal keine Erkäntnüß noch Wissenschafft / weder Feltz noch Erde / und doch alle dieser Welt Geschöpffe ein figurlich Wesen. Denn zu dem ende sind alle Creaturen dieser Welt erschienen / daß sie sollen seyn ein ewig figurlich Gleichnüß / nicht daß sie in diesem Geiste in ihrer Substantz bleiben; Nein / das ist nicht / es gehen alle Geschöpfe wieder in ihr Æther / und zerbricht der Geist / aber die Figur und Schatten bleibet ewiglich.

22. Auch alle Worte / die alhie geredet werden durch Menschen Zungen / bleiben stehen im Schatten und figurlichen Gleichnüß / böse und gute: und erreichen die guten im heiligen Geiste das Paradeis / und die Falschen und Gottlosen den Abgrund der Höllen: Darumb saget Christus: Der Mensch müsse Rechenschafft geben von jeglichem unnützen Worte. Denn wan die Erndte wird kommen / so würd alles entschieden werden. Denn Christus spricht auch / daß einem jeglichen sein Werck wird folgen / und wird alles durchs Feuer der Natur bewehret werden / und werden alle falsche Wercke / Reden und Thun im Feuer der Natur bleiben / welches wird seyn die Hölle darvor die Teuffel / wenn sie diß hören / erzittern.

23. Es wird alles im Schatten bleiben / und ein jedes in seiner Quell. Darumb wird diß den Gottlosen ein ewige Schande seyn / daß sie in Ewigkeit werden alle ihre Wercke sehen / und alle ihre Worte als ein beflecktes Tuch / welche werden vol Zorns

GOttes

GOttes stecken/ und brennen nach ihrer Essentia, und hier angezündeten Quaal.

24. Denn diese Welt ist gleich einem Acker/ da guter Saame gesäet wird/ und der Feind Unkraut drein wirfft/ und gehet darvon/ welches beydes wächset biß zur Erndt=zeit/ da alsdan ein jedes gesamlet und in seine Scheune gebracht wird/ davon Christus auch redet/ da das Unkraut wird in Bündel gebunden und ins Feuer geworffen/ und der Weitzen in die Schewren gesamblet werden.

Die heilige Pforten.

25. DJe Vernunfft/ welche mit Adam aus dem Paradeis ist ausgangen/ fraget/ wo ist das Paradeis anzutreffen? Ist es weit oder nahe? Oder wo fahren die Seelen hin/ wan sie ins Paradeis fahren? Ist es in dieser Welt/ oder ausser dem Loco dieser Welt über den Sternen? Wo wohnet denn GOTT mit den Engelen/ und wo ist das liebe Vatterland/ da kein Todt ist/ weil keine Sonne und Sternen darinnen sind/ so muß es ja nicht in dieser Welt seyn/ sonst wäre es lange funden worden?

26. Liebe Vernunfft/ es kan keiner dem andern einen Schlüssel darzu leihen/ und ob es ist/ das einer einen hat/ so schleust er doch dem andern nicht auff/ wie der Antichrist rühmet/ er habe Schlüssel zu Himmel und Hölle: Zwar er mag in dieser Zeit beyde Schlüssel haben/ es ist wahr/ aber er kan keinem andern mitte auffschliessen/ ein jeder muß mit seinem eignen Schlüssel auffschliessen/ sonst komt er nicht hinein/ denn der Schlüssel ist der heilige Geist/ wann er den Schlüssel hat/ so gehet er ein und aus.

27. Es ist dir nichts näher/ als Himmel/ Paradeis und Hölle/ zu welchem du geaneygenet bist und hinwirkest/ dem bistu in dieser Zeit am näheste: Du bist zwischen beyden/ und ist zwischen jeden eine Gebuhrt/ du stehest in dieser Welt in beyden Thüren/ und hast beyde Gebuhrten in dir. GOTT hält dich in einer Pforten und ruffet dich/ und der Teuffel hält dich in der andern Pforten/ und rufft dich auch/ mit welchem du gehest da komstu hin. Der Teuffel hat in seiner Hand Macht/ Ehre/ Wollust und Freude/ und die Wurtzel darinnen ist der Todt und Feuer. So hatt GOTT in seiner Hand Creuz/ Verfolgung/ Jammer/ Armuth/ Schmach und Elende/ und die Wurtzel desselben ist auch ein Feuer/ und in dem Feuer ein

Liecht

Cap. 9.   Göttliches Wesens.   91

33. In diesem sanfften Quelle gehet nun aus der wallende Geist / der im Uhrkund in der Anzündung war der bitter oder ängstliche Geist / gar wonnesahm / ohne bewegung / und ist der Heilige Geist / und der sanffte Quell / so im Centro aus dem Liechte gebohren wird / ist das Wort oder Hertze GOttes / und in dieser Wonne ist das Paradeiß / und die Gebuhrt ist die ewige Dreyfaltigkeit. In der mustu wohnen / wilstu in Paradeiß seyn / und die muß in dir gebohren werden / wiltu GOttes Kindt seyn / und deine Seele in derselbigen / sonst kanstu das Reich GOttes weder schawen / noch geniessen.

34. Darumb bringt uns der feste Glaube und Zuversicht wieder in GOtt / denn er fasset das Göttliche Centrum zur Wiedergebuhrt im H. Geist / sonst hilffts nichts. Das ander was der Mensch alhie machet / sind nur Wesen / so ihme im Schatten nachfolgen / darinne er stehen wird. Denn gleich wie da ist die Gebuhrt in der heiligen Gottheit / die im uhrkunde stehet im Willen und Aengsten fürm Liechte; Also mustu außgegangener Mensch aus dem Paradeiß im ängsten / sähnen und begehrenden Willen wieder zur Gebuhrt eingehen / so erreichestu wieder das Paradeiß und Liecht GOttes.

35. Nun sihe du vernünfftige Seele / mit dir rede ich und nicht mit dem Leibe / du begreiffests alleine. Wann die Gebuhrt nun also immer erbohren wird / so hat ein jede Gestalt ein Centrum zur Wiedergebuhrt. Denn das gantze Göttliche Wesen stehet in stäter und ewiger Gebuhrt / aber unwandelbahr / gleich des Menschen Gemüthe / da aus dem Gemüthe immer Gedancken gebohren werden / und aus den Gedancken der Wille und Begierlichkeit / und aus dem Willen und Begierlichkeit das Werck / welches zu einer Substantz gemacht wird im Willen: alsdann greiffen zu Mund und Hände / und verbringen das / was im Willen substantialisch ward.

36. Also auch ist die ewige Gebuhrt / da von Ewigkeit ist immer erbohren worden die Krafft / und aus der Krafft das Liecht / und das Liecht uhrsachet und machet die Krafft / und die Krafft und das Liecht scheinet in der ewigen Finsternüß / und machet den sähnenden Willen im ewigen Gemüte / daß der Wille in der Finsternüß gebieret die Gedancken / und die Gedancken die Lust und Begierlichkeit / und die Begierlichkeit ist das sähnen der Krafft / und in der Krafft sähnen ist der Mund / der spricht aus das Fiat, und das Fiat machet die Materia, und der Geist der in der Krafft außgehet / zerscheidets und nimbt

nicht

nicht eine Essentia von der andern / sondern zerscheidets / und in dem zerscheidenen Wesen / weil jedes gantz ist / unzerbrochen / ist wieder in jedem Dinge das Centrum der Vielfältigung / gleich des Menschen Gemüthe mit Außgang der Gedancken. Nun was soll aber in diesem Centro gebohren werden? Erstlich wieder ein Geist in solcher Gebuhrt und Quell / wie obgemeldet / ein Wille in der Angst / und im Willen eine Begierde / und die Begierde macht das Anziehen / und stehet im Willen fort der Gedancke / und im Gedancken der Mund / und im Munde wird aus der Krafft gesprochen das Fiat, und das Fiat machet die Materia, und der Geist zerscheidets / und formet es nach dem Gedancken.

37. Darumb sind so mancherley Geschlecht der Creaturen / als wie der ewige Gedancken in der Weißheit GOttes ist. Es hat der Geist ein jedes Geschlecht nach jeden Gedancken der ewigen Weißheit GOttes figuriret / und das Fiat hat jedem sein Fleisch nach des Gedanckens Essentia geben. Denn im Gedancken stehet die Qualität. Also ist die Gebuhrt und auch erstes herkommen aller Creaturen / und in solcher Gebuhrt stehets noch im Wesen / und ist auff solche Ahrt aus dem ewigen Gedancken / welcher ist Gottes Weißheit / durchs Fiat aus der Matrix gebracht worden. Weils aber ist aus der Finsternuß herfür gangen / aus der Anggebuhrt / aus dem Centro, so da in der Zeit ist im Willen erbohren worden / so ists nicht ewig / sondern zerbrechlich wie ein Gedancken / und obs gleich materialisch ist / so nimbt doch ein jeder Quell wieder das seine in sich / und machts wieder zu dem Nichtes / als es vorm Anfang war.

38. Nun zerbricht aber nichts als der Geist im Willen / und sein Leib im Fiat, und die Figur bleibet ewiglich gleich einem Schatten / und diese Figur möchte nicht also in Form zum Liecht und Sichtligkeit gebracht werden / daß es ewig bestünde / wann es nicht wäre im Wesen gewesen / nun aber kans auch nicht zerbrechen / denn es ist kein Wesen in ihme. Das Centrum in der Quell ist zerbrochen / und in sein æther gangen / und thut die Figur weder Böses noch Guts / sondern bleibet ewig zu GOttes Wunderthat und Herrligkeit / und zur Frewde der Engel.

39. Denn wann das dritte Principium dieser materialischen Welt wird zerbrechen / und in sein æther gehen / alsdan bleibet aller Creatur / auch aller Gewächse / und alles deß / was ist ans Liecht kommen / Schatten / auch aller Worte und Wercke ihr

Schat-

Cap. 9.   Göttliches Wesens,   93

Schatten und Figur/ und ist unbegreiflich/ auch ohne Verstandt und Erkäntnüß/ gleich wie ein Nichts oder Schatten gegen dem Liechte.

40. Dieses ist gewesen des grossen und unerforschlichen GOttes Fürsatz in seinem Willen/ und darumb hat er alle Ding erschaffen. Und wird nach dieser Zeit nichtes seyn als Liecht und Finsternüß/ in welchem in jedem die Quell bleibet/ wie von Ewigkeit gewesen ist/ da keine die andere begreiffen wird/ wie von Ewigkeit auch nie geschehen ist.

41. Ob aber auch GOTT nach dieser Zeit etwas mehrers aus seinem Willen schaffen wird/ ist meinem Geiste nicht wissend/ denn er greifft nicht weiter als in sein Centrum, darinn er lebet/ in welchem stehet das Paradeiß und Himmelreich/ wie du solches bey Erschöpfung des Menschen lesen magst.

42. So bleiben nun die Engel und seeligen Menschen in der ewigen Gebuhrt des Liechtes/ und die Geister der Verwandlung auß dem Liechte in die Quaal/ sampt den Gottlosen Menschen-Geistern in der ewigen Finsternüß/ da kein wiederruffen gefunden wird/ denn ihre Geister können nicht wieder in die Zerbrechlichkeit gehen: Sie sind aus dem Limbo GOttes geschaffen/ aus der herben Matrix, darauß das Liecht GOttes von Ewigkeit uhrkundet/ und nicht ausser der Außgebuhrt wie das Viehe/ welches aus dem Limbo des gefusten Fürsatzes GOttes außgieng/ welches endlich ist/ und nur darumb alhie gewesen/ daß es sey ein ewiger Schatten und Figur.

43. Der ewige Wille ist unzerbrechlich und unwandelbahr/ denn das Hertze GOttes wird darauß gebohren/ welches der Natur und des Willens Ende ist: Hätten die Geister der Quall ihre Imagination und sähnenden Willen für sich ins Liecht der Sanfftmuht in der Natur Ende gesetzet/ so wären sie Engel blieben: Weil sie aber über die Sanfftmuht über der Natur Ende aus Hoffahrt hinauß wolten/ und das Centrum erweckten/ so funden sie keines mehr. Denn es war von Ewigkeit keines mehr gewesen: Erweckten derowegen das Centrum der Quall in sich selber/ das haben sie nun/ und sind aus dem Liechte in die Finsternüß gestossen worden.

44. Also verstehestu GOTT/ Paradeiß/ Himmelreich und Hölle: und den Eingang und Ende der Creaturen/ des Geschöpffs dieser Welt: Bistu aber aus GOTT gebohren/ wo nicht/ so wird dir die Decke so wohl vor seyn/ wie im Mose. Darumb spricht Christus: Suchet so werdet ihr finden/ Klopfet an/

so

so wird euch auffgethan: Kein Sohn bittet den Vatter umb ein Ey/ daß ihm der Vatter einen Scorpion biethe. Item/ Mein Vatter wil den H. Geist geben denen die ihn darumb bitten.

45. Darumb verstehestu diese Schrifften nicht/ so mache es nicht wie Lucifer, nimb nicht den Geist der Hoffahrt zur hand mit spotten/ und schreibs dem Teufel zu: sondern suche das demütige Hertze GOttes/ das wird dir ein kleines Senff-körnlein vom Gewächse des Paradeises in deine Seele bringen/ und so du in Gedult verharrest/ so wird ein grosser Baum darauß wachsen. Wie du wol dencken magst/ daß es diesem Auter auch ergangen ist/ denn er ist gar eine einfältige Persohn gegen den Hochgelehrten zu achten. Aber Christus spricht: Meine Krafft ist in den Schwachen mächtig: Ja Vatter es war also gefällig vor dir/ daß du es den Klugen und Weisen hast verborgen/ und den Unmündigen offenbahret/ auff daß da sey dieser Welt Weißheit vor dir eine Thorheit.. Ob nun wol die Kinder dieser Welt in ihren Geschlechten klüger sindt als die Kinder des Liechts/ so ist ihre Weißheit doch nur ein zerbrechlich Wesen; Aber diese Weißheit bleibet ewiglich.

46. Darumb suche die Edle Perle/ sie ist viel köstlicher den diese Welt/ sie wird nimmermehr von dir weichen/ und wo die Perle ist/ da wird auch dein Hertze seyn/ du darffst weiter alhier nicht nach Paradeiß/ Freud und Wonne des Himmels fragen. Suche nur die Perle/ wenn du die findest/ so findestu Paradeiß und Himmelreich/ und wirst so gelehrt/ daß du es ausser diesem nicht glaubest.

47. Du möchtest dich vieleicht ängsten/ und dieses in der Kunst suchen/ vermeinend alda zu finden: O nein! Du darffst nicht/ es stecket nicht darinnen. Der Doctor weiß es nicht ausser diesem Weege/ er habe dan auch die Perle funden/ so ist er ein Publicus, grösser denn ich/ gleich wie S. Paulus über die andere Apostel/ aber in einem Weege der Sanfftmuht/ als sich den Kindern GOttes geziemet.

Was alhier mangelt/ darnach dich lüstert/ das suche ferner/ du findest den Grund nach deiner Seelen Lust.

Das 10. Capittel.
Von Erschaffung des Menschen und seiner Seelen/ und vom Einblasen GOttes.
Die liebreiche Porten.

1. Jeder Meister Schrifften habe ich durchsuchet/ verhoffende die Perlen zu finden vom Grunde des Menschen/ hab aber nicht können finden/ darnach meine Seele lüsterte. Ich habe auch gar widerwertige Meinungen gefunden; Auch habe ich eines theils gefunden/ die mir das Suchen verbieten/ ich weiß aber nicht mit was Grunde oder Verstande/ als das ein Blinder dem Sehenden die Augen nicht gönnet. Mit diesem allem ist meine Seele gar unruhig in mir worden/ und hat sich geängstet als ein Weib zur Gebuhrt/ da doch nichts ist erfunden worden/ biß ich den Worten CHRJSTJ nachgefahren/ der da spricht: Ihr müsset von newen gebohren werden/ wolt ihr das Reiche GOttes sehen. Welches mir erst mein Hertz versperrte/ und vermeinte/ es möchte in dieser Welt nicht geschehen/ sondern in meinem Abschiedt von dieser Welt. Da sich dan erst meine Seele ängstete zur Gebuhrt/ welche gerne die Perle geschmecket hätte/ und sich in diesem Weege viel hefftiger zur Gebuhrt gegeben/ biß ihr endlich ein Kleinod worden. Demselben nach wil ich nun schreiben mir zu einem Memorial, und dem Suchenden zu einem Liechte/ den Christus spricht: Niemand zündet ein Liecht an/ und stects unter eine Banck/ oder Scheffel; sondern setzets auff einen Tisch/ auff daß alle/ so in dem Gemach sind/ davon sehen. Und zu dem Ende gibt er dem Suchenden die Perle/ daß er soll dem Armen mittheilen zu seiner Gesundheit/ wie er solches gar ernstlich geboten hat.

2. Zwar Moses schreibet: GOTT machte den Menschen aus dem Erden-kloß/ ꝛc. das ist fast vieler Meinung/ und ich hätte es auch nicht gewust/ wie das wäre zu verstehen: Und hätte es aus dem Mose nicht erlernet/ auch nicht aus den Glossen, so darüber sind gemacht/ und wäre mir die Decke auch für meinen Augen blieben/ wiewol in grossem Kummer: Als ich aber die Perle fand/ sahe ich dem Mosi ins Angesicht/ und fand daß Moses hatte recht geschrieben / und ich hatte es nicht recht verstanden.

3. Denn

3. Denn GOtt sprach auch also nach dem Fall zu Adam und Heva: Du bist Erde und solst wieder Erde werden. Und so ich nicht hätte den Limbum betrachtet/ darauß die Erde ist worden/ so wäre ich also verblendet blieben. Derselbe zeiget mir nun den Grund/ was Adam vorm Falle und nach dem Falle sey gewesen.

4. Denn keine solche Erde/ oder solch Fleisch/ wie wir jetzt tragen/ bestehet im Liecht GOttes/ darumb sprach auch Christus: Niemand führet gen Himmel/ als des Menschen Sohn/ der vom Himmel kommen ist/ und der im Himmel ist. Also war unser Fleisch vorm Falle Himmlisch aus dem Himmlischen Limbo; Als aber der Ungehorsahm kam sich in einem andern Centro zugebähren in Lust dieser Welt/ so ward es irrdisch. Denn mit dem irrdischen Apfel-biß im Garten Eden fieng das irrdische Reich an/ und fieng alsobald die Mutter der grossen Welt mit ihrer Macht die kleine Welt/ und machte aus ihr Thieres-Ahrt im Ansehen/ und auch im Wesen.

5. Wäre nun nicht die Seele im Mittel gewesen/ so solte Adam wol ein unvernünfftig Thier blieben seyn/ weil aber die Seele aus dem Limbo GOttes war in Adam geblasen worden vom Heiligen Geiste: So muste nun die Bärmhertzigkeit/ als das Hertze GOttes/ wieder das beste thun/ und wieder aus dem himmlischen Limbo bringen das Centrum, und selber Fleisch werden/ und in der Seelen gebähren durchs Fiat den newen Menschen/ welcher im Alten verborgen ist/ denn der Alte gehöret nun in die Zerbrechlichkeit/ und gehet in sein æther, und der newe bleibet ewiglich. Wie nun solches sey zugangen/ folget ein gründlicher Bericht/ da kanstu dem alten und newen Menschen ins Hertze sehen/ bistu aber aus GOtt wiedergebohren/ und hast die Perle; wo nicht/ so sieheßtu alhier kaum den alten Adam/ und wirst den newen nicht schawen.

6. Die Decke Mosis muß weg/ und must dem Mosi ins Angesichte sehen/ wilstu den newen Menschen sehen/ und ohne die Perle bringestu die nicht weg/ und kennest den Adam vor seinem Falle nicht. Denn Adam hat nach seinem Fall den ersten Menschen selber nicht mehr gekant/ darumb schämete er sich seiner monstrosischen Gestalt/ und versteckete sich hinter die Bäume im Garten. Denn er sahe sich an/ wie er eine viehische Gestalt an sich hatte/ da hat er auch alsbalde viehische Glieder zu seiner Fortpflantzung bekommen/ welches ihme das Fiat im dritten Principio schuff/ durch den Geist der grossen Welt.

7. Es

Cap.10.   Göttliches Wesens.   97

7. Es sol niemand wähnen/ daß der Mensch habe vor seinem
Falle viehische Glieder zur Fortpflantzunge gehabt / sondern
Himmlische/ und auch keine Därmer/ denn solcher Stanck und
Quell/ so ein Mensch im Leibe hat/ gehöret nicht in die Heilige
Dreyfaltigkeit/ ins Paradeis/ sondern in die Erde/ die muß
wieder in ihr æther gehen. Der Mensch aber war unsterblich ge-
schaffen/ und darzu heilig/ gleich den Engeln; und ob er wol aus
dem Limbo war gemacht/ so war er doch rein. Nun wie er sey/ und
worauß er sey gemacht worden/ folget ferner.

8. Siehe/ als GOtt das dritte Principium hatte erschaffen
nach dem Fall der Teuffel/ als die aus ihrer Herrligkeit fielen/
denn sie waren Engel gewesen im Loco dieser Welt instehende:
So wolte er noch dennoch/ das sein Wille und Fürsatz bestunde/
und wolte dem Loco dieser Welt wieder ein Englisch Heer geben/
das ewig bestünde. Und als er nun die Creaturen hatte geschaf-
fen/ welcher Schatten solte ewig bleiben nach der veränderung
der Welt/ so war keine Creatur gefunden/ die da könte frewde
daran haben/ auch so war keine Creatur erfunden/ welcher der
Thiere in dieser Welt pflegete. Darumb sprach GOtt: Lasset
uns Menschen machen/ ein Bilde das uns gleich sey / das da herr-
sche über alle Thier und Creaturen auff Erden: Und GOtt
schuff den Menschen ihm zum Bilde / ja zum Bilde GOttes
schuff er ihn.

9. Nun fraget sichs/ was ist GOttes Bilde? Schawe an/
betrachte die Gottheit/ so kompstu darauff. Denn GOtt ist
nicht ein thierischer Mensche / der Mensch aber solte seyn ein Bil-
de/ und auch ein Gleichnüß GOttes/ in deme GOtt wohnete.
Nun ist GOtt ein Geist/ und in ihme sind alle drey Principia,
und ein solch Bilde wolte er machen/ das alle drey Principia an
sich hätte/ das ist recht ein Gleichnüß GOttes. Und er schuff ihn/
da verstcht man den Mosen recht/ daß ihn GOtt habe geschaffen / und nicht aus einen Klumpen Erden gemacht.

10. Der Limbus aber/ darauß er ihn schuff/ ist der Erden
Matrix: und die Erde wurd daraus erbohren. Die Materia aber
daraus er ihn schuff/ war eine Massa, eine Quinta Essentia aus
Sternen und Elementen/ welche alsbald irdisch ward/ als der
Mensch das irdische Centrum erweckte/ und zur stunde in die
Erde und Zerbrechlichkeit gehörete.

11. Nun war aber die Massa aus der Himmlischen Matrix,
welche ist die Wurkel der Außgebuhrt oder irrdischen: Das
Himmlische Centrum solte fix bleiben/ und das irrdische solte
                        E   nicht

nicht erwecket werden / und in solcher Krafft war er ein Herr über Sternen und Elementa, und hätte ihn alle Creatur gefürchtet / und wäre unzerbrechlich gewesen: Er hatte aller Creaturen Krafft und Eigenschafft in sich / denn seine Krafft war aus der Krafft der Verständnüß. Nun muste er haben alle drey Principia, solte er GOttes Gleichnüß seyn. 1. Die Quell der Finsternüß / und 2. auch des Liechtes / und 3. auch die Quell dieser Welt / und solte doch nicht in allen dreyen leben und qualificiren / sondern in einer / als in der Paradeisischen / in welcher sein Leben auffgieng.

12. Daß nun deme beweißlich gewiß also sey / so stehet geschrieben: Und GOTT blies ihm ein den lebendigen Odem / da ward der Mensch eine lebendige Seele. Alle andere Creaturen welche aus dem zerbrechlichen Limbo durchs Fiat herfür gangen waren: denen allen hatte der Wille im Fiat in ihrem Centro den Geist erwecket / und gieng jeder Creatur-Geist aus ihrer selben Essentia und Eigenschafft / und inqualirete hernach mit dem Geiste der grossen Welt / der Sternen und Elementen. Und das solte im Menschen nicht seyn. Sein Geist solte nicht mit der Sternen und Elementen Geiste inqualiren, es solten zwey Principia, als die Finsternüß / und der Geist der Lufft stille stehen in solchem Wesen. Darumb blies er ihme ein den lebendigen Odem. Verstehe GOttes Odem / das ist der Paradeisische Odem / oder Geist / der Heilige Geist / der solte im Centro der Seelen seyn der Seelen Odem / und der Geist / welcher aus dem Limbo, oder der Quinta Essentia außgieng / welcher ist der Sternen Ahrt / solten mächtig seyn über die Quinta Essentia dieser Welt. Denn der Mensch war in einem Wesen / und war auch nur ein Mensch / den GOTT also schuff / und der hätte können ewig leben / ob gleich GOTT hätte die Sternen wieder in ihr æther gebracht / und auch die Matrix der Elementen mit sampt den Elementen in das Nichts gezogen / so wäre doch der Mensch blieben. Darzu hatte er das Paradeisische Centrum in sich / und hätte können aus ihme aus seinem Willen wieder gebähren / und das Centrum erwecken / und also ein Englisch Heer ins Paradeiß gebähren ohne Noth und Angst / auch ohne Zerreissung. Und ein solcher Mensch muste er seyn / solte er aber im Paradeiß bleiben und unverrückt ewig seyn. Denn das Paradeiß ist heilig / so muste der Mensch auch heilig seyn: Denn in der Heiligkeit stehet die Göttliche Krafft und Paradeiß.

Die

Cap. 10.   Göttliches Wesen.   99
Die tieffe Porten der Seelen.

13. Die Seele des Menschen / welche ihme GOtt eingeblasen / ist aus dem ewigen Vatter / doch vernimbs recht. Es ist ein Unterscheid / verstehe aus seinem unwandelbahren Willen / aus welchem er seinen Sohn und Hertze von Ewigkeit gebieret / aus dem Göttlichen Centro, darauß das Fiat außgehet / das da schaffet und hat alle Wesen der ewigen Gebuhrt in sich / nur die Gebuhrt des Sohnes GOttes (dasselbe Centrum, das der Sohne GOttes selber ist) hat sie nicht / denn dasselbe Centrum ist der Natur Ende / und nicht creatürlich / es ist das höchste Centrum der feurflammenden Liebe und Barmhertzigkeit GOttes / der Vollkommenheit; aus dem gehet keine Creatur / sondern erscheinet in der Creatur / als in Engeln und Seelen der heiligen Menschen. Den der Heilige Geist gehet da aus / und die Allmächtigkeit / welcher in dem Vatter schöpfet den ewigen Willen.

14. Nun stehet die Seele in zweyen Porten / und berühret zwey Principia, als 1. die ewige Finsternüß / und 2. das ewige Liecht des Sohnes GOttes / wie dan GOtt der Vatter selber auch also ist. Nun wie GOtt der Vatter seinen unwandelbahren Willen ewig hält zu gebähren sein Hertz und Sohn: Also hält der Engel und Seele seinen unwandelbahren Willen in das Hertze GOttes: Also ist er im Himmel und Paradeiß / und geneust der unaußsprechlichen Freuwde GOttes des Vatters / welche er in dem Sohne hat / und höret die unaußsprechlichen Worte deß Hertzens GOttes / und frewet sich der ewigen und auch geschaffenen Bildnüß / welche nicht im Wesen / sondern figürlich seynd.

15. Da isset die Seele von einem jeglichen Worte GOttes / denn es ist ihres Lebens Speise / und singet den Lobsang des Paradeises / von der holdseligen Frucht / die im Paradeiß wächset in der Göttlichen Krafft des Göttlichen Limbi, welche deß Leibes Speise ist: Denn der Leib isset vom Limbo, darauß er ist / und die Seele von GOtt und seinem Worte / darauß sie ist.

16. Mag mir das nicht frewde und wonne seyn? mag nicht alda lieblichkeit seyn mit den viel tausenderley Ahrten der Engel Himmel-Brodt zu essen / und sich in ihrer Gemeinschafft frewen? Was möchte doch genant werden / das lieblicher sey? da keine Furcht ist / kein Zorn / kein Todt / keine Trawrigkeit /

derer aller Stimmen und Sprache ist/ Heil/ Krafft/ Stärcke und Macht ist unserm Gotte. Und das getöhn gehet auff in Ewigkeit. Also mit diesem gehet auff die Göttliche Krafft des Paradeises/ und ist eytel wachsen in dem Göttlichen Centro der Gewächse im Paradeiß. Und das ist der Ohrt/ da S. Paulus unaußsprechliche Worte hat gehöret/ die niemand reden kan. Ein solcher Mensch war Adam vor seinem Falle/ und das du nicht zweifelst/ das es gar gewiß und wahrhafftig also sey/ so siehe doch nur die Umbstände an.

17. Als GOTT Adam hatte also geschaffen/ da war er also im Paradeiß in Wonne/ und war ein verkläret Mensch gar schön/ voller Erkäntnuß/ da brachte GOTT alle Thiere zu ihme/ als zu dem grossen Herrn in der Welt/ das er sie ansehe/ und einem jeden nach seiner Essentia und Krafft wie sein Geist in ihme figuriret wäre/ Nahmen gebe. Und Adam wuste alles was in jeder Creatur wäre/ und gab einem jeglichen einen Nahmen nach der qualificirung seines Geistes: Gleich wie GOTT allen Dingen kan ins Hertze sehen: Also konte das Adam auch thun/ daran ja seine Vollkommenheit wohl zu spüren ist gewesen.

18. Nun wären Adam und alle Menschen auff in Erdboden gegangen/ als er dan gieng/ gantz bloß/ sein Kleid war die Klarheit in der Krafft GOttes/ keine Hitze oder Kälte hette ihn berühret: sein sehen war Tag und Nacht mit auffgesperten Augen ohne wincken/ in ihme war kein Schlaf/ und in seinem Gemühte keine Nacht; Denn in seinen Augen war die Göttliche Krafft/ und er war gantz und vollkommen/ er hatte den Limbum und auch die Matrix in sich: Es war kein Mann und auch kein Weib: gleich wie wir in der Aufferstehung seyn werden: wiewol die Erkäntnuß des Zeichens in der figur bleibet/ aber nicht der Limbus und Matrix entschieden/ wie jetzunder.

19. Nun solte der Mensch auff Erden wohnen/ so lange die stünde/ und der Thiere pflegen/ und seine Wonne und Frewde an allen haben: Er solte aber keine irrdische Frucht essen/ darinnen die Zerbrechlichkeit stehet. Zwar er solte essen von der Frucht/ aber im Maule und nicht im Leib: Denn er hatte keine Därmer/ und nicht solch harte/ finster Fleisch/ es war alles vollkommen/ denn es wuchs ihm Paradeisische Frucht/ welche hernach vergieng/ wie er aus dem Paradeiß gieng/ da verfluchte GOTT die Erde/ und ward ihme der Hiflische Limbus entzogen mit sampt der Frucht und verlohr Paradeiß/ GOTT und

Him

Cap. 10.   **Göttliches Wesens.**   101

Himmelreich: Denn die Erde war nicht also böse vor der Sünde/ da das Paradeiß auff Erden war.

20. Wenn Adam wäre blieben in der Unschuld so hätte er Paradeiß-Frucht geſſen an aller Frucht: Und ſein Eſſen war Himmliſch/ ſein Trincken war aus der Himliſchen Waſſer-Mutter vom Quall des ewigen Lebens: Die Auß-Geburt berührete ihn nicht/ des Elements Luffts auff ſolche Ahrt durffte er nicht: Zwar er holete Odem von der Lufft/ er fieng aber vom Geiſt der unzerbrechlichkeit ſeinem Odem/ denn er inqualirete nicht mit dem Geiſte dieſer Welt: ſondern ſein Geiſt herrſchete kräfftig über den Geiſt dieſer Welt/ über Sternen/ ſo wohl Sonne und Mond und über die Elementa.

21. Das möchte mir ein Adam ſeyn: Und alſo war er ein recht und warhafftig Gleichnus und Bilde GOTTES: In ſeinem Fleiſche hatte er nicht ſolche harte Beine/ und ob es Beine waren/ ſo waren ſie Stärcke und ſolche Krafft/ auch ſo war ſein Bluht nicht aus der Tinctur der Aquaſtriſchen Matrix, ſondern aus der Himliſchen. In Summa/ es war alles himliſch/ wie wir im Tage der Aufferſtehung werden erſcheinen. Denn der Fürſatz GOttes beſtehet/ das erſte Wilde muß wieder kommen und im Paradeiß bleiben. Und da es nicht konte in anderer Geſtalt geſchehen und herwieder bracht werden/ſo ließ ſichs GOtt der Vatter eher ſein Hertze und Sohn koſten/ ſein ewiger Wille iſt unwandelbahr/ er muß beſtehen.

22. Und als GOTT den Menſchen geſchaffen hatte/ bauwete er einen Garten in Eden gegen dem Morgen/ und ſatzte ihn darein/ und ließ auffwachſen allerley Frucht luſtig anzuſehen/ allerley Bäume/ davon gut zu eſſen/ und den Baum des Lebens mitten im Garten/ den Baum der Erkäntnüß gutes und böſes. Und als GOTT den Menſchen im Garten ſetzete/ gebot er ihm und ſprach: Du ſolt eſſen von allerley Bäumen im Garten/ aber von dem Baume der Erkäntnüß gutes und böſes ſoltu nicht eſſen/ denn welches Tage du darvon iſſeſt/ wirſtu des Todes ſterben. Ahier liegt die Decke über dem Moſe und wil ſcharffe Augen haben/ dem Moſi ins Angeſichte zu ſehen. GOTT hat es dem Moſi nicht ohne uhrſachen laſſen alſo heymlich ſchreiben.

23. Denn was wäre doch GOTT angelegen geweſen an einem Apfel-biß/ eine ſo ſchöne Creatur zu verderben/ vergibt er doch gröſſere Sünde/ und hat den Menſchen alſo geliebet/ daß er ſeines einigen Sohnes nicht hat verſchonet/ſondern laſſen Menſch werden/ und in Todt gegeben/ konte er dann nicht eine kleine

Sünde vergeben? Oder warumb ließ ers zu/ daß der Mensch aß von der Frucht/ so er allwissend ist? Warumb ließ er den Baum des Erkäntnüß böses und gutes wachsen?

24. Also richtet die Vernunfft: hätte GOTT nicht gewolt/ Adam hätte nicht also gessen/ oder hätte kein Gebott über diesen Baum alleine gemacht/ er muß ihn ja zum Anstoß gemacht haben? Also richtet eine Part. Die ander Vernunfft wils besser machen/ die ist ja etwas weiser und nicht viel/ die spricht: GOtt hat den Menschen versucht/ ob er wolle in seinem Gehorsam leben/ und als er Ungehorsam sey erfunden worden/ habe GOtt so einen mächtigen Zorn auff ihn geworffen/ und ihn verflucht zum Tode/ und sein Zorn könne nicht geleschet werden/ er müste also versühnet werden. Diese Vernunfft machet aus GOtt ein eitel Unbarmhertzigkeit/ gleich einem bösen Menschen dieser Welt/ der doch versühnet wird wan er sich hat einmahl gnug gerochen/ und hat noch keine Wissenschafft von GOtt und Paradeis.

25. O liebe Seele! es ist gar ein schweres/ davon sich wol möchte haben der Himmel entfärbet. In diesem Versuchen ist gar ein grosses in Mose verborgen/ welches die unerleuchte Seele nicht verstehet. Es war GOtt nicht umb einen Apffel und Birnenbiß zu thun/ eine solche schöne Creatur also zu straffen/ die Straffe rührete nicht von seiner Handt/ sondern (vom Geist majoris Mundi) vom Geiste der grossen Welt/ vom dritten Principio. GOTT meinete es gar barmhertzig mit dem Menschen/ darumb verschonete er seines Hertzens nicht/ und ließ es Mensch werden/ daß er den Menschen wieder hülffe. Du darffest nicht also dencken: GOTT ist die Liebe und das Gute/ inn ihm ist kein zorniger Gedancke/ hette sich der Mensch nur selber nicht gestrafft ꝛc. Wie du an seinem Ohrte lesen wirst.

Die heimliche Porten vom Versuchen des Menschen.

26. Weils an diesem Ohrt viel Fragen gibt/ denn des Menschen Gemüthe forschet wieder nach seinem Vatterlande/ darauß es ist gewandert/ und begehret wieder heym zur ewigen Ruhe: und mir in meiner Erkäntnüß solches zu gelassen ist/ so wil ich den tieffen Grund vom Fall setzen: Da man dem Mosi kan in die Augen sehen/ bistu aber aus GOTT gebohren/ so ist dirs wol begreiflich: Aber kein unerleucht Gemüthe

Cap.10.   Von den drey Principien   103

begreifft den Zweck. Dem ❚❚❚ Gemüthe muß im selben Hauſe ſeyn/ wils ſehen was ❚❚❚hauſe iſt. Denn von hören ſagen/ und nicht ſelber ſehen/ iſt immer Zw❚ffel/ ob die Dinge wahr ſeynd/ ſo man höret ſagen/ was aber das Auge ſiehet/ und das Gemüthe erkennet/ das glaubts vollkommen/ denn es hats ergriffen.

27. Das Gemühte forſchet/ warumb doch der Menſch hat müſſen verſucht werden/ da ihn doch GOTT hat vollkommen geſchaffen/ weil GOTT Allwiſſend iſt/ ſo leget es immer die Schuld auff GOtt: Solchs thun auch die Teuffel. Denn ſpricht das Gemühte: Wäre der Baum gutes und böſes nicht gewachſen/ ſo wäre Adam nicht gefallen.

28. O liebe Vernunfft/ ſo du nicht mehr erkenneſt/ ſo thue deine Augen feſte zu/ und forſche nicht/ bleib unter der Gedult/ in der Hoffnung/ und laß nur GOTT walten: Du fälleſt ſonſt in die gröſte Unruhe/ und führet dich der Teuffel in Verzweifelung/ welcher immer fürgibt/ GOTT habe das Böſe gewolt/ er wolle nicht alle Menſchen ſeelig haben/ darumb habe er den Zorn-Baum geſchaffen.

29. Liebes Gemühte ſtehe ab von ſolchen ſinnen/ du macheſt ſonſt auß dem holdſeeligen und lieblichen GOTT einen Unbarmhertzigen mit einem feindlichen Willen: laß nur von GOTT ab mit dieſen Gedancken/ und betrachte dich ſelber/ was du biſt/ in dir ſelber wirſtu den Verſuch-Baum finden/ und auch den Willen darzu/ daß er iſt gewachſen: ja die Quell zum Gewächſe ſtecket in dir/ und nicht in GOtt. Wenn wir wollen von der lautern GOttheit reden/ welche ſich im andern Principio durchs Hertze GOttes offenbahret/ ſo iſts alſo und nicht anders.

30. Wann wir aber vom Uhrkunde vom erſten Principio ſinnen ſo finden wir die Ahrt des Baumes und auch des Willens zum Baum: wir finden alda der Höllen und des Zornes Abgrundt: Ja wir finden der Höllen und des Zorns Willen: wir finden weiter aller Teufel Willen: wir finden den neydiſchen Willen aller Creaturen dieſer Welt/ warumb ſich alles feindet/ neidet/ beiſſet und ſchläget. Meine liebe Vernunfft hier wil ich dir den Verſuch-Baum weiſen/ und ſolſt dem Moſi ins Angeſichte ſehen/ Nur halt dein Gemüht ſtäte/ daß du es begreiffeſt.

31. Ich habe dirs in dieſem Buche ſchon offt zu verſtehen gegeben/ was das Weſen aller Weſen ſey/ weils aber an dieſem Ohrte die höchſte Nothurfft iſt zu erkennen den Grundt/ ſo wil ich
E 4   dirs

dirs alles weitleufftig ganz gr[...]ch setzen/ daß du solches an dir selber wirst erkennen/ ja an allen Creaturen solstu diß erkennen/ und an allem[...]as da nur ist/ was du ansiehest/ oder immer ersinnen magst/ das soll alles ein Zeuge seyn. Ich kan Himmel und Erden/ so wohl Sonne/ und Sternen und Elementa zum Zeugen führen/ und nicht mit blossen Worten und Verheissungen/ sondern ganz mächtig in ihrer Krafft und Wesen sol dirs fürgestellet werden: Und du hast keine Krafft in deinem Leibe/ die dich nicht überzeugen wird: Laß dir nur nicht den Lügen-Geist/ die alte Schlange/ das Gemühte vertunckelen/ der dan ein tausent Künstler ist.

32. Wann er siehet/ daß er dem Menschen nicht kan mit Zweyfel an GOttes Barmherzigkeit beykommen/ so macht er ihn gahr leichtmühtig/ daß er alles nichts achtet/ machet ihm sein Gemühte gahr schläfferig/ daß er sich gahr leicht schätzet/ als wäre es alles ein gering Ding/ es möge seyn wie es wolle/ er wolle ihm sein Herze damitte nicht zerbrechen/ und lassen die Pfaffen forschen/ die sollens verantworten: Also fähret das Gemühte so leichte dahin/ wie ein Windt-Wirbel oder Wasserstrohm. Davon saget Christus auch/ und spricht: Der Teuffel reisset das Wort von ihren Herzen/ das sie es nicht fassen/ glauben und seelig würden/ daß es nicht zu einer Wurzel kömt.

33. Die Perle möchte sonst wachsen/ und die Lilien grünen: Er (verstehe der Teufel) möchte offenbahr werden/ so würde jederman für ihm fliehen/ und stünde er in grossem Spotte. Das hat er von der Welt her getrieben/ und wie hefftig er wehret/ so wird ihm doch eine Lilie in seinem vermeinetem Reiche wachsen/ welcher Ruch ins Paradeiß GOttes reichet/ wider alles sein wütten und toben/ zeuget der Geist.

34. Siehe du Menschen-Kind/ wann du wilt zu dieser Erkäntnuß nahe und leicht kommen/ so nimb nur dein Gemühte zu betrachten für dich/ da findestu alles innen. Du weissest daß darauß gehet Freud und Leid/ Lachen und Weinen/ Hoffnung und Zweifel/ Zorn und Liebe/ Lust zu einem Dinge und auch die Anzündung desselben/ du findest darinnen Zorn und Boßheit/ und auch Liebe/ Sanfftmuht und Welthun.

35. Nun fraget sichs: Möchte dann das Gemühte nicht in einem Willen stehen/ als in eytel Liebe/ wie GOTT selber? Da

stehet

Cap. 10.   **Göttliches Wesens.**

stecket der Zweck und Grund / und die Erkäntnüß. Siehe / so der Wille in einem Wesen wäre / so hätte das Gemühte auch nur eine Qualität / die den Willen also gäbe / und wäre ein unbeweglich Ding / das immer stille läge / und ferner nichts thäte / als immer ein Ding: In deme wäre keine Frewde / auch keine Erkäntnüß / auch keine Kunst / auch keine Wissenschafft von mehren / und wäre keine Weißheit: Auch so die Qualität in unendlich nicht wäre / so wäre alles ein Nichtes / und wäre kein Gemühte / noch Willen zu etwas / denn es wäre nur das Einige.

36. So kan man nun nicht sagen / daß der gantze GOtt mit allen drey Principien sey in einem Willen und Wesen / es ist ein Unterscheid / wiewol das erste und dritte Principium nicht GOtt genennet wird / und ist auch nicht GOtt / und es ist doch sein Wesen / da GOttes Liecht und Hertze von Ewigkeit immer außgebohren wird / und ist ein Wesen wie Leib und Seele im Menschen.

37. Wann nun nicht wäre das ewige Gemühte / darauß gehet der ewige Wille / so wäre kein GOtt. So aber ist das ewige Gemüte / das gebieret den ewigen Willen / und der ewige Wille gebieret das ewige Hertze GOttes / und das Hertze gebieret das Liecht / und das Liecht die Krafft / und die Krafft den Geist / und das ist der Allmächtige GOtt / der in einem unwandelbahren Willen ist. Denn so das Gemühte nicht mehr gebähre den Willen / so gebähre auch der Wille nicht das Hertze / und wäre alles ein Nichtes. So aber nun das Gemüte gebieret den Willen / und der Wille das Hertze / und das Hertze das Liecht / und das Liecht die Krafft / und die Krafft den Geist / so gebieret der Geist nun wieder das Gemüte / denn er hat die Krafft / und die Krafft ist das Hertze und ist ein unaufflößlich Bandt.

Die Tieffe.

38. Nun siehe / das Gemühte ist in der Finsternüß und fasset seinen Willen zu dem Liechte / das zu gebähren / sonst wäre kein Wille und auch keine Gebuhrt. Daßelbe Gemüte stehet in der Aengstligkeit und im Sähnen / und das sähnen ist der Wille / und der Wille fasset die Krafft / und die Krafft erfüllet das Gemüthe. Also stehet das Reich GOttes in der Krafft / die ist 1 GOtt der Vatter / und das Liecht machet die Krafft sähnend zum Willen / das ist 2 GOtt der Sohn / denn in der Krafft wird das Liecht von Ewigkeit immer gebohren /

und im Liechte auß der Krafft gehet auß 3 der H.Geist/der gebieret wieder im finstern Gemühte den Willen des ewigen Wesens.

39. Nun siehe liebe Seele das ist die GOttheit/ und hält in sich das ander/ oder mitler Principium, darumb ist GOTT alleine guht/ die liebe und das Liecht und die Krafft. Nun dencke/ daß in GOTT nicht wäre eine solche ewige Weißheit und Wissenschafft/ wenn das Gemühte nicht in der Finsternuß stünde. Denn darinnen stehet die Angst im Willen zu gebähren/ und die Angst ist die Qualität/ und die Qualität ist die Vielheit/ und macht das Gemühte/ und das Gemühte macht wieder die Vielheit.

40. Nun siehe dich umb liebe Seele in dir Selber/ und in allen Dingen/ was findestu darinnen? Du findest nichts als die Angst/ und in der Angst die Qualität/ und in der Qualität das Gemühte/ und im Gemühte den Willen zum wachsen und gebähren: und im Willen die Krafft/ und in der Krafft das Liecht/ und im Liechte seine Fortpflantzung oder forttreibenden Geist/ der macht wieder einen Willen einen Zweig auß dem Baume zugebähren/ wie er ist. Und das heisse ich in meinem Buch das Centrum, da der gebohrne Wille ist zu einem Wesen worden/ und gebieret nun wieder ein solch Wesen. Denn also ist die Mutter der Gebärerin.

41. Nun hat die Angst in sich habhafft das erste Principium, dieweil sie in der Finsternuß stehet/ so ist sie ein ander Wesen/ als das Wesen im Liechte ist/ da nur eytel Liebe und Sanfftmuht ist/da keine Quaal erblicket wird. Und ist die Qualität/ welche im Licht-Centro wird erbohren/ nun nicht Qualität/ sondern die ewige Wissenschaft und Weißheit/ was vorm Liechte in der Angst ist. Dieselbe Weißheit und Wissenschafft kommt nun immer dem gefasten Willen in der Angst zu hülffe/ und macht in ihm wieder das Centrum zur Gebuhrt/ also daß sich in der Qualität wieder gebieret das Gewächse/ als die Krafft/ und auß der Krafft das Fewr/ und auß dem Fewr der Geist/ und der Geist macht im Fewr wieder die Krafft/ also daß es ein unaufflößlich Band ist. Und auß diesem Gemühte/ welches stehet in der Finsternus/ hat GOTT gebohren die Engel/ welche sind Fewr-Flammen/ aber mit dem Liechte GOttes durchleuchtet. Denn in diesem Gemüthe kan und mag ein Geist gebohren werden/ und sonst in Nichtes. Denn für sich im Hertzen und Liecht GOttes kan keiner gebohren werden/ denn es ist der Natur Ende und hat keine Qualität. Darumb wird auch nichts mehr drauß/
son-

Cap. 10.   Göttliches Wesens.   107

sondern bleibet unwandelbahr in Ewigkeit / und scheinet in das Gemühte der Qualität der Finsternüß / und die Finsternüß kans nicht faßen.

42. Nun ist im ängstlichen Gemühte der Finsternüß die unaußsprechliche Quaal / davon der Nahme Qualität als von vielQuaalen in einer Quell uhrkundet / und auß demselben viel Quaalen in einer Quaal entspringet die viel Wissenschafft / daß viel sey / und der Geist GOttes auß dem Liechte komt jeder Wissenschafft zu hülffe / und macht in jeder Wissenschafft des Quelles in der Qualität durch seine freundliche Liebe inficiren wieder das Centrum, und in dem Centro gebieret sich wieder ein Quell / wie ein Zweig aus dem Baume / da wieder auffgehet ein Gemühte in der ängstligkeit / und der Liebe-Geist machet mit seinem Liebeinficiren alles / jeden Gedancken und Willen wesentlich. Denn der Wille im Centro steiget so hoch / daß er das Fewer gebieret / und im Fewer wird Substantz und Wesenheit erbohren.

43. Denn es ist sein Geist / und ist des Willens im finstern Gemühte sein Ende / und kan in der Aengstlichkeit nichts höhers erbohren werden / als das Fewer. Denn es ist der Natur Ende / und gebieret wieder die Aengstlichkeit und die Quaal / wie das für Augen ist. Nun hat das finster ängstliche Gemühte nicht nur eine Substantz / als ein Wesen in sich / sonst köute es kein Qualität gebähren / sondern viel / und ist doch wahrhafftig nur ein Wesen/ und nicht mehr Wesen.

44. Du liebe Seele / mit dir redet der hohe Geist / gib her dein Gemühte / ich wil dirs zeigen. Siehe was fasset deinen Willen oder worinnen stehet dein Leben? Sagstu im Wasser und Fleische? Nein / es stehet im Fewer / in der Wärme : wann die Wärme nicht wäre / so erstarrete der Leib / und das Wasser vertrucknete ; So entstehet nun das Gemühte und Leben im Fewer.

45. Nun was ist aber das Fewer? Es ist erstlich die Finsternüß / die Hartigkeit / die ewige Kälte / die Dürre / da nichts ist als ein ewiger Hunger.

Nun wie wird das Fewer?

Liebe Seele! Hie komt der Geist GOttes / als das ewige Liechte dem Hunger zu Hülffe : Denn der Hunger entstehet auch vom Liechte / dieweil sich die Göttliche Krafft in der Finsternüß spieguliret / so wird die Finsternüß begierig nach dem Liechte / und die Begierligkeit ist der Wille.

46. Nun kan der Wille / oder die Gierigkeit in der Dürrigkeit
E 6   das

das Liecht nicht erreichen/ und darinnen stehet die Angst im Willen nach dem Liechte/ und die Angst ist anziehend/ und im Anziehen ist das Wehe/ und das Wehe macht die Angst grösser/ daß die Angst in der Herbigkeit viel schwerer anzeucht/ und dasselbe Anziehen im Wehe ist der bitter Stachel/ oder die Bitterkeit von dem Wehe/ und die Angst greifft nach dem Stachel mit dem Anziehen/ und kan ihn doch nicht fassen/ denn er wehret sich/ und je schwerer die Angst anzeucht/ je schwerer wütet der Stachel.

47. Nun ist die Angst/ Bitterkeit und das Wehe im Stachel gleich einem Schwefel-geiste/ und alle Geister in der Natur sind ein Schwefel/ das ängstet sich in einander/ biß ihm das Liecht GOTTES zu Hülffe komt/ so wird es ein Blitz/ und der ist sein Ende/ denn höher kans in der Angst nicht steigen/ und das ist das Fewr/ welches im Blitz scheinend wird in der Seelen/ oder auch im Gemüthe. Denn die Seele erreicht des Liechtes Krafft/ welches sie in Sanfftmuht setzet/ und in dieser Welt ists das brennende Fewr: In der Höllen ists unmaterialisch/ da ists das ewige Fewr/das in der Qualität brennet.

48. Nun du liebe Seele! alhier siehestu im Spiegel/ wie GOTT so nahe ist/ und ist selber das Hertze aller Dinge/ und gibt allen Krafft und Leben! Alhier hats Lucifer verschüttet/ und ist also hoffärtig worden/ als dieser Schweffel-geist im Willen des Gemühtes GOttes geschaffen ward/ wolte er über der Natur Ende hinauß/ und das Fewr über die Sanfftmuht außführen/ und solte ihm alles im Fewr brennen/ er wolte Herr seyn. Die Fewr-funcken im Schweffel-geist haben sich zu sehr erhaben/ und sind dem Schöpffer/ als dem Geist im Fiat diese Geister nicht zu Engel gerahten/ wiewol er ihme im ersten Gemühte/ als das Centrum zum Geistern auffgeschlossen ward/ zu Hülffe kam/ und erblikte wie die andern Engel: So haben sie doch/ als sie nun solten ihr Centrum zur Wiedergekuhrt ihres Gemühts auffschliessen/ und den Willen Englisch gebähren/ einen feurigen gebohren.

49. Der erste Wille darauß sie wurden geschaffen/ der war GOttes/ und der machte sie guht/ und der ander Wille/ den sie als gehorsahme solten auß ihrem eigenen Centro gebähren in Sanfftmuht/ der war böse/ also ward der Vatter umb des Kindes Willen auß der Krafft Gottes gestossen/ und verdarb das Englische Reich/ und blieb im Fewrs-quell/ dieweil das böse Kind ihres Gemühts sich von der Sanfftmuht wendete/ also kriegten sie was sie haben wolten. Denn das Gemühte ist des Wilens

GOtt

GOtt und Schöpffer/ das ist in der ewigen Natur frey/ und was es ihme gebieret/ das hat es.

50. Nun fragestu: Warumb kam ihm nicht die Liebe GOttes wieder zu Hülffe? Nein Fritz: Ihr Gemühte hatte sich erhoben biß in der Natur Ende/ und wolte über das Liecht GOttes hinauß/ ihr Gemühte war ein angezündter Fewr-quell worden im Grimme/ die Sanfftmuht GOttes kan nicht hinein/ der Schwefel-geist brennet ewig/ also ist er ein Feind GOttes/ ihm kan nicht geholffen werden. Denn das Centrum ist brennend im Blitz/ sein Wille ist noch über die Sanfftmuht GOttes hinauß zu fahren/ er kan auch keinen andern Willen schöpffen/ denn sein Quell hat der Natur Ende im Favr erreichet/ und bleibet ein unerlöschlicher Fewr-quell. Das Hertze GOttes in der Sanfftmuht/ und das Principium GOttes ist vor ihme feste zu/ und das in Ewigkeit.

51. In Summa GOtt wil keinen Fewr-geist im Paradeis haben/ sie müssen im ersten Principio in der ewigen Finsternüß bleiben. Wären sie blieben/ wie sie GOtt schuff/ als sie die Sanfftmuht anblickete/ und hätten das Centrum ihres Gemühts in die Sanfftmuht gesetzet/ so hätte sie das Liecht GOttes ewig durchleuchtet/ und hätten gessen vom Verbo Domini, und wären mit der Wurtzel ihres Uhrkundes im ersten Principio gestanden/ wie GOtt der Vatter selber/ und mit dem Willen im Gemühte im andern Principio: Also hätten sie Paradeisische Quell gehabt/ und Englischen Willen/ und wären freundlich im Limbo des Himmels gewesen und in GOttes Liebe.

Das 11. Capittel.
Von allen Umbständen des Versuchens.

1. Nun ist die höchste Frage/ was dan dem Teuffel sein Gemühte habe geursachet sich also hoch zu erheben/ und daß ihr so eine grosse Anzahl sind gefallen in Hochmuht? Siehe! als GOtt das Fiat in den Willen setzte/ und wolte Engel schaffen/ so hat der Geist im ersten alle Qualitäten zerscheiden auff Ahrt/ wie du jetzt die mancherley Ahrt der Sternen siehest/ und das Fiat schuffs also/ da wurden geschaffen die Fürsten und Thron-Engel nach jeder Qualität/ als harte/ herbe/ bitter/ kalte/ rauhe/ sanffte/ und so fort in der Essentia, biß an der Natur Ende aus Feuers-quell/ wie du ein Gleichnüß an Sternen hast/ wie die unterschiedlich seynd.

2. Nun seynd die Thron- und Fürsten-Engel ein jeder gewesen ein grosser Brunn/ wie du an der Sonne gegen den Sternen dencken mögest/ und das an der blühenden Erden siehest: Der grosse Brunn im Quell wurde der Fürst- oder Thron-Engel in der Stunde des Fiats im finstern Gemühte/ da ist aus jederm Brunnen wieder das Centrum in viel tausendmahl tausend ausgangen. Denn der Geist im Fiat erblickete sich nach der ewigen Weißheit Ahrt/ in der Natur der Finsternüß/ also giengen aus/ aus einem Brunn die vielerley Eigenschafften/ so in der gantzen Natur waren/ vermöge der ewigen Weißheit GOttes/ oder wie ichs zum bessern Verstande setzen möchte im Gleichnüß/ Als hätte ein Fürsten-Engel in einem Huy viel Engel gebohren aus sich selber/ da sie doch nicht der Fürst gebahr/ sondern die Essentien und Qualitäten mit dem Centro in jeder Essentia giengen aus vom Fürsten-Engel/ und der Geist schuffs mit dem Fiat, das blieb wesentlich stehen. Darumb kriegete ein jedes Heer/ welches aus einem Brunn war gangen/ einen Willen in dem Brunn/ welcher ihr Fürst war: wie du siehest/ daß die Sternen alle ihren Willen in der Sonnen Krafft geben/ und die Sonne herrschet in allen/ und haben auch also ihren Anfang. Davon Meister Hansen nicht viel zu sagen ist/ er hälts für unmüglich zu wissen/ da doch in GOTT alles müglich ist/ und für ihm tausend Jahr wie ein Tag seynd.

3. Nun ist unter diesen Fürsten-Engeln einer gefallen/ denn er stund in der vierdten Gestalt der Matrix der Gebährerin in dem finstern Gemühte/ im Gemühte im Loco, wo sich der Feuer-Blitz uhrkundet/ mit seinem gantzen Heer von ihm außgegangen; Also hat ihn die feurige Ahrt bewogen über der Natur Ende/ als über das Hertze GOttes zu fahren/ welche Ahrt also hart in ihm entzündet stund.

4. Denn gleich wie GOTT zur Matrix der Erde sprach: Es gehen herfür allerley Thiere. Und das Fiat schuff aus allen Essentien Thier/ und zertheilete erstlich die Matrix, und darnach die Essentien und Qualitäten/ darnach schuff es aus der zertheileten Matrix, je ein Männlein und sein Weiblein: Weil aber die Creaturen materialisch waren/ muste sich auch also ein jedes Geschlechte einer jeden Essentiæ selber fortpflanzen. Aber mit den Engeln nicht also/ sondern geschwinde wie die Gedancken GOttes/ seynd sie worden.

5. Aber das ist der Grund: Ein jede Qualität oder Essentz im Quelle wolte creatürlich seyn/ und hat sich die feurige zu mächtig erho-

erhoben / darinnen hat Lucifer seinen Willen geschöpffet. Also ist es auch zugegangen mit Adam mit dem Versuch-Baum / wie geschrieben stehet: Und GOtt ließ allerley Bäume im Garten Eden auffgehen / und den Baum des Lebens und Erkäntnüß Gutes und Böses mitten innen.

6. Moses saget: GOtt ließ auffwachsen aus der Erden allerley Bäume / lustig anzusehen und gut zu essen. Nun alhier ist die Decke im Mose, und ist doch im Worte helle / klar und offenbahr / daß es ist Frucht gewesen / lustig im ansehen / und gut zu essen / in welcher kein Todt / Zorn oder Zerbrechligkeit ist gewesen / sondern Paradeisische Frucht / davon Adam konte in Klarheit und GOttes Willen / in seiner Liebe in Vollkommenheit ewig leben / alleine in dem Baume der Erkäntnüß Gutes und Böses ist der Todt gestecket / welcher den Menschen alleine in ein ander Bildnüß konte führen.

7. Nun ists uns ja klar zu dencken / daß die Paradeisische Frucht / welche gut gewesen / nicht ist also gantz irdisch gewesen / sintemahl auch wie Moses selber saget / ist zweyerley gewesen / eine gut zu essen und lustig anzusehen / und in der andern der Todt und Zerbrechligkeit: In der Paradeisischen ist kein Todt gewesen und auch keine Zerbrechligkeit: Solte aber darinnen seyn ein Todt gewesen / so hette Adam an aller Frucht den Todt gessen: So aber nun kein Todt darinnen war / so konte die Frucht auch nicht gantz irdisch seyn / ob sie wol aus der Erden wuchs / so war doch die Krafft GOttes des anderen Principii darein gebildet / und war doch warhafftig in den dritten Principio aus der Erden gewachsen / welche GOtt nach dem irdischen Essen verfluchete / daß nicht mehr Paradeis-frucht aus der Erden wuchs.

8. Auch so Adam hätte sollen irdische Frucht essen / so müste er in Leib gessen / und därmer gehabt haben: würde dan auch solcher Gestanck / so wir jetzt im Leibe tragen / seyn im Paradeis bestanden in GOttes Herrligkeit? darzu so hätte er mit dem irdischen Essen von der Sternen und Elementen Frucht gessen / welche alsbalde in ihme hätten inqualiret / wie dan im Falle geschehen ist / auch so wäre seine Frucht über alle Thiere ausgewachsen. Denn es würde sich alsbalde die thierische Essentia der menschlichen in Krafft haben gegleichet / und ein Stärcker über den andern haben geherrschet.

9. Darumb hat es gar ein andere Gestalt mit Adam gehabt: Er ist ein himlischer und paradeisischer Mensch gewesen / und
solte

solte auch von hiṁlischer und paradeisischer Frucht essen / und in derselben Krafft über alle Thiere / so wol Sternen und Elementen herrschen: Es solte ihn keine Kälte noch Hitze rühren / sonst hätte ihm GOTT auch eine rauhe Haut gleich allen Thieren geschaffen / und nicht also nackend.

10. Nun fraget sich / warumb wuchß dan der irdische Baum der Erkäntnüß Gutes und Böses / wäre er nicht da gewesen / so hätte Adam nicht gessen? Oder warumb must Adam versuchet werden? Höre hierumb frage dein Gemühte / warumb sich alsbald darinnen ein Gedäncke zum Zorn / als zur Liebe innen fasset und gebieret? Sprichstu vom Hören oder Anschawen: Ja recht also / das wuste GOTT auch wol / darumb muste Adam versuchet werden / denn das Centrum des Gemühts ist frey / und gebieret den Willen von Hören und Anschawen / daraus entstehet die Imagination und Lust.

11. Dieweil Adam ein Bilde und gantze Gleichnüß GOttes war erschaffen / und hatte alle drey Principia an sich / als GOtt selber / so solte sein Gemühte und Imagination auch bloß ins Hertze GOttes sehen / und seine Lust und Willen darein setzen. Und gleich wie er war ein Herr über alles / und sein Gemühte ein dreyfacher Geist in den dreyen Principien in einem Wesen; Also solte auch sein Geist / und der Wille im Geiste in einem Wesen offen stehen / als im paradeisischen / hiṁlischen / und solte sein Gemühte und Seele essen vom Hertzen GOttes / und der Leib von der Krafft des hiṁlischen Limbi.

12. Weil aber der hiṁlische Limbus war durch den irdischen offenbahr worden / und war in der Frucht in einem Wesen / und Adam war auch also / so gebührete Adam (als der die lebendige Seele hatte aus dem ersten Principio empfangen / und vom heiligen Geiste eingeblasen / vom Liechte GOttes erleuchtet / im andern Principio instehend) nicht nach der irdischen Matrix zu greiffen.

13. Darumb gab ihm auch GOTT alhier das Gebot / sich nicht lassen zu gelüsten nach der irdischen Matrix und ihrer Frucht / welche stund in der Zerbrechlichkeit und Vergänglichkeit / und aber des Menschen Geist nicht. Er solte essen von der Frucht / aber darvon nur die paradeisische Ahrt und Eygenschafft / nicht von der irdischen Essentien. Denn die paradeisische Essentien hatten sich in alle Frucht eingebildet: Darumb ist sie sehr gut auff Englische Ahrt zu essen gewesen / und auch lieblich anzusehen / wie Moses saget.

Cap.11.   Göttliches Wesen.   113

Nun fraget sichs: Was ist denn eygentlich das Versuchen in Adam gewesen?

Die Porten Gutes und Böses.

14. DEß haben wir gar ein mächtig Zeugnüß / und wird erkant in der Natur / und allen ihren Kindern / in Sternen und Elementen / in Erden / Steinen und Metall, sonderlich an den lebendigen Creaturen / als du siehest / wie sie sind als böse und gute / als liebliche Creaturen / so wol gifftige böse Thiere / so wol Kröten / Nattern und Würme / auch so ist Gifft und Boßheit in allem Leben des dritten Principii, und muß in der Natur die Grimmigkeit seyn / sonst wäre alles ein Todt und ein Nichtes.

Die Tieffe im Centro.

15. WJe vorne auch bemeldet / so stehet das ewige Gemühte in der Finsternuß / das ängstet und sähnet sich nach dem Liechte / das zu gebähren / und die ängstlichkeit ist die Quell / und die Quell hat viel Gestälte in sich / biß sie in ihrer Substantz das Feuer erreichet / als bitter / herbe / harte / kalt / grimmig / schielend oder Gifft / in welcher Wurtzel die Frewde und Pein zugleich stecket: als wans an die Feuer-wurtzel komt / und mag das Liecht erreichen / so wird aus dem Grimm die grosse Frewde / denn das Liecht setzet die grimmige Gestalte in grosse Sanfftmuht / dagegen / welche Gestalt nur an die Feuer-wurtzel komt / die bleibt im Grim.

16. Als uns zu wissen ist / als GOTT das ewige Gemühte in der Finsternuß wolte offenbahren im dritten Principio mit dieser Welt / so wurden alle Gestalte erstlich im ersten Principio offenbahr biß ans Feuer / und welche Gestalt nun das Liecht hat ergriffen / die ist Englisch und Paradeisisch worden / welche aber nicht / die ist grimmig / mörderisch / herbe und böse worden / ein jede in ihrer Essentien oder eignen Gestalt / denn eine jede Gestalt wolte auch offenbahr seyn. Denn das war der Wille des ewigen Wesens / sich zu offenbahren. Nun aber vermochte sich eine Gestalt in der ewigen Gebuhrt alleine nicht zu offenbahren / denn eine ist des andern Glied / und wäre eine ohn die ander Nichts.

17. Darumb hat das ewige Wort oder Hertze GOttes gewürcket in der finsteren und geistlichen Matrix, welche in ihr selber im Uhrkunde ohne das Liecht stumm wäre / und gebähren ein lieblich und begreiffliche Gleichnüß seines Wesens / darinnen alle

Gestälte

Gestälte aus der ewigen Gestalt sind heraus gebracht worden/ und ins Wesen kommen. Denn aus der Geistlichen Gestalt ist erbohren das Leibliche/ und hat das ewige Wort durchs Fiat geschaffen/ daß es also stehe.

18. Nun sind aus diesen Gestalten aus der Erden Matrix durchs Fiat im Worte heraus gegangen alle Creaturen dieser Welt/ so wol Bäume/ Kraut und Graß/ jedes nach seiner Gestalt/ auch Würme/ böse und gute/ wie jede Gestalt in der Matrix der Gebährerin sich hat geuhrkundet. Also ists auch gewesen mit den Früchten im Paradeiß dieser Welt im Garten Eden. Als das Wort sprach: Es gehen herfür allerley Bäume und Kraut/ so sind aus allen Gestalten Bäume und Kraut/ herfür gegangen und gewachsen/ welche alle gut und lieblich seynd gewesen/ denn das Wort hatte sich im Fiat in alle Gestälte eingebildet.

19. Nun war aber die Finsternüß und Quaal mitten im Centro, als darinnen der Todt/ Grimmigkeit/ hinfallen und zerbrechen stecket/ und wann das nicht wäre gewesen/ so stünde diese Welt ewig/ und wäre Adam nie versucht worden/ die hat auch zu gleiche als ein Mors, oder zerbrechlicher Wurm der Qugal mit gewürcket/ und den Baum gutes und böses in mitten aus seinem Sede gebohren/ dieweil der Mors in der mitten im Centro stecket/ durch welchen diese Welt am Ende der Tagen wird im Feur angezündet werden: Und ist diese Quaal eben der Zorn GOttes/ welchen das Hertze/ oder Liecht GOttes in dem ewigen Vatter immer in die Sanfftmuth setzet/ darumb heist das Wort/ oder Hertze GOttes die ewige Barmhertzigkeit des Vatters.

20. Weil dann alle Gestälte in der ewigen Natur solten herfür gehen/ als muste die Gestalt des Zornes und Grimmes auch herfür gehen/ wie du es siehest an Kröten/ Nattern/ bösen Würmen und Thieren: Denn es ist die Gestalt/ so in der Mitten in der Gebuhrt in allen Creaturen stecket/ als die Gifft oder der Schwefel-geist/ wie du dann siehest/ das alle Creaturen Gifft und Gallen haben/ und steckt der Creatur Leben in dieser Macht: Und wie du solches in diesem Buch vorne in allen Capitulen findest/ wie der ewigen Natur uhrkundt/ gewürcke und Wesen ist.

21. Nun ist der Baum des Grimmes/ als welcher in der Natur im mitten ist/ auch mitten im Garten Eden gewachsen/ und der aller grössseste und mächtigste gewesen/ vermöge seiner eignen Gestalt: so er im Uhrkund/ in der ewigen Qualität hat/

und

Cap. 11. Göttliches Wesens.

und siehet man allhier klar / daß GOtt den Menschen hat wollen im Paradeiß erhalten und haben / denn er hat ihm diesen Baum verboten/ und sonst gnug Bäume und Früchte jeder Gestalt und Essentien lassen auffgehen.

Die Versuch-Porten.

22. SAnct Paulus spricht: GOtt hat die Menschen in Christo JEsu versehen/ ehe der Welt Grund ist geleget worden. Allhier finden wir den Grund also schön/ daß uns lüstert fort zu schreiben/ und die Perlen zu suchen. Denn siehe es ist in der ewigen Weisheit GOttes vor der Schöpffung der Welt in der ewigen Matrix erblicket und gesehen worden der Fall des Teuffels und auch des Menschen / dieweil das ewige Wort im ewigen Liechte wol erkante/ daß/ so es würde den Brunn der ewigen Geburt offenbahren / jede Gestalt würde herfür brechen/ nicht aber ist es der Liebe Willen im Wort des Liechtes gewesen/ daß sich die Gestalt der Grimmigkeit solte über die Sanfftmuth erheben/ weil sie aber eine solche mächtige Gestalt hatte/ so ist es doch geschehen.

23. Darumb wird auch der Teuffel ein Fürst dieser Welt in der Grimmigkeit genant/ wegen der Grimmigkeit/ Macht ⁊c. davon du beym Falle findest. Und darumb schuff GOtt nur einen Menschen. Denn die Liebe GOttes wolte/ daß der Mensch solte im Paradeiß bleiben/ und ewig leben: So wolte die Grimmigkeit ihn versuchen / ob er auch seine Imagination und Willen würde ganz ins Hertze GOttes und Paradeiß/ darinnen er war/ setzen.

24. Dieweil Adam gleichwol war aus der grimmigen Essentien ausgezogen/ so muste er versuchet werden / ob seine Essentia, daraus seine Imagination und Lust gieng/ könte bestehen in himmlischer Qualität/ und ob er würde essen vom Verbo Domini, welche Essentia würde überwinden in Adam/ die Paradeisische/ oder grimmige.

25. Und das war des Hertzens GOttes Fürsatz/ darumb nur einen Menschen zu schaffen/ daß der möchte versucht werden/ wie er bestünde / damit auffn Fall ihme desto baß zu helffen wäre/ und hat ihm das Hertze GOttes vor der Welt Grund in seiner Liebe bedacht zu Hülffe zu kommen/ und da es je nicht anders seyn möchte/ wolte das Hertze GOttes ehe selber Mensch werden/ und den Menschen wieder gebähren.

26. Denn Adam ist nicht aus grimmiger Hoffart gefallen/
wie

wie der Teuffel/ sondern die Essentia der Irdigkeit hat seine Paradeisische Essentia überwunden/ und in Lust der Irdigkeit bracht/ darumb ist ihm auch Gnade wiederfahren.

Die höchste/ stärckste und mächtigste Porte des Versuchens in Adam.

27. Allhier wil ich den Leser trewlich erinnern/ daß er dem Mosi scharff nachsinne/ denn allhier kan er unter die Decke Mosis, dem Mosi ins Angesichte sehen. Item/ Er kan den andern Adam in der Jungfrawen Leibe sehen. Item/ Er kan ihn sehen in seiner Versuchung/ und am Creutze/ so wol im Tode/ und endlich in der Krafft der Aufferstehung/ und zur Rechten GOttes. Item/ Du siehest Mosen auffm Berge Sinai/ und endlich die Verklärung Christi/ Mosis und Eliæ auffm Berge Thabor. Item/ Du siehest hierinnen die gantze Geschrifft des Alten und Newen Testaments: Du findest hierinn alle Propheten von der Welt her/ auch alle Macht und Gewalt aller Tyrannen/ warumb es also ergangen ist/ und noch ergehen muß. Endlich findestu die güldene Porten der Allmächtigkeit und grossen Gewalt in der Liebe und Demüthigkeit/ und warumb doch die Kinder GOttes müssen versucht werden/ und warumb doch das edle Senff-Körnlein muß im Sturm/ Creutz und Elende wachsen/ warumb es je nicht kan anders seyn. Item/ hierinnen findestu das Wesen aller Wesen.

28. Und ist der Lilien Porten/ davon der Geist zeuget/ die nahe wachsen soll im grimmen Baum. Welche wann sie wächset/ bringet sie uns durch ihren schönen und starcken Ruch wahre Erkändnuß in der H. Dreyfaltigkeit/ durch welcher Ruch ersticket der Antichrist/ und berstet sich auff der Baum des Grimmes/ und wird ergrimmet das grosse Thier/ so von dem Baum seine Stärcke und Macht hatte eine Zeit/ biß es dürr und fewrig wird/ weil es keinen Safft mehr vom grimmen Baum/ welcher zerborsten ist/ erlangen mag; da sichs alsdann im Grimm erhebt wider den Baum/ und die Lilien/ biß der Baum/ davon das Thier aß und starck ward/ das Thier zubricht/ und seine Macht im Fewr des Uhrkundes bleibet: Alsdann stehen im grossen Baum der Natur alle Thüren offen/ und gibet der Prie-

Cap. 11.   Göttliches Wesen.   117

ster Aaron sein Kleid und schönen Schmuck dem Lamme/ welches erwürget ward/ und wieder kam.

29. Gottliebender Leser/ dir wird hiermit angezeiget/ daß uns entgegen die grosse Mysterien der Geheimnuß/ welche in Adam vor seinem Falle waren/ und noch viel grösser nach seinem Falle/ da er war als todt/ und doch auch lebendig: Uns wird gezeiget die Gebuhrt des ewigen Wesens/ und warumb es doch also hat seyn müssen/ daß Adam hat müssen versucht werden/ warumb es dann je nicht hat mögen anders gesehn.   Da doch die Vernunfft immer dawider spricht/ und zeucht GOttes Allmächtigkeit an/ daß der hat zu thun und zu lassen gehabt.

30. Liebe Vernunfft laß nur von deinem Dünckel abe/ denn du kennest mit diesem Dencken und Sinnen weder GOTT noch das ewige Wesen : Wie willstu denn mit solchem Sinn erkennen das Gleichnüß/ welches GOtt aus dem ewigen Gemüthe hat erbohren? Dir ist zum öfftern allhier bemeldet worden/ wie das Gemüthe/ welches im Menschen doch das grösseste Wesen ist/ nicht in einer Quaal stehe.

31. So wir nun sinnen von der Anneigligkeit/ was doch Adam habe geanneiget und gezogen wider das Verbott/ daß ihn möchte lüstern wider GOttes Gebott/ da er doch in grosser Vollkommenheit war: So finden wir das ewige Gemüthe/ aus welchem Adam auch wurd geschaffen/ und dieweil er ein Auszug war aus dem ewigen Gemüthe / aus allen Essentien aller drey Principien; So muste er versucht werden/ ob er im Paradeiß könte bestehen: Denn das Hertze GOttes wolte/ daß er solte im Paradeiß bleiben: Nun konte er im Paradeiß nicht bleiben/ er esse dann Paradeisische Frucht/ so solte sein Hertz nun gantz geanneiget seyn in GOtt.   Also hätte er im Göttlichen Centro gelebet und hätte GOtt in ihm gewürcket.

32. Nun wer war dann wider ihn/ oder wer zog ihn vom Paradeiß in Ungehorsam / daß er in andere Bildnüß trat?

Siehe du Menschen-Kind: Es war ein dreyfacher Streit in Adam/ ausser Adam/ und in allem was Adam ansahe.

Sprichstu: Was ists gewesen? Es sind die drey Principia gewesen: Der Höllen-Reich als die Macht der Grimmigkeit für eins : und dann dieser Welt-Reich/ als die Sternen und Elementa, fürs ander; und zum 3ten das Reich des Paradeises/ das wolte ihn auch haben.

33. Nun waren die drey Reiche in Adam und auch ausser Adam/ und war in den Essentien ein mächtiger Streit: Alles zog

in Adam und auſſer Adam/ und wolte Adam haben/ denn er war ein groſſer Herꝛ/ genommen aus allen Kräfften der Natur. Das Hertze GOttes wolte ihn haben im Paradeiß/ und in ihm wohnen. Denn es ſprach: Es iſt mein Bild und Gleichnüß. Und das Reich der Grimmigkeit wolte ihn auch haben/denn es ſprach; Er iſt mein und iſt aus meinem Brunne/ aus dem ewigen Gemüthe der Finſternüſſe gegangen/ ich wil in ihm ſeyn/ und er ſoll in meiner Macht leben/ denn aus mir iſt er erbohren/ ich wil ſtarcke und groſſe Macht durch ihn erzeigen. Und das Reich dieſer Welt ſprach: Er iſt mein/ denn er träget mein Bildnüß/ und lebet in mir/ und ich in ihme: mir muß er gehorſam ſeyn/ ich wil ihn bändigen und zähmen: Ich habe alle meine Glieder in ihm/ und er in mir: Ich bin gröſſer als er: Er ſoll mein Haushalter ſeyn: Ich wil meine Schöne/ Wunder und Krafft in ihme erzeigen; Er ſoll meine Krafft und Wunder offenbahren: Er ſoll hüten und pflegen meine Heerde: Ich wil ihn kleiden mit meiner ſchönen Herꝛligkeit/ wie nun klärlich für Augen iſt.

34. Als aber ſolches das Reich der Grimmigkeit/ des Zornes/ Todes und der Höllen ſahe/ daß es verlohren hatte/ und konte den Menſchen nicht erhalten: So ſprach es: Ich bin Mors, und ein Wurm/ und meine Krafft iſt in ihme/ und wil ihn zubrechen und zunnalmen/ und ſein Geiſt muß in mir leben: Und ob du Welt meineſt/ er ſey dein/ dieweil er dein Bildnüß träget/ ſo iſt doch ſein Geiſt mein/ aus meinem Reich erbohren/darumb nimm hin von ihm was dein iſt/ ich behalte das meine.

35. Nun was thät die Krafft in Adam zu dieſem Streit? Sie heuchelte mit allen dreyen. Zum Hertzen GOttes ſprach ſie: Ich wil im Paradeiß bleiben/ und du ſolſt in mir wohnen: Ich will dein ſeyn/ denn du biſt mein Schöpffer/ und haſt mich alſo aus allen dreyen Principien ausgezogen und geſchaffen/ deine Wonne iſt lieblich/ und du biſt mein Bräutigam/ von deiner Fülle hab ich empfangen/ darumb ſo bin ich ſchwanger/ und wil mir eine Jungfraw gebähren/ daß mein Reich groß werde/ und du eitel Frewde an mir habeſt/ich wil eſſen von deinem Gewächſe/ und mein Geiſt ſoll eſſen von deiner Krafft/ und dein Nahme ſoll in mir heiſſen Emmanuel/ GOtt mit uns.

36. Und als der Geiſt dieſer Welt ſolches vernahm/ ſprach er: Was wiltu alleine eſſen von deme/ was du nicht begreiffeſt/ und trincken von deme was du nicht fühleſt/ biſtu doch nicht bloß ein Geiſt/ du haſt alle Art der Begreiffligkeit von mir an dir/
ſiehe

Cap. 11. Göttliches Wesens. 119

siehe die begreiffliche Frucht ist süsse und gut/ und der begreiffliche Tranck ist mächtig und starck/ iß und trinck von mir/ so erlangestu alle meine Krafft und Schönheit/ du kanst in mir mächtig seyn über alle Creaturen: das Reich dieser Welt wird dir zum Eigenthumb/ und wirst ein Herr auff Erden.

37. Und die Krafft in Adam sprach: Ich bin auff Erden/ und wohne in der Welt/ und die Welt ist mein/ ich wil sie brauchen nach meiner Lust.

Da kam das Gebott GOttes/ gefasset im Centro GOttes aus dem ewigen Lebens-Circkel/ und sprach: Welches Tages du issest von der irdischen Frucht/ soltu des Todes sterben. Dieses Gebott ward gefasset/ und uhrkundet in dem ewigen Vatter/ in dem Centro, wo der ewige Vatter sein Hertz oder Sohn von Ewigkeit immer gebühret.

38. Als nun der Wurm der Finsternuß sahe das Gebott GOttes/ dacht er: Hie wirstu nichts schaffen: Du bist Geist sunder Leib/ so ist Adam leiblich: Du hast nur ein Drittentheil an ihm/ darzu ist das Gebott im Weege/ du wilst in die Essentien schlieffen und mit dem Geist dieser Welt heucheln/ und einer Creaturen Gestalt an dich nehmen/ und einen legaten aus meinem Reich darinn verkleiden in einer Schlangen Gestalt/ und wilst ihn bereden/ daß er esse von der irdischen Frucht/ und alsdann/ so zerbricht das Gebott seinen Leib/ und der Geist bleibet mein. Zu diesem war nun der Legat, als der Teuffel/ gantz wilfärtig/ voraus weil Adam an seiner Stell im Paradeiß war/ da er solte seyn/ und dachte: Nun hastu dich zu rächen/ du wilst Lügen und Warheit untereinander mischen/ daß es Adam nicht kennet und wilst ihn versuchen.

Vom Baum des Erkäntnuß Guts und Böses.

39. Ich habe dir vorhin gesagt; Aus wasser Macht der Baum gewachsen sey/ als daß er aus der Erden gewachsen sey/ und hat gäntzlich der Erden Natur an sich gehabt/ als heute noch alle irdische Bäume sind/ und nichts anders/ weder besser noch böser/ darinnen die zerbrechligkeit stehet/ gleich wie die Erde zerbrechlich ist/ und am Ende vergehet/ da alles in sein æther gehet/ und bleibet nur die Figur davon. Das ist nun gewesen der Baum/ der ist gestanden in mitten des Garten in Eden: Daran muste Adam versuchet werden in allen Essentien. Denn sein Geist solte mächtig über alle Essentien herrschen/ als die heiligen Engel und GOTT selber thut.

40. Darzu

40. Darzu war Er vom Wert oder Hertzen GOttes geschaffen/ daß er solte sein Bilde oder Gleichnüß seyn/ gantz mächtig in allen dreyen Principien, also groß als ein Fürsten oder Thron-Engel. Als aber dieser Baum/ welcher unter allen Bäumen alleine irrdische Frucht trug/ also im Garten Eden stund/ vergaffete sich Adam so offte daran/ dieweil er wuste/ daß es der Baum Guts und Böses war/ dazu drang ihn auch sehr die Krafft des Baums/ welche auch in ihm war/ daß also ein Lust die ander inficirete/ und der Geist der grossen Welt drang Adam also harte/ daß er inficiret ward/ und seine Krafft ward überwunden/ da war es geschehen umb den Paradeisischen Menschen. Da sprach das Hertze GOttes: Es ist nicht gut das der Mensch alleine sey/ wir wollen ihm einen Gehülffen machen/ der umb ihn sey.

41. Alhier hat GOTT gesehen seinen Fall/ daß er nicht bestehen könte (dieweil Adams Imagination und Lust so harte nach dem Reiche dieser Welt war und nach der irrdischen Frucht) und daß Adam nicht würde einen vollkomhenen Paradeiß Menschen aus sich gebähren/ sondern einen inficireten von der Lust/ und würde in die Zerbrechlichkeit fallen. Und der Text in Mose lautet ferner gantz recht: Und GOTT ließ einen tieffen Schlaff fallen auff den Menschen/ und er entschlieff.

Das 12. Capittel.

Von Eröffnung der Heiligen Schrifft/ die Umbstände hoch zu betrachten.

Die Güldene Porte/ die GOTT der letzten Welt gönnet/ in welcher wird grünen die Lilien.

1. Jeber Leser! Jch dürffte zu dieser Beschreibung wohl eine Engels Zunge/und du ein Englisch Gemühte/so wolten wir einander wohl verstehen: So wir aber das nicht haben/ wollen wir doch mit irrdischen Zungen die grossen Thaten GOttes reden nach unseren Gaben und Erkäntnüß/ und dem Leser die Schrifft eröffnen/ und ihm ferner nach zu dencken Ursach geben/ damit die Perlen möchten gesuchet und endlich gefunden werden/ wollen wir in unserm Tag-werck arbeiten/ und unsere Nachkommen in ihrem/ biß gefunden wird die Perle der Lilien.

2. Nun fraget die Vernunfft: Wie lange war dann Adam im Para-

Göttliches Weſens.

Paradeiſe vorm Falle / und wie lange währete die Verſuchung? Dieſes kan ich dir aus Moſis Beſchreibung von der Schöpfung nicht ſagen/ denn es iſt aus groſſen Urſachen ſtumm blieben. Ich wil dir aber die Wunder GOttes anzeigen und darinnen grün= den / als mir in der Erkäntnüß iſt gegeben / damit du die Ver= ſuchung und den Fall Adams lerneſt beſſer betrachten.

3. Liebe Vernunfft/ nun ſiehe in Spiegel der Geſchichte und Thaten GOttes: Als GOtt Moſi erſchien im Buſche in Feuer= flammen/ ſprach er: Zeuch deine Schuch aus: Denn hier iſt eine Heilige Stätte. Was war das? GOtt zeigete ihm ſeine irrdiſche Gebuhrt darmit. Denn er wolte ihm ein Geſetze geben/ daß/ ſo es müglich wäre/ der Menſch darinnen ſolte leben/ und Seeligkeit dadurch erlangen. Wer war aber der es gab/ und den Menſchen gebot darinnen zu leben? Das war GOtt der Vat= ter auß ſeinem Centro, darumb geſchahe es mit Fewer und Don= ner/ den in dem Hertzen GOttes iſt kein Fewer und Donner/ ſon= dern die holdſeelige Liebe.

4. Nun ſpricht die Vernunfft: Iſt denn GOtt der Vatter mit dem Sohne nicht ein Einig Weſen? Ja / es iſt ein We= ſen und Wille. Durch was Mittel gab er dann das Geſetze? durch den Geiſt der groſſen Welt/ dieweil Adam nach dem Falle und alle Menſchen darinne lebeten/ ſo ward verſuchet/ ob der Menſch könte im Vertrawen auff GOtt darinnen leben: Dar= umb beſtätigte er das mit groſſen Wundern/ und gab ihme Klar= heit/ wie am Moſe zu ſehen/ welcher ein verklährtes Angeſich= te gehabt. Und als er ihm diß Volck hatte erwehlet/ verderbte er die Kinder des Unglaubens/ und führete ſie auß mit Wunder und Thaten in die Wüſten/ da ward verſuchet/ ob der Menſch könte unter dieſer Klarheit in vollkommenem Gehorſam leben.

5. Was geſchach nun alda? Moſes ward durch GOtt von den Kindern Iſrael auff den Berg Sinai geruffen/ und blieb al= da viertzig Tage: Alda wolte er diß Volck verſuchen/ obs müg= lich wäre/ daß es ſein Vertrawen in GOtt ſetzte/ daß es möchte mit Himmel=Brod geſpeiſet werden/ daß es möchte zur Voll= kommenheit kommen. Nun ward aber das Volck verſuchet/ dem Moſes mit ſamt der Wolcken und Fewer=Seulen wiech von ihnen/ und verzog viertzig Tage. Da ſtund nun das Gemühte Majoris Mundi des Geiſtes der groſſen Welt/ wider das einige Ge= mühte GOttes gegeneinander abermahl im Streit. GOtt forderte Gehorſam/und das Gemühte dieſer Welt forderte Wol= luſt dieſes vergänglichen Lebens/ als Freſſen/ Sauffen/ Spie=

F

len und Dantzen; Darzu erwehlete es ihm seinen Bauch-GOTT/ ein gülden Kalb/ daß es möchte ohne Gesetze frey leben.

6. Alhier sihestu abermahl/ wie die drey Principia haben mit einander gestritten umb den Menschen. Das Gesetz bey Adam in Garten Eden brach wieder herfür/ und wolte Gehorsam haben: So brach der Geist der Grimmigkeit auch wieder herfür/ mit der falschen Frucht und Wollust/ und suchte das zerbrechliche Leben. Nun währete dieser Streit vierzig Tage/ ehe sie das Kalb auffrichteten und von GOTT fielen/ also lange währete der Streit der drey Principien.

7. Als sie aber nun von GOTT waren gefallen/ so kommet Moses mit Josua und siehet den Abfall/ und zerbricht die Taffeln in stücke/ und führet sie in die Wüsten/ da musten sie alle biß auff Josua und Caleb sterben. Denn die Klarheit des Vatters im Fewer/ im ersten Principio, konte sie nicht ins gelobte Land führen/ und ob sie gleich Manna assen/ es half kein Versuchen/ es muste es nur der Josua/ und endlich der Jesus thun.

8. Und als nun die Zeit kam/ daß der rechte Held außm Paradeiß wieder kam/ und ward der Jungfrauwen Kind: Da kam wieder der Streit der drey Principien/ Denn da ward er wieder fürn Versuch-Baum gestellet/ und der muste nun den harten Stand vorm Versuch-Baum bestehen/ und außstehen die Versuchung der drey Principien/ was dem ersten Adam nicht müglich war. Da währete der Streit wieder vierzig Tage und vierzig Nacht/ so lange der Streit mit Adam im Paradeiß gewähret hat/ und länger keine Stunde/ so hat überwunden der Held: Darumb thue deine Augen recht auff/ und sihe die Schrifft recht an/ ob sie gleich kurtz und dunckel ist/ so ist sie doch warhafftig.

9. Du findest nicht im Mose/ daß Adam sey den ersten Tag außm Paradeiß getrieben worden: Die Versuchung Israels und Christi bewähret uns viel ein anders. Denn die Versuchung Christi ist der Versuchung Adams schnur gleich mit allen Umbständen.

10. Denn Adam ward vierzig Tage versucht im Paradeise/ im Garten Eden/ vorm Versuch-Baum/ ob er könte bestehen/ daß er seine Anneigligkeit setzete ins Hertze GOttes/ und ässe alleine vom Verbo Domini, so wolte GOTT ihme (seinem Leibe) geben vom himmlischen Limbo zu essen/ daß er ässe im Maule und nicht in Leib. Er solte aus ihm gebähren der Jungfrawen Kind/ denn er war kein Mann/ und auch kein Weib: Er hatte die Matrix und auch den Mann in sich/ und solte gebähren auß

der

Cap. 12. **Göttliches Wesens.**

der Matrix die Jungfraw voller Zucht und Keuschheit / ohne Zerreissung seines Leibes.

11. Und hie ist der Streit in der Offenbahrung Johannis / da eine Jungfraw einen Sohn gebohren / welche der Drache und Wurm wolte verschlingen / da stehet die Jungfraw auff dem irrdischen Monden / und verachtet das irrdische / tritt es mit Füssen: Also auch solte Adam das Irrdische mit Füssen tretten / und es hat ihn überwunden: Darumb muste hernach der Jungfrawen Kind / als es vorm Versuch-baum siegete / auch in den ersten Mors der Grimmigkeit in Tod gehen / und überwinden das erste Principium.

12. Denn vierzig Tage ist Christus gestanden in der Wüsten zu Versuchen / da kein Brod / auch kein Tranck war / da kam der Versucher und wolte ihn aus dem Gehorsam führen / und sagte: Er solte aus den Steinen Brod machen. War anders nichts / er solte das Himmel-Brod / welches der Mensch im Glauben und starcker Zuversicht in GOTT empfähet / verachten / und seine Imagination setzen in den Geist dieser Welt: und darinnen leben.

13. Als ihm aber der Jungfrawen Kind das Himmel-Brod fürwarff / das der Mensch nicht allein lebe von dieser Welt / von dem irrdischen Essen und Trincken: So kam hervor die andere Ahrt der Versuchung / als die Mächtigkeit dieser Welt: Es wolte ihme der Fürst der Grimmigkeit geben alle Gewalt der Sternen und Elementen / so er nur seine Imagination wolte in ihn setzen und ihn anbeten: das war eben die rechte Peitsche / da Adam mit gepeitschet ward mit der Macht / Reichthumb und Schönheit dieser Welt / darnach sich Adam endlich ließ gelüsten und ward gefangen: Aber der Jungfrawen Kind war ihm für / das Reich sey nicht sein / des Fürsten der Grimmigkeit / sondern dem Wort und Hertzen Gottes / er solte GOTT anbeten / und ihme alleine dienen.

14. Die dritte Versuchung war eben der Knüttel / darinnen der Teuffel war aus Hochmuht auch gefallen / da er solte vom Tempel herab fliegen / und sich erheben über die Demütigkeit und Sanfftmuht. Denn die Sanfftmuht machet den zornigen Vatter im Urkund sanffte und frewdenreich / daß die GOttheit ist ein lieblich sanfftes Wesen.

15. Aber Herr Lucifer wolte in der Schöpfung über die Sanfftmuth des Hertzens GOttes hinauß über der Natur Ende / darumb wolte er auch der Jungfrawen Sohn dahin bereden /

F 2 über

über der Natur Ende zu fliegen ohne Flügel auß Hoffart ꝛc. davon an seinem Ohrte sol außführlich gehandelt werden. Ich habe dieses jetzo nur kurtz also eingeführet/ daß du meine Beschreibung besser verstehest/ wie sie auff der Schrifft Grund stehe/ und nichts Newes sey/ es wird auch nichts newes werden/ als nur wahre Erkäntnuß im Heiligen Geiste/ der Wesen aller Wesen.

Von Adams Schlaffe.

16. ADam hat nicht gessen von der Frucht vor seinem Schlaffe/ biß aus ihm sein Weib ward erschaffen: Alleine seine Essentien und Anneigligkeiten/ die haben durch Imagination im Geiste davon gessen/ und nicht im Maule. Derowegen hat ihn der Geist der grossen Welt gefangen/ und mächtig in ihme inqualiret/ da dan alsbalde Sonn und Sternen mit ihme gerungen/ und alle vier Elementa, also mächtig und sehr/ biß sie ihn überwunden/ daß er ist nieder gesuncken in Schlaff.

17. Nun ists bey einem verständigen Menschen gahr leichte zu gründen und wissen/ daß in Adam/ als er in GOttes Bildnüß war/ kein Schlaff war/ noch seyn solte. Denn Adam war ein solch Bildnüß/ alß wir werden in der Aufferstehung vom Tode seyn. Da wir nicht werden dürffen der Elementen/ weder Sonne noch Sternen/ auch keinen Schlaff/ sondern unsere Augen stehen offen immer und ewig zu schawen die Herrligkeit GOttes/ davon wird uns unser Speise und Tranck/ und das Centrum in der Vielheit oder Auffgang der Gebuhrt gibt eytel Lyst und Frewde. Denn GOtt wird keinen andern Menschen auß der Erden herfür bringen zum Himmelreich/ als wie der erste vorm Fall war. Denn er war auß GOttes ewigen Willen erschaffen/ und der ist unveränderlich/ und muß bestehen/ darumb dencke diesen Dingen scharff nach.

18. Du liebe Seele! die du schwimmest in einem finstern Bade/ neige dein Gemühte zur Himmels-Porte/ und siehe/ was doch der Fall in Adam sey gewesen/ daran GOTT einen so grossen Eckel trage/ daß Adam nicht hat können im Paradeis bleiben. Schawe und betrachte den Schlaff/ so findestu alles.

19. Der Schlaff ist anders nichts/ als eine Uberwindung. Den die Sonne und das Gestirn ist immer im mächtigen Streit mit den Elementen/ und ist das Element Wasser/ die Matrix, dem Fewer und Gestirn all zu unmächtig. Denn es ist die Uberwundenheit im Centro der Natur/ wie du vorne an vielen Ohrten findest.

20. Nun

Cap. 12.   **Göttliches Wesen.**   125

20. Nun ist der Sonnen-Liecht/ gleich wie ein GOTT in der Natur dieser Welt/ das zündet immer mit seiner Krafft an das Gestirne/ davon das Gestirne/ welches doch ein gantz schrecklich und ängstlich Wesen ist/ immer auffsteigend im Triumph gantz frewdenreich ist/ denn es ist ein Wesen. Gleich wie das Liecht GOttes das finster und strenge Gemühte des Vatters anzündet und erleuchtet/ davon im Vatter auffgehet durchs Liecht die Göttliche Wonne und Frewdenreich.

21. Also machet dasselbe Triumphiren oder Auffsteigen in der Wassers-matrix immer wie einē Sud: Denn die Sternen werffen ihre Krafft alle in die Wassers matrix, als die in ihr sind: So ist die Matrix nun immer im Sieden und im Auffsteigen/ davon das wachsen im Holtz/ Kraut/ Graß und Thieren herrühret/ denn das ober Regiment der Sonnen und Sternen mit den Elementen herrschet in aller Creatur/ und ist ein Bluhme oder Gewächs von ihnen/und ohne derer Macht ist in dieser Welt im dritten Principio kein Leben noch Beweglichkeit in keinem Dinge/ nichts außgenommen.

22. Nun hat die lebendige Creatur als Menschen/ Thier und Vögel die Tinctur in sich/ denn sie sind ein Außzug von der Sternen und Elementen Qualität im Anfang durchs Fiat: Und in der Tinctur stehet das immer anzündliche Fewer/ welches aus dem Wasser immer außzeucht die Krafft/ oder das Oleum, davon wird das Geblüte/ darinnen daß edle Leben stehet.

23. Nun zündet die Sonne und das Gestirn die Tinctur immer an/ denn sie ist fewerig/ und die Tinctur zündet den Leib an/ mit der Wasser-matrix, daß er immer warm ist und seudet. Das Gestirn und Sonne ist der Tinctur Fewer/ und die Tinctur ist des Leibes Fewer: Also ist alles im sieden: Und wann nun die Sonne untergehet/ daß ihr Glantz nicht mehr da ist/ so wird die Tinctur schwach/ denn sie hat keine Anzündung von der Sonnen Krafft/ und ob sie gleich der Sternen Krafft mit der Sonnen Qualität anzündet/ so ists doch alles zu wenig/ und wird gleich wie unmächtig. Nun weil die Tinctur unmächtig wird/ so wird auch die Krafft im Geblüte/ welches ist die Tinctur, gar unmächtig/ und sincket in eine sanffte Ruhe wie todt und überwunden.

24. Nun ist aber in der Tinctur alleine der Verstand/ der das Gemüthe regieret/ und die Sinnen machet. Darumb wird alles wie todt/ und regieret alleine noch das Gestirne in der Wurtzel des ersten Principii, da die GOttheit/ als wie ein Glast

F 3

oder Krafft in allen Dingen würcket. Da siehet der gestirnete Geist im Glas des Spiegels der Göttlichen Krafft im Element-Fewer in der Wassers-matrix, und sperret seinen Gaumen auff nach der Tinctur, aber sie ist unmächtig/ so nimt er der Tinctur Krafft/ als das Gemühte/ und inqualiret mit deme: So suchet alsdan das Gemühte die Elementa, und würcket darinnen alles nach der Sternen Krafft/ denn es stehet in der Sternen Gewürcke und Qualität. Und das sind nun die nächtliche Träume und Fürbildungen im Schlaffe.

Die Porten der höchsten Tieffe des Lebens von der Tinctur.

25. OB der Doctor weiß/ was die Tinctur ist/ so weiß es doch der Einfältige und Ungelehrte nicht/ der manchmal wol besser Gaben und Verstand hat/ hätte er die Kunst/ als der Doctor. Darumb schreibe ich den Suchenden: Wiewol ichs achte den Grund der Tinctur hat keiner/ weder Doctor, noch der Alchymist, er sey dann im Geist wieder gebohren/ der siehet hindurch/ er sey gelehrt oder ungelehrt/ bey GOTT gilt der Doctor so viel als der Bawer.

26. Die Tinctur ist ein Ding/ die da scheidet/ und das reine/ oder lautere von dem unreinen bringt/ die aller Geister Leben/ oder alle Essentien in seinen höchsten grad bringet: Ja sie ist die Ursache des Scheines oder Glantzes/ sie ist eine Ursache/ daß alle Creaturen sehen und leben: Aber ihre Gestalt ist nicht einerley/ -sie ist im Viehe nicht als im Menschen/ auch in Steinen/ Metallen und Kräutern unterschieden: Wiewol sie wahrhafftig in allen Dingen ist/ aber in etlichen starck/ und in etlichen wie unmächtig.

27. So wir aber forschen/ was sie an Essentia und Eygenschafft sey/ und wie sie erbohren werde; so finden wir gar ein theures und edles Wesen in ihrer Gebuhrt: Denn sie herrühret von der Krafft und Brun-Quell der GOttheit/ welche sich in alle Ding hat eingebildet/ darumb ist sie auch so heimlich und verborgen/ und wird keinem falschen ungöttlichen Gemühte in der Erkäntnüß zu theil zu erfinden/ oder zu erkennen: Und ob sie gleich alda ist/ so ist es doch kein leicht falsch Gemühte wehrt/ darumb bleibet sie ihm verborgen/ und regieret GOTT alles in allem/ der Creatur unbegreifflich und unempfindlich. Es gehet dahin und weiß nichts/ wie ihm geschiehet; Es lebet/ und weiß
nicht

Cap. 12.   Göttliches Wesen.   127

nicht worinnen : Es zerbricht/ und weiß nicht wie : Und der Tinctur Schatten und Figur bleibet ewiglich. Denn sie ist auß dem ewigen Willen erbohren/ oder der Geist wird ihr gegeben durchs Fiat, nach jeder Creatur Ahrt/ auch in den Gemmen, Steinen und Metallen ist sie im Anfang der Schöpfung nach jedes Ahrt mitte eincorporiret und gepflantzet worden.

28. Von Ewigkeit ist sie gewesen in GOTT/ darumb ist sie auch in GOTT ewig : Als aber GOTT wolte schaffen ein Gleichnüß seines Wesens/ und solte erbohren werden auß der Finsternüß/ so stund sie im auffgegangenem Fewr=Blitz an dem Ohrt als sich die fünffte Gestalt der Liebe=Gebuhrt in Gleichnüß erbahr/ denn sie war auß dem Brunnquäll des Willens/ aus dem Hertzen GOttes erbohren/ darumb bleibet ihr Schatten im Willen GOttes ewig/ und umb deß willen bleibt aller Creaturen und aller Wesen/ so je im Gleichnüß sind erbohren worden/ Schatten ewig. Denn sie ist die Gleichnüs GOttes welche aus dem ewigen Willen ist erbohre; Aber ihr Geist bleibt im dritten Principio dieser Welt nicht ewig : Er zerbricht mit Auffhörung des Quellens oder Lebens.

29. Denn alles was lebet im dritten Principio, zerbricht/ und gehet in seinen ziher und Ende/ biß auff die Figur der Tinctur, die bleibet als ein Schatten oder Willen ohne Geist und Beweglichkeit ewig stehen. Aber im andern Principio bleibet die Tinctur im Geist und im Wesen alles gantz mächtig/ als in Engeln und Menschen/ so wohl im Auffgang aller Wesen ewig stehen. Denn ihr Centrum zur Gebuhrt ist ewig fix.

Von der Tinctur Essentia und Eygenschafft/ die tieffe Porten des Lebens.

30. Ihre Essentia ist der Blitz im Circkel des Lebens Auffgang/ welcher im Wasser den Glantz und Schein machet/ und ihre Wurtzel ist das Fewer/ und der Stock ist die Herbigkeit. Nun scheidet der Blitz die Bitterkeit und Herbigkeit vom Wasser/ daß das Wasser sanffte und helle sey. Darinnen stehet das sehen aller Creaturen/ daß der Geist im Blitze ist der Wassers-Matrix stehet. Denn der Blitz stehet darinnen als ein Glantz/ und erfüllet den Geist der Essentien. Von diesem zeucht die Essentia gewaltig an sich/ denn es ist die Herbigkeit/ und der Blitz scheidet immer die Finsternüß vom Liechte/ und das unreine vom reinen. Allda stehet nun die GOttliche Krafft/ und bildet sich der Göttliche Glantz immer in das reine/ daron wird entschieden

F 4   das

das strenge auß der Natur/ und machet der Göttliche Glantz das reine süsse. Denn er inficiret sich alda.

31. Das Süsse aber ist gleich einem Oele oder Fetten/ darinnen entzündet sich immer der Blitz/ daß er scheinet/ weil aber das Oele süsse ist mit der Wassers-matrix vermischet/ so ist das scheinende Liecht stäte und sanffte. Weils aber in der Wassers Natur nicht vermag alleine ein Oele zu bleiben wegen der Inficirung des Wassers/ so wirds dicke/ und färbets die Fewres-ahrt roht/ das ist das Geblüte und die Tinctur in einer Creatur/ darinnen das edle Leben stehet.

Vom Tode und Sterben.
Die Porten des Jammers und Elendes.

32. Das edle Leben stehet also in der Tinctur in grosser Gefährligkeit/ und ist der Zerbrechung alle Stunde gewärtig. Denn so bald das Geblüte/ darinnen der Geist lebet/ wegfleust/ so zerbricht die Essentia und fleucht die Tinctur als ein Glast oder Schatten dahin/ so ist der Fewer-Quell aus/ und erstarret der Leib.

33. Ach wie viel grosser und mächtiger Feind hat das Leben/ sonderlich von den vier Elementen und Gestirne! So bald ein Element zu starck wird/ so fleucht die Tinctur davon/ so hat das Leben ein Ende. So es mit dem ersten Wasser überfüllet wird/ so erkaltet es, und erlischt das Fewer/ so fähret der Blitz dahin wie ein Glast. Wird es dan mit der Erden/ als unreiner Materia überschüttet/ so vertunckelt der Blitz und fähret dahin. Wird es dann fürs dritte mit der Lufft überfüllet/ daß die beharret/ so ersticks die Tinctur, und die quellende Essentiam, und zerspringet der Blitz im Glast und gehet in sein æther. Wird es aber vors vierdte mit dem Fewer oder Hitze überfüllet/ so entzündet sich der Blitz/ verbrennet die Tinctur, davon wird das Geblüte dunckel/ schwartz und verlöscht der Blitz in der Sanfftmuht.

34. Ach wie viel Feinde hat doch das Leben am Gestirne/ welche mit der Tinctur und den Elementen inqualiren. Wan die Planeten und Sternen ihre Conjunction haben/ da sie ihre gifftige Straalen in die Tinctur werffen/ davon Stechen/ Reissen und Wehe im Leben der sanfften Tinctur entstehet. Denn die süsse Tinctur, als in einer lieblichen und sanfften Wonne/ mag nichts unreines dulden. Darumb wan solche gifftige Stralen in sie geschüttet werden/ so wehret sie sich und reiniget sich immer-

dar

dar: So balde sie überschüttet wird/ daß sie tunckel wird/ so erlöscht der Blitz und zerbricht das Leben/ fället der Leib dahin/ und wird ein cadaver, oder ein todtes Aas/ denn der Geist ist das Leben.

35. Dieses habe ich alhier gar kurtz/ als in einer Summa/ nicht nach allen Umbständen/ wollen anzeigen/ damit das Leben möge verstanden werden. An seinem Ohrte soll alles weitleufftig erkläret werden. Denn es ist gar viel hierinnen/ und gehörten grosse Bücher darzu: nur das die Uberwindung und der Schlaff in Adam möchte begriffen werden.

Die Porte der Himmlischen Tinctur, wie sie ist gewesen in Adam vor dem Falle/ und wie sie in uns seyn wird nach diesem Leben.

36. Gross und mächtig sind die Geheimnüß/ und wer sie suchet und findet/ der hat eytel Freude daran; Denn sie sind der Seelen ein recht Himmelbrod. So wir uns entsinnen und empfangen die Erkäntnüß der Himmlischen Tinctur, so gehet in uns auff die Erkäntnüß der Göttlichen Freuden-Reich/ daß wir wünscheten von der Eytelkeit loß zu seyn/ und zu leben in solcher Gebuhrt/ welches doch nicht seyn mag/ sondern wir müssen unser Tagwerck vollenden.

37. Die Vernunfft spricht: Ach hätte sich doch Adam nicht lassen gelüsten/ so wäre er nicht entschlaffen: Solte ich an seiner Stelle seyn/ ich wolte feste stehen und im Paradeiß bleiben. Ja liebe Vernunfft/ du triffsts wohl/ mit dir nur viel zu/ ich wil dir deine Stärcke und die Porte weisen/ nur dencke/ wie feste du möchtest stehen/ stündestu fürm Versuch-Baum wie Adam.

38. Siehe! ich gebe dir ein gerecht Gleichnüß/ du seyest ein Jüngling oder Jungfrau/ wie dann Adam alles beydes in einer Person war/ wie lässestu dich düncken/ daß du stehen würdest? Ich setze also/ und stelle einen Männlichen Jüngling/ guter Complexion, mit schöner Gestalt und Tugend: Und dann eine schöne wohlgestalte züchtige Jungfrau gegeneinander/ und lasse sie nicht alleine zu Sprache zusammen/ daß sie sich freundlich bereden/ sondern daß sie auch einander mögen angreiffen und fassen/ und gebiete ihnen daß keines gegen dem andern in Lust oder Liebe entbrenne mit keinem Gedancken/ auch keine Anneigligkeit aus ihm lasse/ viel weniger einigerley Inficirung ihn Willen/ und lasse sie 40 Tage und Nacht bey einander seyn/ und mit einander spatzieren in eytel Freuden; und gebiete ihnen ferner/ daß ihr Wille

Wille und Gemüthe stäte sey/ nimmermehr einigen Gedancken zu fassen einander zu begehren oder zu inficiren/ mit keiner Essentia oder Eigenschafft/ sondern daß ihr Wille und Anneiglig=keit also stäte und feste in mein Gebett gefaßt sey: Und soll der Jüngling im Willen seyn/ sich nimmer und ewig mit dieser/ oder einer andern Jungfrauen zu vermischen/ deßgleichen/ auch die Jungfrau im Gegentheil also ꝛc.   Wie lässestu dich bedüncken/ du elende Vernunfft/ voll Mangel und Gebrechen/ daß du alhie bestehen würdest? würdestu nicht zusagen wie Adam/ aber halten köntestu nichts.

39. Also meine liebe Vernunfft/ hab ich dir einen Spiegel fürgestellet/ ist es auch gewesen mit Adam. GOtt hatte sein Werck alles weißlich und gut geschaffen/ und eines aus dem an=dern gezogen: Der erste Grund war Er/ daraus hatte er diese Welt geschaffen/ und aus der Welt den Menschen/ dem gab er seinen Geist/ und befahl ihme in ihm ohne Wancken/ oder eini=ges andern Willens zu leben/ gantz vollkommentlich.

40. Nun hatte der Mensch auch den Geist der Welt/ denn er war aus der Welt/ und lebete in der Welt/ so war nun Adam die züchtige Jungfrau/ verstehe/ der Geist/ so ihm von GOTT wurde eingeblasen/ und der Geist/ den er aus Natur von der Welt ererbet hatte/ war der Jüngling/ die waren nun beyde bey=einander und ruheten in einem Arm.

41. Nun solte die Zucht der Jungfrauen ins Hertze GOttes gesetzet seyn/ keine andere Imagination zu haben/ und sich der Schönheit des wohlgestalten Jünglings nicht lassen gelüsten. Nun war aber der Jüngling gegen der Jungfrauen entbrandt/ und begehrete sich mit ihr zu inficiren.   Denn er sprach: Du bist meine liebste Braut/ mein Paradeiß und Rosenkrantz/ laß mich doch in dein Paradeiß/ ich wil schwanger werden in dir/ auff daß ich deiner Essentien empfahe/ und deiner holdseligen Lie=be genieße. Wie gerne wolte ich kosten die freundliche Süssigkeit deiner Krafft/ so ich nur empfahen möchte dein schönes Liecht/ wie wäre ich so freudenreich!

42. Und die züchtige Jungfrau sprach: Du bist ja mein Bräutigam und mein Gesell/ aber du hast nicht meinen Schmuck/ meine Perle ist köstlicher denn du/ meine Krafft ist unvergänglich/ und mein Gemüth ist immer beständig/ du hast ein unbeständiges Gemüth/ und deine Krafft ist zerbrechlich: Wohne in meinen Vorhöfen/ so wil ich dich freundlich halten/ und dir viel gutes thun/ ich wil dich mit meinem Schmuck zie=
ren/

ren/ und wil dir mein Kleid anziehen/ aber meine Perle gebe ich dir nicht/ denn du bist finster/ und sie ist liecht und schöne. (In Christo hat Adam die Perle empfangen: Denn sie senckte sich in Wurm der Seelen/ und gebahr ihn wieder neu und zum Liechte/ und ist eben der Streit alhie. Denn alhie wolte die Jungfrau die Perle (verstehe die reine Gottheit) dem Wurm nicht geben/ sondern er solte in ihren Vorhöfen leben/ und sie wolte ihn erleuchten und krönen: auff das ward Adam versucht/ als seyn könte: Da es aber nicht seyn konte/ so gab die Jungfrau die Perle der Jungfrauen Sohn Christe/ dem Fürsten in GOtt.)

43. Da sprach der Geist der Natur/ als der Jüngling: meine schöne Perle und Zucht/ laß mich doch geniessen deines Trosts/ wilstu dich je nicht mit mir vermischen/ daß ich nicht kan in dir schwanger werden: so schleuß doch deine Perle in mein Hertze/ auff daß ich die habe zum Eigenthumb/ bistu doch meine güldene Krone/ wie gerne wolte ich kosten deiner Frucht.

44. Da sprach der züchtige Geist aus GOtt in Adam/ als die Jungfrau: Mein lieber Buhle und Geselle/ ich sehe wol deine Lust/ du wilst dich gerne mit mir vermischen/ aber ich bin eine Jungfrau und du ein Mann/ du würdest mir meine Perle beflecken und meine Kron zubrechen/ darzu würdestu meine Süßigkeit in deine Sauerigkeit mischen/ und verdunckelen mein helles Liecht/ darumb wil ich nicht. Meine Perle wil ich dir leihen und mit meinem Kleide zieren/ aber zum Eigenthumb gebe ich dirs nicht.

45. Und der Geselle/ als der Geist der Welt in Adam/ sprach/ ich lasse dich nicht/ wilstu nicht/ daß ich mich mit dir vermische/ so nehm ich mein innerste und stärckeste Macht/ und brauche dich nach meinem Willen nach der innersten Macht. Ich wil dich mit der Macht der Sonnen/ Sternen und Elementen bekleiden/ da wird dich niemand kennen/ du must mein seyn ewiglich/ und ob ich unstätig bin/ wie du sagst/ und meine Krafft ist nicht wie deine/ so wil ich dich doch in meinem Schatz behalten/ und du must mein Eigenthumb seyn. Also wolte der Geist in Adam in eigener Macht auff Erden herrschen/ denn der Geist der grossen Welt wolts also haben. Gleich wie Lucifer wolte über die Jungfrau mit seinem Wurm herrschen: Hätte er die Jungfrau in Liebe behalten/ und hätte in ihren Vorhöfen gewohnet/ so wäre er ein Engel blieben.

46. Da sprach die Jungfrau/ warumb wiltu Gewalt üben/ bin ich doch deine Zierheit/ und deine Kron/ ich bin hell/ und du bist

bist finster: Siehe/ so du mich verdeckest/ so hastu keinen Glantz/ und bist ein finster Wurm/ wie mag ich bey dir wohnen: laß nur ab/ ich gebe mich dir nicht zum Eigenthum: Ich wil dir meine Zierheit geben/ und solt in meiner Freude leben/ meiner Frucht soltu geniessen/ und meine Süssigkeit schmecken/ aber mit mir inqualiren kanstu nicht. Denn meine Essentia ist die Göttliche Krafft/ darinnen wird gebohren meine schöne Perle und helles Liecht: Mein Brunn ist ewig. So du mir verdunckelst mein Liecht/ und besudelst mein Kleid/ so hastu keine Schöne/ und kanst nicht bestehen/ sondern dein Wurm zubricht dich/ so verlier ich alsdann meinen Gesellen/ den ich mir hatte zu einen Bräutigam erwehlet/ mit dem ich wolte Freude haben/ so wird alsdann meine Perle und Schönheit keinen Gespielen haben: (Jes. 5. Matt. 21. Davon Esaias und auch Christus redet in gleichen/ daß er auch wolte gerne von den edlen Trauben essen vom Weinstock. Mich. 7. Marc. 12.) Hatte ich mich doch umb meiner Freude willen zu dir gesellet/ und du wilt nicht meiner Schöne geniessen/ bleib doch in meiner Zierheit und Tugend/ und wohne bey mir in Freuden/ ich wil dich ewig schmücken.

47. Und der Jüngling sprach: Dein Schmuck ist vorhin mein/ ich brauche dich nach meinem Willen/ wie du sagest: Ich werde zubrechen/ so ist doch mein Wurm ewig/ mit deine wil ich herrschen/ in dir aber wil ich wohnen/ und dich mit meinem Kleide verkleiden.

48. Da wandte sich die Jungfrau zum Hertzen GOttes und sprach: Mein Hertz und meine Liebe/ du bist meine Krafft/ aus dir bin ich helle/ aus deiner Wurtzel bin ich von Ewigkeit erbohren/ erlöse mich von dem Wurm der Finsternüß/ der meinen Bräutigam inficiret und versuchet/ laß mich doch nicht verdunckelt seyn im Finsternüß/ bin ich doch deine Zierheit/ und darumb kommen/ daß du Freude an mir hättest: warumb soll ich dann mit meinem Bräutigam im finstern stehen? Und die Göttliche Antwort sprach: Des Weibes Saamen soll der Schlangen/ dem Wurm/ den Kopff zutreten; und sie wird ihn in die Fersen stechen.

49. Siehe liebe Seele/ hierinnen stecket die himmlische Tinctur, die wir in Gleichnüß müssen setzen/ und mit Worten nirgends können reden: Ja hätten wir Engels-Zungen/ so wolten wir recht reden/ was das Gemüthe begreifft/ aber die Perle ist bekleidet mit dem finstern Kleide. Die Jungfrau rufft stäts dem Hertzen GOttes/ daß er wolle ihren Gespielen erlösen von dem

fin-

Cap. 12.   Göttliches Wesen.   133

finstern Wurm. Aber die Göttliche Antwort saget: Des Weibes Saamen soll der Schlangen den Kopff zertreten/ das ist/ der Schlangen Finsternüß soll gescheiden werden von deinem Bräutigam. Das finstere Kleid damit die Schlange deinen Bräutigam hat bekleidet/ und deine Perle und schöne Kron verdunckelt/ soll zerbrechen und zur Erden werden/ und du solt mit deinem Bräutigam dich in mir freuen/ das war mein ewiger Wille/ der muß bestehen.

50. So wir uns nun entsinnen der hohen Mysterien/ so eröffnet uns der Geist die Verständnüß/ daß dieses der rechte Grund sey mit Adam: Denn sein uhrkündlichster Geist als die Seele/ die war der Wurm/ der war aus GOttes des Vatters ewigen Willen erbohren/ und in der Zeit der Schöpffung durchs Fiat auff Geistes Art geschaffen aus dem Loco, wo der Vatter sein Hertz von Ewigkeit gebieret/ zwischen der vierdten und fünfften Gestalt im Centro GOttes/ da sich das Liecht GOttes von Ewigkeit immer erblicket und uhrkundet. Darumb kam ihm das Liecht GOttes/ als eine schöne Jungfrau zu Hülffe/ und nahm die Seele zu ihren Bräutigam an/ und wolte die Seele zieren mit ihrer schönen Himmels-Krone/ mit der edlen Krafft der Perle/ und sie schmükten mit ihrem Kleide.

51. So brach nun herfür die vierdte Gestalt im Centro der Seelen/ als da der Seelen-geist zwischen der vierdten und fünfften Gestalt im Centro geschaffen ward/ nächst dem Hertzen GOttes/ so war die vierdte Gestalt im Glast in der Finsternüß. Daraus ist geschaffen diese Welt/ welche in ihrer Gestalt sich wieder theilet in ihrem Centro in fünff Theile/ im Auffgange biß an der Sonnen Liecht. Denn die Sternen sind auch in ihrem Centro zwischen der vierdten und fünfften Gestalt erbohren/ und die Sonne ist der Brunn der fünften Gestalt im Centro, gleich wie das Hertze und Liecht GOttes im ewigen Centro, welcher keinen Grund hat: Dieser aber der Sternen und Elementen hat ihren Grund in der vierdten Gestalt in dem finstern Gemüthe/ im Auffgange des erweckten Feuer-Blitzes.

52. Also ist die Seele zwischen beyden Centris erbohren/ 1. zwischen dem Centro GOttes/ verstehe des Hertzens oder Liechtes GOttes/ da das erbohren wird aus einem ewigen Loco. Und dann 2. zwischen dem auffgegangenen Centro dieser Welt/ und ist beyden anhänglig und inqualiret mit beyden/ darumb sie alle drey Principia hat/ und kan in allen dreyen leben.

53. Aber das war der Jungfrauen Gesetz und Wille/ daß
F 7   gleich

gleich wie GOtt über alle Ding herrschet/ und sich überall einbildet/ und giebt allem Krafft und Leben/ und das Ding begreifft ihn doch nicht/ ob er gleich alda ist. Also auch solte die Seele stille stehen/ und der Jungfrauen Gestalt solte in der Seelen regieren/ und die Seele krönen mit dem Liechte GOttes. Die Seele solte seyn der schöne Jüngling/ der geschaffen war/ und die Krafft GOttes die schöne Jungfrau und das Liecht GOttes/ die schöne Perlen-Krone/ damit wolte die Jungfrau den Jüngling schmücken.

54. So wolte aber der Jüngling die Jungfrau zum Eygenthumb haben/ da sie doch einen grad höher in der Gebuhrt war/ als er/ und konte nicht seyn. Denn die Jungfrau war von Ewigkeit/ und der Bräutigam ward ihr zugegeben/ daß sie solte Freude und Wonne darmit in GOtt haben.

55. Da aber der Jüngling dieses bey der Jungfrauen nicht mochte erhalten/ so griff er zurücke nach dem Wurm in seinem Centro. Denn die Gestalt dieser Welt drang so harte auff ihn/ welche auch in der Seelen war/ und hätte gerne gehabt die Jungfrau zum Eigenthumb/ und daraus ein Weib zu machen/ wie dann auch im Falle geschehen ist. Aber nicht aus der Perle/ sondern aus dem Geiste dieser Welt wird das Weib. Denn es ängstet sich noch immerdar die Natur dieser Welt nach der Jungfrawen von der Eytelkeit loß zu werden/ und vermeinet mit der Jungfrawen zu inqualiren, aber es kan nicht seyn/ denn die Jungfraw ist höher gebohren.

56. Und wann diese Welt gleich wird zerbrechen/ und der Eytelkeit des Wurmes loß werden/ so erlanget sie doch nicht die Jungfraw/ sondern sie bleibet ohne Geist und Wurm unter ihrem Schatten/ in schöner und sanffter Ruhe/ ohn einiges Ringen und Begehren/ denn sie kömt darmit in ihren höchsten Grad und Schöne/ und feyret ewig von ihrer Arbeit. Denn der Wurm/ der sie alhier quälet/ gehet in sein Principium, und berühret dieser Welt Schatten und Figur ewig nicht mehr. Dann regieret die Jungfraw mit ihrem Bräutigamb.

57. Mein lieber Leser! Ich wil dirs deutlicher setzen: denn nicht ein jeder hat die Perle die Jungfraw zuergreiffen/ und wil doch gleichwol ein jeder gerne wissen/ wie es sey mit dem Falle Adams beschaffen. Siehe wie ich jetzt gemeldet habe/ so hat die Seele alle drey Principia an sich: Als 1. das innerste/ den Wurm/ oder Schwefel-geist und Quell/ nach welchem sie ein Geist ist/ und dan 2. die Göttliche Krafft/ welche den Wurm
sanffte/

sanffte / helle und frewden reich machet / nach welcher der Wurm/ oder Geist ein Engel ist / wie GOtt der Vatter selber / verstehe auff solche Ahrt und Gebuhrt. Und dan 3. so hat sie das Principium dieser Welt gantz unzertheilet aneinander / und begreift doch auch keines das ander / denn es seynd drey Principia, oder drey Gebuhrten.

58. Siehe / der Wurm ist das Ewige und in sich selber Eigenthümbliche / die andern zwey seynd ihm gegeben / jedes durch eine Gebuhrt / eines zur rechten / das ander zur lincken. Nun ists unmüglich / daß er beyde zugegebene Gestalten und Gebuhrten verleuret. Denn so er zurücke greifft in die grimmige Feuersmacht / und wird falsch gegen der Jungfrawen / so weicht sie von ihme / und bleibt als eine Figur in ihrem Centro, so ist der Jungfrawen Thüre zu.

59. Wiltu nun wieder zur Jungfrawen / so mustu wieder gebohren werden durch das Wasser im Centro, und Heiligen Geist / so erlangestu sie wieder mit grossen Ehren und Freuden. Davon Christus saget: Es wird Freude im Himmel seyn über einen Sünder / der Busse thut / mehr als über 99 Gerechten / die der Busse nicht dürffen. Also schön wird der arme Sünder von der Jungfrawen wieder empfangen / daß sie nicht mehr ein Schatten seyn darff / sondern eine lebendige und verständige Creatur und Engel GOttes. Diese Freude kan niemand sagen / alleine die wiedergebohrne Seele weiß davon / welches der Leib nicht verstehet / sondern er zittert / und weiß nicht wie ihm geschiehet.

60. Die andere Gestalt / oder Principium verleuret der Wurm mit Abscheidung des Leibes / daß / obs gleich in der Figur bleibet / so ists ihm doch nur eine Schande und Quaal / daß er ein Engel gewesen / und nun ein greulicher / grimmiger / giftiger Wurm und Geist ist. Davon die Schrifft saget: daß der gottlosen Wurm nicht stirbet / und ihre Quaal ewig bleibet. Wan der Wurm nicht hätte Engels und Menschen Gestalt gehabt / so wäre seine Quaal nicht so groß: Aber also machet ihm diß ein ewig rewen und nichts erreichen; Er kennet den Schatten seiner Herzligkeit / und kan darin nicht mehr leben.

61. Darumb so ist das nun der Grund in einer Summa vom Fall Adams zu reden in der höchsten Tieffe. Adam hat durch seine Lust verlohren die Jungfraw / und hat in seiner Lust empfangen das Weib / welche ist ein cagastrische Person: und die Jungfrau wartet seiner noch immerdar / ob er wil wieder tretten

136 Von den drey Principien Cap. 13.

in die newe Gebuhrt/ so wil sie ihn mit grossen Ehren wieder annehmen. Darumb bedencke dich du Menschen-Kind: Ich schreibe alhier was ich gewiß weiß/ und der es gesehen hat/ bezeuget es/
sonst wüste ichs auch nicht.

Das 13. Capittel.
Von Erschöpffung des Weibes aus Adam.
Die fleischliche/ elende und finstere Porte.

1. Ur Unmuht mag ichs wol kaum schreiben/ weils
aber nicht anders seyn mag/ so wollen wir derweil
der Frawen Kleid tragen/ aber in der Jungfrauen
Leben; Und ob wir wol viel Trübsal in der Frauen
empfangen/ so wird uns doch die Jungfrau wol er-
götzen: Müssen uns also mit der Frauen schleppen/ biß wir sie zu
Grabe schicken/ alsdan soll sie seyn ein Schatten und Figur,
und die Jungfraw soll seyn unsere Braut und wehrte Krone/
die wird uns geben ihre Perle und schöne Kron/ und kleiden
mit ihrem Schmuck/ darauff wollen wirs wagen umb der Lilien willen/ ob wir gleich werden grossen Sturm erwecken/
und ob der Anti-Christ von uns hinrisse die Fraw/ so muß uns
doch die Jungfraw bleiben. Denn wir sind mit ihr vermählet.
Ein jedes nehme nur das seine/ so bleibet mir das meine.

2. Als nun Adam im Garten Eden ging/ daß also die drey
Principia in Adam solchen Streit führeten/ wurd seine Tinctur
gantz müde und entwiech die Jungfraw/ denn der Lust-geist
dieser Welt in Adam hatte überwunden/ darumb sanck er nieder
in Schlaff: Zu dieser Stunde wurd sein himlischer Leib zu
Fleisch und Bluht/ und seine starcke Krafft zu Beinen: Da
gieng die Jungfraw in ihr æther und Schatten / aber in das
Himmlische æther ins Principium der Krafft/ und wartet alda
auff alle Adams Kinder/ ob sie jemand zu einer Braut wil wieder annehmen/ durch die newe Gebuhrt.

3. Was solte aber GOTT thun? Er hatte Adam aus seinem
ewigen Willen geschaffen/ weils nun nicht konte seyn/ daß A-
dam hätte die Jungfraw auff Paradeisische Ahrt gebehren aus
sich selber/ so stellete GOTT das Fiat der grossen Welt ins Mittel. Denn Adam war nun dem Fiat wieder heimgefallen/ als eine
halb zerbrochene Persohn/ weil er durch seine Lust und Imagination war halb ertödtet; solte er nun leben/ so must ihm GOTT
wie-

Cap.13.   Göttliches Wesens.   137

wieder rahten: Solte er ein Reich gebähren/ so muſte nun
eine Fraw ſeyn / gleich allen andern Thieren mit der Fortpflantzung: Das Englische Reich in Adam war weg/ es muſte
nun ein Reich dieſer Welt werden.

4. Was thät dan nun GOtt mit Adam? Moſes ſpricht: Als
Adam entſchlieff / nam er ſeiner Rippen eine und bawete
ein Weib daraus (auß der Rippe / die er von dem Manne
nam) und ſchloß die Stätte zu mit Fleiſch. Nun hat Moſes
gar recht geſchrieben / wer wolte ihn aber alhier verſtehen?
So ich nicht den erſten Adam kennete in ſeiner Jungfrawen
Geſtalt im Paradeis/ ſo bliebe ich darauff/ und wuſte nichts
anders / als Adam wäre auß einem Erden-klumpen gemacht
worden zu Fleiſch und Bluht/ und Heva ſein Weib auß ſeiner Rippen und harten Knochen / welches mich doch vor der
Zeit offte hat wunderlich angeſehen/ wenn ich die Gloſſen über
Moſen habe geleſen/ daß ſo Hochgelährte alſo haben geſchrieben: Wollen ein Theil auch noch wol von einer Gruben in
Morgen-Landt ſagen / da Adam ſey herauß genommen und
gemacht worden / wie der Töpffer einen Hafen oder Topff
machet.

5. So ich nicht die Schrifft hätte betrachtet / die da ſaget: Was vom Fleiſch gebohren iſt/ das iſt Fleiſch: Item/ das
Fleiſch und Bluht ſoll das Himmelreich nicht erben. Item/ Niemand führet gen Himmel/ als des Menſchen Sohn / der vom
Himmel (als die reine Jungfraw) kommen iſt/ und der im Himmel iſt. Darzu hatff mir wol/ daß der Jungfrawen Kind war
der Engel der Wiederbringung/ was in Adam verlohren war.
Denn GOTT brachte in der Frawen in ihrem Jungfräwlichen
Leibe herwieder das Jungfrawen-Kind / das Adam gebähren ſolte. Hätte ich nun den Text in Moſe nicht betrachtet/ da GOTT
ſprach: Es iſt nicht gut/ daß der Menſch alleine ſey / wir wollen
ihm einen Gehülffen machen/ ich ſteckte noch wol in der Frawen
Willen.

6. Aber derſelbe Text ſaget: GOTT ſahe an alles was Er
gemacht hatte/ und ſiehe es war alles ſehr gut. Iſts nun gut geweſen in der Schöpfung/ ſo muß es fürwar ſeyn böſe worden/
daß GOTT ſprach: Es iſt nicht gut/ daß der Menſch alleine
ſey. Hätte ſie GOTT wollen allen Thieren gleich haben mit
viehiſcher Fortpflantzung/ er hätte wol balde einen Mann und
Fraw gemacht / daß aber GOTT einen Eckel daran gehabt/
weiſet wol das erſte Kind der Frawen/ Kain der Bruder-mör-
der/

der/ auch/ so weisets der Fluch der Erden auß. Ach was soll ich den Raum mit diesem Zeugnüß zubringen/ wird doch der Beweiß klar folgen/ und ist nicht allein auß der Schrifft/ welche zwar einen Deckel machet/ zu bewähren/ sondern an allen Dingen/ so wir uns wolten Raum nehmen/ und unser Arbeit mit vergeblichen Dingen zubringen.

7. Nun spricht die Vernunfft/ was sind denn Mosis Worte vom Weibe? Das sagen wir: Moses hat recht geschrieben/ aber ich/ nach dem ich in der Frawen lebete/ verstund es nicht recht: Moses hatte wol ein verkläret Angesicht/ aber er muste einen Deckel dafür hengen/ daß man ihm nicht könte ins Angesichte sehen. Da aber der Jungfrawen Sohn/ als die Jungfraw/ kam/ der sahe ihm ins Angesichte/ und that weg den Deckel. So fraget die Vernunfft: Was wär die Rippe zum Weibe aus Adam?

Die Porten der Tieffe.

8. Sihe! uns zeiget die Jungfraw/ daß/ als Adam überwunden war/ und die Jungfraw in ihr æther getreten/ so ward die Tinctur, darinnen die schöne Jungfraw gewohnet hat/ irdisch/ müde/ matt und schwach. Denn die krafftige Wurtzel der Tinctur, davon sie ihre Mächtigkeit ohn einigen Schlaff oder Ruhe hatte/ als die Himmlische Matrix, welche Paradeis und Himmelreich hält/ entwiech in Adam/ und gieng in ihr æther.

9. Leser! verstehe es recht/ nicht ist die GOttheit/ als die schöne Jungfraw/ zerbrochen und zu nichts worden: das kan nicht seyn/ allein sie ist blieben im Göttlichen Principio, und der Geist oder Seele Adams ist blieben mit seinen eigenthümblichen Wurm im dritten Principio dieser Welt/ die Jungfraw aber/ als die Göttliche Krafft stehet im Himmel und Paradeiß/ und spiegelieret sich in der irdischen Qualität der Seelen/ als in der Sonnen und nicht Monden/ verstehe im höchsten Principio des Geistes dieser Welt/ da die Tinctur am edelsten und hellesten ist/ da des Menschen Gemühte enstehet.

10. Und wolte gern wieder in ihren Locum zu ihrem Bräutigam/ wenn nur nicht das irdische Fleisch mit dem irdischen Gemüthe und Sinnen im Weege wäre. Dan in das gehet die Jungfraw nicht/ sie lässet sich nicht ins irdische Centrum binden. Ihre Spiegelierung mit verlangen und viel ruffen/ vermahnen und inbrünstigem sähnen/ verbringen sie die gantze Zeit/ weil die Fraw an ihrer stat lebet/ aber dem Wiedergebohrnen erscheinet sie

Cap.13.   **Göttliches Wesens.**   139

sie in hoch triumphirender Gestalt im Centro des Gemühts/ verkäufft sich auch offte biß in die Tinctur des Hertzen Geblühts/ davon der Leib mit Gemühte und Sinnen so hoch zitternd und triumphirend wird/ gleich-als wäre er im Paradeiß/ krieget auch alsbald Paradeisischen Willen.

11. Alda wird das edle Sänfftkörnlein gesäet/ davon Christus saget/ welches erstlich klein ist/ und hernach als ein Baum wachset/ so fern das Gemüht im Willen beharret. Aber die edle Jungfraw verharret nicht beständig/ denn ihre Gebuhrt ist viel höher/ darumb wohnet sie nicht in irrdischen Gefässen/ sondern sie besuchet also ihren Bräutigam zu zeiten einmahl/ wan er ihr auch begehret/ wiewol sie ihme mit Ehrerbietung allezeit eher zu vor komt/ und rufft ihm/ als er/ welches alleine in der Lilien verstanden wird/ saget der Geist hoch-theur ohne Schertz: Darumb merket auff ihr Kinder GOttes/ der Engel des grossen Rahts komt in Josaphats Thal mit einer güldenen Bulle/ die verkaufft er umb Oehle ohne Gelt/ wer da komt/ den trifts.

12. Als nun die Tinctur fast irrdisch und unmächtig war worden/ durch die Uberwindung des Geistes der grossen Welt/ konte sie nicht himlisch gebähren/ und war also besessen mit Unmacht. So stund nun der Raht GOttes alda/ der sprach: Weil er ist irrdisch worden und vermags nicht/ so wollen wir ihm einen Gehülffen machen/ und das Fiat stund im Centro, und scheidete die Matrix vom Limbo, und das Fiat fassete eine Rippe in der mitten von Adam auß seiner Seyten zur rechten/ und schuff das Weib darauß.

13. Nun mustu aber klahr verstehen/ als das Fiat zur Schöpffung in Adam war da er schlieff/ so war sein Leib noch nicht also gar zu harten Knochen und Beinen worden. O nein/ das geschahe erst/ als Mutter Heva in Apfel biß/ und gab Adam auch. Alleine die inficirung und der irrdische Todt steckete schon mit der Sucht und tödtlichen Kranckheit darinnen/ die Knochen und Rippen waren noch Stärcke und Krafft/ und Heva ward geschaffen auß der Stärcke oder Krafft/ darauß die Rippe solte werden.

14. Du must aber theuer verstehen/ sie ist nicht herauß gezogen worden als ein Geist/ sonder gantz im Wesen. Man muß sagen/ daß Adam hat einem Riß bekommen; und das Weib träget Adams Geist Fleisch und Bein: Aber im Geiste ists etwas entscheiden. Denn das Weib träget die Matrix und Adam den Limbum, oder Mann/ und sind die zwey ein Fleisch/ ungetrennet in der Natur/

tur/ denn die beyden müssen wieder einen Menschen gebähren/ welches zuvor einer konte thun.

Eine liebliche Porten.

15. Als wir in der Zerbrechung Adams alhier sind zu schreiben/ erinnert uns der Geist eines heimlichen Mysterii von Adams Rippe/ welche ihme das Fiat genommen/ und ein Weib darauß gemachet/ welche Adam hat hernach müssen entbehren. Denn der Text in Mose saget recht: GOtt habe die Stäte mit Fleisch zugeschlossen.

16. Nun aber hat diß der Grimm der Schlangen zu wegen gebracht/ daß Adam ist in Lust gefallen/ und muß gleichwol der Fürsatz GOttes bestehen. Denn Adam muß am Jüngsten Tage gantz unzerbrochen wieder auffstehen im ersten Bilde/ wie er war geschaffen. Nun aber hat gleichwol die Schlange und Teufel zu wegen gebracht/ daß ein solcher Riß ist in ihr geschehen/ so zeuget uns der Geist/ daß/ so wenig als dem Wurm oder Seelen-Geiste hat können gerahten werden/ die Jungfraw käme und gieng dan in Todt/ in Wurm/ in Abgrund des Seelen-Geistes/ welcher in seinem Abgrunde der Höllen und grimmigen Zorne GOttes Porten erreichet/ und gebiere ihn (Adam) new zu einer newen Creatur in der ersten Bildnüß/ welches ist geschehen in der Jungfrawen Sohn in Christo.

17. Also wenig hat auch Adams Rippe und hole Seiten/ da sie ist gestanden/ mögen gerahten werden zu ihrer Vollkommenheit/ es liesse sich dan der ander Adam in der Jungfrawen an dieser Stäte verwunden/ daß sein theures Blut dem ersten Adam wieder zu hülffe käme/ und seine zerbrochene Seyte wieder bawete. Reden wir nach unserer Erkäntnüß theur/ welches/ wan wir vom Leiden und Sterben Christi der Jungfrawen Sohn schreiben werden/ wollen dermassen erklären/ das die durstige Seele soll einen Quäll-Brun finden/ welches dem Teuffel wenig nutz sein wird.

Ferner vom Weibe.

18. Es spricht die Vernunfft: Ist dan Heva nur bloß aus einer Rippe aus Adam erschaffen worden/ so muß sie viel geringer seyn als Adam? Nein liebe Vernunfft/ das ist nicht; das Fiat als ein scharffes Anziehen/ hat aus allen Essentien und Eygenschaften aus Adam/ aus jeder Krafft genommen/ aber mehr Glieder im Wesen hat es ihme nicht genommen/ denn das Bild solte seyn im Limbo ein Mensch auff Männliche

Ahrt/

Ahrt / aber doch nicht mit dieser Ungestalt. Verstehe es recht im Grunde! Er solte seyn / und war auch ein Mann / und hatte ein Jungfräwlich Hertze / gantz züchtig in der Matrix.

19. Darumb aber / daß Heva gewiß aus allen Essentien Adams ist erschaffen worden / und also Adam einen grossen Riß bekommen / und gleichwol auch das Weib zu ihrer gantzen Volkommenheit zum Bilde GOttes käme / bewähret mir abermahl das grosse Mysterium, da die Jungfraw bezeuget gantz theuer / daß nicht alleine sich habe der Jungfrawen Sohn in der Wiedergebuhrt lassen in seine Seite stechen / und sein Blut aus der holen Seiten vergossen / sondern auch lassen seine Hände und Füsse durchgraben / und auff sein Haupt eine dörnerne Krohne drucken / und sich an seinem Leibe lassen peitschen / daß das Bluht ist allenthalben geflossen. Also hoch hat sich der Jungfrawen Sohn getieffet zu helffen dem Krancken und zerbrochenen Adam und seiner schwachen und unvolkommenen Heva / sie zu erbawen / und wieder zu bringen in die erste Herzligkeit.

20. Darumb soltu gewiß wissen / daß Heva ist aus allen Essentien Adams geschaffen worden / aber nicht sind mehr Rippen oder Glieder aus Adam gebrochen worden / das weiset der Weiber Blödigkeit und Schwacheit / und auch das Gebott GOttes / der da sprach: Dein Wille sol deinem Manne unterworffen seyn / und er sol dein Herr seyn: Darumb daß der Mann gantz und volkommen ist / biß auff eine Rippe / so ist das Weib seine Gehülffin / die umb ihn ist / und sol ihme helffen sein Geschäffte treiben in Demuht und Unterthänigkeit / und der Mann sol erkennen / daß sie gantz schwach ist / auß seinen Essentien, sol ihr in ihrer Schwacheit zu hülffe kommen / und sie lieben / als sein eigen Essentz: Deßgleichen sol das Weib ihre Essentien und Willen in des Mannes stellen / und freundlich seyn gegen ihrem Manne / daß der Mann eine Lust an seiner Essentia im Weibe habe / also daß die zwey eines Willens sind / denn sie sind ein Fleisch / ein Bein / ein Hertze / und gebähren Kinder in einem Willen / welche nicht sind des Mannes / und auch nicht des Weibes / sondern aller beyder zugleich / als wären sie auß einem Leibe. Darumb stehet das strenge Gebott GOttes den Kindern da: Daß sie sollen Vatter und Mutter mit Ernst und Unterthänigkeit ehren / bey zeitlicher und ewiger Straffe / ꝛc. Davon ich wil bey der Tafel Mosis schreiben.

Von der Seelen Fortpflantzung die Edle Porten.

21. Das Gemühte hat von der Welt her also viel mit dieser Porten zu thun/ und darinnen immer zu suchen gehabt/ daß ich den Unlust der Scribenten nicht erzehlen mag. Aber in der Lilien wird diese Porte grünen als ein Lorber Baum. Denn ihre Zweige werden von der Jungfrawen besäfftiget/ darumb sind sie grüner dan Klee/ und weisser dan Rosen/ und den schönen Ruch träget die Jungfraw auff ihrem Perlen Krantz/ und reichet ins Paradeiß GOttes.

22. Weiln uns dan das Mysterium begegnet/ so wollen wir die Blume des Gewächses eröffnen/ wollen aber unser Arbeit nicht den Hunden/ und Wölffen und Säwen geben/ welche in unserm Lust-garten wühlen gleich den Säwen/ sondern den Suchenden/ auff daß der krancke Adam getröstet/ und die Perle gefunden werde.

23. So wir nun die Tinctur uhrkunden/ was sie sey in ihrem höchsten grad, so finden wir den Spiritum. Denn wir können nicht sagen/ daß das Fewr die Tinctur sey/ auch nicht die Lufft. Denn das Fewr ist der Tinctur gahr zuwider/ so erstecket sie die Lufft: Sie ist gar eine liebliche Wonne: Ihre Wurtzel daraus sie gebohren wird/ ist ja das Fewr: So ich aber ihren rechten Sitz sol nennen/ wo sie sitzt/ so kan ich anders nicht sagen/ als daß sie ist zwischen den dreyen Principien, als GOttes Reich/ item der Höllen Reich/ und dieser Welt Reich in mitten/ und hat keines zum Eigenthumb/ und wird auch von allen dreyen gebohren/ und hat gleich wie ein sonderlich Principium, da es doch kein Principium ist/ sondern eine helle liebliche Wonne: Sie ist auch nicht der Geist selber/ sondern der Geist wohnet in ihr/ und sie renoviret den Geist/ daß er helle und sichtig ist. Ihr rechter Nahme ist wunderlich/ und kan ihn niemand nennen/ als der so er gegeben ist/ der nennet ihn nur in sich/ ausser ihm nicht. Sie hat keine Stätte ihrer Ruhe in der Substantz/ und ruhet doch immer in sich selber/ und giebt allen Dingen Krafft und Schöne/ gleich wie der Sonnen-glantz allen Dingen in dieser Welt Liecht/ Krafft und Schöne giebt/ und ist doch nicht das Ding/ und würcket doch im Dinge/ und machet das Ding wachsend und blühend/ und sie wird doch auch warhafftig in allen Dingen erfunden/ und und ist aller Dingen Leben und Hertz/ aber nicht der Geist welcher aus den Essentien erbohren wird.

24. Die Tinctur ist in einem wolriechendem Kraute und Blume/

me/ die liebliche Süssigkeit und Sanfftigkeit/ und sein Geist ist bitter und herbe/ und so die Tinctur nicht wäre/ so kriegete das Kraut keine Bluhme noch Ruch: Sie gibt allen Essentien Krafft/ daß sie wachsen. Also ist sie auch in Metallen und Steinen/ sie macht daß Silber und Gold wächset/ und ohne sie wüchse nichtes in dieser Welt. Sie ist eine Jungfraw unter allen Kinderen in der Natur/ und hat nie nichts aus sich gebohren/ und kan auch nicht gebähren/ und machet doch daß sich alles schwängert. Sie ist am aller heimligsten und doch auch am alleroffenbahrlichsten. Sie ist eine Freundinne GOttes/ und eine Gespielin der Tugend: Sie lässet sich von nichts halten/ und ist doch in allen Dingen/ aber wo ihr wider Natur=recht geschiehet/ so fleucht sie/ und darzu gar leichtlich: Sie stehet nicht feste/ und ist doch unbeweglich/ sie bleibet in keiner Verderbung einiges Dinges; weils in der Wurtzel der Natur stehet/ daß es nicht verändert oder verderbet wird/ so bleibet sie. Sie leget keinem Dinge eine Last auff/ sondern sie leichtert die Last in allen Dingen. Sie machet daß sich alles frewet/ und gebiehret doch kein Jauchtzen/ sondern die Stimme komt aus den Essentien, und wird im Geiste lautbar.

25. Der Weeg zu ihr ist gar nahe/ und wer ihn findet/ darff ihn nicht offenbahren/ er kan auch nicht; denn es ist keine Sprache die sie nennen kan. Und ob sie einer gleich lange suchete/ so sie nicht wil/ findet er sie doch nicht: Jedoch begegnet sie dem Suchenden/ die sie recht suchen/ auff ihre Ahrt wie sie ist/ mit einem Jungfräulichen Gemühte/ und nicht zum Geitze und Wolust. Sie läst sich einbilden durch den Glauben/ so der recht ist in Jungfräwlicher Ahrt/ in ein Ding/ da sie nicht war: Sie ist mächtig und thut doch auch nichts: wenn sie von einem Dinge außfähret/ so komt sie nicht wieder nein/ sondern bleibt in ihrem æther. Sie zerbricht nimmermehr/ und wächset doch auch.

26. So wirstu sagen: Das muß GOTT seyn? Nein/ es ist nicht GOTT/ sondern GOttes Freundin. Christus spricht: Mein Vater würcket/ und ich würcke auch. Sie aber würcket nichts/ ist in einem Dinge unempfindlich/ und man kan sie doch gewaltigen und brauchen/ sonderlich in Metallen, da kan sie auß Eysen und Kupffer rein Goldt machen/ so sie lauter ist. Sie kan auß einem Wenig viel machen/ und treibet doch auch nichts. Ihr Weeg ist so subtile, wie des Menschen Gedancken/ und die Gedancken entstehen auch darauß.

27. Darumb wan der Mensch schläfft daß sie ruhet/ so sind

keine Gedancken im Geist/ sondern das Gestirn poltert in den
Elementen, und blewet dem Gehirn ein/ was ihm künfftig begegnen soll durch ihr Gewürcke/ welches doch offte wieder zerbrochen wird durch andere Conjunction, daß es nicht zum Wercke komt. Darzu kan es nichts gantzes anzeigen/ es geschehe dan
durch eine Conjunction der Planeten und fix-Sternen/ das gehet
für sich/ allein es bildet alles irrdisch vor nach dem Geiste dieser
Welt/ da der Syderische Geist soll reden von Menschen/ so redet
er offte von Thieren/ und treibet immer das Widerspiel/ wie
sich der irrdische Geist am Sternen-geist vergaffet/ so träumet
er auch.

28. So wir nun von der Tinctur geredet haben/ als vom Hause der Seelen/ so wollen wir auch von der Seelen reden/ was sie
sey/ und wie sie könne fortgepflantzet werden/ darinnen wir die
Tinctur können besser an Tag geben. Die Seele ist nicht also subtile als die Tinctur, aber sie ist mächtiger und hat grosse Gewalt.
Sie kan durch die Tinctur Berge umbstürtzen/ so sie auff dem
Jungfräulichen Braut-wagen in der Tinctur fähret/ wie Christus davon redet. Welches im reinen Glauben geschiehet/ an welchem Ohrte die Tinctur Meister ist/ die es thut/ und die Seele
gibt den Stoß/ da doch keine Macht gespüret wird: gleich wie
die Erde schwebet auff der himmlischen Tinctur, da doch nicht mehr
als eine Tinctur ist im Himmel und dieser Welt/ aber mancherley Ahrt nach jedes Essentien, im Thiere nicht als in Men-
schen/ auch in Fischen nicht als in Thieren/ in Steinen und
Gemmen auch anderst/in Engeln auch anderst/ als im Geist dieser Welt.

29. Aber in GOTT/ Engeln und Jungfräulichen Seelen
(must verstehen reiner Seelen) ist sie gleich/ da sie doch nur vor
GOTT ist. Der Teuffel hat auch eine Tinctur, aber eine falsche:
Sie stehet auch nicht im Fewr/ darmit kan er dem Menschen/
welcher ihn einlässet/ ins Hertze greiffen/ als ein Schmeichler und falscher Dieb/ welcher schmeichlend komt und stelen
wil/ vor welcher uns Christus warnet/ wir uns fürsehen
sollen.

30. So wir nun von der Seelen Substantz und von ihren
Essentien wollen reden/ so müssen wir je sagen/ daß die Seele
das allerrauheste im Menschen ist/ denn sie ist der andern Wesen Uhrkundt/ sie ist fewrig/ herbe/ bitter und strenge/ und
gleicht sich einer grossen Macht: Ihre Essentia gleicht sich einem
Schweffel/ ihre Porte/ oder Sitz auß dem ewigen Uhrkund/
ist

Cap. 13.   **Göttliches Wesens.**   145

ist zwischen der vierden und fünfften Gestalt in der ewigen Geburth/ und unafflößlichem Bande der starcken Macht GOttes des Vatters/ wo sich das ewige Licht seines Hertzens/ welches machet das andere Principium, erbieret. Und so sie gäntzlich verleuret die zugegebene Jungfraw der Göttlichen Krafft/ auß welcher sich das Liecht GOttes erbieret/ welche der Seelen zur Perle ist gegeben worden/ wie obgemeldet/ so wird und ist sie ein Teuffel/ allen andern an Essentien und Gestalt/ auch Quahl gleich. (Hie haben die alten Weisen gedichtet/ der Mensch habe zwey Engel/ der eine treibe ihn zu allen bösen/ so thue der ander ihn erlösen. Es ist war/ der Streit währet also weil der Mensch alhier lebet/ obs gleich nicht Engel seind.)

31. So sie aber ihren Willen für sich in die Sanfftmütigkeit/ als in Gehorsam GOttes setzet/ so ist sie ein Quell des Hertzens GOttes/ und empfähet die Göttliche Kraft/ so werden alle ihre rauhe Essentien Englisch und freuden-reich/ und dienen ihr alsdan ihre rauhe Essentien wol/ und sind ihr nützer und besser/ als wären sie im Uhrkund alle süsse/ in welchen keine Stärcke und Macht seyn würde/ als in den herben/ bittern und feurigen.

32. Denn das Fewr wird in der Essentia zu einem sanfften Liechte/ und ist nur ein brünstig Anzünden der Tinctur, und die herbe Essentia macht daß sie die Göttliche Krafft kan an sich ziehen und schmecken/ denn in der Essenia ist der Schmack in der Natur. So dienet ihr die bittere Essentia zur beweglichen auffsteigenden Frewden und guten Geruch und Gewächse/ und auß diesen Gestalten gehet auß die Tinctur, und ist der Seelen Haus. Gleich wie der Heilige Geist vom Vatter und Sohne; Also auch gehet die Tinctur vom Liechte der feurigen Seelen/ und das von ihren krafftigen Essentien auß/ und vergleicht sich dem Heiligen Geist/ aber der Heilige Geist GOttes ist ein grad höher. Denn er gehet auß dem Liechts-centro gantz in der fünfften Gestalt auß dem Hertzen GOttes an der Natur Ende auß.

33. Darumb ist die Tinctur im Menschen zwischen dem H. Geiste ein Unterscheidt/ und die zugegebene Jungfraw der Göttlichen Krafft wohnet in der Seelen Tinctur, so sie trew ist; wo nicht/ so weichet sie in ihr Centrum, welches nicht gantz geschlossen ist/ den es ist nur eine halbe Gebuhrt darzwischen. Es sey dan/ daß die Seele in Stock der Herbigkeit und Boßheit trette/ so ist eine gantze Geburth darzwischen. Denn die Herbigkeit stehet in der vierdten Gestalt der Finsternüß/ und die Bitterkeit im Fewer zwischen der vierdten und fünfften Gestalt/ wie vorne gemeldet.

                                      G   34. Nun

34. Nun fraget sichs: Wie hat die Heva von Adam die Seel empfangen? Siehe! Als das herbe Fiat Gottes die Rippe in Adam nahm/ so zoch es aus allen Essentien an sich/ und bildete sich das Fiat mit ein/ immer und ewig alda zu bleiben: Nun war die Tinctur in Adam noch nicht verloschen/ sondern Adams Seele saß noch in der Tinctur gantz kräfftig und mächtig: Alleine die Jungfraw war gewichen/ so empfing das Fiat nun die Tinctur und die herbe Essentia inqualirete mit dem herben Fiat, denn sie sind einer Essentz, das Fiat und die Herbigkeit in der Essentia.

35. Also anneigete sich nun das Fiat zum Hertzen GOttes: So empfiengen die Essentien die Göttliche Kraft/ da gieng auff die Bluhme im Fewer/ und aus der Bluhme wieder die eigne Tinctur, so war Heva eine lebendige Seele/ und die Tinctur süllete sich im Gewächse/ wie sie dan alles Wachsens eine Ursache ist/ also/ daß in der geschwinden Würckung in der Tinctur ein gantzer Leib ward/ denn das war müglich/ sie waren noch nicht in die Sünde gefallen/ und waren noch nicht harte Knochen und Beine.

36. Du mußt recht verstehen: Heva hat nicht Adams Seele bekommen/ auch nicht Adams Leib/ alleine eine Rippe: Aber aus den Essentien ward sie außgezogen/ und kriegete ihre Seele in ihren gegebenen Essentien in der Tinctur, und der Leib wuchs ihr in ihrer eigenen auffgegangenen Tinctur zwar in Krafft/ aber das Fiat hatte sie schon zu einer Frawen formiret/ wol nicht ungeschaffen/ sondern gantz lieblich; denn sie war noch in Himlischer Ahrt im Paradeis/ aber die Zeichen waren durchs Fiat der grossen Welt/ schon mit angehängt/ und konte nun nicht anders seyn/ sie solte eine Fraw des Adams seyn. Doch waren sie im Paradeiß/ hätten sie nicht vom Baume gegessen/ und hätten sich umbgewant zu GOTT mit ihrer Imagination, sie wären im Paradeiß blieben/ aber die Fortpflantzung hätte nun müssen auff Weibliche Ahrt geschehen/ und wären doch nicht bestanden/ denn der Sathan hatte es zu weit gebracht/ wiewol er sich noch nicht hatte sehen lassen/ nur im Geist der grossen Welt hatte er Zucker auffgestrewet/ biß sich das liebliche Thierlein darnach am Baume anlegete/ als ein Schmeichler und Lügener.

Die Porte unserer Fortpflantzung im Fleische.

37. Als wie ich oben gemeldet habe/ so wird aus der Seelen erbohren die edle Tinctur, nunmehr in Mänlichen und Weib-

Weiblichem Geschlechte: Die ist also subtil und mächtig/ daß sie einem andern ins Hertze gehet/ in seine Tinctur, welches die Teuffels Zauberhuren wol wissen/ aber nicht verstehen die edle Kunst/ sondern sie brauchen des Teuffels Tinctur, und inficiren manchen in Marck und Beinen durch ihre incantation, darfür sie werden Lohn bekommen/ wie Lucifer, der seine Tinctur wolte über GOTT erheben.

38. Also wisset/ daß die Tinctur in Mannen schon etwas anders ist/ als in Frawen: Denn die Tinctur in Männern gehet aus dem Limbo, oder Manne: Und die Tinctur in der Frawen gehet aus der Matrix. Denn es bildet sich nicht alleine der Seelen Krafft in die Tinctur, sondern des gantzen Leibes/ denn der Leib wächset in der Tinctur.

39. So ist aber die Tinctur der Arth grosser Sähnlichkeit nach der Jungfrawen/ welche in die Tinctur gehöret/ denn sie ist subtile ohn Verstand/ sie ist die Göttliche Anneiglickeit/ und suchet immer die Jungfraw ihre Gespielin/ die Männliche sucht sie im Weiblichen/ und die Weibliche im Männlichen: sonderlich in der zarten Complexion, da die Tinctur gantz edel/ helle und brünstig ist/ davon kömt dz grosse Begehren deß Männlichen und Weiblichen Geschlechts/ daß sich je eines begehret mit dem andern zu vermischen/ und die grosse feurige Liebe/ daß sich die Tincturen also mit einander vermischen/ und einander kosten mit ihren lieblichen Geschmack/ da je eines meinet/ das ander habe die Jungfraw.

40. Und der Geist der grossen Welt meinet/ er habe die Jungfraw nu gekrieget/ der greiffet zu mit seinem tappen/ und will sich mit der Jungfraw inficiren, und dencket/ er habe den Braten/ der werde ihm nun nicht entlauffen/ er wolle die Perle wol finden. Aber es gehet ihm wie einem Diebe/ der auß einem schönen Lust-Garten ist ausgetrieben/ da er wolschmeckende Frucht hat gessen/ komt also und gehet umb den verschlossenen Garten und äße gerne mehr der guten Frucht/ und kan aber nicht hinein: sondern muß mit einer Hand hinein langen und kan die Frucht nicht erlangen: Es komt aber der Gärtner/ und nimt ihm die Frucht aus der Hand/ also mus er ledig abziehen/ und wird seine Lust in Unlust gesetzet; Also gehet es ihme auch/ er säet also in seiner inbrünstigen Lust das Kern in die Matrix, und die Tinctur empfähet es mit grossen Freuden/ und vermeinet/ es sey die Jungfraw/ so ist das Herbe Fiat über her/ und zeucht es an sich/ weil es der Tinctur also wohlgefället.

G 2   41. Nun

41. Nun komt ihm die Weibliche Tinctur auch zu hülffe / und reisset sich umb das liebe Kind/ und dencket/ sie habe die Jungfrau/ und reissen sich die zwo Tincturen allebeyde umb die Jungfraw/ und hat sie doch keine/ und welche sieget/ nach derselben bekomt die Frucht das Zeichen: Weil aber die Weibliche schwach ist/ so nimt sie das Geblüte mitte in der Matrix, darmit meinet sie die Jungfraw zu behalten.

Die heimliche Porte der Weiber.

42. Alhier muß ich den Grund weisen dem Suchenden / denn der Doctor kan ihm den nicht weisen mit seiner Anatomi, und wenn er gleich tausent Menschen schlachtete/ so findet er ihn doch nicht/ alleine der dabey ist gewesen / der weiß ihn.

43. Darumb so wil ich schreiben aus der Jungfrawen/ die weiß wohl/ was in der Frawen ist/ sie ist so subtile/ als die Tinctur, sie hat aber ein Leben/ und die Tinctur keines/ sondern sie ist nur ein auffsteigender freyden-reicher und mächtiger Wille und ein Gehäuse der Seelen/ und ein lieblich Paradeiß der Seelen/ welches der Seelen Eigenthumb ist/ so lange die Seele an GOTT hanget mit ihrer Imagination und Willen.

44. Wenn sie aber falsch wird/ daß ihre Essentien heuchlen mit dem Geist der grossen Welt/ und begehren der Welt Fülle/ als in der Herbigkeit viel Reichthumb / viel Fressen und Sauffen und sich immer füllen. Und in der Bitterkeit grosse Macht/ hoch auff zu steigen/ gewaltig zu herrschen/ über alles sich erheben und sehen zu lassen/ wie eine stoltze Braut: Und im Fewers-Quell grimmige Macht mit Anzündung des Fewers/ vermeinen in diesem Glantz schön zu seyn/ und einen wohlgefallen an sich selbst zu haben/ so komt der Schmeichler und Lügner der Teuffel/ und bildet sich im Geist der grossen Welt mit ein/ wie im Garten Eden/ und führet die Seele in Geitzigkeit/ in Fressen und Sauffen und spricht immer: Du wirst nicht gnug haben: Zeuch an dich/ wo du es kriegest/ daß du immer gnug habest: Und in der bittern Gestalt spricht er: Du bist reich und hast viel/ steig auff/ erhebe dich/ du bist grösser als andere Leute/ der Niedrige ist dir nicht gleich: Und in der Fewrs-macht spricht er: Zünde an dein Gemüte/ mache das starrend/ und beuge dich vor Niemand/ erschrecke den Blöden/ so kriegstu Furcht/ und bleibet deine Macht/ so thustu was du wilst/ und wird dir alles zu Theil/ was du begehrest. Mag dir das nicht eine Herrligkeit seyn/ du bist ja ein Herr auff Erden.

45. Und

Cap. 13.   Göttliches Wesens.   149

45. Und wan nun dieses geschiehet/ so wird die Tinctur gantz falsch: Denn wie der Geist ist in einem Dinge/ also ist auch die Tinctur, denn die Tinctur gehet vom Geiste auß/ und ist seine Wonne. Darumb ô Mensch was du hier säest/ das wirstu erndten/ denn deine Seele in der Tinctur bleibet ewig/ und alle deine Früchte stehen in der Tinctur im hellen Liechte offenbahr/ und folgen dir nach/ saget die Jungfraw in trewen/ mit grossem sähnen nach der Lilien.

46. So wir uns dan nun entsinnen von der Tinctur, wie die so gar mancherley ist/ und offte so gar falsch/ so können wir mit Grunde anzeigen die Falschheit der mancherley Geister/ wie die erbohren werden. Darumb wollen wir einen kurtzen Eingang machen von der Seelen Fortpflantzung/ welches wir vom Fall Adams, und bey der Geburt Cains wollen außführen. Denn wie obgemeldet/ wird der Same gesäet in Lust der Tinctur, da ihn das heisse Fiat einpfähet/ und meinet es habe die Jungfraw empfangen. Da sich dan beyde Tincturen/ die Männliche und Weibliche darumb reissen/ da bildet sich der Geist der grossen Welt/ als der Sternen und Elementen mit ein/ und füllet die Tincturen mit seinen Elementen, welches die Tincturen im Fiat mit grossen Frewden annehmen/ und meinen sie haben die Jungfraw.

47. Weil aber das Fiat das inächtigste unter allen ist/ denn es ist wie ein Geist/ und obs gleich kein Geist ist/ so ist die scharffste Essentia; die zeucht an sich, und begehret den Limbum GOttes im Paradeiß/ darauß Adams Leib durchs Fiat war geschaffen/ und wil einen Adam schaffen aus dem Himlischen Limbo; so anneiget sich der Geist der grossen Welt/ und dencket: Mein ist das Kind/ ich wil herrschen in der Jungfrawen/ und füllet immer drein die Elementa, davon die Tinctur voll wird/ gantz dicke; da krieget dan die Tinctur einen Eckel vor der Fülle/ denn sie ist helle/ und das Fiat mit den Elementen ist dicke geschwullen davon die Welber wol wissen zu sagen/ wenn sie schwanger werden/ wie mancher eckert vor Essen und Trincken/ und wollen immer was frembdes haben. Denn die Tinctur bekomt einen Eckel für der Einfüllung des Geistes dieser Welt mit seinen Elementen, und wil etwas anders haben. Denn diese Jungfraw schmecket ihme nicht/ und gehet Rewel mit ihme an/ und mag dieses nicht/ und gehet in sein Æther und kemt nicht wieder.

48. So dencket dan der Geist der Sonnen/ Sternen und Elementen dieser Welt: Nun hastu recht/ dein ist das Kind/ der

Grund ist geleget / du wilt deß pflegen: Die Jungfraw muß deine seyn / du wilt darinnen leben / und deine Frewde haben in ihr / ihr Schmuck muß dir werden / und zeucht also in seiner grossen Lust durchs Fiat, welches in Ewigkeit nicht weicht / immer an sich / und vermeint / es habe die Jungfraw.

49. Da wird in den Saamen gezogen der Mutter Geblühte / in welchem der Mutter Tinctur ist. Und wenn es nun das herbe Fiat kostet / daß es süsser ist als seine Essentia, so bildet sichs mit grossem Sehnen ein / und wird in der Tinctur starck / und wil Adam schaffen / und unterscheidet die materiam, so ist der Sternen und Elementen Geist im mittel und herrschet mächtig im Fiat.

50. So wird die materia entschieden nach dem Rade der Sternen / wie sie dißmahl inne stehen in der Ordnung / verstehe die Planeten / und welcher Primas ist / der figuriret durchs Fiat die Materiam am sehrsten und bekomt das Kind seiner Arht eine Gestalt.

51. Also wird die Materia in Glieder durchs Fiat geschieden. Und wann nun das Fiat der Mutter Geblüte also in die Materiam zeucht / so erstickt es / so wird die Tinctur des Geblühts falsch und gantz ängstlich. Denn die herbe Essentia, als das Fiat, erschrickt / und weichet alle Frewde / welche das herbe Fiat in der Tinctur des Gebluts kriegte / und hebet daß Fiat im Schrack an zu zittern in der herben Essentia, und der Schrack weichet als ein Blitz / und wil auß der Essentia weichen / und wegfliehen / und wird aber vom Fiat gehalten. Der ist nun harte / und von der Essentia zähe / denn die Essentia macht ihn in ihrer Herbigkeit zähe / der umbschleust nun das Kindt / das ist die Haut des Kindes / und die Tinctur führet plötzlich im Schrack über sich / und wil weichen / und kan doch auch nicht. Denn sie stehet in der Essentien Außgeburht / sondern dehnet sich geschwinde im Schrack über sich / und nimbt aller Essentien Krafft mit sich / da bildet sich der Sternen und Elementen-Geist mit ein / und füllet sich mit ein im Fluge / und dencket / er habe die Jungfraw / er wolle mit fahren / und das Fiat ergreifft alles und hälts / und dencket es sey das Verbum Domini alta in dem Aufflauff / es soll Adam schaffen / und stärcket sich in der starcken Macht des Schracks / und schaffet wieder den höhern Leib als den Kopf / und vom harten Schrack / welcher immer im weichen ist / und doch nicht kan / wird die Hirnschale / welche das ober Centrum umbschleust / und vom weichen (auß den Es-
sen-

Cap. 13.   Göttliches Wesens.   151

sentien der Tinctur mit dem Schracke ins ober Centrum) werden die Adern und Halß/ also aus dem Leibe in Kopf ins obere Centrum.

52. Auch so werden alle Adern im gantzen Leibe vom Schrack der Erstickung/ da der Schrack aus allen Essentien gehet und wil weichen/ und das Fiat hälts mit seiner starcken Macht. Darum hat eine Ader immer eine ander Essentiam, als die ander/ wegen der ersten Weichung/ darin sich der Sternen und Elementen Essentia mit einbildet/ und das Fiat hälts alles und schaffets/ und vermeinet das Verbum Domini sey da mit der starcken Macht GOttes/ da das Fiat muste Himmel und Erden schaffen.

Die Porte der grossen Mühseeligkeit und des Elendes.

53. Es zeiget abermahl der Geist der Jungfrawen das Mysterium und grosse Geheimnüß. Denn die Erstickung des Geblühts in der Matrix, sonderlich in der Frucht/ ist der Essentien erstes Sterben/ da sie vom Himmel abgetrennet werden/ daß alda nicht kan die Jungfraw gebohren werden/ welche in Adam solte ohne Weib/ auch ohne Zerbrechung seines Leibes der Himmlischen Krafft/ gebohren werden/ und gehet alhie an im Menschen das Sternen-und Elementische-Reich / da sie den Menschen empfahen/ und mit ihme inqualiren/ auch machen und zubereiten/ ihn auch nehren und pflegen/ davon beym Cain zu lesen. (O Mensch alhier bedencke dich/ wie harte du gefangen wirst: und wie du dein Elend in Mutter Leibe empfähest. Merck t auff ihr Juristen/ aus welchem Geiste ihr richten könnet/ bedenckts alhier wohl/ denn es ist tieff.)

Weitter in der Menschwerdung.

54. Und wan das Fiat den Schrack also in sich hält/daß ihn die Elementa füllen/ so wird dieselbe Füllung zu harten Beinen/ da figuriret das Fiat den gantzen Menschen mit seiner leiblichen Gestalt/ alles nach dem ersten Ringen der zweyen Tincturen, als sie mit einander rungen im Liebe-spiel/ als der Saame gesäet ward: Und welche Tinctur daselbst hat überhand gekrieget/ die Männliche oder Weibliche/ nach demselben Geschlecht wird der Mensch figuriret/ und die Figurirung geschicht alles geschwinde im Sturm des ängstlichen Schracks/ da das Geblüte ersticket/ da gehet auff der Sternen-und Elementen-Mensch/ und gehet

unter der himmlische. Denn im Schrack wird der bittere Stachel erbohren/ der wüttet und tobet in der harten erschrockenen Herbigkeit in der grossen Aengstligkeit des erstickten Geblütes.

55. Dieses werden die Weiber im dritten Monat (wann dieses in der Frucht geschiehet) wol gewahr/ wie wütten/ stechen in Zähnen/ Rücken und der gleichen kom̃t/ das kom̃t ihnen von der erstickten Tinctur in der Frucht und ihres erstickten Geblütes in der Matrix, dieweil die böse Tinctur mit der guten ihres Leibes inqualiret/ darumb auff welche Ahrt die Tinctur in der Matrix noht leidet/ in derselben Ahrt leidet auch die gute in der Mutter Glieder noht/ als in den harten Beinen/ Zähnen und Rippen/ wie ihnen wohl bewust ist.

56. So nun der bittere Stachel/welcher im ängstlichen Schrack/ in der Erstickung und Eingang deß Todes erbohren wird/ also in der Herbigkeit wüttet und tobet/ und sich also erschrecklich erzeiget/ über sich sticht und führet/ so wird er von der Herbigkeit gefangen und gehalten/ daß er nicht über sich kan. Denn die Herbigkeit zeucht ihn wegen seiner Wütterey immer sehrer an sich/ und kans nicht erleiden/ darvon der Stachel vielmals schrecklicher wird/ und ist alhie keine andere Ahrt/ als wann Leib und Seel zubricht ins Menschen sterben. Denn der bittere Todt ist auch alda im erstickten Geblüte. Und so nun der bittere Stachel nicht über sich kan wegen der Herbigkeit/ so wird er wie ein unsinnig drähend Radt/ oder geschwinder erschröcklicher Gedancke/ der sich würget und ängstet/ und ist alhier recht ein Schwefel-Geist/ ein gifftig/ erschrecklich ängstlich Wesen im Tode/ denn es ist der Wurm zum Auffgang des Lebens.

57. Weil sich denn nun der Sternen und Elementen-Geist hat mit-eingebildet in der Menschwerdung/ so wird der Sternen und Elementen Krafft auch mitte gedrähet in diese Wütterey/da denn der Sternen Geist in dieser Angst der Sonnen Krafft an sich zeucht/ und sich in der Sonnen Krafft erblicket/ davon in dieser Wüterey ein schielender Blitz entstehet/ davon die harte herbe Aengstligkeit erschricket und unter sich sincket/ da gehet die schreckliche Tinctur in ihr æther. Denn die Essentia der Herbigkeit im Fiat erschrickt also sehr fürm Blitz/ daß sie ohnmächtig wird und zu rücke sincket/ sich außdähnet und dünne wird.

58. Und der Schrack oder Fewer-Blitz geschicht im bittern Stachel/ und wan sich der zu rücke in der finstern herben Aengstligkeit erblicket in der Mutter/ und findet sich also überwunden und sanffte/ erschricket er viel sehrer als die Mutter: Weil aber

dieser

dieser Schrack in der sanfften Mutter geschiehet/ so wird er augenblicklich weiß und helle/ und der Blitz bleibt in der Aengstligkeit die Fewer-Wurtzel. Nun ist das ein Schrack grosser Frewden/ und ist gleich als gösse man Wasser in Feuer/ da alßdan die herbe Quell erlischet/ und die Herbigkeit wird von dem Liechte also hart erfrewet/ und das Liecht von der Herbigkeit der Mutter/ in der es gebohren wird/ daß darzu kein Gleichnuß ist/ denn das ist des Lebens Gebuhrt und Anfang.

59. Und so bald sich des Lebens Liecht in der Herbigkeit und sanfften Mutter erblicket/ daß die Herbigkeit das Liecht köstet/ wie es so sanffte/ lieblich und frewdenreich ist/ erhebet sie sich mit so grosser Lust nach dem Liechte sich mit demselben zu inficiren/ und das zu ergreiffen/ daß ihre Lust und Krafft von ihr außgehet nach dem Liechte: welche Lust ist des Liechtes Krafft/ und diese außgehende Lust in Liebe ist die edle Tinctur, die alda new erbohren wird dem Kinde zum Eigenthumb/ und der Geist/ welcher auß der Aengstligkeit im Fewer-blitz erbohren wird/ ist die wahrhafftige Seele/ die im Menschen erbohren wird.

60. Hierbey ist nun das führnehmste zu mercken/ wo sie wohnet/ und wovon Hertze/ Lunge und Leber herrüret/ sonderlich die Blase und Därmer/ und dan das Hirn im Kopfe/ und der Verstandt und Sinnen. Dieses wil ich alhier nach einander setzen. Man kan es wol mit Menschen Zungen nicht gut reden/ sonderlich die Ordnung/ welche in einem Augenblick in der Natur geschiehet/ zu beschreiben/ dürffte der Scribent wol ein grosses Buch darzu. Und ob uns die Welt wird zu wenig darzu achten/ so sagen wir/ daß wir uns noch viel weniger achten/ und gehet uns/ wie Esaias saget: Ich bin funden von denen/ die mich nicht gesuchet/ und erkant worden von denen die mich nicht erkant/ und nach mir nicht gefraget haben.

61. Ich sage daß dieses ist nicht gesuchet worden/ sondern wir suchten das Hertze GOttes/ uns darinnen zuverbergen vor dem Ungewitter des Teuffels. Als wir aber dahin gelangeten/ begegnete uns die holdseelige Jungfraw auß dem Paradeiß/ und entbot uns ihre Liebe/ sie wolte uns freundlich seyn/ und sich mit uns vermählen zu einem Gespielen/ und den Weeg weisen zum Paradeiß/ da wir solten sicher seyn vorm Ungewitter. Und sie trug einen Zweig in ihrer Hand/ und sprach: Diesen wollen wir setzen/ so wird eine Lilie wachsen/ und ich wil wieder zu

dir kommen. Davon haben wir eine solche Lust bekom=
men zu schreiben von der holdseligen Jungfrawen/ die
uns den Weeg weisete ins Paradeiß/ da musten wir
gehen durch dieser Welt=und auch Höllen=Reich/ und
uns geschah kein Leid/ und demselben nach schreiben wir.

Das 14. Capittel.
Von des Menschen Gebuhrt und Fortpflantzung/ die sehr heimliche Porte.

1. SO wir uns nun entsinnen vom Auffgange des Le=
bens/ und an welcher Stelle im Leibe sey die Stel=
le oder der Ohrt/ da das Leben gebohren wird/ so
finden wir recht allen Grund des Menschen/ und
ist nichts so heimlich im Menschen/ das nicht mag
gefunden werden. Denn wir müssen je sagen/ daß das Hertze
sey die Stätte/ da das edle Leben inne werde gebohren/ und das
Leben gebieret wieder das Hertze.

2. Wie obgemeldet/ so nimbt das Leben also in der Aengst=
ligkeit/ mit Anzündung des Liechtes seinen Auffgang vom Glast
des Sonnen=scheins/ im Sternen und Elementen=Geiste/ in
der grossen Aengstligkeit/ da Todt und Leben ringen. Denn da
der Mensch aus dem Paradeis gieng in eine andere Gebuhrt/ als
in Geist dieser Welt/ in der Sonnen/ Sternen und Elemen=
ten Qualität/ da verlasch das Paradeisische Sehen/ da der Mensch
ohne Sonne und Sternen siehet aus der Göttlichen Krafft/ da
des Lebens Auffgang ist im Heiligen Geiste/ und der Glantz
des Geistes/ daron er siehet/ ist das Liecht GOttes/ das ver=
lasch. Denn der Seelen=Geist gieng in das Principium dieser
Welt.

3. Nicht mustu verstehen/ daß es in sich verloschen sey/ nein/
sondern Adams Seele gieng aus/ aus dem Principio GOttes/
in das Principium dieser Welt/ und darinnen wird nun ein je=
der Seelen=Geist wieder durch Menschliche Fortpflantzung/ al=
so (wie obgemeldet) gebohren/ und kan auch nun nicht anders
seyn. Darumb sollen wir zum Himmel=Reich tüglich seyn/ so
müssen wir wieder im Geiste GOttes new gebohren werden/ sonst
kan niemand das Himmel=Reich erben/ wie Christus uns treu=
lich lehret/ daron ich hernach schreiben wil/ den Durstigen zu einem

Cap. 14.   Göttliches Wesen.   155

nem Quellbrunne/ und zum Liecht des edlen Weeges in der Li-
lien-Blumen.

4. Uns ist alhier zu wissen/ daß unser Leben/ das wir in
Mutter Leibe bekommen/ bloß und alleine stehet in der Sonnen
Sternen und Elementen Gewalt/daß sie ein Kind in Muter Leibe nicht allein figuriren, und ihme das Leben geben/ sondern auch
an diese Welt bringen/und es die gantze Zeit seines Lebens nehren/
pflegen/ auch Glück und Unglück ihme zufügen/ und endlich den
Todt und Zerbrechung: Und so unsere Essentien, darauß unser
leben wird erbohren/ nicht höher wären aus ihrem höchsten grad,
aus Adam/ so wären wir allem Vieh gleich.

5. Aber unsere Essentien sind viel höher im Lebens-Eingang in
Adam erbohren/ als das Viehe/ welches seine Essentien nur
bloß vom Geiste dieser Welt hat/ und muß auch mit dem Geiste
dieser Welt in ein zerbrechlich Wesen gehen/ in sein ewig æther.
Da des Menschen Essentien hergegen sind auß dem unwandel-
bahren/ ewigen Gemüte GOttes gegangen/ welche in Ewigkeit
nicht können zerbrechen.

6. Denn dessen haben wir gewissen Grund/ in deme/ daß unser Gemüte kan alles erfinden und ersinnen/ was im Geiste dieser Welt ist/ das kan kein Thier thun. Denn keine Creatur kan
höher sinnen als in sein Principium, darauß seine Essentien sind
im Anfang außgegangen. So können wir Menschen je sinnen
biß ins Principium GOttes/ und dan auch in der ängstlichen
Höllen-Reich/ da sich unser Seelen-Wurm im Anfang in A-
dam uhrkundet/ das keine andere Creaturen thun.

7. Sondern sie sinnen nur wie sie sich wollen füllen und neh-
ren/ daß ihr Leben bestehe/ und wir empfangen von dem Sternen und Elementen-Geiste auch nichts mehr: Darumb sind unsere Kinder nacket und bloß/mit grosser Unvermögenheit/und keinem Verstande. Hätte nun der Geist dieser Welt volle Gewalt
über die Essentien eines Kindes in Mutter Leibe/ so würde er
ihm auch wol sein rauh Kleid anziehen/ als eine rauhe Haut.
Das muß er wol bleiben lassen/ und muß die Essentien dem ersten und andern Principio hinlassen in deß Menschen eigen
Wahl/ sich zu vermählen und zuergeben/ welchem er wil/ welches dan der Mensch unwiedersprechlich in voller Gewalt hat/
welches ich an seinem Ohrte wil theuer außführen/ und hoch be-
weisen/ wider alle Porten des Teuffels und dieser Welt/ welche viel dawider streiten.

8. Unser Leben in Mutter Leibe hat gäntzlich seinen Anfang

G 6   wie

wie obgemeldet/ und stehet nun da in der Sonnen und Sternen Qualität/da dan mit des Liechtes Anzündung wieder ein Centrum auffgehet/ und sich die edle Tinctur alsbalde außm Liechte auß der freudenreichen Essentien der herben/ bittern und feurigen Ahrt erbieret/ und den Seelen-Geist in grosse liebliche Wonne setzet/ und werden die drey Essentien, als Herbe/ Bitter und Fewer in der Anzündung des Lebens also harte mit einander verbunden/ daß sie in Ewigkeit nicht können getrent werden/ und die Tinctur ist ihr ewig Hauß/ da sie innen wohnet/ welches sie selber von Anfang biß in Ewigkeit gebähren/ welches ihnen wieder Leben/ Frewd und Lust giebet.

Die starcke Porte des unaufflöslichen Bandes der Seelen.

9. Sehe die drey Essentien, als Herbe/ Bitter und Fewer/ sind der Wurm oder Geist. Herbe/ ist eine Essentia, und ist im Fiat GOttes aus dem ewigen Willen GOttes/ und das Anziehen der Herbigkeit ist der Stachel der Bitterkeit/ welches die Herbigkeit nicht kan dulden/ und zeucht immer sehrer an sich/ davon der Stachel immer grösser wird/ welchen die Herbigkeit doch gefangen hält/ und ist zusammen die grosse Aengstligkeit/ die da war im finstern Gemühte GOttes des Vatters/ als sich die Finsternuß ängstet nach dem Liechte/ davon sie von des Liechtes Glantz in der Aengstkigkeit den schielenden Fewer-Blitz krieget/ darauß Die Engel sind geschaffen worden/ welche hernach vom Liechte GOttes durch ihre Imagination ins Hertze GOttes erleuchtet worden/ und die andern/ als Lucifer im Fewer-Blitz und Aengstligkeit blieben umb ihrer Hoffahrt willen.

10. Dieselbige Gebuhrt mit dem unaufflöslichen Bande wird in jeder Menschen Seele gebohren/ und vor des Liechtes Anzündung im Kinde in Mutter Leibe ist keine Seele/ denn mit der Anzündung wird das ewige Band verknüpffet/ daß es ewig stehet/ und dieser Wurm der dreyen Essentien stirbet/ noch zertrennet sich nicht/ denn es kan nicht müglich seyn. Sie werden alle drey aus einem Brunnen erbohren/ und haben drey Qualitäten/ und ist nur ein Wesen/ gleich wie die Heilige Dreyfaltigkeit ist dreyfaltig/ und doch nur in einem Wesen/ und hat doch drey Uhrkunde in einer Mutter/ und sind ein Wesen in einander: Also ist auch die Seele des Menschen und gar nichts weniger/ als nur ein Grad im ersten Außgange. Denn sie ist auß

des

Cap. 14. Göttliches Wesens. 157

des Vatters ewigen Willen/ und nicht auß dem Hertzen GOttes erbohren/ aber das Hertze GOttes ist ihr am nähesten.

11. Nun verstehet man aber an der Seelen Essentien und Eigenthumb gar sehr/ daß sie in diesem Fleisch-hause/ da sie gleich erbohren wird/ nicht daheim ist/ und erkennet man ihren erschrecklichen Fall. Denn sie hat kein eigen Liecht in sich/ sie muß ihr Liecht von der Sonnen entleihen/ das gehet zwar in ihrer Gebuhrt mit auff/ aber es ist zerbrechlich/ und der Seelen Wurm nicht. Und sihet man/ wie es in des Menschen Sterben verlischet/ und so alsdan nicht das Göttliche Liecht im Centro wieder erbohren ist/ so bleibt die Seel in ewiger Finsternuß/ in der ewigen ängstlichen Quahl der Gebuhrt/ da nicht mehr als ein schrecklich Fewer-Blitz gespüret wird im anzündlichen Fewer/ in welcher Quahl auch die Teuffel wohnen. Denn es ist das erste Principium.

12. Und braucht die Seele/ alhie in dieser Welt das Liecht des 3ten Principii, darnach sich Adams Seele ließ gelüsten/ und ward vom Geist der grossen Welt gefangen. So aber die Seele wiedergebohren wird im Heiligen Geiste/ daß ihr Centrum zur Wiedergebuhrt für sich auffgehet/ so siehet sie mit zweyen Liechtern/ und lebet in zweyen Principien/ und ist das innerste/ als das erste/ feste zu/ und hanget ihr nur an/ darinnen der Teuffel die Seele ansicht und versucht; Da hingegen die Jungfraw (welche in die Tinctur der Wieder-gebuhrt gehöret/ und im Abscheid des Leibes von der Seelen wird wohnen) mit dem Teuffel part und streit hält/ und ihme den Kopff zertritt/ in Krafft der Jungfrawen Sohn/ ihrem Fürsten und Held/ wenn ein newer Leib in der Seelen Tinctur auß der Seelen-Krafft herfür gehen wird.

13. Und daß wann die Seele vom Leibe ist geschieden/ sie nicht mehr könne versucht werden vom Teufel und Geist dieser Welt/ so ist beschlossen/ der Seelen eine sanffte Ruhe in ihrem Centro, in ihrer eigenen Tinctur/ welche im verborgenen Element im Paradeiß stehet zwischen dieser Welt- und Höllen-reich/ zu bleiben/ biß GOTT diese Welt in ihr æther setzet/ daß die Zahl der Menschen und Figuren nach der Tieffe deß ewigen Gemühtes GOttes vollendet ist.

14. So wir uns nun entsinnen/ wie das zeitliche und vergängliche Leben erbohren wird/ so finden wir/ daß die Seele sey eine Ursache aller Glieder zu des Menschen Leben/ und ohne sie würde kein Glied zum Leben im Menschen erbohren. Denn wenn wir uhrkunden des Lebens Auffgang und Anzündung/ so befinden wir mächtig mit hellem Zeugnuß aller Glieder/ daß/ wann sich

G 7 das

Von den drey Principien Cap. 14.

das helle Liecht der Seelen anzündet / so stehet das Fiat in so grossen Frewden / und scheidet augenblicklich in der Matrix das unreine vom reinen / zu welchem der Seelen Tinctur im Liechte der Werck-Meister ist der da renoviret, und das Fiat schaffet es.

15. So nun die herbe Matrix vom Liechte also demütig / dünne und süsse wird / so gehet der grimmige Schrack / welcher vorm Liechte also gifftig war / über sich / denn er erschrickt vor der Sanfftmuht der Matrix, und ist ein Schrack grosser Frewden / doch behält er sein grimmig Recht / und kan nicht verwandelt werden / und kan auch nicht weit von dannen / denn er wirdt vom Fiat gehalten: Sondern dähnet sich nur geschwinde in die Höhe / und der Schrack macht ihm ein Fell vom herben Fiar, welches den Schrack hült / das ist nun die Galle ob dem Hertzen.

16. Weil aber die Matrix, von welcher der Schrack war außgegangen / nun vom Schracke der Aengstligkeit entlediget / und also süsse ist / als ein süsses Wasser / so bildet sich der Geist der grossen Weld also geschwinde mit ein in die Matrix, und füllet die vier Elementa hinein / und denckt: Nun hab ich die süsse Jungfraw / und das Fiat schaffet es / und entscheidet die Elementa, welche auch im Streite sind / und ein jedes wil die Jungfraw haben / und sind im ringen biß sie überwinden / je eines das ander / und das Feuer oben bleibet / als das mächtigste und stärckeste / und das Wasser unter ihme / und die Erde muß als ein schwer tölpisch Ding unten bleiben und die Lufft wil ein eigne Region haben.

17. Denn sie spricht: Ich bin der Geist und das Leben: Ich wil wohnen in der Jungfrawen / und das herbe Fiat zeucht alles an sich / und machts zu einem Mesch / und ferner zu Fleisch / und das Fewer behält die ober Region, als das Hertze. Denn wegen ihres Zancks entscheideten sich die vier Elementa, und macht ihme jedes eine sonderliche Region, und das Fiat machte alles zu Fleische / nur die Lufft wolte kein Fleisch haben. Denn sie sprach: Ich wohne ohne Haus. Und das Fiat sprach: Ich habe dich geschaffen / du bist mein / und umbfasset sie mit einen Schlusse / das ist die Blase.

18. Nun stelleten sich die andern Regionen nacheinander / erstlich der grimmige Blitz / das ist die Galle / und unter dem Blitz das Fewer / seine Region ist das Hertze / und unter dem Fewer das Wasser / seine Region ist die Leber / und unter dem Wasser die Erde / ihre Region ist die Lunge.

19. Nun Qualificirte ein jedes Element in seinem Quelle / und konte doch eines ohne das ander nichts machen / hatte auch keine

Cap. 14.   **Göttliches Wesens.**   159

Bewegligkeit ohn das ander / denn eines gebieret das ander / und gehen alle Vier aus einem Urkunde und ist ein Wesen mit ihrer Gebuhrt / wie ich vorne von der Schöpffung außführlich gemeldet habe von der Gebuhrt der vier Elementen.

20. Die grimmige Galle / als der schrecklich gifftige Fewer-Blitz / zündet im Hertzen die Wärmbde oder Fewer an / und ist dessen Ursache / davon sich ferner alles uhrkundet.

21. Alhier befinden wir abermals in unserm Entsinnen den schröcklichen / kläglichen und elenden Fall in der Menschwerdung / in dehme wan des Lebens Liecht auffgehet / daß das Fiat in des Seelen-geistes Tinctur die Matrix renoviret / so stösset das Fiat den Todt der Erstickung und Verderbung im Grimme / als das unreine des erstickten Geblüts von sich auß seinen Essentien / und wirffet das weg / wils auch nicht im Corpus leiden / und zum überfluß führet es das Fiat selber auß / und machet auß seiner zähen Herbigkeit einen Schluß rings umb / als ein Fell oder Darm / daß es weder das Fleisch noch den Geist berühret / und lässet ihm die untere Porten offen / und verweiset es ewig / als daß das Unreine nicht in dieses Reich gehöret / gleich wie mit der Erden auch geschehen ist / als sie das Fiat auß der Matrix auff einen Klumpen mitten ins Centrum gestossen / als das welches nicht in Himmel taug / also auch alda.

22. Noch viel grössere Mysterien finden wir zum Zeugnuß des grewlichen Falls / denn nachdeme sich die vier Elementen also haben eingesetzet / jedes in eine sonderliche Region / so haben sie sich nun gar zum Herrn über den Seelen-Geist gemachet / welcher auß den Essentien erbohren wird / und haben den in ihre Macht genommen und inqualiren mit ihme. Das Fewer als das mächtigste / hat ihn in sein Region ins Hertze genommen / da muß er halten / und gehet seine Blume und Liecht auß dem Hertzen / und schwebet über dem Hertzen wie ein angezündetes Liecht einer Kertzen. Da die Kertze das fleischliche Hertze bedeutet mit den Essentien / darauß das Liecht scheinet / und das Fewer hat sich über die Essentien gesetzet / und greiffet immer nach dem Liechte / und meinet es habe die Jungfraw der Göttlichen Krafft.

23. Alda wird die heilige Tinctur erbohren auß den Essentien / die fraget nichts nach dem Fewr. / sondern setzet die Essentien / als die Seele in ihre liebliche Wonne / da kommen die andern drey Elementa auß ihren Regionen / und füllen sich mit Gewalt mitte ein; Ein jeder wil die Jungfraw kosten / und sie nehren / und wil mit ihr inqualiren / als: Das Wasser füllet sich mitte ein /

und

und schmecket die süsse Tinctur der Seelen/ und das Fewer spricht: Ich wil das Wasser gerne behalten / denn ich kan meinen Durst mitte leschen / und mich drinnen erfrewen. Und die Lufft spricht: Ich bin ja der Geist / ich wil deine Hitze und Fewer auffblasen / daß dich das Wasser nicht ersticket. Und das Fewr spricht zur Lufft: Ich wil dich erhalten / denn du erhälteste mir meine Qualität / daß ich nicht verlösche. So komt denn das Element Erde / und spricht: Was wolt ihr drey alleine machen / ihr werdet ja verhungern / und einander selber verzehren. Denn ihr hanget alle drey aneinander / und fresset euch / und wan ihr das Wasser verzehret habt / so erlöschet ihr / denn die Lufft kan nicht weben / sie habe denn das Wasser / denn das Wasser ist der Lufft Mutter / das die Lufft gebieret / darzu wird das Fewer / so das Wasser verzehret ist / viel zu grimmig und verzehret den Leib / so ist unser Region auß / und kan keines bestehen.

24. So sprechen die drey Elementa, das Fewer / Lufft und Wasser zur Erden: Du bist ja zu finster / rauhe und kalt / und bist vom Fiat verstossen / wir können dich nicht einnehmen / du verderbest unser Wohnung / und machest sie finster und stinckicht / und betrübest uns die Jungfraw / die da ist unser eigener Schatz und Liebe / in welcher wir leben. Und die Erde spricht: So nehmet doch meine Kinder ein / die sind lieblich und guter Essentien, sie geben euch Speise und Tranck / und pflegen euch / daß ihr nimmer Noht habet.

25. So sprechen die drey Elementen: Sie möchten aber hernach in uns wohnen / und möchten starck und groß werden / so müsten wir weichen / oder ihnen unterthänig seyn / darumb wolten wir sie auch nicht einnehmen / denn sie möchten so rauhe und kalt werden wie du. Jedoch das wollen wir thun / du magst deine Kinder lassen in unserm Vorhofe wohnen / so wollen wir zu ihnen zu Gaste kommen / und essen von ihrer Frucht / und trincken von ihrem Tranck / dieweil uns das Wasser sonst möchte zu wenig seyn / so im Element ist begriffen.

26. So sprechen nun die drey Elementa, Feuer / Wasser und Lufft zu dem Geiste: Hole uns der Erden Kinder / daß sie in unserm Vorhofe wohnen / wir wollen von ihren Essentien essen / und dich starck machen. Da muß der Seelen-Geist / als ein Gefangener gehorsam seyn / und muß mit seinen Essentien greiffen / und die außsperren / so komt das Fiat und spricht: Nein / ihr möchtet mir entrinnen / und schaffet das Greiffen / so werden Hände drauß / mit aller Essentien Zeichen und Gestalt / wie das
vor

Cap. 14. Göttliches Wesen. 161

vor Augen ist/ und der Astronomus wol weiß: Aber die Heymligkeit weiß er nicht/ wiewol er die Zeichen kan deuten nach dem Gestirne und Elementen, welche in den Essentien des Seelen-Geistes mitte inqualiren. Hätte die Seele an diesem Orthe vom Verbo Domini gessen/ und hätte die äusserlichen Elementen ungeheyet gelassen/ wäre besser.

27. So nun die Hände greiffen im Willen/ nach der Erden Kinder/ welches doch im Geiste des Kindes nur ein Wille ist in Mutter-leibe/ so ist das Fiat her/ und machet einen grossen Raum im Vorhoffe der drey Elementen/ und einen zähen füsten Schluß darumb/ daß es das Fleisch nicht berühre/ denn es fürchtet sich vor der Erden Kinder/ dieweil die Erde weggeworffen ist/ wegen ihrer rauhen stinckenden Finsterkeit/ und ist im zittern vor grosser Furcht/ und versiehet sich doch nach dem besten/ so ihm ja der Erden Kinder zu rauhe wären/ und wolten einen Stanck anrichten/ damit es ein Loch hätte/ und könte den Stanck und Grobheit weg stossen/ und machet auß dem Vorhoffe/ welches der Magen ist/ einen Außgang und Loch/ und umbschleust den mit seiner zähen Herbigkeit/ so wird ein Darm.

28. Dieweil aber der Feind noch nicht im Wesen ist/ sondern nur im Willen des Geistes/ so gehet es gar langsam unter sich/ und suchet die Porten/ wo es einen Außgang und Loch wil machen/ daß es den Stanck und Grobheit kan weg werffen/ darvon werden die Därmer also lang und krumb.

29. So nun das Gespräche/ welches geistlich ist/ also zwischen den drey Elementen/ Fewer/ Lufft und Wasser/ der Geist der Erden vernimt/ als der Erden Essentien im Lungen-Region, so kömt er zu letzt/ wann die Wohnung oder Vorhoff der Erden Kinder schon erbawet ist/ und spricht zu den drey Elementen: Warumb wolt ihr den Leib vor den Geist nehmen? Ihr wolt der Erden Kinder nehmen und von ihnen essen/ ich bin ihr Geist/ und bin lauter/ ich kan der Seelen Essentien mit meiner Krafft der Essentien stärcken und wol erhalten/ nehmet mich ein.

30. Und sie sagen ja/ wir wollen dich einnehmen/ denn du bist ein Glied an unserm Geiste/ du solt in uns wohnen und stärcken unsers Geistes Essentien/ daß er nicht verschmachte; aber der Erden Kinder müssen wir auch haben/ denn sie haben unsere Qualität auch in sich/ auff daß wir uns frewen. Und der Geist der Lungen spricht: so lebe ich in euch allen/ und frewe mich mit euch.

Die

Die Porte des Syderischen oder Sternen Geistes.

31. SO nun das Liecht der Sonnen/ welches sich im Fewer-Blitz der Essentien des Geistes hatte erblicket/ und eingebildet/ und im Fewr-Blitz scheinende war/ als in einer frembden Krafft/ und nicht der Sonnen eigen/ siehet/ daß es die Region bekommen hat/ daß sich die Essentien der Seelen/ welches ist der Wurm oder Geist/ so wol die Elementen wollen in ihrer Krafft und Glantz erfrewen/ und daß ihnen die Elementen haben vier Regionen und Wohnungen gemacht zu einem immerwärenden Sitze/und daß sie wie ein König gehalten wird/ also/ daß sie ihr im Geiste der Essentien im Hertzen zu Hofe dienen/ und sie also lieben/ und sich in ihrem Dienste erfrewen/ und haben noch der Erden Kinder bestellet/ daß sie der Geist soll bringen/ da sie dann erst wollen frölich und mächtig seyn/ und von der Erden Kinder Essentien essen und trincken: So dencket sie/ hier ists gut wohnen/ du bist König/ du wilst dein Geschlecht auch hieher bringen und sie erhössen über die Elementa, und dir eine Region machen/ du bist ja König/ und zeucht also das Gestirne an sich/ und bringts in die Essentien/ und setzts über die Elementa mit ihren wunderlichen und unerforschlichen mancherley Essentien/ derer Zahl ungründlich ist/ und machet ihm ein Region und Reich/ auß seinem Geschlecht in einem fremden Lande. (Alhier ist die Porten/ da die Kinder dieser Welt klüger werden als die Kinder des Liechts.)

32. Denn die Essentien der Seelen sind nicht dieses Königs eigen/ er hat sie nicht erbohren / und sie ihn auch nicht/ sondern er hat sich auß Lust mitte in ihre Essentien eingebildet/ und in ihrem Fewer-Blitz angezündet/ in willens ihre Jungfraw zu suchen/ und darinnen zu leben/ welches ist die holdseelige Göttliche Krafft. dieweil der Seelen Geist auß dem ewigen ist/ und die Jungfraw hatte vor dem Falle/ so suchet nun immer der Geist der grossen Welt die Jungfraw im Seelen-Geiste/ und meinet/ sie sey noch alda/ wie vorm Falle/ da sich der Geist der grossen Welt in Adams Jungfraw erblickte mit so grossen Frewden/ und wolte auch in der Jungfraw leben und ewig seyn/ dieweil er fühlete seine Zerbrechligkeit/ und wie er also rauhe in sich selber wäre/ wolte er empfahen der Jungfrawen Süssigkeit und Freundligkeit/ und in ihr leben/ daß er nicht wieder zerbräche/ sondern ewig lebete.

33. Denn durch das grosse Sähnen der Finsternüß nach dem Liechte und Krafft Gottes/ ist diese Welt auß der Finsternüß erbohren/ da sich die heilige Krafft Gottes in der Finsternüß spiguliertet/

Cap. 14. Göttliches Wesens. 163

gullerete / darumb blieb diese grosse Sucht und Sähnen nach der Göttlichen Krafft im Geist der Sonnen / Sternen und Elementen / und in allen Dingen. Alles ängstet und sähnet sich noch nach der Göttlichen Krafft / und wolte gern der Eytelkeit des Teuffels laß seyn / weils aber nicht kan seyn / so müssen alle Creaturen warten biß in ihre Zubrechung / da sie in ihr æther gehen / und erlangen den Sitz im Paradeis / aber nur in der Figur und Schatten / und der Geist wird zerbrechen / welcher eine solche Lust alhier verbringt.

34. Nun aber muß diese Lust also seyn / sonst würde keine gute Creatur / und wäre in dieser Welt eine eytel Hölle und Grimmigkeit. Als dann nun die Jungfraw im andern Principio siehet / daß sie der Geist dieser Welt nicht kan erreichen / und sich gleichwol die Jungfraw immer im Geist dieser Welt spieguliret zu ihrer Lust der Früchte und Gewächse aller Dinge / so ist er also lüstern / und suchet immer die Jungfraw / erhebet manche Creatur mit grosser Witze und List / und bringet sie in höchsten Grad, so er nur kan / und vermeinet immer es soll ihme die Jungfraw wieder erkehren werden / welche er in Adam hatte erblicket vor seinem Falle. Der Geist dieser Welt / welcher auch Adam zum Falle brachte / daß er in seiner Jungfrauwen wolte wohnen / und also Adam zwänget mit seiner grossen Lust / daß er in Schlaf fiel / das ist / er satzte sich mit Gewalt in Adams Tinctur zur Jungfrauwen / und wolte in sie und mit ihr inqualiren und ewig leben / davon die Tinctur milde ward / und die Jungfraw wiech.

35. So fiel Adam nieder und war unmächtig / welches der Schlaf heisset / das ist gewesen der Versuchbaum / obs müglich wäre / daß Adam möchte ewig in der Jungfrawen leben / und aus sich wieder erbären die Jungfraw / und also fort ein Englisch Reich.

36. Als es aber nicht konte seyn wegen der Überwindung des Geistes dieser Welt / so wurd erst das eusserliche Versuchen vor die hand genomen mit dem Baume der Früchte dieser Welt / da ward Adam vollend ein Mensch dieser Welt / aß und tranck von den irdischen Essentien, und inficirete sich mit dem Geiste dieser Welt / und ward ihme zum Eigenthumb / wie nun kläglich zu sehen ist / wie er ein Kind in Mutter Leibe in der Menschwerdung besitzet. Denn er weiß die Jungfraw nun nirgend zu suchen / als im Menschen / da er sie zum ersten hat erblicket.

37. Darum ringet er in manchem Menschen / welcher krafftiger Complexion ist / in welchem sich die Jungfraw ofte spieguliret

also

also harte/verneinet immer/ Er wolle die Jungfraw bekennen/ sie solle gebohren werden/und je sehrer sich die Seele vor ihme wehret/ und zum Hertzen Gottes dringet/ sich deme zu ergeben zum Eigenthumb/ da sich dann die liebliche Jungfraw freylich wol nicht alleine spigulieret/ sondern darf sich wol manche Stunde einsetzen in ihr Nest der Seelen Tinctur, je mächtiger und begieriger wird der Geist dieser Welt.

38. Da denn der König als der Sonnen-Liecht im Geiste also freuden-reich wird/ triumphiret/ lauchtzet/ und sich so hoch erfrewet/ daß er alle Essentien der Sternen beweget und in ihren höchsten Grad bringet/ sich hoch zu erbähren/ da denn alle Centra der Sternen auffgehen/ und sich die holdselige Jungfraw darinnen erblicket/ da denn der Seelen Essentien in der Jungfrawen Liecht in die Centra der Sternen sehen kan/ was in ihrem Urkunde und Quell ist.

39. Davon meine Seele wol weiß/ und auch ihre Erkäntnüß also empfangen hat/ welches Meister Hans im gekröneten Hüttlein nicht kan glauben/ dieweil ers nicht begreifft/ hälts für unmüglich/ und missets dem Teuffel zu/ wie die Juden der Jungfrawen Sohn thäten/ da er in der Jungfrawen Wunder-zeichen thäte. Nach welchem meine Seele nichts fraget/ ihrer Hoffahrt auch nichts achtet/ sie hat an der Perle gnug/ und hat lust dem Durstigen das Wasser zu weisen. Das gekrönete Hüttlein mag unter der Decke des Antichrists frölich spielen/ biß die Lilie wächset/ dann wird der Ruch der Lilien das Hüttlein weg werffen/ saget die Jungfraw/ und wird der Durstige trincken vom Wasser des Lebens/ und regieret der Jungfrawen Sohn in Iosaphats Thal.

40. So uns denn nun das Mysterium in der Jungfrawen Liecht also wunderlich entgegnet/ wollen wir dem suchenden Gemühte/ welches in Ernst der Hoffnung suchet/ zu finden die Perle/ alhie noch eine Porte eröffnen/ wie sie uns dan in der Jungfrawen eröffnet ist. Denn das Gemühte fraget: So die Sonne/ Sternen und Elementen niemals sind in ander Principio gewesen/ wo sich die Jungfraw auß dem Liechte GOttes erbietet/ wie haben sie dan mögen die Jungfraw in Adam erkennen/ daß sie also treflich mit Sähnen nach der Jungfraw tuhn?

Die Tieffe im Centro.

41. SIhe/ du suchendes Gemühte/ das/ was du für Augen sichest/ ist nicht das Element, weder im Fewer/ Lufft/

Wasser

Cap. 14.   **Göttliches Wesens.**   165

Wasser noch Erden: Auch so sind derer nicht vier sondern nur Eines / das ist fix und unsichtbahr / auch unempfindlich / denn das Fewer / das da brennet / ist kein Element, sondern der Grimm / welcher in der Anzündung des Zornes / als die Teuffel aus dem Element fielen / also ward: Das Element ist weder heiß noch kalt / sondern es ist die Anneigligkeit in GOTT / denn das Hertze GOttes ist Darin / und seine Ascension ist anziehend und immer sintend / und dan ist es Hertz / das Ding für sich / und nicht in sich / behaltend / und denn so ist es Ig / das Ding immer erblickend / und das ist alles ewig: und das ist der Grund deß innern Elements, welches der Zorn substantialisch machte / daß es sichtlich und empfindlich war / welchen Lucifer mit seinen Legionen erweckete / darumb ist er auch nun ein Fürst im Zorn im angezündeten Element blieben / wie ihn Christus nach dieser Gestalt einen Fürsten dieser Welt nennete. Joh. 12. 31.

42. Und bleibt das Element dem Zorn und Grimm verborgen / und stehet im Paradeiß / und gehet doch der Grimm vom Element auß / darumb hat GOTT die Teuffel mit dem Element im Grimm gefangen / und hält sie mit dem Element, und der Grimm kan das Element nicht ergreiffen / gleich wie das Fewer das Liecht / denn das Liecht ist weder heiß noch kalt: Aber der Grimm ist heiß / und hält eines das ander / und erbietet eines des ander.

43. Hie mercke / Adam war auß dem Element erschaffen / auß dem Anziehen des Hertzens GOttes / welches ist des Vatters Wille / und darinnen ist die Jungfraw der Göttlichen Krafft / die hatte das eussere Element, welches sich in der Anzündung in vier Theile theilete / gerne in sich / das ist / der Grimm des Teufels wolte gerne im Hertzen GOttes wohnen und über dasselbe herrschen und ein Centrum allda auffschliessen / welches die Grimmigkeit ohne das Liecht nicht thun kan. Denn ein jedes Centrum wird mit Anzündung des Liechtes erbohren und auffgeschlossen: So wolte nun gerne die Grimmigkeit über die Sanfftmuht. Darumb hat GOTT die Sonne lassen auffgehen / daß sie in der Herbigkeit hat vier Centra auffgeschlossen / als den Außgang auß dem Element.

44. Als sich das Liecht der Sonnen in der grimmen Herbigkeit erblickete / so wurde die Herbigkeit dünne und süsse zu Wasser / und der Grimm im Fewer-Blitz wurde geleschet durchs Wasser / daß der Zorn stille stund / und der Wille konte doch nicht ruhen / sondern gieng in der Mutter auß / auß dem Wasser / und bewegete sich / welches die Lufft ist / und was der Grimm hatte an sich
gezogen /

gezogen / ward aus dem Element ins Wasser gestossen / wie du es siehest / daß die Erde im Wasser schwimmet.

45. Also ängstet sich nun das böse Kind nach der Mutter / und wäre gerne in die Mutter / ins Element, und kans nicht erblicken: Aber in Adam erblickte es das Element, darumb haben die vier Elementen Adam an sich gezogen / und vermeinen sie haben die Mutter / dieweil sich die Jungfraw also allda ließ sehen / in dem lebendigen Geiste Adams.

46. So wil nun der Geist der Sternen und Elementen immer wieder ins Element, denn im Element ist Sanfftmuth und Ruhe / und in ihrer Anzündung ist eitel Anfeindung und Widerwillen / und regioniret der Teufel auch darinnen / wären also gerne des schädlichen bösen Gastes loß / und sähnen sich mit grossen ängsten nach der Entledigung / wie S. Paulus sagt: Alle Creatur sähnet sich mit uns von der Eytelkeit loß zu werden.

47. So spricht das Gemühte: Warumb lässet es denn GOTT also lange in ängsten schweben? Ach wann soll es dan geschehen / daß ich die Jungfraw mag sehen! Höre du Edles und theures Gemühte / es soll alles zur Herrligkeit GOttes eingehen / und GOTT preisen / wie geschrieben stehet: Alle Zungen sollen GOTT loben: Laß fürüber gehen biß die Zahl zum Lobe GOttes voll ist / nach dem ewigen Gemühte.

48. Sprichstu: Wie groß ist sie dan? Siehe / zehle die Sternen am Firmament, zehle die Bäume / Kräuter und Gräselein / kanstu? Also groß ist die Zahl / so zur Ehren und Herrligkeit sol eingehen. Denn alle Sternen treten am Ende wieder ins Element in die Mutter / und wird allda erscheinen wie viel gutes sie alhier haben erbohren mit ihrem Gewürcke. Denn aller Wesen Schatten und Bildnuß werden im Element vor GOTT erscheinen und ewig stehen / darinnen wirstu grosse Frewde haben. Du wirst alle deine Wercke darinnen sehen / auch deine erlittene Trübsal / die werden alle in grosse Frewde verwandelt werden / und wirst dich wol ergetzen: Nur harre des Herrn: Der Geist deutet: Wenn der Lilien zeit umb ist / so sols geschehen.

49. Darumb hält GOTT also lange / vor unsern Augen zu achten / auff / daß sein Reich der Herrligkeit in der Zahl groß werde / aber vor ihme ists nur ein Augenblick. Nur gedulde dich / diese Welt zergehet gewiß mit sambt der Grimmigkeit / welche bleibt im ersten Principio, darumb hüte dich dafür.

50. Mein lieber Leser: Ich führe meine Fürbildung der Essentien der Menschwerdung in Mutterleibe ein mit einem Gespräche

spräche des Geistes mit den Essentien und Elementen; Ich kans füglicher nicht zuverstehen geben/ alleine daß du wissest/ daß es kein Gespräch ist/ sondern geschiehet in Essentien, und im Geiste gewiß also. Da wirstu sagen/ du steckest nicht in der Menschwerdung/ und siehest es/ du bist einmahl Mensch worden/ und weist nicht wie oder wenn/ und kanst nicht wieder in Mutterleib kommen oder gehen/ und sehen wie es zugehet. Gerade ein solcher Doctor war ich auch/ und könte nicht anderst richten in meiner eigenen Vernunfft/ so ich noch in meiner eigenen Blindheit steckete. Aber GOTT sey lob/ der mich wieder erbohren hat zu einer lebendigen Creatur/ durch das Wasser und H. Geist/ daß ich kan in seinem Liechte sehen meine grosse angebohrne Untugend/ so in meinem Fleische ist.

51. So lebe ich nu in meinem Fleische im Geiste dieser Welt/ und dienet mein Fleisch dem Geist dieser Welt/ und mein Gemühte dienet GOTT; Mein Fleisch ist von dieser Welt erbohren/ und hat sein Region von Sternen und Elementen/ die wohnen darinnen/ und seynd des Leibes mächtig/ und mein Gemühte ist in GOTT wieder erbohren/ und lebet GOTTE: Und ob ich wol die Jungfraw nicht kan fassen und halten/ also daß das Gemühte in Sünden fället/ so solls doch auch darumb der Geist dieser Welt nicht immer gefangen halten.

52. Denn die Jungfraw hat mir Trewe zugesaget/ mich nicht zuverlassen in keiner Noth; Sie wil mir zu hülffe kommen in der Jungfrawen Sohne/ ich soll mich nur wieder an ihn halten/ er wird mich wohl wieder zu ihr ins Paradeiß bringen/ dahin wil ich es wagen und gehen/ durch Dornen und Disteln/ durch allerhand Spott und Schande so mir begegnen wird/ wie ich kan/ biß ich wieder finde mein Vatterland/ daraus meine Seele gewandert ist/ da meine liebste Jungfraw wohnet: Ich versehe mich ihrer trewen Zusage/ als sie mir erschien/ sie wolte all mein Trauren in grosse Frewde verkehren. Als ich lag am Berge gegen Mitternacht/ und alle Bäume über mich fielen/ und alle Sturm-winde über mich giengen/ und der Antichrist seinen Rachen gegen mir auffsperrete mich zu verschlingen/ kam sie mir zu Trost/ und vermählete sich mit mir.

53. Darumb bin ich nun munterer/ und frage nichts nach dem Antichrist. Er regioniret nichts weiter über mich/ als über das Hauß der Sünden/ dessen Patron ist er/ er mags immer hinnehmen/ so komme ich in mein Vatterland: doch ist er nicht gantz desselben ein Herr/ sondern er ist GOttes Affe. Gleich

wie ein Affe ihme allerley Gauckel-Spiel vorniint wenn er satt ist/ daß er Frewde hat/ und wolte gerne das schönste Thier seyn und am behändesten; Also ist der Anti Christ auch/ seine Macht hängt am grossen Baume dieser Welt/ und kans Jhme ein Sturm-Wind hinwehen.

54. So ich denn nun dem Leser gewiesen/ wie daß rechte Element gantz verborgen in den euſſern angezündeten stecket/ ihme zu einem Trost/ daß er auch weiß/ was er ist/ und nicht in solcher ernsthafften Offenbahrung verzaget/ so wil ich fortfahren mit meinem Gespräche zwischen den Elementen, Sonnen und Sterne/ da ein stätes Ringen und überwinden ist/ darinnen das Kind in Mutter Leibe wird figuriret, und füge dem Leser dieses/ daß freylich das rechte Element in den euſſern im Menschen verborgen liegt/ welches der Seelen Schatz-kasten ist/ so sie trewe ist/ und sich in GOTT anneiget.

55. So dann nun dem Kinde im Mutter Leibe also wunderlich ist sein Hertz/ Leber/ Lunge/ Blasen/ Magen und Geist/ sampt andern Gliedern figuriret durch das Gestirn und Elementa: So gehet nun auff die Region oder Regiment/ welches vellends alles bildet/ was noch mangelt/ und ist uns nun treflich zu bedencken/ vom Uhrkunde der Sprache/ Gemüthe und Sinnen/ in welchen der Mensch GOttes Bilde und Gleichnüs/ ist/ und in welchem die edle Erkäntnüß aller dreyen Principien stehet.

56. Denn in dem jetzt vorgemeldten Lebens-Auffgang in Mutter-Leibe stehet auch wol ein jedes Thier/ und nimt seinen Anfang im Mutter-Leibe gleich auch also/ und sein Geist lebet auch in den Sternen und Elementen, und haben ihr Sehen vom Glast der Sonnen/ und ist in dem kein Unterscheid zwischen den Menschen und Thieren/ denn ein Thier isset und trincket/ reucht/ höret/ siehet und fühlet eben so wol als der Mensch/ und ist doch kein Verstandt in ihme/ als nur zum nehren und mehren/ wir müssen höher dran/ und sehen was das Bilde Gottes ist/ das GOTT also geliebet hat/ daß er sein Hertz und Sohn an ihn gewendet/ und laſſen Mensch werden/ daß er den Menschen nach dem Falle wieder hülffe/ und ihn von dieser viehischen Gebuhrt wieder entledigte und erlösete/ und wiederbrächte ins Paradeis/ in die Himlische Region.

57. So müssen wir sehen nach dem Grunde/ wie nicht alleine ein viehischer Mensch mit viehischer Qualificirung werde figuriret, sondern auch ein himlischer und Bilde GOttes/ zu Gottes Ehre und

Cap. 14.   Göttliches Wesens.   169

und wunderthaten/ zu welchem Ende Er den Menschen also hoch gradiret, daß er hätte ein ewig Gleichnüß seines Wesens/ ein Ebenbildt: Denn zu dem Ende hat er sich mit Himmel und Erden offenbahret/ und etliche Creaturen geschaffen zum ewigen/ verständigen und vernünfftigen Geiste in seiner Krafft und Herrligkeit zu leben/ und etliche zur figur, daß wann ihr Geist ins Æther gehet und zerbricht/ die Geister so ewig sind / ihre Frewde und Spiel mitte hätten.

58. So müssen wir gründen und sehen/ was es dan vor ein Bildnüs ist/ und wie es seinen Anfang also nehme: daß der Mensch 1. eine Jrrdische/ Elementische/ und denn auch 2. eine Himmlische Bildnüs träget. Und nicht alleine dieses/ sondern träget 3. ein Höllische an sich/ welche geanneiget ist zu aller Sünde und Boßheit. Und dieses alles gehet mit des Lebens Auffgang zugleiche an.

59. Und dan müssen wir sehen/ wo dan der eigne Wille stecket/ daß sich ein Mensch kan in eigener gewalt ergeben welchem er wil/ dem Himmel-oder Höllen-Reich. Für diesen Spiegel wollen wir den Hungerigen und Durstigen nach der edlen Erkäntnüs geladen haben/ und Ihme zeigen den Zweck/ damit er der Jrthumb und zänckischen Streite im Antichristischen Reiche In seinem Gemühte entlediget werde. Wer nun diese Porte recht ergreiffet/ der verstehet das Wesen aller Wesen/ und lernet verstehen/ so er sich recht besinnet/ was Moses und alle Prophete/ dazu die heiligen Aposteln geschrieben haben/ und in welchem Geiste ein jeder geredet/ und was da je gewesen ist/ und noch werden kan und wird.

Die sehr hochtheure Porte in der Lilien Wurtzel.

60. SO wir uns entsinnen der dreyen Principien, wie die in ihrem Uhrkunde sind/ und wie sie sich also erbähren/ so finden wir das Wesen aller Wesen/ wie eines also auß dem andern gehet/ wie eines also höher gradiret ist als das andere/ wie eines ewig/ und das ander zerbrechlich ist/ und wie eines schöner und besser ist als das ander/ auch finden wir/ warumb eines für sich/ und das ander hinter sich wil: Item, die Liebe und Begierde/ und dan die Anfeindung aller Dinge.

61. So können wir im Uhrkunde der Wesen aller Wesen erstlich anderst nicht sagen/ als das im Uhrkunde ist nur ein einig Wesen/ darauß gehen nun die Wesen aller Wesen/ und dasselbige Wesen ist das ewige Gemühte GOttes/ das stehet in der Fin-

sternüß/ und dasselbige Wesen hat sich von Ewigkeit gesähnet/ und im Willen gehabt zu gebähren das Liecht/ und dasselbe Säh-nen ist die Quäll/ und derselbe Wille ist das Auffsteigen. Nun machet das Auffsteigen das Rügen und Beweglichkeit/und die Be-weglichkeit machet das Anziehen im Wille/ und der Willen ma-chet wieder die Sähnlichkeit/ daß sich der Wille immer sähnet nach dem Liechte/und ist das ein ewig Band/das ohne Anfang und ohne Ende ist. Denn wo ein Willen ist/ da ist auch ein Begehren/ und wo ein Begehren ist/ da ist auch ein Anziehen in des Willens Begehren/dessen so der Wille begehret. Nun ist das Begehre her-be/harte und kalt/denn es zeucht an sich und hält. Denn wo nichts ist/ da kan das Begehren nichts halten/ wil der Wille nun was halten/ so muß das Begehren harte seyn/ daß es der Wille kan fassen. Und da von Ewigkeit nichts war/ so konte der Wille auch nichts fassen und halten.

62. So finden wir nun/ daß die drey von Ewigkeit ein un-anfänglich und unaufslößlich Band sind/ als Sähnen/. Wollen und Begehren/ und gebieret je eines das ander/ und so eines nicht wäre/ so wäre das ander auch nicht/ davon Niemand weiß was das ist: Denn es ist in sich selber nichts als ein Geist/ der ist in sich selber im Finsternüß/und da es doch nicht Finsternüß ist/ sondern ein Nichtes/ weder Finsternüß noch Liecht.

63. Nun ist das Sähnen eine Sucht/ oder eine inficirung des Begehrens/ und der Wille ist eine Behaltnüs im Begehren. Soll es nun der Wille behalten/ so muß es faßlich werden/ und muß nicht ein Ding seyn im Willen/ sondern zwey: So ihr den nun zwey sind/ so muß das Anziehen das dritte seyn/ daß das Faßliche in Willen zeucht. So dieses nun also von Ewigkeit ist/ so befindet sich daß von Ewigkeit ein quällen und bewegen ist/ denn das gefassete muß quällen und etwas seyn/ daß der Willen kan etwas fassen/ so dan dasselbe etwas ist/ so muß es herbe seyn und anziehend/ daß es zu etwas werde. So es dan herbe ist und anziehend/ so macht das Anziehen ein Begreifliches/ daß der Wille etwas zu fassen und zu halten hat. Und so es dan be-greiflich ist/ so ist es dicker als der Wille/ und beschattet den Willen/ und verdecket ihn/ und ist der Wille in ihme/ und das Sähnen machet die alle beyde. So nun der Wille in dem Be-greiflichen ist/ so ist das Begreifliche des Willens Finsternüß/ deñ es hat den Willen mit seiner Begreiflichkeit umbfasset. Nun kan der Wille nicht aus dem Begreiflichen/ und sähnet sich doch immer nach dem Liechte/ daß es möchte der Finsternüß entlediget

Cap. 14. **Göttliches Wesen.** 171

get seyn/ welche er ihme doch selber mit dem sähnen und anziehen machet.

64. Davon komt nun die Aengstligkeit/ daß der Wille im finstern verschlossen ist/ und das Anziehen des Willens machet die Beweglichkeit/ und die Beweglichkeit machet des Willens Auffsteigen aus der Finsternüß. Nun ist das Auffsteigen die erste Essentia, denn er erbietet sich im Anziehen/ und ist selber das Anziehen. Nun kan auch der Wille das Anziehen nicht leiden/ denn es macht ihn finster mit dem angezogenen Wesen/ welches der Wille fasset und wehret sich/ und das wehren ist das Rügen/ und das Rügen machet in dem angezogenen eine Zertrennung oder Zerbrechung/ denn es scheidet. Das kan die Herbigkeit im anziehen auch nicht dulden/ und wird die Angst im Willen grösser/ und das Anziehen das Rügen zu halten auch grösser. Und so dan das Rügen also harte wird angezogen/ und gehalten vom herben Anziehen/ so preßt sichs/ und wird stachlicht/ und sticht in der herben Angst. So zeucht die Herbigkeit noch sehrer an sich/ alßdan wird der Stachel also groß in der Aengstligkeit/ daß der Wille schrecklich auffgehet/ und setzet seinen Fürsatz aus der Finsternüß zu entfliehen.

65. Und alda uhrkundet sich das ewige Gemühte/ daß der Wille aus der Quaal wil in ein ander Quällen der Sanfftmuht: und daher uhrkundet sich auch die ewige Qualität in der Angst/ und ist der ewige Wurm/ der sich selber gebiehret/ und auch frisset/ und in seinem eigenen Griffe in sich selber lebet/ in der Finsternüß/ welche er selber machet/ und alda uhrkundet sich auch die ewige Inficirung/ davon hinter sich nichts weiter zu gründen ist/ denn es ist nichts tieffers oder ehers. Dieses machet sich von Ewigkeit immer selber/ und hat keinen Macher oder Schöpffer/ und ist nicht GOtt/ sondern GOttes uhrkundlichster Grimm/ ewige Aengstligkeit/ in sich gebähren/ und auch in sich fressen/ und doch nichts verzehren/ weder mehren noch wenigern.

66. So dann nun der ewige Wille/ welcher also erbohren wird von Ewigkeit in der Angst ihme ein Gemüht fasset nach etwas anders/ zu entfliehen der Grimmigkeit und zu erheben in die Sanfftmuth/ so kans doch anders nicht geschehen/ als aus sich selbst/ so gebieret das Gemühte wieder einen Willen zu leben in der Sanfftmuht/ und dieses Willens Uhrkund steiget aus dem ersten Willen/ aus dem ängstlichen Gemühte/ aus der finstern Herbigkeit/ welcher im Rügen ein brechend Rad machet: Da sich dann der wiedergefassete Wille im brechenden Rade in der grossen Aengstligkeit im

ewigen

wigen Gemühte erblicket/ wo etwas sey/ das stunde in Sanfftmuht. Und derselbige Blick im Aengstlichen brechenden Rade/ ist ein Blitz einer grossen Geschwindigkeit/ welchen die Angst also schärffet in der Herbigkeit/daß des Blitzes Schärffe verzehrend ist/ und das ist der Fewer-Blitz/ wie das zu sehen ist in der Natur/ so also ein hart wesen durch einander fähret/ wie sichs schärffet/ und einen Fewer-Blitz gebieret/ der vor nicht war. Und das wiedergefassete Gemühte fasset den Blitz/ und erblicket sich nun in die Herbigkeit/ und der Blitz mit seiner grimmen Schärffe verzehret die gefassete Herbigkeit/welche ihn in der Finsternüß gefangen hielt/ verstehe den Willen in Gemühte/ der ist nu von der Finsternüß frey.

67. Also empfähet die Herbigkeit den Blitz/ und gehet im Schrack zu rücke wie überwunden/und wird sanffte vom Schracke/In welcher Sanfftmuht sich der Blitz erblicket/als in seiner eigenen Mutter/ und wird von der Sanfftmuht weiß und helle/ und geschicht im Blitz wieder ein Schrack wegen der Sanfftmuht/und das ist ein Blitz grosser Frewden/ darin der Wille von der Finsternüß entlediget ist.

68. Also an-eignet sich nun das ewige Gemühte im wiedergefasten willen in die Sanfftmuht der Erledigung aus der Finsternüß der Aengstligkeit/ und bleibet im Blitz der Sanfftmuth die Schärffe der Verzehrung der ewigen Finsternüß/ und der Blitz erblicket sich in dem ängstlichen Gemühte in viel tausent mahl tausent/ ja ohne Ende und Zahl/ und in demselben Blick stehet immer wieder der Wille und die Anneiglichkeit im grossen Sähnen aus der Finsternüß außzugehen: Da denn in jedem Willen wieder der Blitz stehet zur Auffschliessung/ welches ich das Centrum heisse in meinem Schreiben/ an allen Ohrten dieses Buches.

69. Nun bleibet das erste (als die grimmige Gebährung im ersten Willen) Sähnen und Begehren mit dem finstern Gemühte für sich/ und der Blick vom immerwehrenden Fewer-Blitz im finstern Gemühte darinnen/ und stehet dasselbe finster Gemühte ewig in ängsten und im Blitz/ im brechen/ anziehen/ auffsteigen und begehren/ ohne unterlaß über die Sanfftmuth/ so in der Zerbrechung mit dem Fewer-Blitz in der Schärffe des Blitzes in der Essentia das Anziehen auffgehet/ als ein Centrum oder Principium.

Die

Cap. 14. Göttliches Wesens.

Die Porte Gottes des Vatters.

70. Und so nun in der Schärffe deß Fewer-Blitzes auffgehet das Liecht in dem ewigen Gemühte/ aus dem wiedergefasseten Willen zur Sanfftmuth und Liechte/ von der Finsternüß frey zu seyn: So ist dieselbe Freyheit von der Finsternüß eine Sanfftmuth und Wohlthun des Gemühts/das es der Aengstligkeit frey ist/und stehet in der Schärffe des Fewer-Blitzes/welcher die herbe Finsternüß zerbricht/ und im Blick helle und liecht machet.

71. Und in diesem Blicke der Schärffe stehet nun die Allmächtigkeit/ denn er zerbricht die Finsternüß in sich selber/ und machet die Wonne und grosse Sanfftmuht/ gleich einem/ so aus einem ängstlichen Fewer in eine sanffte Wonne fäsße. So daß der Blitz in sich also strenge geschwinde ist/ grösser und geschwinder als ein Gedancken/ und alse aus der Finsternüß in sich selber in seinem entzünden ins Liecht siehet/ erschricket er also sehr/ das er seine Macht lässet sincken/ so er im Fewer hat. Und dieser Schrack geschiehet in der Schärffe des Blitzes/das ist nun der Schrack grosser Freuden/ da begehret der wiedergefassete Wille des Fewer-schracks in der Sanfftmuht/ und das Begehren ist das Anziehen der Frewden/ und das Anziehen ist die inficirung im Willen/ und das angezogene macht den Willen schwanger/ denn es ist in ihme/ und der Wille hälts.

72. Nun ist alda nichts/ das der Wille könte mit der Schärsse oder Essentia an sich ziehen/ als die Sanfftmuth/ die entledigung der Finsternüß/ das ist des Willens begehren/ und darinnen stecket die liebliche Wonne/ das zeucht der Wille an sich/ und das Anziehen im Willen schwängert den Willen/ daß er voll ist.

73. Nun ist der gefassete Wille schwanger der Freuden in der Sanfftmuth/ die begehret er ohn unterlaß aus sich zu gebähren/ zu seiner wiederfreuden und zum süssen Schmack in der Freuden/ und derselbe Wille zu gebähren/ fasset die Sanfftmuth in der Frewden/ welche stehet im geschwängerten Willen/ und die Essentia oder Anziehen des Willens bringt sie wieder aus dem Willen fürn Willen. Denn das Begehren zeucht aus die Schwängerung aus dem schwangeren Willen fürn Willen/ und das außgezogene ist die holdseelige Krafft/ Frewde und Sanfftmuht. Das ist nun des ewigen Willens Begehren und nichts mehr/ diese Krafft wieder in sich zu essen/ oder zu ziehen/ und davon

satt zu seyn/ und nichts höhers oder wonnesamers zu begehren/ denn es ist darinnen die Vollkommenheit der höchsten Frewden und Sanfftmuth.

74. Nun stehet in derselben Krafft/ so in GOTT dem Vatter ist/ wie jetzt bemeldet/ die Allwissenheit/ was im Uhrkunde in der Ewigkeit ist/ da sich denn der Blitz in viel tausentmahl tausent ohne Zahl erblicket/ denn diese Frewden-Krafft in der Wonne ist aus der Schärffe des Blickes auffgegangen/ und siehet in der Schärffe der Allmacht über die Finsternüß wieder in die ewige Schärffe in das finstere Gemühte/ und das Gemühte aneignet sich zu der Krafft/ und begehret der Krafft/ und die Krafft gehet nicht wieder zu rücke in die Finsternüß/ sondern spieguliret sich darinnen/ davon das ewige Gemühte immer lästernd ist nach der Krafft/ und die Krafft ist die Schärffe/ und die Schärffe ist das Anziehen/ und heist das ewige Fiat, das da schaffet und corporiret, was der ewige Wille in der Allmächtigen Sanfftmuth (welche ist die Macht und Zerbrechung der Finsternüß/ und Bawung des Principii) wil/ was der Wille in der ewigen Wissenheit erblicket und in sich fasset zu thun/ was sich aneignet der Sanfftmuht/ daß wil der Willen durch das scharffe Fiat (welches ist die ewige Essentia) schaffen. Das ist nun GOttes Wille/ was sich zu ihm aneignet und sein begehret/ das wil er schaffen in die Sanfftmuht: Alles was sich in seine Krafft aus den vieltausentmahl tausent aus dem unendlichen zu ihm aneignet.

75. Nun hat das unendliche die Mügligkeit/ das es sich zu ihm aneignen kan/ weil es noch im ersten Wesen ist. Du must aber alhier kein Gantzes mehr verstehen: Denn GOTT ist alleine das Gantze und die gröste Tieffe überall. Dieses aber in dem Unendlichen ist zertheilet/ und ist im Blicke der Vielheit/ da sich das Gantze in sich/ und durch sich selbst in der ewigen geschwängerten Finsternüß in unendlich erblicket: Dieselbigen Blicke stehen alle im Uhrkunde des Fewer-Blitzes/ und mögen sich in die geschwängerte Finsternüß/ als in die Herbigkeit des Frosts/ und im Blitze des Fewers wieder erblicken und aneignen/ oder aus der Finsternüß wieder einen Willen fassen aus der Aengstligkeit des Gemühts/ durch die Schärffe im Blitze zu gehen in die Sanfftmuth zu GOTT.

76. Deñ die Schärffe im Blitze ist allemahl das Centrum zur Wiedergebuhrt in das ander Principium, zu welchem sich nun der Wurm in Funcken aneignet sich zu erbähren/ entweder in ewigen

Cap. 14.　　Göttliches Wesens,　　175

ewigen Frost aus der scharffen Essentia durch den Blitz im Grimm des Fewers/oder aus der Schärffe in die Wiedergeburth der Sanfftmuth zu GOTT/ darinnen stehet er/ und ist kein wiederruffen/ denn die Sanfftmuht gehet nicht zu rücke in finstern Grimm und kalte Essentiam in das erste Anziehen/ welches von Ewigkeit ist fürm wieder-gesetzten Willen/ sondern komt deme zu hülffe/ und erleuchtet es/ was zu ihm komt aus der starcken Macht Gottes/ das lebet in der Krafft und im Liechte Ewiglich bey GOTT.

77. Nun ist die Tieffe der Finsternuß also groß/ als die Wonne des Liechts/ und stehet nicht gegen einander/ sondern untereinander/ und hat keines weder Anfang noch Ende; Es ist kein Ziel oder Ohrt/ sondern die scharffe Widergeburth ist das Ende und Ziel/ und ist das Scheidemahl zwischen diesen zweyen Principien.

78. Es ist keines weder Unten noch Oben/ alleine die Wiedergeburt aus der Finsternus in die Sanfftmuth heist Oben. Und ist eine solche Feste zwischen ihnen/ daß keines das ander begreiffet/ denn es ist eine Geburt oder Principium, ein fest Centrum, das Scheideziel: daß keines kan in das ander gehen/ als der scharffe Fewer-blitz der starcken Macht GOttes/ welcher mitten im Centro der Wiedergebuhrt stehet/ der stehet alleine in dem Wurm der Finsternüs/ und macht mit seinem schrecken in der Finsternüs die ewige Angst und Quaal/ das auffsteigen im Fewr/ und doch nichts erreichen/ als nur die Angst/ und in der Angst den Grimmen-blitz/ und was nun alda im grimmigen Gemüthe im Blicke des unendlichen corporiret wird/ und nicht seinen Willen in der corporirung für sich ins centrum der Wiedergebuhrt in die Sanfftmuth GOttes setzet/ das bleibet im finstern Gemühte im Fewr-blitz.

79. So hat nun dieselbe Creatur keinen andern Willen in sich/ kan auch keinen schöpffen aus irgend etwas/ denn es ist nichts mehr darinnen/ als immer in eigener Macht unwiedergebohren über das centrum auszufahren und zu herrschen in starcker Fewers-macht über die Sanfftmut GOttes/ und kans doch nicht erreichen.

80. Und hier ist der Uhrkund/ das die Creatur der Finsternüs wil über die Gottheit seyn/ als der Teuffel. Und ist alhier der uhrkund der eigenen Hoffart. Denn wie der Quäll in der Creatur ist/ also ist auch die Creatur. Denn die Creatur ist aus der Essentia: so ist der Quäll/ als sein Wurm/ aus dem ewigen Willen des finstern Gemühtes.　　H 4　　81. Und

81. Und ist dieser Wille nicht GOttes Wille/ und ist auch nicht GOTT: sondern der wieder gefassete Wille im Gemühte zu der Sanfftmuth ist GOttes wiedererbohrner Wille/ welcher stehet im Centro der Gebuhrt/ in der Schärffe der Zerbrechung der Finsternus/ und in sanfften Wohltuhn der Frewden-reich und Aufgang des Lichtes in der Wiederschwängerung deß Willens und gebährens der Krafft der ewigen Allwissenheit und Weißheit in der Liebe/ das ist GOTT/ und der Außgang von ihme/ ist sein Wille/ welchen die Essentia, als das scharffe Fiat schaffet/ und wohnet GOTT im andern Principio, da aus dem ewigen centro, aus dem ewigen Willen wird ewig erbohren das Reich GOttes ohne End und Zahl/ wie ferner folget:

Die Porte deß Sohnes GOttes/ der hold-seligen Lilien im Wunder.

82. SO denn der ewige Wille sich also von Ewigkeit immer schwängert/ so hat er auch ewigen Willen immer zuge-bähren das Kind/ dessen er schwanger ist/ und derselbe ewige Wille zugebähren/ gebieret ewig das Kind/ dessen der Wille schwanger ist/ und das Kind ist die ewige Krafft der Sanfftmuht/ welches der Wille wieder in sich fasset/ und spricht aus die Tieffe der Gottheit/ und die ewige Wunder und Weißheit GOttes.

83. Deß der Wille spricht aus/ und das Kind der Krafft und ewigen Sanfftmuht ist das Wort/ das der Wille spricht. Und der Außgang aus den gesprochenen Worte ist der Geist/ so in der scharffen Macht GOttes im centro der Wiedergebuhrt aus dem ewigen Gemühte / aus der Aengstligkeit im Fewr-blitz in der Schärffe der Zertrennung der Finsternuß und Auffschließung des Lichtes in der Sanfftmuht/ aus dem ewigen Willen von Ewigkeit aus dem Worte GOttes außgehet/ mit dem scharffen Fiat der großen Macht GOttes/ und ist der H. Geist GOttes: welcher ist deß Vatters Krafft und gehet vom Vatter durchs Wort aus dem Munde GOttes ewig aus.

Die Wunder-Porte Gottes in der Lilien Rosen.

84. NUn spricht die Vernunfft: Wo gehet der H. Geist GOttes hin/ wan er aus dem Vatter und Sohne durchs Wort GOttes außgehet? Sihe du Krancker Adam, hie stehet deß Himmels Porten offen/ wol zuerkennen/ wer nur selber wil. Denn die Braut spricht: Komm: und wen da dürstet/ der komme/ und wer da komt/ der trincket vom Quäll der Erkäntnüß

nuß deß ewigen Lebens / im Ruche und Krafft der Lilien GOttes im Paradeis.

84. Wie obtemeldt: So ist das der Grundt der Heyligen Dreyfaltigkeit in einem Göttlichen und unzertrennlichen Wesen / GOTT Vatter / Sohn / Heiliger Geist / von Ewigkeit von Nichts herkommend / von und auß Sich Selber von Ewigkeit immer erbohren / keinen Anfang noch Ende / sondern in Sich Selbst wohnend / mit Nichtes gefasset / keiner Raumligkeit unterworffen / weder Ziel noch Ohrt / sie hat keine Stätte ihrer Ruhe / sondern die Tieffe ist grösser als wir sinnen / da es doch keine Tieffe ist / sondern die unerforschliche Ewigkeit / und wer hier nach einem Ziel und Ende wil sinnen / der wird von der Gottheit turbiret, denn es ist keines / es ist der Natur Ende / und der tieffe Sinner thut wie Lucifer, der über die Gottheit wolte außfahren in Hochmuth / und war doch keine Stätte / sondern fuhr in sich selber / in die sewrige Grimmigkeit / und verdarb am Quäll deß Reiches GOttes.

86. Nun siehe die Lilie du edles Gemühte / voll ängstens und Trübsal dieser Welt. Sihe die heilige Dreyfaltigkeit hat einen ewigen Willen in sich / und der Wille ist dß Begehren / und dß Begehren sind die ewigen Essentien, darinnen stehet die Schärffe / als das ewige Fiat, das aus dem Hertzen und Munde GOttes durch den heiligen Geist außgehet. Und der außgegangene Wille aus dem Geiste ist die Göttliche Krafft / die fasset der Wille und hält sie / und das Fiat schaffet sie / daß also alle Essentien in ihr sind / als in GOTT selber / und die Bluhme deß Liechtes auß dem Hertzen GOttes grünet in ihr / und sie ist doch nicht GOTT / sondern die züchtige Jungfraw der ewigen Weißheit und Verstandnuß / davon ich in diesem Buche offt handele.

87. Nun ist die Jungfraw vor GOTT / und an-eignet sich zu dem Geiste / von deme die Krafft anßgehet / darauß sie die züchtige Jungfraw der Weißheit wird / die ist nun GOttes Gespielin / zur Ehre und Frewde GOttes / die erblicket sich in dem ewigen Wunder GOttes / und in dem erblicken wird sie sähnend nach dem Wunder in der ewigen Weißheit / welche sie doch selber ist / und sähnet sich also in sich selber / und ihr sähnen sind die ewigen Essentien, die ziehen an sich die heilige Krafft / und das herbe Fiat schaffet es / daß es im Wesen stehet / und sie ist eine Jungfraw / und hat nie nicht gebohren / und nimt auch nichts in sich: Ihre An-neigligkeit stehet im H. Geist / der gehet von GOTT aus / und nicht zu rücke / und zeucht nicht an

sich / sondern wallet vor GOtt / und ist die Bluhme des Gewächses.

88. Also hat die Jungfraw auch keinen Willen sich zu schwängern mit etwas/ sondern ihr Wille ist die Wunder GOttes zueröffnen. Darumb ist sie im Willen in den Wundern zuerblicken/ die Wunder in den ewigen Essentien: und denselben Jungfräwlichen Willen schaffet das herbe Fiat in den Essentien/ das es ein Wesen ist/ und ewig stehet vor GOtt/ darinnen die ewigen Wunder der Jungfrawen/ als der Weißheit GOttes/ offenbahr sind.

89. Und daßelbe Wesen ist das ewige Element, darinnen alle Essentien in der Göttlichen Krafft offen stehen / und sichtlich seynd/ in welchen sich die schöne und züchtige Jungfraw der Göttlichen Weißheit immer erblicket nach der zahl der Unendligkeit aus den viel tausentmal tausent ohne Ende und Zahl / und in derselbigen Erblickung als aus dem ewigen Element gehen aus Farben / Kunst und Tugend / und die Gewächse der Lilien GOttes/ welches sich die Gottheit immer erfrewet in der Jungfrawen der Weißheit: Und dieselbige Frewde gehet aus den ewigen Essentien, und heist Paradeis/ wegen der Schärffe der Gebährungen der lieblichen Frucht der Lilien in unendlich/ da dan der Lilien Essentien auffgehen in Wunder in viel tausentmahl tausent ohne Zahl / wie du ein Gleichnüß an der blühenden Erden hast.

90. Du liebes Gemühte / sihe / betrachte es / dieses ist nun GOtt und sein Himmelreich mit dem ewigen Element und Paradeiß / und also stehet es im ewigen Uhrkunde von Ewigkeit zu Ewigkeit. Was nun vor Frewde/ Wonne und Liebligkeit darinnen sey / darzu hab ich keine Feder / daß ichs schreiben kan / ich kans auch nicht sagen / denn die irdische Zunge ist viel zu wenig darzu. Es ist gleich wie Kohtt gegen Golde zu achten / und noch viel weniger. Obs gleich die Jungfraw ins Gemühte bringet/ so ist doch alles viel zu finster und kalt am gantzen Menschen/ das er wolle nur ein Fünklein davon außsprechen / wir wollens sparen biß in der Jungfrawen Schos. Wir haben dieses nur eine kurtze Andeutung gegeben / zu verstehen den Autorem dieses Buchs. Denn wir sind nur ein Funcke aus dem Brunnen der Weißheit GOttes / und reden als ein klein Fünklein? aber uns irdischen alhier auff Erden zu unserer schwachen Erkäntnus genug. Denn wir dürffen in diesem Leben von GOtt keine höhere Erkäntnuß vom ewigen Wesen/ so wir bloß reden von dem/ was von Ewigkeit gewesen ist / so ists gnug.

Das

Das 15. Capittel.

Von Verständnüs der Ewigkeit / in der zerbrechlichkeit der Wesen aller Wesen.

1. So wir uns denn also entsinnen deß ewigen Willens GOttes von dem Wesen aller Wesen / so befinden wir im Uhrkunde nur ein Wesen / wie obbemeldet / aus demselben Wesen ist von Ewigkeit erbohren das ander Wesen / als das Göttliche / und befinden das beyde Wesen in Göttlicher Allmacht stehen / aber nicht in einer Quäll / und vermischen sich nicht / und mag auch keines zerbrochen werden.

2. Nun haben sie aber zweyerley Anneiglig keit ein jedes in sich selber zu den seinen. Weil aber das Göttliche Wesen ist von Ewigkeit aus sich selber erbohren / so ists ge=aneignet dem Schwachen zu helffen / und heisset recht Barmhertzigkeit.

3. So sich deñ nun die Jungfraw der ewigen Weißheit hat in dem ewigen Uhrkunde erblicket / und gefunden in dem ewigen Gemühte in der scharffen Essentia der Zerbrechung der Finsternüs / im Fewrblitz die tieffe des Ebenbildes GOttes / wie also GOttes Gleichnus im ewigen Uhrkunde sey / so ist sie lüsternd worden nach der Gleichnus / und dieselbe Lust machete das Anziehen im Willen / und der Wille stund gegen der Gleichnus / und das Fiat im Anziehen deß Willens schuff den Willen in der Gleichnus / darauß sind worden die Engel alle sampt. Nun waren aber in der Gleichnüs die ewigen Essentien / und die Weißheit erblickte sich in den Essentien in viel tausent mahl tausent / auff daß die ewige Wunder offenbahr würden. So giengen aus nach jeder Essentien / als aus einem Quelle viel tausent mahl tausent.

4. Und daher koint der Thron= und Fürsten Nahmen / als nach der Essentia des ersten und grossen Quälles / welcher wieder in der Erblickung der ewigen Weißhet GOttes außgehet in viel tausent mahl tausent / doch ist eine gewiße Zahl / und im Centro GOttes keine. Also sind aus jeder Essentien Brunne außgangen / erstlich die Throne / und im Thron viel tausent mahl tausent.

5. Das hat das Fiat geschaffen zu einer Gleichnus GOttes und zum Ebenbilde / und das im Fiat mit der überschwenglichen Krafft GOttes überschattet: und hat sich der Wille GOttes ge=

gen dem Bilde und Gleichnüs gestellet / elche nun den Willen annahmen / das waren Engel / denn sie stelleten ihre Imagination in Willen / ins Hertze GOttes / und die aßen vom Verbo Domini; welche aber ihre Imagination setzten in das finstere Gemühte / als Lucifer über die Gottheit und Sanfftmuht hinaus in der Fewers-macht im Fewer-blitz zufahren / in der scharffen Macht GOttes / und alleine Herr zu seyn / die wurden Teuffel / und haben den Nahmen wegen der Verstoßung aus dem Liechte / denn sie waren / als sie das Fiat schuff/ im Liechte / denn das Fiat, daß sie schuff/ stund im Liechte.

6. Also ist der Teufel schuldt an seinem Falle / denn er ließ sich bewegen die Matrix der Grimmigkeit / da er doch seinen Willen hatte zu greiffen zum Liechte oder Finsternüß / und Lucifer war ein Thron / das ist / ein Quell einer grossen Essentien, daraus giengen alle seine Diener / und thaten wie er : Also wurden sie zu rücke in die Finsternüß gestoßen / denn das Liecht GOttes gehet nicht in die Grimmigkeit.

7. Altar ist das Fiat, welches die grimigen Teuffel schuff/ in Hoffnung / sie würden Engel von den Teuffelen (welche ihre Imagination drein setzten darmit über GOTT und Himmelreich zu herrschen) inficiret werden / in der figurirung der Gleichnüß. Und hat alsobald das Element in der Gleichnüs / als in der Außgebuhrt in der Spiegulierung entzündet / daß die Essentia hat Essentien hoch erbohren / davon ausgehen die vier Elementa dieser Welt deß dritten Principii. Und das scharffe Fiat GOttes / welches in der Außgebuhrt stund / hat die Außgebuhrt geschaffen/ daraus sind die Erde und Steine worden.

8. Denn als das Fiat das Element in der Auß-gebuhrt entzündete / so wurd die entzündete materia begreiflich : das taugete nun nicht im Paradeiß / sondern wurd außgeschaffet. Damit aber das Element mit seiner Außgebuhrt nicht mehr also gebäre/ schuff GOTT aus dem Element den Himmel / und ließ aus dem Element, welches ist der Himmlische Limbus, auffgehen das dritte Principium. Da sich dan der Geist GOttes in der Jungfrauen wieder erblickete / als in der ewigen Weißheit / und befand wieder die Gleichnüs in der Außgebuhrt in dem zerbrechlichen Wesen. Und die Erblickung stund im scharffen Anziehen des Fiats : und das Fiat schuf/ daß es wesentlich war / und das sind die Sternen/ eine eitel quinta Essentia, ein Außzug deß Fiats aus dem Limbo GOTTES / darinnen das verborgene Element stehet.

9. Da-

9. Damit aber auffhöre die scharffe und ernste Essentia mit dem Anziehen/ so erbahr GOtt ein Gleichnus des Brunnes deß Hertzens GOttes/ als die Sonne/ und gieng hiermit auff das dritte Principium dieser Welt/ die setzte alle Ding in die Sanfftmuht und Wohlthun.

10. Dieweil sich aber die ewige Weißheit Gottes/ als in der züchtigen Jungfrawen der Göttlichen Krafft hatte im Principio dieser Welt erblicket/ in welchem loco der Groß-Fürst Lucifer war im Himmel gestanden im andern Principio, so war dieselbige Erblickung ewig/ und wolte GOtt daß Gleichnüsse aus den Essentien außgiengen/ welche das Fiat nach jeder Essentien Ahrt schuff/die solten seyn nach der Zerbrechung dieses eusserlichen Wesens/ eine Figur und Bildnuß im Paradeis/ und ein Schatten dieser Wesen.

11. Damit nichts vergeblich aus der Weißheit GOttes gienge/ so hat GOtt Thiere/ Vögel/ Fische/ Würme/ Bäume und Kraut aus allen Essentien geschaffen/ darzu auch figurliche Geister in den Elementen aus der quinta Essentia, damit nach vollendeter Zeit/ so die Außgebuhrt wieder ins æther gehet/ alles vor ihm erscheine/ und seine ewige Weißheit erkant werde in seinen Wunderthaten.

12. Dieweil aber sein Wille war in diesem Thron im ewigen Element auch Creaturen zu haben/ welche an des gefallenen Teuffels stelle wären/ und den Locum im Himmel im Paradeiß verträten/ so schuf er den Menschen aus dem Element.

13. Und so dieser Locus nun zweyfach war/ und mit dem ewigen Uhrkunde dreyfach/ als das erste Principium in der grossen Aengstligkeit. Und dan das ander Principium in der Göttlichen Wonne im Paradeis. Und dan das dritte Principium im Sonnen-Liecht/ in der Sternen und Elementen Qualität; so muste der Mensch auch aus allen dreyen geschaffen werden: solte er aber ein Engel in diesem Loco seyn/ und alle Erkäntnus und Verständnus empfangen/ damit er auch könte ewige Frewde haben mit den figuren und Bildnüssen/ welche nicht im ewigen Geiste stehen/ sondern in der ewigen figur, alsdan sind alle Ding in dieser Welt.

14. Da erblicket sich GOtt nach seinem ewigen Willen in seiner ewigen Weißheit der Edlen Jungfrawen in dem Element, welches stehet im Paradeiß der Schärffe der Göttlichen Krafft. Und das Fiat schuff den Menschen aus dem Element im Paradeiß. Denn es zoch an aus der Quinta Essentia der Sonnen/

Ster-

Sternen und Elementen im Pardeiß ins Element des uhrkundes/ da die vier Elementa von außgehen/ und schuff den Menschen zum Bilde GOttes/ das ist/ zu GOttes Gleichnuß/ und blies ihm ein ins Element des Leibes/ welches doch nur Paradeisische Krafft war/ den Geist der ewigen Essentien aus dem ewige Uhrkunde/ da ward der Mensch eine lebendige Seele und Bild GOttes im Paradeise.

15. Und die Weißheit GOttes der holdseligen Jungfrawen erblickte sich in ihme/ und eröffnete mit dem Blick Adams Centrum in viel tausent mahl tausent/ die solten gehen aus diesem Brunne dieser Bildnüs/ und wurd ihme die Edle Jungfraw der Weißheit und Krafft GOttes vermählet/ daß er solte keusch seyn und gantz züchtig bey seiner Jungfrawen/ und keinen Willen/ weder ins erste/ noch ins dritte Principium setzen/ darinnen zu qualificiren/ oder zu leben/ sondern seine Annieigligkeit solte seyn ins Hertze GOttes/ und essen vom verbo Domini an allen Früchten in dieser Welt.

16. Denn die Früchte waren auch gut/ und ihre Annieigligkeit gieng aus dem inneren Element aus dem Paradeis/ so könte Adam essen von aller Frucht im Maule/ aber nicht in Leib in die Zerbrechligkeit/ das solte nicht seyn/ denn sein Leib solte ewig bestehen und im Paradeiß bleiben/ und aus sich gebähren eine Jungfraw der Zucht/ wie er war/ ohn Zerreißung seines Leibes/ denn das konte seyn/ sintemahl seyn Leib aus dem Himlischen Element war/ aus der Göttlichen Krafft.

17. Als sich aber die züchtige Jungfraw also in Adam befand/ mit grosser Weißheit/ Sanfftmuht und Demuht/ so wurden die äußeren Elementa lüsterend nach dem ewigen/ sich in die züchtige Jungfraw zuerheben/ und darinnen zu qualificiren/ dieweil Adam aus ihnen/ aus der Quinta Essentia war außgezogen/ so begehreten sie das ihre/ und wolten in dem ihren qualificiren/ welches doch GOTT Adam verbot/ er solte nicht essen vom Erkäntnüs Gutes und Böses/ sondern in einem Leben sich lassen genügen am Paradeiß.

18. Aber der Geist der grossen Welt überwandt Adam, und sätzte sich mit Macht ein in die quintam Essentiam, welches ist die fünffte Gestalt oder Außzug aus den vier Elementen und Sternen. Da muste GOTT dem Adam ein Weib aus seinen essentien schaffen/ solte er das Reich nach der Erblickung der Edlen Jungfrawen erfüllen und bauen und wurd der Mensch irrdisch/ und wich die Edle Jungfraw von ihme ins Paradeiß/

da wartet sie seyn/ er sol das Irdische ablegen/ so wil sie seine Braut und lieber Buhle seyn. Und mag nun mit dem Menschen in dieser Welt nicht anderst seyn/ er muß in Krafft der äußern Sternen und Elementen erbohren werden/ und darinnen leben/ biß das irdische hinfält.

19. Nun ist er in diesem Leben dreyfach/ und hanget ihm der dreyfache Geist an/ und wird darinnen erbohren/ kan sein auch nicht loß werden/ er zerbreche dan. Zwar deß Paradeises kan er loß werden/ so sein Geist in die Grimmigkeit und Falscheit imaginiret und sich darein ergiebet/ also in Hoffahrt über die Sanfftmuht und Gerechtigkeit in sich selbst als ein Herr/ wie Lucifer, zu leben/ so fället das Paradeiß und ist zu/ und verleuret er die erste Bildnus/ welche stehet im verborgenem Element im Paradeiß.

20. Denn es kan der Adamische Mensch gleichwohl im Paradeiß-leben nach dem innern Element, welches im Gemüht offen stehet/ so er der Boßheit wiederstrebet/ und ergibt sich gäntzlich aus gantzem Vermögen ins Hertze GOttes/ so wohnet ihm die Jungfraw im innern Element im Paradeiß bey/ und erleuchtet sein gemühte/ daß er kan den Adamischen Leib zähmen.

21. Denn diese drey Gebuhrten werden einem jeden in Mutterleibe mit angebohren/ und darf keiner sagen: Ich bin nicht erwehlet: Es ist eine Lügen/ die das Element, darinnen der Mensch auch lebet/ anleugt/ darzu leuget sie die Jungfraw der Weißheit an/ welche GOTT einem jeden gibt/ der sie mit Ernst und Demuht sucht. So ist die Müglichkeit des Suchens auch in jedem/ und wird ihm mit dem allmöglichen verborgenen Element angebohren. Und ist keine andere Uhrsach des Verderbens im Menschen/ als wie beym Lucifer, dessen Wille frey stund/ Er solte greiffen in GOTT/ in die Demütigkeit/ Keuschheit und Sanfftmuht/ oder ins finster Gemüht/ in die auffsteigende Boßheit und Grimmigkeit/ welche sich zwar in ihrem Quälle nicht über GOTT begehret zu erheben/ sondern aneignet sich nur über die Sanfftmuht im Fewr-Blitz in der strengen Wiedergebuhrt. Alleine die Teuffel wolten als Creaturen über aus und alleine Herr seyn; Also gehet es auch dem Menschen alhier.

22. Es an-neiget die Hoffahrt der Natur freylich wol einem Menschen sehrer als dem andern: Sie zwinget aber keinen/ daß er muß hoffärtig seyn; und ob ein Zwang ist/ so lässet doch der Mensch muhtwillig umb zeitlicher Ehr und Wollust den Teuffel in die ewige Essentien, der siehet bald wie der Mensch von dem
Geist

Geist dieser Welt ge=anneiget ist / also versucht er ihn auch: Läst ihn der Mensch nur ein / so ist er ein schwerer Gast außzutreiben. Doch ists wol müglich / so der Mensch ihme gäntzlich und harte fürnimt umbzukehren / und zu leben im Willen GOttes / so ist die Jungfraw schon auff der Bahn ihme zu helffen.

23. Es gehet wol harte zu / wenn das edle Senff=törnlein soll gesäet werden / denn der Teuffel wehret sich gewaltig! Aber wer beharret / der erfähret was in diesem Buche geschrieben stehet. Und ob er gleich der Untugend der äusserlichen Elementen ihres Tricks nicht kan loß werden / noch bleibet ihme der edle Saame im limbo GOttes / welcher grünet und wächset / und endlich ein Baum wird / welcher dem Teuffel nicht schmecket / sondern gehet umb den Baum als ein schmeichlender Hund / welcher an Baum brunzet; Also schmeist er auch alles Unglück von seinen Dienern an ihn / reisset auch manchen durch seine Rotte hinaus aus seinem Hause / daß er ihm nicht mehr Schaden thut / aber ihm geschicht wol / und kent ins Land der Lebendigen.

24. So sagen wir nun nach unserer hohen Erkäntnuß / daß die Quell aller dreyen Principien sich mit einbildet in der Menschwerdung eines Kindes im Mutterleibe; denn nach dem der Mensch von den Sternen und Elementen durchs Fiat ist figuriret worden / daß die Elementa ihre Region haben eingenommen / als Hertze / Leber / Lunge / Blase und Magen / darinnen sie ihre Region haben: So muß nun auffgehen aus allen Elementen / der Meister in seiner zweyfachen Gestalt. Denn es stehet nun da 1. das Bilde GOttes. Es stehet auch da 2. das Bilde dieser Welt / und auch 3. des Teuffels Bilde. Nun kostets ringen und überwinden / und thut noht der Schlangen=träter auch in Mutter=leibe.

25. Darumb ihr Vätter und Mütter seyd GOttes=Fürchtig und fromb / daß der Schlangen=tretter auch sey in ewerer Frucht. Denn Christus spricht: Ein guter Baum kan nicht arge Früchte bringen / und ein fauler Baum kan nicht gute Früchte bringen. Ob dieses nun wol ist gemeinet auff das gebohrne Gemüthe / der seinen Verstand hat / daß kein falsch Gemüthe gute / und kein gut Gemüthe böse Früchte bringet / so ists doch dem Kind treflich noht; Sintemahl das Kind von der Eltern Essentia erbohren wird.

26. Obwel die Sternen die Essentien in einem jeden in der äusserlichen Gebuhrt veränderen nach ihrem Quell / so ist aber das Element noch da / das können sie nicht veränderen mit ihrer Macht / der Mensch thue es dan selber / sie haben nur die eussere

Region: So darff sich der Teuffel auch nicht einbilden vor Zeit des Verstandes/ da der Mensch sich kan selber anzeigen zum Bösen oder Guten: Jedoch sol Niemand darauff pochen. Sind die Eltern Gottlose/ so kan auch GOTT wel einen gottlosen Saamen verlassen. Denn er wil nicht/ daß man die Perlen soll vor die Säw werffen/ ob er well geneiget ist/ allen Menschen zu helffen/ so ists doch nur/ die sich zu ihm wenden. Wiewol das Kind in Unschuld ist/ so ist doch der Saame nicht in Unschuld/ und thut ihme nur noht der Schlangen-treter. Darumb dencket ihr Eltern/ was ihr thut/ vorauß ihr Huren und Buben/ ihr habt ein schwer Latein, besinnet euch wol/ es ist kein Scherz/ es sol euch an seinem Ohrte gewiesen werden/ daß der Himmel krachet: Fürwar die Zeit der Rosen bringets mitte und ist hohe Zeit auffzuwachen/ denn der Schlaff ist auß/ es wird ein grosser Riß werden für der Lilien/ darumb hab ein jeder acht auff seine Sachen.

27. So wir nun uhrkunden des Menschen Leben im Mutterleibe von seiner Krafft/ Rede und Sinnen/ und von dem edlen hochtheuren Gemüthe/ so finden wir die Ursachen/ warumb wir so ein lang Register haben vor diesem von der ewigen Gebuhrt gemacht. Denn die Sprache/ Sinnen und Gemüthe haben auch einen solchen Uhrkundt/ wie obgemeldet von der ewigen Gekuhrt GOttes/ und ist eine theure Porte.

28. Denn siehe/ wann die Porten dieser Welt im Kinde fertig ist/ daß das Kind eine lebendige Seele auß den Essentien ist/ und siehet nun im Sonnen-Liecht/ und nicht im Liechte GOttes; so kompt der rechte Meister gerade zur Stunde und Augenblick/ wenn sich des Lebens-Liecht anzündet und figuriret das seine/ Deß das Centrum bricht in allen dreyen Principien auff. Erstlich sind die herben Essentien im Fiat in der starcken Macht GOttes/ welche sind des Kindes Eigenthumb/ sein Wurm der Seelen/ die stehen im Hause der grossen Aengstligkeit wie im Uhrkunde. Denn der Saame wird im Willen gesäet/ und der Wille empfähet das Fiat in der Tinctur, und das Fiat zeucht an sich denn Willen innerlich/ und äusserlich den Saamen zu einem Mesch, denn es ist der innerliche und auch äusserliche Meister da.

29. So nun der Wille also an sich zeucht/ so wird er schwanger innerlich und äusserlich/ und wird verdunckelt/ das kan der Wille nicht dulden/ daß er soll in die Finsternüß gesetzet werden/ und

und geräht in grosse Angst nach dem Liechte. Denn die äusserliche Materia wird mit den Elementen gefüllet/ und das Geblühte ersticket/ da dann die Tinctur weicht/ da dann recht des Todes Abgrund ist. So wird der innerliche von den Essentien der Krafft gefüllet/ und gehet in den innerlichen auff einander Willen/ aus der strengen Krafft der Essentien sich zu erheben ins Liecht der Sanfftmuht/ und in dem äusserlichen stehet das Begehren sich zu scheiden das Unreine von dem Reinen/ denn das thut das äusserliche Fiat.

30. Uns ist zu entsinnen in Krafft der Jungfrawen/ daß der Wille erstlich dreyfach ist/ und ein jeder ist in seinem Centro fix und rein: Denn er gehet aus der Tinctur. Im ersten Centro gehet auff zwischen den Eltern des Kindes die Anneigligkeit und viehische Begierde zu vermischen/ das ist das eusser Elementische Centrum, das vor sich selbst fix. Zum andern/ im andern Centro gehet auff die anneigliche Liebe zur Vermischung/ und ob sie einander sonst im Anblick gram wären/ so gehet doch in der vermischung das Centrum der Liebe auff alleine in die Vermischung/ denn eine reine Tinctur fähet die ander/ und in der Vermischung empfähet sie die Massa beide.

31. Nun inqualiret die Liebe mit dem innern Element, und das Element mit dem Paradeise/ und das Paradeiß ist vor GOTT. Und der äusserliche Saamen hat seine Essentien, die inqualiren erstlich mit den äusserlichen Elementen, und die äusserlichen Elementen inqualiren mit den äusserlichen Sternen/ und die äusserlichen Sternen inqualiren mit der äusserlichen Grimmigkeit/ Zorn und Boßheit/ und der Zorn und Boßheit im Grimme inqualiret mit dem Uhrkunde der ernsten Grimmigkeit der Höllen Abgrund/ der Abgrund inqualiret mit den Teuffelen.

32. Darumb ô Mensch! bedencke/ was du hast empfangen mit dem Thierischen Leibe/ zu essen und zu trincken von Böß und Gut/ welches GOTT doch verbot. Alhier siehe in der Essentien Grund/ und sprich nicht mit der Vernunfft/ es sey bloß umb einen Ungehorsam gewesen/ darumb sey GOTT also erzürnet/ daß sein Zorn nicht könte gelöschet werden. Du irrest. So die klare Gottheit zürnete/ so wäre sie nicht umb deinet willen Mensch worden/ dir zu helffen. Siehe nur auff den Zweck in die Ewigkeit/ so findestu alles.

33. Also wird mit der Vermischung mit gesäet das Reich der Finsternuß/ des Teuffels/ und gehet mit auff das dritte Centrum der grossen Inbrunst/ darauß die Grimmigkeit und das

Fleisch-

Fleisch-haus erbohren wird. Denn die reine Liebe / welche das Element, und fort das Paradeis erreichet / hat gar ein keusches züchtiges Centrum, und ist in sich selber fix.

34. Dieses gebe ich dir ein gerecht Exempel fleißig und hoch zu betrachten: Siehe zwey junge Menschen / welche nunmehr die Bluhme der edlen Tinctur in der Matrix und Limbo erreichet haben / daß sie angezündet ist / wie gar hertzliche Trewe und reine Liebe sie gegeneinander tragen / da eines dem andern sein Hertz in Liebe gönnet mit ihme zu theilen / könte es seyn ohne noht und Todt. Das ist nun die rechte Paradeisische Bluhme / und diese Bluhme erreichet und inqualiret mit dem Element und Paradeyß: So bald sie aber einander nehmen und sich vermischen / so inficiren sie einander mit ihrer Brunst / welche aus den äussern Elementen und Sternen wird erbohren / und erreichet den Abgrund / so werden sie einander manchmahl spinnen feind. Und obs wäre / daß die complexion edel wären / daß noch eine Liebe bleibet / so ist sie doch nicht so rein und trew / als die erste vor der Vermischung / welche feurig ist / und die in der Brunst irdisch und kalt. Denn die muß ja trew halten / weils nicht anderst seyn kan / wie sichs bey manchem wol weiset / wie man hernach in der Ehe Huren und Buben nachläufft/und suchet den Zucker des Teuffels / welchen er in die edle Tinctur strewet / so ihme der Mensch zulässet.

35. Da man denn allhier abermahl siehet / daß GOTT die irdische Vermischung nicht gewolt hat / der Mensch solte bleiben in der feurigen Liebe / die war im Paradeiß / und auß sich gebähren. Aber die Fraw war in dieser Welt / im äuserlichen elementischen Reiche / in der Brunst der verbotenen Frucht / davon solte Adam nicht essen. Und ob er hat gessen und uns also verderbet / so gehet es ihm doch nun wie einem Diebe / der in einem Lustgarten ist gewesen / und ist daraus gegangen zu stehlen/ komt nun und wil wieder in Garten / und der Gärtner läst ihn nicht ein / er muß mit einer Hand in Garten langen nach der Frucht / so komt der Gärtner und reisset ihm die Frucht aus der Hand/und er muß in seiner Inbrunst und Zorne davon gehen/und komt nicht wieder in Garten/und bleibt sein sühnende Brunst vor die Frucht/das hat er vor die Paradeisische Frucht bekommen/darvon müssen wir nun essen / und leben in der Frauen.

36. Also gebe ich dir scharff zu erkennen / was ein Mensch ist/ und was der Mensch säet / und was im Saamen wächset / als drey Reiche / wie obbemeldet. So dan nun die drey Reiche also
gesäet

gesäet werden/ so seynd sie erstlich fürm Versuch-baume/ da gehet an Zanck und großer Streit: da stehen die drey Reiche in einander/ und tragen große Lust und Sehnen nach einander. Das Element im Paradeiß wil behalten das reine Gemühte und Willen/ welches stehet in der Liebe in der Tinctur deß Saamens. Und die äussere Elementa, als der Außgang vom Element wil haben das Element, und sich mit ihme vermischen/ so komt der äußerliche Grimm der Sternen/ zeucht es zusammen mit dem äußerlichen Fiat, und setzet sich darein/ so wird der innerliche Wille in der Liebe mit dem Element und Paradeiß verdunckelt/ und gehet die Liebe ins Paradeiß in seyn æther, und erlischt, in der Tinctur des Saamens/ und gehet unter das Himmlische Centrum, denn es trit in sein Principium.

37. So komt alsdan die Frawe mit ihrem ersticktem Geblüte/ mit den Sternen und Elementen, und setzet sich ein/ und ist alhie der Todt des Paradeises/ da Adam starb mit lebendigem Leibe/ das ist/ er starb dem Paradeiß und heiligen reinen Element, und lebete der Sonnen/ Sternen und äußerlichen Elementen, davon ihm GOTT sagte: Welches Tages du issest vom Bösem und Gut/ wirstu des Todes sterben. Und das ist die Porten des ersten Todes im Paradeiß/ da nun der Mensch in der Elementischen Frawen dieser Welt lebet in der Zerbrechlichkeit.

38. Und ist uns thewer zu erkennen und zu wissen/ daß wan der Saamen gesäet ist in die Matrix, daß er vom Fiat zusammen gezogen wird/ in dem sich die Sternen und äußerlichen Elementa einsetzen/ und die Liebe und Sanfftmuht verlischet. Denn es wird ein grimmig Wesen in der Erstickung der Tinctur, daß vor anzündung des Lebens-Liecht im Kinde keine himmlische Creatur ist/ und ob sie gleich figuriret ist mit allen Gestälten des Leibes/ so ist doch die himmlische Bildnüß nicht darinnen/ sondern die thierische; und so derselbe Leib zerbricht vor Anzündung des Seelen-geistes im Lebens-auffgang/ so erscheinen am Tage der Wiederbringung vor GOTT aus dieser figur nur sein Schatten und figur, denn es hat noch keinen Geist nie gehabt.

39. Nicht führet die figur in Abgrund/ wie manche richten/ sondern nach dem die Eltern sind/ also ist auch ihre figur, denn diese figur ist noch der Eltern biß zu seines Lebens-Anzündung/ so ists nicht mehr der Eltern/ sondern sein Eigenthumb/ die Mutter gönnet ihm nur die Herberge und Nahrung/ und so sie das mit Willen umbbringet in ihrem Leibe/ so ist sie eine Mörderin/ und richtet sie das Göttliche Gesetze zum zeitlichen Tode.

40. Als

Cap. 15.   Göttliches Wesens.   189

40. Also nehmen nun die Sternen und Elementa das Hauß nach Abweichung der Liebe in der Tinctur ein/ und füllen das den ersten Monden. Und im andern scheiden sie die Glieder durchs herbe Fiat, wie vorne bemeldet. Und im dritten gehet an der Streit und die Region der Sternen und Elementen/ da sie sich dan entscheiden/ und jeder Element macht ihm sein Hauß und Region, als Hertze/ Leber/ Lunge/ Blase/ und Magen/ so woll den Kopff zum Sternen Hause/ da sie ihre Region haben/ und ihren Fürstlichen Sitz/ wie ferner folget.

41. Nachdem nun die Sternen und Elementa, wie vorne bemeldet/ ihre Region und das Hauß zur wohnung haben zugerichtet/ so gehet nun an der mächtige Streit in grossen Aengsten/ umb den König deß Lebens. Denn die Kammer deß Gebäwes stehet in sehr grossen Aengsten. Und ist uns zu entsinnen der Uhrkund der Wesen aller Wesen/ die ewige Gebuhrt und Wurtzel aller Dinge/ als daß in dem Hause der Aengstligkeit ist erstlich ein einiges Wesen/ und dasselbe Wesen ist die Vermischung aller Wesen/ und hat erstlich einen Willen zu gebähren das Liecht/ und derselbe Wille ist anziehend.

42. Denn das Begehren ist das Anziehen dessen/ so der Wille begehret/ und derselbe Wille ist erstlich rein/ weder Finster noch Liecht/ denn er wohnet in sich selber/ und ist eben die Porte der Göttlichen Krafft/ die alle Ding erfüllet. Nun erfüllet das Anziehen den Willen mit dem Dinge/ als der Wille begehret/ und ob er gleich rein ist/ und nur das Liecht begehret/ so ist doch kein Liecht in der finstern Aengstligkeit/ das es könte anziehen/ sondern zeucht in sich den Geist/ oder die Essentien der Sternen und Elementen, damit wird der Wille der Göttlichen Krafft gefüllet/ und das ist alles rauh und finster. Also wird der Wille in die Finsternüß gesetzet/ dieses geschiehet im Hertzen.

43. So dann nun der Wille in der Finstern Aengstligkeit stehet/ fasset er ihme wieder einen andern Willen aus der Aengstligkeit zu entfliehen und zu gebähren das Liecht. Und derselbe andere Wille ist das Gemühte/ darauß die Sinnen gehen/ in dieser Aengstligkeit nicht zu bleiben/ und der Wille erblicket sich in die Essentien der Herbigkeit/ als in die grimme Härtigkeit des Todes/ und der Blick bricht durch die Essentien der herben Härtigkeit als ein geschwinder Blitz/ und schärffet sich in der herben Härtigkeit/ daß er blanck wird wie ein Feuer-blitz/ und zerbricht in seiner geschwinden Fahrt die herbe Finsternüß/ da stehet die Härtigkeit und Herbigkeit deß Todes/ wie ein zersprengend drä-

hendes

hendes Radt/ das mit dem Blitz der Zersprengung geschwinde gehet wie ein Gedancke/ wie sich dan der wiedergefassete Wille/ welcher ist das Gemüthe/ also geschinde erblicket/ und weil er nicht aus den Essentien kan fliehen für sich/ so muß er im drähendem Rade gehen/ denner kan nicht von der Stätte/ und zerbricht die Finsternüß. Und wann er also die Finsternüß zersprenget/ erblicket sich der scharffe Blick in der lieblichen Wonne außer der Finsterkeit in der Schärffe des Willens/ als im Gemühte/ und befindet sich darinnen wonnesahm/ davon erschricket der Blick oder Blitz/ und fähret auff mit starcker Macht durch die zersprengte Essentien auß dem Hertzen/ und wil zum Munde aus/ und dähnet sich weit vom Hertzen/ und wird doch vom herben Fiat gehalten/ und macht ihm aber eine sonderliche Region als die Zunge/ darinnen stehet der Schrack der zersprengten Essentien, und so er sich dan wieder zu rücke in das Hertze/ als sein erst Wohnhaus/ erblicket/ und findet das also wonnesahm und liechte/ in dem die Thoren der Finsternüß zersprenget sind/ so entzündet er sich also hoch im Liebe-willen wegen der Sanfftmuht/ und gehet durch alle Essentien nicht mehr als ein grimmig Blitz/ sondern zitternd mit grossen Frewden: und ist die Macht der Frewden nun viel hundert mahl stärcker als erstlich der Blick/ so sich schwang durch die herben harten Essentien des Todes/ und gehet mit starcker Macht aus dem Hertzen in Kopff/ in willens die himlische region zu besitzen.

44. Denn er ist Paradeiß/ und hat seine innerste Wurtzel in deme/ da Adam in Sünden des ersten Todes starb/ so sprach GOtt: Deß Weibes Saamen soll der Schlangen den Kopff zertretten. Daßelbe Wort bildet sich in Adam im Centro seines Lebens auffgang/ und fort mit der Schöpffung der Heva in ihres Lebens Auffgang/ und fort in alle Menschen/ daß wir können in unserm ernsten Gemühte durch das Wort und Krafft GOttes in dem Schlangen-tretter/ welcher in der Zeit ein Mensch ward/ dem Teuffel seinen Kopff und Willen zertretten; und so diese Macht nicht an diesem Ohrte wäre/ so wären wir im ewigen Tode. Also ist das Gemühte sein selbst im freyen Willen/ und schwebet in der Krafft GOttes und seiner Verheißung im freyen Wesen.

45. So dan also der Frewdenschrack in der Krafft GOttes/ welche die Thoren der tieffen Finsternüß zersprengete/ auffgehet im Hertzen/ und fähret mit dem Blick in Kopff/ so setzet sich die Krafft der Frewden oben an/ als das stärckeste/ und der Blick
unten

Cap. 15.   Göttliches Wesens.   191

unten / als das schwächer ist / und der Blick / wann er in Kopff / in seinen Sitz komt / machet er ihme zwo offene Porten / denn es hat die Thoren der tieffen Finsternüß zersprenget. Darumb bleibet er nicht mehr im Finsternüß / sondern muß frey seyn / als ein Sieges-fürst / und läst sich nicht gefangen halten. Und deutet uns die Aufferstehung Christi auß in Tode an / welcher nun frey ist / und sich nichts halten läst. Davon gar thewer an seinem Ohrte soll geschrieben werden. Und dieselbe Porten / so der Blick offen hält / sind die Augen / und ihre Wurtzel sind der Frewden-geist / welcher zum ersten in des Lebens Anzündung auffgehet.

46. So sich dan also der starcke wieder-gefaste Wille zu entfliehen aus der Finsternüß / und zu seyn im Liechte / im Hertzen gebieret / können wir anders nicht erkennen / denn es sey die edle Jungfraw der Weißheit GOttes / welche also in Frewden auffgehet / und sich mit dem Seelen-geiste im Anfang vermählet / und ihme zum Liechte hülfft / welche nach auffgang der Seelen / als nach Anzündung der Sonnen-krafft in die Essentien sich in ihr Centrum des Paradeises setzet / und die Seele immer warnet vor dem ungöttlichen Weege / welche ihr werden von den Sternen und Elementen fürgehalten / und in ihre Essentien bracht. Darumb behält die Jungfraw ihren Thron im Hertzen und auch im Kopffe / daß sie allenthalben der Seelen wehre und steure.

47. Uns ist weiter zu ersinnen / daß als ihm der Schrack sein Wohnhaus machte in seinem starcken Durchriß aus den Thoren der ängstlichen Finsternüß / als die Zunge / daß der Schrack noch nicht die Jungfraw erblicket hatte / sondern als er sich wieder zu rücke ins Hertze in die eröffnete Finsternüs erblickte / und fand sie so Wonnesam / da gieng ihm erst auff die Frewde / Wonne und Lieblichkeit / und wurd Paradeiß / und wolte nicht wieder in die Zunge / sondern in Kopff / und alda seine Region aus dem Quäll deß Hertzens haben. Darumb darff man der Zungen nicht alles glauben / denn sie sitzet nicht in himlischer Region, wie die wonnesame liebliche Krafft / sondern sie hat ihre Region im Schrack und Blitz. Denn der Blitz ist der höllischen Region so nahe / als der Schrack / denn sie werden beyde in der strengen Schärffe / in den Essentien erbohren / und redet die Zunge Lügen und Wahrheit / in welcher sie der Geist wapnet / so reuthet sie: sie redet auch ofte Lügen bey den hohen Menschen / wan sie von der Essentien gewapnet wird / so reuthet sie im Schrack / als ein Reuther in seiner Hochmuht.

Das

Das Leben der Seelen die Porte.

48. SO dan nun deß LebensKrafft und Geist des andern Principii ist erbohren in dem ersten Uhrkunde des ersten Principii, als in den Thoren der tieffen Finsternüß/ welche der Wille der Krafft der Jungfrauen in dem strengen ernstlichen Blicke der strengen Macht GOttes zersprengete/ und sich in die liebliche Wonne setzte/ so drungen die Essentien der Sternen und Elementen, als bald im Blick des Lebens Auffgang mitte ein/ doch erst nach erbawung der lieblichen Wonne.

49. Denn die Wonne ist das Element, und des innern Elements Krafft ist die Liebe des Paradeyses/ das wollen die äuße-ren Elementa, als die auß dem Element sind erbohren/ von ihrer Mutter haben/ und das scharffe Fiat bringet sie in die Wonne/ da wird des Lebens Liecht recht angezündet/ und leben alle Essentien in der Wonne/ und gehet die Sonne der Sternen auff in der Wonne/ denn im Lebens Anfang fängt ein jedes Principium sein Liecht.

50. Das erste Principium, als die Finsternüß fängt den grimmen und geschwinden Feuer-Blitz/ als sich der wieder gefaste Wille im ersten Willen/ der angezogenen Finsternüß der Herbigkeit erblicket/ und im Blick die Finsternüß zersprenget/ so bleibt im ersten Willen der herben Finsternüß der Fewer-blitz/ und stehet ob dem Hertzen in der Gallen/ und zündet das Fewer in den Essentien des Hertzens an.

51. Und das ander Principium behält auch sein Liecht vor sich/ welches ist die liebliche Wonne/ welche erscheinet/ wo die Finsternüß zersprenget ist/ darinnen die holdselige Krafft und Lieblichkeit auffgehet: davon der Schrack in der starcken Macht also frewdenreich wird/ und sein groß Reissen leget in ein frewdenreich zittern/ da ihme dan der Fewer-blitz deß ersten Principii anhänget/ davon er zitternd ist/ aber seine Quäll ist Lieblichkeit und Freude/ das man nicht schreiben kan/ wol deme der es erfähret.

52. Und das dritte Principium behält sein Liecht gantz vor sich/ welches/ wan deß Lebens Liecht auffgehet/ eindringet in der Seelen Tinctur zu dem Element, und greifft nach dem Element, bekomt aber nicht mehr als der Sonnen-liecht/ welches auß der quinta Essentia ist außgangen auß'm Element. Also herrschen die Sternen und Elementen in ihrer Sonnen-Liecht und Krafft/ und inqualiren mit der Seelen/ und bringen viel Untugend/ auch Kranckheit in die Essentien, davon stechen/ reitzen/ geschwulst/ und Sucht in ihnen entstehet/ und endlich ihre Zerbrechung und Todt.

53. So

Cap. 15. **Göttliches Wesens.** 193

53. So dan nun das Liecht in allen dreyen Principien scheinet/ so gehet auß die edle Tinctur aller drey Principien, und ist hoch zu mercken/ daß das mittel Principium kein Liecht von der Natur annimt/ sondern so bald die Finsternüß zersprenget ist/ so erscheinet es in hochfreudenreicher Wonne/ und die edle Jungfrau in der Wonne/ als in derselben Tinctur wohnend. Uns erscheinet die Gottheit im Menschen gar hoch und sehr/ da wir sie doch sonst in keinem Dinge also finden/ wir betrachten was wir wollen.

54. In dem ersten Principio ist der Fewer-Blitz/ und seine Tinctur ist das schreckliche Liecht der Sonnen/ welches sich außm ewigen Uhrkunde/ außm ersten Principio mit seiner Wurtzel/ auß der quinta Essentia durchs Element gar scharff urkundet/ welches an einem andern Orte kan ausgeführt werden/ und hier zu lang ist: Auch wil es verborgen seyn/ der es weiß/ geschweiget es/ gleich wie mit dem Auffgang der Sternen und Planeten/ denn das gekrönete Hütlein wil in seiner Schulen recht haben/ ob es wol im Liechte der Natur das wenigste begreifft: **Es bleibt zur Lilien-Zeit/ da stehet alles offen/ und ist die Tinctur der Welt Liecht.**

55. Und siehet man gar eigen hierinnen/ wie sich das dritte Principium mit dem ersten aneignet/ wie sie fast einen Willen haben. Denn es gehet auseinander/ und wan das ander Principium nicht in mitten wäre/ so wäre alles ein Ding. So wir aber allhier von der Tinctur im Leben reden/ so wollen wir den rechten Grund im Liechte der Natur anziehen von allen dreyen Gebuhrten.

56. Die edle Tinctur ist das Wohnhauß des Geistes/ und hat drey Gestalten: Eine Gestalt ist ewig/ unzerbrechlich: die ander ist veränderlich/ und auch ewig-bleibend bey den Heiligen/ aber in Gottlosen veränderlich/ und fliehet ins æther: die dritte ist zerbrechlich/ als im Tode.

57. Die erste Tinctur des ersten Principii, ist eigentlich die Wonne im Fewer-Blitz/ das ist die Quell in der Galle/ die machet dem Schwefel-Geiste (als dem unaufflößlichen Wurm der Seelen/ welcher in den scharffen Essentien gewaltig herrschet und den Leib beweget und träget/ wo das Gemüthe im andern Centro hinwil) sein Wohnhauß: Seine Tinctur vergleicht sich der strengen und scharffen Macht GOttes/ sie zündet den gantzen Leib an/ daß er warm ist/ daß er nicht erstarret/ und erhält das

Rad im Schracke in den Essentien, darauß das Gehör entstehet. Sie ist scharff und probiret den Geruch aller Dinge in den Essentien, sie machet das Gehör/ wiewol sie nicht das Gehör und Ruch ist/ sondern die Porte welche Böses und Guts einlässet/ wie die Zunge/ das Ohr auch/ das machet alles/ daß ihre Tinctur ihren Grund im ersten Principio hat/ und des Lebens Anzündung geschiehet in der Schärffe/ in der Durchbrechung/ durch die Porten der ewigen Finsternuß.

58. Darumb werden die Essentien des Seelen Geistes also scharff und feurig/ und gehet auß den Essentien eine solche scharffe feurige Tinctur. Darinnen stehen nun die fünff Sinnen: als 1. Sehen/ 2. Hören/ 3. Riechen/ 4. Schmecken und 5. Fühlen. Denn die grimmige Schärffe der Tinctur des ersten Principii probiret in ihren eigenen Essentien der Seelen/ oder des Seelen-wurms an diesem Orte/ also recht genant die Sternen und Elementa. als die Außgebuhrt außm ersten Principio, und was ihr aneignet/ daß nimbt sie an in ihre Essentien des Seelen-wurms/ als nemlich alles was da ist herbe/ bitter/ strenge und feurig/ alles was sich im Grimm erhebet/ alles was der Essentien Eigenschafft ist/ das da im Fewr-quälle mit auffsteiget/ und sich erhebt in der Zersprengung der Thoren der Finsternuß/ und quället über die Sanfftmuht/ alles was sich gleichet der scharffen und strengen Ewigkeit/ und inqualirer mit dem scharffen und grimmigen Zorn GOttes der Ewigkeit/ in welchem er das Reich der Teuffel gefangen hält. (O Mensch bedencke dich alhie: Es ist der gewisse Grund vom Autor im Liecht der Natur erkant/ im Willen GOttes.)

59. Und in dieser Tinctur des ersten Principii fecht der Teuffel den Menschen an/ denn es ist sein Quell/ darinnen er auch lebet/ er greifft ihm hierinnen ins Hertze/ in seine Essentien der Seelen/ und führet ihn von GOTT in die Begierde/ zu leben in den scharffen Essentien, als in der feurigen sich zu erheben über die Demütigkeit und Sanfftmuht des Hertzens GOttes/ und über die Liebe der Sanfftmuht aller Creaturen/ alleine der schöne und gläntzernde Wurm im Fewr-Blitz zu seyn/ und zu herrschen über das ander Principium, und machet des Menschen Seele bech und stoltz/ sich mit keiner Sanfftmuht zu vergleichen/ sondern mit alle dem/ was auch in solcher Qualität lebet.

60. Und in der bittern Essentia machet er den Seelen-Wurm stachlicht/ anfeindlich/ neydisch/ Niemand nichts gönnend/ wie sich dan die Bitterkeit mit nichts freundlich verträget/ sondern
sticht

Cap.15. **Göttliches Wesens.** 195

sticht und bricht/ wütet und tobet / wie der Höllen Abgrund/ und ist das rechte Mordt-Haus des Liebe-Lebens.

61. Und in der herben Essentia der Tinctur des Seelen-wurms inficiret er die herbe Essentiam, so wird sie scharff anziehend/ krieget einen Willen alles an sich zu ziehen/ und magś doch nicht: denn der gefassete Wille lässet sich nicht gern füllen/ sondern ist ein dürrer / helliger/ durstiger Hunger/ alles zu haben/ und obs alles kriegte/ so wäre der Hunger doch nichts minder: sondern es ist der ewige Hunger und Durst des Abgrundes/ der Wille des höllischen Fewers/ und aller Teuffel/ welche immer hungert und durstet/ und essen doch nichts / sondern das ist ihre Sättigung/ daß sie den grimmigen Quäll der Essentien der herben/ bittern/ und Fewers-Macht in sich ziehen/ darinnen stehet ihr Leben und Gnüge und deß Zornes/ und der Höllen Abgrund ist auch also.

62. Und dieses ist der Quäll des ersten Principii, welcher ausser dem Liechte GOttes nicht anders seyn kan: er kan sich auch nicht verändern/ denn er ist von Ewigkeit also gewesen. Und aus diesem Quälle sind die Essentien deß Seelen-wurms in Zeit seiner Schöpffung durchs Fiat GOttes außgezogen/ und im Paradeiß vor GOttes Liechte geschaffen worden/ welches den Fewer-Blitz erblicket und in gar hohe Sanfftmuht und Demütigkeit gesetzet hat.

63. Denn dieweil der Mensch solte ewig seyn/ so muste er auch aus dem Ewigen seyn. Denn aus dem Brunne des Hertzens GOttes wird nichts geschaffen/ denn er ist der Natur Ende/ und hat keine solche Essentien, es gehet nichts faßlichs hinein. Sonst würde es auch eine Fülle und Fipsternuß/ und das kan nicht seyn: So ist von Ewigkeit sonst nichts gewesen / als nur die Quäll/ darob die GOttheit von Ewigkeit/ wie vorne bemeldet/ immer auch stehet.

64. Und diese Quäll des Seelen-Geistes ist ewig/ und seine Tinctur ist auch ewig/ und wie die Quälle zu allen Zeiten dieser Welt/ weil sie im Elementischen Fleisch-Hause stecket/ ist/ also ist auch die Tinctur und Wohn-Haus der Seelen/ in welche Quäll/ es sey gleich in die göttliche oder höllische/ sich das Gemüthe an-eignet/ in derselbigen lebet der Wurm/ und aus demselben Principio isset er/ und ist entweder ein Engel oder Teuffel; wiewol sein Gerichte in dieser Zeit nicht ist/ denn er stehet in beyden Porten/ so lange er im Fleische lebet/ er verteuffet sich denn gar in Abgrund/ davon ich/ was ich von den Sünden

der Menschen schreibe / handele gantz hoch und scharff. Liß beym Cain.

65. Das Gemüthe / so im Liechte der Natur nichts erkennet / wird sich wundern ob solchem Schreiben / und vermeinen / es sey nicht also: GOtt habe den Menschen nicht aus solchem Urkunde gezogen und geschaffen. Nun siehe du liebe Vernunfft und theures Gemüthe: Recke deine fünff Sinnen her / ich wil dirs zeigen obs wahr sey / ich wil dirs beweisen / daß du nicht einen Funcken hast / dich in andern Grundt zu zwingen / du wollest dir dann lassen den Teuffel dein Hertz verbittern in der thierischen Vernunfft / und das Liecht der Natur / welches doch vor GOTT ist / verachten / und so du je auff solchem viehischen Weege bist / so laß meine Schrifften ungelesen / sie sind nicht vor solche Säw geschrieben / sondern vor die Kinder / die da sollen besitzen das Reich GOttes / denn ich habe sie mir geschrieben / und den Suchenden / und nicht den Klugen und Weisen dieser Welt.

66. Siehe was sind deine fünff Sinnen / in was Krafft stehen sie / oder wie kommen sie ins Leben des Menschen? wovon komt dein Sehen / daß du in der Sonnen-Liecht siehest / und sonst nichts? Bedencke dich hoch wilstu ein Natur-Kündiger seyn / und vom Liechte der Natur rühmen! du kanst nicht sagen / du siehest alleine aus der Sonnen / es muß auch etwas seyn / das der Sonnen-Liecht fähet / und mit der Sonnen-Liecht eine inficirung hat / alßdan der Stern in deinen Augen ist / der ist nun nicht Sonne / sondern er stehet im Fewer und Wasser / und sein Glast / der der Sonnen-Liecht fähet / ist ein Blitz / welcher aus der fewrigen herben und bittern Galle urkundet / und das Wasser macht ihn sanffte. Nun vernimstu hier zwar nur das äussere / als das dritte Principium, darinnen die Sonne / Sternen und Elementa stehen. Solches ist auch in allen Creaturen in dieser Welt.

67. Nun was machet dann das Gehör / daß du hörest was thönet und sich reget / wilstu sagen vom Schalle der äussern Dinge / so da schallen? Nein / es muß auch etwas seyn / das den Schall fänget und mit den Schalle inqualiret / und den Thon unterscheidet was gepfiffen oder gesungen ist: das äussere kans alleine nicht thun / das innere muß den Schall fangen und unterscheiden. Siehe! alhier findestu des Lebens Auffgang und die Tinctur, darinnen das Leben stehet: denn die Tinctur des Schracks ins Lebens Auffgang in der Zersprengung der finstern Thore / stehet im Schalle / und hat seine Porten nähest dem

Cap. 15.   Göttliches Wesens.   197

Fewer-Blitze neben den Augen essen/ und fänget allen Schall/ was thönet.

68. Denn das äusserliche Thönen inqualiret mit dem innern/ und wird durch die Essentien entschieden/ und die Tinctur, nimt alles an/ es sey böß oder gut/ und bezeuget damit/ daß sie mit ihren Essentien, welche sie gebähren/ nicht ist aus der Gottheit gebohren/ sonst liesse die Tinctur nicht das Böse und Falsche in die Essentien der Seelen.

69. So ist uns nun zu entsinnen/ daß der Schall in der Tinctur des Menschen höher ist/ als der in Thieren/ denn er urkundet und entscheidet alle Dinge/ was thönet/ und weiß wovon es kommet/ und wie sichs urkundet/ das kan kein Thier thun/ sondern es gaffet es an/ und weiß es nicht/ was es ist. Daran verstehet man wie des Menschen Urkund ist aus dem Ewigen/ daß er kan unterscheiden das Ding/ das da worden ist in der Außgebuhrt aus dem Ewigen/ und daher urkundet sichs/ daß/ dieweil alle Dinge aus dem ewigen Nichts sind gesetzet in Etwas das begreifflich ist/ und da es doch nicht ein Nichtes/ sondern ein Quaal ist/ soll nach Zerbrechung des Corporis in der ewigen Figur stehen/ und nicht im Geiste/ dieweil es nicht aus dem ewigen Geist ist: Sonst wo es aus dem Geiste wäre/ so uhrkundet es auch die Anfängligkeit aller Dinge/ wie der Mensch/ welcher in seinem Schalle alle Ding fänget und unterscheidet.

70. So muß nun deß Menschen Gehäuse des Schalles/ darinnen der Verstandt ist/ von Ewigkeit seyn/ wiewol er sich im Fall Adams in die Zerbrechligkeit und in grossen Unverstandt gesetzet hat/ wie folgen wird. In gleichem Fall finden wir auch von dem Ruche/ denn so der Geist nicht im Schalle stünde/ so drünge kein Ruch einiges Dinges in die Essentien, denn der Geist wäre gantz und geschwull. So er aber in der Porten der zersprengten Finsternüß im Schrack und Schalle stehet/ so dringet alle Krafft von allen Dingen ein in dieselbigen Porten/ und probiret sich mit einander/ und was deß Geistes Essentien Leib ist/ begehret er/ und zeucht es in die Tinctur, da greiffet denn Maul und Hände zu/ und sacket es in Magen/ in Vorhoff der vier Elementen, davon die irrdischen Essentien der Sternen und Elementen essen.

71. So ist der Geschmack eben dasselbe eine probirung und Anziehen der Tinctur in des Geistes Essentien, und die Fühlung auch. So deß Menschen Geist mit seinen Essentien nicht im Schalle stünde/ so wäre keine Fühlung: denn so die herbe Es-

J 3   sentia

sentia an sich zeucht/ so erreget sie den bittern Stachel im Fewer-Blitz/ welcher sich rüget/ es sey mit greiffen/ stossen oder schlagen/ So wird in allem Anrühren der bitter Stachel im Fewer-Blitz erwecket/ und darinne stehet das Rügen als in der Tinctur.

Das 16. Capittel.

Von dem edlen Gemühte/ vom Verstande/ Sinnen und Gedancken.

Von dem dreyfachen Geiste und Willen/ und von der Tinctur der Anneigligkeit: Was einem Kinde in Mutter Leibe mit angebohren werde.

Item/

1. Vom Bilde GOttes: und dan auch 2. vom viehischen Bilde: und denn 3. vom Bilde der Höllen Abgrund und Gleichnüß des Teuffels/ in dem einigen Menschen zu urkunden/ und zu finden.

Die edle Porte der theuren Jungfrawen: und auch die Porte der Frawen dieser Welt/ gar hoch zubetrachten.

1. SO wir uns entsinnen in der Erkäntnüs/ so uns durch die Liebe GOttes/ in der edlen Jungfrawen der Weißheit GOttes eröffnet wird/ nicht nach unserm Verdienst/ Frömmigkeit oder Würdigkeit/ sondern aus seinem Willen und urkundlichen ewigen Fürsatz derer Dinge/ so uns in seiner Liebe erscheinen/ so erkennen wir uns freylich viel zu unwürdig zu solcher Offenbahrung/ sintemahl wir Sünder sind; und mangeln alle deß Ruhmes/ den wir haben solten vor ihme.

2. Dieweil es aber sein ewiger Wille und Fürsatz ist uns wolzuthun/ und zu eröffnen seine Geheimnüsse nach seinem Raht/ so sollen wir nicht widerstreben/ und das gegebene Pfund in die Erde verscharren: denn wir müssen darvon in der Erscheinung seiner Zukunfft Rechenschafft geben: Wollen also in unserem Weinberge arbeiten/ und ihme ferner die Frucht befehlen/ und uns solches zu einem Memorial auffschreiben/ und es ihme befehlen/ deß wir können weiters nicht forschen oder ersinnen/ als wir was

wir

Cap.16. **Göttliches Wesens.** 199

wir im Liechte der Natur ergreiffen. Da denn unsere offene Por=
ten stehet/ nicht nach dem Maaß unsers Fürsatzes/ wenn und wie
wir wollen / sondern nach seinen Gaben / wan und wie er wil:
Wir können auch nicht den kleinesten Funcken von ihme ergreif=
fen / es sey dan daß uns die Thoren der Tieffe auffgethan sind in
unserm Gemühte / da denn der eyferige und hochbegierige ent=
zündete Geist gehet als ein Fewer / deme der irdische Leib billich
unterthänig ist / und sich keine Mühe sol lassen tawren / dem be=
gierigen fewrigen Gemühte zu dienen: und ob er gleich von der
Welt nichts / als Schmach und Spott hat zu gewarten für seine
Arbeit/ noch soll er seinem Herrn gehorsam seyn: sintemahl sein
Herr ist mächtig und er un=mächtig; und sein Herr ihn führet
und nähret/ er aber in seinem Unverstande nichts weiß was er
thut / sondern lebet allem Vieh gleich / auch so ist sein Wille also
zu leben / so soll er dem theuren Gemühte folgen/ welches forschet
nach der Weißheit GOttes / und das Gemühte soll folgen dem
Liechte der Natur. Denn GOTT offenbahret sich in demselben
Liechte / sonst wüsten wir nichts von ihme.

3. So wir uns nun entsinnen im Liechte der Natur von un=
serm Gemühte / was das sey/ das uns eyferig machet/ das da
brennet wie ein Liecht / und gierig ist wie ein Fewer / das da be=
gehret an dem Orte zu empfahen/ da es nicht gesäet hat/und ernd=
ten in dem Lande/ da der Leib nicht daheime ist: So entgegnet
uns die theure Jungfraw der Weißheit GOttes im mittlern Sede
im Centro des Lebens Liecht / und spricht: Mein ist das Liecht /
die Krafft und Herrligkeit/ Mein ist die Porten der Erkäntnuß:
Ich lebe im Liechte der Natur / und ohne mich kanstu nichts sehen
oder erkennen von meiner Krafft: Ich bin im Liechte dein Bräu=
tigamb/und deine Begierde nach meiner Kraft ist mein Anziehen
in mich / ich sitze in meinem Thron / aber du kennest mich nicht/
ich bin in dir / und dein Leib nicht in mir. Ich unterscheide / und
du siehest es nicht: Ich bin das Liecht der Sinnen/ und die Wur=
tzel der Sinnen ist nicht in mir / sondern neben mir: Ich bin der
Wurtzel Bräutigamb/ aber sie hat ein rauh Röcklein angezo=
gen / ich lege mich nicht in ihre Arme / biß sie das außzeugt / als=
denn wil ich in ihren Armen ewig ruhen / und die Wurtzel zieren
mit meiner Krafft / und ihr geben meine schöne Gestalt / und
mich mit ihr vermählen mit meiner Perlem.

4. Drey Dinge seynd die das Gemühte inne haben und regie=
ren / das Gemühte aber an ihme selbst ist der begehrende Wille /
und die drey Dinge sind drey Reiche / oder drey Principia: eines

ist

ist ewig / das ander ist auch ewig / und das dritte ist zerbrechlich. Eines hat keinen Anfang / und das ander wird in dem ewigen un=anfänglichen gebohren / und das dritte hat einen Anfang und Ende / und zerbricht wieder.

5. Gleich wie das ewige Gemühte in der grossen unerforsch=lichen Tieffe ist von Ewigkeit / das unauflößliche Bandt / der Geist in der Quäll / der sich selber immer erbietet / und nie ver-gehet/ und darinnen im Centro der Tieffe der wiedergefaste Wille zum Liechte ist / und der Wille ist das Begehren / und das Be-gehren zeucht an sich / und das Angezogene macht die Finsternüß im Willen / daß also im ersten Willen sich wieder der ander Wille gebieret zu entfliehen aus der Finsternüß / und derselbe andere Wille ist das Gemühte / welches sich erblicket in der Fin-sternüs / und der Blick zersprenget die Finsternüß / daß sie stehet im Schall und Schrack / da sich dan der Blick schärffet / und also ewig in der zersprengten Finsternüß stehet: Also daß die Fin-sternüß ewig im strengen Schall stehet/ und in der Zersprengung der Finsternüß ist der wiedergefaste Wille frey / und wohnet außer der Finsternüß in sich selber / und der Blick / welcher ist die Zertrennung und die Schärffe/ und der Schall ist die Woh-nung des Willens oder immer gefasten Gemühts/ und der Schall und die Schärffe des Blickes werden in der Wohnung des Wil-lens frey von der Finsternüß / und der Blick erhebt den Willen / und der Wille triumphiret in der Schärffe des Blickes / und der Wille erblicket sich in der Schärffe des Schalles im Blick des Liechtes außer der Finsternüß / in der Zersprengung in unend-lich / und in derselben Unendligkeit deß Blickes/ ist in jedem An-blicke vom gantzen in die particular, in iedem Gegenblicke wieder das Centrum einer solchen Gebuhrt / wie im Gantzen / und die-selben particular sind die Sinnen / und das Gantze ist das Ge-mühte / da die Sinnen von außgehen / darumb sind die Sinnen veränderlich und nicht im Wesen: Das Gemühte aber ist gantz und im Wesen.

6. Also mein lieber Leser/ ist unser Gemühte auch das un-auflößliche Bandt/ welches GOTT durchs Fiat im wallenden Geist auß dem ewigen Gemüte in Adam bließ / und sind unsere ewige Essentien, nur eine particular, oder ein Funcke aus dem ewigen Gemühte / welcher das Centrum der Zersprengung in sich hat/ und in der Zersprengung die Schärffe / und derselbe Wille führet den Blick in der Zersprengung / und die Schärffe der Verzehrung der Finsternüß ist im Blicke des Willens / und

der

Cap. 16. Göttliches Weſens. 201

der Wille iſt unſer Gemühte/ der Blick ſind die Augen im Fewr-
blitz/ der erblicket ſich in unſern Eſſentien in uns/ und auch
auſſer uns/ denn er iſt frey/ und hat beyde Porten offen/ die in
Finſternüß/ und auch die im Liechte: denn ob er gleich in die
Finſternüß blickt/ ſo zerſprenget er doch die Finſternüß/ und
macht ihm alles liechte in ſich/ und wo er iſt/ da ſiehet er/ wie unſere Gedancken/ die können über viel Meilen ſehen in ein Ding/
da der Leib weit von iſt/ auch manchmal an dem Ende nie geweſen.

7. Der Blick gehet durch Holtz und Steine/ durch Marck
und Beine/ und kan ihn nichts halten/ denn er zerſprenget ohne
Zerreiſſung des Leibes einigerley Dinge/ überall die Finſternüß/
und der Wille iſt ſein Reut-Pferd/ darauff er reuthet. (Alhier
muß man viel geſchweigen/ wegen der Teuflischen incantation:
wir wolten ſonſt alhier noch viel eröffnen/ denn der Nigroman-
ticus wird alhier gebohren.)

8. Nun aber iſt der erſte Wille im Gemühte aus der ſtrengen
Aengſtlichkeit/ und ſein Blick im urkunde iſt der bitter/ ſtrenge
Fewr-blitz/in der Schärffe/ der macht das Rügen und Schallen/
und das Sehen im Glaſt des Blitzes Schärffe/daß die wiederge-
faſte Blicke in den Gedancken ein Liecht in ſich haben/ davon ſie
ſehen/ wan ſie lauffen als ein Blitz.

9. Dieſem erſten Willen im Gemühte gebühret nun nicht hinter ſich in Abgrund des Grimmes zu blicken/ in welchem iſt die
ſtrenge Boßheit/ ſondern für ſich ins Centrum der Zerſprengung
aus der Finſternüß ins Liecht/ denn im Liechte iſt eitel Sanfftmuht und Demuht/ und Wohlwällen und freundlich begehren/
auch mit dem wiedergefaſten Willen aus ſich ausgehen/ und ſich
eröffnen mit ſeiner theuren Schatzkammer. Denn im wiederge-
faſſeten Willen zur Liechtsgebuhrt iſt keine Quäll der Aengſtig-
keit/ ſondern eitel Liebe-begehren. Denn der Blick gehet auff
auſſer der Finſternüß in ſich ſelber/ und begehret das Liecht/ und
das Begehren zeucht das Liecht in ſich. Da wird aus der Angſt eine
erhebliche Frewde/ in ſich ein demütig Lachen/ einer ſannfften
Wonne/ denn der wiedergefaſſete Wille im Liechte iſt ſchwan-
ger/ und ſeine Frucht im Leibe/ iſt Krafft/ die begehret der Wille
zu gebähren und darinnen zu leben/ und das Begehren bringet
die Frucht aus dem ſchwangern Willen für Willen/ und der
Wille erblicket ſich in der Frucht in einer unendlichen Liebe-zahl:
da gehet aus in der Liebe-zahl in dem erblickten Willen die hohe
Benedeyung/ wohlgönnen/ freundlich ſeyn/ lieblich aneignen/
Geſchmack der Frewden/ Wohlthun der Sanfftmuht/ und das

J 5. meine

meine Feder nicht schreiben kan/ viel lieber wäre das Gemühte frey von der Eitelkeit/ und lebte ohne wancken darinnen.

10. Dieses sind nun zwey Porten in einander: die untere gehet in Abgrund/ und die obere ins Paradeiß/ zu diesem komt nun die dritte aus dem Element mit seinen vier Außgängen/ und drenget sich mit ein/ mit Fewer/ Lufft/ Wasser und Erden/ und ihr Reich sind die Sonne und Sternen/ die inqualiren mit dem ersten Willen/ und ihr Begehren ist sich zu füllen/ geschwul und groß zu werden: die ziehen an sich/ und füllen die Kammer der Tieffe/ den freyen und blossen Willen im Gemühte: sie bringen die Blicke der Sternen in die Porten des Gemühtes/ und inqualiren mit der Schärffe des Blickes; die zersprengte Thoren der Finsternuß füllen sie mit Fleisch/ und ringen stäts mit dem ersten Willen/ von welchem sie sind außgangen umb die Region, und ergeben sich dem ersten Willen/ als ihrem Vatter/ der nimt ihre Region gerne an/ den er ist dunckel und finster/ so sind sie rauhe und herbe/ darzu bitter und kalt/ und ihr Leben ist ein siedend Feuer-quällen/ damit regieren sie im Gemühte/ in Galle/ Hertze/ Lunge und Leber/ und in allen Gliedern des gantzen Leibes/ und ist der Mensch ihr Eigenthumb. Der Geist/ so im Blitze stehet/ bringet das Gestirne in die Tinctur seines Eigenthums/ und figuriret die Gedancken nach der Sternen regierung: sie nehmen den Leib und zähmen ihn/ und bringen darein ihre bittere Rauhigkeit.

11. Zwischen diesen beyden Regionen stehet nun die Porte des Liechtes/ als in einem Centro, mit Fleische umbschlossen/ und leuchtet in der Finsternuß in sich selber/ und webet gegen der Macht des Grimmes und der Finsternuß/ und scheust aus ihre Straalen in den Schall der Zersprengung/ darauß außgehen die Porten des Sehens/ Hörens/ Riechens/ Schmeckens/ und Fühlens. Und wan diese Porten die süssen/ freundlichen und lieblichen Straalen des Liechts ergreiffen/ so werden sie so hochfreundenreich/ und lauffen in ihre höchste Region ins Hertze/ als ins rechte Wohnhaus/ in die Essentien des Seelen-geistes/ der nimts mit Frewden an/ und erquicket sich darinnen.

12. Alda gehet auff seine Sonne/ als die liebliche Tinctur in dem Element Wasser/ das wird durch die süsse Frewde zu Blute. Denn es erfreuen sich alle Regionen darinnen/ und vermeinen sie haben die edle Jungfraw wieder-bekommen/ da es doch nur ihre Straalen sind. Gleich wie die Sonne die Erden anleuchtet/ davon sich alle Essentien der Erden erfrewen/ grünen und
wach-

wachsen/ davon die Tinctur in allen Kräutern und Blumen auffgehet.

13. Und ist hie scharff zu sinnen/ worinnen sich eine jede Region erfrewet. Dann die Sonne und Sternen ergreiffen nicht das Göttliche Liecht/ wie die Essentien der Seelen/ und doch auch nur/ die in der Wiedergebuhrt stehet/ sondern sie schmecken die Süssigkeit/ so sich in die Tinctur hat eingebildet: denn das Hertzen-geblüte/ darinnen die Seele schwebet/ ist also süsse/ daß es sich mit nichts vergleichet.

14. Darumb hat GOTT dem Menschen beym Mose verboten/ nicht das Fleisch in seinem Bluhte zu essen/ denn das Leben stecket drinnen/ denn das thierische Leben gehöret nicht in Menschen/ daß sein Geist nicht damit inficiret werde.

15. Die drey Regionen empfangen mit Anfang der Tinctur im Geblüte ein jedes sein Liecht/ und behält ein jedes seine Tinctur. Der Sternen Region behält der Sonnen Liecht/ und das erste Principium den Fewr-blitz/ und der heiligen Seelen Essentien empfahen das theure und wehrte Liecht der Jungfrawen/ doch in diesem Leibe nur ihre Straalen/ mit welchem sie fichtet im Gemühte wider die listigen Anschläge deß Bösewichts/ wie S. Paulus zeuget. Ephes. 6. vs. 16.

16. Und ob das theure Liecht in manchem in der Wiedergebuhrt wohl etwas beharret/ so ists doch im Sternen und Elementen-hause in der äusern Gebuhrt nicht beharrlich/ sondern es wohnet in seinem Centro im Gemühte.

Die Porte der Sprache.

17. SO nun das Gemühte im freyen Willen stehet/ so erblicket sich der Wille nach deme/ was die Regionen haben in die Essentien eingeführet/ es sey Böses oder Gutes/ es sey zum Himmel- oder Höllen-reich/ tüchtig/ was der Blick ergreiffet/ das führet er in Willen des Gemühts ein/ und im Gemühte stehet der König/ und der König ist das Liecht deß gantzen Leibes/ und der hat fünff Rähte/ die sitzen alle im Schalle der Tinctur, und ein jeder probiret dasjenige/ was der Blick hat mit seiner inficirung in Willen geführet/ obs Gut oder Böse sey/ und die Rähte sind die fünff Sinnen.

18. Erstlich gibts der König 1. den Augen zu sehen/ obs Böse oder Gut ist: und die Augen gebens 2. den Ohren zu hören von wannen es komt/ obs aus einer rechten Region, oder falschen komt/ obs erlogen oder wahr sey: und die Ohren gebens 3. der

Nasen/ dem Ruche/ die sol riechen das eingeführete/ so vor dem Könige stehet/ obs aus guten Essentien oder falschen komme. Und die Nase gibts 4. dem Geschmack/ der sols wol probiren, obs rein oder falsch ist. Darumb hat der Schmack die Zunge/ daß er es soll wegspeyen/ so es falsch ist; ists aber ein Gedancke zu einem Worte/ so sind die Lippen der Thür=hüter/ die sollen zusperren/ und die Zunge nicht mit heraus lassen/ sondern sols in die Region der Lufft/ in die Blase und nicht ins Hertze führen und erstecken/ so ists todt.

19. Und wans der Schmack hat probiret/ daß es den Essentien der Seelen wohlthut/ so gibt ers 5. in die Fühlung/ die sol probiren, aus welcher Qualität es ist/ obs heiß oder kalt/ harte oder weich/ dicke oder dünne sey/ und so es leidlich ist/ so gibts die Fühlung ins Hertze fürn Blick des Lebens/ und vor den König des Lebens=licht/ und der Wille deß Gemühtes erblicket sich ferner in dem Dinge in eine grosse Tieffe/ und sihet was darinnen ist/ wie viel er deß Dinges wolle annehmen und einlassen: wans gnug ist/ alsdan gibts der Wille dem Geiste der Seelen/ als dem ewigen Obristen/ der führets aus dem Hertzen mit seiner starcken und strengen Macht im Schalle/ auff die Zunge unterm Gaumen/ da zerscheidets der Geist nach den Sinnen/ wie sich der Wille hat erblicket/ und die Zunge zerscheidet es im Schalle.

20. Denn die Region der Lufft muß alhie das Werck führen durch dem Hals/ da denn alle Adern im gantzen Leibe hingehen/ und alda zusammen kommen/ und bringen die Krafft der edlen Tinctur dahin/ und vermischen sich mit dem Worte/ darzu alle drey Regionen deß Gemühts kommen/ und vermischen sich mit dem unterscheiden des Worts/ da ist gar eine wunderliche Gestalt. Denn ein jede Region wil das Wort nach ihren Essentien scheiden. Denn der Schall gehet aus dem Hertzen/ aus allen dreyen Principien.

21. Das erste Principium wil es nach seiner strengen Macht und Pracht zieren/ und mischet darein stachlichten Grimm/ Zorn und Boßheit: und das ander Principium mit der Jungfrawen stehet im Mittel/ und scheust seine Straalen der lieben Sanfftmuht drein/ und wehret dem ersten: und so der Geist in demselben entzündet ist/ so ist das Wort gahr sanffte/ freundlich und demütig/ und anneiget sich zu der Liebe deß Nächsten/ begehret Niemand mit dem hochmütigen Stachel deß ersten Principii anzugreiffen/ sondern verdeckt den Zorn=stachel/ und figuriret das Wort aus der Lauterkeit/ und wapnet die Zunge mit der
Ge=

Cap.16.   Göttliches Wesens.   105

Gerechtigkeit und Wahrheit/ und scheust ihre Straalen fort im Willen des Hertzens/ und so der Wille die lieblichen/ holdseligen Straalen der Liebe empfähet/ so zündet er das gantze Gemühte an mit der Liebe/ Gerechtigkeit/ Keuscheit der Jungfrawen/ und Wahrheit der Dingen/ so auff der Zunge approbiret sind von allen Regionen: Also macht es die Zunge mit den fünff Sinnen lautbar/ und erscheinet das theure Bilde GOttes von innen und aussen/ daß man das kan hören und sehen im gantzen Abgrunde/ wie es eine Gestalt hat.

O Mensch/ sihe/ was dir das Liecht der Natur zeiget!

22. ZUm dritten komt das dritte Regiment zur Bildung des Worts/ der Geist der Sternen und Elementen, und vermischt sich im Gehäuse und Sinnen des Gemühts/ und wil das Wort aus eigener Macht bilden/ denn es hat die gröste Macht/ denn es hält den gantzen MEnSCHEn gefangen/ und hat ihn mit Fleisch und Bluht bekleidet/ und inficiret den Willen des Gemühtes/ und der Wille erblicket sich im Reiche dieser Welt/ an Lust und Schönheit/ an Macht und Gewalt/ an Reichthumb und Herrligkeit/ an Wollust und Frewden: dagegen an Trauren und Elend/ an Kummer und Armuht/ an Kranckheit und Schmertzen. Item an Kunst und Weißheit/ dagegen an Narrheit und Thorheit.

23. Dieses alles bringet der Blick der Sinnen in Willen des Gemühts fürn König/ für das Liecht des Lebens/ da wirdes probiret, und der König gibts erstlich den Augen/ die sollen sehen/ was unter diesen allen guht ist/ was ihnen gefället. Alhie gehet nun an die wunderliche Gestalt der Menschen aus den Complexionen, da das Gestirn das Kind in Mutterleibe also mancherley figuriret hat in seinen Regionen. Denn nach dem das Gestirne in Zeit der Menschwerdung des Kindes in seinem instehenden Rade einander ansihet/ wenn die Gehäuse der vier Elementen, und das Sternen-haus im Kopffe im Hirn erbawet wird vom Fiat, nach demselben ist auch die Krafft im Hirn/ so wohl im Hertzen/ Galle/ Lung und Leber/ und nach dem aneignet sich die Region der Lufft/ und nach dem gehet auch eine Tinctur auff zur Wohnung des Lebens. Als man denn sihet die wunderliche Sinnen und Gestälte der Menschen.

24. Wiewol wir diß mit Grunde der Wahrheit sagen können/ daß das Gestirne keinen Menschen bildet/ das da sey ein Gleichnüß GOttes und Bilde GOttes figuriret/ sondern ein Thier im

Willen/

Willen / Sitten und Sinnen: Es hat auch keine Macht oder Verstandt darzu / daß es könte ein Gleichnüß GOttes figuriren / und wan sichs gleich auffs höchste erhebet im Willen nach der Gleichnüß GOttes / so gebieret es ein freundlich und listig Thier und nichts mehr / im Menschen so wohl als in anderen Creaturen. Alleine die ewigen Essentien von Adam auff alle Menschen geerbet / bleiben mit dem verborgenen Element im Menschen stehen / darinnen die Wildnüs stehet / aber gantz verborgen / ausser der Wiedergebuhrt im Wasser und H. Geist GOttes.

25. Also ist je ein Mensch in seinem Gehäuse deß Hirns und Hertzens / so wohl in allen fünff Sinnen / in der Region der Sternen / baldt einer nach einem Wolfe / als hönisch / listig / starck und fressend: bald nach einem Lewen / als starck / grimmig und prächtig / im Grimme fressend gesinnet: bald nach einem Hunde / als hundisch / spitzfindig / neydisch / boßhafftig: bald nach einer Nattern und Schlangen / als listig / stechend / giftig mit Worten und Wercken / verleumbderisch und lügenhafft / wie deß Teuffels in der Schlangen Ahrt vor dem versuch-Baum: bald nach einem Hasen / in Mühe / Lust / und darzu immer flüchtig: balde nach einer Kröten / welcher Gemühte also gifftig / daß es ein zart Gemüthe zum zeitlichen Tode vergifftet mit seiner Imagination, welche manchmahl gute Hexen und Zauber-huren geben / denn der erste Grund dienet wol darzu: bald nach einem zahmen / gerechten / einfältigem Thier: bald zu einem frewdenreichen Thier / und so fort. Alles nach dehme das Gestirne ist in seiner Menschwerdung im ringenden Rade mit seiner Krafft der fünfften Essentien gestanden / also ist das Stern-gemühte in seiner Region figuriret; wiewol die Gebuhrt-stunde deß Menschen viel verändert / und dem ersten Einhalt thut / davon ich hernach wil schreiben an seinem Orte / bey deß Menschen Gebuhrt.

26. Nun so sich der Blick aus diesem Gemühte / aus dieser oder andern alhie unnahmhafften Gestälten einer durch die Augen erblicket / so fähet es auff sein eigen Gestalt aus jedem Dinge / wie sein Sternen-region am mächtigsten ist zu allen Zeiten deß Himmels im Guten oder Bösen / in Falscheit oder Wahrheit: dieses wird fürn König gebracht / da sollens die fünf Rähte probieren / welche doch selber ungerechte Schälcke sind / von Sternen und Elementen inficiret / und in ihre Region also eingesetzet / die begehren nun nichts mehr als dieser Welt Reich / zu welcher Art das Sternen-haus des Gehirns und Hertzens am sehrsten geneiget ist / zu demselben geben die fünf Rähte auch Raht / und

wel-

wollens haben: Es ſey zu Pracht und Hoffahrt/ zu Reichthumb/ Schönheit/ Wolleben. Item, zu Kunſt und Tugend irrdiſcher Dinge/ und deß armen Lazari begehret kein Sinn. Da ſind die Rähte gahr geſchwinde der Sachen eins. Denn ſie ſind in ihrer eigenen Geſtalte alle fünffe ungerecht vor GOTT/ aber nach der Region dieſer Welt ſind ſie fix. Alſo rahten ſie dem Könige/ und der König gibts dem Seelen-geiſte/ der rafft die Eſſentien auff/ und greifft mit Händen und Maul zu. Sinds aber Worte/ ſo bringt ers in Gaumen/ da zerſcheidens die fünf Rähte nach dem Willen des Gemühtes/ und fort auff der Zungen zerſcheidens die Sinnen im Blicke.

27. Alda ſtehen die drey Principia im Streit. Das erſte Principium, als das Reich der Grimmigkeit ſpricht: Heraus mit in ſtarcker Feuers-macht/ es muß ſeyn: So ſpricht das ander im Gemühte: Halt und ſchawe es/ GOTT iſt hie mit der Jungfrawen/ fürchte der Höllen Abgrund: und das dritte ſpricht/ als das Reich dieſer Welt: hie ſind wir daheime/ das müſſen wir haben/ daß wir den Leib zieren und nehren/ es muß ſeyn/ und faſſet die Region der Lufft/ als ſeinen Geiſt/ und fähret zum Munde auß/ und behält den Unterſcheidt nach dem Reiche dieſer Welt.

28. Alſo gehen aus den irrdiſchen Sinnen und Gemühte Lügen und Wahrheit/ Betrug und Fälſcheit/ eitel Liſt ſich zu erheben/ mancher in Fewers-macht/ als durch Stärcke und Zorn: Mancher in Kunſt und Tugend dieſer Welt/ welche doch auch vor GOTT ein Heuchler und Schalck iſt/ und hält biß ſie das Heft kriegt: mancher in der einfältigen und zahmen Thieres Geſtalt/ gantz liſtig an ſich ziehend unter gutem Schein: mancher in Hoffahrt und Wollgeſtalt des Leibes und der Gebärden/ welcher eine rechte Teuffliſche beſtia iſt/ alles was ſich ihme nicht gleichet/ verachtet er/ und erhebt ſich alleine über alle Sanfftmuht und Demütigkeit/ über das Bilde GOttes; und der falſchen Unluſt iſt alſo viel/ daß ichs nicht erzehlen mag/ ein jeder folgt der Streit-Region, was ihme dienet zur Wolluſt des irrdiſchen Lebens.

29. In ſumma, das Sternen-regiment macht keinen heiligen Menſchen/ und ob er unter einem heiligen Schein gehet/ ſo iſt er doch nur ein Heuchler/ und wil damit geehret ſeyn/ ſein Gemüht ſteckt gleichwol im Geitze der Hoffahrt/ auch in Wolluſt des Fleiſches/ in eitel böſer Brunſt und Luſt/ und ſind vor GOTT nach dem Trieb dieſer Welt/ nichts als eitel Schälcke/ Hoffärtige/

tige/ eigenſinnige Diebe/ Räuber und Mörder: Es iſt nicht einer der nach dem Geiſte dieſer Welt gerecht iſt/ wir ſind allzumahl Kinder des Trugs und Falſcheit/ und gehören dieſer Bildnüß nach/ ſo wir vom Geiſt dieſer Welt haben empfangen/ in ewigen Todt/ und nicht ins Paradeiß. Es ſey denn Sache/ daß wir new wiedergebohren werden/ aus dem Centro der theuren Jungfrawen/ welche mit ihren Straalen dem Gemühte wehret des ungöttlichen Weeges der Sünden und Boßheit.

30. Und ſo die Liebe GOttes nicht im Centro des Gemühtes im Scheide-ziel ſtünde/ welche des Menſchen Bild ſo hoch liebet/ daß ſie iſt ſelber Menſch worden/ ſo wäre der Menſch ein lebendiger Teuffel/ wie er es dan auch iſt/ wenn er die Wiedergebuhrt verachtet/ und fähret hin nach ſeiner angebohrnen Natur des erſten und dritten Principii.

31. Denn es bleiben nicht mehr als zwey Principia ewig/ das dritte darinnen er alhier lebet/ vergehet: So er nun das ander alhier nicht wil/ ſo muß er im erſten urkundlichſten bey allen Teuffelen ewig bleiben. Denn nach dieſer Zeit wird nichts anders. Es iſt kein Quäl der ihme zu Hülffe komt. Denn das Reich GOttes gehet nicht zu rücke in Abgrund: ſondern es ſteiget ewig für ſich auff ins Liecht der Sanfftmuht/ reden wir theuer ohne Schertz/ hoch erkant im Liechte der Natur/ im Straal der Edlen Jungfrawen.

Die Porte des Unterſcheides zwiſchen Menſchen und Thieren.

32. MEine theure und liebe Vernunfft recke her deine fünff Sinnen/ und beſchawe dich nun in den obgemeldten Dingen/ was du ſeyeſt/ wie du ein Bild GOttes erſchaffen biſt/ und wie du dir in Adam haſt laſſen durchs Teuffels inficiren, den Geiſt dieſer Welt dein Paradeis einnehmen/ welcher nun an der Stelle des Paradeiſes ſitzet. Wiltu nun ſagen: Du ſeyſt zu dieſer Welt alſo in Adam im Aufang geſchaffen worden/ ſo ſtehe dich an und betrachte dich/ in deinem Gemühte und Sprache findeſtu ein ander Bildnüß.

33. Ein jedes Thier hat ein Gemüht eines Willens/ und darinnen die fünff Sinnen/ daß es kan darinnen unterſcheiden/ was ihm gut oder böſe iſt. Wo bleiben aber die Sinnen im Willen aus den Thoren der Tieffe/ da ſich der Wille im erſten Principio in unendlich erblicket/ daraus der Verſtandt gehet/ daß ein Menſch kan allen Dingen in ihre Eſſentien ſehen/ wie hoch ein

jedes

Cap. 16.   Göttliches Wesens.

jedes gradiret ist/ daraus der Unterscheid auff der Zunge folget. So ein Thier das hätte/ so könte es auch reden/ und den Hall unterscheiden/ und sagen von den Dingen die da sind im Wesen/ und gründen in dem Urkunde; und aus den Ursachen/ daß es nicht aus dem Ewigen ist/ so hat es keinen Verstand im Liechte der Natur/ wie listig und geschwinde es auch immer ist/ so hilfft es auch nicht seiner Stärcke und Krafft sich zu erheben in dem Verstande/ es ist alles umbsonst.

34. Der Mensch hat alleine Verstandt/ und seine Sinnen greiffen in die Essentien und Qualitäten der Sternen und Elementen, und forschen den Grund aller Dinge in der Sternen und Elementen Region. Dieses urkundet sich nun im Menschen in dem ewigen Element, daß er ist aus dem Element erschaffen/ und nicht aus der Außgebuhrt der vier Elementen, darumb siehet die Ewigkeit in die anfängliche Außgebuhrt in die Zerbrechlichkeit/ und die Anfänglichkeit in der Außgebuhrt kan nicht in die Ewigkeit sehen. Denn der Verstandt urkundet sich aus der Ewigkeit/ aus dem ewigen Gemühte.

35. Daß aber der Mensch also blind und unverständig ist/ machet daß er in dem Regiment der Sternen und Elementen gefangen ligt/ welche offt ins Menschen Gemühte figuriren ein wildes Thier/ einen Lewen/ Wolff/ Hund/ Fuchs/ Schlangen und dergleichen. Ob der Mensch wol nicht einen solchen Leib bekommet/ so hat er doch ein solch Gemühte/ davon Christus redet zu den Jüden/ und etliche/ Wölffe/ Füchse/ Nattern und Schlangen heisset: auch Johannes der Täuffer solches zu den Phariseern sagte/ und bewehret sich augenscheinlich/ wie mancher Mensch fast gantz viehisch lebet aus seinem viehischen Gemühte/ und ist doch so kühn/ und richtet den/ so in der Bildnüß GOttes lebet/ und seinen Leib zähmet.

36. So er aber nun etwas gutes redet und richtet/ so redet er nicht aus der thierischen Bildnüs des Gemühts/ darinnen er lebet: sondern er redet aus dem verborgenen Menschen/ der in dem viehischen verborgen ist/ und richtet wider sein eigen viehisch Leben. Denn das verborgene Gesetze der ewigen Natur stehet in der viehischen Natur verborgen/ und ist in einer grossen Gefängnüß/ und richtet wider die Boßheit des fleischlichen Gemühts.

37. Also sind im Menschen drey/ die wider einander streiten: als 1. der ewige hoffärtige/ boßhafftige und zornige/ auß des Gemühtes urkunde. Und zum 2. der ewige/ heilige/ züchtige und demütige/ welcher aus dem ewigen Urkunde erbohren wird.

Und

Und zum 3. der zerbrechliche / thierische / gantz viehische / von Sternen und Elementen erbohren/ welcher das gantze Hauß und Wohnung inne hält.

38. Und gehet nun dem Menschen-Bilde alhier / wie S. Paulus saget: Welchem ihr euch begebet zu Knechten in Gehorsam / deß Knechte seyd ihr: Entweder der Sünden zum Tode/ oder dem Gehorsam GOttes zur Gerechtigkeit / dessen Trieb habt ihr. So sich der Mensch begiebet mit seinem Gemühte in Boßheit/ Hoffart/ eigene Macht und Pracht/ zu unterdrucken den Elenden/ so ist er gleich dem stoltzen hoffärtigen Teuffel/ und ist sein Knecht in Gehorsam/ und verkehret die Bildnüß GOttes/ und wird aus der Bildnüß ein Wolff/ Drache und Schlange: Alles nach seinen Essentien, wie er in deß Gemühtes Figur stehet.

39. Begibt er sich aber zu einer andern säwischen und viehischen Art / als in eitel viehischer Wollust zu leben / in vollen und tollen fressen / sauffen / unzucht / stelen / rauben / morden / liegen und triegen / so figuriret ihm auch das ewige Gemühte in solch Bildnüs / gleich einem unvernünfftigen / häßlichen Thiere und Wurme. Und ob er gleich in diesem Leben die Elementische Menschliche Bildnüß träget / so hat er doch nur eine Natter- Schlangen- und Thierische Bildnüs darinnen verborgen / welche mit Zerbrechung des Leibes offenbahr wird / und in GOttes Reich nicht gehöret.

40. Begiebt er sich aber in Gehorsam GOttes/ und anneiget sein Gemühte in GOTT/ zu widerstreben der Boßheit und fleischlichen Lust und Sucht auch allem ungerechten Leben und Wandel/ in die Demuht unters Creutze / so figuriret ihme sein ewiges Gemüht sein Bildnüs zu einem Engel/ welcher da ist keusch/ rein und züchtig/ und der behält sein Bildnüs auch in Zerbrechung des Leibes/ und wird ihm hernach vermählet die theure Jungfraw der ewigen Weißheit/ Keuschheit und Zucht des Paradeises.

41. Und alhier in diesem Leben muß er zwischen Thür und Angel stecken/ zwischen der Höllen- und dieser Welt-Reich/ und muß sich das edle Bildnüß wohl quetschen lassen. Denn er hat seine Feinde nicht alleine von aussen/ sondern an und in ihme selber. Er träget die thierische und auch höllische Zorn-Bildnüß an ihme/ weil dieses Fleisch-Hauß währet. Darumb gilt es streitens und wiederstrebens/ wider sich selber/ und auch ausser ihme wider die Boßheit der Welt/ welche der Teuffel mächtig wi-

der

Cap. 16. Göttliches Wesens.

der ihn führet/ und auff allen Seiten versuchet/ verführet und überall quetschet und presset/ und sind seine eigene Hausgenossen in seinem Leibe/ seine ärgeste Feinde. Darumb seynd die Kinder GOttes Creutzträger in dieser Welt/ in dieser bösen irrdischen Bildnüß.

42. Nun siehe du Menschen-Kind/ das hastu zugewarten nach Zerbrechung deines Leibes/ dieweil du ein ewiger Geist bist/ entweder du wirst ein Engel GOttes im Paradeiß/ oder ein häßlicher/ ungestalter/ Teufflischer Wurm/ Thier/ Drache: Alles nach deme du dich alhier in diesem Leben begehen hast: dieselbige Bildnüß (so du alhier in deinem Gemühte getragen hast/ mit derselbigen Bildnüß wirstu erscheinen/ denn es kan keine andere Bildnüß aus deinem Leibe in seiner Zerbrechung außfahren/ als eben die/ so du alhier getragen hast) wird in der Ewigkeit erscheinen.

43. Bistu nun gewesen ein hoffärtiger/ prächtiger/ eigennühtiger zu deiner Wollust/ zu unterdrucken den Dürfftigen/ so fähret ein solcher Geist aus dir aus/ und dann so ist er in der Ewigkeit/ da er nichts fassen oder behalten kan zu seinem Geitz/ auch so kan er seinen Leib mit nichtes zieren/ als nur mit deme was da ist/ und er steiget doch ewiglich in seiner Hoffahrt auff. Denn es ist kein ander Quäll in ihme/ und erreichet also in seinem Auffsteigen nichts/ als die grimmige Fewers-macht in seiner Erhebung/anniget sich in seinem Willen stäts in solch Vorhaben gleich dieser Welt/ wie ers alhier getrieben hat/ das erscheinet alles in seiner Tinctur, darinnen steiget er ewig auff in der Höllen Abgrundt.

44. Bistu aber gewesen ein leichtfertiger Lästerer/ Lügner/ Trieger/ Falscher/ mörderischer Mensch/ so fähret ein solcher Geist von dir aus/ und der begehret in der Ewigkeit nichts als eitel Falscheit/ speyet aus seinem Rachen feurige Pfeile/ voll greuel der Lästerung: Ist ein stäter Brecher und Rüger in der Grimmigkeit/ in sich fressend und nichts verzehrend: Alle seine Wesen erscheinen in seiner Tinctur, sein Bildnüß ist figuriret nach seinem alhier gewesenen Gemühte.

45. Darumb sage ich/ ist ein Thier besser/ als ein solcher Mensch/ der sich in die höllische Bildnüß begibt/ denn es hat nicht einen ewigen Geist/ sein Geist ist auß dem Geiste dieser Welt/ auß der Zerbrechligkeit/ und vergehet mit dem Leibe/ biß auff die Figur ohne Geist/ die bleibet stehen. Dieweil sie das ewige Gemühte durch die Jungfraw der Weißheit GOttes in der

Außge-

Außgebuhrt erblicket hat / zu eröffnen die grossen Wunder GOttes / so müssen die ewigen und auch figurlichen Wunder für ihme stehen; wiewohl keine thierische Figur oder Schatten nicht leidet oder thut / sondern ist gleich einem Schatten oder gemahleten Figur.

46. Darumb ist dem Menschen in dieser Welt alles in seine Gewalt gegeben / dieweil er ein ewiger Geist ist / und alle andere Creaturen sind nur eine Figur im Wunder GOttes.

47. So sol sich der Mensch nun wol besinnen was er redet / thut und fürhat in dieser Welt. Denn alle seine Wercke folgen ihme nach / und hat die ewig vor Augen / und lebet darinnen; es sey dan / daß er wieder aus der Boßheit und Falscheit new gebohren werde / durch das Blut und Todt Christi, im Wasser und heiligen Geiste / so bricht er auß der höllischen und irdischen Bildnüß in eine Englische / und komt in ein ander Reich / da seine Untugendt nicht hinnach kan / und wird ersäuffet im Bluht Christi, und wird das Bildnüß GOttes auß der irdischen und höllischen renoviret.

48. Also ist uns zu entsinnen und im Liechte der Natur hoch zu erkennen der Grund deß Himmels- und Höllen- / so wohl dieser Welt-Reich / wie dem Menschen in Mutterleibe drey Reiche ange-erbet werden / und wie der Mensch in diesem Leben eine dreyfache Bildnüß träget / welche uns unsere Eltern durch die erste Sünde haben ange-erbet. Darumb thut uns noht der Schlangen-tretter / der uns wieder in die Englische Bildnüß bringet / und thut dem Menschen noht seinen Leib und Gemühte mit grossem Ernste zu zähmen / und sich unter des Creutzes Joch zubegeben: nicht also nach Wollust / Reichthumb und Schönheit dieser Welt zu trachten / denn es stecket das Verderben darinnen.

49. Darumb saget Christus: Es wird schwerlich ein Reicher ins Himmelreich eingehen / dieweil ihme der Pracht / Hochmuth und Wollust des Fleisches so wohl gefället / und das edle Gemühte am Reiche GOttes todt und in der ewigen Finsternüß bleibet. Denn im Gemühte stecket die Bildnüß des Geistes der Seelen / wo zu sich das Gemühte anneiget und begiebet / allda innen wird sein Seelen-geist von dem ewigen Fiat figuriret.

50. Ists nun daß der Seelen-geist unwiedergebohren in seinem ersten Principio (welches er aus der Ewigkeit mit seines Lebens Auffgang hat ererbet) bleibet / so erscheinet mit seines Leibes Zerbrechung auß seinem ewigen Gemühte auch eine solche Creatur, wie alhier in disem Leben ist sein stäter Wille gewesen.

51. Hastu

Cap.10.   Göttliches Wesens.   215

51. Haſtu nun gehabt ein neidiſch Hundes-gemühte/ und Niemand nichts gegönnet/ als ein Hund umb ein Beyn/ das er doch ſelber nicht freſſen kan; ſo erſcheinet daſſelbe Hundes-gemühte/ und nach derſelben Quäll wird dein Seelen-wurm figuriret/ und einen ſolchen Willen behält er in der Ewigkeit im erſten Principio, und iſt kein wiederruffen. Alle deine neidiſche/ boßhaftige/ haſſärtige Wercke erſcheinen in deiner Quäll deiner eigenen Tinctur des Seelen-wurmes/ und muſt ewig darinnen leben. Du kanſt auch keinen Willen zur Abſtinentz faſſen oder ergreiffen/ ſondern biſt ewig GOttes und aller heiligen Seelen Feind.

52. Denn die Thoren der Tieffe zum Liechte GOttes erſcheinen dir nicht mehr/ denn du biſt nun eine volkommene Creatur im erſten Principio. Ob du dich erhübeſt/ und wolteſt die Thoren der Tieffe zerſprengen/ ſo kans doch nicht ſeyn/ denn du biſt ein gantzer Geiſt/ und nicht nur bloß im Willen/ in welchem die Thoren der Tieffe können zerſprenget werden/ ſondern du fähreſt überauß über das Reich GOttes/ und kanſt nicht hinein/ und je höher du fähreſt/ je tieffer biſtu im Abgrunde/ und ſieheſt doch nicht GOTT/ der dir doch ſo nahe iſt.

53. Darumb kans alleine alhier in dieſem Leben geſchehen/ weil deine Seele im Willen des Gemühtes ſtecket/ daß du die Thoren der Tieffe zerſprengeſt/ und zu GOTT durch eine newe Gebuhrt eindringeſt. Denn alhie haſtu die theure und hoch-edle Jungfraw der Göttlichen Liebe zum Beyſtand/ welche dich durch die Thoren des Edlen Bräutigambs führet/ welcher im Centro, im Scheide-ziel/ zwiſchen Himmel- und Höllen-Reich ſtehet/ und dich im Waſſer des Lebens/ ſeines Bluhts und Todes erbiehret/ und deine falſche Wercke darinnen erſäuffet und abwäſchet/ daß ſie dir nicht nachfolgen/ auff daß deine Seele nicht darinnen figuriret werde/ ſondern nach der erſten Bildnüß in Adam vorm Falle/ als ein reines/ züchtiges und keuſches/ edles Jungfrawen-bild/ ohn einige Erkäntnüß deiner alhie gehabten Untugend.

54. Sprichſtu/ Was iſt die Newe Wieder-Gebuhrt? Oder/ Wie geſchicht die im Menſchen? Höre und ſiehe/ verſtopffe nicht dein Gemühte/ laß dir den Geiſt dieſer Welt mit ſeiner Macht und Pracht nicht dein Gemüht erfüllen/ faſſe dein Gemüht und reiß durch ihn auß: aneigne dein Gemüht in die freundliche Liebe GOttes/ mache dir deinen Fürſatz ernſt und ſtrenge mit deinem Gemühte/ durch die Wolluſt dieſer Welt durch zu reiſſen/ und derer nicht zu achten: dencke daß du in dieſer Welt nicht daheime biſt/

bist / sondern bist ein frembder Gast in einer schweren Gefängnüß gefangen: Ruffe und flehe zu deme/ der den Schlüssel zur Gefängnüß hat / ergib dich ihm in Gehorsam der Gerechtigkeit/ Zucht und Wahrheit/ suche nicht das Reich dieser Welt also harte; es wird dir ohne das gnug anhangen / so wird dir entgegnen die züchtige Jungfraw hoch und tieff in deinem Gemühte/ die wird dich führen zu deinem Bräutigamb/ der den Schlüssel hat zu den Thoren der Tieffe. Für deme mustu stehen / der wird dir geben von dem himmlischen Manna zu essen / das wird dich erquicken/ und wirst starck werden und ringen mit den Thoren der Tieffe. Du wirst durchbrechen als die Morgenröhte / und ob du gleich alhier in der Nacht gefangen liegest / so werden dir doch die Straalen der Morgenröhte des Tages im Paradeise erscheinen / in welchem Orte deine züchtige Jungfraw stehet / und deiner mit der frewdenreichen Engel-schaar warttet/die wird dich in deinem newen wiedergebohrnen Gemühte und Geiste gar freundlich annehmen.

55. Und ob du gleich mit deinem Leibe in der finstern Nacht must in Dornen und Disteln baden / daß der Teuffel und auch diese Welt dich kratzet und quetschet / und dich nicht alleine von aussen schlagen / verachten / verhönen und spotten / sondern verstopffen dir offte dein theures Gemühte / und führen es gefangen in die Lust dieser Welt in das Sünden-badt: So wird dir die edle Jungfraw doch noch beystehen / und dich ruffen von dem ungöttlichen Weege abzulassen.

56. Sihe ja zu/ verstopffe nicht dein Gemühte und Verstandt/ Wenn dein Gemühte spricht: Kehre umb/ thue es nicht; so wisse daß dir geruffen wird von der theuren Jungfrawen / kehre bald umb/und dencke wo du daheime bist/ in welchem schweren Diensthause deine Seele gefangen lieget / und forsche nach deinem Vatterlande/ darauß deine Seele ist außgewandert / und dahin sie wieder gehen sol.

57. Wirstu nun folgen/ (nemlich dem Raht der edlen Sophiæ) so wirstu erfahren in dir selber / nicht alleine nach diesem Leben/ sondern auch noch in dieser Welt/ in deiner Wiedergebuhrt/ welche dir theuer entgegnen wird / auß welchem Geiste dieser Autor geschrieben hat.

Das

Das 17. Capittel.

Von dem erschrecklichen/ kläglichen und elenden Falle Adams und Hevæ im Paradeiß.
Der Menschen Spiegel..

1. So mir nicht in meinem Gemühte die Thoren der Tieffe eröffnet würden/ daß ich sehen kan/ was die Widerwertigkeit wider GOttes Reich ist: so vermeinte ich auch/ es wäre bloß umb einen Ungehorsam zu thun/ und umb einen Apffel-biß/ wie es der Text in Mose bloß übergehet: wiewol Moses gar recht schreibet.

2. Denn es war umb das irrdische Essen und Trincken zu thun: mit welchem der Paradeisische Mensch vom Geist dieser Welt gefangen ward/ welcher nun mit allen Menschen inqualiret. So bezeuget auch solches die H. Schrifft und die Vernunfft/ daß der Mensch in dem Elementischen Reich dieser Welt nicht daheim ist. Dan Christus spricht: Mein Reich ist nicht von dieser Welt. Und zu seinen Aposteln spricht er: Ich habe euch von dieser Welt beruffen: Item/ Fleisch und Bluht kan das Reich GOttes nicht erben.

3. Auch so sehen wir/ daß das Reich dieser Welt vom Menschen abstirbet und zerbricht. So dan Adam hat die Bildnuß deß Reichs GOttes getragen/ welche ewig unzerbrechlich war/ und im Paradeiß stund; so können wir mit keinem Grunde sagen/ daß er habe die Bildnuß deß Reiches dieser Welt getragen/ denn diese Welt ist vergänglich und zerbrechlich: Aber die Bildnuß in Adam war unvergänglich und unzerbrechlich.

4. Auch so wir wolten sagen/ Adam hätte im Quäll der vier Elementen gelebet vor seinem Falle/ so können wir gar nicht erhalten/ daß Adam nicht sey ein zerbrechlich Bild gewesen: denn die vier Elementa müssen am Ende vergehen/ und ins einige Element tretten.

5. Auch so wäre er ja der Quäll unterworffen gewesen/ denn es hätte Hitze und Kälte über ihn geherrschet: da wir doch in Mose sehen/ wie GOTT durch den Geist/ oder Engel deß Raths dieser Welt hat nach dem Falle erst Kleider von Fellen gemacht und ihnen die angezogen/ wie solches der Deckel in Mose zudecket/ daß man ihme nicht ins Angesicht sihet/ wie bey Israël zu sehen ist. Auch so er bloß von Erden und den Elementen wäre

wäre gewesen/ so hätte er können im Fewer verbrennen/ und im Wasser ertrincken/ und in der Lufft ersticken: Item, Es hätten ihn können Holtz und Steine zerbrechen/ da doch geschrieben stehet: Daß er am Tage der Wiederbringung soll durchs Fewer gehen/ und bewehrt erfunden werden/ welches ihn nicht wird letzen.

6. Nun wird ja kein ander Mensch auffstehen/ als GOTT im Anfange schuff/ denn er ist auß dem ewigen Willen geschaffen nach seiner Seelen/ welche ihm wurd eingeblasen/ und sein Leib ist auß dem ewigen Element geschaffen/ das war und ist im Paradeiß/ und die vier Außgänge der vier Elementen auß'm Element sind diese Welt/ darinnen war Adam nicht geschaffen.

7. Der Text saget in Mose: Er sey im Paradeis geschaffen worden in Hebron, das ist/ in den Thoren der Tieffe zwischen der Gottheit/ und dem Abgrunde des Höllen=Reichs. Sein Leib war aus dem Element, und sein Geist wurde ihme aus dem ewigen Gemühte GOttes deß Vatters/ von der züchtigen Jungfrauen der Göttlichen Weißheit und Liebe eingeblasen.

8. Denn das Element ist ohne Verstandt/ und ist das angezogene in GOttes Willen/ darinnen sich die ewige Weißheit GOttes in unendlich erblicket/ und darinnen auffgehet Farben/ Kunst und Tugend/ und die ewigen Wunder/ aus welchem im Anfang in der Anzündung des Fewers im Grimm sind auffgegangen die vier Elementa.

9. Denn das ist gar faßlich und sichtlich an der Erden und Steinen/ daß die vier Elementa sind in einem gewesen/ und daß die Erde und Steine sind im Grimme der Anzündung des Elements erbohren worden. Denn ein Stein ist doch nur Wasser: So ist ja zu sinnen/ wie ein Grimm mag gewesen seyn/ der das Wasser also harte zusammen gezogen.

10. Darzu siehet man da den Außgang der vier Elementen im Grimm des Fewers/ wie alsbald die starcke Lufft auß'm Fewer außgehet/ und der Stein oder Holtz ist nichts als ein Sulphur des Wassers und der Erden/ und so die Tinctur verzehret wird vom Grimme/ so wirds zu Asche und endlich zu einem Nichtes: wie dan diese Welt mit den vier Elementen wird im Ende zu einem Nichts werden/ und wird nur derer Schatten und Figur im ewigen Element im Wunder GOttes bleiben. Wie woltestu dan nun dencken/ daß GOTT den ewigen Menschen habe aus den vier Außgängen geschaffen/ welche doch zerbrechlich sind?

11. Zwar

Cap. 17.   Göttliches Wesen.   217

11. Zwar wir müssen ja sagen/ daß die Heva ist zu diesem zerbrechlichen Leben geschaffen worden. Denn sie ist die Fraw dieser Welt. Es konte aber dißmahl schon nicht anderst seyn/ denn der Geist dieser Welt mit seiner Tinctur hatte Adam überwunden und besessen/ daß er niederfiel in Schlaff/ und konte nicht das Jungfräwliche Bild aus ihme gebähren/ nach Erblickung der Edlen und züchtigen Jungfrawen der Weißheit GOttes/ welche ihme war vermählet aus dem himmlischen Limbo, welcher war die Matrix in ihme/ da ihme hernach in seiner überwindung die Elementische Frau ward zugesellet als die Heva, welche in der überwindung des Geistes dieser Welt ward nach Thieres gestalt aus dem Adam figuriret.

12. Damit wir aber den Leser in einer kurtzen Summa recht verständigen/ was unser Erkäntnüß und hoher Sinn im Liechte der Natur hoch ergriffen/ sey/ so setzen wir nach unserer Erkäntnüß also: Adam ist gewesen das Bilde GOttes/ nach dem Gleichnüß GOttes/ das GOtt die heilige Dreyfaltigkeit in einem Göttlichen Wesen/ durch die Jungfraw seiner ewigen Weißheit/ in der Weißheit hatte erblicket in dem ewigen Element an der gefallenen Teufel Stelle zu haben; denn sein Raht in dem ewigen Willen muste bestehen: Es solte und muste ein Thron=und Fürsten=Region in diesem Loco seyn/ der die ewigen Wunder offenbahrete.

13. So schuff nun GOTT die Bildnüß und Gleichnüß aus dem ewigen Element, in welchem die ewigen Wunder zu urkunden sind/ und blies ihm ein den Geist der Essentien, aus seinem ewigen urkündlichsten Willen/ aus den zersprengten Thoren der Tieffe/ da das Rabt der Rügung und Durchbrechung im ewigen Gemühte stehet/ welches erreichet die klare wahre und reine GOttheit deß Hertzens GOttes.

14. Nicht ist es das Hertze GOttes/ sondern es reichet biß ins Hertze GOttes/ und empfähet Krafft/ Liecht und Wonne vom Hertzen und Liechte GOttes: Denn es ist ins Vatters ewigen Willen/ aus welchem er sein Hertz und Wort von Ewigkeit immer gebieret/ und seine Essentien, die ihm ins Element seines Leibes/ als des Unverstandes im ewigen Wunder GOttes wurden eingeblasen/ waren Paradeiß/ wegen der hoch=triumphirenden Frewden des Anblicks außm Hertzen und Liechte GOttes. Sein Speiß und Tranck waren paradeisisch aus dem Element in seinem Willen/ damit zog er die Krafft der ewigen Wunder GOttes in sich/ und gebahr den Schall/ Tohn/ oder ewigen Lobgesang von den ewigen Wundern GOttes aus sich fürm Wil-

K   len/

len/ das stund alles vor der züchtigen/ hoch-edlen und seeligen Jungfrawen der Weißheit GOttes im Liebe-spiel/ und war recht Paradeis.

15. Was aber dieses nun sey/ kan meine Feder nicht schreiben/ mich verlanget viel sehrer darnach in Vollkommenheit zu ergreiffen und darinnen zu leben/ welches wir alhier im Liecht der Natur/ in den Thoren der Tieffe erkennen und schawen/ und unser dreyfach Gemühte nicht können hinein erheben/ biß das rauhe Röcklein außgezogen wird/ dann wollen wir es schawen ohne Wancken.

16. Dieweil aber die vier Elementa nunmehr aus dem Element außgiengen/ und machten mit der Quinta Essentia der Sternen/ und mit dem Hertze der Essentien, als der Sonnen/ das dritte Principium, darinnen auch die grossen Wunder stunden/ und keine Creatur erfunden ward/ die sie könte offenbahren/ als nur alleine das Bild und Gleichnuß Gottes/ der Mensch/ welcher die züchtige Jungfraw der Weißheit GOttes in sich hatte: So drang der Geist dieser Welt also hart auff die Bildnuß nach der Jungfrawen/ hiermit seine Wunder zu offenbahren/ und besaß den Menschen/ davon er erst seinen Rahmen Mensch kriegte/ als eine vermischete Person.

17. Als aber die Weißheit GOttes sahe/ wie der Mensch lüsternd ward vom Geiste dieser Welt/ sich mit den vier Elementen zu vermischen: So kam das Gebott und sprach: Du solt nicht essen vom Baum deß Erkäntnuß Gutes und Böses.

18. Nun ist ja die Erkäntnuß gutes und böses im Paradeiß und Himmelreich nicht offenbahr/ als nur im Außgang außm Element im Grimme/ da stehet die Erkäntnuß des Bösen alleine offenbahr/ da sind die Essentien alleine entzündlich/ und stecket darinnen der Todt/ davon GOtt sagte: Wann du davon issest/ wirstu des Todes sterben.

19. GOtt meynete den Leib/ so er von Inficirung der vier Elementen würde bekommen/ der müste sterben/ und würde auch alsobalde in seinem zarten Jungfräwlichen Gemühte dem Paradeiß absterben/ und das Gemühte dieser Welt bekommen/ in welchem eitel stück-und flickwerck/ Kranckheit und Verderben der Essentien, und endlich der Todt steckete.

20. Daß aber die vier Elementen mit der Sonne und Sternen konten also auff Adam dringen/ und ihn inficireten, das war die Ursache/ daß er aus ihnen als aus dem Element, war ausgezogen/ und hatte im Urkunde alle drey Reiche in sich/ alle drey

Prin-

Cap. 17. Göttliches Wesens. 219

Principia. Darumb muste er versucht werden/ ob er könte im Paradeiß im Himmelreich bestehen/ da ward ihm himmlische und auch irrdische Frucht fürgestellet.

21. Denn der Versuch-Baum war irrdisch/ als noch heute alle Bäume sind/ und die andere alle waren paradeisisch/ da konte Adam im Maule von essen die paradeisische Krafft/ und durffte keinen Magen noch Därmer/ denn sie waren gleich seinem Leibe und dem Element, und der Versuch-Baum war gleich den vier Elementen.

22. Daß aber Moses so hart darauff bringet und saget: GOtt schuff den Menschen aus dem Erden-Klos/ da ist sein Deckel vor seinem Angesichte/ daß ihm der irrdische Mensch nicht soll ins Angesichte sehen. Freylich ward er ein Erden-Klos und Erde/ da er irrdische Frucht aß/ welche ihm doch GOTT verbott. Wäre Adam fürm Falle irrdisch aus Erden gewesen/ GOTT hätte ihme die irrdische Frucht nicht verbotten/ darzu so er aus der Erden Element wäre erschaffen gewesen/ warumb zoch ihm denn nicht auch das irrdische Element alsbalde sein Kleid mit einer rauhen Haut an? warumb ließ es den Menschen nacket und bloß? und da es ihn schon gleich besessen hatte/ so ließ es ihn doch nacket und bloß.

23. Allein Moses redet von der Tafel GOttes/ welche durchgraben war mit den zehen Geboten/ daß man kan hindurch sehen ins Paradeiß/ den Deckel hänget er für sein Angesicht/ wie bey Israel zu sehen/ darumb daß der Mensch irrdisch ist worden/ so soll er das Irrdische wider ablegen/ alsdan soll er mit Iosua und Jesu ins gelobte Land des Paradeises gehen/ und nicht mit Mose in der Wüsten dieser Welt bleiben/ da ihm der Deckel dieser Welt vorm Paradeiß hanget.

24. Er soll ihme keine Vernunfft lassen einbilden/ das GOtt irgend ein Thier habe aus einem Erden-Klos gemacht/ wie der Töpffer einen Topff/ sondern er sprach: Es gehen herfür allerley Thiere/ ein jedes nach seiner Ahrt; Das ist aus allen Essentien, ein jedes nach seiner Essentien Eigenschafft; also wurds auch durchs Fiat aus seiner eigenen Essentia figuriret/ so wol auch alle Bäume/ Kräuter und Gräßlein/ alles auff einmahl zugleich: Wie wolte dann das Bilde GOttes aus den zerbrechlichen Essentien seyn gemacht worden? sintemahl es im Paradeis ward erschaffen aus dem Ewigen.

25. Die Erde ist nicht ewig/ und umb deß zerbrechlichen willen muß des Menschen Leib zerbrechen/ dieweil er das Zerbrech-

K 2 liche

liche hat an sich gezogen/ so ist ihm auch die Paradeisische Witz/ Lust und Frewde entwichen/ und ist er in den angezündeten Zorn/ der angezündeten vier Elementen gefallen/ welche mit dem ewigen Zorn im Abgrund nach ihrem Grimm inqualiren: Wiewol die äussere Region von der Sonnen gesänfftiget wird/ daß es eine liebliche Wonne ist/ wie vor Augen ist. So aber die Sonne vergienge/ so würdestu wol GOttes Zorn sehen/ fühlen und empfinden; dencke ihme nur nach.

26. Also wird uns im Liechte der Natur gezeiget/ als Adam von dem Geiste dieser Welt also ward geschwängert/ so bawete GOTT einen Garten Eden, auff Erden im Paradeiß/ und ließ auffwachsen allerley Früchte des Paradeises/ lieblich anzusehen und gut zu essen/ und den Versuch-baum mitten inne/ der hatte seine Essentien vom Geist dieser Welt/ und die andere hatten paradeisische Essentien.

27. Darinnen stund nun das Bilde GOttes gantz frey: Es mochte greiffen wozu es wolte/ allein an den Versuch-Baum nicht/ da war das Verbot vor. Da ist er in den Garten gegangen viertzig Tage in Paradeisischer Witze/ Freud und Wonne/ da vor ihme doch kein Tag noch Nacht war/ sondern die Ewigkeit. Er sahe mit seinen Augen aus der Göttlichen Krafft/ es war kein Zusperren seiner Augen in ihme: Er durffte der Sonnen Liecht nicht gäntzlich/ wiewol ihm alles muste dienen und unterthänig seyn. Die Außgebuhrt der vier Elementen berührete ihn nicht: es war kein Schlaf noch Schmertzen/ oder Furcht in ihme: Es waren vor ihme tausent Jahr wie ein Tag. Er war ein solch Bild/ wie am Jüngsten Tage wird auffstehen/ und kein anders stehet auff/ als GOTT im Anfang schuff. Darumb dencke ihm nach.

28. Daß ich aber sage: Der Mensch/ Adam, sey viertzig Tage im Paradeiß gewesen/ zeiget mir die Versuchung Christi des andern Adams, und die Versuchung Israelis am Berge Sinai, bey Mose auffm Berge/ welche alle beyde viertzig Tage gewähret haben/ welches du beym Mose und der Versuchung Christi magst lesen/ du wirst Wunder finden.

29. Als aber die Lust vom Erkäntnüß Gutes und Böses zu essen den Adam inficirete/ und der Geist dieser Welt den Adam drängete/ darzu der listige Teuffel im Geist dieser Welt eingeschlossen/ trewlich auff Adam schoß/ daß Adam am Reiche Gottes müde und blind ward/ sprach GOTT: Es ist nicht gut daß der Mensch alleine sey/ (denn er wird doch nicht die Paradeisische

sche Jungfraw gebähren/ sintemal er vom Geist dieser Welt inficiret ist/ so ist die Keuschheit und Zucht aus) wir wollen ihm eine Gehülffin machen/ die umb ihn sey/ daraus er sein Fürstenthumb kan bawen/ und sich fortpflanzen/ es wil doch nicht anderst seyn. Und Er ließ einen tieffen Schlaff fallen auff den Menschen/ daß er entschlieff.

30. Alhier verstehet man gar eigen und wohl/ wie die Jungfraw sey in Adam ins æther, in ihr Principium gewichen/ denn der Text saget: GOTT ließ einen tieffen Schlaff fallen auff Adam. Wo nun Schlaff ist/ da ist die Göttliche Krafft im Centro verborgen: wo sie im Geiste grünet/ da ist kein Schlaf/ den der Hüter Israel schläfft noch schlummert nicht/ stehet geschrieben.

31. Fragstu wie lange schlieff Adam? Sihe die Ruhe Christi im Grabe an/ so findestu den Zweck. Dann der andere Adam muß den ersten mit seiner Aufferstehung auß'm Grabe aus seinem ewigen Schlaffe der Finsternüß der Höllen auß'm Grabe dieser Welt wider auffwecken.

32. Also hat ihme GOTT in seinem Schlaffe die Frawe aus ihme gemacht/ durch welche er solte sein Reich gebähren/ denn es kente nun nicht anders seyn. Und als er auffwachte/ sahe er sie/ und nam sie zu sich/ und sprach/ das ist Fleisch von meinem Fleische/ und Bein von meinem Beine. Adam war in seinem Schlaffe gar ein ander Bildnüß worden. Denn GOTT hatte den Geist dieser Welt in ihn gelassen/ welcher seine Tinctur müde machte zum Schlaffe.

33. Für'm Schlaffe war Adam in Engels gestalt/ und nach dem Schlaffe hatte er Fleisch und Bluth/ und war ein Erden-Kloß in seinem Fleische/ und sahe aus einem dreyfachen Geiste/ fieng mit seinen Augen das Liecht der Sonnen/ und kandte die erste Bildnüß nicht mehr/ wiewohl die vier Elementa noch nicht auff ihn fielen und ihn rügeten/ denn er war noch in der Unschuldt.

34. Da machte sich der Teuffel geschefftig/ und schlof in die Schlange/ die er doch selber in seiner eigenen Gestalt ist/ und legete sich an Baume/ und strewete Zucker auff/ denn er sahe wol/ daß die Heva eine Frawe war/ und mit den vier Elementen inficiret/ und ob sie sich etwas wehrete/ und GOttes Gebot fürwarff/ lies sie sich doch gar leichte überreden/ als der Lügen-Geist sagte/ die Frucht machte klug/ ihre Augen würden ihr auffgethan werden/ und würden seyn gleich wie GOTT/ und wissen Gutes und Böses. Er sagte ihr aber nicht/ daß sie sterben

ben müſte / ſo ſie davon äſſe / ſondern ſie würde klug werden und ſchön ſeyn / welche Sucht den Weibern noch im Hirn ſticket / daß ſie gern wollen das ſchönſte Thier ſeyn.

35. Alſo rieß ſie einen Apffel abe und aß / und gab ihrem Adam auch / und er aß auch davon. Das iſt ein Biß dafür ſich wol der Himmel möchte entfärbet und das Paradeiß erzittert haben. Wie es dann auch wahrhafftig geſchehen iſt / wie im Tode Chriſti zu ſehen / da er in Todt gieng / und mit der Höllen rang / daß die Erde und Elementa erzitterten / und die Sonne entwich mit ihrem Scheine / als dieſer Apffel-biß ſolte heyl werden.

Die Porte des groſſen Jammers und Elendes der Menſchen.

36. Die Vernunfft ſtecket vor dem Deckel Moſis, und ſiehet nicht durch die durchgrabene Tafel / ſo ihme GOtt gab auff dem Berge Sinai. So mag ſie auch nicht den Deckel vor ſeinen Augen aufheben / und ihme ins Angeſicht ſehen / denn er hat ein verkläretes Angeſichte im Fewer-Schrack / ſie fürchtet ſich dafür und erzittert darob. Sie ſpricht immer zu Moſe: Rede du mit dem Herrn / denn wir ſind erſchrocken / darzu gantz bloß und nackend.

37. Sie wendet wohl GOttes Zorn für / und erzittert vor ihrem Fall / aber ſie weiß nicht wie ihr geſchehen iſt: Sie wendet alleine den Ungehorſam vor / und machet aus GOTT einen zornigen / boßhafftigen Teuffel / der nicht könne verſühnet werden: Da ſie doch ſelber das Zorn-Kleid in Adam und Heva an Leib und Seel gezogen hat / und ſich ſelber in das ſchröckliche Zorn-Bad geſetzet wider GOttes Willen / mit welchem GOTT ſo ein groß Erbarmen getragen / das er ſeines eigenen Hertzens nicht verſchonet hat / das in die Tieffe des Zornes und der Höllen Abgrund zu ſenden / in den Todt und Zerbrechung der vier Elementen, vom heiligen und ewigen Element, dem gefallenen Menſchen zu helffen / und ihn aus dem Zorn und Tode zu erretten.

38. Weil aber der Deckel von Moſis Angeſichte im Tode Chriſti iſt auffgehoben / an welches ſtatt doch die Sternen mit den vier Elementen haben den Menſchen einen Dunſt und Nebel durchs Teuffels inficiren gemacht / daß er dem Moſi nicht in die Augen ſiehet. Denn die Region dieſer Welt hat den Anti-Chriſt erbohren / und für Moſis Angeſichte in den Dunſt geſetzet / als wäre

wäre er der Christus, daß also Mosis Angesicht nicht mag ergrif=
fen werden. So thut uns noht die Lilie/ welche wird grü=
nen durch die durchgegrabene Taffel Mosis, mit ihrem
starcken Ruch/ welcher ins Paradeis GOttes reuchet/
von welcher Krafft die Völcker also kräfftig und starck
werden/ daß sie den Anti-Christ verlassen/ und durch die
Dunckelheit zu dem Ruch der Bluhmen lauffen/ denn
der Durch=Brecher durch die Thoren der Tieffe/ hat die
Lilien gepflantzet/ und hat sie geben in die Hände der
Edlen Jungfrawen/ und sie wächset im Element im
Wunder/ gegen dem schröcklichen Sturm der Höllen/
und dieser Welt Reich/ da denn viel Zweige zu Boden
fallen/ von welchem der Anti-Christ verblendet/ und
im Dunst und Nebel gantz toll und unsinnig wird/ und
die vier Elementa im Grimm erreget. Da den Kin=
dern GOTTes vom Schlaffe des Dunstes auffzuwa=
chen noht ist: deutet der Geist im Liechte der Natur
ohne Schertz.

39. So wollen wir nach unserer Erkantnuß eine Andeutung
geben von des Menschen Falle/ welches alles gantz offenbahr/
und im Liechte des Tages erscheinet/ und uns überzeuget/ und
dürffen also der Närrung des Anti Christs nicht/ welcher mit
dem Bluthe und Tode Christi nur seinen Geitz/ Hoffart und
Wollust suchet/ und uns den Deckel Mosis vor unsere Augen
zeucht/ daß wir nicht sollen durch die durchgrabene Tafel den Iosua oder Iesum im gelobten Lande des Paradeises sehen/ damit er
nur getrost auff seinem grewlichen und fressenden Thiere des
Geitzes und Hoffahrts reuthe/ welches also groß und starck ist
worden/ daß es den Kreiß der Erden überschattet/ und herr=
schet so wunderlich mit seinem Grimm über alle Berge und Thal.
Welches doch der Lilien Ruch ohne Hände zerbricht/
davon sich die Völcker verwundern und sagen: Wie bi=
stu schröckliche und grosse Macht auff so liederlichen und
losen Grunde gestanden?

40. So wir dann nun den elenden Fall Adams und Hevæ be=
trachten/ so dürffen wir nicht lange dem tollen Anti-Christi nach=
lauffen/ von ihme Weißheit zu forschen; er hat keine/ wir se=
hen uns nur selber an/ und betrachten das himmlische und irrdi=

sche

sche Bildt gegen einander / so sehen wir den Zweck und Grund gar mit einander / wir dürffen keinen Doctor darzu / auch keiner frembden Sprache / es stehet in unserm Leibe und Seele geschrieben / und so wir das sehen / erschrecket es uns also sehr / daß wir darob erzitteren / wie der Heva und Adam in ihrem Falle geschehen ist.

41. Und ob wir nicht den Schlangen-tretter im Scheide-ziel in den Thoren der Tieffe zwischen dieser Welt und Höllen-Reich erblicketen / so sähen wir nichts als eitel Noht und Todt / welches uns billich auffwecken solle vom Schlaff.

42. Sihe dich nur an du blindes Gemühte / und betrachte dich / wo ist deine Engels-gestalt in dir? warumb bistu so zornig/grimmig / und boßhafftig? warumb steigestu noch in deiner Boßheit auff in Hoffahrt/ in Macht und Pracht / und vermeinest ein schönes Thier zu seyn? Was thustu? warumb hastu den Geist dieser Welt in dich gelassen / der dich führet wie er wil in Hochmuht und Stoltzheit / in eigen Macht und Pracht / in Geitz und Lügen / in Falscheit und Trug/ und dann in Kranckheit und Zerbrechung?

43. Was hastu nun nach deiner Zerbrechung / so du stirbest? Betrachte dich / was bistu? Ein Geist bistu. Was hastu für Quähl in dir? Zorn / Boßheit / Hoffahrt / Eigensinnigkeit im Auffsteigen nach zeitlicher Wollust und doch kein finden. Ein falsches Gemühte im Geiste / voll liegen und trügen / mörderisch aus den Essentien. Wie du auff Erden gegen dem Menschen warest / also ist ein solcher Geist von dir ausgefahren aus dem zerbrechlichen Leibe der Elementen. Wo sol er nun bleiben / so diese Welt vergehet / meinestu er sey ein Engel? Hat er Englische Quell / ist seine Quell in der Liebe / Demuth und Sanfftmütigkeit? Ist sie in Gehorsam GOttes / im Liechte der Frewden?

44. O du blindes Gemühte mit deiner Macht und Pracht / voll Boßheit und Grimm des Teufels / du bist bey allen Teuffeln in Abgrund der Höllen / so du nicht umbkehrest und trittest in die Englische Fußstapffen / durch ernste Rew und Busse deines Grewels/ daß dir der Heyland und Schlangen-tretter des Grimmes / Zornes / Boßheit / Lügens und Trügens / und deiner angebohrnen Hoffahrt und Geitzes entgegnet / und dich in seine Armen ninnt / und in ihm new gebiehret / und gibt dich in die Schoß der züchtigen Jungfrawen / daß du ein Engel werdest / sonst bistu des ewigen Todes in der ewigen Finsternüß / und erreichest nimmermehr das Reich GOttes.

45. Oder aber meinestu / ich schreibe ohne Liecht und Erkäntnüß

nuß vem Falle des Menschen? Ist solches nicht auch in der heiligen Schrifft zu sehen/ was die davon saget/ daß der Mensch vorm Falle sey Englisch gewesen in seinem Gemühte und Leibe? So siehe was Christus Matthæi 22. v. 30. saget: In der Aufferstehung der Todten werden sie weder freyen/ noch sich freyen lassen/ sondern sie sind gleich den Engelen GOttes. Ein solch Bild hat auch GOTT im Anfang zu seiner Gleichnüß geschaffen.

46. Denn kein zornig/ boßhafftig/ hoffärtig/ eigen-ehrig/ lügenhafftig/ diebisches/ rauberisches/ mörderisches/ unzüchtiges/ unkeusches Gemühte ist GOttes Gleichnüß: Sondern ein demütiges/ züchtiges/ keusches/ reines/ freundliches Gemühte/ das sich mit seiner Begierde und Liebe zum Hertzen GOttes aneignet/ das ist GOttes Gleichnüß/ in welchem der fewer-flammende Geist in der Frewd und Sanfftmuht auffgehet aus¦m Willen/ fürm Willen/ seinen Brüdern den Willen seines Geistes/ so von ihme außgehet/ gerne auch gönnen/ sich mit ihnen zu anneigen/ und wie man im Sprichwort redet/ das Hertze mit zu theilen/ welches im Geiste geschicht: darinnen die himlische Frewde im ewigen Element auffgehet/ und die Wunder GOttes in der Jungfrawen erblicket werden zum ewigen Gemühte und Lobgesange GOttes/ da das Gemühte spielet auff der Harpffe Davids auß dem Lobgesange GOttes: Da dan in dem ewigen heiligen Gemüte auffgehen Erkäntnüß/ Farben im Element und Wunder im Geist mit Tahten und Krafft.

47. Und daß ist das Bilde GOttes/ das GOTT zu seinem Lobe und Frewden erschuff und kein anders. Laß dir nur kein anders fürmahlen durch den tollen Antichrist. Es ist kein anders/ es überzeuget dich dein Leib und Seel: So wol Himmel und Erden/ Sternen und Elementa. Siehe an was du wilt. Es überzeuget dich alles/ und wirstu nicht umbkehren/ und in die Bildnüß tretten darzu dich GOTT schuff/ so wirstu dich vor allen Creaturen schämen/ in deines Leibes Zerbrechung/ wenn dein Gemühte im Seelen-Geist wird rohe ohne Leib stehen/ sagen wir theuer im Willen GOttes hoch erkant.

48. Also ist uns hoch erkändlich der elende Fall unserer ersten Eltern/ warumb es doch GOTT zu thun gewesen/ daß sein Zorn in uns ist/ und daß wir müssen sterben/ und so wir nicht den Schlangen-tretter ergreiffen/ auch ewig verderben. Damit wir aber eine kurtze Summa des Falles wegen der Einfalt unserer kalten unbegreiflichen und dunckelen Gemühter setzen/ dem Leser verständlich/ der unsern Sinn und Erkäntnüs nicht mag ergreiffen/

sen / so wollen wirs kurtz und klar andeuten / ihme auch unser Erkäntnuß und Gemühte gerne gönnen / als uns dan in der Göttlichen Bildnuß gebühret.

49. Adam ist in Englischer Bildnuß gestanden vor seinem Schlaff viertzig Tage / und in ihme war kein Tag noch Nacht / auch keine Zeit / wiewol er nicht bloß ein Geist gewesen ist / als ein Engel / denn sein Leib war aus dem Element, welches nicht ein verständiger Geist ist / sondern das angezogene im Willen GOttes (oder der Limbus) das vor GOtt stehet / darinnen die züchtige Jungfraw der Weißheit GOttes / wohnet / welches aus dem Element durchs Fiat GOttes die Bildnuß erblickte und schuff.

50. Und aus demselben Limbo sind in Zeit deß Zorns der Erden corporirung die vier Elementa, als aus einem Brunne außgegangen / und das erblickete durch die Jungfraw der Weißheit GOttes in unzahlbar / wurden Sternen / als eine Krafft oder Außgebuhrt aus dem Limbo, und sind das fünffte Wesen vor den vier Elementen, nicht abgetrant von den vier Elementen, sondern mit einander inqualitende, und doch von den vier Außgängen außgezogen mit ihrer schärffen Essentia, und sind die Sucht der vier Elementen, oder wie ichs in Gleichnuß setzen möchte / der Mann / und die Elementen die Fraw / und das Hertze dieser Dinge ist das Element in einem Wesen / und die Essentien darinnen sind Krafft der Wunder und Weißheit GOttes / und heissen Paradeiß / eine Wonne der Frewden.

51. Und der Geist der ewigen Essentien (der da ist verständig / und hat die Erkäntnuß / auch Fühlung und Probierung aller Dinge / darinnen die Quäll stehet / so im Menschen ist) wird ihme durch die Weißheit GOttes durch den treibenden Willen / welcher für sich gehet / aus dem ewigen Gemühte / aus den zersprengten Thoren der Tieffe eingeblasen durchs Wort / mit dem wallenden Geiste GOttes / und hat die Anrürung des Abgrundes der ewigen Qual (1) hinter sich / als ein Band / und das Hertze und Liecht GOTTES (2) für sich als einen Glantz der Frewden und Anzündung des Paradeises / welches in den Essentien auffgehet mit dem Frewden-Liechte / und den Außgang der vier Elementen (3) unter sich / in Gebuhrt aus dem Limbo, so in ihme war.

52. Und so lange er ins Hertze GOttes seine Imagination setzte / so war das Paradeiß in ihme reß / und war das Band des Abgrundes ein Paradeiß / der auffsteigenden Frewden in

der

Cap. 17.   Göttliches Wesens.   227

der Quahl/ und das Reich dieser Welt hatte ihn von unten auch am Bande/ dieweil es von Element außgehet. Und weil er sein Gemühte ins Hertze GOttes setzte/ konte es ihn nicht ergreiffen/ und war an ihme unmächtig/ gleich wie diese Welt vor GOtt ist.

53. Also stund der Geist und Seele Adams mitten im Paradeiß der Frewden-reich viertzig Tage/ als einen Tag/ und neigete sich alles zu ihme/ das Höllen-Reich des ewigen Urkundes aus dem finstern Gemühte für eines/ aus welchem sein Seelenwurm in den zersprengten Thoren war außgangen. Und dan die Gottheit deß Himmelreiches in den zersprengten Thoren vor ihme/ ihn freundlich erblickend fürs ander. Und dan der Geist der Sternen und Elementen seiner an ihrem Bande anziehend und hertzlich begehrend fürs dritte.

54. Und stund Adam recht in der Versuchung/ denn sein zornig Gemühte außm Urkund des ersten Principii stund vom Liechte GOttes in Frewden/ und die Quell des Zorns machte die auffsteigende Frewden. Deß das Liecht machte alles sanffte und freundlich sich zu der Liebe zu anneygenen/ und damit stund er recht im Paradeiß auff Erden.

55. Die vier Elementa dieser Welt sampt der Sonne und Sternen/ könten in ihm nicht inqualiren. Er holete keine Lufft in sich/ sondern der Geist GOttes in der Jungfrawen war sein auffblasen und anzünden des Fewers im Geiste.

56. Weil er aber also im Paradeiß/ zwischen der Höllen- und dieser Welt-Reich stund/ mit beyden angebunden/ und doch auch gantz frey in der Macht GOttes/ so erblickte er sich in die grosse Tieffe dieser Welt-reich/ darinnen dann auch die grossen Wunder im Centro verborgen stehen/ wie wir sehen/ daß sie der Mensch durch sein ewiges Gemühte erblicket/ und an Tag bracht hat/ wie vor Augen/ und in seinem Erblicken imaginirte er/ und gerieht in Lust. Denn der Geist dieser Welt fieng ihn wie eine Mutter einem Kinde in Mutter-Leibe ein Anmahl zurichtet. Und wird in der Lust schwanger des Geistes dieser Welt. Da ward er an GOtt blind/ und sahe nicht mehr GOtt und seine Jungfraw in seinem Gemühte. Also blieb das Himmelreich in den zersprengten Thoren der Allmacht im Paradeiß/ in seinem Principio für sich/ und darinnen die Jungfraw im Centro verborgen/ und war in Adam, aber Adam war nicht in GOtt mit seinem Gemühte/ sondern im Geiste dieser Welt/ und ward am Reiche GOttes unmächtig/ fiel nieder und schlieff.

57. Da

57. Da bawete GOTT durch den Geist dieser Welt durchs Fiat, das Weib dieser Welt aus ihme/ dadurch er sein Reich mehrete. Das Weib war aus der Matrix, welche für der inficirung eine keusche Jungfraw war/ welche Adam aus sich gebähren solte. Als aber die Zucht der Weißheit und Vermügenheit von ihme wiech/ in dem er in Geist dieser Welt trat/ konte er nicht gebähren/ denn der Geist dieser Welt bekleidet ihn in seinem Schlaffe mit Fleisch und Bluht/ und figurirete ihn zu einem Thier; wie wir nun mit grossem Jammer sehen/ und uns erkennen/ daß wir blind und am Reiche GOttes nacket sind/ mit keiner Krafft/ im Schlaffe des grossen Elendes/ mit zerbrechlichem Fleische und Blute bekleidet.

58. Als aber Adam vom Schlaff auffwachete/ war er ein Mensch/ und nicht ein Engel/ er holete Odem von der Lufft/ und zündete damit seinen Sternen=geist an/ welcher ihn hatte besessen. Er erkennete sein Weib/ daß die eine Fraw wäre/ und aus ihme genommen/ und nam sie zu sich/ als sich alle Thiere begatten. Doch hatte er noch reine Augen/ denn der Grimm steckete noch nicht drinnen/ sondern die Sucht und der Mesch. Das Element Fewer mit seiner Bitterkeit hatte ihn noch nicht gäntzlich/ welches mit der Höllen Abgrund inqualiret.

59. Also ist Adam mit seinem Weibe in grosser Lust und Frewden in Garten Eden gegangen/ da ihr dan Adam von dem Gebott des Baums sagete. Heva aber als eine Fraw dieser Welt/ achtete deß wenig/ und wendete sich von Adam zum Baume/ und sahe ihn mit Lust an/ da sie dann die Lust fieng/ und der Lügen=Teuffel beredete/ in deme sie mit ihme schwätzete/ und sie ihn nicht kante/ auch von keinem Teuffel wuste/ grieff an Baum/ rieß ab und aß von der Frucht der vier Elementen und der Sternen/ und gab Adam auch/ und weil Adam sahe/ daß Heva nicht starb/ aß er auch.

60. Da wurden ihre Augen auffgethan/ und erkanten daß sie Fleisch und Bluth hatten/ und gantz nacket waren. Denn der Geist der grossen Welt fieng sie mit den vier Elementen, und figuriret ihnen Magen und Därmer/ wiewol die Gestalt im Schlaffe des Adams/ als die Matrix vom Limbo wurd geschieden/ schon figuriret ward/ aber sie erkanten es nicht biß nach dem Apfel=biß. Da zog der Geist der Grimmigkeit erst ein/ und macht ihm seine Region, wie zu sehen am Hertze/ Leber/ Lunge/ Galle und Blasen/ so wol am Magen. Dieses Regiment hat Adam im Schlaffe bekommen/ und mit dem Apfel=biß hat sich der Geist der grossen Welt eingesetzet.

61. Da

61. Da sahen sie einander an/ und schämeten sich vor einander/ und fürchteten sich vor dem Grimme/ der in sie kam/ denn es war der Zorn GOttes. Also fieng sie das erste Principium, als der Höllen Abgrund/ und hielt Adam und Heva in ihrer Seelen gefangen in dem Ewigen/ denn es gieng auff mit Schrecken/ Furcht und Zweiffel am Reiche GOttes/ und sie vermochten keinen Trost zu haben/ denn sie sahen nicht mehr das Paradeiß/ sondern den Garten in Eden, auch hatten sie die Gottheit verlohren/ konten keinen Willen darein setzen/ denn der Zorn und Zweiffel war darfür.

62. Da kam der Geist dieser Welt mit seinem rauhen Röcklein/ mit Hitze und Kälte/ und drang auff sie/ als auff nackete Menschen/ und schlugen also das Bildt GOttes halb todt mit ihrem Zorn/ Angst und Zweiffel/ mit ihrer Quahl der Hitze und Kälte/ und liessen es liegen in Marter/ Angst und Zweiffel. Alhier ist der Mensch von Jerusalem aus dem Paradeiß gen Jericho ins Haus der Mörder gangen/ welche ihm das Paradeisische Kleidt außgezogen/ und raubeten/ und schlugen ihn mit ihren Gifft/ Marter/ Plage/ Kranckheit ihrer inficirung/ halb todt/ und gingen davon/ wie der ander Adam im Evangelio saget im Gleichnuß.

63. Alhier war nun kein Rath/ weder im Himmel noch in dieser Welt: Sie wahren gefangen in einer schweren Dienstbarkeit/ in Noht und Todt/ denn der Höllen Abgrund hielt die Seele/ und der Geist dieser Welt den Leib/ und war der Todt und Zerbrechung im Leibe/ und war nichts dan eitel selbst eigen Anfeindung in ihnen/ von den rauhen Sternen Essentien, da je eine Quahl wieder die ander gehet/ und eine die ander zerbricht/ mit grosser Marter und Wehthun des Leibes/ mit Zittern und Schreyen/ und endlich die Zerbrechung und Todt/ wie es vor Augen ist.

64. Da hatte der Teuffel gewonnen Spiel/ denn das Reich dieser Welt war abermahl seine/ er hatte einen Zugang im Menschen bekommen/ und konte ihm in die Essentien seiner Seelen greiffen. Denn sie waren nun beide in einem Reiche.

65. Er vermeinete/ nun ist das Reich dieser Welt deine/ du wilst mit dem Menschen-Bilde/ welches deinen Stuhl solte besitzen/ wol spielen nach deiner Macht: Sein Geist ist in deinem Reich/ und verspottet GOTT in seinem Gemühte: Wo ist nun dein edles Bild/ das du geschaffen hast zu herrschen über meinen Thron? bin nicht ich der Herr der greissen Fewers-macht? Ich wil

wil herrschen über deinen Thron/ und mein ist Krafft und Macht/ ich fahre aus über die Thronen der Stärcke / und Niemands Macht kan mir widerstehen.

66. Ja freylich/ er fähret wol aus über die Thronen/ aber er kan nicht in die Thronen: Er fähret in dem ersten ewigen Urkunde deß strengen und herben/ finstern/ harten/ kalten/ rauhen und hitzigen Feur=quall auff/ aber er kan nicht hindurch in die zersprengten Thoren der Tieffe/ ins Liecht für GOTT/ sondern er fähret über aus in seinem Abgrunde in die Ewigkeit/ in der grimmigen Höllen=quahl/ und sonst erreicht er nichts. Darumb ist er ein Fürste/ aber in der Höllen Abgrunde/ welche am Menschen nach seinem elenden Falle gnug erkant wird.

67. Wiewol ich dem Leser nicht möchte verstanden seyn/ in deme ich schreibe: der Mensch wohnet in der Höllen Abgrunde beym Teuffel/ so wil ich ihme den Zweck zeigen/ daß ers fühlet und greiffet/ wil er nicht fliehen/ so ists ihm doch zu wissen gemacht/ so wirds ein Zeugnüß über ihn seyn.

68. Christus nennet den Teuffel nicht vergebens einen Fürsten dieser Welt. Denn er ists auch nach dem ersten Principio, nach dem Reiche der Grimmigkeit/ und bleibets in Ewigkeit. Aber nach dem Reiche der vier Elementen und Sternen ist ers nicht: So er darinnen volle Macht hätte/ so würde kein Gewächse noch Creatur auff Erden seyn. Er kan den Außgang der vier Elementen nicht betretten. Denn er ist im Urkunde/ und ist ein Principium darzwischen: Alleine wenn das Gestirne in den Elementen den Griff des Fewrs im Ungewitter erreget/ da ist er Meister/ Gauckel=fechter/ und erlustiget sich/ wiewol er auch nicht Gewalt hat/ es werde ihm dan verhengt aus GOttes Zorn/ so ist er Henckers=Knecht/ und exequiret das Recht als ein Diener/ und nicht Richter/ sondern Scharff=richter.

69. Er ist im Reiche dieser Welt Scharff=richter/ die Sternen sind der Raht/ und GOTT ist des Landes König: Wer nun von GOTT fället/ der fält in Raht der Sternen/ die lauffen mit manchem zum Schwerd/ sich selber zu ermorden/ mit manchem zum Stricke oder Wasser/ da ist er geschäfftig/ und ist Außführer und Hencker.

70. Also gar in groß Elend ist der Mensch gefallen/ und ist dem Reiche der Sternen und Elementen nach seinem Leibe gantz heimgefallen/ was die mit ihme thun/ das ists/ und das stehet im Wesen. Sie machen einen groß den andern klein/ einen gerade den andern schielicht und krum/ sie fügen einem Glück und

Reichthumb zu/ dem andern Armuht: Aus einem machen sie einen listigen/ witzigen Menschen/ nach dem Reich dieser Welt/ und aus dem andern einen Narren: Sie machen einen König/ und zubrechen den andern/ einen tödten sie/ den andern gebähren sie/ und führen deß Menschen Gemühte zu aller Zeit/ jedoch nur in eitel Mühe/ Schmertzen und Unlust.

71. Darzu schnapt das Reich der Höllen und des Grimmes/ immer nach der Seelen/ und sperret seinen Rachen auff/ zu verschlingen die arme gefangene Seele/ die sitzt mit zweyen schweren Ketten umbfasset: Eine vom Reich der Höllen/ die ander vom Reich dieser Welt/ und wirdt geführet mit den schweren/ tölpischen/ viehischen/ gantz süchtigen Leibe als ein Dieb/ den man immer zum Gerichte führet/ welcher immer durch eine Fürbitte wird entlediget/ und ins Gefängnüß geleget/ und muß die arme Seele die Zeit des gantzen Leibes also gefangen liegen/ da bald der Teuffel auff einer seyten über sie rauschet mit seinem Luder/ Grimme/ Zorne und Boßheit/ und wil mit ihr in Abgrund: bald die gleißnerische Welt mit Macht/ Pracht/ Geitz und Wollust des Verderbens/ bald Kranckheit und Furcht/ und ist immer im zittern. Wie entsetzet sie sich doch/ so nur der Mensche im Finstern gehet/ und fürchtet immer es werde sie der Scharff-richter ergreiffen/ und das Recht exequiren.

Die Porte der grossen Sünden und Wiederwillen wider GOTT durch den Menschen.

72. SO wir uns des Grewels und grossen Sünden vor GOTT im Menschen entsinnen/ welche uns unsere erste Eltern haben angeerbet/ so möchten wir wol in dieser Welt nimmer frölich werden/ so uns nicht der Geist dieser Welt in närrische spiegel-fechter Frewde stürtzete/ in unserm Gefängnüß: Oder aber wann uns nicht die Wieder-gebuhrt so offte hoch erfrewete aus dieser Gefängnüß loß zu werden. Denn wir befinden doch in diesem Leben nichts als eitel Grewel/ Sünde/ Noht und Todt/ und erlangen kaum einen Anblick der ewigen Frewde in diesem Leben.

73. Nun spricht das Gemühte: Was ist dann Sünde? oder wie ist es Sünde? Warumb hat GOTT einen Eckel an dem Wesen/ so er geschaffen hat? Siehe du Menschen-Kind/ vor GOTT ist keine Sünde im Himmel/ alleine in dir ist die Sünde/ und die Sünden scheiden uns und unsern GOTT von einander. Sonst ist alles fix/ und in seinem eignen Wesen gut/ das

Reich der Höllen und des Zornes ist in sich selber nach seiner Region gut/ es legt ihm selber keine Marter oder Wehe an/ sondern seine Wehe ist seine Gebuhrt und Auffsteigen der Quahl/ es begehret auch sonst nichtes.

74. So ist das Reich dieser Welt auch für sich selber fix und gut/ es legt ihm auch keine Wehe an/ sondern das Erheben der Elementen, als des Anzündens/ der Hitze/ Kälte/ Luffts und Wassers ist sein wachsen und grünen/ und thut ihm in sich selber nichts wehe: es hat auch kein Zagen oder Furcht in sich selber.

75. Alleine der Mensch/ welcher aus einem andern Principio ist außgegangen/ der hat in diesen beyden Principien Wehe/ Noht/ Klagen und Zagen/ denn er ist nicht in seinem Vatterlande/ und können diese beyde Principia keines sein Vatterland erreichen. Darumb muß sich die arme Seele also quetschen und brengen/ daß sie wieder in ihr Vatterland reichet; sie muß wieder durch die Thoren der tieffen Angst des Todes gehen/ sie muß zwey Reiche zersprengen/ und stecket alhie zwischen Thür und Angel/ und wird immer inficiret mit denen Dingen/ die sie zu rücke halten und sehr quetschen/ sie stecket wie in einer Presse.

76. Dringet sie zu GOtt/ so hält sie der Teuffel auff einer siten an einem Bande/ und die Welt am andern Bande/ und schlagen auff sie zu/ der Teuffel zündet sie an mit Grimm und Zorn/ das ist eine Quall und Sünde/ die nicht kan das Reich GOttes erreichen. Und die Welt führet sie in Hoffart/ Geitz und Fleisches-lust/ daß der Seelen Essentien vom fleischlichen Willen voll werden. Denn der Wille des Gemühts zeucht diese Dinge in die Seele/ so wird die Seele gantz unrein/ Geschwull und finster von dem angezogenen/ und kan das Liecht GOttes nicht erreichen. Ihre Essentien, die sie sollen in GOtt aneignen/ können nicht/ denn sie sind zu rauhe/ und können nicht ins Liecht. Es zündet sich nicht darinnen an. Es müssen nur die Thoren der Tieffe zersprenget seyn/ so dringen die Essentien in die Freyheit ausser der Finsternuß. So aber das Gemühte gefüllet ist/ so kans nicht/ da gehet dan an/ Schrecken/ Furcht/ Zagen/ Verzweifeln am Reich GOttes/ und macht der Seelen eine eitel Quahl.

77. Auch so solstu wissen/ wie es vor GOtt Sünde ist/ du hast in dir das Element, welches ist eine Wonne vor GOtt: So du nun also mit der Höllen Quahl wütest und tobest/ berührestu das Element, und erweckest den Grim zum Außgang/
und

Cap. 17.   Göttliches Wesens.   233

und thust eben als der Teuffel thät/ da er den Grimm im Fiat erregte und anzündete/ davon der Grimm die Erde und Steine gebahr. Du sündigest biß in Himmel für GOTT. Davon die Propheten an vielen Enden klagten/ daß das ungehorsame Volck ihren GOTT beleidigten/ obs ihme wol in sich nicht wehe thut/ so wird doch sein Grimm nach dem ersten Principio in den Thoren der Tieffe/ darinnen die Seele stehet/ entzündet/ und ist ein eitel Grewel vor ihme.

78. Siehe alles was du in dein Gemühte einlässest/ so deine Seele nicht in GOTT geanneiget ist/ daß sie im Glauben und zuversicht auff ihn stehet/ so ist dir alles Sünde/ was du thust. Denn du führest ein irdisch Gemühte in die Thoren der Tieffe da der Geist GOttes gehet/ und verunreinigest das Element, welches vor GOTT ist.

79. Sagstu/ wie? GOTT wohnet im Himmel! O du blindes Gemühte/ voll Finsternüß! der Himmel/ da GOTT wohnet ist auch in dir/ gleich wie Adam auff Erden im Paradeiß war; laß dich den Antichrist nicht ausser dieser Welt über die Sternen weisen. Er leugt wie der Teuffel selbst. GOTT ist überal/ der Höllen Grund ist auch überal/ wie der Prophet David sagt: Schwinge ich mich an die Morgenröhte/ oder in die Hölle so bistu da: Item, Wo ist die Stätte meiner Ruhe/ bin nicht Ichs/ der alles erfüllet? Ich sehe aber an den Elenden/ der zerbrochenes Geistes ist/ in dem wil ich wohnen. Item: In Iacob wil ich wohnen/ und Israël sol meine Hütte seyn.

80. Verstehe recht: Er wil wohnen in dem zersprengten und zerbrochenen Geiste/ der die Thoren der Finsternüß zersprenget/ und zu deme wil er eindringen.

81. Darumb hüte dich für der Sucht/ sprich nicht: Ich stehe im Finstern/ der Herr sihet mich nicht/ was ich dencke und thue: Er stehet in der Porten deines Gemühtes/ wo die Seele in den zersprengten Thoren stehet vor GOttes klarem Angesichte/ und werden alle deine Grewel vor GOTT erkant/ und du entfärbest damit das Element GOttes: Du betrübest die züchtige Jungfraw/ so dir zur Gesellin ist in dein Gemühte gegeben/ welche wohnet in ihrem Centro, und warnet dich vor ungöttlichem Weege/ so du folgest und kehrest umb/ und brichst durch ernste Busse zu ihr ein/ so krönet sie dir dein Gemühte mit Weißheit und Verstandt/ daß du dem Teuffel wol kanst entfliehen. Wo aber nicht/ so fällestu aus einer Sünde und Grewel in den andern/ und machest dein Maß voll und überflüssig/ so hilfft dir

dan

ran der Teuffel in seinem Reich: Du dienest ihm wol/ denn du bist eine rechte Peitsche der Kinder GOttes/ nicht alleine mit spotten/ sondern mit thätiger Handt/ welches der Teuffel nicht thun darff/ du giebst ihm einen guten Diener: Er kitzelt dich noch fein mit dem Nahmen GOttes/ daß du denselben in deinen Lippen führest/ und selber lehrest/ aber dein Hertz ist ein Mörder und Dieb/ und bist am Himmelreich gantz todt.

82. Darumb/ o liebes Gemüthe/ prüfe dich/ wozu du geanneiget bist/ ob du zur Gerechtigkeit/ Liebe/ Trewe und Warheit bist geanneiget: Item, zur Keuschheit/ Zucht und Barmhertzigkeit/ wohl dir/ so ists gut! Wo aber nicht/ so greiff in deinen Busen/ und besiehe dein fleischlich Hertze und prüfe es/ raffe deine Sinne zusammen in ein Gefängnüß/ und setze deinem fleischlichen Hertzen zu/ daß die Elementa in dir erbeben/ der Schmeichel- und Lügen-Teuffel/ der sich in dein fleischlich Hertz hat gesetzet/ wird wol weichen/ wird er diese stösse fühlen/ welche ihm nicht schmecken/ du wirst wol anders gesinnet werden/ es ist aus keinem ungeübten Gemühte gedichtet/ es hats selber erfahren; darumb sols stehen zu einem Memorial, und immer Auffrichtung: Wem nun lüstert/ der versuche es/ er wird Wunder erfahren.

83. Als nun Adam und sein Weib hatten von der irrdischen Frucht gessen/ schämeten sie sich vor einander/ denn sie wurden gewahr der thierischen Glieder ihres Leibes Fortpflantzung/ und sie brachen Stauden ab/ und hielten sie vor die Schaam: Und die Stimme Gottes gieng im Garten hoch in ihrem Gemühte/ und sie versteckten sich hinter die Bäume im Garten.

84. Alhier sehen wir klar/ und greiffen es ja/ daß GOTT im Anfang nicht eine solche Bildnüß mit thierischen Gliedern zur Fortpflantzung hatte geschaffen. Denn was GOTT schaffet zur Ewigkeit/ daver ist keine Schame. Auch so wurden sie erst gewahr/ daß sie nacket waren/ die Elementa hatten sie besessen und kein Kleidt angezogen/ sie konten auch nicht/ denn des Menschen Geist war nicht der Elementen Essentien und Eigenschafft/ sondern aus dem Ewigen.

85. Und ist an diesem Orthe nichts greiflichers/ als daß man siehet und erkennet/ daß Adam vorm Schlaffe vor seinem Weibe keine thierische Gestalt gehabt hat. Denn er war weder Weib noch Mann/ sondern eine Jungfraw ohne thierische Gestalt; Er hatte keine Schaam und Brüste; er durffte sie auch nicht: Er hätte gebohren in Liebe der Zucht/ ohne Wehe oder Eröff-

nung

Cap. 17.   Göttliches Wesen.   235

nung seines Leibes / eine Jungfraw / wie er war / und wäre
müglich gewesen / daß das gantze Heer der englischen Menschen/
wäre aus einem Brunnen aus einem ausgegangen / wie bey den
Engeln / so er in der Versuchung wäre bestanden. Gleichwie
sie durch einen Menschen sind alle erlöset worden vom ewigen
Tode und Höllen-Qual / welche kommen zu dem einigen Ertz-
Hirten zu seiner Ruhe.

86 Alhier befinden wir nun / wie sie die Stimme GOttes im
Garten gehöret haben. Denn das Element hat erzittert ob den
Sünden / welches vor GOTT ist / mit welchem der Mensch
inqualiret / und ist die Sünde im Element des Gemühts erst
offenbahr worden in Adam und Heva / da ist Furcht und Schrecken in die Essentien der Seelen gefallen. Denn das erste Principium in der Grimmigkeit ist gerüget worden / es hat wie man
sagen möchte / Holtz zu einem Feuer-quell bekommen / und ist
entzündlich auffgegangen im Wider-willen in den Essentien, da
je eine Gestalt ist wider die ander gegangen: als die Herbigkeit
und Kälte mit seinem Anziehen hat erwecket das bitter Stechen
und Wehe-thun in den Essentien der Tinctur des Geblühts im
Geiste / und die bitter Wütterey und auffsteigen hat erwecket
das Feuer.

87. Und ist für die Paradeisische Freude und Wonne ein eitel Schwefel-geist worden / welcher stehet in Angst und Zittern
der Zerbrechung / welcher die Tinctur des Geblühts anzündet /
darinnen reissen / stechen / marter und wehe geschiehet; und so
sich das Feuer im Schwefel-geist zu sehr anzündet / so verbrennet
es die Tinctur, daß des Lebens Liecht verlischet: So fället der
Leib hin als ein todt Aaß. Entzündet sich dan die Herbigkeit mit
dem harten Anziehen / so wird die Tinctur harte / finster und kalt
vom Einziehen und Halten: so erlöschet auch des Lebens-Liecht/
und verdirbet der Leib. Deßgleichen auch vom Wasser / so sich
die Tinctur in der Sanfftmuht entzündet / so wird sie feiste / dicke
und geschwull / gantz süchtig / auch finster und schiclicht / in
welchem der Blitz des Lebens gehet / als ein Dorn-stachel. Und
ist also des Menschen Leben allenthalben mit Feinden umbgeben/
und ist die arme Seele immer in der schweren Gefängnuß mit
vielen Ketten umbgeben / und fürchtet immer / wan der Leib
zerbricht / daß sie möchte dem Scharff-richter dem Teuffel in sein
Reich heimfallen.

88. Also ist auffgegangen in Adam und Heva im Garten
Eden nach dem Apfel-biß die erste Frucht in den Thoren der

Tieffe/

Tieffe / wo die Seele vor GOTT stehet / und mit des Vatters gerechten Willen inqualiret / welcher seinen Willen vor sich setzet in der Zerbrechung der Finsternüß ins Liecht der Sanfftmuht / und sein liebes Hertze und Sohn / in Krafft der Sanfftmuht deß Willens / als sein ewiges Wort / von Ewigkeit immer gebieret.

89. Also solte auch der Englische Mensch seinen Willen vor sich in die zersprengten Thoren der Finsternüß / durch Vatters Willen / mit welchem die Seele inqualiret / in die Sanfftmuht des Hertzens GOttes setzen / so hätte ihn die Qual der Finsternüß im Grimm nicht gerüget / sondern wäre ein Siegs-fürste im triumph des Paradeyses / über der Höllen und dieser Welt Reich blieben.

90. Als er aber seine imagination ins Reich dieser Welt setzte / so zoch sein heller und lauter Wille der Seelen das geschwulte Reich der Ausgebuhrt an sich in Willen / also ward die reine Paradeisische Seele finster / und des Leibes Element krigte den Mesch oder Massa, welche den Willen der Seelen / des Gemühts ins Element zoch / also ward er ein Fleischerner Mensch / und bekam den Grim deß ersten Principii, welcher die starcke Durchbrechung in den Thoren der Tieffe zu GOTT zu harten Knochen und Beinen machete.

91. Und ist uns treflich und hoch zu erkennen: Denn es wird ins Lebens-Liecht ersehen / wie daß in Beinen das Marck / die edleste und höchste Tinctur hat / darinnen der Geist am süssesten / und das Liecht am hellesten ist / welches im Feuer mag erkand werden / so du ja sonst blind bist mit wiedersprechen / und wird scharff erkant / daß diese Gänge / wo jetzt die harten Beine sind / sind Wunder-krafft gewesen / welche die Thoren der Finsternüß haben zersprenget / in welchem der Englische Mensch ist im Liechte gestanden.

92. Darumb hat die Göttliche Vorsichtigkeit / als Adam in die Sucht fiel / ihn diese Krafft und Stärcke / mit der Macht deß ersten Principii, als der strengen Macht der Schärffe GOttes umbgeben / daß es nicht sollen also leichte des ersten und dritten Principii Quaal rühren. Und das ist geschehen in Adams Schlaffe / als GOTT den Adam zu dieser Welt bawete / davon S. Paulus auch redet / daß der natürliche Mensch sey ins zerbrechliche Leben dieser Welt geschaffen worden / welches ist geschehen in der Versuchung Adams / in Zeit als GOTT sein natürlich Weib aus ihme machte: Vor deme aber war er eine

himlische Bildnüß/ und die muß er wieder werden in seiner Wiederkunfft am Jüngsten Tage.

93. Und laß gleich den Teuffel und diese Welt dawider wüten/ so ists der Grund der Warheit hoch im Wunder GOttes erkant/ und nicht aus Tand und Meynungen/ wie die hoffertige gleißnerische Welt jetzt umb den Kelch JEsu Christi tantzet/ zu ihrer Pracht und Hochmuht/ auch eigen Ehren und vermeinter Weißheit/ zu ihrer Wollust und Bauch-fülle/ als die stoltze Braut zu Babylon, reuthende auff dem bösen und fressenden Thier des Elenden. (Ob wir alhie an diesem Orte wol aus dem ersten Adam geredet/ so bekomt doch der ander im Fleische nur Spott zu Lohn.) So deutet nun der Geist/ ich habe dich ausgespreyet gen Babel in die Verwirrung/in der Zeit des Zornes soltu trincken vom Kelch deiner Hoffahrt/ und deine Quaal steiget auff in Ewigkeit.

Von der Stimme GOttes im Garten in Eden/ zwischen GOTT und den zween Menschen; das Gespräch von der Sünden.

94. ALs nun Adam und seine Heva nach dem Apfel-biß sich aufsahen/ wurden sie gewahr des monstrosischen Bildes und Thieres Gestalt/ und fühleten in sich den Zorn GOttes/ und die Grimmigkeit der Sternen und Elementen, denn sie wurden gewahr des Magens und Därmer/ in welche sie die irrdische Frucht hatten gesücket/ die hub an zu qualificiren/ und sahen ihre thierische Schaam; da erhub sich ihr Gemühte nach dem Paradeiß/ und funden das nicht mehr/ liessen in Zittern und Furcht/ und krochen hinter die Bäume/ denn der Zorn hatte ihre Essentien im Geiste gerüget mit der irrdischen Frucht. Da kam die Stimme GOttes im Centro der Thoren der Tieffe/ und rieff Adam, und sprach: Adam, wo bistu? Und er sprach: Hie bin ich/ und fürchte mich: denn ich bin nacket. Und der HErr sprach: Wer hat dirs gesagt/ das du nacket bist/ hastu nicht gessen von dem Baum/ davon ich dir sagte: du solt nicht davon essen? Und er sprach: Das Weib gab mir/ und ich aß davon. Und er sprach zum Weibe: Warumb thatestu das? Und sie sprach: die Schlange betrog mich/ daß ich aß.

95. Alhier siehet man gar eigentlich/ wie der Teuffel seine Englische Bildnüß hatte verlehren/ und komt nun in einer Schlangen Gestalt/ mit seinen mörderischen Lügen/ und betreugt das Weib: Weil er Adam nicht hatte können gäntzlich fällen/ so setzet er dem Weibe zu/ und verheisset ihr Klugheit und

und dieser Welt Reichthumb/ sie würden darinnen seyn gleich wie GOtt.

96. Der Teuffel mischete Lügen und Warheit untereinander/ und sagete: Sie würden seyn als GOtt. Er meinete aber nach dem Reiche dieser Welt/ und nach dem ersten Principio des Grimmes/ und das Paradeis ließ er aussen. Heva aber verstundts/ sie würde im Paradeis in der göttlichen und lieblichen Wonne bleiben.

97. Darumb ist es nicht gut mit dem Teuffel schwatzen/ er ist ein Mörder und Lügner von Anfang seines Reiches/ und ein Dieb darzu. Er komt nur/ daß er morden und stehlen wil/ wie alhier. Und ist der Teuffel die höchste Ursache des Falles: Daß dem Adam strewete er auch Zucker auff/ daß er nach dem Reich dieser Welt imaginirete/ wiewohl ihn Adam nicht wolte/ so schlich er doch in die Essentien des Grimmes/ und strewete eitel Paradeisischen Höllen Zucker darauff/ daß Adam lüsterte.

98. Weil er aber Adam und Heva betrogen mit seinem Zucker/ so hat ihm GOtt ein solch Wohn-Haus zugerichtet/ als wie Adam von dem irrdischen Zucker zum Unter-Außgange außlässet: Das sol ihm von Zerbrechung der Erden bleiben/ wan sie ins æther gehet/ so sol ihm der liebliche Ruch vom Stanck der Sünden und Grewel/ im Reiche des Grimmes bleiben/ denselben Zucker sol er ewig essen/ und seinen Willen darinnen wider schöpffen zu anderem Zucker im Back-Ofen des Feuers. Dan mag er ihm denselben zurichten/ wie er ihme am besten schmecket/ vor welchem er erzittert/ wann ers den Geist höret deuten. Und ist allen gottlosen Menschen hiermit angedeutet/ daß desselben Zuckers/ den sie alhier haben immer gebacken/ mit lästeren/ fluchen/ geitzen/ spotten/ dornstechen/ morden/ rauben/ dem Elenden seinen Schweiß nehmen/ und darmit Hochmuht treiben/ sollen ewig mitte essen.

99. So nun die armen gefangenen zwey Menschen vom Teuffel und dieser Welt also vor GOtt stunden/ mit Furcht und grossem Schrecken/ und fühleten GOttes Zorn und ernstes Gerichte/ jammerte es das Hertze GOttes/ der sie gemacht hatte/ und ward erblickt/ ob irgend ein Raht wäre dem armen Menschen zu helffen/ und ihn zu erlösen vom Bande des ewigen Grimmes/ und vom tödlichen Leibe dieser Welt /aber es ward nichts gefunden im Himmel und dieser Welt das sie möchte frey machen: Es war kein Fürsten-und Thron-Engel/ der die Macht hatte:

hatte: Es war alles aus/ sie waren im ewigen Gerichte des zeitlichen und ewigen Todes. Denn das erste Principium hatte sie im Geiste der Seelen gefangen/ und inqualirete mit der Seelen: Das Himmel-Reich im Liechte war zu/ und war ein fester Schluß eines Principii darzwischen/ und konte das nicht wider erreichen/ er würde dann wieder aus GOTT gebohren/ sonst war kein Raht/ weder Hülffe noch Zuflucht zu etwas.

100. Da spottete der Teuffel des Bildes/ und die Hölle sperrete den Rachen auff/ und hatten den Zügel in ihren Essentien, und zog immer mit ihm ins höllische Fewer des Grimmes zu: Da war im Gemüht zittern und schrecken/ und die Liebe GOttes konten sie nicht erreichen: Der Himmel feindete sie an/ kein Engel nahete zu ihnen/ als nur die rauhen Teuffel/ die liessen sich sehen und schrien: Joh! wir haben gewonnen/ wir sind Fürsten der Menschen/ wir wollen sie wol quälen für unsern Stuhl/ den sie uns wolten besitzen/ wir solten ihrer Füsse Schemel seyn/ nun sind wir ihre Richter/ was fragen wir nach GOTT/ wohnet er doch nicht in unserm Reiche/ warumb hat er uns ausgestoffen/ wir wollen uns an seinem Bilde wol rächen.

Die Allerholdseeligste und lieb-reichste Worte von der Verheissung des Schlangen-tretters hoch zu betrachten.

101. Als nun kein Raht gefunden ward/ und die Menschen in die Hölle suncken im grossen triumph der Teuffel: So sprach GOTT zur Schlangen dem Teuffel: Weil du das gethan hast/ Verfluchet seystu: Und des Weibes Saame sol dir den Kopff zutretten/ und du wirst ihn in die Fersen stechen.

102. Dafür erzitterte wol der Höllen Abgrund/ aber der Teuffel verstundts nicht gäntzlich/ was es seyn solte: Alleine daß er sahe/ daß sich das Wort in Adam und Heva im Centro des Lebens einbildete/ und stund dem Grimme der Höllen-Reich entgegen/ dafür er sich wol fürchtete/ und sein jubiliren kleiner ward: Deñ der Braten schmeckete ihme nicht.

103. Moses schreibet alhier/ gleich als hätte die Schlange Hevam betrogen. Denn GOTT verfluchte sie/ daß sie solte Erden essen/ und auff dem Bauche gehen. Aber Moses macht alhier den Deckel für die Augen/ daß man ihme nicht ins Angesichte siehet. Denn alle Prophezey stehet in einem dunckeln Worte/ auff das

es der Teuffel nicht kennet/ und die Zeit erlernet/ daß er nicht seinen falschen Saamen zuvor einstrewete / ehe die Wunder GOttes erscheinen: Wie solches in allen Propheten zu sehen ist/ welche vom Schlangentretter weissagen.

104. Uns ist erkändlich daß der Teuffel sey in die Schlange geschlichen/ und habe aus der Schlangen geredet/ denn GOTT meynete nicht daß der Schlangen=tretter solte der thierischen Schlangen den Kopff zutretten/ sondern dem Teuffel/ und der Höllen Abgrund zerstören. Das war aber der thierischen Schlangen Straffe/ daß sie solte ein gifftiger Wurm/ ohne Füsse bleiben/ und Erde essen/ und mit dem Teuffel Gemein=schafft haben: Denn also erschienen auch alle böse Geister in der Höllen/ in ihrer eigenen Gestalt/ nach ihrer Quahl/ als Schlan=gen/ Drachen/ grewliche Würme und böse Thiere.

105. Das verstund der Teuffel nun nicht/ weil GOtt von der Schlangen redete / und sie verfluchete zu einem schrecklichem Wurm/ so meynete er es gienge ihn nichts an/ er weiß auch noch sein Gerichte nicht/ allein was er vom Menschen erlernet/ welcher im Geiste GOttes deutet/ wiewohl ihm der Geist GOt=tes sein Gerichte nicht gäntzlich andeutet/ sondern alles in der Tieffe gantz weit/ daß ers nicht gantz verstehet/ denn es werden dem erleuchteten Menschen alle Prophezeyen/ auch über die Boß=heit der Menschen also gegeben/ er darff sie nicht helle darstellen/ auff das der Teuffel den Rath GOttes nicht gäntzlich erlernet/ und seinen Zucker darein strewet/ wiewohl in diesem Orthe gar treffliche Dinge stehen/ welche man der Welt nicht darff offen=bahren/ denn sie bleiben zum Gerichte GOttes/ auff daß der Teuffel nicht newe Secten darein bringet/ und den Menschen in Zweiffel führet/ so soll es übergangen werden/ biß zur Li=lien Zeit.

106. So wir uns nun entsinnen der grossen Liebe und Barm=hertzigkeit GOttes/ so er zu dem Menschen hat gewandt so fin=den wir Ursache genug von diesen Thaten zu schreiben und zu leh=ren/ denn es trifft unser ewig Heyl/ und die Erlösung aus der Höllen Rachen; derwegen wil ich den Grund vom verheissenen Messia setzen/ die nachfolgende Schrifften besser zu verstehen/ sonderlich den Mosen in seinem Gesetz=Buche/ das es denn noth thut. Wer nun hier nichts sehen wil/ dem rahte GOtt/ er muß wol blind seyn/ denn die Zeit der verstockten Juden/ Türcken und Heyden Heimsuchung kompt; Wer sehen wil der sehe/ die Lampe des Breutigams wird nahe an=
gezün=

gezündet: Er komt/ wer Gast seyn wil/ der schicke sich mit einem hochzeitlichen Kleide.

107. Nun spricht die Vernunfft/ wie hat Adam und Heva mögen erkennen/ was GOTT mit dem Schlangen-tretter meynete? Ja freylich erkanten sie es nicht gäntzlich/ alleine das sie sahen daß der Teuffel weichen muste von ihnen/ und sich äusserlich nicht mehr sehen ließ; Aber das Gemüht im Centro des Lebens Durchbrechung ins Element, vor die züchtige und keusche Jungfraw der Weißheit GOttes verstunde es wohl/ denn es empfing einen thewren und wehrten Gast: Denn das Wort das GOTT der Vatter/ vom Schlangen-tretter zu ihnen redete/ gieng aus dem Hertzen und Munde GOttes/ und es war der Funcke der Liebe aus dem Hertzen GOttes/ welcher von Ewigkeit in dem Hertzen GOttes gewesen war. In welchem GOTT der Vatter das menschliche Geschlechte erblicket und erwehlet hatte/ ehe der Welt Grund geleget ward/ daß sie im selben solten leben/ und daß derselbe solte stehen in des Lebens Auffgang/ und Adam stund in seiner Schöpffung auch darinnen.

108. Und das ist es das Paulus redet: Der Mensche sey in Christo Jesu erwehlet vor der Welt Grund/ und nicht die Zweifel-Suppe/ die man jetzt lehret von der Gnaden-wahl/ es ist nicht der rechte Verstand: Ich wil dir Paulum mit seiner Gnaden-wahl an seinem Orthe wol weisen/ so ich schreibe von der thierischen/ wölfischen/ und hundischen Gemühtern der Menschen/ welche den Schlangen-tretter nicht einlassen wollen/ auff daß sie der himlische Vatter in seinem Sohn Jesu Christo, durch seine Menschwerdung/ sterben und Todt zu sich zöge: Das Ziehen wollen sie nicht dulden/ denn sie haben der Schlangen Essentien, welche in die Hölle ziehen/ aber solches ist nicht aus GOtt also/ der sie gerne verließ/ sondern aus ihrer Hundes-Art/ von Sternen und Teuffel eingesäet/ welche GOTT wohl kennet/ und wil nicht die Perlen für die Säwe und Hunde werffen: Da es doch müglich wäre/ kehreten sie nur umb/ und trätten in die Wider-Gebuhrt/ sie erreicheten das Kleinoht/ wiewol es wenig geschiehet; Darumb kennet GOTT die seinen.

109. Wie obgemeldet/ so hat sich dasselbe Wort aus dem Hertzen GOttes/ da GOTT zu Adam und Heva sprach/ in Adam und Heva ins Lebens Liecht/ in seinem Centro mit-eingebildet/ und vermählet mit der thewren und wehrten Jungfrawen der Zucht/ ewig bey Adam und Heva zu bleiben/ und sie zu schützen

für

für den feuerigen Eſſentien und Stichen des Teuffels. Auch ſo ſie ſich zu demſelben Worte würden aneignen/ würden ſie davon die Straalen der H. Dreyfaltigkeit empfahen/ und die Weißheit der Jungfrawen.

110. Und dieſes Wort ſolte die Seele erleuchten/ und in Zerbrechung des Leibes der Seelen Liecht ſeyn/ und die Seele durch die Thoren der Finſternüß ins Paradeiß für GOttes klares Angeſichte führen ins ander Principium, ins Element da keine Quaal iſt.

111. Denn das Wort hat die Seele bekleidet/ und zugeſchloſſen das Höllen=Reich/ da ſoll ſie warten biß an Tag der Widerbringung/ ſo ſoll ſie aus dem Element, aus ihrem hie geweſenem Leibe (wann der Grimm abgewaſchen/ und im Fewer abgeſchmeltzet ſeyn würde) am Jüngſten Tage wider einen Leib bekommen/ und zwar keinen fremden/ ſondern den ſie alhier im Element hat getragen/ in den vier Elementen verborgen/ derſelbe ſoll herfür gehen/ und grünen als Adam in der Schöpfung.

Die Porte der Erlöſung.

112. Und daſſelbe Wort iſt durch die erſten zween Menſchen fortgepflantzet worden von einem auffs ander/ als in des Lebens Gebuhrt/ und Anzündung der Seelen/ aber im Centro, und iſt einem jeden das Himmelreich in ſeinem Gemühte nahe/ und kan es erreichen/ ſo er nur ſelber wil/ deñ GOTT hat es ihme aus Gnaden geſchencket.

113. Du ſolt aber wiſſen/ daß daſſelbe Wort nicht in deinem Fleiſch und Blut ſtecket/ ſo wenig dein Fleiſch kan das Himmelreich erben/ ſo wenig ſteckt es im Fleiſch/ ſondern in ſeinem Principio, in der Seelen Centro, und iſt der Seelen Bräutigamb/ ſo ſie trew iſt/ ſo ruhet es in ihrer Schoß/ und ſo ſie falſch wird/ ſo gehet ſie vom Worte aus.

114. Denn die Seele ſtehet in der Porte im Centro, als in der Thür/ zwiſchen Himmel und Hölle/ und das Wort iſt im Himmel: So ſich die Seele läſſet aus der Porten ziehen/ ſo verleuret ſie das Wort/ ſo ſie aber wieder für ſich nach der Porten greiffet/ ſo ergreiffet ſie ſie wieder/ und die Jungfraw/ welche des Worts Dienerin iſt/ gehet ſtäts mit der Seelen und warnet ſie des böſen Weeges.

115. Aber ſo die Seele ein Hund/ Natter und Schlange wird/ ſo weichet ſie zum Worte in Himmel/ und iſt die Thür zu/ und wird

Cap. 17. **Göttliches Wesens.** 243

wird eine gantze Gebuhrt zwischen der Seelen und dem Worte/ da sonst nur eine halbe ist/ da gilts kämpfens/ und wird schwerlich ins Himmelreich gehen/ doch ists möglich.

116. Dasselbe Wort hat die Seelen der Menschen/ welche ihr Gemühte haben darein gean-eignet/ von der Welt her/wañ der Leib ist gestorben/ in die Schoß Abrahæ geführet/ ins Paradeis/ ins Element, in die Ruhe ohne Quaal; doch hat die Seele ohne Leib nicht Paradeisische Quaal/ sondern sie ruhet in den zersprengten Thoren/ im sanfften Element, in der Jungfrawen Schoß für ihrem Bräutigamb/ auff den langen Streit der Unruhe/ und wartet ihres Leibes ohne Schmertzen; und für ihr ist keine Zeit/ sondern sie ist in der Stille/ schläffet nicht/ sondern stehet ohne wancken im Liechte des Worts.

117. Dieweil aber die Essentien der Seelen waren mit des Teuffels und der Höllen Gifft inficiret/ daß der Seelen nicht konte gerahten werden/ sie würde dann wieder new-gebohren durch das Wort aus dem Munde GOttes/ als durch sein liebes Hertze; solte sie aber wieder Paradeisische Freude und Quaal haben/ in den Paradeisischen Essentien inqualiren, und solte anders ihr Leib aus dem Element wieder zur Seelen kommen/ so muste das Wort Mensch werden in Jungfräwlicher Zucht/ und deß Menschen Fleisch und Bluht an sich nehmen/ und eine menschliche Seele werden/ und in Todt/ so wol ins erste Principium, ins finster Gemühte der Ewigkeit/ wo sich der Seelen Wurm urkundet/ in der Höllen Grund eingehen/ und die finstere Thoren in der Seelen Abgrund/ und die Ketten des Teufels zersprengen/ und die Seele aus dem Grunde wider new gebähren/ und ein newes Kind ohne Sünden und Zorn für GOTT stellen.

118. Und gleichwie die erste Sünde von Einem auff alle drang; also dringet auch die Widergebuhrt durch Einen auff alle/ und ist Niemand außgeschlossen/ wer nur selber wil/ wer anderst redet/ der hat keine Erkäntnuß im Reich Gottes/ sondern redet historisch/ ohne Geist des Lebens.

119. Wir wollen die grossen Wunderthaten GOttes scharff/ hoch und ordentlich alhier nachsetzen/ dem krancken Adam zum Trost/ welcher itzo in der Presse stecket/ und sich muß lassen wel geiseln/ das sol stehen wider alle Porten des Teuffels/ auch aller Rotten und Secten, Und solches im Grunde und Liechte/ so uns von GOTT gegeben ist: darzu auff der heiligen Schrifft Grund/ auff die theuren Worte der Verheissung in den Pro-

L 2   *phe-*

pheten und Psalmen / so wol auff die Apostolischen / welche / ob wir wol nicht alhier ihre Schrifften alle anziehen / wir doch einem jeden wollen gnug erweisen / so ihme mit dieser summarischen Beschreibung nicht vergnügte.

Die Porte der Mensch-werdung Jesu Christi des Sohnes GOttes.

Die starcken Glaubens Artikul der Christen.

120. O Jedes Gemühte / wir schreiben nicht Landt-mährlein / es ist Ernst / und kostet Leib und Seele / wir müssen davon Rechenschafft geben / als von dem Pfund / so uns ist vertrawet: Wil sich jemand ärgeren / der sehe wol zu / was er thut. Es ist warlich Zeit vom Schlafe auff zu wachen / denn der Bräutigamb koint.

121. I. Wir Christen gläuben und bekennen / daß das ewige Wort GOttes des Vatters (IESUS CHRISTUS) ist ein wahrer selb-ständiger Mensch / mit Leib und Seel worden in der Jungfrawen Marien Leibe / ohne Zuthuung eines Mannes. Denn wir glauben er sey empfangen vom heiligen Geiste / und gebohren aus der Jungfrawen Leibe / ohne Verletzung ihrer Jungfräwlichen Zucht.

II. Item / wir gläuben / er sey in seinem menschlichen Leibe gestorben und begraben worden.

III. Item / er sey niedergefahren in die Hölle / und habe des Teuffels Bande / damit er den Menschen gefangen hielt / zerbrochen / und die Seele des Menschen erlöset.

IV. Item / wir gläuben / er sey freywillig umb unser Schuld willen gestorben / daß er seinen Vatter versöhnete / und uns bey ihme zu Gnaden brächte.

V. Item wir gläuben / er sey am britten Tage vom Tode wider erstanden / und auffgefahren gen Himmel / da sitzend zur rechten GOttes des Allmächtigen Vatters.

VI. Item / wir gläuben / er werde wiederkommen am Jüngsten Tage zu richten die Lebendigen und die Todten / und seine Braut zu sich einführen / und die Gottlosen verdammen.

VII. Item / wir gläuben er habe eine Christliche Gemeine alhier auff Erden / welche in seinem Blute und Tode sey zu einem Leibe erbohren in viel Glieder / derselben pflege er / und regiere sie mit seinem Geiste und Worte: und vereinige sie immer durch die heilige Tauffe seiner selbst-Einsetzung / und durch das Sacrament

ment seines Leibes und Bluts zu einem Leibe in ihme selber.

VIII. Item/ wir gläuben/ daß er dieselbe beschütze und beschirme/ und in einem Sinn erhalte.

So wollen wir nun aus dem tieffen Grunde/ alles in seinem Wesen hienach setzen/ welches jetzt Noht ist/ was unser Erkäntnüß sey.

Das 18. Capittel.

Vom Verheissenen Weibes Saamen und Schlangen-tretter: und vom Außgange Adams und Hevæ außm Paradeiß/ Item, vom Fluche GOttes/ wie er die Erden verfluchete umb der Menschen Sünden willen.

1. Wir sollen nicht den Brey im Munde kochen/ und mit den Geheymnüssen spielen/ ein anders schreiben/ und ein anders mit dem Munde bekennen/ den Ohren der Menschen zu gefallen/ wie jetzunder geschiehet/ da man sich immer mit einem frembden Mantel decket/ und eine Gleißnerey und Spiegel-fechten ist. In einem solchen ist kein Geist GOttes/ sondern er ist ein Dieb und Mörder/ und führet seine Feder nur seiner Hoffart: hätte er Gewalt/ so risse er das alles umb/ so er gleich mit halben Munde bekennt unter einer frembden Decke: sondern er sol frey aus seines Hertzens Abgrund reden und schreiben/ ohne Deckel. Denn Christus hat den Deckel weggethan/ und erscheinet sein freundliches Angesichte vor der gantzen Welt zu einem Zeugnüß über alle Völcker.

2. Darumb sehe ein jeder und habe acht auff die Gleißner und Heuchler/ denn sie sind Diener des Anti-Christs, und nicht Christi. Denn der Anti-Christ hat seinen Fuß über die Breite der Erden gesetzet/ und reuthet auff dem grewlichen fressenden Thier/ welches so groß ist/ als er selber/ und noch grösser. Es wil wahrlich Noht seyn/ daß ein jeder in seinen Busem greiffe und sein Hertze beschawe/ wie es gericht ist/ daß er sich nicht selber betriege/ und ihme unerkant/ einen Diener des Anti-Christs gebe/ und die Prophecey erfülle. Denn er stehet jetzt im Augen-Lichte/ die Zeit seiner Heimsuchung ist vorhanden/ er wird ins Lebens-Liecht offenbahr: und hütte dich fürm Geitz/ denn du wirst dessen nicht geniessen. Denn des Thieres Zorn zerbricht Berg

und Hügel/ und wird dein Geitz dem Grimm zu theile: Die Zeit ist nahe.

3. Als nun der arme gefallene Mensch Adam und Heva, also in grossen Furchten/ Schrecken und Zittern stunden/ am Bande des Teuffels und der Höllen fäste angebunden/ in grossem Spott und Schande fürm Himmel und Paradeiß: So erschien ihnen GOTT der Vatter mit seinem zornigen Gemühte des Abgrundes/ darein sie waren gefallen/ und sein lieb reiches Hertz gieng durchs Wort aus dem Vätter aus/ in Adam und Heva, und stellete sich fürm Zorn hoch in die Perten des Lebens des Menschen/ und erblickete wieder die arme Seele/ aber sie kontens nicht ergreiffen in die Essentien der Seelen/ sondern empfingen seine Straalen der allmächtigen Krafft: davon Adam und Heva wider frölich wurden/ und stunden doch in Zittern/ wegen des Grimmes in ihnen/ und höreten den Sentenz so ihnen GOTT sagete. Denn GOTT sprach: Weil du hast gessen von dem Baum/ davon ich dir sagte/ du solt nicht davon essen: verflucht sey der Acker umb deinet willen: mit Kummer soltu dich darauff nehren dein lebenlang: Dorn und Disteln sol er dir tragen/ und du solt das Kraut auff dem Felde essen/ und im Schweiß deines Angesichts soltu dein Brod esse./ biß du wider zur Erden werdest davon du genommen bist/ denn du bist nun Erde/ und solst wider zur Erden werden.

4. Alhier stehen nun die grossen Geheymnäß/ welche wir mit unsern irrdischen Augen nicht mehr sehen können/ gantz bloß und offen/ und ist kein Deckel dafür/ als nur daß wir blind sind am Reiche GOttes. Denn GOTT verflucht die Erden/ und saget/ sie sol nun Dorn und Disteln tragen/ und der Mensch sol die Frucht der verfluchten Erden essen.

5. Das ist ja nun ein newes: Er befahl ihm im Paradeiß nicht das irrdische Kraut zu essen/ sondern von der lieblichen Frucht/ und ob er hätte gessen von dem Kraut des Feldes/ so war es doch himlisch/ das er essen solte: und als der Herr die Erde verfluchte/ so ward alles irrdisch/ und ward ihme das heilige Element entzogen/ und wuchs die Frucht in dem Außgange der vier Elementen, im Anzünden des Grimmes/ aus welchem Dorn und Disteln wachsen.

6. Uns ist zu entsinnen/ daß gar eine liebliche Wonne sey auff Erden gewesen/ denn alle Früchte haben aus dem verbergenen Element durch den Grimm der vier Elementen gegrünet: Und ob die vier Elementa ihre Früchte wol auch gehabt haben/ so solte

te doch der Mensch nicht davon essen / sondern die Thiere des Feldes.

7. So aber nun der Herr die Erden verfluchete / so wich das Element von der Wurtzel der Frucht. Denn GOttes Fluchen ist anders nichts / als von einem Dinge fliehen. Also ist die Heiligkeit GOttes von der Wurtzel der Frucht geflohen / so ist die Wurtzel in den vier Elementen blieben / in der Außgebuhrt / und Adam und Heva waren auch drein gefallen / so kan nun gleiche und gleiche zusammen: Sein Leib war auch irrdisch worden / und muste zu Erden werden.

8. Daß aber GOTT sagte: Du solt Erden werden / davon du genommen bist. Das ist gar recht also. Aber der Verstand ist im Worte / und hanget der irrdische Deckel dafür. Man muß untern Deckel sehen. Denn Adam war von der Erden genommen / ein Außzug aus dem Element, welches mit der Erden inqualiret / nicht aus den vier Außgangen der Elementen. Als er aber in die vier Elementa fiel / so war er Erden / darzu Fewer / Lufft und Wasser. Was soll nun dem thierischen Menschen die himlische Paradeiß-Frucht / konte er sie doch nicht geniesen? So wirfft auch GOTT sein Himmel-reich nicht für die Thiere und Säwe / sondern es gehöret den Engeln.

9. Auch so ists gar helle / daß vorm Fluche nicht sind solche gifftige Dorn und Disteln mit gifftiger Frucht gewachsen / und wäre kein Thier also grimmig und böse gewesen / so GOTT die Erde nicht hätte verfluchet vom Element: denn GOTT sprach: Umb deinet willen sey die Erden verfluchet. Darumb denn auch nun der Ungehorsam der Thiere und die Flucht derselben gegen dem Menschen entstanden / und sie auch also grimmig und böse sind / und sich der Mensch für ihrem Grimm bergen muß. Da ihm doch GOTT in der Schöpffung alles in seine Gewalt gab: Alle Thier auff dem Felde solten ihm unterthänig seyn: welches nun wohl im Widerspiel ist. Denn der Mensch ist ihr Wolff worden / und sie sind Lewen gegen ihme / und ist ein eitel Anfeindung gegeneinander / er mag die zahmen Thiere kaum bändigen / viel weniger die wilden.

10. Und ist uns zu erkennen / daß er auch ein großer Unterscheid sey in den Thieren gewesen vor dem Fluche. Denn etliche / als die zahmen / dem Element gar nahe verwand gewesen / mit welchen der Mensch hätte Freude und Spiel gehabt: dargegen etliche / als die wilden / den vier Elementen, welche für den Menschen fliehen. Denn die Wunder-ursachen stecken gar in den Es-

sentien/ und wird ins Lebens Liecht/ in der Jungfrawen Witze gar wol ersehen und erkant. Es ist nichts so tieff/ daß der Mensch nicht könte gründen/ und gar gewiß sehen; So er nur den Deckel weg thut/ und sihet durch die durchgegrabene Tafel mit dem Iosua ins gelobte Land.

11. Und GOTT sprach; Im Schweiß deines Angesichtes soltu dein Brodt essen/ biß du wieder zur Erden werdest. Da ist nun alles helle und im Liechte. Denn er hatte die himlische Frucht verlohren/ die ihm ohne Mühe wuchs. So muste er nun in die Erden graben/ säen und pflantzen/ daß er Frucht in den vier Elementen bawete in Kummer/ Mühe und Noht. Denn weil das Element, oder die Krafft aus dem Element, durch die Erden grünete/ so war eine immer-wärende Wurtzel der Frucht: als aber das Element durch den Fluch wich/ so war der erstarrete Todt in der Wurtzel und die Verwesung/ und muste immer wieder gepflantzet werden. Also hat sich die Mühseligkeit der Menschen angefangen/ darinnen wir nun baden müssen.

12. Es hätte ihme GOtt schon Creaturen geschaffen/ die der Thier gepflogen hätten zu aller Zeit. Der Mensch hätte wol mögen im Paradeiß in Engels-Gestalt bleiben: Sind doch ohne das in allen vier Elementen Creaturen ohne Seele. GOTT würde wol einem andern Geschlechte haben die Arbeit der Pflege mit den Thieren auffgeleget/ welches auch irdisch wäre gewesen. Aber er sahe wohl/ daß der Mensch nicht bestunde/ darumb ward ihm auch bald die Last zu erkant/ wie Moses davon schreibet.

13. Hätte aber GOTT wollen thierische Menschen haben/ so hätte er sie im Anfange also geschaffen/ und ihnen kein Gebott gegeben: hätte sie auch nicht versucht/ wie dann das Vieh kein Gesetz hat.

14. Darumb sind alle Einreden so in die Vernunfft fallen/ anders nichts/ als des Teuffels listig Widerspiel/ der je gerne wolte erhalten/ daß GOTT des Menschen Fall gewolt hätte. Es sind auch Leuthe/ die da dürffen sagen: GOTT habe ihn gewolt/ er habe der Schlangen die Zunge gewapnet/ Hevam zu verführen. Welcher Urtheil gantz recht über sie ist/ weil sie dem Teufel sein Wort der Lügen bestätigen/ und aus GOTT einen Lügener machen.

15. Ja recht nach dem ersten Principio der Höllen Abgrund/ hat er den Fall deß Menschen gewolt: dasselbe Reich heist aber nicht GOTT. Es ist noch ein ander Principium und fester Schluß darzwischen. Denn im andern Principio da GOTT erscheinet/

hat

hat er ihn nicht gewolt. Es ist wohl alles GOttes/ aber das erste Principium ist das Band der Ewigkeit/ das sich selber macht. Darauß ist GOTT der Vatter von Ewigkeit außgangen ins andere Principium, darinnen gebiehret er sein Hertz und Sohn/ und da gehet der heilige Geist vom Vatter und Sohne aus/ und nicht im ersten: und ist der Mensch zum andern Principio erschaffen.

16. Darumb hat ihn auch das Hertze deß andern Principii auß dem Bande des ersten Principii durch sich selber wieder newgebohren/ und vom grimmen Bande erlöset/ und soll ein iedes für sich stehen in seine Ewigkeit/ und ist doch allein GOTT der Herr/ und alleine Allmächtig/ aber das ewige Band ist unzertrennlich/ sonsten würde die Gottheit auch zertrennet; so aber muß ihm alles zu seiner Frewde und Ehren stehen: Und er ist allein der Schöpffer aller Dinge/ und muß alles vor ihm stehen: wie dan geschrieben stehet: Du wirst sehen/ und dich frewen/ wie es dem Gottlosen vergolten wird: Da doch im andern Principio keine Begierde zur Rache ist/ sondern in der Schärffe der Durchbrechung aus dem ersten ins ander/ da die Seele aus der Quetsche außreisset/ in die Paradeisische Wonne/ so frewet sie sich/ daß der Treiber gefangen ist/ der sie quetschete/ daß sie nun vor ihm sicher ist/ wie denn das des Himmelreichs Frewde ist/ daß der hoffärtige Teuffel im ersten Principio gefangen ist/ daß er nicht mehr den Himmel betrübe/ und die Wonne des heiligen reinen Elements entzünde.

17. Darumb ist auch im Himmel grosse Frewde über diese Welt/ daß alda ein Principium ist erbohren/ daß also der Teuffel den Grimm/ welchen er außgeschüttet und entzündet in Zeit seiner Schöpffung/ nicht mehr kan gebrauchen/ sondern er ist zwischen zweyen Reichen/ welche beyde gut sind/ gefangen.

18. Also mustu verstehen was es ist/ wann die Schrifft redet von der Rache der Gottlosen/ daß in den Heiligen darüber eine Frewde sey; Denn der Höllen Grimm und Quahl ist des Himmels Frewde: wann keine Quahl wäre/ so wäre kein Auffsteigen: So aber das Liecht in die grimmige Quaal komt/ so ists eitel Frewde/ und in der Finsternüß ists eine selbst Anfeindung in sich/ und wird hierinnen der ewige Wurm gebohren.

19. Darumb soltu wissen/ daß also GOTT alles in allem ist/ wo er nicht in der Liebe im Liechte ist/ da ist er im Finstern in der Grimmigkeit und Quaal. Denn vor der Zeit der Schöpffung war nichts als die Quaal/ und darob die Gottheit/ das bleibet

in Ewigkeit/ und ist kein anderer Grund/ du findest nichts mehr/ laß nur ab vom tieffen forschen/ denn es ist der Natur Ende.

20. Wiewohl solche Offenbahrungen von der Welt her sind verborgen gestanden/ weil sie (die Welt) aber nun soll ins æther, und in die Zerbrechung gehen/ so blösset sich alles was in der Natur verborgen ist/ und werden gar grosse Dinge offenbahr werden/ welche nie offenbahr gewesen; und ist das Mysterium die Morgenröhte des Tages; darumb ists Zeit auffzuwachen/ denn der Todten Auffwachung ist nahe.

21. Als nu GOTT dem Adam seinen Sentenz gesprochen/ und ihme den Schlangen-tretter zum Trost und Beystand geordnet/ in seiner Mühseeligkeit auff Erden: So sprach er der Hera ihren Sentenz auch/ und bestätigt sie vollend zu einer Frawen dieser Welt/ und sprach zu ihr: Ich wil dir viel Schmertzen schaffen wenn du schwanger wirst/ du solt mit Schmertzen Kinder gebähren/ und dein Wille soll deinem Manne unterworffen seyn/ und er soll dein Herr seyn.

22. Und ist alhie Sonnen-klar/ daß der Mensch nicht im Anfang ist auff eine solche weise versehen worden zu gebähren/ denn es solte alles ohne Schmertzen zugehen/ ohne viehische Schwängerung/ ohne Weib und ohne Mann: darumb muste der Schlangen-tretter ohne Mannes Saamen von einer Jungfrawen gebohren werden/ obs gleich nun müste auff eine solche menschliche weise geschehen/ so war es nur zu dem Ende/ daß die Gottheit konte ins Fleisch gehen/ und die fleischliche Seele wieder aus dem finstern Fleische/ aus dem Todte ins Leben gebären. Sonst ist der Held durchauß der Jungfrawen Sohn/ und eine Jungfrau im Gemühte/ gleich dem ersten Adam in der Schöpfung.

23. Denn du must es ernstlich und scharff verstehen/ was Christus vor eine Person ist. Er ist erstlich GOTT/ und ist im Vatter der Ewigkeit erkohren/ aus dem Vatter der Ewigkeit/ von Ewigkeit/ ohne Anfang und Ende/ aus der Tieffe der Allmacht: aus den zersprengten Thoren der Schärffe GOttes in der Wonne/ da der Vatter die liebliche Wonne in seinem ewigen Willen zeugt/ davon der Wille ewig schwanger ist der angezogenen Krafft des Liechts. Aus welcher Schwängerung der Vatter den andern Willen fasset/ die Krafft zu gebähren: Und das fassen ist sein Wort/ das der Vatter spricht aus dem Willen/ vor dem

Cap. 18.   Göttliches Weſens.

Willen; und das Sprechen bleibet in des Vatters Munde als eingefaſſet Wort mit dem andern Willen: Und der Außgang aus dem geſprochenen Wort/ der aus dem Willen durchs Wort außgehet/ iſt der Geiſt des Mundes GOttes/ der H. Geiſt/ und das außgeſprochene vorm Willen/ iſt die ewige Weißheit GOttes/ die Jungfraw der Zucht.

24. Denn GOtt gebiehret allein ſein Hertz und Sohn/ und wil ſonſt nichts mehr aus ſich gebähren; drumb iſt das außgeſprochene vorm Willen eine Jungfraw der Zucht/ welche auch nichts mehr gebieret/ ſondern erblicket ſich im H. Geiſte/ in unendlich/ in den tieffen Wundern der Allmacht/ und eröffnet dieſelben; und die hat das ſtarcke Fiat GOttes zum Werckzeug/ damit ſie alles ſchaffet/ und im Anfang geſchaffen hat/ und erblicket ſich in allen geſchaffenen Dingen/ daß die Wunder aller Dinge durch ſie an den Tag gebracht werden.

Die ſtarcke Porte der Menſchwerdung Jeſu Chriſti/ des Sohns GOttes.

25. UNd aus demſelben Hertzen und Worte GOttes des Vatters/ mit und durch die züchtige Jungfraw GOttes/ ſeiner ewigen Weißheit/ der Allwiſſenheit/ iſt ausgangen der Schlangen-tretter/ in und mit dem Worte der Verheiſſung GOttes des Vatters/ dem Adam und Heva/ und ihren Kindern/ und hat ſich in Adams und Heva Gemühte eingebildet und vermählet in Ewigkeit/ und der Seelen die Thoren zum Himmelreich eröffnet/ und ſich mit der keuſchen Jungfrawen ins Centrum deß Lebens-liecht eingeſetzet in die Porten GOttes/ und die Jungfraw der Seelen zum ſtäten Geſellen gegeben/ davon der Menſch ſein Witz und Verſtand hat/ ſonſt hätte ers nicht: Sie iſt die Porten der Sinnen/ jedoch läſſet ſie den natürlichen Rath den Sternen/ dieweil die Seele im Sternen-quaal lebet/ und zu rauhe iſt/ kan ſie ſich nicht in die Seele einbilden/ ſondern weiſet ihr den Weeg GOttes: So aber die Seele ein Höllen-wurm wird/ ſo weicht ſie in ihr Thoren/ und ſtehet vor GOtt/ vor ſeinem Worte und Hertzen.

26. Dieweil aber die Seele Adams und Hevæ und aller Menſchen-Kinder zu rauhe/ wild/ vom erſten Principio zu harte angeſtecket war/ daß ſie die Quaal der Höllen in ſich hatte zu allem böſem gean-eignet/ ſo bildete ſich das Wort und der Schlangentretter nicht in die Seele Adams alſo balde/ ſondern ſtund im

Gemühte wider des Teuffels und der Höllen-Reich und ihre gifftige Pfeile/ und zertratt der Schlangen dem Teuffel seinen Kopff im Gemühte der Menschen/ welche sich zu dem Schlangentretter aneigneten/ und sich ihme ergaben.

27. Da ward versuchet eine lange Zeit/ obs müglich wäre/ daß der Mensch doch auff diese weise könte genesen/ daß er sich GOTT ergäbe/ daß die Seele möchte also im Worte erbohren werden/ und endlich vor GOTT bestehen. Aber es war vergebens/ die angezündete Seele konte nicht bestehen/ sondern es wurden Mörder und Todt-schläger/ darzu eigen-willige/ in eitel Brunst der viehischen Unzucht/ auch auffsteigende in Hoffart und Herrschafft nach dem Regiment der Sternen und Elementen. die trieben des Menschen Leib und Seele zu aller Zeit/ und waren je nur etliche/ welche am Worte GOttes hiengen.

28. Da schickte GOTT die Sündfluht über die gantze Welt/ und ersäuffte alles Fleisch/ biß auff Noam, welcher am Worte GOttes hieng/ der ward verschonet mit seinen Söhnen und Weibern. Und ward die Welt aber versuchet/ ob sie wolten ein Schrecken an der grewlichen Straffe nehmen/ und am Worte bleiben. Aber es war alles vergebens. So erwehlete ihm GOTT das Geschlechte Seirs/ welcher am Worte hieng/ also ein Liecht und Predigt-Ambt zu erbawen/ daß die Welt solte von ihnen erlernen. Aber es halff alles nichts/ die Sternen regireten die Menschen nach ihrer Quaal in eitel Geitz/ Unzucht und Hoffart/ welche auch so groß ward/ daß sie ihnen fürnahmen einen Thurm zu bawen/ dessen Spitze in den Himmel reichete. Solche blinde Leuthe waren sie am Reiche GOttes.

29. Da verwirrete GOTT ihre Sprachen/ daß sie doch solten sehen/ wie sie verwirrete Sinnen hatten/ und sich zu GOTT aneignen/ auch daß sie die Sprache der heiligen aus Sems Stamme nicht verstünden/ daß sie sich musten zutrennen in die gantze Welt/ daß doch möchte ein heiliger Saame erhalten werden/ und nicht alles verdürbe: Aber es halff nichts/ sie waren böse. Da zündet GOTT Sodom und Gomorrha, die fünf Königreiche an/ aus dem Grimm des ersten Principii, ihnen zu einem Schrecken/ aber es halff nichts/ die Sünde wuchs als ein grüner Zweig. Da that ihnen GOTT Verheissung dem erwehleten Geschlechte/ sie solten vor ihme wandeln/ er wolte sie seegnen wie die Sternen am Himmel/ und ihre Zahl so groß machen: Es waren aber gleichwol Buben in der Haut unter ihnen. Da führete sie GOTT in ein frembdes Land/ und that
ihnen

Cap.18.   **Göttliches Wesens.**   253

ihnen wohl/ ob sie möchten erkennen seine Güte/ und an ihme hangen/ aber sie wurden nur böse.

31. Da erweckete ihnen GOtt einen Propheten den Mosen, der gab ihnen Gesetze und scharffe Lehre/ so die Natur erfordert/ und ward ihnen gegeben durch den Geist der grossen Welt im Eyfer im Fewer. Dieweil sie ja in der Rauhigkeit wolten leben/ so ward versuchet/ ob sie im Vatter konten leben/ und gab ihnen GOtt Brodt vom Himmel/ und speisete sie vierzig Jahr/ zu sehen was es doch vor ein Volck wolte werden/ ob sie möchten irgend auff einem Weege an GOtt hangen. Er gab ihnen Sitten und Ordnung in Speise und Tranck/ darzu eine Priesterliche Ordnung mit schwerem und strengen Gebot der Straffen/ welche er auch ließ unter ihnen ergehen. Aber es halff alles nichts/ sie waren nur böse/ und wandelten im Sternen Regiment, und noch viel böser/ gar aus der Höllen Grimmigkeit.

32. Und ist uns ein grosses zu sehen vom Unterscheidt der Speisen/ welche ihnen GOtt verbot/ sonderlich vom Schweinen Fleisch; welches Quaal im Fewer nicht bestehet/ sondern nur einen Stanck giebet; also auch im Fewer der Seelen/ welche den Urkund des ersten Principii errühret/ davon das erste Principium einen Stanck in der Seelen machet/ welches wider das Wort und edle Jungfraw ist/ und macht die Thoren der Zersprengung geschwul und finster. Denn die Seele ist auch ein Feuer/ die da brennet/ und so sie solche Quaal empfähet/ verdunckelt sie sich noch sehrer/ und brennet im Dunste als ein Blitz/ wie im Schweinen-fette zu sehen ist/ umb welches willen es ihnen GOtt verbott.

33. Und war sonst kein andere Ursach/ dieweil sie mit Opffern umbgiengen/ daß der Mensch irrdisch war/ und das Wort neben der Seelen stund/ in den Thoren des Lebens-liecht/ so erhörete er ihr Gebet durch die irrdische Quäll ihres räucheren/ daß sie ein Zeichen am Fewer hätten/ daß ihr Gebet GOtt angenehm wäre; wie an vielen Enden zu sehen ist bey Mose, welches an seinem Ohrt sol erkläret werden.

34. Und ist uns beym Mose gar ein sehr grosses zusehen wegen seines verklähreten Angesichts. Da denn versuchet ward/ obs müglich wäre daß die Seele könte durch des Vatters Klarheit im Fewer geranzioniret werden/ so sie lebeten in seinem Gesetze/ welches schärffete und verzehrete/ und der Seelen eine grosse Schärffe war. Aber es war vergebens/ es mochte nicht seyn.

35. Da deutete die edle Jungfraw im Geiste der Propheten

auff

auff den Weibes-Saamen/ auff seine Menschwerdung/ Leiden und Sterben/ für die arme Seele des Menschen/ daß sie doch möchte erlöset werden vom ewigen Tode/ und new gebohren werden in der Jungfrawen Sohn. Welches geschehen nach 3970. Jahren/ das ist das Wort der Verheissung (welches GOtt der Vatter dem Adam und Hevæ im Paradeiß/ im Garten in Eden, als sie in die Sünde fielen/ verhieß/ welches sich ins Centrum des Lebens einbildete/ durch welches alle Menschen/ so zu GOtt kommen/ gerechtfertiget werden) Mensch worden.

36. Es war eine lange Zeit im Bund der Beschneidung in des Vatters Leben und Liecht/ mit dem Schatten und Fürbildung des Sohnes Menschwerdung. Aber es konte den Ernst deß Leibes Wiederkunfft aus dem Grabe nicht erreichen. Es muste nur das Wort Mensch werden/ solte der Mensch wieder auffstehen aus dem Grabe. Es ranzionierte wol die Seele/ daß sie konte vor dem Vatter bestehen in den Thoren der Zersprengung im Fewr der Schärffe/ aber nicht in der lieblichen Wonne vorm Liechte der heiligen Dreyfaltigkeit: Darzu konte es auch nicht den newen Leib aus dem Element herfür bringen/ denn er war zu sehr besudelt mit Sünden.

37. Also ist in diesem Jahr/ wie obgemeldet/ der Engel Gabriel kommen zu einer armen/ aber züchtigen und keuschen Jungfrawen/ von GOtt dem Vatter gesant gen Nazaret/ Maria genannt. Ihr Nahme heisset recht auff Deutsch in der Natursprache/ eine Errettung aus dem Jammerthal. (Ob wir wol nicht aus der hohen Schulen dieser Welt sind erbohren mit vielen Sprachen: so haben wir doch die Sprache der Natur in unserer Wunder-Schule auch fix/ welches Meister Hans in seinem freyen Hütlein nicht gläubet.) Der grüssete sie durch GOtt/ und brachte des ewigen Vatters Befehl aus seinem Willen/ und sprach zu ihr: Gegrüsset seystu Holdseelige/ der Herr ist mit dir/ du gebenedeyete unter den Weibern. Luc. 1. 28. Und da sie ihn ansahe/ erschrack sie über seiner Rede/ und dachte: Welch ein Gruß ist das? Und der Engel sprach zu ihr: Fürchte dich nicht Maria: Du hast Gnade bey GOtt funden/ sihe du wirst schwanger werden im Leibe/ und einen Sohn gebähren/ deß Namen soltu Jesus heissen. Der wird groß und ein Sohn des Höchsten genennet werden. Und GOtt der Herr wird ihme den Stuhl seines Vatters Davids geben: Und er wird ein König seyn über das Haus Jacob Ewiglich/ und seines Königreichs wird kein Ende seyn.

38. Da

Cap. 18.   **Göttliches Wesens.**   255

38. Da sprach Maria zu dem Engel: Wie sol das zu gehen / sintemahl ich von keinem Manne weiß? Und der Engel antwortet ihr und sprach: Der heilige Geist wird über dich kommen / und die Krafft des Höchsten wird dich überschatten / darumb auch das Heilige / das von dir gebohren wird / wird GOttes Sohn genennet werden. Maria aber sprach: Sihe ich bin deß Herren Magd / mir geschehe wie du gesaget hast. Und der Engel schied von ihr.

39. Als nun dieser Befehl von GOTT dem Vatter kam / da entsetzte sich die Natur des Seelen Geistes in Maria, wie der Text lautet. Denn es rügete ihn ein theurer Gast: Er gieng in eine wunderliche Herberge ein.

40. Und soll der Leser hier recht verstehen: Es ist nicht dißmahl das Wort zur Menschwerdung erst aus dem hohen Himmel über den Sternen herunter gefahren und Mensch worden / wie die Welt in Blindheit narret. Nein / sondern das Wort / das GOtt zu Adam und Heva im Paradeiß sprach vom Schlangen-tretter / welches sich in die Thoren des Lebens-Liecht einbildete im Centro der Himmels porten inne stehend / und ins heiligen Menschen Gemühte empfindlich wartend biß auff diese Zeit. Dasselbe Wort ist Mensch worden / und ist das Göttliche Wort wider in die Jungfraw der Göttlichen Weißheit / welche Adams Seelen ward neben dem Wort gegeben zu einem Liechte / und dem Worte zu einem Diener / eingegangen.

41. Der Wille des Hertzens GOttes im Vatter ist aus dem Hertzen in den Willen der Weißheit vorm Vatter eingegangen in ewige Vermählung / und dieselbe Jungfraw der Weißheit GOttes im Worte GOttes hat sich in der Jungfrawen Marien Schoß in ihre Jungfräwliche Matrix eingegeben / und einvermählet eigenthumlich / unweichend in Ewigkeit / verstehe in die Essentien, und in der Tinctur des Elements, welches vor GOtt rein und unbefleckt ist: darinnen ist das Hertze GOttes ein Englischer Mensch worden / als Adam war in der Schöpffung: Und der Außgang aus dem Hertzen GOttes mit voller Fülle der GOttheit / aus welchem auch der heilige Geist GOttes und aus dem Geiste die Jungfraw außgehet / machet diese hohe Englische Bildnus grösser als Adam, oder irgend ein Engel ist. Denn es ist die Benedeyung und Macht aller Dinge / welche ewig in dem Vatter ist.

42. Denn das Wort ist mit seiner Eingehung ins Element in die Jungfräwliche Matrix vom Vatter nicht abgetrant / sondern
bleibet

bleibet ewig im Vatter und ist an allen Enden gegenwertig im Himmel des Elements, in welches es ist eingegangen/ und eine newe Creatur im Menschen worden/ die GOTT heisset. Und solt hie verstehen gar hoch und scharff/ daß diese newe Creatur im heiligen Element nicht ist von der Jungfrawen Fleisch und Blut gebohren/ sondern von GOTT aus dem Element, in voller Fülle und Einigung der H. Dreyfaltigkeit/ welche mit voller Fülle ohne Wancken ewig darinnen bleibet/ welche überall alles erfüllet in allen Thronen der Heiligkeit/ dessen Tieffe kein Grund ist/ und ohne Zahl und Nahmen.

43. Doch soltu wissen / daß die Leiblichkeit des Elements dieser Creatur unter der GOttheit ist: Denn die GOttheit ist Geist/ und das H. Element ist aus dem Worte von Ewigkeit erbohren/ und ist der Herr in den Knecht eingegangen/ dessen sich alle Engel im Himmel wundern/ und ist das gröste Wunder/ so von Ewigkeit geschehen ist/ denn es ist wider die Natur/ und das mag Liebe seyn!

44. Und nach dem diese Hoch-Fürsten-Englische Creatur ist augenblicklich im Worte und heiligem Geiste im heiligen Element figuriret worden/ zu einer selbständigen Creatur, mit vollen Leben und Liechte im Worte/ so hat sie auch im selben Augenblicke die vier Elementa, mit der Sonnen Sternen-Regiment in der Tinctur des Geblühts mit sampt dem Geblüht in allen menschlichen Essentien, so in der Jungfrawen Marien Leibe waren in ihrer Matrix nach GOttes Raht aus Element der Creatur angenommen / gantz eigenthumlich als eine Creatur und nicht zwo.

45. Und ist das heilige Element des Himmels/ welches die GOttheit beschleust/ der Limbus oder männliche Saamen gewesen zu dieser Creatur, und der H. Geist mit dem heiligen Fiat in der Jungfrawen der Göttlichen Weißheit/ ist der Werck-Meister gewesen / der Bilder und erste Anfänger/ und hat ein jedes Regiment das seine in seinem Centro darinnen erbawet.

46. Der Heilige Geist GOttes hat die Formierung in der Weißheit der Jungfrawen im Element in seinem Centro des Himmels erbawet die hoch-theure Fürstliche und Englische Formierung: und das Regiment der Sternen und Elementen dieser Welt hat den äusserlichen Menschen gantz mit allen Essentien unserer menschlichen Leibe formieret mit einem natürlichen Leibe und Seele/ gantz uns gleiche in einer Person.

47. Und

47. Und hat doch eine jede Gestalt seine Hochheit/ Sehen/ Quaal und Empfindung/ und hat sich die Göttliche nicht also vermischet/ daß sie kleiner wäre/ sondern was sie war das blieb sie/ und was sie nicht war/ das ward sie ohne Abtrennung des Göttlichen Wesens. Und ist das Wort im Vatter blieben/ und die Creatur des heiligen Elements vorm Vatter/ und die natürliche Menschheit in dieser Welt in der Schoß der Jungfrawen Mariæ.

Von den dreyen Regionen der Menschwerdung/ der Bildung des Herren Jesu Christi.

48. Die Bildung dieser hochthewren Person ist unterschiedlich/ 1. ist das Wort/ oder die GOttheit/ die hat seine Bildung von Ewigkeit im Vatter gehabt/ und auch in der Menschwerdung keine andere an sich genommen/ sondern blieb im Vatter/ wie sie von Ewigkeit war in seinem Sitze.

49. Die 2. Bildnüß ist natürlich geschehen in der Stunde des Grusses des Engels Gabriels/ als die Jungfraw Maria zum Engel sagte: Mir geschehe wie du gesaget hast. In Vollendung desselben Worts geschahe die Bildung im Element/ welche ist gleich dem ersten Adam vorm Falle/ der da solte eine solche Englische Creatur aus sich gebähren/ und war die gantze Fortpflantzung der Englischen Menschen also: und das konte er nicht thun/ dieweil er in Geiste dieser Welt eingieng. Darumb muste eine solche Jungfräwliche Creatur in der irrdischen Jungfraw gebohren werden/ und die irrdische Jungfraw mit ihren Brüdern und Schwestern/ aus der Irrdigkeit wieder ins Element vor GOTT einführen/ durch sich selber. Und diese Bildung ist augenblicklich geschehen/ gantz vollkomlich/ ohne einigen mangel/ und ist mit der länge der Zeit nichts mehr darzu gekommen.

50. Und die 3. Bildung ist auch im selben Augenblick der andern Bildung zu gleich auff einmahl in einem Augenblick ans Element angegangen/ gleich als würde ein irrdischer Saamen gesäet/ daraus ein gantzes Kind wächset/ und hat seinen Anfang natürlich genommen/ und die newe Creatur in vollkommenheit des Elements/ ist des irrdischen Menschen männlicher Saame gewesen/ welchen die irrdische Matrix der Jungfrawen/ in der Jungfrawen Marien Schoß empfangen. Jedoch hat die Irrdigkeit den Limbum der newen Creatur im heiligen Element nicht verunreiniget/ denn das Wort der GOttheit verwehrete das/ welches das Scheide-Ziel war.

51. Und

51. Und ist das äusserliche Bildt am Limbo des Elements natürlich zu Fleisch und Blut worden / mit aller natürlichen Regionen der menschlichen Glieder Einsetzung und Figurirung / aller dreyen Principien, gleich allen Menschen Kindern / und hat im Außgang des dritten Monden / seine natürliche Seele / gleich allen Adams Kindern bekommen: welche ihren Grund aus dem ersten Principio hat / und hat ihren Stuhl und Sitz ins Element GOttes erhaben in die Wonne / darinnen sie saß in der Schöpfung in Adam. Alda hat sie ihren fürstlichen Stuhl im Himmelreich vor GOTT wieder bekommen / aus welchem sie mit der Sünden in Adam war außgangen.

52. Alda hat sie der ander Adam mit seiner Menschwerdung wieder eingeführet / und mit dem Worte GOttes verbunden in Liebe und Gerechtigkeit / als ein himlisches Kind: Alda ist die newe Creatur aus dem Element der Seelen Leib worden. Denn in der newen Creatur des Limbi GOttes ist die Seele heilig / und die irdischen Essentien aus Fleisch und Blut / hangen ihr in Zeit des irdischen Leibes an / welche Christus, als seine Seele mit der newen Creatur in Todt gieng / im Tode lies / und mit dem newen Leibe in der natürlichen Seelen aus dem Tode auffstund / und über den Todt triumphirete / wie du hernach im Wunder sehen solt / vom Tode und Aufferstehung Christi.

53. Daß aber die Seele Christi konte zugleich in der Newen / und denn auch in der alten irdischen Creatur gebohren werden / das machts / daß der Seelen Thore im ersten Principio in Quaal der Ewigkeit stehet / und reichet in die tieffe Thoren der Ewigkeit / ins Vatters urkundlichsten Willen / mit welchem er die Thoren der Tieffe zersprenget / und im Ewigen Liechte erscheinet.

54. Weil dan nun das Wort GOttes im Vatter ist / und aus dem Vatter außgieng ins Element, und dasselbe Wort dem Menschen in seinem Falle aus dem Element durch die Stimme des Vatters mit der Verheissung vom Schlangen-tretter wieder aus Gnaden gegeben ward / ins Centrum des Lebens-Liecht: So fieng die natürliche Seele Christi mit ihrer ersten Anzündung in ihrem Centro des Lebens-liecht / wo sich das Wort hat mit Bewilligung der Jungfrawen Marien eingesetzet / durch das Wort im Vatter der Ewigkeit das Principium Gottes des Vatters im Liechte.

55. Also ward Christus nach dieser gestalt / GOttes des Vatters natürlicher ewiger Sohn / und ward die Seele Christi

Cap. 18. Göttliches Wesens. 259

im Worte ein selbständige natürliche Person in der H. Dreyfaltigkeit.

56. Und ist in der gantzen tieffen GOttheit keine solche wunderliche Person mehr/ als dieser Christus, welchen Iesaias der Prophet billich im Geiste hoch erkant; Wunderbar/ Raht/ Krafft/ Held/ ewiger Vatter/ Friede-Fürst/ heisset; Welches Herrschafft groß ist/ und auff seinen Schultern/ verstehe der Creaturen des (innern) Elements.

57. Und die andere Gebuhrt der Seelen Christi stund in der natürlichen Fortpflantzung/ wie aller Menschen Kinder. Denn er ist so wohl in sechs Monden mit natürlichem Leibe und Seele/ mit allen Porten des Gemühts und Sinnen gäntzlich figuriret worden/ die Seele im ersten Principio, und der Leib im dritten Principio, und Christus/ der rechte Durchbrecher/ blieb im andern Principio, im Reiche GOttes stehen/ und ward nach neun Monden ein Mensch aus der Jungfrawen Marien Leibe gebohren: Und wir sahen seine Herrligkeit/ eine Herrligkeit als des eingebohrnen Sohnes GOttes vom Vatter.

58. Und alhier schien das Liecht in der Finsternüß des natürlichen äusserlichen Leibes/ wie Johannes zeuget Cap. 5. 12. Er kam in sein Eigenthumb/ und die seinen nahmen ihn nicht an/ sie kanten ihn nicht: Welche ihn aber annahmen/ denen gab er Macht GOttes Kinder zu werden/ die wurden durch ihn zum Himmelreich erbohren; Denn sein ist das Reich/ Krafft/ Macht Herrligkeit/ von Ewigkeit zu Ewigkeit.

59. Also betrachte alhier du liebes Gemühte/ du wirst alhier den Zweck finden/ wodurch die Menschen vor Christi Gebuhrt sind zur Seeligkeit eingangen; Verstehestu diese Schrifften recht/ wie sie vom Autor erkant sind/ in der Gnaden GOttes/ so verstehestu alles was Moses und die Propheten geschrieben haben/ und auch alles was der Mund Christi gelehret und geredet hat. Du darffst keiner Larven oder Brillen darzu/ die Erkäntnüß darff nicht vom Antichristischen Stuhl bestätiget werden/ der da spricht: Die Göttliche Ordnung müsse von seinem Stuhl bestätiget werden/ was der Mensch lehren und glauben solle/ er könne nicht irren.

60. Das Liecht der Natur zeiget uns in GOttes Liebe jetzt viel einen andern Stuhl/ den GOtt der Vatter mit seinem Sohne Jesu Christo bestätiget hat/ der ist der einige Stuhl in Gnaden/ da unsere Seelen können newgebohren werden/ und nicht in dem Antichristischen Stuhl. Er ist nichts als der Stuhl

zu Babel der Verwirrung/ daß er der Affe Christi auff Erden bleibe mit seinem schönen Hütlein. Da wir newlich einen Jüngling gesehen/ der ihm die Perlen von seiner Schnur abpflückete/ und die Schnur zerbrach/ da war er gleich einem andern irdischen Menschen/ und Niemand grüssete ihn.

Der Unterscheid zwischen der Jungfrawen Maria und ihrem Sohne Jesu Christo: Die ernste und gerechte Porte der Christlichen Religion und Glaubens Articuln/ ernstlich zu betrachten umb des Menschen Seeligkeit willen/ auch umb aller Ketzer und Schwätzer Fund und Meynung willen/ von wegen der verwirreten Babel des Antichrists.

Die hoch tieffe Porte der Morgenröte und Tages Auffgang in der Wurtzel der Lilien.

61. Uns entgegnet das Mysterium, welches wir zuvor nie erkant/ auch den Grund nie gewust/ uns auch niemaln würdig geachtet hatten zu solcher Offenbahrung. Weil sie uns aber aus Gnaden erscheinet durch die Barmhertzigkeit des freundlichen Sohnes GOttes unsers Herrn Jesu Christi: so sollen wir nicht so laß seyn/ sondern in dem Gärtlein der Lilien arbeiten/ umb unsers Nähesten Liebe willen/ und umb die Kinder der Hoffnung/ sonderlich umb des armen krancken Lazari/ welcher zu Babel verwundet lieget/ und nach seiner schmertzlichen Kranckheit im Ruch der Lilien wird heyl werden/ wan er von Babel ausgegangen ist/ wollen wir ihme eine Wurtzel in Hebron darstellen/ davon er Krafft bekomme/ und ausgehe von Babel zu seiner Gesundheit.

62. Denn die Jungfraw hat uns eine Rosen verehret/ von der wollen wir schreiben mit solchen Worten/ als wir im Wunder gesehen/ und anderst können wir nicht/ oder es ist unsere Feder zerbrochen/ und die Rose von uns genommen/ und sind als wir vor der Zeit waren. Da doch die Rose im Centro deß Paradeises stehet in der Jungfrawen Hand/ welche sie uns darreichet im selben Ohrte/ da sie in Thoren der Tieffe zu uns kam/ und uns ihre Liebe anboht/ da wir lagen am Berge gegen Mitternacht im Streit und Sturm vor Babel/ welche unser irdischer Mensch nie gesehen und erkant hat.

63. Darumb schreiben wir aus einer andern Schulen/ darinnen

innen der irdische Leib mit seinen Sinnen nie studieret hat/ auch das A B C nie gelernet. Denn in der Jungfrawen Rosen lerneten wir das A B C, welches wir vermeineten die Sinnen des Gemühts zu lehren/ aber es konte nicht seyn/ sie waren viel zu rauhe und finster/ konten es nicht fassen/ und muste derowegen der irdische Leib in dieser Schulen ungelehrt bleiben/ und konte seine Zunge nicht darein erheben. Denn das Gemühte dieser Schulen stund in den Thoren der Tieffe im Centro verborgen. Dürffen uns derowegen dieser Schulen nicht rühmen/ denn sie ist nicht des irdischen Menschen Sinnen und Gemühtes Eigenthumb. So wir im Centro von der edlen Jungfrawen ausgehen/ so wissen wir so wenig aus dieser Schulen als andere/ wie es Adam auch gieng/ als er aus dem Paradeis GOttes gieng in Schlaff der Uberwindung/ so wuste er in seiner Auffwachung in dieser Welt nichts mehr vom Paradeis/ und kante seine liebe Jungfraw nicht mehr.

64. Darumb haben wir keine Gewalt/ Macht oder Verstand zu lehren von den Wundern GOttes in unserm irdischen Willen/ wir verstehen nichts darinnen nach unserer angebohrnen Natur/ und darff Niemand von uhserm eigenen Willen etwas fordern/ denn wir haben nichts.

65. Aber diß deutet der Geist: werdet ihr von Babel ausgehen in die Sanfftmuht Jesu Christi/ so wird euch der Geist in Hebron Lehrer geben mit grosser Gewalt/ von welcher Macht die Elementa werden erzittern/ und die Thoren der Tieffe zerspringen/ und ausgehen von Lazaro seine Kranckheiten durchs Wort und Wunder dieser Männer. Denn die Zeit ist nahe/ der Bräutigamb komt!

66. So wir uns nun entsinnen in unserer eignen Vernunfft/ und sehen an das jenige/ in Betrachtung unserer hohen Erkäntnüß/ was die Welt zu Babel in diesem Articul/ davon wir alhie wollen handelen/ eingeführet hat/ in deme sich der Antichrist hat eingesetzet/ und erzeiget darinnen seine grosse Macht/ so möchte uns wol billich unser Vernunfft zurücke halten/ wegen der grossen Gefahr des Grimmes des Antichrists/ so uns möchte zu stehen. Weil es aber uns erscheinet ohne unser Wissen/ so wollen wir der Stimme GOttes mehr gehorsam seyn als der irdischen Furcht/ in Hoffnung uns wol zuergetzen. Und ob es geschühe/ so der Antichrist unsern irdischen Leib zerbräche (welches

ches doch in der Verhängnuß GOttes stehet/ deme wir nicht widerstreben sollen) so wollen wir doch das Zukünfftige höher achten/ als das Zerbrechliche/ welches/ so wirs erreichen/ unser rechtes Vatterland ist/ aus welchem wir in Adam sind ausgegangen. Und ladet der Geist aller Menschen Ohren für diesen Spiegel.

67. Man hat biß anhero die Ehre der Anruffung der heiligen Jungfrawen Marien und andern heiligen alhier gewesenen Menschen/ getahn; da doch in dem Grunde des Liechtes der Natur diese Gesetze nie erkant werden. Und ist uns ja hoch zu erkennen/ daß es seinen Grund in der verwirreten Babel hat genommen/ als die Menschen des armen Christi/ welcher in dieser Welt nicht hatte/ da er sein Haupt hinlegte/ überdrüßig waren: So thäten sie wie Israel bey Mose/ welche ihnen ein Kalb macheten zum GOTT/ und sagten: Sihe Israel, das sind deine Götter/ die dich aus Ægypten geführet haben/ und machten ein Kälber-Gottes-dienst zu ihrer Wollust des Lebens/ und fragten nicht nach Mose: sondern sagten/ wir wissen nicht was diesem Manne Mosi wiederfahren ist. Und zu Aaron sagten sie: Mache du uns Götter/ die vor uns hergehen/ und er machte ihnen das Kalb. Als aber Moses kam und sahe es/ ward er zornig/ und nahm die Tafel GOttes/ und zerbrach sie/ warff sie von sich weg/ und sprach: Her! die den Herrn angehören: Gürte ein jeder sein Schwerd/ und ermorde seinen Bruder den Kälber-diener/ auff daß der Zorn GOttes versöhnet werde.

68. Eben eine solche Gestalt hat es auch mit der verwirreten Babel im Reiche Christi auff Erden/in der blinden Irrdigkeit des Menschen eignen Vernunfft/ da man Christum im Reiche dieser Welt suchete/ so konte man ihn nicht finden/ wie Israël den Mosen, weil er auff dem Berge war. So haben ihnen die Menschen andere Götter gemacht/ und in ihrem Gottesdienst ein köstlich Wolleben angerichtet/ und ihren Gottesdienst mit dem reichesten versehen/ und sagen immer: Wir wissen nicht/ was diesem Iesu geschehen ist/ daß er von uns ist gegangen/ wir wollen ihm einen Gottes-dienst in unserm Lande anrichten/ und wollen darbey frölich seyn/ das sol geschehen nach unserm Willen/ damit wir reich und feiste seyn/ und uns dieses Iesus wol ergetzen.

69. Wir sind ja Herrn in Christi Reiche/ weil wir in seinem Dienste seynd/ so seynd wir die allerheiligsten und besten/ wer mag uns gleichen? Christus ist gen Himmel gestiegen/ und hat uns sein Regiment auff Erden gegeben: Der Schlüssel S. Petri muß

Stathalter seyn/ den hat er uns gelaßen/ zum Himmel-und Höllen-Reich/ wer wil uns den nehmen? wir kommen ja in Himmel/ sind wir gleich böse so schadets nicht/ wir haben den Schlüssel/ der kan auffmachen. Wir sind Priester in Macht: Wir wollen einlassen wer uns feiste mästet/ wer unserm Reiche viel giebet/ so wird die Christliche Kirche in grossen Ehren stehen/ weil man seine Diener so hoch ehret/ das wird unserm Herrn wolgefallen! Wo ist ein solch Reich als wir haben? Sol man das nicht krönen mit der schönsten Krone dieser Welt/ und sich vor ihme neigen und beugen?

70. Ja sagen sie/ wir selber sind böse Menschen: Aber dieser Orden macht uns heilig/ unser Ampt ist ja heilig/ wir sind ja im Dienste Christi, und ob wir böse sind/ so bleibet doch unser Ampt heilig/ und gehöret uns die höchste Ehre wegen unsers Ampts/ gleich wie Aaron mit dem Kälber-dienst/ sein Ampt muste heilig seyn/ und ob sie gleich deß Mosis vergassen/ stunden von Fressen und Sauffen auff zu Tantzen und Spielen/ dennoch muste Aaron hoch geehret seyn wegen des Kälber-dienstes.

71. Damit aber das Reich Christi auff Erden zu Babel in grossem Ernst stehe/ wollen wir heilige GOttes-dienste ordnen/ welche von der Welt entsondert sind/ und da verschaffen/ daß unsere Gesetze alda getrieben werden/ wollen ihnen aufflegen grosse Fasten und Feyren/ daß die Welt einen Spiegel habe auch zur Heiligkeit/ und uns hoch ehre/ und erkenne/ daß unser Dienst/ so wir vor GOTT thun/ heilig sey. Wir müssen ja die heilige Priester GOttes seyn/ wer anders richtet den wollen wir verdammen/ und wir thun ja recht daran und GOtt einen Dienst: Denn ob ein Engel vom Himmel käme/ und predigte anderst als wir/ ist er verfluchet/ wie Paulus saget.

72. Was wir in Versamlung der Obristen gesetzt haben mit unserer aller Willen/ durchs Concilium, das ist heilig. Denn es stehet ja geschrieben: Du solt dem Obersten deines Volcks nicht fluchen. Und ob unsere Hertzen vorm Liecht der Natur zappelen/ daß wir uns müssen vor GOTT schämen und für grosse Sünder bekennen/ so wollen wir die heilige Mutter Christi mit seinen Jüngern anruffen/ daß sie für uns bitten/ daß unser Sünde nicht erkant werde/ so wir ihr zu Ehren Walfahrten und GOttes dienste thun/ wird sie uns bey ihrem Sohne wol vertretten/ und für uns bitten/ daß wir in ihrem Dienste heilig sind/ ob wir gleich stäts in viehischer Brunst und Eigen-Ehre/ auch Wollust stecken/ was schadets? wir haben S. Petri Schlüssel und die Mutter Christi zum Beystande.

73. Gleich

73. Gleich wie auch Israels Meynung beym Mose nicht war vom Kalbe/ dasselbe für GOtt zu erkennen/ und für den wahren GOtt zu halten/ dieweil sie wusten daß es Gold war/ und ihnen der rechte GOtt war sonsten bekant gemacht/ hatten deß auch gute Erkäntnüß an den Wundern vor Pharao. Sondern sie wolten den abwesenden GOtt damit ehren/ und ihnen ein Gedächtnüß und GOttesdienst machen/ wie König Jerobeam mit seinem Kälber-dienste/ da doch die Ehre solte den rechten GOtt anreichen.

74. Und nun gleich wie Jerobeams Kalb ist vor GOtt ein Grewel gewesen/ welches er doch mit Ernst trieb dem rechten GOtt damit zu dienen/ nur daß er auch sein weltlich Königreich behielte/ daß das Volck nicht von ihme abfiele/ so sie gen Jerusalem solten zum Opfer gehen/ und GOtt ihn/ und sein gantzes Haus darumb verwarff. Und gleich wie Moses kam im Zorn zu ihrem GOttesdienst fürm Kalbe/ und zubrach die Tafel des Göttlichen Gesetzes/ und griff zum Schwerde/ und muste ein Bruder den andern ermorden/ wegen ihres Grewels und Sünde des falschen GOttesdienstes. Also auch du blinde Welt zu Babel der Verwirrung/ weil du bist vom allgegenwärtigen/ allwissenden/ allsehenden/ allhörenden/ allriechenden/ allfühlenden Hertzen Jesu Christi abgefallen auff deine erdichtete Weege/ und wilt das freundliche Angesichte Jesu Christi nicht selber sehen/ und deine Schande der Hurerey/ Gleißnerey/ eigensinnigen Hoffart/ Macht und Pracht ablegen/ sondern lebest in erdichteten Heiligthumb/ zu deiner Wollust/ in Geitz/ Fressen und Sauffen/ und in eitel eigen Ehre. So hat der andere Moses, den der erste verhieß/ den man solte hören/ seine Tafel seines Gesetzes/ darauff seine theure Menschwerdung/ Leiden/ Todt/ Aufferstehung und Hiṁlische Einführung stund/ vor deinen Ohren verstopfft und zerbrochen/ und dir kräfftige Irrthumb gesendet/ aus dem Geist deiner selbst erdichteten Gleißnerey/ wie S. Paulus saget: Daß du gläubest dem Geiste der Lügen/ und lebest nach deines Fleisches Lust/ und dich deine erdichtete Scheinheiligkeit mit deinem falschen Schlüssel/ welcher nicht das Leiden und Sterben Iesu Christi in seinem Tode auffschleust/ betreuget.

75. Denn du bist nicht durch Menschen Fürbitte zum Vatter eingangen: sondern durch die theure Menschwerdung Iesu Christi, und so du nicht alsbalde in der letzten Stimme GOttes seines Ruffs/ da dir doch schon viel geruffen worden/ umbkehrest und auß Babel außgehest/ so stehet Moses im Zorn und spricht: Gürte ein
jeder

jeder sein Schwert an sich/ und erwürge seinen Bruder zu Babel, und du vertilgest dich selber. Denn der Geist deines eigenen Mundes sol dich ersticken/ auff daß du nicht mehr Babel, sondern ein grimmig Zorn-Schwert in sich selber heist/ daß dich auff-frist/ und nicht schonet. Denn du tödtest dich selber/ du grosses Wunder der Welt.

76. Wie haben doch alle Propheten von dir geschrieben/ und du kennest dich nicht/ reuthest also auff deinem feisten Thier/ und gefället dir das reuthen so wohl/ daß du je zum Teuffel in Abgrund führest/ ehe du vom Thier abstiegest/ was ist dann auß dir zu machen du blinde Babel? Steige doch herunter von dem grossen/ bösen/ scheußlichen Thier deiner Macht/ Pracht und Hoffart. Sihe dein Bräutigam komt und reichet dir seine Hand/ und wil dich auß Babel führen.

77. Ist er doch zu Fusse auff Erden gangen und nicht also geritten/ er hatte nicht da er sein Haubt hinlegte/ was bawestu ihm dan vor ein Reich! wo ist die Stätte seiner Ruhe? Ruhet er nicht in deinen Armen/ warumb fassestu ihn nicht? Ist er in dieser Welt zu arm/ so ist er doch im Himmel reich: Wen wiltu zu ihm senden dich zu versöhnen? die Mutter Jesu? O nein Mensch/ es gilt nicht! Er stehet nicht dorte/ und absolviret deine Boßheit wegen deiner anneiglichen Falschheit/ er kennet deine Brieffe nicht/ die du ihm mit den Heiligen schickest/ welche in der stillen Ruhe sind im himlischen Element vor ihme.

78. Ihr Geist der Seelen ist in der Stille/ in der stillen Wonne vor GOTT: Er lässet nicht deine rauhe Sünden in sich/ sich damit zu schleppen/ sondern seine imagination und gantzer Wille stehet ins Hertze GOttes/ und der Geist des ersten Principii sein urkundliche Quahl spricht: Herr! wan rächestu unser Bluht? Und die Sanfftmuht Jesu Christi antwortet: Ruhet in der Stille/ biß ewre Brüder auch darzu kommen/ welche zu Babel erwürget werden umb des Zeugnüß Iesu willen.

79. Sie thun keine Fürbitte für dich/ es gilt auch nicht/ es ist anderst/ du must von newen gebohren werden durch ernste Rew und Busse. Du must von deinem Thier absitzen/ und mit Christo zu Fusse über den Bach Kidron, in sein Leiden und Todt gehen/ und durch ihn auffstehen auß seinem Grabe: Du must selber dran/ kein anderer kan dich erretten. Du must in die Gebuhrt Iesu Christi eingehen/ und mit ihme vom heiligen Geiste empfangen werden. Deine Seele muß im Worte/ und newen Menschen Christo, in einem H. reinen Element, auß den vier Elementen

menten gebohren werden / im Waſſer des Elements des ewigen Lebens. Deine AntiChriſtiſche gedichtete Fabeln helffen dir nichts. Denn es heiſſet: Was ein Volck vor einen Glauben hat / alſo hats auch einen GOTT zum ſegenen.

80. Daß deine Vorfahren ſind in Wunderthaten nach ihrem Tode erſchienen / darauff du baweſt / das machet der Glaube der Lebendigen / und ihre Einbildung in ihre Tinctur, welcher alſo ſtarck iſt / daß er Berge verſetzet. Kan doch ein falſcher Glaube / ſo er ſtarck iſt / auch Wunder erwecken im erſten Principio, wie an der Incantation zu ſehen / und bey den falſchen Beſchwerern der Zeichen vor Pharao, wie ſie gläubeten / ſo geſchahe ihnen.

81. Und weil der Lebendigen Glaube noch etwas gut und rein war am Reiche GOttes / und ſuchteten nicht alſo den Bauch und Pracht / ſo aneignete ſich ihr Glaube biß in Himmel / ins Element zu den Heiligen / welche auch alſo den lebendigen Heiligen in ihrem Element im ſtarcken Glauben natürlich erſchienen mit Wunderthaten / welche doch nur im Glauben gefangen wurden / und der Gottloſe ihr nicht zu theil ward.

82. Denn eine Tinctur fieng die andere / daß auch die Heiligen im Element lüſterend wurden des ſtarcken Glaubens / ſonderlich dieſe / welche auff Erden hatten viel zur Gerechtigkeit bekehret; ſintemahl einem jeden ſeine Wercke des Glaubens nachfolgen / ſo folgete ihnen auch ihr Wille nach / gerne mehr Menſchen zu bekehren: Darumb fieng ein Glaube in der Tinctur des heiligen Elements den andern / und geſchahen Wunderwercke bey den Gedächtnüſſen der Heiligen.

83. Dieſes verhieng GOTT umb der Heyden willen / daß ſie ſähen / daß die Todten der Heiligen in GOTT wären / und daß noch ein ander Leben nach dieſem wäre / daß ſie ſich ſolten bekehren / darumb ließ er Wunderwercke geſchehen.

84. Aber im Grunde des Urkundes iſts nicht / daß ein Verſtorbener einem Lebendigen könte ins Himmelreich helffen / oder daß er ſich ſolte unterſtehen der Lebendigen Noht vor GOTT zu klagen / und für ſie zu bitten. Denn das wäre dem Hertzen GOttes eine groſſe Schmach / welches ohne Bitten ſeine Barmhertzigkeit über alle Menſchen außſchüttet / mit außgebreiteten Armen / und ſeine Stimme nicht anderſt iſt / als nur: Komt alle zu mir / die ihr hungerig und durſtig ſeyd; Ich wil euch erquicken. Zu mir und allen / ſpricht er: Komt / Ich wils gerne thun. Item Es ſoll meine luſt ſeyn / den Menſchen-Kinderen wohl zu thun.

85. Wer wil ſich da unterwinden vor den Barmhertzigen

Brun-

Brun-quell der Barmhertzigkeit zu tretten/ und für einen Anruffenden zu bitten/ gleich als wäre die Liebe todt im Hertzen GOttes/ und wolte dem Anruffenden nicht helffen; da doch seine Arme ohn Ende und Zeit immer außgebreitet stehen zu helffen/ allen/ die sich zu ihme kehren von gantzem Hertzen.

86. Du falscher Antichrist, du sagest: Der Glaube rechtfertiget nicht alleine die Seele/ sondern deine erdichtete Wercke zu deinem Geitze müssen das beste thun. Worinnen wiltu new gebohren werden? in deinem Mausim, oder durch die Geburth Jesu Christi; welches ist der GOttheit am nehesten? Deine Wercke vergehen/ und folgen dir im Schatten nach: die Seele aber darff keines Schattens/ sondern es muß ein Ernst seyn/ sie muß durch die Thoren der Tieffe/ und durch das Centrum der Grimmigkeit des Todes/ durch den Zorn des ewigen Bandes/ in die sanffte Menschwerdung Jesu Christi eingehen/ und ein Glied am Leibe Christi werden/ und von seiner Fülle nehmen/ und darinnen leben. Christi Todt muß dein Todt seyn/ Christi Essentien müssen in dir quällen/ und du must in seiner Quall leben. Also gantz mustu in Christo new gebohren werden/ wiltu vor seinem Vatter bestehen/ anderst hilfft nichts. Hätte etwas wollen helffen/ wäre das in der Tieffe der gantzen GOttheit gewesen/ so hätte es GOtt auff Adam gewandt: Er hätte nicht sein Hertze lassen Mensch werden/ wider der Natur Lauff. Aber es war kein Raht weder im Himmel/ noch in dieser Welt/ es wurde dann GOtt ein Mensch. Darumb laß dir das ein Ernst seyn/ und suche keine Irrweege zu Babel.

87. GOtt hat vorzeiten ja viel verhangen umb der Heyden Bekehrunge willen. Er hat aber den Antichrist nicht also geordnet/ mit seinem Geitz/ Gesetzen und Schwätzen der Concilien, da man dem Geiste GOttes seinen Mund hat gestopffet/ daß er nicht mehr soll reden/ sondern der Geist dieser Welt solte reden/ und bawen ein Himmelreich auff Erden/ in Gesetzen und Schwätzen. Darumb muste auch das Himmelreich auff Erden mit theurem Eyde verbunden seyn/ weil es nicht in der Freyheit des heiligen Geistes stund/ daß es könte fett/ groß und geil werden/ und auch nimmer zubräche. Aber es ist ein Babel der Verwirrung darauß worden/ und zubricht sich selber in der Verwirrung.

88. So du nun wilt ansehen die Jungfraw Mariam mit ihrem Sohne Jesu Christo/ so wirstu finden/ wie sie durch ihren Sohn sey gerecht und seelig worden: wiewohl sie in grosse Volkommenheit ist kommen/ gleich dem hellen Morgen-sterne vor andern

Sternen/ darumb sie denn auch der Engel die gebenedeyete unter den Weibern hieß/ und sagte: Der HERR ist mit dir.

89. Aber die Göttliche Allmacht hat sie nicht: Denn das Wort/ das GOTT im Garten Eden verhieß/ blühete in ihres Lebensliecht im Centro GOttes. Und als es der Engel Gabriel aus deß Vatters Befehl rügete mit der Botschafft/ so ließ es sich in die züchtige Jungfraw ein ins Element, und nicht also gantz und gar in der Jungfrawen Seele/ oder in den irrdischen Leib/ daß sie wäre vergöttet worden. Nein/ denn Christus spricht selber: Niemand fähret gen Himmel/ als des Menschen Sohn der vom Himmel kommen ist/ und der im Himmel ist. Die andern müssen alle durch Christum in Himmel fahren: Christus ist ihr Himmel/ und der Vatter ist Christi Himmel. Christus war im Himmel/ und auch in der Jungfrawen Schoß in dieser Welt. Die Welt war durch ihn gemacht/ wie wolte sie ihn dan begreiffen?

90. Die Jungfraw begrieff ihn/ als eine Mutter ihr Kind/ sie gab ihm die natürlichen Essentien, welche sie von ihren Eltern hatte ererbet/ die nahm er an sich an die Creatur/ so Mensch und GOTT war. Die Essentien seiner Mutter in ihrer Jungfräwlichen Matrix aus Fleisch und Bluth/ nahm er an den Limbum Gottes ans Element, unverletzet des Elements, und ward in diesem eine lebendige Seele/ und das Wort war in mitten. Der Seelen Macht/ Hoheit und Tieffe reichete biß in Vatter. Und das äussere Reich dieser Welt hieng am innern/ gleich wie die vier Elementa am H. reinen Element, welche sich am Ende werden wieder legen/ und gehen durchs Fewer.

91. Und wie das Kind eine andere Person ist/ als die Mutter/ und des Kindes Seele nicht der Mutter Seele ist: also auch alhie an diesem Orte. Denn die äusserliche Jungfraw konte es nicht begreiffen/ daß sie den Heyland der Welt trüge/ sondern befahl es in ihrer Jungfräwlichen Zucht GOTT/ was der mit ihr thäte/ da wolte sie stille seyn.

92. Aber das soltu wissen du grewliches Anti-Christisches Thier/ das alles wil auffressen von der Jungfrawen Marien Heiligkeit/ daß die Jungfraw Maria höher ist/ und eine grössere Fülle des Glantzes hat/ als ein ander Kind aus einem andern Leibe/ wiewol du böses Thier solches kaum wehrt bist/ daß man dirs saget/ weil du ein Fresser bist/ doch hats der Raht GOttes beschlossen/ es sol stehen zu einem Zeugnüß über dich in deinem Urtheil.

93. Sihe weistu/ wie ein Kind zu Fleisch und Blute wird/
und

Cap.18.   Göttliches Wesens.   269

und endlich eine lebendige Seele? Weistu nicht/ daß der Mutter Tinctur das erste ist/ so ein Kind soll empfangen werden/ welches geschiehet in der Begierde des Willens zwischen Mann und Weib / da dann der Saame gesäet wird/ nimt ihn die Tinctur an in der Matrix,mit Einmischung des Limbi von Manne. Und so gleich die äussere Mutter nicht des Kindes begehret/ sondern wil öffter nur ihrer Wollust pflegen/ so begehret es doch die innere/ welche sich auch zum ersten in der Tinctur schwängert/ als dan zeucht das Fiat an sich / und hält den Limbum des Mannes / und wird schwanger.

94. Nun aber inqualiret dieselbe Tinctur mit dem gantzen Leibe / und auch mit der Seelen / denn so sie trewe ist / so erreicht sie die Jungfraw GOttes im Element, und ist recht der H. Seelen Wonne / in welcher ihr GOTT beystehet.

95. Nun inqualiret das Kind mit der Mutter mit allen Essentien, biß sich des Lebens Liecht anzündet/ alsdan lebet das Kind in seinem Geiste/ und ist die Mutter sein Wohnhaus. So aber nun des Kindes Seele aus dem Limbo, und aus der Mutter Essentien erbohren wird / so ist sie ja halb der Mutter / ob sie gleich nun ist ein Eigenthumb worden.

66. Also auch in Christo, der Wille war ja der Mutter / als ihr das der Engel verkündigte / und die Tinctur, die den Limbum GOttes empfieng und in Willen brachte / daß sie schwanger ward im Element, war auch der Mutter / und war die Gottheit empfangen in der Mutter Tinctur in ihrem Willen / als ein ander natürlich Kind.

97. So dann nun die Seele ihres Kindes in der H. Dreyfaltigkeit ist / was meynestu alhie / welche aus der Mutter Essentien ist außgegangen / ob nicht die Heiligkeit des Kindes / sonderlich sein hohes Liecht in der Mutter möge schön leuchten / ob diese Mutter nicht billich auff dem Monden stehet / und das irrdische verachtet / wie in der Offenbahrung zu sehen ist.

98. Denn sie hat gebohren den Heyland aller Welt ohne irrdische Vermischung/ und ist eine Jungfraw der Zucht / hochgebenedeyet von ihrem Sohne Jesu Christo, im Göttlichen Lichte und Klarheit über die Himmel / gleich den Fürstlichen Thronen der Engel. Denn aus ihr ist außgegangen der Leib / welcher alle Glieder an sich zeucht / welche sind die Kinder GOttes in Christo. Darumb ist ihr Glantz über des Himmels Glantz / und der Glantz ihrer Seelen ist in der heiligen Dreyfaltigkeit / da alle andere Adams Kinder / so in Christo gebohren sind/

auch Glieder darinnen sind in dem einigen Christo Iesu.

99. Oder vermeinestu/ ich mache einen GOTT aus ihr? Nein/ die Anruffung gebühret ihr nicht. Denn die Stärcke zu helffen komt allein aus dem Vatter durch den Sohn/ denn im Vatter ist alleine der Quell der Allmacht/ welche er im Sohne außspricht. Denn die Macht der Stärcke ist im ersten Principio, welches der Vatter selber ist/ und der Sohn ist seine Liebe und Liecht.

100. So wohnet nun die Jungfraw Maria im Himmel im Liechte/ und in der Liebe des Vatters/ und nicht in der strengen und scharffen Macht GOttes des Vatters/ so wohl auch alle andere Heiligen.

101. Daß aber gedichtet wird/ sie sey mit Leib und Seele in Himmel lebendig genommen worden/ daß sie sich also könne mit unserer Noth schleppen/ und dieselbe also für ihren Sohn trage/ möchte ich gerne wissen was dieser Autor, der es gedichtet hat/ vor einen Verstandt am Himmel-reich hat/ er hat gewiß schon das Reich dieser Welt zum Himmel gehabt.

102. Ich lasse gut seyn/ und ist wahr/ daß sie ja mag mit Leib und Seel im Himmel seyn/ aber mit einem solchem Leibe/ wie Moses und Elias auffm Berge Tabor, in der Erscheinung vor Christo hatten/als der neuen Leib aus dem Element, das verwäßliche gehöret in die Erde. Hätten wir können in diesem Leibe in GOtt bestehen/ GOtt wäre nicht Mensch worden/ und wäre für uns gestorben/ sind doch Christi Aposteln alle gestorben/ und leben doch. Also mags auch seyn/ daß der Jungfrawen Leib sey verwandelt worden in das himlische/ und habe das irrdische abgeleget/ was hilfft uns das? sie ist keine Göttin.

103. Und die Anruffung der Heiligen ist gantz wider die Natur des ersten Principii. Sie ist wohl bey GOTT/ wir dürffen darumb nicht disputiren/wir mögen nur sehen/ daß wir in ihrem Sohn Jesu Christo auch zu ihr kommen/ so werden wir ewige Frewde mit ihr haben/ daß sie ist aus GOttes Gnaden die gebenedeyete unter den Weibern worden/ und daß wir den grünen Lilien-zweig an ihr sehen/ daß sie ist die Mutters unsers Heyls/ aus welcher das Heyl durch GOTT gebohren ward.

Vom Fegefewr.

104. DAs gedichtete und wolgeschmidete Fegefeuer hat ja etwas Grund in der Natur/ aber auff solche Weege/ wie es gelehret wird/ ists eine Lügen/ und steckt des grimmigen Thiers unersättliche Bauch-fülle darinnen/ denn es hat ihme

sein

sein Himmel-reich darauff gesetzet/ und den Schlüssel Petri, den es auch nie gehabt/ zum Fege-fewr zu sich genommen.

105. Zwar ich lasse es zu das es den Schlüssel zum Fegfewr habe auffzuschliessen/ aber der andere Schlüssel/ den es hat/ schleust nicht den Himmel auff/ sondern nur die reiche Geltkästen/ da man den jungen Frawen ihren Sold außgiebt/ und sie mit guten Paßporten ins Fege-fewr schicket/ so meynet die Metze/ sie fahre in Himmel zu S. Petro, und betreuget der falsche Gott die falsche Göttin.

106. Ach du blinde Welt/ mit deinen erdichteten Seel-Messen/ wie dein Seegen ist/ so bistu auch: Du thusts umbs Geldes willen/ gäbe man dir das nicht/ du hieltest kein Begängnuß. So du wilt für deines Nächsten Seele bitten/ so thue es weil sie zwischen Himmel und Hölle ist/ im Leibe dieser Welt/ da kanstu wohl was außrichten/ und ist GOTT gar lieb/ das du begehrest einen einigen Leib in Christo, und deines Gliedes Noht hilffst in GOTT bringen. Es ist GOttes Befehl und Willen/ daß einer sol des andern Last tragen/ und in einer brüderlichen Liebe und in einem Leibe seelig werden.

107. Du blinder Diener am Reiche des Antichrists, wenn du also Messe hältest vor die Seele/ wie wan du zu Zeiten eine bekomst zu rantzioniren/ die im Himmel ist/ oder gar im Abgrund beym Teuffel/ meynestu nicht der Teuffel spotte dein/ was wirstu dan der/die im Himmel ist/helffen? Du schreyest; Sie sey in der Quaal/ und bist vor GOTT ein Lügner/ wie wird dich dan die heilige Seele segnen und dir dancken? wie ists denn/ so du selber in Abgrund bey allen Teuffeln bist? Und stehest auch/ und wilst andere aus dem Fege-fewr rantzioniren/ und thust solches nur umbs Geldes willen/ das du hernach mit Huren verschlingest?

108. O pfuy dich an/ du grosse Hure/ wie hastu dir ein Himmelreich zu deiner Wollust auff Erden gemachet/ und betriegest die armen Seelen der Menschen! Du must dich bekehren/ oder ins ewige Fege-fewr gehen.

109. So denn gleichwol etwas am Fege-fewr ist/ und nicht also todt/ wie der Wolff des Thieres dichtet/ damit er nur das Thier/ sampt dem Weibe/ so darauff sitzet/ möge verschlingen. Und er ist auch ein Wolff/ und hänget ein Fuchs hinten an ihme/ und im Fuchse wächst wieder ein Anti-Christ, nichts besser/ als der erste. Er gehet nur schmeichlen mit der Fuchs-haut/ und steckt der Wolff darinnen/ biß er das Reich krieget/ würde er

alt/ wie solte er den armen Leuten die Hüner fressen: Aber ehe er reiff wird zu fressen im Grimme/ so vertreibet ihn die Lilie im Wunder/ die da wächset gegen Mitternacht/ mitten im Grimmen Sturme.

110. Weil die Welt so viel vom Fege-fewr dichtet/ so wollen wir den Grund im Liechte der Natur auch darzu setzen/ und sehen wie sichs vertrage/ ob wirs möchten gründen. Denn wir müssen das Leben und den Todt ansehen/ und dann die Porten/ wo die Seele durch den Todt ins Leben gehet/ und alle Principia, was gilts der Zweck steckt darinnen.

Das 19. Capittel.
Vom Eingang der heiligen Seelen zu GOTT/ und vom Eingang der gottlosen Seelen ins Verderben.
Die Porten des Leibes Zerbrechung von der Seelen.

1. SO wir uns denn also im Liechte der Natur entsinnen von dem Bilde GOttes/ dem Menschen/ von seinem Anfang/ und denn von seinem ewig währenden Wesen/ und dan von seines Leibes Zerbrechung/ wie sich Leib und Seele scheide/ und wo die Seele hinfahre/ wañ der Geist seines Odems in ihme zerbricht/ und auffhöret das Quallen in der Tinctur dieser Welt: So finden wir den Grund von der Seelen Unruhe/ so sie vom Leibe geschieden ist/ so sie unwiedergebohren vom Leibe abscheidet/ davon Klagen und Begehren entstehet/ darauß dan die Babel der Verwirrung ist entstanden/ daß man also gar viel Dinge hat gedichtet/ die Seelen zu rantzioniren.

2. Welches eins Theils keinen Grund im Liechte der Natur hat/ und nicht kan gefunden werden/ und ist vielmehr zum Geitz und zur Bauch-fülle deß Trugs gedichtet/ damit das Anti-Christische Reich auff diesem Grunde stehe/ und ist eine rechte Babel der Verwirrung darauß worden. Darauß dann auch ist der Grimm auffgangen/ welcher die Babel in sich selber zerbricht/ und ist aus der Babel gebohren/ und ist der grimme Zorn GOttes/ welcher erscheinet in der Zerbrechung der Babel, darumb daß sie ist im Trug erbohren.

3. Daß aber der Grimm nun alles auff frisset/ und die Mysterien gantz verdunckelt/ und aus dem Quaal der ewigen Gebuhrt

Cap. 19.   Göttliches Wesen.   273

eine Finsternüsse machet/ alleine seinen Grimm zu erhöhen/ und nicht siehet in die Gebuhrt der Ewigkeit/ sondern macht aus dem Dinge das da ist/ alles ein Nichts/ das ist viel ein grösser Babel. Denn es frisset sich nicht alleine auff/ sondern es machet sich auch im Liechte der Natur stock-blind/ und machet aus dem Menschen-bilde eitel böse Wölfische Thiere/ welche vermeynen/ sie sind von der Babel außgegangen/ und sind doch in der Babel gebohren/ und sind im Leibe des bösen und fressenden Thieres/ und fressen also ihrer Mutter Haus/ und stellen das dar als eine unreine Schand-grube/ und wollen doch auch nicht davon auffgehen. Und ist alles zusammen ein Reich/ das sich in seiner eignen Wollust und Hoffart immer gebieret/ und auch seine eigene Schande immer darstellet/ und sich im Grimme seiner Sünden selber frist/ und heisset wol recht Babel.

4. So wir aber von Babel außgehen in die newe-Wiedergebuhrt/ und betrachten unsere Verderbung/ darinnen die arme Seele gefangen ligt/ und denn unsere Wieder-gebuhrt in Christo Jesu, wie wir aus GOTT sind wieder erbohren worden/ und denn wie der Mensch müsse in diese newe Wiedergebuhrt eingehen/ und in der Gebuhrt Christi wiedergebohren werden/ so werden wir wol finden/ was der Seelen Unruhe nach des Leibes Zerbrechung sey.

5. Denn die Seele ist aus dem ersten Principio aus dem Band der Ewigkeit in des Leibes Element, dem Bilde GOttes aus der starcken Macht GOttes eingeblasen/ und vom Liechte GOttes erleuchtet worden/ daß sie Englische Quaal hat empfangen.

6. Als sie aber außgieng aus dem Liechte GOttes in Geist dieser Welt/ so quälete in ihr die Quaal des ersten Principii, und sahe noch fühlete nicht mehr das Reich GOttes/ biß sich das Hertze GOttes wieder ins Mittel stellete/ darein solte die Seele wieder gehen/ und new gebohren werden.

7. Und daß sie solches könte thun/ so ward das Hertze GOttes selber eine menschliche Seele/ und würgete ab mit seinem Eingang in Todt den Geist dieser Welt/ und brachte wieder in seine menschliche Seele die Fülle der Gottheit/ daß wir allesampt können also in seiner/ als in unserer eigenen menschlichen Seelen durch ihn ins heilige Element für GOTT eindringen. Und fehlet nun an nichts mehr/ als an unserer faulen schläffrigen Gestalt/ daß wir uns lassen den Geist dieser Welt also gantz und gar mit eitel hoffärtigen/ eigen-ehrigen/ geitzigen Bauch-süß erfüllen/ und sehen nicht hindurch/ daß wir Wanders-

leute

ente seind/ und so bald uns der Geist dieser Welt in Mutterleibe hat gefangen/ so sind wir Wanders-leute/ und müssen mit unserer Seelen in ein ander Land wanderen/ da der irrdische Leib nicht daheim ist.

8. Denn gleich wie diese Welt zerbricht und vergehet/ also muß auch alles Fleisch/ welches aus dem Geiste dieser Welt ist erbohren/ zerbrechen und vergehen: So denn nun die arme Seele wanderen muß aus dem Leibe darinnen sie doch ist erbohren/ und hat nicht das newe Kleidt der Wiedergebuhrt des H. Geistes in sich/ und ist nicht bekleidet mit dem Kleide des reinen Elements, mit der Decke Christi/ mit seiner Menschwerdung/ Leyden/ Todt/ und Aufferstehung in ihme/ so gehet grosse Unruhe und Reuel an. Alleine bey denen/ welche in ihres Leibes Zerbrechung noch in der Porten sind/ und also zwischen Himmel und Hölle schweben/ da gilts ringen und kämpffens/ wie bey manchem wohl zu sehen ist/ wenn er sterben soll.

9. Da denn die arme Seele im ersten Principio in den Thoren der Tieffe schwebet/ mit dem Sternen-Region also hart bekleidet/ daß von dem weltlichen Wesen eine eitele Unruhe ist: Da sich dan die arme Seele ängstet/ und also in Krafft der Sternen Region, in Gestalt ihres hie gehabten Leibes erscheinet/ und offt diß oder jenes begehret/ welches ihr letzter Wille ist gewesen/ in Hoffnung Abstinentz und Ruhe damit zu erlangen/ auch offte in gantz unruhiger weise bey Nachte nach dem Syderischen Geiste sich erzeiget/ mit poltern und des Leibes umbgehen/ welches unsere Gelehrten von der Schulen dieser Welt/ dem Teuffel zuschreiben/ haben aber darinnen keine Erkäntnüß.

10. Weil dann dieses der schwereste Articul ist/ und auf eine solche weise nicht mag ergrieffen werden/ so wollen wir des Menschen Sterben und der Seelen Abscheid vom Leibe beschreiben/ obs möchte zur Erkäntnüß gebracht werden/ daß der Leser möchte den Sinn ergreiffen.

11. Das Menschen-Bilde vom Weibe gebohren/ ist alhier in diesem Leben in einer dreyfachen Gestalt/ und stehet in dreyen Principien: Als die Seele hat ihren Urkund aus dem ersten Principio, aus der starcken und strengen Macht der Ewigkeit/ und schwebet zwischen zweyen Principien mit dem dritten umbgeben. Sie reichet mit ihrer urkundlichen Wurtzel in die Tieffe der Ewigkeit/ in den Quaal/ wo GOTT der Vatter von Ewigkeit durch die Thoren der Durchbrechung und Zersprengung in sich selber ins Liecht der Wonne eingehet/ und ist am Bande/

da sich GOtt einen eyferigen/ zornigen/ strengen GOtt nennet/ ein Funcke aus der Allmacht erblicket in den grossen Wundern der Weißheit GOttes/ durch die theure Jungfraw der Zucht/ und geschaffen durchs starcke Fiat GOttes aus dem ewigen Willen: Und stehet mit dem wiedergefaßten Worte GOttes in Christo Jesu in dem Thor des Paradeises mit der Gestalt der newen Wiedergeburth/ und mit der Gestalt des ersten Principii, im Thor des Grimmes der Ewigkeit/ mit der Sonnen-und Sternen-Region inqualirende/ und mit den vier Elementen umbgeben; und ist das heilige Element als die Wurtzel der vier Elementen, der Seelen-Leib im andern Principio in den Thoren gegen GOtt: und das Sternen-region ist der Seelen Leib nach dem Geiste dieser Welt:Und der Außgang der vier Elementen sind das Quaal-haus/ oder der Geist dieser Welt/ welches das Sternen-region zum Quallen anzündet.

12. Und lebet die Seele in einer solchen dreyfachen Qual/ und ist mit dreyen Zügeln angebunden/ und wird von allen dreyen angezogen. Denn der erste Zügel ist das Band der Ewigkeit/ gebohren im Auffgange der Aengstligkeit/ und erreicht der Höllen Abgrund. Der ander Zügel ist das Himmelreich/ erbohren durch die Thoren der Tieffe im Vatter/ und aus der Sünden-Gebuhrt wieder erbohren durch die Menschheit Christi/ da ist die Seele in der Menschwerdung JESu Christi des Sohnes GOttes auch angeknüpffet/und wird von der theuren Jungfrawen im Worte Gottes gezogen. Der dritte Zügel ist das Sternen-Reich mit der Seelen inqualirende/ und wird mit den vier Elementen hart gezogen und gehalten/ auch geführet und geleitet.

13. Nun ist aber das dritte Reich nicht mit in der Ewigkeit/ sondern es ist erbohren aus dem Element in Zeit der Anzündung des Fiats, das ist nun zerbrechlich/ und hat ein gewiß Seculum, Ziel und Zeit. Also auch hat dasselbe Region in der Seelen/ wenn sich des Lebens-Liecht anzündet/ ein gewiß Seculum und Zeit zu seiner Zerbrechung. Und dasselbe Reich zeucht auff den Menschen/ und gibet ihm die Quaal seiner Sitten/ Willens und Begehrens zum Bösen und Guten/ und setzet ihn ein in Schönheit/ Herrligkeit/ Reichthumb und Ehren/ und machet aus ihme einen irrdischen GOtt/ und eröffnet ihme die grossen Wunder in ihme/ und läuffet mit ihme ohne bedacht biß an sein Seculum und Ende/ da scheidet sichs von ihme: Und wie es hat dem Menschen zu seinem Leben geholffen/ also hilfft es ihme auch im Todt/ und bricht sich von der Seelen ab.

14. Erstlich brechen die vier Elementa vom Element, so höret das Quallen im dritten Principio auff/ und ist das schrecklichste/ daß die vier Elementa in sich selber zerbrechen/ und ist das der Tod/ daß der Schwefel-Geist/ welcher sich von der Galle urkundet/ und des Hertzens Tinctur anzündet/ ersticket; da dan die Tinctur mit dem Schatten des Menschen Wesens ins æther gehet/ und mit dem Schatten stehen bleibet in der Wurtzel des Elements, von welchem die vier Elementa waren erbohren und außgiengen. Und stehet darinnen alleine das Wehethun in der Zerbrechung/ davon der Seelen ein Quaal-Hauß abgebrochen wird.

15. So aber nun die Essentien der Seelen des ersten Principii dem Region dieser Welt sind also gar hart geneignet gewesen/ das der Seelen Essentien nur haben den Wollust dieser Welt gesucht mit zeitlicher Ehre/ Macht und Pracht/ so hält die Seele/ oder die Essentien aus dem ersten Principio das Sternen Region noch an sich/ als sein liebstes Kleinod/ in willens darinnen zu leben; dieweil es aber nicht mehr die Mutter/ als die vier Elementa hat/ so verzehret sichs mit der Zeit selber in den Essentien aus dem ersten Principio, und bleiben die Essentien des ersten Principii rohe.

16. Und allhier stehet nun das Fegefewer/ du blinde Welt/ kanstu nun was/ so hilff deiner Seelen durch die strenge Porten/ wird sie nun nicht alhier den Schlangen-treter am Zügel haben/ so wird sie wohl im ersten Principio bleiben. Allhier ist nun das grosse Leben/ und auch der grosse Todt/ da die Seele in das eine muß eingehen/ und ist hernach ihr ewig Vatterland/ denn das dritte Principium fället hinweg/ und verlässet die Seele/ sie kan des in Ewigkeit nicht mehr gebrauchen.

Vom außfahren der Seelen.

17. SO dan der Mensch also sehr irrdisch ist/ so hat er auch fast nur irrdisch Erkäntnüß/ er sey dan in den Thoren der Tieffe wieder erbohren/ er vermeynet immer die Seele fahre im absterben des Leibes bloß zum Munde aus/ und verstehet nichts von ihren tieffen Essentien über die Elementa. So er siehet einen blawen Straal von des Menschen Munde in seinem Sterben außgehen/ davon ein starcker Ruch im gantzen Gemach wird/ so vermeynet er/ es sey die Seele.

18. O nein liebe Vernunfft; sie ists nicht/ sie wird nicht hinden

den äussern Elementen ersehen oder ergriffen / sondern es ist der Schwefel-Geist / der Geist des dritten Principii. Gleich als wann du eine Kerßen außleschest / davon ein Rauch und Stanck außgehet / der vorhin nicht war / als die Kerße brandte; also ist hier auch / wañ des Leibes Liecht zerbricht / so ersticket der Schwefel-Geist / davon gehet sein Dunst und tödlicher Stanck aus / mit seiner quallenden Gifft.

19. Verstehe es recht / es ist der Quaal-Geist aus der Galle / welcher das Herß anzündet / davon das Leben rüge ist / der erstickt / wann die Tinctur im Herßen-Geblühte erlischet. Die rechte Seele darff keiner solchen Außfahrt / sie ist vielmahl subtiler als der Schwefel-geist / wiewohl es in Zeit des Leibes in einem Wesen ist.

20. Aber wenn sich der Geist der vier Elementen scheidet / so bleibet die rechte Seele / so dem Adam ward eingeblasen / in seinem Principio stehen. Denn sie ist also subtile daß sie nichts kan fassen / sie gehet durch Fleisch und Beine / auch Holß und Steine / und zubricht der keines.

21. Also kan sie gefasset werden / so sie sich in Zeit des Leibes hat in etwas verlobet / und das nicht widerruffen / so fasset sie dasselbe Wort und ernste Zusage / davon alhier billig geschwiegen wird / sonst fasset sie nichts / als ihr eigen Principium darinnen sie stehet / es sey der Höllen-oder Himmel-reich.

22. Sie fähret nicht zum Munde aus / gleich einem Cörperlichen Wesen / sie ist roh ohne Leib / und tritt alsbalde mit der vier Elementen Abscheiden ins Centrum, in die Thoren der Tieffe / und womit sie bekleidet ist / das fasset sie / und hälts. Ist es der Schaß / Wollust / Macht / Ehr / Reichthumb / Boßheit / Zorn / Lügen / Falscheit dieser Welt / so fasset die strenge Macht der Essentien aus dem ersten Principio diese Dinge durch den Syderischen Geist / und hälts / und quället nach der Sternen-Region damit / aber in seine eigene Gestalt kans der Seelen-geist nicht bringen / sondern verbringet sein Gauckel-spiel darmit. Dieweil in seinem Wurm keine Ruhe ist / so hänget sein Seelenwurm an seinem Schaße / wie Christus saget: Wo ewer Schaß ist / da ist auch ewer Herße.

23. Darumb begiebt sichs offt / daß man deß verstorbenen Menschen-Geist siehet umbgehen / auch reuthen / offt in ganßer Fewers Gestalt / auch in anderer Unruhe / alles nach dem die Seele ist bekleidet worden in Zeit ihres Leibes / also ist auch hernach ihre Quaal / und eine solche Gestalt

nach ihrer Quaal hat sie in ihrer figur, nach abscheiden des Leibes an sich / und reuthet also in solcher Gestalt in der Sternen-Quaal / biß sich dieselbe Quaal auch verzehret. Denn ist sie gantz rohe / und wird nicht mehr von keinem Menschen gesehen / sondern der tieffe Abgrund ohn Ende und Zahl / ist ihr ewig Wohn-Hauß / und ihre Wercke / so sie allhier gemacht hat / stehen in der Figur in ihrer Tinctur, und folgen ihr nach.

24. Hat sie es nun alhier gut gebacken / so isset sie es gut / denn alle Sünden stehen vor ihr in ihrer Tinctur. So sie sich erinnert des Himmelreiches / welches sie doch nicht erkennet und siehet / so stehet sie ihre Uhrsachen / warumb sie in solcher Quaal ist / denn sie hat ihr die selber gemachet. Da sind aller Beleidigten Thränen in ihrer Tinctur, und sind fewrig / stechende / und feindlich brennende / in sich selbst nagende / und machen in den Essentien eine ewige Verzweiflung / und einen feindlichen Willen gegen GOtt; je mehr sie nach abstinentz gedenckt / je mehr gehet der Nagewurm in sich selber auff.

25. Denn da ist kein Liecht / weder von dieser Welt / noch von GOtt / sondern ihre selbst Fewers Anzündung in sich selber ist ihr Liecht / welches stehet im schröcklichen Blitze des Grimmes / welches in sich selber auch eine Anfeindung ist: Jedoch ist die Quaal gar ungleich / alles nachdem sich die Seele alhier hat beladen. Einer solchen Seelen ist kein Raht / sie kan nicht in Gottes Liecht kommen; und wan gleich S. Petrus viel tausent Schlüssel hätte auff Erden gelassen / so schleust keiner den Himmel auff / denn sie ist vom Bande Iesu Christi abgetrennet / und ist eine gantze Geburt zwischen ihr und der Gottheit / und heist wie beym reichen Manne: Die von dannen hinauff wollen / können nicht / ꝛc. Dieses mag nun von der un-bußfertigen Seelen verstanden seyn / welche also in Gleißnerey unwidergebohren vom Leibe scheidet.

26. Es ist aber gar ein grosser Unterscheid zwischen den Seelen / darumb ist auch die hinnenfahrt gar ungleich. Etliche werden durch wahre Buße und Rew ihrer Ubelthat / durch ihren Glauben / ins Hertze Gottes gesetzet / in Zeit ihres Leibes wider new gebohren durch die Gebuhrt Jesu Christi / und die verlassen alsbalde mit des Leibes Zerbrechung alles irrdische / und legen auch alsbald ab das Sternen Region, und fassen in ihre Essentien des ersten Principii die Barmhertzigkeit GOttes des Vatters / in der freundlichen Liebe Jesu Christi / und die stehen auch in Zeit ihres Leibes nach der Seelen Essentien, so sie vom

Leiden und Tode Christi bekommen/in den Thoren des Himmels; und ist ihr Abschied vom Leibe gar ein freundlicher Eingang ins Element vor GOTT/ in eine stille Ruhe/ wartend ihres Leibes ohne Verlangen : Da dann wird wieder grünen das Paradeis/ welches die Seele gar wohl schmecket/ aber keine Quaal verbringet/ biß der erste Adam vorm Falle wieder an ihr stehet.

27. Diesen heiligen Seelen folgen auch ihre Wercke nach/ in ihrer Tinctur des Seelen-Geistes/ im heiligen Element, daß sie sehen und erkennen/ wie viel sie guts haben alhier gewürcket/ und ist ihre höchste Lust und Begierde in ihrer Liebe noch immermehr guts zu würcken/ wiewol sie ohne den Paradeisischen Leib/ welchen sie erst werden in der Wiederkunfft bekommen/ nichts würcken/ sondern ihre Quaal ist eitel Lust und sanfftes Wolthun.

28. Jedoch soltu wissen/ daß der Heiligen Seelen nicht also bloß ohne Vermügenheit sind/ denn ihre Essentien sind aus der starcken Macht GOttes/ aus dem ersten Principio, ob sie dieselben nun wol nicht brauchen/ wegen ihrer grossen Demuht gegen GOTT/ da sie noch immer in stiller Ruhe/ mit grosser Demuht warten ihres Leibes/ so ist ihre Liebe und Lust doch also groß/ daß sie haben zu manchen Zeiten Wunder auff Erden gewürcket bey den Gläubigen/ welche ihre Liebe und Begierde haben also harte in sie gesetzt/ da hat eine H. Tinctur die ander gefangen/ daß also durch der Lebendigen Glauben sind Wunder geschehen/ denn dem Glauben ist kein Ding unmüglich.

29. Und ist der heiligen Seelen/ so vom Leibe geschieden/ nicht schwer zu erscheinen einem starcken Glauben des Lebendigen/ denn der feste Glaube des Lebendigen/ so er aus GOTT ist erbohren/ erreichet auch das Himmel-reich ins heilige Element, wo die abgeschiedene Seelen ihre Ruhe haben.

30. So nun die verstorbene oder abgeschiedene Seele ist alhier in dieser Welt ein Leuchter und verkündiger GOttes gewesen/ und hat ihr viel zur Gerechtigkeit bekehret/ so erscheinet sie auch gegen den lebendigen Heiligen/ so sich ihr Glaube also hart zu ihnen an-eignet. Und ist nichts schweres/ ob vor Zeiten in der Heiligen Zeit sind grosse Wunder geschehen/ denn der Lebendigen Glaube/ und der Abgeschiedenen Liebe gegen den lebendigen Heiligen haben solches in der starcken Macht GOttes gewürcket/und GOtt hats lassen geschehen/zu bekehren die Völcker/ daß sie doch möchten sehen der verstorbenen grosse Macht in GOTT/ wie sie in einem andern Reiche sind/ und lebendig/ damit

mit sie der Todten Aufferstehung möchten gewissert sey/ an den grossen Wunderthaten der abgeschiedenen Seelen/ welche gemeiniglich alle umb des Zeugnüß Jesu waren entleibet worden: Damit die Heyden und alle Völcker doch sähen/ was vor eine Belohnung der Heilige hätte/ so er sein Leben umb des Zeugnüß Christi willen auffsetzete/ durch welche Exempel denn auch sind viel Völcker bekehret worden.

31. Daß aber nun ist ein Babel der Verwirrung daraus worden/ in deme es dahin kommen/ daß man die verschiedenen Heiligen vor Fürbitter gegen GOTT anruffet/ und ihnen Göttliche Ehre anthut/ das ist nicht der abgeschiedenen Heiligen Seelen schuld/ daß sie solches begehreten/ oder des Menschen Noht vor GOTT trügen/ sondern des erdichteten Aberglaubens des falschen Anti-Christs, der seinen Stuhl der Hoffart hat darauff gesetzet/ nicht als ein lebendiger Heilige/ welcher sich mit den Heiligen zu GOTT an-eignet/ sondern als ein irrdischer GOTT. Er nimt ihm damit Göttliche Allmacht/ und hat doch keine/ sondern er ist der geitzige/ hoffärtige Wider-Christ/ reuthend auff dem starcken Thier dieser Welt.

32. Die abgeschiedene Seelen tragen unser Noht nicht vor GOtt/ den GOtt selber ist uns näher als die abgeschirdene Seelen. Auch so sie das thun solten/ so müsten sie einen Leib haben/ und Paradeisische Quaal im Auffsteigen und Würcken/ so sie doch in stiller/ demütiger/ sanffter Ruhe sind/ und lassen unsere rauhe Noht nicht in sich/ sondern eine heilige Tinctur fängt wol die andere zur Liebe und Lust/ aber sie machen aus ihrem Groß-Fürsten Christo nicht einen verstockten Hörer/ der nicht selber höre/ sehe und fühle/ welcher seine Armen außgebreitet/ und selber ohne Auffhören mit seinem heiligen Geiste ruffet/ und alle Menschen-Kinder zur Hochzeit ladet/ er wil sie gerne annehmen sie sollen nur kommen.

33. Wie wird dann nun eine Seele für Christum tretten/ und für einen lebendigen anruffenden bitten? da doch Christus selbst stehet und ladet die Menschen/ und ist selber die Versöhnung des Zorns im Vatter. Denn der Vatter hat die Menschen dem Sohne gegeben/ wie er selber zeuget: Vatter die Menschen waren deine/ und du hast sie mir gegeben/ und ich wil daß sie bey mir sind und meine Herrligkeit sehen/ die du mir gegeben hast.

34. O du verirrete Babel/ gehe aus vom Anti-Christ! und tritt mit einem bußfertigen Hertzen und Gemühte vor deinen

barmhertzigen Bruder und Heyland aller Menschen/ er wird dich viel lieber erhören/ als du zu ihme kommest/ tritt nur auß dieser bösen Babel in eine newe Gebuhrt/ und laß dir das Reich dieser Welt nicht zu lieb seyn/ bistu doch nur ein Gast darinnen. Was hilfft dir deine zerbrechliche Ehre von Menschen/ die kaum einen Augenblick wahret/ wirstu doch in der newen Gebuhrt viel grössere Frewde und Ehre bekommen/ da sich die heiligen Seelen im Himmel mit den Engeln mit dir erfrewen werden. Dencke was du vor Frewde im Hertzen Jesu Christi damit erweckest/ da dir denn alsbalde das thewre Pfand des heiligen Geistes gegeben wird/ und kriegest den Schlüssel zum Himmelreich/ daß du kanst selber auffschliessen. Oder meynestu es sey nicht wahr/ versuche es nur mit ernstem Gemühte/ du wirst Wunder erfahren/ du wirst selber erkennen/ und gewiß ohne einigen Zweiffel in deinem Gemühte sehen/ aus welcher Schule dieses geschrieben ist.

35. Nun dencket das Gemüthe: So denn der Seelen alle ihre Wercke/ so sie alhier gewürcket/ in der Figur nachfolgen/ wie wird es dan seyn/ so eine Seele hat grosse Laster und Sünden alhier eine Zeitlang gewürcket/ so wird sie deß grosse Schande haben/ dieweil es in der figur stehet vorm Augenscheine?

36. Das ist ein grosser Knittel des Teuffels/ welcher die Seele pfleget darmit in Zweifel zu treiben/ daß sie immer ihre grobe Sünden für Augen stellet/ und an GOttes Gnaden zweifelt.

37. Nun siehe du liebe Seele/ vom Heilande Christo thewer erlöset/ mit seinem Eingang in die Menschheit/ und mit seinem Eingange in die Höllen Abgrund/ vom Reiche des Teuffels ins Vatters Macht abgerissen/ und mit seinem Blute und Tode versiegelt/ und mit seinem Triumph-fähnlein bedecket. Alle die Wercke die du hast gewürcket/ böse oder gute/ folgen dir im Schatten nach/ aber nicht im Wesen und in der Quelle. Sie werden aber die heiligen Seelen im Himmel nichts verkleinern/ welche haben umbgewand in die Wieder-Gebuhrt in Christo/ sondern sie werden ihre höchste Frewde daran sehen/ daß sie in solcher grossen Sünden noht sind gestecket/ und sie ihr Heiland Christus hat rauß gezogen/ und wird darauß ein eitel sich-frewen seyn/ daß sie von dem Treiber der Sünden aus der grossen Noht sind erlöset/ daß der Treiber gefangen ist/ der sie Tag und Nacht also in solchen Sünden hatte gequählet. (Solchen Lob und Frewden-gesang der Seeligen beschreibet der heilige Geist im 103. Psalm.)

38. Da

38. Da werden sich alle heilige Seelen und Engel in einer Liebe hoch erfrewen/ daß die arme Seele aus solchen grossen Nöhten ist erlöset worden/ und wird angehen die grosse Frewde/ davon Christus saget: Uber dem Sünder der Buße thut/ wird Frewde seyn/ mehr denn über neun und neuntzig Gerechten/ die der Buße nicht bedürffen: und wird die Seele GOTT loben/ daß er sie aus diesen grossen Sünden hat erlöset.

39. Darmitte gehet das Lob Christi/ seines Verdienstes/ Leydens und Sterbens für die armen Seelen auff in Ewigkeit: und ist recht der Erlöseten Braut-gesang/ welcher auffsteiget in dem Vatter/ da sich die Seelen also hoch erfrewen/ daß der Treiber gefangen ist mit seinem Anhange.

40. Und hier wird erfüllet/ was König David singet: Du wirsts sehen und dich frewen wie es den Gottlosen vergolten wird/ wie der gottlose Treiber und Anzünder der Boßheit dafür in seiner Gefängnuß gequälet wird. Denn die abgewaschene Sünden werden nicht im Himmel in Fewers-gestalt erscheinen/ wie in der Höllen Abgrund/ sondern wie Esaias saget: Ob eure Sünden Bluht-rohtwären/ so ihr umbkehret/ sollen sie Schnee-weiß werden als Wolle: Sie werden in Himmlischer Figur stehen/ dem Menschen zu einem Lob-gesange und Danck-Psalm/ für die Erlösung vom Treiber.

41. So dann nun dz Abscheiden der Seelen so mancherley ist/ so ist auch die Quaal nach dem Abscheide mancherley/ daß manche Seele freilich wol eine geraume Zeit ein Feg-Fewer hat. Welche also mit groben Sünden beflecket/ und nie recht in die ernste Wieder-Gebuhrt getretten/ und doch etwas dran gehangen wie es pfleget zuzugehen mit denen/ welche mit zeitlicher Ehre und Macht alhier beladen sind/ da manchmal eigener Gewalt in eigen Nutz für Recht gehet/ da die Boßheit Richter ist/ und nicht die Weißheit: Da ladet man viel auff die arme Seele/ und die arme Seele wolte auch gerne seelig seyn.

42. Da koimt der Mensch/ und bettet vor GOTT umb vergebung der Sünden/ und der Fuchs hänget hinten an seinem Mantel: Er wil gerechtfertiget seyn/ und seine Ungerechtigkeit steckt im Abgrunde/ die lässet ihn nicht in die newe Wieder-Gebuhrt/ sein Geitz hat ihn zu sehr besessen. Seine falsche Babel aus des Anti-Christs Meynung lässet ihn nicht zu rechter ernster Bekehrung/ sie schleust zu die Porten der Liebe/ der Geist dieser Welt in Fleisches Sucht/ bleibet zu allen Zeiten Primas.

43. Und

Cap. 19. **Göttliches Wesens.**

43. Und dan gleichwohl/ wann das Sterb-stündlein komt/ daß die Gewissen auffwachen / und die arme Seele zappelt vor grosser Furcht vor der Höllen-qual / da wolte man dan auch gerne seelig seyn/ und ist wenig Glauben da / sondern eitel Ungerechtigkeit/ Falschheit/ Wolluſt des irrdiſchen Lebens/ der Armen Seufftzen und Trähnen stehen harte vor/ der Teuffel lieset dem Gemühte das Buch seines Gewissens: da stehet auch die wollüstige Welt davor/ und wolten gerne länger leben/ und saget zwar zu/ seinen Weeg in Abstinentz zu führen/ sein Gemühte an-eignet sich ja etwas zu GOTT/ aber seine Sünden schlagen das wieder nieder/ und gehet auff grosser Zweiffel in Unruhe / jedoch ergreifft manche den Heyland an einem Fadem.

44. So dann nun der Todt komt/ und scheidet den Leib und Seele von einander / so hänget die arme Seele am Fadem/ und wil nicht nachlaſſen/ und ihre Eſſentien stecken noch harte in GOttes Zorn/ die Quaal der groben Sünden quälen sie/ der Fadem des Glaubens in der Newen-gebuhrt ist gar schwach. Man sol nun durch die Thoren der Tieffe / durch das Leiden und Todt Christi, durch der Höllen-reich zu GOTT eindringen/ und die Hölle hat noch ein groß Band an der Seelen/ die Falschheit ist noch nicht abgewaschen.

45. Da spricht der Bräutigam: Komm! So spricht die arme Seele: Ich kan noch nicht/ meine Lampe ist noch ungeschmücket: jedoch hält sie den Heyland am Fadem/ und stellet ferner ihre imagination durch dem Fadem des Glaubens und Zuversicht ins Hertze GOttes/ da sie doch endlich aus der putrefaction durch das Leiden Christi rantzioniret wird.

46. Aber was ihre putrefaction sey/ begehret meine Seele mit ihnen nicht zu theilen/ denn es sind ihre grewliche Sünden/ im Zorne Gottes entzündet/ da muß die arme Seele baden/ biß sie durch den kleinen Glauben in die Ruhe komt: da ihre Verklärung den recht-gebohrnen Heiligen in Ewigkeit nicht gleich wird. Ob sie wohl aus der Höllen erlöset werden/ und der Himlischen Freude genieſſen/ so stehet doch die gröſſeſte Freude in der ernſten Wieder-geburt/ darinnen Parabeiß/ Krafft und Wunder auffgehet.

47. Und wird dich deine weltliche Pracht und Herrligkeit/ Schönheit/ und Reichthumb nicht vor GOTT erheben/ wie du meynest: dein hier gehabtes Ampt/ du seyſt König oder Priester/ auch nicht/ du muſt durch den Heyland new-gebohren werden/ wiltu im Himmel schön seyn: du muſt zur Gerechtigkeit

keit führen/ so wirst du mit deinem Ampt vor GOTT leuchten wie des Himmels Glantz/ und werden dir deine Wercke nachfolgen. O Mensch bedencke dich hierinnen!

48. Was sol ich aber von dir schreiben/ du irrdische Babel? ich muß dir gleichwol den Grund zeigen/ daß deine Gleißnerey zum Liecht gebracht werde/ und der Teuffel nicht also in Engels-gestalt stehe/ und also im wolluftigen Reiche dieser Welt im Menschen ein GOTT sey/ wie dan das sein höchstes trachten ist.

49. Siehe du nennest dich einen Christen/ und rühmest dich ein Kind GOttes/ das bekennestu ja mit dem Munde/ aber dein Hertz ist ein Mörder und Dieb; du trachtest nur nach weltlicher Ehre und Reichthumb/ und wie du das magst an dich bringen/ da fraget dein Gewissen nicht nach. Du führest wohl einen Willen einmahl in die ernste Busse einzugehen/ aber der Teuffel hält dich/ daß du nicht kanst/ du sagest: Morgen/ und das währet immerdar/ und denckest: Hätte ich meine Kasten voll/ so wolte ich hernach einen frommen Menschen geben/ so ich nur zuvor gnug hätte/ daß ich auch hernach nicht Mangel hätte: Das treibestu biß an dein Ende/ welches dir der Teuffel noch weit mahlet.

50. In deß verzehrestu dem Elenden seinen Schweiß und Bluht/ und sambt lest alle seine Noht und Klagen in deine Seele/ du nimbst ihme seinen Schweiß/ und treibest darmit Hoffart/ und dein Thun muß man heilig halten: Du ärgerst den Elenden/ daß er an dir/ an deinem Thun auch leichtfertig wird/ und thut/ das vor GOTT unrecht ist. Er fluchet dir/ und verderbet sich auch darmit/ und wird Grewel aus Grewel gebohren/ du aber bist die erste Ursache; und ob du dich noch so zierlich und weißlich stellest/ so ist doch der Treiber immer vor dir/ und du bist die Wurtzel aller Sünden.

51. So du gleich betest/ so hastu dein finster Kleidt an/ das ist besudelt mit eitel Lastern/ mit Wucher/ Geitz/ Hochmuth/ Unzucht/ Hurerey/ Zorn/ Neidt/ Diebstal; ist mörderisch/ neidisch/ boßhafftig. Du schreyest zu GOTT/ er sol dich hören/ und du wilt doch diesen Peltz nicht außziehen: Meynestu/ daß ein solcher Teuffel in GOTT gehe/ daß GOTT einen solchen rauhen Teuffel in sich lasse? dein Gemühte stehet in einer Schlangen figur, oder in eines Wolffes/ Löwens/ Drachens oder Kröten: So du zierlicher auffzeuchst/ so bistu kaum ein listiger Fuchs. Wie deines Hertzens Wille und Quaal ist/ also stehe

auch

auch deine Figur/ eine solche Gestalt hat deine Seele: Meynestu du wilt ein solch Thierlein ins Reich GOttes einführen?

52. Wo ist deine Bildnüß nach GOTT? hastu sie nicht zu einem scheußlichen Wurm und Thiere gemacht? O du gehörest nicht ins Reich GOttes/ du werdest dan new gebohren/ daß deine Seele in der Bildnüß GOttes erscheine; denn so ist GOttes Barmhertzigkeit über dir/ und decket das Leiden Christi alle deine Sünden zu.

53. So du aber in deiner Thieres Gestalt beharrest biß ans Ende/ und denn stehest und gibst GOTT gute Worte/ er sol dein Thier in Himmel nehmen/ da doch kein Glaube in dir ist/ sondern dein Glaube ist nur ein historische Wissenschafft von GOTT/ wie der Teuffel das auch wohl weiß/ so bistu nicht am Bande Iesu Christi angeknüpffet/ und bleibt deine Seele ein Wurm und Thier/ und träget nicht die Göttliche Bildnüß/ und wann sie vom Leibe scheidet/ bleibet sie im ewigen Fegefewer/und erreichet nimmermehr die Thoren der Durchbrechung.

Die ernste Porte vom Fege-fewr.

54. SO spricht das Gemühte: Mag dan nicht eine Seele aus dem Fege-fewr durch menschliche Fürbitt rantzioniret werden? Mit diesem hat der Anti Christ viel Gauckelspiel getrieben/ und sein Reich darauff gesetzet/ aber ich werde dir den Zweck weisen im Liecht der Natur hoch-erkant.

55. Die Menschliche Fürbitte hafftet also weit/ so ferne die Seele am Fadem der Wiedergeburt hanget/ und nicht gantz ein Wurm oder Thier ist/ daß sie mit Begierde zu GOTT eindringet/ und so denn rechte Christen sind/ die da ernstlich in der newen Geburth stehen/ und ihr Seelen-geist am Fadem des Bandes der armen Seelen/ mit der armen Seelen in ihrer inbrünstigen Liebe gegen der armen Seelen zu GOTT eindringet/ so hilfft sie ja der armen gefangenen Seelen ringen/ und die Ketten des Teuffels zersprengen.

56. Vorab wenn dieses geschicht vorm Abscheiden der armen Seelen vom Leibe/ und sonderlich von Eltern oder Kindern/ oder Geschwistern/ oder Bluts-freunden/ denn in denselben inqualiren ihre Tincturen, als die von einem Geblühte sind erbohren/ und gehet ihr Geist viel williger in diesem grossen Kampf/ sieget auch eher und mächtiger als Frembde/ so ferne sie nur in der newen Geburth stehen/ aber ohne dieses wird nichts erhalten/ kein Teuffel zerbricht den andern.

57. Ist

57. Ist aber die Seele der sterbenden vom Bande Iesu Christi gantz los/ und erreichet nicht den Fadem selber durch sich/ mit ihrem eigenen Eindringen/ so hilfft der umbstehenden Gebet nichts/ sondern es gehet ihnen wie Christus zu seinen siebentzig Jüngern sagte/ Matt. 10. 12. welche er außsandte: Wann ihr in ein Haus gehet/ so grüsset sie; ist nun ein Kindt des Friedens in solchem Hause/ so wird euer Frieden=gruß auff ihme ruhen/ wo nicht/ so wird euer Frieden=gruß wider zu euch kommen: Also bleibet ihr hertzlicher Liebewunsch/ und zu GOTT ernstlich eindringen/ wieder bey den Gläubigen/ so sich ihres Freundes Seele also hertzlich annehmen.

58. Waß aber anlanget das Pfaffen=gedichte von der Seel-Messe/ welches sie ohne Andacht/ ohne hertzliche Eindringung zu GOTT umb Geldes willen thun/ das ist alles falsch/ und stehet in Babel, es hilfft die Seele wenig und nichts: Es muß nur ein Ernst seyn mit dem Teuffel streiten/ du must gewapnet seyn/ denn du zeuchest wider einen Fürsten im Streit: siehe zu daß du nicht selber nieder geschlagen werdest in deinem rauhen Röcklein.

59. Ich sage wohl nicht/ daß ein Rechtgläubiger in der Newen=gebuhrt einer Seelen/ so in Thoren der Tieffe schwebet/ zwischen Himmel und Hölle/ nicht könne mit seiner ernsten Ritterschafft zu hülffe kommen; Er muß aber scharff gewapnet seyn/ denn er hat mit Fürsten und Gewaltigen zu thun/ sonsten werden sie seiner spotten; Als dan gewiß geschiehet/ wenn der Pfaffe mit seinem weissen oder gleissenden Kleide/ voll Brunst/ zwischen Himmel und Hölle tritt/ und wil mit dem Teufel fechten.

60. O höre Pfaffe! es gehöret kein Gelt oder Gut darzu/ auch keine selbst erwöhlete Heiligkeit/ es ist gar ein thewrer Ritter/ welcher der armen Seelen beyständig ist/ wird sie in deme nicht siegen/ deine Heucheley hilfft sie nichts: Du nimbst Gelt/ und hältest vor alle Messe/ sie sind gleich im Himmel oder Hölle/ du fragest nichts darnach/ du bist deß auch gar ungewiß/ ohne daß du ein stäter Lügner vor GOTT erscheinest.

61. Daß man aber der Seelen bißhero eine solche scharffe Erkäntnüß nach deß Leibes Abschiede hat zu geschrieben/ daß ist gar unterschiedlich/ alles nach deme sie gewapnet ist/ ist sie alhier in diesem Leibe in die Newe=gebuhrt getretten/ und ist selbst mit ihrem Edlen Ritter durch die Thoren der Tieffe zu GOTT eingedrungen/ daß sie hat erlanget die Krone der hohen Weißheit

von der edlen Weißheit der schönen Jungfrawen/ so hat sie wohl grosse Weißheit und Erkäntnuß/ auch über die Himmel/ denn sie ist in der Jungfrawen Schoß/ durch welche die ewigen Wunder GOttes eröffnet werden/ die hat auch grosse Frewde und Klarheit über die Himmel des Elements, denn der Glantz der H. Dreyfaltigkeit leuchtet aus ihr/ und verkläret sie.

62. Aber daß man einer Seelen/ welche kaum und endlich mit grosser Noht vons Teuffels Band loß wird/ welche sich in dieser Welt umb die Göttliche Weißheit hat unbekümmert gelassen/ sondern nur nach Wollust getrachtet/ soll grosse Erkäntnuß zumessen/ welche in dieser Welt vom H. Geiste niemaln ist gekrönet worden/ das ist nicht. Spricht doch Christus selber: Die Kinder dieser Welt sind in ihrem Geschlechte klüger/ als die Kinder des Liechtes.

63. So die Seele vons Teuffels Bande loß ist/ so lebet sie in Sanfftmuht und grosser Demuht/ in der Stille des Elements, ohne Auffsteigen des Würckens/ sie wird keine Wunder-zeichen thun/ sondern sie demütiget sich vor GOTT. Aber bey den hochtheuren ritterlichen Seelen ists müglich/ Wunder zu thun; denn sie haben grosse Erkäntnuß und Krafft/ wiewohl sie alle in demütiger Liebe vor GOttes Angesichte erscheinen/ und ist keine Mißgunst unter ihnen.

Die rechte Porten deß Eingangs im Himmel oder Hölle.

Die Vernunfft suchet immer das Paradeiß/ darauß sie ist außgangen/ und spricht: Wo ist dann die Stätte der Ruhe der armen Seelen? Wo kompt sie hin wann sie vom Leibe scheidet? fähret sie weit weg/ oder bleibet sie hier?

65. Wiewohl es ist/ daß wir in unser hohen Erkäntnuß mögen schwer verstanden werden: Denn so eine Seele diß schawen wil/ so muß sie in die Newe-gebuhrt eingehen/ sonst stehet sie hinter der Decke/ und fraget immer/ wo ist der Ort?

66. Jedoch wollen wirs setzen umb der Lilien-Rosen willen/ da denn der H. Geist im Wunder wird manche Porten eröffnen/ das man jetzt für unmüglich hält/ und in der Welt Niemand daheime ist/ sondern sie sind zu Babel.

67. So wir dan also von unserm lieben Vatterland/ darauß wir mit Adam sind außgewandert/ wollen reden/ und wollen
sagen

sagen von der Seelen Ruh-häuslein / so dürffen wir unser Gemühte nicht weit schwingen. Denn weit und nahe ist in GOTT alles ein Ding. Es ist überall die Stätte der heiligen Dreyfaltigkeit. Es ist in dieser Welt überall Himmel und Hölle / und der Mensch Christus wohnet überall. Denn er hat abgeleget das Zerbrechliche und verschlungen den Todt / und das Zeitliche / und lebet in GOTT. Sein Leib ist das Wesen des Elements, das auß dem Wort der Barmhertzigkeit von Ewigkeit aus den Thoren der Tieffe erbohren ist; es ist die Wonne / wo die Schärffe GOttes die Finsternüß zersprenget / da die ewige Krafft im Wunder erscheinet / und ist die Tinctur der Gottheit / welche vor GOTT ist / aus welcher erbohren werden der Himmel-kräffte / der Nahme ist wunderbahr / die irrdische Zunge nennet ihn nicht.

68. Und Adams Leib war auch aus demselben erschaffen / und es ist die gantze Welt durchs Element aus seinem Außgang gemachet. Nun ist dieselbe Porte überall / das allerinnerste ist auch das alleräusserste / das mittelste aber ist das Reich GOttes. Die äussere Welt hänget am alleräussersten / und ist doch nicht das äusserste / sondern der Höllen-grund ist das äusserste / und begreifft keines das ander / und ist doch ineinander / und wird keines in dem andern gesehen / aber die Quaal wird gespüret.

69. Wir spüren in dieser Welt wohl des Himmelreichs Krafft an allen Dingen / so spüren wir auch der Höllen-Krafft in allen Dingen / und wird doch das Ding mit keinem verletzet / was nicht ist erbohren aus einem Einigen.

70. Des Menschen Seele ist erbohren aus den Porten der Durchbrechung aus dem äussern ins Innere / und ist außgangen aus dem Innern in die Außgeburth des Innern in das äussere / und die muß wieder in das Innere eingehen : So sie im äussern bleibt / so ist sie in der Höllen / in der tieffen grossen Weite ohn Ende / da sich die Quaal erbietet nach dem Innern / und in sich selbst außgehet in dem äussern.

71. Die Quaal in der Zersprengung aus dem äussern ins innere ist des Himmelreichs Schärffe und Allmacht über das äussere. Das äussere ist das ewige Band / und das Innere ist die ewige Krafft und Liecht / und kan nicht vergehen. Also ist GOTT Alles in allem / und hält oder fasset Ihn doch nichts / und ist in nichts eingesperret.

72. Darumb darff die Seele keiner weiten fahrt / wann sie vom Leibe scheidet / an der Stelle / da der Leib stirbet / ist Himmel und Hölle / es ist GOTT und Teuffel alda / aber ein jedes in

seinem

seinem Reiche. Das Paradeiß ist auch da / und darff die Seele nur durch die tieffe Thoren ins Centrum eingehen. Ist sie Heilig / so stehet sie ins Himmels Porten / und hat sie nur der irrdische Leib außer dem Himmel gehalten. So der nun zerbricht / so ist sie schon im Himmel / sie darff keiner Auß= oder Einfahrt / Christus hat sie im Arm; denn wo die vier Elementa zerbrechen / da bleibet die Wurtzel derselben / das ist / das heilige Element, und in deme stehet der Leib Christi, und auch das Paradeiß / welches stehet in der auffsteigenden Frewden=qual / und das Element ist die sanffte stille Wonne.

73. Also auch mit den Verdamten / wenn der Leib zerbricht / so darff die Seele keiner Außfahrt oder weiten Weichung / sie bleibt am äussersten ausser den vier Elementen in der Finsternuß / und in der ängstlichen Quaal. Ihre Quaal ist nach dem Liechte / und ihr Auffsteigen ist ihre selbst Anfeindung / und steiget also immer über die Thronen der Gottheit aus / und erfindet die ewig nicht / sondern reuthet in seiner Hoffart über die Thronen in seinem eigenen Spiel / mit der starcken Macht des Grimmes / davon du bey der Beschreibung des Jüngsten Gerichts weitlaufftig finden wirst.

Das 20. Capittel.

1. Vom Außgang Adams und Hevæ aus dem Paradeiß / und vom Eingang in diese Welt.
2. Und dan von der rechten Christlichen Habelischen Kirchen auff Erden / und dan auch
3. Von der Antichristischen Cainischen Kirchen.

1. Ir werdet alhier dem Antichrist nicht gefällig seyn / viel weniger seinem stoltzen Rössel / weil es uns aber im Wunder erscheinet / wollen wirs uns zu einem memorial schreiben / und sehen / wie eines ieden Dinges Anfang und Ende ist / auff daß wir in unserer Ritterschafft auch arbeiten in den Thoren der Tieffe: Ob wir wohl in dieser Welt vor diese Eröffnung vom Antichrist und seinem Thier nur Spott / Hohn / auch Gefahr unsers zeitlichen Lebens darumb müssen gewarten; so tröstet uns doch die ewige Ritterschafft in unserm Heylande Christo / da wir denn unsern grossen Lohn zu gewarten haben / welches Anblick uns alhie in grossem Wunder erscheinet. Wollen derowe-

gen fortfahren/ und diese Welt nicht ansehen/ sondern das künfftige grösser achten als Alles.

2. Auch so wird unser schreiben zu seiner Zeit wol dienen/ wenn blühen wird der Lilien-Rosen. Denn es ist manch edles Röslein darinnen/ welches ietzt wegen der grossen Finsternüß in Babel nicht mag erkant werden/ aber es ist eine Zeit/ da es stehet nach seinem Geist.

3. So wir alhier den Antichrist blössen/ wird uns der Teuffel mächtig in seinem Thier widerstehen/ und uns außschreyen/ als wolten wir Auffruhr und Empörung erwecken/ aber es ist alles nicht wahr. Siehe nur mit Ernst/ was ein Christ ist/ ihm gebühret keine Auffruhr. Denn er ist ein Schäflein mitten unter den Wölffen/ und er soll in Schaffs- und nicht in Wolffs-gestalt und Gemüthe stehen.

4. Wiewol der Geist GOttes manchen in Eyfer und grosser Macht des Vatters im Grimme wapnet/ wie beym Elia zu sehen ist/ da bißweilen GOttes Zorn-Schwerd dem Engel gegeben wird/ zu erwürgen die Baals-Pfaffen in Babel, beym Elia: Da Moses die Tafel zerbricht/ und das Schwerd führet wider die Sünde der Kälber-diener/ welches nicht Moses und Elias thut/ sondern das Zorn-fewer GOttes beym Elia auff dem Berge.

5. Als nun GOtt der Herr Adam und Heva ihren Sententz/ wegen ihres irrdischen Elendes/ auch Mühe/ Kummer und schwerer Last/ so sie würden müssen tragen/ gesprochen/ und sie bestätiget zu Mann und Weib/ sie auch in Eheliche Pflicht verbunden an einander zu hangen als ein Leib/ und einander zu lieben und zu helffen/ als ein Leib in seinen Gliedern/ so waren sie nun gantz nackend und bloß/ stunden und schämeten sich des irrdischen Bildes/ und sonderlich der Glieder ihrer Schaam/ auch des Außganges der irrdischen Speisen in ihrem Leibe. Denn sie sahen daß sie nach dem äusseren Leibe mit allem Wesen thierische Art hatten: auch fiel Hitze und Kälte auff sie/ und war das züchtige Bild GOttes verloschen/ und solten sich nun auff Thieres gestalt fort-pflantzen.

6. Da machte ihnen GOtt der Herr durch den Geist dieser Welt Kleider von Thieres-fellen/ und zog sie ihnen durch den Geist dieser Welt an/ daß sie doch sähen/ daß sie nach dieser Welt Thiere wären/ und lehrete sie/ wie sie solten die Wunder im Geist dieser Welt suchen und eröffnen/ und sich aus den Wundern kleiden.

7. Und siehet man alhier gar eben/ wie der Mensch in dieser
Welt

Welt nicht daheimen ist / sondern er ist darein kommen als ein Gast / und hat nicht das Kleid mitte bracht / wie alle andere Creaturen, so in dieser Welt daheimen sind: Sondern er muß sein Kleid von der Sternen und Elementen Kindern entlehnen / und muß sich mit einem fremben Kleide decken / das er nicht mitbracht hat / als er in Geist dieser Welt eingieng. Darmit pranget er nun als eine stoltze Braut / und düncket sich darinnen schöne seyn / und ist doch nur geborget vom Geiste dieser Welt / welcher es zu seiner Zeit wieder nimt und verzehret / und leihet ihme das nur eine weile / dan verzehret ers wieder.

8. Und dieses geschiehet zu dem Ende / dieweil der Geist dieser Welt die edle Jungfraw der Weißheit GOttes immer suchet / und weiß / daß sie im Menschen ist / daß der Mensch soll die grossen Wunder / so in ihme sind / suchen / und zum Liechte bringen. Er vermeynet immer / er wolle durch den Menschen die edle Tinctur ans Liecht bringen / auff daß das Paradeiß erscheine / und er der irrdischen Eitelkeit loß werde.

9. Denn das heilige Element sähnet sich immer durch die vier Elementa der Eitelkeit der vier Elementen loß zu werden / und auch der Qualificirung der grimmen Sternen / drumb führet es den Menschen in solche wunderliche Gestalt zu suchen / auff daß die ewigen Wunder GOttes offenbahr werden / welche in Zerbrechung der Welt werden alle in der Figur im Schatten stehen.

10. Darumb sind alle Künste und Weißheit von GOTT durch den Sternen Geist dieser Welt im Menschen eröffnet / daß es im Wunder erscheine: und zu dem Ende hat GOTT diese Welt geschaffen / daß seine Wunder offenbahr würden / und zu dem Ende hat GOTT verhänget / daß der Mensch ist in Geist dieser Welt eingangen / daß er seine Wunder durch ihn offenbahret.

11. Er wil aber nicht / daß er dieser Welt soll mißbrauchen / sondern aus dieser Welt wieder zu ihme eingehen: Er wil daß der Mensch soll seyn wo er ist. Darumb hat er dem Adam und Heva ihre monstrosische Gestalt also bald gezeiget mit dem thierischen Kleide / so er ihnen durch den Geist majoris Mundi anzog. Wäre Adam nur im Paradieß blieben / er hätte die Wunder gleichwol können / und noch viel besser eröffnen: Denn sie wären der Englischen Gestalt näher gewesen / und wäre mit manchem nicht solche Sünde und Schande begangen worden / als nun geschiehet.

12. Aber der Geist der Grimmigkeit im ewigen Quaal wolte auch offenbahr seyn / und seine Wunder eröffnen / davon nicht

viel zu schreiben ist / denn es ist ein Mysterium, das uns nicht gebühret zu eröffnen / ob wirs gleich erkennen; Es bleibt zur Lilien Zeit / da die Rose blühet / so stechen uns nicht die Dornen in Babel.

13. Wann dem Treiber seine Ketten zerbricht/ und der Dornstrauch verbrennet / so gehet man sicherer für den Stacheln des brennens / so mag diß Mysterium wohl im Liechte stehen / denn es ist groß und wundersahm / und langet in die Porten GOttes des Vatters.

14. Der Rosenzweig im Wunder wird uns wol verstehen / aber die Babel ist des nicht wehrt / sie suchet nur die Dornen / und wil stechen: Drumb wollen wir dem Treiber keine Ursache geben / und eher diese Mysterien den Kindern in der Lilien Rosen lassen stehen / sie sind weis / und haben die edle Tinctur im Liechte / des Treibers Glantz wird nicht mehr so thewer seyn / denn die Gäste der Welt habens in Händen.

15. Dein hoffärtiges Rössel / du Schand-hure / wird nicht mehr allein reuthen über die gebogene Knie: Es heisset zu der Zeit nicht mehr: Die Macht stecket in meinem Gelt-kasten / das Ertz wird zu einer Blumen im Liechte / und die Tinctur stehet im Lilien Blad / die Steine sind nimmer also thewer / das Kleid der Jungfrawen ist schöner als deine Hoffart / wie stehet doch der Schmuck dieser Welt so schöne an der Zucht und Gottesfurcht / so das Hertze demütig ist: Wie zieret dich dein Kleid von Seiden und Golde gesticket? Erscheinestu doch in GOttes Wunderthat / wer wil dich eine falsche Frawe heissen / so du also züchtig bist? Stehestu nicht zu ehren dem grossen GOTT? Bist du nicht sein Wunderwerck? Ist doch freundlich lachen vor dir / wer kan sagen / du seyst eine zornige Fraw? Dein züchtig Antlitz leuchtet über Berg und Thal: bistu doch an den Enden der Welt / und dein Glantz wird im Paradieß ersehen. Warumb stehet deine Mutter zu Babel, und ist also boßhafftig? O du Schand-hure gehe aus / denn Babel ist mit Fewer angestecket / oder du verbrennest dich selber.

16. Oder meynestu/ wir sind tolle? so wir dich nicht sähen / so wolten wir doch schweigen; Du rühmest dich jetzt einer güldenen Zeit durch deine Heuchler / aber sie sind meisten-theils Wölffe zu Babel, wann der Tag anbricht / so werden sie erkant. Oder soll ich dirs nicht sagen du stoltze Hure? Sihe / da du mit Adam und

Heva

Heva aus dem Paradeiß giengest in Geist dieser Welt / so wareſtu gleich wie GOtt im Geiſte dieſer Welt / du möchteſt alle Mysterien suchen und zu deinem Schmuck brauchen. So du wäreſt in eitel Purpur und Seiden gekleidet gegangen / du hätteſt GOtt nicht erzürnet: sondern du wäreſt dem groſſen GOtt zu Ehren in seiner Wunderthat einhergangen. Warumb haſtu die Liebe verlaſſen / und biſt ein Mörder worden? war nicht der Geitz deine Sünde / daß du deines Leibes Gliedern nicht ſo viel gönneſt / als dir selber? Du wolteſt alleine ſchön ſeyn; dein Weeg ſolte alleine heilig ſeyn.

17. Warumb war der Bruder-mord zwiſchen Abel und Cain? Die eigen-ehrige Hoffart brachte den zu wege / daß Cain dem Habel nicht gönete ſeine Frommigkeit/ umb welcher willen er von GOtt geliebet ward. Warumb war Cain nicht auch demütig und fromm?

18. Sprichſtu der Teuffel habe ihn betrogen: Ja recht! Er betreuget dich auch / daß du andern Menſchen nicht gönneſt deine ſchöne Geſtalt. Hat dich dann GOtt höher graduiret/ biſtu nicht der Hevæ Kind? Lieber ſage mir die Wahrheit / biſtu nicht der Anti-Chriſt, der unter einer Decke auffs Teuffels Pferd reuthet/ mich deucht ich ſehe dich? Höre / da du aus dem Paradeiß giengeſt in dieſe Welt/ warumb bliebeſtu nicht in einer Liebe? Warumb hatteſtu nicht deine Frewde an deinem Näheſten? Warumb liebeteſtu nicht die Glieder deines Leibes? Warumb zieretestu nicht deinen Bruder mit deinem Schmucke? Hatteſtu ihn doch gleichwol geſehen / war doch die Erde dein / du mochteſt darauß machen was du wolteſt/ wer wehrete dir das? Warumb aßeſtu nicht mit deinem Bruder? ihr hättet alle gnug gehabt/ es wäre kein mangel nie geweſen / ſo deine Demuht gegen deinem Bruder wäre blieben / ſo wäre auch ſeine gegen dir blieben. Welch ein feine Wonne wäre auff Erden geweſen: was hättet ihr des Silbers und Goldes zur Müntze gedürfft / ſo die Einigkeit wäre blieben / hätteſtu doch wohl mögen deinen Schmuck darauß machen.

19. So du hätteſt deinen Bruder und Schweſter gezieret/ ſo hätte er dich mit ſeiner dienſtlichen Liebe wieder gezieret: Meyneſtu das wäre Sünde ob du wäreſt in eitel Gold und Seiden gangen / deinem Bruder zum willen / und dem groſſen GOtt zu Ehren?

20. O du blinde Babel! Ich muß dirs ſagen/ wie du alſo tolle biſt worden / du haſt dich laſſen der Sternen-Region beſitzen/

und den grewlichen Teuffel verführen / und bist an GOTT eine meineydige Hure worden. Nach den Sternen hastu dir ein Reich auff Erden gebawet / wie sie ihr Region führen / also führestu deines auch; wie sie durch die Elementa gebähren und wieder verzehren / also thustu auch mit deinen Kindern / du gebierest sie / und ermordest sie wieder / du richtest Krieg an und wirst ein Mörder umb deiner Hoffart willen / umb deines Geitzes willen / daß du auff Erden nirgend raum hast.

21. Meynestu GOTT habe einen gefallen daran? Ja reuch Fritz: Der Geist der grossen Welt hat einen gefallen daran / und durch denselben Geist der grimmige Zorn GOttes / dieweil sie mit einander inqualiren / und aus einer Wurtzel seynd.

22. Meynestu die Propheten haben alle aus der holdseligen und freundlichen Liebe Gottes / aus dem Hertzen Gottes geredet / wenn sie gesaget haben zu den Königen Israël: Zeuch in Streit / du wirst siegen / GOTT wird dir Sieg geben. Sie haben wohl aus GOTT geredet / aber aus seinem Grimme über die Sünde / durch den Geist der grossen Welt / der wolte auff fressen was er gemacht hatte / darumb daß die Liebe war verloschen.

23. Oder meynestu / daß GOTT Mosen habe gesandt / daß er die Könige der Heyden im gelobten Lande soll erschlagen / daß er an der Mord-taht so einen grossen Wohlgefallen habe? Nein Fritz / sihe unter die Decke Mosis, du findest weit ein anders.

24. Warumb hielt GOTT Israël viertzig Jahr in der Wüsten / und speisete sie mit Himmel-brod? daß sie solten ein Liebreich Volck werden / das einander liebete / und in einer Liebe an GOTT hiengen: Darumb gab er ihrem Gesetze Klarheit / ob sie könten in des Vatters Liebe leben / so wolte er sie schicken unter die Heyden / und sie mit ihren Wundertahten bekehren / wie bey der Apostel Zeit geschahe. Sie solten erkennen an deme / daß er sie vom Himmel speisete / und keiner keinen Mangel hatte / der viel oder wenig samlete / daß das Reich sey GOttes / und daß sie in ihme wären: sie solten vom Geitze ablassen / und eine brüderliche Liebe auff Erden untereinander hegen / keiner solte auff seinen Geitze dencken / wie er dann den Geitz grewlich straffet.

25. Auch so die Heyden höreten / daß GOTT diß Volck wolte unter sie schicken und sie vertilgen / welches er mit grossen Wunderthaten hätte außgeführet / daß sie sich solten bekehren zu GOTT / und vom Geitze in eine brüderliche Liebe tretten / darumb gab er ihnen lange Zeit frist / und ein Exempel an Israël,
welches

welches er vom Himmel speisete / daß ein Volck solte ein Exempel am andern haben / daß ein GOTT wäre / der Allmächtig sey.

26. Da sie aber allebeyde zu irdisch waren / und nur böse / und lebeten im Grimme des Vatters / so lüsterte auch den Zorn und Grimm GOttes sie zu verschlingen / dieweil sie ihn stäts entzündeten.

27. Darumb sprach er zu Josua: Zeuch über diesen Jordan / und vertilge diß Volck / und laß keines unter dir / auff das du nicht beflecket werdest. Diß sein Sprechen geschahe nicht aus seiner Liebe / als er sie hieß die Heyden ermorden: Gleichwie auch die Propheten nicht haben alle aus seiner Liebe geredet / sondern aus seinem Zorne / welchen der Menschen Boßheit hatte erreget: So redet er durch den Geist der grossen Welt in den Propheten und auch im Mose / offte im Fewer / oder andern Schrecken in Zornes Eyfer.

28. Solten wir dann nun sagen / daß GOTT einen Wolgefallen habe am Zorn und Streite? Nein/ die Propheten klagten im heiligen Geiste GOttes gar offte / daß diß böse Volck ihren GOTT beleidigten. In deme sie ihn erzürneten / daß hernach sein Grimm gieng auffzufressen. David saget im 5 Psalm. v. 5. Du bist nicht ein GOTT / der das Böse wil.

29. So nun der Mensch die Sünde erreget / so wird GOttes Grimm in ihme selber (verstehe im Menschen) räge / welcher sonst ruhete: und so der Mensch in Demuht stünde / so würde er in grosse Frewde verwandelt / wie vorne offte gemeldet. So er nun brennet / so frist ein Volck das andere / eine Sünde die andere. Wäre Israël fromm gewesen / so hätten sie nicht dürffen kriegen / sondern wären mit Wundern eingegangen / und hätten die Völcker bekehret / so hätte sie Moses mit seiner Wunderthat eingeführet: So sie aber böse waren / so konten sie nicht mit Mosis Klarheit / mit Wunderthaten in des Vatters Glantz eingehen / die Heyden zu bekehren: sondern Moses muste in der Wüsten bleiben mit seinen Wunderthaten / und ward das gantze Volck im Zorne auffgefressen / und muste der Josua mit Krieg an die Heyden / und sie vertilgen. Denn ein Grim fraß den andern.

30. Da doch Iosua ein Bild und Gleichnüß war / daß Israel, weil sie nicht konten in des Vatters Klarheit und Liebe bestehen/ sie der ander Iosua oder Iesus solte aus dem Grimme in die Liebe führen / durch Zerbrechung seines Leibes / und in Todt gehen.

Der Moses muste durch den Todt ins Leben gehen/ und seine Klarheit durch den Todt ins Leben führen; wie er denn neben dem Elia, dem andern Iosua oder Iesu, auff dem Berge Tabor in des Vatters Klarheit erschien/ und ihm anzeigte des Vatters Befehl/ das er (der ander Iosua) solte Israel durch seinen Todt und Klarheit ins gelobte Land deß Paradeises einführen.

31. Es konte nur nicht seyn/ daß der Mensch konte aus eigener Macht ins Paradeiß eingehen/ wie harte es versucht ward: Und muste derowegen der arme gefangene Mensch also in dieser Welt ins Teuffels Mord-gruben sitzen. Da dann nun der Teuffel seine Capelle neben die Christliche Kirche hat erbawet/ und die Liebe deß Paradeises gar zerstöret/ und an dessen Stat hat auffgerichtet eitel geitzige/ hoffärtige/ eigensinnige/ trewlose/ störrige/ boßhafftige Lästerer/ Diebe/ Räuber und Mörder/ welche auffsteigen wider Himmel und Paradeiß; und haben ihnen ein Reich nach der grimmen Sternen-Region erbauet/ darinnen sie herrschen mit Silber und Gold/ und verzehren einander ihren Schweiß; Wer da kan/ der drucket den andern zu Boden/ und ob er für ihme flähet/ so recket er doch nur seine Drachen-zunge aus/ und speyet Fewer auff ihn/ schrecket ihn mit seiner harten Stimme/ und quälet ihn Tag und Nacht.

32. Was soll man denn nun von dir sagen ô Cain? Meynestu GOtt sehe dich nicht/ du Wunder-thier? Du solt bloß stehen/ deutet der Geist im Wunder/ auff daß dein Schmuck erkant werde. Wie bistu denn also worden? O Heva, sinds doch deine Kinder/ die du alle gebohren hast/ von deinen Lenden kommen sie alle: Ists denn GOttes Fürsatz also gewesen/ daß das Böse unter dem Gutē soll herrschen/ und eines das andere plagen?

33. O Nein/ sondern des Teuffels/ welcher eine Ursache ist der Grimmigkeit. Adam war gar gut gemachet aus dem reinen Element, aber die Sucht des Teufels betrog ihn/ daß er in Geist dieser Welt eingieng.

34. Nun kan es nicht anderst seyn/ die zwey Reiche ringen mit einander in den Menschen-Kindern. Eines ist Christi Reich durch die newe Wieder-Gebuhrt ins Paradeis/ das ist in der Welt Elend und Veracht/ nicht viel begehren das: Denn es hat eitel Spott und Verachtung vom Teufel und seinem Anhange: Es stehet in Gerechtigkeit und Wahrheit/ und die gilt in der Welt nichts/ darumb muß er mit dem armen Lazaro für des reichen Mannes Thür liegen/ und zu seinen Füssen. Lässet er sich blicken/ daß er Gottes Kind ist/ so wil der Teufel mit ihme fort

oder setzet ihn ja in solchen Spott/ daß er nicht erkant wird/ daß nur der Teuffel Groß-Fürst auff Erden bleibe/ daß ihn die Welt nicht kennet.

35. Das andere Reich ist des Anti-Christs, mit einem güldenen Schein hoch herein trabend/ es gleisset auff allen Seiten/ jedermann spricht: Es ist glückselig: denn es schmücket sich auffs schöneste/ es setzet seinen Stuhl über die Hügel und Berge: Jederman grüsset das/ es zeucht die Tinctur der Erden an sich/ daß es nur alleine gleisse/ es raubet dem Reiche Christi sein zeitlich Brodt/ es frisset dem Elenden seinen Schweiß/ und saget zu ihme: Du bist meine/ ich bin dein GOTT/ ich setze dich wie ich wil: du bist der Hund zu meinen Füssen/ so ich deiner nicht wil/ jage ich dich aus meinem Hause/ du must thun was ich wil: Und das elende Thierlein muß sagen: Ich bin ja dein elender Knecht/ verschone nur mein.

36. Und so ihn dann der Schweiß seiner Nasen drucket/ daß es ihme wehe thut/ welchen sein Herz verzehret/ so wird er unleidig auff seinen Herrn und fluchet ihm/ und suchet den Weeg der Lügen und des Trugs/ wie er der schweren Last möchte leichter werden.

37. So ihn dan sein Herz also ungerecht erfindet/ schläget er auff ihn/ und nimt ihm sein falsches Brodt/ welches er vermeynete zu essen unter einem sanfften Joch/ und würget ihn auffs ärgeste/ und lässet ihm keine Zeit zu entfliehen. Er aber steckt voll Ungedult unter dem schweren Joch/ grunzet und murret/ und suchet alle falsche Außflüchte sein Joch zu leichtern/ auff daß er sein Brod möchte in Ruhe essen. Es wil aber nicht seyn/ der Treiber ist hinter ihme und nimbt ihm sein Brodt/und speiset ihn mit Jammer unter seinem Joche.

38. So gehet er dann in Listen und Trug/ und dencket/ wie er mit List möge seinen Bauch füllen/ daß er lebe: Er fluchet seinem Herrn heimlich/ und stielet dem andern Elenden sein Brodt heimlich mit List/ so muß es recht seyn: Darnach fraget sein Herz nichts/ so er nur nicht von seiner Kost isset/ und sein Hund bleibet unter seinem Joche.

39. Also ist sein Herz ungerecht und falsch/ und machet auch daß sein Knecht ungerecht und falsch wird/ da er sonst/ so er sein Brodt im Friede unter einem leichten Joche ässe/ nicht also fluchende und listig im Diebstal wäre.

40. Was sol aber der Geist von diesem Reiche sagen? Bistu nicht gleissend? hastu nicht alle Perlen inne? hastu nicht die

Erden besessen mit Freyheit/ wie sie dir GOtt gab? Schaffestu nicht recht? du straffest ja den Bösen/ und sihest wo der Feind einbricht; du schützest ja dein Land/ du bist ja dem Blinden ein Liecht/ und schaffest ihm Lehrer/ die ihn zur Gedult treiben: Das Reich ist ja deine/ du hasts erkauffet/ der Arme ist ja dein Knecht/ das kan nicht fehlen.

41. Aber die Göttliche Antwort im Liechte der Natur saget mir: Sihe/ woraus bistu gewachsen? habe ich dich gepflantzet? bistu nicht in meinem wilden Garten gewachsen/ als Adam im wilden Garten gieng/ da hat er dich gepfropffet/ wie bistu so groß gewachsen? wer hat dir Krafft gegeben/ du wilder Baum? hat dich doch meine Liebe nie gerüget/ und hast eitel wilde Zweyge/ und wilde ist deine Frucht. Meynestu meine Seele lüstere von deiner Speise? von deiner Frucht esse ich nicht. Ich bin alleine starck/ und mein ist das Reich/ wer sich unter meine Fittigen gibt/ den decke ich; es mag ihn kein Sturm berühren. Darzu ist das Land meine: Ich habe es euch gelassen in einträchtiger Liebe zu gebrauchen/ und habe euch alle aus einer Wurtzel gezeuget/ daß ihr solt gleich seyn/ und einander lieben/ und mit züchtiger Liebe einander begegnen.

42. Wo komstu her/ du wildes Thier/ also groß und starck/ hastu mir nicht meinen Rosen-Garten zertretten/ und dein Lager hingemachet? wo seynd deine Brüder und Schwestern? wie daß sie zu deinen Füssen ligen/ und sind so mager/ und du bist alleine starck. Hastu nicht gefressen meine Zweige/ und junge Wölffe gebohren/ die deine Heerde auch fressen? Und du bist ein wildes Thier mit deinen Jungen? soll ich dich dan in meinem Rosen-Garten gedulden? Wo ist die edle Frucht/ so ich gesäet hatte/ hastu nicht eitel wilde Zweige darauß gemachet? wo soll ich dan den Nutz und die Frucht meines Rosen-Gartens suchen? und meine Seele wolte auch gerne essen der guten Frucht/ du aber hast alles zertretten/ und eine Mörder-gruben gemachet.

43. Darzu höre ich ein Geheule und groß Geschrey/ daß alle deine Knechte wehe über dich schreyen/ daß du sie ängstest: darzu hastu vergessen meinen edlen Saamen/ und den nicht gesäet/ sondern deinen wilden/ zu deiner grossen Fresserey und Pracht. Sihe! ich habe dich außgespeyet gegen Babel in die Kälter meines Grimmes/ da wil ich dich kältern/ und wil meinen Lilien-zweig setzen in meinen Rosen-garten/ der mir Frucht bringet/ welche meine Seele lüstert/ da-

von soll essen mein krancker Adam/ auff das er starck werde/ und in sein Paradeiß gehe.

Von Adams und Hevæ Außstoffung/ aus dem Paradeiß deß Garten in Eden.

44. Und als GOtt Adam und Hevam also mit einem thierischen Kleide versehen/ daß sie ihre Schande zugedecket hatten/ und sich des Frostes konten erwehren/ ließ er sie aus dem Garten/ und legte den Cherub/ mit einem blossen hawenden Schwerd dafür/ zu bewahren den Weeg zum Baum des Lebens/ und er solte nun das Feldt bawen. Es ist der Verstand in uns armen Adams und Hevä Kindern also gantz harte versuncken/ daß wir kaum zu letzte in unserm letzten Alter werden etwas davon erreichen/ von dem kläglichen Falle Adams und Hevä/ da wir doch solches müssen gar tieff im Centro des Lebens-Liecht suchen. Denn wunderkahrlich ist es/ das Moses saget: GOtt habe den Cherub für den Garten geleget/ den Weeg zu bewahren zum Baum des Lebens: Wer wolte das verstehen/ so uns GOtt nicht die Augen auffthäte/ wir würden schlechts von einem Hüter mit einem Schwerd reden/ und die Vernunfft siehet nichts anders.

45. Aber die edle Jungfraw weiset uns die Porten/ wie wir durch des Schwerdtes Schärffe müssen wieder ins Paradeiß eingehen; aber das Schwerdt schneidet den irrdischen Leib vom heiligen Element rein weg/ denn mag der newe Mensch auff dem Weege des Lebens ins Paradeiß eingehen. Und das Schwerd ist anders nichts/ als das Reich oder die Porte der Grimmigkeit im Zorne GOttes/ da der Mensch muß durch den grimmen Todt durchs Centrum ins andere Principium ins Paradeiß des H. Elements für GOtt eindringen/ da deß der grimme Todt den irrdischen Leib/ als die vier Elementa vom heiligen Element abschneidet.

46. Und der Hüter des Gartens ist der Cherub, der Abhawer der Sternen-Qual/ der die vier Elementa eine Zeitlang erhält/ und dan zerbricht/ und mit seiner bittern Schärffe von der Seelen scheidet/ und auch vergehet mit seinem Schwerde. Der ist alhie im Weege/ daß wir nicht zum Baum des ewigen Lebens können/ er ist im Mittel/ und lässet uns nicht ins Paradeiß. Der geschwule Garten Eden ist unser irrdisches Fleisch/ das ist der Zaun für den Garten.

N 6.   47. Wil

47. Wil nun jemand in Garten / so muß er durch das Schwerd des Todes eindringen. : wiewohl Christus das Schwerdt hat zerbrochen / daß wir jetzo mit unseren Seelen können viel leichter eingehen. Aber es ist doch ein Schwerd dafür / aber der nur den Weeg findet / den schneidet es nicht sehr / denn es ist stumpf / und wird gebogen / so nur die Seele in die Porten ins Centrum eingehet / so wird ihr schon von dem edlen Ritter Christo geholffen. Denn er hat das Schwerd in seine Hände bekommen. Er ist das erwürgete Lamb vom Hause Israel, in der Offenbahrung Johannis / c. 3. und 5. welches das Buch des festen Principii dem Alten / der auff dem Stuhle saß / mit seinen vier und zwanzig Eltesten / welches sieben Siegel der sieben Geister der Gebuhrt GOttes hatte / aus seiner Hand nahm / und aufftkat / da die Eltesten vor ihme nieder fielen / und das erwürgete Lamb anbeteten / und gaben Preiß und Ehre deme / der auff dem Stuhle saß / daß überwunden hatte der Held vom Hause Israel. Die sieben güldene Leuchter sind seine Menschheit / die sieben Sternen sind seine GOttheit / wie denn die Göttliche Gebuhrt in siebenderley Gestalt in sich stehet / wie im Eingange in den ersten vier Capitteln dieses Buches wird gemeldet.

48. Also hat Moses einen Deckel für seinen Augen / wiltu ihm ins Angesichte sehen / so mustu nur Christum deinen Ritter für dich stellen / daß er ihme seinen Deckel auffhebet / dan wirstu sehen / daß Moses nicht Hörner hat / sondern ein gedultiges Lamb ist / am Tode Christi feste angebunden / und daß sein Deckel ist das zugetahne Buch gewesen / daß wir nicht möchten genesen biß der Held kam / und brach seine sieben Siegel mit seinem Eingange in Todt / da ward die Decke weggethan / und im Buche stund das heilige Euangelium vom Reiche GOttes: das lasse uns der thewere Ritter JesusChristus.

49. Als nun Adam und Heva aus dem Garten giengen / hielten sie sich zusammen / als noch Eheleute thun / und wolten nun versuchen ihre thierische Art / was doch wunders möchte aus ihnen kommen / und wird sie der Geist der grossen Welt nun wohl in ihrer Vernumfft gelehret haben / was sie thun solten.

50. Und Adam erkante sein Weib Hevam / und sie ward schwanger / und gebahr einen Sohn / und hieß ihn Cain. Denn sie sprach: Ich habe den Mann den Herrn. Welche versiegelte Worte sind das? Moses saget / sie habe gesagt: Sie habe den Mann den Herren. So sagte die grosse Welt: Ich habs den Herrn

Cap. 20. Göttliches Wesens. 301.

Herrn dieser Welt. Heva redet anderst nicht als die Apostel dachten: Christus würde ein Weltlich Königreich anrichten/ also dacht Heva auch/ ihr Sohn solte als ein starcker Ritter dem Teuffel seinen Kopff zertretten/ und ein herrlich Reich anrichten. Von welchem dann ist alskalde zweyerley Verstand erfolget/ und zweyerley Kirchen: Eine auff die Barmhertzigkeit GOttes/ und die andere auff eigene Macht. Darumb konte Cain seinen Bruder nicht dulden/ dieweil Habel auff die Barmhertzigkeit GOttes drang / und Cain auff seine eigene Macht/ er dachte/ er wäre der Herr der gantzen Welt/ wie ihn dann seine Mutter also hatte unterrichtet/ so wolte er nun der Schlangen den Kopff zertretten in eigener Macht/ als ein Kriegs-Mann/ und fieng an seinem Bruder Habel an; Denn sein Glaube war nicht zu GOTT gerichtet/ sondern auff seine Mannheit. Und alhier stach die Schlange zum erstenmahl den Schlangen-tretter in die Fersen.

Die Porte der Mysterien.

51. Die Vernunfft spricht: Wie muß das zugehen/ daß der erste Mensch vom Weibe erbohren/ ein böser Mörder ward? Siehe du unzüchtige/ unflätige/ hurische Welt/ hie wirstu einen Spiegel finden/ besihe dich was du bist. Uns begegnet alhier abermahl die grosse Geheimnüß im Liecht der Natur gar sichtlich und wohl zu erkennen. Denn Adam und Heva waren in Geist dieser Welt eingangen/ und die grimme Sternen-region mit deß Teuffels inficirung hatte sie besessen/ und ob sie gleich nun etwas an der Verheissung des Schlangentretters und an GOTT hiengen/ so war doch die rechte Lust und Liebe gegen GOTT sehr verloschen/ und dargegen die Lust und Begierde zu dieser Welt in ihnen entzündet; darzu bekamen sie eine thierische Brunst aus der Sternen-region gegeneinander/ also daß ihre Tinctur eine grimmige viehische Sucht war/ denn sie hatten kein Gesetze/ als das Liecht der Natur/ das schlugen sie nieder: und entzündeten sich in der Brunst/ darzu der Teuffel wohl gehofft.

52. Als nun Heva ward geschwängert/ so war ihre Tinctur gantz irdisch und falsch; Denn ihr Geist in der Liebe sahe nicht mit gantzem Vertrawen auff GOTT/ so stund die Weißheit GOttes im Centro ihres Lebens-liecht verborgen. Heva aneignete sich darein nicht mit Liebe und Zuversicht/ sondern vielmehr in die Lust dieser Welt/ sie meynete sie müste es nun thun/

solte etwas seyn. Und weil ihre Zuversicht nicht in GOtt war/ so war auch GOtt nicht in ihr/ sondern in seinem Centro, und hub der Zorn an zu quellen.

53. Und ist alhie eben das was Christus saget: Ein böser Baum bringet böse Frücht: Also wächset aus einer falschen Tinctur eine grimmige böse Wurtzel/ und fort ein solcher Baum mit solcher Frucht. Also gieng es da auch/ wie ihre Tinctur in der Vermischung war/ also zeugeten sie auch ein Kind. Denn des Lebens Geist gebieret sich aus den Essentien.

54. Dieweil Adam war aus dem Paradeiß gangen in Geist dieser Welt/ so war nun schon der Streit mit den zweyen Regionen, als des Himmel- und Höllen-Reichs umb die Kinder der Hevä.

55. Und sihet man alhier wie der Zorn habe gesieget/ und klaget der Geist GOttes nicht ohne Ursache: Ich bin wie ein Weingärtner/ der da nachlieset/ und wolte doch auch gerne der besten Frucht essen.

56. Die Schuld ist aber des Menschen/ setzete er sein Vertrawen in die Liebe GOttes/ so siegete das Reich GOttes. So er aber in seiner bösen Brunst in sich selber auff sein Vermögen setzet/ so ist er vom Zorne gefangen/ und ist sein Leib und Seele im Zorne. So er aber sein Gemüte und Zuversicht in GOTT setzet/ so gehet er vom Zorne aus/ und würcket das Reich Gottes zur Gerechtigkeit in ihme. Und siehet man Sonnenklahr/ was die Ursache ist/ das der erste Mensch vom Weibe ein Mörder ward.

57. Denn wie der Baum war/ so war auch die Frucht/ so doch der Baum nicht gantz falsch war/ sondern zu der Zeit der Mensch-werdung war die Tinctur wegen deß Ringens der zwey Regionen falsch. Dazu halff ihme hernach die Heva seine Mutter auch sein/ in dehme sie einen irrdischen Herrn und Schlangen-tretter suchete/ und ihn also lehrete/ er wäre der Kriegsmann des Teuffels/ so meynete er/ er wäre der Herr der Welt/ und auch des Teuffels/ er wolte es thun. Also hielt ihn der Zorn gefangen/ und waren seine Opffer GOtt nicht angenähme/ dieweil er im Zorn auff sich selbst bawete/ so erreichte sein Gebet nicht des Himmels Porte/ sondern der Treiber nahm das auff/ weil es aus einer Hoffart mit dem stoltzen Pharisäer/ aus einem falschen Gemühte außgieng.

58. Und hast du geile Hure zu Babel voller Unzucht und Brunst in solcher Hurerey alhie einen Spiegel mit deiner fal-

Cap.20. **Göttliches Wesen.** 303

schen Vermischung ohne GOttes-Furcht / du magst sehen was du säest / daß nicht ein Baum im höllischen Fewer darauß wachse. Du denckest es sey ein schlechtes Hurerey zu treiben / lieber besinne dich / wo schickestu deine Tinctur hin / welche so sie trew ist / das Element GOttes erreichet. So du sie nur auff einem solchen falschen Weege/ im Trieb der Sternen-Region mit inficiren des Teuffels also außschüttest / auch in ein solch spülicht Faß / was meynestu / wer das annehme. Weistu nicht / daß die Tinctur im Saamen eine Blume des Lebens ist? die mit deinem Leibe und Seele inqualiret, die da / so offte sie erbohren wird / eine Figur vor GOTT ist / wie meynestu / daß sie stehe / in GOttes Liebe oder Zorn?

59. O du Babelsche Hure / so du also hurest / und zerbrichst hernach den Limbum, mit sambt der Matrix, darinnen die Figur des Bildes GOttes stehet / nur umb deiner geylen Unzucht willen; was meynestu / wie möge wohl diese Figur erscheinen? Sintemahl alles was aus der Tinctur je ist erbohren / soll im Schatten nach Zerbrechung der Welt vor GOTT stehen. Wird diese Figur nicht im Zorn GOttes erscheinen? oder hastu deß Ablaß / daß du in die Hölle säest? Siehe zu / daß nicht dieselbe Figur mit deinem Leib und Seele inqualisire, denn die Tinctur ist noch zu keinem Geiste worden / sie erreichet dich / wirstu nicht neu gebohren durch das Blut Christi / so mustu ewig darinnen baden / sage nicht ich / sondern der hohe Geist in der Jungfrawen Schoß.

60. Darumb bedencke dich / sprich nicht: Ich stehe im finstern / und pflege der Liebe/ Niemand siehet mich. Du stehest vor dem klaren Angesichte GOttes. Item: Du stehest vor der Höllen Abgrund / vor dem Raht aller Teuffel / die spotten deiner. Darzu hastu eine falsche / untrewe Liebe / und ist nur eine viehische / thierische Brunst / wäre sie trew / du beflecketest nicht deinen Bruder und Schwester. Ihr beflecketet beyde einander das Bilde GOttes / und seyd die ärgesten Feinde gegen einander / ihr wolt beyde einander ins Teuffels Mordgruben werffen / und seyd im Ringen. Aber der Teuffel kützelt euch / und strewet Zucker auff / daß er euch anbinde / dan führet er euch gen Jericho / und peitschet euch / und naget euch dan wohl.

61. Wenn dann die arme Seele soll wandern / so sind grosse Berge auff ihrer Strassen / da erscheinet dan ewer schöne Tinctur vorm Element, wie ein beflecktes Tuch / da stehet der Teuffel / und liesst euch. Leges davon / da zappelt die arme Seele /

und

und gehet zweiffel an/ wann sie soll durch die bittere Thoren (des Cherubs) durchbrechen/ da fürchtet sie immer/ es werde sie der grimme Zorn GOttes ergreiffen und anzünden. Wie es dan auch wahrhafftig geschiehet/ sind sie nicht durch ernste Busse in Christo wieder new gebohren.

62. Darumb O Mensch/ bedencke was du hier säest/ das wirstu erndten! Nim dir ein Exempel an Cain. Oder gedenckestu/ es ist eine gedichtete Fabel? Frage nur dein eigen Gemüthe/ es wird dich überzeugen: du wärest denn ja zu sehr vom Teuffel gefangen.

63. Sihe an die grewlichen Straffen des Zornes GOttes von der Welt her/ die Sündfluth ist eine Straffe der Unzucht/ daß der Zorn GOttes wolte die Matrix der brünstigen Unzucht ersäuffen/ darumb straffete er die Welt mit Wasser. Denn das Wasser ist die Matrix aller Dinge.

64. Darumb hat GOTT den Ehestandt selber mit Adam und Heva eingesetzet/ und sie feste mit einer starcken Ketten verbunden/ in dem er saget: Es soll ein Mann Vatter und Mutter verlassen/ und an seinem Weibe hangen/ und sollen die zwey ein Fleisch seyn. Und duldet GOTT ihre Brunst/ in deme sie sollen mit trewer züchtiger Liebe verbunden seyn/ als ein Leib in seinen Gliedern/ und darzu in GOttes-Furcht auff Kinder Zeugen gerichtet seyn/ sonst ist die Brunst in sich selber ohne trewe Liebe des Ehestandes/ durchaus eine viehische Sucht und Sünde; und so du im Ehestande nur die Brunst suchest/ so bistu in diesem Weege nicht besser als ein Viehe. Denn dencke ihm nur nach/ du stehest ohne das in einer viehischen Gebuhrt wieder die erste Schöpffung/ gleich allem Viehe. Denn der heilige Mensch in Adam war nicht also versehen sich zu gebähren/ sondern in grosser Liebe-Zucht aus sich selber.

65. Darumb o Mensch! siehe zu/ wie du der thierischen Brunst gebrauchest/ sie ist in sich ein Grewel vor GOTT/ sie sey in der Ehe/ oder ausser der Ehe. Aber die rechte Liebe und Trewe in der Furcht GOttes decket sie vor GOttes Angesichte zu/ und wird durch der Jungfrawen Sohn wieder zu einer reinen unbefleckten Creatur im Glauben erbohren/ so deine Zuversicht in GOTT stehet.

66. Aber für die Huren und Buben/ so in Brunst ausser der Ehe also lauffen/ haben wir kein ander Latein/ wir können auch im Liecht der Natur keines ersehen/ als nur Grewel in GOttes Zorn/ und so nicht mit Maria Magdalena ernste Bus-

se in der Wiedergebuhrt geschiehet/ GOttes Zorn und das Höllische Fewer zu Lohn. Amen.

Von dem frommen gerechten Habel/ die Porte der Christlichen Kirchen.

67. Dieweil sich denn Adam und Heva hatten in Geist dieser Welt begeben/ und lebten in zweyen/ als in dem heiligen Element vor GOTT/ und dan auch in der Außgebuhrt der vier Elementen/ welche erreichen das alleräusserste/ das Reich der Grimmigkeit/ so wurden auch zweyerley Kinder aus ihnen gebohren: als ein Spötter und ein frommer Mensch/ wie das bey Abraham und Isaac und Ismael/ so wohl bey Jacob und Esau gnug zu ersehen.

68. Wiewohl die Kirche zu Babel alhier viel von der Gnaden-wahl aus GOttes Fürsatz wil rumpelen/ und hat dessen doch so wenig Erkäntnuß/ als der Thurn zu Babel von GOTT/ dessen Spitze solte am Himmel reichen.

69. Gleich als wäre es nicht möglich/ das ein Kind könte außgehen aus dem Zorne in die Liebe GOttes; Da doch die Liebe in der Zersprengung des Zorns völlig erscheinet/ und fehlet nur an der Busse/ daß sich der Mensch lässet den Teuffel halten.

70. Und ist die Verstockung nicht also gar in der Gebuhrt/ daß die Seele von Mutterleibe in GOtt todt wäre/ oder daß GOtt derselben nicht wolte. Ist doch der Zorn im Quall des Vatters/ und der Vatter ist gleichwel GOtt/ und gebieret sein liebes Hertz und Liebe in den zersprengten Thoren/ in der Wonne aus sich selber: Wird er dann mit ihm selber uneinig seyn/ daß sein Zorn unter der Wurtzel der Liebe ist? Wird er sich dan selber anfeinden? Sein Zorn ist seine Stärcke und Allmacht/ ein verzehrend Feuer/ und sein Hertze in der Liebe ist seine Demuht: Was sich nun in seinem Zorn nahet und eingehet/ das wird im Zorn gefangen.

71. Es ist aber möglich aus dem Zorne außzugehen/ gleich wie sein liebes Hertze aus dem Zorne außgebohren wird/ welches den Zorn stillet/ und heisset recht Paradeiß oder Himmelreich/ und wird sein Zorn im Himmelreich nie erkant. Also auch alda seine Gnaden-Wahl gehet allemahl über die Kinder seiner Liebe/ die gehören ins Himmelreich: Und S. Paulus redet nicht anderst als von seiner Wahl/ er meynet aber die sich zu ihme nahen/ und in seinen Bund tretten/ und die sich zu ihme aneignen/ die zeucht

der

der Vatter mit dem H. Geiste / durch den Tod Christi ins reine Element für den Vatter. (Jes. 44. v. 2. Fürchte dich nicht mein Knecht Jacob / und du Frommer / den ich erwählet habe.)

72. Aber daß GOtt solte einem seinen Willen verstocken / und finster machen aus seinem Fürsatze / das ist nicht wahr. Dem Gottlosen der nur zur Feuers-Macht ringet / wird der Geist GOttes entzogen / denn er gehet selber von GOtt aus / und wil nicht GOtt. GOtt entzeucht sich Niemanden: Der Mensch hat einen freyen Willen / er mag greiffen worzu er wil / aber er wird von zweyen gehalten / vom Himmel und Hölle / in welches er sich begiebet / in demselben ist er.

73. Cain ist nicht in Mutterleibe verworffen gewesen / ob GOtt wohl einen falschen Saamen nicht liebet / so stehet er doch frey / er mag zur Liebe oder zum Zorn eindringen / sie nehmen ihn beyde an; wie S. Paulus auch selber saget / Rom. 6. v. 16. Welchen ihr euch begebet zu Knechten in Gehorsam / deß Knechte seyd ihr: Dem ihr gehorsam seyd / es sey der Sünde zum Tode / oder dem Gehorsam zur Gerechtigkeit.

74. So wil nun GOtt keine boßhafftige Seele in der Liebe haben / sondern in seinem Zorne. Er ist aber ein Hertzenkündiger / und weiß wohl was im Menschen ist / und was er thun wird / auch noch weil er ein Saame ist / und wil die Perlen nicht für die Säue werffen. Nicht aber ist der falsche Saame aus GOttes Willen uñ Fürsatz / sonst müste er denTeuffel auch gewolt haben.

75. Weistu nicht daß das Band der Ewigkeit frey stehet / und machet sich selber? aber was sich zu ihme aneignet / das wird auch in GOtt gebohren: Dringet doch die Liebe nicht in Zorn / sondern die Liebe wird aus demZorn gebohren / und ist gantz frey; Darumb ist auch das Hertze GOttes in der Liebe eine andere Person / (welche nicht wieder in Zorn eingehet) als der Vatter / und der Außgang ist der H. Geist.

76. Warumb gehet die Seele des Menschen nicht auch aus / aus dem Zorne in die Liebe / so wäre sie eine andere Creatur in der Liebe gebohren? S. Paulus saget: Die GOtt zuvor versehen hat / die hat er auch geheiliget / daß sie gleich und ähnlich sind seinem Bilde. Die Versehung ist in seiner Wahl / er erwählet ihme allezeit seine Schäfflein; die zu ihme kommen / die versiehet er zum ewigen Leben. Nicht ist es daß er einen / so zu ihme mit Ernst begehret zu kommen / verstocke / und nicht versehen wolte: Sein Wille ist allen Menschen zu helffen. Und Christus saget selber: Kommet alle zu mir / die ihr mühselig und beladen seyd /

seyd/ (da stehet ja/ die ihr mit Sünden beladen seyd) ich wil euch erquicken/ das ist/ ich wil euch gewiß versehen/und zu mir ziehen/ und fehlet nur am kommen.

77. Nun was liegt denn dem Gottlosen im Weege/ daß er nicht kom̃t? Das Zorn-Schwerdt des Engels Cherub/ das wil er nicht zerbrechen; Die gleißnerische sanffte Welt in seinem Busem/ im Fleisch und Blute thut ihm zu wohl. Er wil nicht sein Gemüthe zerbrechen/ deß er doch Macht hat/ und so ers zerbricht/ so wird er von GOtt gezogen durch Christum/ zum Vatter/ und wird zur stund erwehlet zum Kinde GOttes/ und wird aus dem Schlangen-Bildnüß ein Englisch Bildnüß.

78. Denn so lange die Bildnüß im Zorne stehet/ so ists der Schlangen Bildnüß: So sie aber außgehet in die Zerbrechung/ so wird ihme durch den Schlangen-Tretter eine hiñlische Bildnüß figuriret/ und wird der Schlangen der Kopff zertretten. Die zwey Reiche käm̃pffen mit einander/ und welches sieget/ das bildet die Bildnüß.

79. Darumb siehet man/ wie der Zorn in Adam und Heva ist groß gewesen/ daß also das Grimme-Reich hat eher gesieget/ als das Himmelreich: Und ist der Spötter eher gebohren/ als der Fromme.

80. Nun lag das aber auch an den Eltern/ hätten die nicht gesündiget/ und den Zorn in sich gelassen/ so wäre es nicht geschehen: Also auch auff heute noch.

81. Wiewohl es ist/ daß die Natur das Kind in Mutterleibe fängt und bildet/ das Sternen-Region aber hat nur die Bildnüß in den vier Elementen/ und nicht im heiligen Element.

82. Ob sie gleich nun einen Menschen im äussern/ thierisch gnug mit kleinem Verstand manchmal bilden/ so liegts daran nicht. Der äussere Mensch ist der Sternen Thier/ aber der innere im Element/ ist die Gleichnüß GOttes/ und geschiehet die Göttliche Bildung nicht im äussern/ sondern im innern Element.

83. Denn ein Mensch ist offte im äussern also böse von Sternen genaturiret/ daß er ihm selber gramm wird/ aber wenn er sich bedencket/ so gehet er in sich/ in den innern Menschen/ und läuffet zur Abstinentz/ und mag doch des äussern boßhafftigen Menschen nicht loß werden: sondern er muß immer mit dem innern dem äussern/ das ist/ der Schlangen den Kopff zertretten.

84. Denn die Schlange steckt manchem im äussern/ kriegt sie aber den innern Menschen/ so ist die Bildnüß GOttes hinweg. Die Boßheit der Sternen treibet manchen zu morden/ stehlen/
lügen

lügen und trügen/ wohl biß zum Galgen und Schwerdt/ und hat doch noch den Innern nicht gäntzlich/ er ist noch in der Porte/ und kan durch Busse in eine andere Bildnuß eingehen/ welche der äussern nicht ähnlich ist. Man kan den innern Menschen nach dem äussern also gar nicht richten/ man sehe denn daß er GOtt verachtet/ und den H. Geist lästert/ in deme ist keine Göttliche Bildnuß/ und ist schwer. Jedoch ist sein Gerichte nicht in diesem Leibe/ die Pforte der Barmhertzigkeit stehet gegen ihme offen/ weil er in diesem Hause ist.

85. Aber nach diesem Leben wird ihme nichts mehr/ er habe dann die Barmhertzigkeit am Fadem: So wil doch GOtt das glimmende Tocht nicht außlöschen/ wie Jesaias saget: Wiewohl er in seinen Sünden muß baden/ biß der Zorn überwunden wird durch den Tod Christi/ an welchem Fadem er hangen muß. Und die putrefaction ist sein Fegefeuer in seinen Sünden/ und kein frembdes/ davon der Antichrist dichtet und narret/ sondern sein eignes in seinen Sünden.

86. Und ist auch mit dem Fegefeuer nicht so gar ohne/ wie der Wolff des Thieres der Huren dichtet. Denn man weiß auch wohl/ daß nach diesem äussern vergänglichen Leben/ ein ewig Leben ist/ und hie alle Sünden vergeben werden/ aber weil du zwischen Thür und Angel bist/ und hangest an einem Härlein/ so bistu noch nicht gäntzlich im ewigen Leben. Bistu aber im ewigen Leben/ so bistu vollkommen/ entweder im Himmel oder Höllen/ daraus ist keine Erlösung/ denn es ist das ewige Leben.

87. So wir aber nun also von dem frommen Habel reden/ so können wir darumb auch nicht sagen/ daß ihme das Reich der Himmel nicht sey beyständig gewesen/ daß er bloß aus eigener Macht habe also einen frommen Menschen aus sich gemacht. Denn es ist im Ringen gewesen/ und hat dem Zorne obgesieget. Denn ein Mensch ist schwach und unverständig/ und kan aus eigener Macht wenig thun/ doch hat er die Imagination und die Wahl/ oder freye Ergebung/ da dem der Macher schon vorhanden ist/ der ihn machet/ wonach er lüstert/ wie bey Adam zu sehen/ als er in Geist dieser Welt lüsterte/ da war bald der Macher da/ und machte aus einem Englischen Bilde einen Menschen.

88. Die Lust ist die Einführung in ein Ding/ und aus der Lust wird die Gestalt der Lust/ als ein Corpus, und steckt der Sünden-Quall darinnen. So ist der Lust doch besser zu wehren/ als den Leib zerbrechen/ welches schwer ist. Darumb ists gut/ die Augen abwenden/ so fähret die Tinctur nicht in die Essentien, davon der

Geist

Geist schwanger wird. Denn die Lust ist das Gemüthe wohl nicht gäntzlich / aber sie sind Geschwister. Denn wann die Lust das Gemüthe schwängert/ so ists schon eine halbe Substantz/ und muß schon eine Zerbrechung folgen/oder wird eine gantze Substantz und ein Wesen eines Dinges.

89. So ist Habel nun die erste Christliche Kirche in Gedult/ welche GOtt darstellet / daß sich die Cainische Kirche soll durch Habel bekehren: Er hat darumb die Cainische Kirche nicht also verworffen/daß er kein Glied wolte aus ihr haben. Sie (verstehet die rechte Christliche Kirche) stehet als ein Schaff unter den Wölfen: wiewol wir Menschen/und nicht Wölfe sind/aber doch wohl im Gemüthe/und in der Figur: sie lehret den Gottlosen/bekehret er sich/ so hat sie ihn gewonnen / und wird zur heiligen himlischen Bildnuß figuriret / und ist Freude darmit vor den Engeln GOttes/daß also das Himmelreich sieget.

90. Oder meynestu/ daß das Wort im Daniel vom Engel Gabriel/ der da saget/ der Fürst in Persien habe ihm ein und zwantzig Tage widerstanden/ und unser Fürst Michael sey ihm beyständig gewesen/ nichts sey? Man siehet auch dadurch/ wie die Fürsten- und Thron-Engel wider das Reich der Grimmigkeit streiten und dem Menschen beystehen. Denn/ Ursache ist dieses/der Teuffel erreget den Zorn GOttes wider die Menschen/ so halten ihn auch die Engel GOttes/ als die Thron-Fürsten auff/ daß ja GOtt das Böse nicht wil.

91. Es ist uns fürnemlich beym Cain und Habel zu mercken/ was ihr Vorhaben sey gewesen. Cain ist ein Ackermann gewesen/und Habel ein Schäfer: Habel hat auf GOttes Segen seine Heerde gebauet/ sich durch GOttes Segen zu nähren: Und Cain hat auf seine eigene Arbeit gebauet sich in eigener Kunst zu nähren. Da ist die Heva dem Cain beygefallen/ und Adam dem Habel. Denn sie hielt ihn für den Fürsten auff Erden/ deme das Reich solte/und meynete/ er würde als ein Held den Teuffel wohl verjagen/ wiewohl sie dehn nicht kanten.

92. Aber so mans gar tieff suchet/ so ist diß wohl der rechte Grund: Heva war das Kind in Adams Matrix, daß/ so Adam nicht wäre überwältiget worden/ er aus sich in grosser Zucht und Heiligkeit gebohren hätte. Weil aber Adams Matrix vom Geiste dieser Welt geschwängert ward/ so muste GOtt ein fleischlich Weib daraus bauen/welche hernach auch in ihrer ersten Frucht also süchtig/ und vom Teuffel inficiret war/ so wohl auch der Limbus in Adam.

93. Darumb haben sie auch ein solch fromm Kind gebohren/ welches nur auff den Geitz sahe/ wie Hera auch/ sie wolte seyn gleich wie GOTT: Gewißlich ists Adam auch daran gelegen gewesen/ sonst wäre er in Geist dieser Welt nicht eingegangen.

94. Also war auch nun ihr Sohn Cain/ er meynete/ er wäre Herr auff Erden/ und gönnete seinem Bruder nicht/ daß er auch etwas wäre: Vorauß da er sahe/ wie er vor GOTT angenehm wäre/ verdroß es ihn/ und gedachte/ Habel möchte Herr auff Erden werden/ und war ihm nicht umb die Gotts-furcht im Opffer zu thun/ ob er gleich als ein Gleißner auch opfferte/ sondern umb die Region.

95. Und alhier hebet sich das Anti-Christische Reich an/ da man vor GOTT gute Worte giebt/ und das Hertz ist mit Geitz besessen/ und trachtet nur nach Macht und Gewalt über den Elenden zu herrschen/ der GOTT vertrawet. Darumb hat der Anti Christ seinen GOTT in dem Kasten/ und in der Stärcke seiner Macht/ und hanget ein Fuchs an seinem Rocke: Er betet/ aber er begehret nur von GOTT das Reich dieser Welt/ sein Hertz lässet nicht abe vom Treiber und Jäger des armen Habels. Aber Habel betet zu dem Herrn/ und sein Hertz aneignet sich in die Liebe GOttes/ in die rechte Bildnüß: denn er begehret das Himmelreich/ und alhier GOttes Seegen zu seiner Nahrung.

96. Das kan nun der Teuffel nicht leiden/ daß ihme eine heilige Kirche in seinem Lande wachse. Er wil den Habel immer ermorden. Wie dann alda auch geschehen ist: Weil Cain nicht GOTT fürchtete/ so krigte der Teuffel einen Zutritt zu ihme/ und erweckte den angebohrnen Grimm in Cain wider Habel/ daß er ihn erschlug.

97. Da werden gewiß alle Teuffel gedantzet haben/ und gedacht/ nu ist abermahl das Reich unser. Davon dan Adam und Hera sind erschrocken/ als sie sahen/ daß der/ welchen sie für einen Fürsten hielten/ ein Mörder ward: und wie die Historia lautet/ sie sich in siebentzig Jahren nicht mehr in Vermischung eingelassen.

98. Wie deme nun sey/ so haben sie doch nun gar viel einen andern Schlangen-tretter gesuchet/ auch hat sich ihr Hertze nun fort zu GOTT geaneignet/ daß sie nach diesem Mord/ nach siebentzig Jahren/ haben gar einen heiligen Gotts-fürchtigen Sohn gezeuget/ welcher die reine Kirche von der Gottes-furcht und verheissenem Weibes Saamen hat wieder auffgerichtet/ welcher Seth hat geheissen; der da wieder gar einen frommen

Cap. 20.   **Göttliches Wesens.**   311

Sohn den Enos zeugete / da man hat angefangen öffentlich von GOTT zu lehren: Und ist die Christliche Kirche / wider alles wütten des Teuffels / immer als ein schwach Häufflein auffgangen.

99. Aber Cain hat sich zum Herrn über sein Geschlecht erhoben / davon ist die Herrschafft und das Regiment dieser Welt entstanden / alles nach der Sternen influentz erbohren / durch den Geist der grossen Welt / und nicht also von der klaren Gottheit geordnet / wie Herr Cain meynet.

100. Zwar / da die Welt also böse und mörderisch ward / so musten Richter und Obristen seyn / daß der Grimm auffgehalten ward durch Straffe und Furcht. Aber wärestu in der Liebe blieben / du hättest keine Herrn / sondern liebe Brüder und Schwestern.

101. Dein gewaltig Reich / O Cain / ist nicht durch GOTT influiret, sondern durch den Gestirneten Himmel im Zorn / der herrschet nun über dich / und gibt dir offte Tyrannen / die dir deinen Schweiß in Hoffart verzehren: Das hastu für dein Paradeiß.

102. S. Paulus schreibet wohl: Es ist keine Obrigkeit ohne von GOTT: Er spricht aber: Sie ist eine Rächerin der Gottlosen/ und träget das Schwerd nicht umb sonst. Du hast Grundes gnug hierinnen / wie GOTT das Weltliche Regiment und dessen Schwerd umb der Gottlosen willen gebrauche / darunter du nun dein Joch must tragen umb der Sünden willen / dieweil du ein stäter Fresser und Mörder bist. Beschawe dich nur mit sambt dem Rach=schwerd / vielleicht wirstu dich ersehen. So man aber saget / daß GOTT einen Eckel habe an der grossen Tirannen und Schinderey / indehm dem Elenden / sein Schweiß mit Hoffart wird verpranget / das kan Cain nicht leiden: Wann nicht das schreckliche Exempel der Sünd=fluht dar stünde / so müste es Heiligkeit seyn.

103. Aber dein Reich / O Cain! ist zu Babel erbawet / und herrschet dein Thier zu Sodom und Gomorra: Es ist ein Fewer darinnen vom Herrn vom Himmel. Es ist Zeit daß du gehest mit Loth aus Sodom.

Die Sünde wachet in Cain auff.

104. Als nun Cain seinen Bruder hatte ermordet/ gieng er sicher als ein Herr / und dachte: Nun bistu alleine Fürst auff Erden. Aber die Stimme des grimmen Zornes GOttes kam /

und

und sprach: Wo ist dein Bruder Habel? Und er sprach: Ich weiß nicht/ soll ich meines Bruders Hüter seyn? Er sprach: Was hastu getahn/ sihe die Stimme deines Bruders Bluts schreyet zu mir von der Erden: Und nun verflucht seystu auff Erden/ die ihr Maul hat auffgetahn/ und deines Bruders Blut von deinen Händen empfangen: Wann du den Acker bawest/ soll er dir fort sein Vermögen nicht geben/ unstäte und flüchtig soltu seyn auff Erden.

105. Als nun der Zorn GOttes die Sünde in Cain rührete/ so wachete sie auff/ und ward ihm bange/ da sahe man seinen falschen Glauben/ denn er zweiffelte und schrie: Meine Sünde sind grösser/ als daß sie mir könten vergeben werden: Sihe du treibest mich heute aus dem Lande/ und muß mich für deinem Angesichte verbergen und muß unstät und flüchtig seyn auff Erden: So wird mirs nun gehen/ daß mich todtschläget/ wer mich findet.

106. Uns erscheinet alhier die gantz schröckliche/ jämmerliche und elende Porte der Verzweifflung über die begangene Sünde. Denn da GOtt sprach: Verflucht seystu auff Erden/ die ihr Maul hat auffgethan/ und deines Bruders Blut von deinen Händen empfangen/ so ist das auffgeblasene/ selbst eigen-mächtige/ gleißnerische/ heuchlerische Reich des Anti-Christs von GOtt verworffen worden/ und hat sich selber/ mit seinem Eingange in Grimm in die Mord-that/ von GOtt getrant.

107. Darumb sprach GOtt: Verflucht seystu: Und ist diß Fluchen/ oder Fliehen aus dem Grimm der Unterscheidt/ daß die Liebe GOttes im Grimm nicht wohnen wil/ und soll diß Reich nicht nach seinem Nahmen genennet seyn. Denn GOtt hat nicht in die Mord-that gewilliget/ sondern der Grimm/ vor welchem doch GOtt den Cain warnete beym Opffer/ er solte fromm seyn/ so wäre er angenähme/ wo aber nicht/ so ruhete die Sünde mit dem grimmen-Reiche vor der Thür/ er solte ihr nicht Gewalt lassen/ sondern über sie herrschen. Da er ihr aber Gewalt ließ/ so herrschete sie über ihn/ und bezwang ihn.

108. Also flohe auch GOtt: das ist/ Cain gieng aus GOtt/ aus GOttes Reich ins Reich der Grimmigkeit des Treibers; darumb war auch sein Wesen/ was er ferner fürgab/ nicht aus GOtt/ sondern aus dem Reiche der Grimmigkeit/ die ihn führete und erbahr/ oder erweckete durch ihn seine Wunder/ auff daß es auch offenbahr würde/ als es denn ein groß Wunder war/ wie das edle Bild in Habel möchte vom Grimme der Höllen und

dieser

Cap.10.   **Göttliches Wesens.**   313

dieser Welt in der Zerbrechung des Leibes geschieden werden/ da der Höllen Reich solches hätte gerne mögen empfinden/ und derowegen der erste Todt in eyl muste geschehen/ da denn der Schlangen-tretter sein erst Schul-recht gethan hat/ als sich das Reich dieser Welt von Habel geschieden/ da der Cherub zum erstenmahl die vier Elementa vom heiligen Element geschnitten.

109. Da ist das Wort oder der Schlangen-tretter im newen wieder-erbohrnen Element in Habels Seele/ im Centro, in den Thoren der Tieffe gestanden/ und hat der Schlangen (das ist dem Reiche der Grimmigkeit) den Kopff seiner Macht zertretten. Denn der Kopff bedeutet die starcke Macht des grimmen Zornes. Alda hat die Liebe GOttes/ aus GOttes Hertzen sich in die Hölle des Zornes eingelassen/ und der armen Seelen angezündetes Fewer wieder in der Liebe ersticket/ und ist alhier das erste Werck versuchet worden/ wie es denn GOTT Adam und Heva also verhieß.

110. Zum andern/ ist das schröckliche Werck des Eingangs in die Grimmigkeit auch versuchet worden in Cain. Denn ein jedes Reich versuchte das seine. Da nun Cain in Zorne gieng/ so stund die Liebe GOttes im Centro vor ihme gantz verborgen. Da solte nun Cain als ein Ritter/ der Schlangen den Kopff zertretten/ welches er sich zuvor hatte lassen bedüncken/ welches er in seiner Macht thun wolte/ und ward alhier recht versuchet/ obs müglich wäre in eigener Macht/ durch des Vatters Glantz/ im Fewer das Reich GOttes zu besitzen.

111. Aber es war Elende und alles umbsonst. Denn Cain schrie in seiner zarten Menschheit/ Wehe und Ach über sich/ seine Sünde wäre grösser als er/ er konte nicht aus seiner Macht zu GOtt eingehen/ stund/ zitterte und erblassete vor der Höllen Abgrund/ welche ihn hatte gefangen/ und hielt ihn in sich: Er absonderte sich auch nun von den Menschen/ und sprach: Nun wird mich erschlagen wer mich findet/ denn ich muß von deinem Angesichte fliehen.

112. Und sihet man alhier die Entsonderung der Christlichen Kirchen von der Cainischen/ da GOTT Cain außtrieb/ daß er muste an einem andern Ohrte wohnen: Und stecket der rechte Verstand dieser hohen Geheimnüß alles im Worte unter der Decke/ und ist fast nie erkant worden: Soll aber in der Lilien Zeit im Wunder stehen. Und magst du Anti-Christische Cainische Kirche auff Erden dieses wohl wissen/ daß alles was du dichtest ohne GOttes Geist zu deinem Schmuck und Hoffart/

O   auch

auch Stärcke und Macht/ das ist mit Cain außgegangen von Habel aus Christi Kirchen/ jenseit Eden/ ins Land Nod/ so du also hoch gelehrt bist/ und diß verstehest in der Natur-Sprache/ was es sey/ wie deine Heuchler in seinen Hüthel wol meynen/ ergreiffen aber nur die vier Elementa im Außgang mit Cain/und nicht das Element vor GOTT: Darumb ists die Babel der Verwirrung/ und vielerley Meynung/ und nicht der Grund im Element, welcher in Einem und nicht in Vielen stehet.

113. Du hast alhier einen feinen Spiegel von des Menschen eigenem Wahn an Cain. Was der eigene Wahn ohne GOttes Geist sey. Cain gieng nicht zur Thür/ die GOTT Adam und Heva bawete/ mit dem Worte und Schlangen-tretter/ in Schafstal/ sondern stieg anders wo hinein/ durch sein starck Löwen-gemühte/ und wolte ein Herr über die Schafe seyn/ und ward ein Dieb und Mörder der Schafe/ und die Schafe folgeten ihme nicht/ sondern giengen mit Habel durchs Schwerd des Engels Cherub aus diesem vergänglichen und zerbrechlichen Leben mit dem Schlangen-tretter/ in ihren ruhigen Schafstall/ da kein Wolff mehr ist. Denn der Cherub lässet keinen mehr ein; und ob einer käme/ so schneidet er ihme das Wolffs-Hertze des Grimmes/ des Reichs dieser Welt/ rein weg/ so wird er auch ein Schaff/ und leget sich gedultig unter die Schäfflein/ und suchet nicht mehr den Wolff/ denn er ist jenseit Eden/ im Lande Nod. Er aber ist durchs Schwerdt des Cherubs ins Paradieß gegangen/ da gehet kein Wolff ein/ es ist ein Zaun eines Principii, (das ist/ einer gantzen Gebuhrt) dafür.

114. Und magst dich/ O du Cainische Kirche mit deinen Gesetzen und Schwätzen deiner scharffen Außlegung der Schrifften der Heiligen so im Geiste GOttes geredet/ wohl beschawen/ und dir dein wollüstiges/ sanfftes Reich nicht zu feste darauff setzen. Denn sie sind meistentheils im Paradeiß im Element: Sie reden aus der Wurtzel des heiligen Elements durch die Außgeburth der vier Elementen, und fassen offt in der Außgeburth den Grimm/ welchen die Menschen hatten erwecket. Darumb siehe/ daß du nicht Stoppel-stroh/ oder wildes Kraut aus den vier Elementen darauff bawest. Hastu nicht den Geist der Erkäntnüß aus dem heiligen Element, so laß bleiben/ bekleistere es nicht mit den vier Elementen, es stehet sonst in Babel: Es ist nicht gut die vier Elementen darauff bawen. Denn der Cherub (mit dem bloß-hawenden Schwerd) stehet dazwischen/ und wird abschneiden was nicht in Schaf-stall gehöret/ du wirst dessen nicht nutz haben.

haben. Denn deine Arbeit bleibet im Lande Nod. (in der Selbheit und Ichtheit.)

115. O Cain! schawe nur dein Reich an/ und gedencke was deinem Großvatter Cain begegnet ist/ der diß Reich bawete/ der da schrie: Ach meine Sünde sind grösser/ denn daß sie mir mögen vergeben werden; da er sahe/ daß er mit seinem Reiche ausser GOtt war/ in der Höllen Abgrunde. Und wann nicht das freundliche Wort GOttes hätte wiederruffen/ in deme es sprach: Nein/ wer Cain erschläget/ der soll siebenfältig gerochen werden. Und GOtt machte ein Zeichen an ihm/ daß ihn Niemand erschlüge/ wer ihn fünde/ so wäre er gar verzaget. Das sind wunderliche Worte: So gar ist Mosis Angesichte unter dem Deckel. Denn der Deckel ist recht die Cainische Kirche/ welche das Reich Christi verdecket.

116. Man siehet allhier helle und klar den Grund und Wurtzel der falschen Cainischen Kirchen. Denn Cain hatte sich zum Herrn der Welt gemacht/ und trawete auff sich selber: Nun hatte er aber in sich selber nichts zum Eigenthumb/ als das erste und dritte Principium. Denn nach seiner Seelen war er im ersten Principio, wie alle Menschen/ und nach dem Leibe war er im dritten Principio, im Reiche dieser Welt.

117. Nun solte er mit seiner Seelen aus dem Reiche dieser Welt ins ander Principium, als ins Vertrawen auff GOtt/ ins Wort der Verheissung zu GOtt eingehen/ wie Habel that/ und mit den Händen im Reiche dieser Welt arbeiten/ pflantzen und bawen/ aber sein Gemüthe solte ins Vertrawen in GOtt gerichtet seyn/ und das Reich dieser Welt GOtt befehlen/ und sich darinnen halten als ein frembder Wandersmann/ welcher nur mit diesem frembden Leibe in seinem Eigenthum wäre/ dem Leibe nach/ und der Seelen nach nur ein Frembder darzu beschämter Gast/ gleich als ein Gefangener darinnen wäre/ welches Tichten und Trachten seyn solte wieder in sein recht Vatterland/aus welchem er mit seinem Vatter Adam war außgegangen/ einzugehen. Aber er ließ fahren das andere Principium, das Reich der Himmel/ und begab sich mit seiner Seelen gäntzlich ins Reich dieser Welt/ darinnen wolte er ein Herr seyn: Also fieng ihn der Zorn. Denn er gieng aus dem Worte der Gnaden-verheissung aus.

118. Da stund das Wort im Centro des Himmels gegen ihme/ und er stund in der Wurtzel der Grimmigkeit gegen dem Worte. Denn sein Geist gieng aus der Porte des Himmlischen Centri

aus/ und stund im Qualle des Urkundes der Schöpffung in der grimmen Fewers-wurtzel/ und begehrte die Außgeburth aus dem H. Element, welche auch stund im Grimme der Anzündung/ als die vier Elementa.

119. Und davon entstund sein Zorn gegen Habel/ daß Habel nicht in dieser Geburt stund/ und sein Geist wolte Habels Reich nicht in seinem Reiche leiden. Denn er wolte als Eigen=mächtig in den zweyen Principiis, darinnen er stundt/ herrschen/ darumb erschlug er Habel.

120. Aber GOTT wolte das nicht haben/ sondern entzündete den Zorn in Cain/ welcher zuvor im geschwülen Reiche der vier Elementen hatte geruhet/ und war nur in grosser Frewdenmacht auffgestiegen/ da ihn Cain nicht erkante/ auch davon nichts wuste. Alleine die Essentien der Seelen wustens/ daß sie falsch handelten/ aber die Grimme-Quaal in der Fewers=Anzündung wusten sie nicht/ biß sie aus dem Centro GOttes außgiengen in die Falschheit/ da fühleten sie das Zorn-fewer mit grossen schrecken/ zittern und schreyen; denn sie waren von GOtt außgegangen/ und sahen noch fühleten nicht mehr die himlische Quaal/ darumb verzweifelten sie/ dieweil sie sich im Zorn-quaal befunden; also schrie der Leib mit allen Essentien: Meine Sünde sind grösser/ als daß sie mir könten vergeben werden.

121. Und siehet man alhier recht den Spiegel der Höllen=Abgrund und ewigen Verzweiflung/ wann der Zorn GOttes auffgehet im Quaal/ daß ihn die Boßheit rüge machet/ da gehet an zittern/ gelffen und schreyen/ in sich selber an GOTT verzweifeln/ da suchet die Seele im Reiche dieser Welt Abstinentz/ und findet aber nichts/ da verläst sie auch das Reich dieser Welt/ und lauffet in Urkund/ in die Wurtzel der ewigen Gebuhrt und suchet Abstinentz/ findet aber nichtes: Da schwinget sie sich in die grawsame Tieffe/ vermeinend den Urkund der Abstinentz/ oder die Thoren der Einbrechung zu erreichen/ sie fähret aber nur über die Himmel aus/ in das alleräusserste/ in die grimme Ewigkeit.

122. Also wird sie dan dem Leibe/ darinnen sie die Bildnüssen GOttes hat getragen/ Spinnen=feind/ und lauffet manches zum Wasser/ Strick und Schwerd/ und ermordet den Leib/ welcher sie umb die Bildnüß GOttes hat gebracht/ wegen der zeitlichen Wollust/ falscher Zuversicht/ auff sich selbst vertrawen/ seinen Bruder und Schwester verachten/ ermorden/ ihm sein zeitlich Brod nehmen/ und seinen Bruder und Schwester auch zur Leichtfertigkeit ursachen.

123. Und

Cap. 20. **Göttliches Wesens.** 317

123. Und hast du Cainische Kirche zu Babel in deinem Aufsteigen der Hoffart und Eigen=macht / auch wollüstigen/ eigen=ehrigen Leben alhier einen Spiegel / besiehe dich nur darinnen. Denn du bist in Geist dieser Welt eingangen / und hast dir das Reich dieser Welt zum Himmelreich gemacht/ und trawest nur auff dich selber: du machest dich zum Herrn übern Habel / und zeuchst nur mit Macht und List das Reich dieser Welt an dich / und machest dich zum Patronen darinnen / und gehest darmitte von GOtt aus. Du meynest du seyest gleichwol heilig/ ob du gleich den armen Habel niederdrückest unter dein Joch/ und quälest ihn Tag und Nacht: Er muß alhier dein Jagt=hund seyn/ und du hälteste ihn für dein Eigenthumb/ da du doch nicht einen Splitter an ihm hast/ der deine wäre: du bist nur sein Treiber in Jericho / sein Mörder / der ihn außzeucht / schläget und mordet.

124. Fragestu warumb? Siehe / ich wil dirs sagen: Du bist Cain / der Herr dieser Welt / denn du hast dich selber darzu gemacht: So ist nun Habel dein Knecht / der ist in diese Welt eingangen als ein Gast. Er stehet aber und gebieret aus dieser Welt wieder in sein Vatterland: den kanstu nicht leiden / du druckest ihn zu bodem auff zweyerley weise / alles gantz listig und in eigener Macht. Erstlich mit deiner gleißnerischen / falschen Lehre zu Babel / in dem er sol und muß gläuben was du ihm ohne GOttes Geist fürschreibest / dadurch du nur dein auffgeblasen fett Reich stärckest / damit zeuchstu ihn auff einen Weege von GOTT in Geist dieser Welt / daß er auff dein Geschwätze muß sehen / und thut er das nicht / so ermordestu ihn mit Habel.

125. Zum andern hastu dich zum Herrn über ihn gesetzet / und hast dir ihn leib=eigen gemacht / und prangest also über ihn / als die stoltze Fraw dieser Welt. Du quälest ihn Tag und Nacht / und verzehrest ihm seinen Schweiß in Hochmuht / alles nach der Rache des Grimmes. Also stecket er nicht alleine in Finsternüß / sondern in grossem Kummer und Elende / und suchet den Weeg der Außflüchte / wie er doch möchte ans Liecht kommen / und den Treiber entfliehen.

126. Er findet aber in deinen Thoren nichts als den Weeg der Falschheit / mit Finantz / List / Lügen / Trug / auch Geitz / und sich außzuwinden / daß er nur unter deinem Joch möge leben. Und ermordet also seine arme Seele / auch selber unter deinem Joche / und trennet sich also vom Reiche GOttes / und begibt sich in Geist dieser Welt / knict und betet vor deinem Thiere / und ehret

ehret deine stoltze Braut/ so auff deinem Thiere reuthet/ wie uns der Geist GOttes in der Offenbahrung Jesu Christi zeiget.

127. Also ermordestu stäts den armen Habel auff zweyerley Art/ und giebest ihm grosse ärgernüß mit deiner Macht und Pracht/ zeuchst ihn von GOtt in Geist dieser Welt/ da er denn stock=blind wird/ und wil dir immer nach reuthen/ er wil immer auff dein Thier sitzen/ und auch ein Herr seyn/ und über die gebogene Knie reuthen/ und ist das Reich dieser Welt eine rechte Mord=grube/ und vor GOtt eine Schand=grube.

128. Der Geist deines stoltzen Thieres ist der Höllische Wurm; Die gekrönete Braut so darauff sitzet/ ist das falsche Weib zu Babel/ Sie trincket nur aus dem Becher der Hurerey und Grewel. Ihr Tranck darinn ist der grimme Zorn GOttes/ davon trincken die Völcker und werden truncken/ und werden also in ihrer Trunckenheit Mörder/ Räuber/ Diebe/ Falsche/ treulose Verächter/ Spötter/ Auffgeblasene/ Eigen=ehrige/ Störrige/ Boßhafftige/ derer Zahl kein Ende ist/ welche sich untereinander selbst anseinden. Ein ieder meynet sein Weeg sey der rechte/ und gehe auff rechter Bahne; So sein Bruder und Schwester nicht auch denselben gehet/ so verachtet er ihn/ heisset ihn einen Ketzer/ und beisset sich also ein Wolff mit dem andern. Sein Weeg ist in seinem Dünckel/ wie ihn sein Herr lehret/ welcher doch nur seinen Abgott=bauch meynet/ daß sein Glantz groß werde vor den Menschen. Also betreugt ein Heuchler den andern/ und sind Spötter und Verfolger untereinander in sich selber/ und ist ein Wolff als der ander; und muß der arme Habel/ welcher im rechten Vertrawen und Zuversicht in GOtt stehet/ stäts nur Fuß=hader seyn: Er wird immer ermordet auff zweyerley Weise.

129. Eine Weise ist/ daß er betrogen/ auch in Babel ein= gehet/ und am Himmelreich ermordet wird. Die andere/ so er beständig bleibet/ so wil ihn der Teuffel mit Cain nicht dulden/ und ermordet ihn äusserlich nach dem Leibe/ oder seinen guten Nahmen und Ehre/ und verdecket ihn/ daß er nicht erkant wird/ damit das Reich dem Cain und Antichrist zu Babel bleibe. Da= von wir wol wüsten zu sagen/ aus selbst=Erfahrung/ so uns der Grimm geliebte: Aber unserm Habel geschiehet gar wohl/ und gehet unser Spott auff im Lilien=Blade/ dessen wollen wir uns wohl ergötzen/ so wir aus Jericho wieder gen Jerusalem kom= men/ zu unserm Vatter Habel.

130. Was hastu stoltze Braut zu Babel nun für deine Hof=
fart

fart vom Geiste dieser Welt zu gewarten / daß du ihm also trewlich dienest? Siehe Dreyerley: Eines / daß dich der Geist dieser Welt verlässet / und von dir weichet / und reisset dir deinen stoltzen Leib hinweg / und machet ihn zu Asche und Erden / und nimbt dein Gut / auch Macht und Pracht / und gibts einem andern / und quälet ihn auch eine Zeit darinnen.

131. Und denn zum andern / daß er dir alle deine Thaten und Fürhaben fasset / und in die Tinctur deiner Seelen stellet / und deiner Seelen ein ander Wohn-hauß darauß machet / damit er sie auch nicht bloß von sich schicke.

132. Und denn zum dritten / daß er deine Seele hat auß dem Himmel in den Wolluft dieser Welt geführet: Also lässet er sie nun in ihrem Elende gantz nackend und wol besudelt sitzen / und fähret davon/ und fraget weiter nichts wo sie ist / oder wie es ihr gehe / ob sie gleich in Abgrund der Höllen kleibet: Das hastu vom Geiste dieser Welt zu gewarten vor deinen Lohn / daß du ihm so treulich hast gedienet.

133. Drumb O Cain! fleuch auß vom Geiste dieser Welt / es ist ein Fewer darinnen vom Herrn vom Himmel / aus der Wurtzel deß Urkundes; Es wird angezündet dein geschwules und heimliches Reich / auff daß man dich an allen Orten siehet; Du solt gantz offen stehen/ mit allen deinen Heimligkeiten: Denn der Geist der grossen Welt hat die Tinctur funden / und blühet auff seiner Rosen im Wunder.

Das 21. Capittel.

Von dem Cainischen/ und dan auch Habelischen Reiche/ wie die beyde in einander sind: Auch von ihrem Urkunde/ Auffgange/ Wesen und Trieb / und denn von ihrem endlichen Außgange.

Item:

Von der Cainischen-Antichristischen Kirchen/ und dann auch von der Habelischen rechten Christlichen Kirchen/ wie diese beyde in einander / und gar schwer zu erkennen sind.

Item:

Von den mancherley Künsten / Ständen und Ordnungen dieser Welt.

Item:

Vom Regenten-Ambt / und seinen Unterthanen / wie in allem eine Göttliche und gute Ordnung sey / und dann auch eine falsche / böse und Teuflische / da man die Göttliche Fürsichtigkeit in allen Dingen spüret / und des Teufels Trug / list und Boßheit auch an allen Dingen.

1. Wir finden an der Göttlichen Fürsichtigkeit an allen Dingen / so wohl an allen Künsten und Ständen / daß die Wesen dieser Welt alle gut und nützlich sind / alleine des Teuffels eingesäete Gifft darinn / das ist böse. So finden wir auch / daß alle Stände aus einem Brunne herrühren hoch- und niedrige / und gehet je eines aus dem andern / daß also die Göttliche Fürsichtigkeit allen Dingen zu hülffe komt / und die ewigen Wunder in allen dreyen Principien eröffnet werden: Zu welchem Ende dan auch GOTT die Schöpffung aller Dinge ans Liecht gebracht hat / welche von Ewigkeit in sich nur im Quallen ist gestanden / aber mit der Schöpffung dieser Welt ists ins Wunder gesetzet worden.

2. So können wir ja nun anders nichts reden und schreiben / als von seinen Wundern. Denn dessen haben wir ein groß Exempel an Cain / als das Reich der Grimmigkeit nach seiner Mord-that in ihm auffwachte / und wolte ihn verschlingen / wie ihme GOTT zu hülffe kam. Als ihn das Göttliche Recht zum Tode urtheilete in seinem Gewissen; so sprach die Göttliche Antwort dawider: Nein / wer Cain erschlägt / der soll siebenfältig gerochen werden. Mit welchem Spruch der grimme Rächer / der Höllen Abgrund von ihme getrieben ward / daß Cain nicht verzagete / und ob er war von GOTT außgegangen / so stunde doch das Reich der Himmel gegen ihme / er mochte umbkehren / und in die Busse tretten. GOTT hatte ihn noch nicht gar verworffen / sondern seine böse Mord-that / und seine falsche Zuversicht / die verfluchte er / und wolte darinnen nicht seyn.

3. Denn GOTT wich nicht von Cain / sondern Cain gieng selber von GOTT aus / wäre er nun starck im Glauben und Zu-

Cap. 21.   **Göttliches Weſens.**

verſicht in GOtt geweſen/ ſo hätte er können wieder in GOtt eingehen/wie er ſich vorm Falle ließ dünken/er wolte der Schlangen den Kopff zertretten.

4. Aber da ſahe man/ was des Menſchen Vermögen war: Hätte er den rechten Schlangen-tretter gefaſſet/ ſo wäre er alsbald wieder zu Gott eingegangẽ in des Schlangen-tretters Krafft.

5. Aber Cain hatte Fleiſch und Bluht/ und verſtund nicht die Meynung vom ewigen Tode/ſondern da er von GOtt geſichert war/ daß ihn Niemand ſolte erſchlagen/ſo war er wieder frölich/ denn die Eſſentien ſeiner Seelen hatten ſich wieder erquicket von dem Göttlichen Wieder-ruffe. Denn die Gnaden-thür ſtund gegen ihme offen/ er ſolte umbkehren/ GOtt wolte nicht den Todt des Sünders.

6. Und ſiehet man alhier gar ernſtlich/ wer des Cains Ankläger ſey geweſen/ als nemlich das Blut Habels/ welches von der Erden zu GOtt ſchrie/ und den grimmen Zorn GOttes errägte über Cain. Als da die Eſſentien der Seelen Habels ſind durch die tieffe Thoren des Zornes zu GOtt eingedrungen durch den Schlangen-tretter/ ſo haben ſie die Fewers-wurtzel in Cain gerüget/ davon der Zorn auffgewachet iſt.

7. Als ſich aber der hat wieder geleget durch die Stimme GOttes/ ſo hat Cain nicht gewuſt/ wie das zugehe/ und hat ſeine Mord-that in eine Ruhe geſetzet/ gleich einem der einen heimiſches Nage-hündel im finſtern ſitzen hat: iſt aber fortgefahren/ und hat ſein gewaltig irdiſch Reich gebawet/und ſein Vertrawen nicht gäntzlich auff GOtt geſetzet. Denn dieweil er ſahe/ daß er ſein Brod muſte aus der Erden ſuchen/ und ſein Kleid von der Erden Kinder nehmen/ ſo war es ihm nur umb die Kunſt des Suchens zu thun/ wie er möchte finden/ und denn umb den Schatz des gefundenen zu beſitzen/ daß er immer genug hätte/dieweil er GOtt nicht mehr ſahe. So thäte er wie Iſrael/ welche Moſes aus Egypten führete/ und als ſie ihn nicht mehr ſahen/weil er auff dem Berge war/ſo fingen ſie ihren Reyen und falſchen Gottesdienſt an/ und fragten nichts nach Moſe.

8. Alſo bawete nun Cain das irdiſche Reich/ und fing an zu ſuchen allerley Künſte; nicht alleine den Ackerbäw/ ſondern in Metall/ und ferners nach den ſieben Geiſtern der Natur/ welches am Buchſtaben wol zu ſehen iſt/ in welchem unſere Schulen jetzo wollen Meiſter ſeyn/ aber ſie ſind noch im Grunde nie Schüler geweſen.

9. Und bewähret ſich trefflich/ wie ſie das Liecht der Tinctur

Ď 5   haben

haben in Händen gehabt / darinnen sie gefunden / aber nicht gäntzlich erkant / denn der Sünden sind noch nicht viel auff Erden gewesen. Darumb haben sich auch die Mysterien nicht also hart vor ihnen verborgen / und ist alles leichte erfunden worden / sonderlich von Adam / welcher die Mysterien in der Hand hatte / und aus den Wundern des Paradeises in die Wunder dieser Welt war eingegangen: welcher nicht allein aller Thier Essentien, Art und Eigenschafft wuste / sondern auch aller Kräuter und Metallen: Er wuste auch den Grund der sieben freyen Künste aus den sieben Gestalten der Natur / aber nicht also gantz auszm Grunde / sondern es war der Baum / aus welchem hernach alle Zweige und Wurtzeln wuchsen.

10. Aber die Tieffe im Centro der Gebuhrt hat er viel besser gewust / als wir in unsern Schulen / das bewähret die Sprache / daß er allen Dingen hat Namen gegeben / einem jeden nach seiner Essentz / Art und Eigenschafft / gleich als hätte er in allen Dingen gestecket / und alle Essentien probiret / da er dasselbe doch nur von seinem Hall / auch Gestalt des Anschawens / und dem Ruche und Schmacke hat erkant / und die Metalle im Glast der Tinctur, und im Fewer / als das noch wohl zu erkennen ist.

11. Denn Adam war das Hertze aller Wesen dieser Welt / erschaffen auszm Urkunde aller Dinge: Seine Seele auszm ersten Principio mit dem andern durchleuchtet / und sein Leib aus dem Element aus dem Barm / oder Gebuhrt aus der Göttlichen Krafft vor GOTT / welcher war eingegangen in die Ausgebuhrt des Elements, als in die vier Elementa, und gäntzlich in Geist dieser Welt / als ins dritte Principium. Darumb hat er die Tinctur aller Wesen in sich gehabt / mit welcher er in alle Essentien gegriffen / und alles probiret im Himmel / Erden / Fewer / Lufft und Wasser / und alles was darauß ist erbohren worden.

12. Also hat eine Tinctur die andere gefangen / und hat die mächtige die unmächtige probiret / und allen Dingen nach seiner Essentz Namen gegeben. Und das ist der rechte Grund des Falls Adams / daß er ist aus dem Ewigen in die Außgebuhrt des Zerbrechlichen eingegangen / und hat angezogen das verwesliche Bild / welches ihm GOTT verbot.

13. Und sihet man alhier die zwey starcke Regionen der Ewigkeit / welche miteinander sind im Streit gewesen und noch immer seynd: und bleibet der Streit in Ewigkeit / denn er ist auch von Ewigkeit. Als 1. der Grimm / und 2. die Sanfftmuht: (denn so kein Grimm wäre / so wäre auch keine Beweglichkeit in der

Ewig-

Ewigkeit. Er sieget aber nach dieser Welt nur in der Höllenreich/ und im Himmel machet er die auffsteigende Frewde.)

14. Und ist uns im Liechte der Natur hoch zu ersinnen und zu finden/ wie der Grimm die Wurtzel aller Dinge/ darzu des Lebens Urkund sey/ in welchem alleine stehet die Macht und Gewalt/ und aus welchem alleine außgehen die Wunder/ und wäre ohne den Grim keinerley Empfindnüß/ sondern alles ein Nichts/ wie vorn gemeldet.

15. Und dan so befinden wir/ wie die Sanfftmuht sey die Krafft und der Geist/ daß/ wo die Sanfftmuht nicht ist/ so ist der Grimm in sich nichts/ als eine Finsternüß und ein Todt/ da keinerley Gewächse mag auffgehen/ und kan seine Wunder nie gebähren oder erzeigen.

16. Und finden also/ daß der Grimm sey die Ursache der Essentien, und die Sanfftmuht eine Ursache der Frewden/ und deß Auffsteigens und Wachsens aus den Essentien. Und dan/ daß der Geist werde erbohren mit dem Quellen/ oder Auffsteigen aus den Essentien: und daß also der Grimm sey die Wurtzel des Geistes/ und die Sanfftmuht sey sein Leben.

17. Nun aber mag keine Sanfftmuht seyn ohne das Liecht/ denn das Liecht machet die Sanfftmuht/ und kan auch kein Grim seyn ohne das Liecht. Denn das Liecht machet ein Sähnen in der Finsternüß/ und da doch keine Finsternüß ist/ sondern das Sähnen machet die Finsternüß und den Willen/ daß der Wille an sich zeucht/ und schwängert das Sähnen/ daß es dicke und finster wird. Denn es ist dicker als der Wille/ darumb beschattet es den Willen/ und ist des Willens Finsternüß.

18. Und so der Wille also in Finsternüß ist/ so ist er in der Angst/ denn er begehret aus der Finsternüß/ und das Begehren ist das Quellen und Anziehen in sich selber/ da doch nichts gespüret wird als eine grimmige Quaal in sich selber/ welche mit seinem Anziehen harte und rauhe macht/ welches der Wille nicht mag erdulden/ und erreget also die Fewers-wurtzel im Blitze/ wie fornt gemeldet/ davon der wieder-gefassete Wille aus m Blitze außgehet in sich selber/ und zersprenget die Finsternüß/ und wohnet in der zersprengten Finsternüß/ im Liechte/ in einer lieblichen Wonne/ in sich selber/ nach welcher Wonne der Wille in der Finsternüß immer lüstert/ davon das Sähnen entstehet/ und ist also ein ewig Band/ welches nicht kan auffgelöset werden.

19. So arbeitet nun der Wille in den zersprengten Thoren/

daß er seine Wunder eröffne aus sich selber / wie an der Schöpffung der Welt und allen Creaturen genug zu sehen ist.

20. Daß wir aber alhie den Grund der Gottheit / so weit uns gebühret und wir erkennen / nicht abermahl gantz setzen / achten wir unnötig / du findest es vorne bey der Menschwerdung eines Kindes in Mutter Leibe. Wir setzens alhier zu dem Ende / das Region dieser Welt zu verstehen / und geben dem Leser scharff zu erkennen und zu verstehen / wie das Region Gutes und Böses in einander sey / und wie solches ein unvermeidlich Wesen sey / daß also eines aus dem andern erbohren wird / und eines aus dem andern außgehet in ein anders / das es im Anfang nicht war. Wie du solches magst erlernen vom Menschen / welcher in seinem Anfang / im Willen Mannes und Weibes / als im Limbo und in der Matrix in der Tinctur wird empfangen / und gesäet in einen irrdischen Acker / da dan die erste Tinctur im Willen zerbricht / und auffgehet seine eigene aus der ängstlichen Kamer der Finsternüß und des Todes / aus der ängstlichen Quaal / und blühet aus der Finsternüß in den zersprengten Thoren der Finsternüß / in sich selber / als eine liebliche Wonne / und gebieret also sein Liecht aus der ängstlichen Grimmigkeit aus sich selber / da dann im Liechte wieder außgehet der unendliche Quaal der Sinnen / welche machen einen Thron und Region der Vernunfft / welche das gantze Haus regieret / und begehret in das Region der Himmel einzugehen / darauß es nicht ist außgegangen. So ist nun diß nicht der urkundliche Wille / der da begehret in das Region der Himmel einzugehen / sondern es ist der wiedergefassete Wille aus dem Quaal der ängstligkeit / durch die tieffe Thoren zu GOTT einzugehen.

21. So dann dem Menschlichen Geiste solches nicht müglich war / wie fast es versucht war: So muste GOTT wieder in die Menschheit eingehen / und dem menschlichen Geiste helffen die Thoren der Finsternüß zersprengen / daß er möchte und könte in Göttlicher Krafft eingehen.

22. Nun lebet er in zweyen / welche ihn beyde ziehen und haben wollen: als 1 im Grimmen-quaal / welches Urkund ist die Finsternüß des Abgrundes / und dann 2 in der Göttlichen Krafft / welches Quaal ist das Liecht und Göttliche Wonne in den zersprengten Thoren der Himmel / wie dan das Wort Himmel in der Natur-sprache seinen eigentlichen scharffen Verstand hat vom Durchdringen und Eingehen / und dan mit der Wurtzel bleiben im Stocke der Ewigkeit sitzen / darinnen recht die Allmacht

Cap. 21. Göttliches Wesens. 325

verstanden wird / welches uns Meister Fritz wohl nicht gläubet / denn er hat nicht die Erkäntnüß darinnen / es gehöret in die Lilien.

23. Also wird der Mensch von beyden gezogen und gehalten / aber in ihme stehet das Centrum, und hat die Wage zwischen den zweyen Willen / als den urkundlichsten / und dann den wieder gefasseten zum Himmelreich / und ist eine jede Schale ein Macher / der da machet / was er in sein Gemühte lässet. Denn das Gemühte ist das Centrum der Wage / die Sinnen sind der Angel / welche aus einer Schalen in die ander gehen. Denn eine Schale ist das Reich der Grimmigkeit und des Zornes / und die ander ist die Wiedergebuhrt in der Krafft GOttes in die Himmel.

24. Nun sihe Mensch wie du bist irdisch / und dan auch Himmlisch / in einer Person vermischt / und trägest das irdische / und dan auch das Himmlische Bild in einer Person / und dan bistu aus der grimmigen Quaal / und trägest das Höllische Bild an dir / welches grünet in GOttes Zorn aus dem Quaal der Ewigkeit.

25. Also ist auch dein Gemühte / und das Gemühte hält die Wage / und die Sinnen laden in die Schalen ein. Nun dencke / was du einladest durch deine Sinnen / du hast das Reich der Himmel in deiner Gewalt. Denn das Wort der Göttlichen Krafft in Christo hat sich dir zum Eigenthumb gegeben: So hastu das Höllische Reich am Zügel in der Wurtzel / und hasts aus Natur-recht zum Eigenthumb: Auch so hastu das Reich dieser Welt nach deiner angenommenen Menschheit von Adam her zum Eigenthumb.

26. Nun siehe was du in dein Gemühte einlässest durch die Sinnen. Denn du hast in jedem Reiche einen Macher / der da machet / was du durch die Sinnen in die Schale legest / denn es stehet alles im machen / und bistu in diesem Leibe ein Acker / dein Gemühte ist der Säeman / und die drey Principia sind der Saame. Was dein Gemühte säet / dessen Leib wächset / das wirstu in dir selber erndten. So nun der irdische Acker zerbricht / so stehet der new-gewachsene Leib in Vollkommenheit / er sey nun im Himmel- oder Höllen-reiche gewachsen.

27. Aus diesem magstu nun erkennen und gründen / wie das Reich dieser Welt sey erbohren / wie also eines im andern sey / und eines des andern Kasten und Behalter sey; da doch keine Fassung einiges Dinges ist / sondern es ist alles frey in sich selber /

und der Mensch stehet in allen dreyen offenbahr/ und erkennet doch keines im Grunde/ es sey dann/ daß er aus der Finsternüß ins Liecht werde erbohren/ so kennet derselbe Quaal die grimme Ewigkeit/ und dan die Ausgeburht aus der Ewigkeit. Aber das Liecht vermag er nicht zu erforschen/ denn er ist damit umbfangen/ und ist sein Wohnhaus/ da er also mit diesem Leibe ist in dieser Welt/ und mit der Seelen Urkunde im Grimme der ewigen Quaal/ und mit der edlen Blumen der Seelen im Reiche der Himmel bey GOTT. Und ist recht ein Fürst im Himmel und über Hölle und Erden. Denn die grimme Quaal rühret ihn nicht/ sondern die Blume macht aus dem Grimmen=Quaal das Paradeiß der hochauffsteigenden Frewden im Quelle.

28. Und sihestu irdischer Mensch/ wie du alhie in dreyen lebest/ so fern sich aber dein Gemühte in GOTT aneignet: Wo sich das aber nur in Quaal dieser Welt aneignet/ so stehestu fürm Himmel/ und säest mit zweyen Principien, als mit dem Geiste dieser Welt/ und dan mit dem Grimmen=quaal der Ewigkeit.

Vom Antichristischen Reiche der Quell=Brunn.

29. Der Mensch hat diese Welt besessen/ und ihm ein herrlich Region erbawet zu seiner Herrligkeit/ wie für Augen. Nun ist er in dem zwar nicht verdamlich/ wiewehl es die Ursache der Sünden ist/ dieweil ihm GOTT aus Gnaden hat sein liebes Hertze ins Fleisch gesandt/ daß er sol durch dasselbe wieder aus dem Fleische ins Himmlische eingehen: So muß ja nun sein irdischer Leib Nahrung haben/ daß er lebe und sich fortpflantze: Und stehen alle Regimenten und Künste dieser Welt in dieser Nohtturfft/ welche der irdische Leib nicht kan entbehren/ und wird unter Göttlicher Gedult getragen/ damit die grossen Wunder offenbahr werden.

30. Aber das ist sein verdamliches/ daß er nur den irdischen und höllischen Saamen säet/ und lässet den Himlischen in seiner Schweren: Er bleibet fürm Himmel stehen/ und gehet nicht hinein nach dem edlen Saamen/ sondern giebt GOTT gute Worte/ er soll ihm gnädig seyn und ihn annehmen in sein Reich: und er säet nur des Teuffels Unkraut in Leib und Seele. Was wird dan für ein newer Leib wachsen? Wird er im Himmel im heiligen Element stehen/ oder im Abgrunde/ oder soll man die Perlen für die Säwe werffen?

31. So

31. So dein Macher in dir nicht die Bildnüß GOttes machet/ sondern der Schlangen Bildnüß/ wie/ wiltu dann dein Thier ins Himmelreich bringen? Meynestu GOtt habe Natern und Schlangen in den zersprengten Thoren der Wiedergebuhrt/ in der löblichen Wonne? Oder meynestu/ er frage nach deiner Heucheley/ daß du ihme grosse steinerne Häuser bawest/ und treibest darinnen deine Heucheley und Pracht? Was fraget er nach deinem Klingen und Singen/ so dein Hertz ein Mörder und Fresser ist? Er wil einen newgebohrnen Menschen haben/ der sich in Gerechtigkeit und GOttes-furcht zu ihme nahet: den nimbt der Schlangen-tretter in seine Arme/ und bildet ihn zur Himlischen Bildnüß/ und der ist ein Kind der Himmel und nicht dein Fuchs.

32. Nun fraget sichs: Warumb heist man dich den Anti-Christ? Höre/ du bist der Wieder-Christ/ und hast dir ein gleißend/ heuchlisch Reich erbauwet/ mit grossem Ansehen/ darinnen treibestu deine Heucheley: Du führest GOttes Gesetze auff deiner Lippe/ und lehrest das: aber mit deiner Krafft und That verleugnestu das. Dein Hertz ist nur in Geist dieser Welt gerichtet: dein Reich der Gleißnerey ist nur zu deiner Ehre gerichtet/ daß du scheinheilig seyest/ man muß für dir die Knie beugen/ als wärestu der Christus/ und du hast ein geitzig Wolffs-hertze.

33. Du rühmest dich der Schlüssel des Himmelreichs/ und bist selber im Abgrunde: dein Hertze hanget am Schlüssel/ und nicht am Hertzen GOttes: du hast deinen Schlüssel im Geldkasten/ und nicht in Thoren der Durchbrechung ins Vertrawen in GOtt: Du machest Gesetze/ und hältest selber keines/ und dein Gesetze ist so viel nütze als der Thurn zu Babel/ welcher solte in Himmel reichen; also erreicht dein Gesetz auch den Himmel.

34. Du betest vor GOtt/ aber in deinem Wolffs-thier: der Geist dieser Welt nimbt dein Gebet auff/ und nicht GOtt. Denn dein Hertz ist ein Fresser/ und es fähret in den Fresser: Du begehrest nicht mit Ernste in GOtt einzugehen/ sondern nur mit dem Historischen Heuchlerischen Munde/ und dein Hertze dringet nur mit Ernste in Geist dieser Welt: du begehrest nur viel zeitlich Gut und Ehren/ darzu Macht und Gewalt in dieser Welt/ darmit zeuchstu das Region dieser Welt an dich.

35. Du drückest den Elenden nieder/ und zwingest ihn mit
Recht/

Noht/ und machest ihn leichtfertig/ daß er deinem Thier nachlaufft/ und sich an dir vergafft/ und auch ein Diener des Wieder-Christs ist: Dein Thier/ darauff du reuthest/ ist deine Stärcke und Macht/ die du dir selber nimbst: Du mästest dein Thier mit der Fettigkeit der Erden/ und steckest in das des Elenden Schweiß: es stecket voll Thränen des Elenden/ welches Seufftzen dringet durch die Thoren der Tieffe zu GOTT/ und erreget mit seinem Eindringen den Zorn GOttes in deinem Thier/ gleich wie Habels Blut den Zorn in Cain.

36. Also komstu nun auff deinem stolzen Rosse einher getrabet/ und tritst fürs Himmels Thür/ und begehrest Abstinentz/ und bist in deiner Figur ein Wolff. Was wird S. Petrus darzu sagen? Meynestu/ er gebe dir deß Himmelreichs Schlüssel? O Nein/ er hat keinen für die Wölffe/ er hat nur einen für sich/ er hat nie keinen gehabt weg zu leihen.

37. Wiltu in Himmel/ so mustu deinen Wolff ausziehen/ und in einen Lambs-peltz kriechen/ nicht mit Heucheley in einen Winckel/ Kloster oder Wildnüß/ sondern mit Ernst in die newe Wiedergebuhrt/ und dein Liecht muß in Gerechtigkeit und Barmhertzigkeit leuchten wider das Reich des Teuffels/ und ihme mit sanfften Wolthun gegen den Bedrängten/ sein Nest zersprengen.

38. Höre du Wieder-Christischer Spötter/ es ist nicht genug/ daß du stehest und sprichst: Ich habe den rechten Grund der Erkäntnüß zum Himmelreich: Ich habe die wahre Religion funden/ und richtest den/ so deine Erkäntnüß nicht hat/ oder deiner Meynung nicht Beyfall gibt. Du sprichst: Er sey ein Ketzer und des Teuffels/ und du bist ein Wolff/ und verwirrest nur mit deinem Grimme die Schafe/ und machest sie lästerend/ daß auch der lästert/ so weder dich noch ihn kennet/ wie die Epheser über Paulum. Meynestu du habest hiemit den Wolff verjaget/ oder hastu nicht einen Hauffen junge Läster-Wölffe gebohren/ die gauchtzen und schreyen/ und ein jeder wil fressen/ und wissen doch nicht wo das böse Thier ist/ ohne das/ das das allerböseste ist/ das sie gebohren hat. O blinde Babel! das Reich Christi stecket nicht darinnen/ sondern der Lästerische Anti-Christ zu Babel der Verwirrung.

39. Aber was sol man sagen? der Teuffel machets nicht anderst/ wenn man sein Reich an einem Ohrte anhebt zu stürmen/ so bläset er den Sturm in allen auff: in den Kindern GOttes wird getrieben der Geist der Straffe/ und in den Thierischen
Welt-

Welt-Menschen bläset der Teuffel auff eitel hönische Spötterey/ denn sie haben Christi Reich in der Historia, und des Teufels Reich in sich zum Eigenthumb.

40. Was hilfft dich deine Wissenschafft/ du Wieder-Christ/ daß du weist vom Himmelreich/ vom Leiden und Tode Christi/ und von der Newen-Gebuhrt in Christo zu reden/ so du ausser derselben in der Historien stehest? wird nicht deine Wissenschafft ein Zeugnüß über dich seyn/ die dich richten wird? Oder wiltu sagen/ du seyest nicht der Anti-Christ zu Babel? du bist ja der Heuchler/ und mästest dein böses Thier je länger je grösser/ und du bist der Fresser in der Offenbahrung Jesu Christi/ du wohnest nicht alleine zu Rom/ sondern du hast die Breite der Erden besessen/ ich habe dich im Geiste gesehen/ darumb schreibe ich von dir/ du Wunder der Welt/ des Himmels und der Höllen.

41. Also hat dieses Reich seinen Anfang mit Cain genommen/ und hat seinen Grund vom Teuffel/ der ein Spötter Gottes ist/ denn der Teuffel begehret nur starck und mächtig Auffsteigen in eigner Gewalt über die Thronen der Himmel. Er kan aber nicht hinein/ darumb ist er also koßhafftig/ und seine Quaal stehet in der Angst nicht zur Gebuhrt/ sondern zur Fewers-Quaal.

Vom Reiche Christi in dieser Welt.

42. Weil dan nun der Mensch war in Geiste dieser Welt eingegangen/ und hatte nun alle Porten innen/ als das Himmelreich/ so wol der Höllen-Reich/ und auch dieser Welt Reich/ und muste also in der Quätsche zwischen Himmel und dieser Welt leben/ da der Teuffel einen Spötter nach dem andern erweckete/ welcher das Reich der Grimmigkeit auffzoch/ und immer wider die Kinder GOttes erregte; daß also Tyrannen/ auch viehischer Bluht-Schänder/ die Welt voll ward/ auch Mörder und Diebe/ dieweil der Geitz war gewachsen/ so war das Regenten-Ambt das allernützlichste/ das mit Gewalt den Gottlosen Treiber wehrete.

43. Und siehet man wie die Göttliche Fürsichtigkeit sey dem Reiche dieser Welt zu hülffe kommen/ und durch den Geist dieser Welt Regenten erwecket/ welche Straffe geübet. Aber der Geist GOttes klaget über sie/ daß sie Tyrannen sind worden/ welche mit Gewalt alles unter sich drucketen. Und wolte nun nicht Habels Kirche in der Liebe darinnen bestehen/ sondern die starc-
te

ke Macht GOttes/ zu unterdrucken den Ubelthäter.

44. Zwar die Richter und Könige/ so wol Fürsten und Regierer sind GOttes Ambt-leute im Hause dieser Welt/ welche GOTT wegen der Sünden gesetzt hat/ daß sie solten scharff schneiden/ damit dem Treiber des Gottlosen gewehret werde.

45. Und ist ihr Stand im Urkundt der Wesen aller Wesen fundiret/ da GOTT im Anfang die Thronen nach seiner ewigen Weißheit erschuff/ da denn im Himmel/ so wol auch in der Höllen/ Thron-Fürsten sind/ und also ein Region nach den sieben Geistern der ewigen Natur/ davon alhie nicht viel zu sagen ist. Denn die Welt hälts vor unmüglich zu wissen/ da doch ein Geist in GOTT gebohren/ ins Himmel-Reich gründet.

46. Aber ein rechter Richter/ der da richtet nach Gerechtigkeit/ ist GOttes Statthalter/ im Reich dieser Welt: damit sich nicht dürffe allzeit sein Grimm ausgiessen über die Völcker/ so hat er ihnen das Schwerd in die Hände gegeben/ zu schützen den Gerechten/ und zu straffen den Falschen/ und so er das mit Ernste thut in GOttes-furcht/ und nicht nach Gunst/ so ist er im Himmelreich groß/ denn er führet zur Gerechtigkeit/ und leuchtet wie die Sonne und Mond über die Sternen.

47. So er aber ein Tyrann ist/ der seinen Unterthanen nur das Brod frisset/ und seinen Hut nur mit Hoffahrt schmücket/ zu unterdrucken den Elenden der nur nach Geitz trachtet/ und den Elenden nur für seinen Hund achtet/ und sein Ambt nur in Wollust setzet/ und nicht wil hören den Bedrängten/ so ist er ein auffsteigender Quaal-Fürste/ und Regent im Reiche des Anti-Christs, und gehöret unter die Tyrannen/ und reuthet auff des Anti Christs Pferde.

48. Und ist uns nun zu entsinnen/ wie die rechte Christliche Kirche also mit der Cainischen Antichristischen umbfangen sey/ und in dieser Welt in einem Reiche lebe. Gleich wie das erste Principium alles umbschleust/ und doch nicht kan fassen oder halten/ sondern das Reich der Himmel wird von Ewigkeit aus dem Zorn außgebohren/ gleich wie eine schöne wolrichende Blume aus der wilden Erden.

49. Also auch stehet die heilige Kirche in der Antichristschen/ da ihr zween mit einander gehen vor GOtt zu bethen/ einer wird von GOtt angenommen/ der ander vom Geiste dieser Welt. Eine jede Bildnüß gehet in seine Region.

50. Es

50. Es ist nichts heimlichers in dieser Welt als das Reich Christi/ und ist auch nichts offenbahrlichers/ als das Reich Christi: und geschiehet offte/ daß der da meynet er habe es/ und lebe darinnen/ der hats nicht. Er hat das Reich des Anti-Christs, und ist ein Heuchler und Spötter/ darzu ein Mörder/ und hat der Schlangen Figur: auch so ist sein Hertze nur ein geitzig Wolffs-hertze/ und stehet nicht in der Englischen Figur.

51. Dagegen stehet mancher in grossen ängsten und Verlangen darnach/ und gebiehret gantz ängstlich/ und wolte es gerne haben: So rauschet der Teuffel über ihn her/ erwecket offte Zorn und Widerwillen/ auch überschüttet er ihn wol mit groben Sünden/ daß er sich selber nicht kennet/ da gehet dan Zweifel und Ungedult mit unter. Aber sein Hertze stehet immer in ängsten/ und wolte gerne aus der Boßheit/ und treibet immer zur Abstinentz/ offte mit Schmertzen/ Sähnen und Verlangen: So hält ihme dan der Teuffel seine Sünde für/ und verriegelt ihme die Thür der Gnaden GOttes/ daß er soll zweifeln.

52. Aber er säet in seiner trübseligen Angst die Perlen/ und der Teuffel verdeckt es ihme/ daß er sie nicht kennet/ und kennet sich selber nicht. Er säet ins Reich GOttes/ und kennet nicht seinen Saamen/ sondern nur den Saamen der Sünden und des Treibers.

53. So williget er nun nicht in die Sünde/ die er doch selber thut/ sondern der Teuffel mit seiner Rotte überschüttet ihn/ daß der Adamische Mensch im Zorn thut/ was der newgebohrne im heiligen Element nicht wil: So ers nun thut/ so thuts nicht der newe Mensch in der Bildnüß/ sondern der alte im Zorn.

54. Darumb ist ein stäter Streit in ihme/ und lauffet immer zur Busse/ da doch der Mensch im Zorne nicht mag die Lilien erreichen/ sondern der Verborgene.

55. Darumb stehet er offte in Zweiffel und Ungedult/ und ist ein grosser Streit in einem solchen Menschen/ und kennet sich nicht: Er kennet und siehet nur seine Boßheit/ und ist doch in GOtt gebohren. Dann sein Geist zersprenget stäts die Thoren der Finsternüß: So hält ihn dan der Zorn in ihme/ daß er nicht kan eingehen/ ohne daß er bißweilen einen Blick erreichet/ davon die Seele frölich wird/ und die edle Perle gesäet gantz in einen finstern Thal.

56. So er sich dan erinnert des süssen Vorschmacks der Perlen/ so er je gekostet hat/ so wil die Seele hindurch/ und suchet
die

die Perlen; So komt der schwartze Geist/ und verdextsihme/ da gehet dan Sturm und Streit an umb die Perle / ein jedes wil recht haben: Die Seele wil sie haben/ so verdecket sie der Teuffel/ und wirfft ihr den Grim̃ und die Sünde dafür hin/ sie soll sich darinn beschawen. Da fället denn offte Schwachheit und Nachläßigkeit ein/ daß die arme Seele matt/schwach/und furchtsamb wird / und sitzet also in der Stille / und dencket immer auff einen andern Weeg nach Abstinentz/ wie sie möchte die Perle bekommen.

57. Aber der Treiber ist ein Künstler/ und komt alsdan mit dem Region dieser Welt/ mit weltlicher Fleisches=Lust/ mit zeitlichen Ehren und Reichthumb/ und hälts der armen Seelen für/ sie soll an seine sawre Aepffel beissen. Also führet er manche eine geraume Zeit an seiner Ketten in GOttes Zorn gefangen.

58. So aber das edle Senf=korn gesäet ist/ so hütet deß die edle Jungfraw GOttes/ und erinnert die arme Seele immerdar/sie soll zur Abstinentz lauffen/und mit dem Teuffel in Streit ziehen. O ein wunderlicher Weeg ist es doch mit den Kindern Gottes in diesem elenden Fleisch=Hause! da es doch die Vernunfft der Gleißner weder fassen noch glauben kan/ alleine der es erfähret der weis es.

59. Wiewohl die theure Erkäntnüß nicht ist/ es sey dan daß er eines im Sturm gesieget/ und den Teuffel niedergeschlagen/ daß die Seele die Himmels=Pforten eines hat ergriffen/ daß sie das Ritter=Kräntzlein bekem̃t/ welches ihr die holdselige Jungfraw der Zucht auffsetzt zu einem Sieges=zeichen/ daß sie in ihrem theuren Ritter Christo hat gesieget; da gehet auff die Wunder=Erkäntnüß/ aber mit keiner Vollenkommenheit.

60. Denn der alte Feind ist listig und starck/ er setzet immer wieder an die Seele/ wie er die mag betrüben und betriegen; kan er sie nicht mit Sünden überhäuffen/ so fähet er einen äusserlichen Krieg wider sie an/ und erreget die Kinder der Boßheit wider sie/ daß sie die verachten/ spotten/ hönen/ und alles übels anthun/ daß sie ihr nachstehen/ nach Leib und Gut/ sie schertzen/ schmähen/ lästeren/ und als ein Feg=Opffer der Welt halten/ 1 Cor. 4. 13. Sie werffen ihr vor ihre Unvolkom̃enheit; straffet sie ihre Laster und Ungerechtigkeit/ so muß sie ein Heuchler seyn.

61. Solches thun ihr nicht alleine die Kinder der Boßheit/ sondern der Teuffel führet offt die arme Seelen der Kinder GOttes

Cap. 21. **Göttliches Wesens.**

tes an seiner Ketten wider sie / daß sie aus Blindheit rasende toll werden / wie Saulus zu Jerusalem über Stephanum / Actor. 7. Also muß die arme Seele in Dorn und Disteln baden / und immer gewärtig seyn / wan ihr der Sturm der bösen Welt den Leib hinraffet.

Die Ritterliche Porte der armen Seelen.

62. Nun spricht die Vernunfft: Was ist dan der armen Seelen zu rahten / daß sie thue in diesem Dorn und Distel Bade? Siehe wir wollen dir zeigen der Jungfrawen Rath / als es dan uns zu einem ritterlichen Trost ist gegeben worden / und solches uns selber zu einem starcken Memorial-Schreiben / denn wir solches selber mächtig bedürffen: So wir denn nun schon zimliche Weile in diesem Dorn und Distel Bade geschwitzet / darinnen wir auch dieses Kräntzlein erlanget / drumb wir dan nicht stum seyn sollen / sondern darstellen der Jungfrawen Geschencke / wider alle Porten des Teuffels.

63. Siehe du arme Seele in deinem Dornen-bade / wo bistu daheim? Bistu in dieser Welt daheime? Warumb suchestu nicht der Welt Gunst und Freundschafft? Warumb trachtestu nicht nach zeitlichen Ehren / nach Wollust und Reichthumb / auff daß dirs in dieser Welt wolgehe: Warumb machestu dich zum Narren der Welt / und bist jedermans Eule und Fußhader? Warumb lässestu dich diese verachten / welche weniger sind und wissen als du? Möchtestu nicht auch mit dem Gleißner einher traben / so wärestu lieb / und geschähe dir kein Leid / du wärest deines Leibes und Gutes sicherer / als auff diesem Weege / in deme du nur der Welt Eule und Narr bist.

64. Aber meine liebe Jungfraw spricht: Du mein lieber Buhle / den ich erwehlet habe / gehe mit mir / ich bin nicht von dieser Welt / ich wil dich auß dieser Welt führen in mein Reich / da ist eitel sanffte Ruhe und Wolthun / es ist in meinem Reiche eitel Frewde / Ehre und Herrligkeit: Es ist kein Treiber darinnen: Ich wil dich schmücken mit GOttes Herrligkeit / und dir anziehen meinen schönen Schmuck: Ich wil dich zum Herrn machen im Himmel / und zum Richter über diese Welt: Du solst helffen urtheilen den Treiber in seiner Boßheit: Er soll liegen zum Schemmel deiner Füsse: Er soll nicht auffthun seinen Rachen gegen dir / sondern soll ewiglich verriegelt seyn in seinen grimmen Thoren: Du solt essen von meinem Tische: Es sol keine Mißgunst oder Mangel seyn: Meine Frucht ist süsser und lieblicher dann die

Frucht

Frucht dieser Welt / dir wird davon nimmer wehe. Alle dein Gebähren sol stehen in freundlichen Lachen und holdseligen Gespräche: Vor dir wird erscheinen eitel Demüthigkeit in grosser Liebe. Sind doch deine Gespielen also schöne / du solt an allen Frewde haben: Warumb achtestu das zerbrechliche Leben? Du solt eingehen in ein unzerbrechliches / das ewig währet.

65. Aber ich habe ein kleines wider dich: Ich habe dich außgezogen auß dem Dorn-bade / da du ein wildes Thier warest / so hab ich dich zu meiner Bildnüß figuriret. Nun stehet dein wildes Thier im Dorn-bade / das nehme ich nicht in meine Schoß / du stehest noch in deinem wilden Thier: Wann nun die Welt dein wildes Thier / welches ihr ist / nimmet / so wil ich dich nehmen: So nimbt ein jedes das seine.

66. Was hältestu das wilde Thier also lieb / das dich nur betrübet? darzu kanstu das nicht mit dir nehmen. Es ist auch nicht deine / sondern der Welt / laß die Welt darmit machen was sie wil / bleib du an mir. Es ist noch umb ein kleines / so zerbricht dein Thier / so bistu loß / und bleibest bey mir.

67. Ich habe aber auch ein Gesetz in meiner Liebe / und begehre nicht alleine dich / sondern auch deine Brüder und Schwestern in der Welt / welche noch ein Theil unwiedergebohren sind / welche der Treiber gefangen hält. Du solt deine Perle nicht verstecken und vergraben / sondern ihnen zeigen / auff daß sie auch kommen in meine Arm / dein Mund soll nicht zugeschlossen seyn / du solt tretten in mein Gesetze / und sagen die Wahrheit.

68. Und ob dich der Treiber umbfängt / und wil mit dir fort / so ist doch deinem Thier ein Ziel gestecket / wie weit das gehen soll; der Treiber kans nicht eher zerbrechen / als an seinem Ziel: und ob ers zerbricht / so geschichts doch nur zu GOttes Wunderthat / und dir zum besten. Alle deine Krällen (das ist Striemen und Wunden) im Dorn-bade / sollen dir stehen zu einem schönen Zeichen deiner Ritterschafft in meinem Reiche / du solt dessen grosse Freude vor GOttes Engeln haben / daß du den Treiber verachtet und aus einer wilden Gebuhrt in eine Englische bist eingegangen. Wie wirstu dich erfreuen / so du denckest an dein wildes Thier / das dich kränckete Tag und Nacht / und nun davon erlediget bist.

69. So dir denn grosse Ehre für Schmach entgegnet / warumb traurestu? Steig aus als eine Blume aus der Erden aus deinem wilden Thier. Oder du wildes Thier / meynestu mein Geist sey toll / daß er dich verkleinert und geringe achtet. Du

sprichst:

Cap. 21.   **Göttliches Wesens.**   335

sprichst: Ich bin ja dein Thier/ und in mir bistu gebohren/ wäre ich nicht gewachsen/ so wärestu auch nicht. Höre mein Thier/ ich bin grösser als du/ da du soltest werden/ war ich dein Werckmeister: Meine Essentien sind aus der Wurtzel der Ewigkeit/ du aber bist von dieser Welt/ und zerbrichst/ ich aber lebe in meiner Quaal ewiglich/ darumb bin ich viel edler als du. Du lebest in grimmer Quaal; Ich aber wil meine grimme Quaal ins Liecht/ in die ewige Freude setzen: Meine Wercke stehen in Krafft/ und die deine bleiben in der Figur. So ich deiner eins loß werd/ so nehme ich dich nicht wieder zu meinem Thier an/ sondern meinen neuen Leib/ welchen ich in dir gebähre/ in deiner tieffsten Wurtzel des heiligen Elements. Ich wil deine rauhe Ausgänge der vier Elementen nicht mehr haben/ der Todt verschlinget dich: Ich aber grüne mit meinem neuen Leibe aus dir/ als eine Blume aus seiner Wurtzel. Ich wil deiner vergessen/ denn GOttes Heiligkeit/ welcher dich mit der Erden verfluchete/ hat meine Wurtzel in seinem Sohne wieder gepfropfet/ und mein Leib wächset im heiligen Element vor GOtt: Darumb bistu nur mein wildes Thier/ das mich alhier kräncket und plaget/ auff welchem der Teuffel reuthet/ als auff seinem verfluchten Pferde. Und ob dich die Welt spottet/ deß achte ich nichts/ sie thuts umb meinent willen/ kan sie mich doch nicht sehen/ und kennet mich nicht/ warumb ist sie dan also tolle? Sie kan mich nicht ermorden/ denn ich bin nicht in ihr.

70. Aber was soll der Geist sagen/ du tolle Welt/ bistu doch mein Bruder/ meines Geistes Essentien rügen dich: Gehe auß aus deinem Thier/ so wil ich mit meinem Gespielen in Rosen-Garten gehen/ in die Lilien Gottes. Warumb bleibestu dahinden/ und lässest dich den Teuffel halten/ ist er doch dein Feind? Er trachtet nur nach deiner Perlen/ kriegt er die/ so ist dein Geist ein Wurm und Thieres-Figur: Warumb lässestu dir die Englische Bildnuß nehmen umb zeitlicher Wollust willen? Ist doch deine Wollust nur in dem zerbrechlichen Thier/ was hilfft das deine Seele? Sie wird ewig Rewen dafür bekommen/ gehestu nicht aus.

71. Oder was soll der edle Ritter Christus darzu sagen: Hab ich nicht dein wildes Thier zerbrochen? Bin ich nicht in Todt gegangen/ und habe von deiner Seelen abgeschnitten die vier Elementen, darzu die Boßheit des Teuffels/ und habe deine Seele gepfropffet in meine Krafft/ daß dein Leib soll wieder grünen aus meinem Leibe/ aus dem heiligen Element vor GOtt? Und haben

be mich mit dir verbunden mit meinem Geist? Habe ich nicht einen Bund mit dir gemacht/ daß du soltest mein seyn? Habe ich dir nicht meinen Leib zur Speise/ und mein Blut zum Tranck gegeben? Habe ich dir nicht meinen Geist zum Gleidtsman gegeben/ und mein Reich zum Eigenthumb beschieden? Warumb verachteſtu mich und geheſt von mir aus/ du lauffeſt den Wölffen und Hunden nach/ und heuleſt mit ihnen/ und ſucheſt nur Zorn/ wie du möchteſt beiſſen/ du friſſeſt nur die Grimmigkeit. Was ſoll ich ſagen? Ich habe in meinem Leiden und Tode durch meine Wiedergebuhrt kein ſolch Thier gebohren/ darumb wil ichs auch nicht haben/ es werde dann in mir wieder newgebohren/ zu einer Engliſchen Bildnüß/ ſo ſolls ewig bey mir ſeyn.

Das 22. Capittel.

Von der neuen Wiedergebuhrt in Chriſto aus dem alten Adamiſchen Menſchen.

Die Blume des heiligen Gewächſes:

Die edle Porte der rechten/ wahren Chriſtenheit.

1. Jeweil wir biß daher haben geſchrieben/ von dem Urkunde der Weſen aller Weſen/ wie alles ſeinen Anfang nimt; auch angezeiget das Ewigbleibliche/ und auch das Veränderliche/ ꝛc. So wollen wir nun ferner anzeigen/ was dem Menſchen das allernützlichſte im Thun und Laſſen ſey. Darinnen wir dann wollen anzeigen/was GOtt durch ſein ewiges Wort jemals geredet/ durch ſeinen heiligen Geiſt durch Moſen und die Propheten/ ſo wohl was der Mund Chriſti und ſeine Apoſtel geredet haben/ was GOTT wil von uns Menſchen gethan und gelaſſen haben.

2. Dieweil wir arme Adamiſche Menſchen ſeynd mit unſerm Vatter Adam und unſerer Mutter Heva außgegangen/ auß dem unzerbrechlichen und unverwelcklichen Erbe/ aus unſerm rechten Vatterlande in eine frembde Herberge/ darinnen wir nicht daheim ſind/ ſondern nur ein Gaſt/ und darinnen wir in ſo groſſem Elende müſſen immer warten/ wann uns der fremde Würth außſtöſſet/ und uns all unſer Haabe/ Thun und Vermögen raubet; daß wir alſo wohl recht in einem tieffen Jammer-Meer ſchwimmen und in einem frembden Dorn- und Diſtel-Hage baden/ und wiſſen gantz gewiß/ ſehen das täglich

täglich für Augen/ daß wir nun Pilgrims-leute in dieser Herberge sind/ die immer müssen warten/ wann der Zerbrecher komt/ und nimbt uns Hertze/ Sinn/ Muht/ auch Fleisch/ Bluht und Guht ꝛc. So thut uns ja Noth/ daß wir den Weeg zu unserm rechten Vatterlande lernen kennen und wissen/ daß wir dem grossem Jammer und Elende mögen entfliehen/ und eingehen in eine ewige Herberge/ welche unser eigen ist/ da uns Niemand mag außtreiben.

3. Weil aber derselben Herbergen zwo sind/ welche ewig ohne Ende und Austreibung sind: und eine in ewiger Freude/ in grosser Klarheit und Vollkomnenheit in eitel Liebe und Sanfftmuht stehet: Die ander aber in ewigem/ grossem Kummer/ Angst/ Trübsahl/ Hunger und Durst/ da nie keine Erquickung von GOttes Liebe eingehet.

4. So thut uns Noth/ daß wir mit grossem Ernst den rechten Weeg lernen kennen/ zum Eingange in die ewige Frewde/ auff daß wir nicht mit den Hunden des Teuffels müssen in der ängstlichen Herberge ewig heulen.

5. So wir uns nun umbschawen am Himmel und Erden/ an Sternen und Elementen, so ersehen wir doch keinen Weeg/ den wir möchten erkennen/ da wir möchten hingehen zu unserer Ruhe.

6. Wir sehen nichts als den Weeg im Eingang unsers Lebens/ und dan neben dehme/ das Ende unsers Lebens/ da unser Leib in die Erden fähret/ und all unsere Arbeit/ auch Kunst und Herrligkeit ein anderer erbet/ der sich auch nur eine kleine weile mitte quälet/ alsdan führet er uns nach. Und dieses wehret also von Anfang dieser Welt/ biß zu ihrem Ende.

7. Wir können in unserem Elende nimmer erkennen/ wo unser Geist bleibet/ wann der Leib zerbricht/ und zu einem Cadaver wird: Es sey dann/ daß wir aus dieser Welt wieder new gebohren werden/ daß wir also nach unserm Leibe in dieser Welt wohnen/ und nach unserm Geist und Gemühte in einem andern/ ewigen/ vollkommenen/ newen Leben: In welchem unserm Geiste und Gemühte wird ein newer Mensch angezogen/ darinnen er soll und wird ewig leben: Darinnen erkennen wir erst/ was wir sind/ und wo wir daheimen sind.

8. Weil wir dan klar sehen und verstehen/ daß wir unseren Anfang gantz irrdisch nehmen/ und in einen Acker gesäet werden/ gleich als ein Korn in die Erde/ da unser Leben auffgehet/ wächset/ und endlich grünet als ein Korn auß der Erden/ da wir an uns nichts/ als ein irrdisch Leben und Wesen können erkennen.

Wir sehen zwar wohl/ daß das Gestirne und die Elementa in uns qualificiren, uns nehren/ treiben/ regieren und führen/ uns fällen und auffziehen/ und eine Zeit unser Leben erhalten/ und denn wieder zerbrechen/ und zu Staub und Aschen machen/ gleich allen Thieren/ Bäumen/ Kräutern und Gewächsen: Wir sehen aber nicht/ was nach diesem mit uns ist/ obs auß ist/ oder ob wir mit unserem Geiste und Wandel in ein ander Leben reisen: So ist uns noht zu lernen und zu suchen den rechten Weeg.

9. Das bezeugen uns nun die Geschrifften der jenigen/ welche auß dieser Irrdigkeit sind wieder erbohren worden/ und endlich eingegangen in ein heiliges/ ewiges/ unzerbrechliches Leben/ welche geschrieben und gelehret haben von einem ewigen frewdenreichen Leben; und dan von einem ewigen/ verderblichen/ ängstlichen Leben: Und uns gelehret/ wie wir ihnen sollen nachfahren/ und wie wir sollen in ein newe Gebuhrt tretten/ darinn wir würden wieder zu einer newen Creatur auß dieser Irrdigkeit gebohren werden. Und daß wir anders nichts darzu thun dürfften/ als daß wir nur ihren Worten folgeten/ so würden wir in der That erfahren/ was sie geredet/ geschrieben/ und gelehret hätten. Auch noch in diesem Leben würden wir unser recht Vatterland in der newen Wiedergebuhrt sehen/ und in dem newen wiedergebohrnen Menschen in grosser Frewde erkennen/ da sich dann all unser Gemühte würde dahin an-eignen/ und in unserer newen Erkäntnuß im newen Menschen würde wachsen der rechte Glaube/ und hertzliche Begierde der rechten ungefälschten Liebe gegen dem verborgenen GOTT. Umb welcher edlen Erkäntnuß willen sie offte haben ihr irrdisch Leib und Leben/ dem unwiedergebohrnen Widersprecher/ nach seiner teufflischen Raache in Todt gegeben/ und mit grosser Frewden angenommen/ und ihnen erwehlet das ewige unzerbrechliche Leben.

10. Dieweil dan in der newen Wiedergebuhrt die höchste und gröste Liebe ist/ nicht alleine gegen GOTT/ oder sich selbst/ sondern gegen die Menschen/ seine Brüder und Schwestern/ daß dieselbe Newgebohrne haben ihre Begierde und Liebe gegen den Menschen getragen/ und sie gantz ernstlich gelehret mit Sanfftmuht und Straffe: Daß sie auch umb ihrer Liebe in ihrer Lehre haben ihr Leben willglich in Todt gegeben/ mit all ihrem irrdischen Haab und Guht/ auff gewisse Hoffnung in ihrer starcken und festen Erkäntnuß/ solches in grossen Ehren wieder zu empfahen.

11. Als hat uns auch gelüstet dieselbe Perle zu suchen/ davon

Cap. 22. Göttliches Wesens. 339

von wir jetzt schreiben. Und ob uns nun der Unwiedergebohrne/ im Reich dieser Welt Gefangene/ nicht möchte Glauben geben/ wie dan unseren Vorfahren von den Kindern dieser Welt auch geschehen ist/ dafür können wir nun nichts. Es soll stehen zu einem Zeugnuß über sie/ da sie dan werden ewig rewen/ daß sie umb einer wenig Augen-und Fleisches-lust haben eine so grosse ewige Herrligkeit und Heiligkeit verscherzet.

12. Und wissen wir in unserer tieffen Erkäntnuß/ daß sie haben recht gelehret und geschrieben/ daß da sey ein Einiger GOtt/ welcher ist Dreyfaltig im persönlichen Unterscheidt/ wie forne bemeldet. Auch so wissen wir/ daß er ist der Schöpffer aller Dinge/ daß er alles hat auß seinem Wesen erbohren/ beydes Liecht und Finsternuß/ auch die Thronen und Regimenten alles Wesens.

13. Fürnemlich wissen wir/ wie die heilige Schrifft durchauß bezeuget/ daß er den Menschen hat zu seinem Bilde und Gleichnuß erschaffen/ daß er soll ewig in ihme in seinem Himmelreich leben und seyn.

14. Und dan so wissen wir/ daß diese Welt/ darinnen wir jetzt leben und sind/ ist auß dem ewigen Urkunde/ in der Zeit durchs reine Element im Fiat erbohren und geschaffen worden/ also daß sie nicht ist das Wesen des Heiligen und reinen Elements, sondern eine Außgebuhrt auß dem ewigen Limbo GOttes/ in welchem das ewige Element stehet/ daß vor der klaren GOttheit ist/ darinnen Paradeiß und Himmelreich stehet. Und ist doch der Limbus mit dem reinen Element nicht die pure GOttheit/ welche alleine in sich heilig ist/ und die Krafft des ewigen Liechts in sich ewig scheinend hat/ auch keine Essentien im Liecht der Klarheit in sich hat/ sondern die Essentien werden erbohren von der Krafft nach dem Liecht/ als eine Begierde/ und die Begierde zeucht an sich/ davon die Essentien urkunden/ so wohl auch die ewige Finsternuß in der Quaal/ wie vorne gemeldet.

15. So denn GOTT Alles in allem ist/ und hat den Menschen zu seinem Gleichnuß und Bilde geschaffen/ bey ihme ewig zu leben/ in seiner Liebe/ Liecht/ Frewde und Herrligkeit; So können wir nicht sagen/ daß er bloß von der Vergänglichkeit dieser Welt sey geschaffen. Denn darinnen ist kein ewig vollkommen Leben/ sondern der Todt/ darzu Kummer/ Angst und Noht. Sondern gleich wie GOTT wohnet in sich selber/ und gehet durch alle seine Wercke/ denselben unbegreifflich/ und wird von Nichts verletzet: Also war auch die Gleichnuß vor

P 2 ihme

ihme aus dem reinen Element/ zwar in dieser Welt geschaffen/ aber das Reich dieser Welt solte sie nicht begreiffen/ sondern die Gleichnuß/ der Mensch solte mächtig/ und in vollkommener Krafft durch die Essentien, mit den Essentien aus dem reinen Element des Paradeis-himlischen Limbi regieren durch das Regiment dieser Welt.

16. Darumb bließ er ihm ein die lebendige Seele aus dem ewigen Willen des Vatters/ welcher Wille allein dahin gehet/ seinen Einigen Sohn zu gebähren/ und auß demselben Willen goß er in den Menschen/ daß ist/ seine ewige Seele die soll bloß ihren Wiedererbohrnen Willen in des Vatters ewigen Willen/ ins Hertze GOttes setzen/ so empfähet sie die Krafft des Hertzens GOttes und auch sein heiliges/ ewiges Liecht/ darinnen Paradeiß/ Himmelreich/ auch die ewige Freyden auffgehet.

17. Und in dieser Krafft gehet sie durch alle Ding/ und zerbricht derer keines/ und ist über alles mächtig/ als GOtt selber. Denn sie lebet in der Krafft des Hertzens GOttes/ und isset vom Worte aus GOtt gebohren.

18. So wissen wir/ daß die Seele ist ein Geist/ erbohren auß GOtt dem Vatter/ im Thron und Eingang aus dem wiedergefasten Willen/ aus der Finsternuß ins Liecht/ zu GOttes Hertzen zu gebähren/ und die ist frey/ sich darüber im Willen zu erhöben/ oder in der Sanfftmuht in des Vatters Willen sich zur Gebuhrt des Hertzens GOttes des Vatters zu fassen/ und zu eineigenen.

19. Ihr Leib aber der die rechte Bildnuß GOttes ist/ die GOtt schuff/ ist vor der klaren Gottheit in und aus dem heiligen reinen Element, und der Limbus des Elements, daraus die Essentien sich erbähren/ ist Paradeiß/ eine Wonne GOttes/ der heiligen Trinität. Also war der Mensch ein Bilde oder Gleichnuß vor GOtt/ in dem GOtt wohnete/ in welchem er wolte durch seine ewige Weißheit seine Wunder eröffnen.

20. Als wir dan nun verstehen/ daß der rechte Mensch mit der Gleichnuß/ in welcher GOtt wohnet/ nicht bloß in dieser Welt daheim ist/ viel weniger in dem stinckenden Cadaver, so ists offenbahr/ dieweil wir am Paradeis also blind seynd/ daß unser erste Eltern seynd aus dem himlischen Paradeis mit ihrem Geist außgangen in Geist dieser Welt.

21. Da dann auch alsbald der Geist dieser Welt hat ihren Leib gefangen/ und irrdisch gemacht/ also das Leib und Seele verderbet sind/ und haben wir nun nicht mehr das reine Element

Cap. 22.   Göttliches Wesens.   341

zu einem Leibe / sondern die Außgebuhrt / als die vier Elementa mit dem Regiment der Sternen / und ist die Sonne nun bloß des Leibes-Liecht / und gehöret dieser Leib nicht in die Gottheit. GOtt eröffnet sich nicht im stinckenden Cadaver, sondern im heiligen Menschen / in der reinen Bildnüß / welche er im Anfange schuff.

22. So nun der Mensch also war gefallen aus dem Heiligen in das Unheilige / aus der Bildnüß GOttes in die irrdische Zerbrechliche / so war sein Leib in dem zerbrechlichen Tode / und seine Seele im ewigen Willen des Vatters instehende / aber vom Hertzen GOttes abgewandt in Geist dieser Welt / von der ewigen Finsternüß ergriffen. Denn was von GOtt außgehet / das gehet in die Finsternüß / und ist ausser dem Hertzen GOttes kein Liecht.

23. Nun war dieser Bildnüß kein Raht / sie würde dan durch die Seele wieder new-gebohren / durch das Hertze und Liecht GOttes / durch welches das newe Element vor GOTT / als der Seelen Leib / wieder erbohren würde / anderst könte und wolte die Gottheit darinnen nicht wohnen / so vermochte der Mensch solches in eigenen Krafften nicht zu erreichen / solte es nun geschehen / so muste es die Barmhertzigkeit GOttes thun.

24. Und bescheide den Gottlebenden Leser allhier in der grossen Tieffe klar / was das reine Element sey / darinnen unser Leib ist gestanden vorm Falle Adæ, und jetzo in der newen Wiedergebuhrt stehet. Es ist die himlische Leibligkeit / die nicht nur bloß ein Geist ist / in welchem die klare Gottheit wohnet / es ist nicht die pure Gottheit / sondern erbohren aus des heiligen Vatters Essentien, als durch die ewige Thoren im ewigen Gemühte in sich selbst / durch den wiedergefaßten Willen / in die ewige Wonne immer und ewig eingehet / alda er sein ewiges Wort gebieret.

25. So ist das reine Element das Barm in den Essentien des Anziehens zum Worte / die Essentien sind Paradeiß / und das Barm ist Element. So nun der Vatter das ewige Wort immer spricht / so gehet aus dem Sprechen der H. Geist / und das Außgesprochene ist die ewige Weißheit / und ist eine Jungfraw / und das reine Element, als das Barm / ist ihr Leib: darinnen erblicket sich der H. Geist durch die ausgesprochene Weißheit / so heist der Blick aus dem Liecht GOttes im H. Geist / Hertz: Dan fängt das Element in den Essentien des Paradeises / daß es wesentlich wird / so heist Jg / und des Vatters starcke und grosse

P 3   Fewers-

Fewers-macht gehet als ein Blitz in den Essentien, das heist Reiz/ gleich einer Macht / die durchdringet / und das Wesen nicht zertrennet / gleich einem Schalle: Und heist dieses zusammen Barmhertzigkeit / und stehet vor GOtt / und GOtt die H. Trinität wohnet darinnen.

26. Und die Jungfraw der Weißheit GOttes/ welche GOtt der Vatter durchs Wort außspricht/ ist der Geist des reinen Elements, und wird darumb eine Jungfraw genent / daß sie also züchtig ist / und nichts gebiehret/ sondern als der flammende Geist im Menschen Leibe nichts gebieret/ sondern eröffnet alle Heimligkeit/ und der Leib gebieret also auch alda. Die Weißheit oder ewige Jungfraw GOttes eröffnet alle die grossen Wunder im heiligen Element. Denn alda sind die Essentien, in welchen auffgehen die Gewächse des Paradeises.

27. Und so wir nun das ewige Band/ in welchem sich die Gottheit von Ewigkeit gebieret/ darzu nehmen/ so heisset es der ewige Limbus GOttes/ darinnen stehen die Wesen aller Wesen.

28. Denn in des Limbi Wurtzel in der finstern ängstligkeit ist der Zorn und Finsternüß/ und die erste Ursache der Essentien. Dieweil wir dan forne haben nach der länge davon geredet/ lassen wirs allhier also stehen / denn wir möchten nicht verstanden werden/ und greiffen also nach unserm Emmanuel.

29. Also mein lieber Leser wisse/ aus dieser Herzligkeit ist unser Vatter Adam außgangen in die Außgebuhrt dieser Welt Wesen. Solte ihme nun gerahten werden/ so muste ihn wieder die Barmhertzigkeit/ wie obgemeld/ new gebähren/ und ist der Mensch in dieser Barmhertzigkeit GOttes versehen worden/ darinnen ewig zu leben / ehe der Welt Grund geleget ward. Denn er ist nach seiner Seelen aus dem ewigen Willen GOttes des Vatters/ aus welchem diese Barmhertzigkeit erbohren wird.

Die Porte Emanuels.

30. Also liebes Christliches Gemühte wisse/ wie dir ist gerahten worden/ und betrachte diese Porten fleissig/ sie ist ernstlich. Denn Moses und alle Propheten zeugen von diesen Dingen/ als von unserm Heyl der Wiederbringung: Sey nicht schläffrig allhier im lesen/ es ist die allerschönste Porten dieses Buchs/ je mehr du sie liesest/ je lieber wirstu sie haben.

31. So wir dan wissen/ daß wir unseren himlischen Menschen haben verlohren in unserm ersten Falle/ so wissen wir auch/ daß uns in GOttes Barmhertzigkeit ist ein newer gebohren/ in welchem

Cap. 22.   **Göttliches Wesens.**   343

welchen wir sollen und müssen eingehen/ wollen wir Kinder GOttes seyn/ und ausser diesem sind wir Kinder des Zorns GOttes.

32. Und als die Propheten davon schreiben/ so ist der newe Mensch/ der uns von GOtt gebohren ist/ der Jungfrawen Sohn/ nicht von irrdischen Fleisch und Bluhte/ auch nicht von Mannes-Saamen/ sondern vom heiligen Geist empfangen/ und von einer reinen Göttlichen/ züchtigen Jungfrawen gebohren/ und in dieser Welt in unserm Fleisch und Blut eröffnet/ und mit seinem heiligen Leibe in Todt gegangen/ und hat das irrdische mit der Macht des Zornes vom heiligen Element getränt/ und die Seele wieder eingeführet/ und die Porte zum Liechte GOttes wieder eröffnet/ daß die abgewichene Seele kan wieder mit des Vatters Essentien im heiligen Willen das Liecht GOttes erreichen.

33. So erkennen wir nun/ daß wir nicht sind geschaffen worden Irrdisch zu gebähren/ sondern Himmlisch/ aus dem Leibe des reinen Elements, den Adam vor seinem Schlaffe vor seiner Heva hatte/ da er kein Mann und auch kein Weib war/ sondern einig ein Bilde GOttes/ voller Zucht aus dem reinen Element, der solte wieder gebähren ein Bilde seines gleichen. Weil er aber in Geist dieser Welt einging/ ward sein Leib irrdisch: also war die himmlische Gebuhrt hin/ und muste GOtt das Weib aus ihme machen/ wie vorne gemeldet.

34. Solte uns armen Heva-Kindern nun gerahten werden/ so muste eine andere Jungfraw kommen/ und uns einen Sohn gebähren/ der da wäre GOtt mit uns/ und GOtt in uns.

35. Und ist zur Stunde des Falles/ das Wort GOttes des Vatters/ und im Worte das Liecht durch den H. Geist ins H. Element in die züchtige Jungfraw der Weißheit GOttes eingegangen/ und hat einen theuren Bundt gemacht/ in dieser Jungfrawen eine Creatur zu werden/ und dem Teuffel seine Macht im Zorne zu nehmen/ und ihm sein Reich zu zerstören: und wolte sich dieser Christus einlassen in die verderbte Menschheit/ und mit seinem Eingange im Todt/ die Hölle des Zorns/ und das Reich dieser Welt von uns abtrennen. Und hat GOtt der Vatter dieses Wort alsobalde im Garten Eden eröffnet nach dem Falle/ vom verheissenen Weibes Saamen/ da sichs alsbald hat in ewige Vermählung ins Centrum des Lebens-liechts eingeben/ und aller Menschen Seelen/ welche sich zu ihme haben geaneignet/ und in des Leibes Sterben ergeben/ von GOttes Zorn/

und vom Reich dieser Welt abgetrañt/ und zu sich ins reine Element deß Paradieses eingeführet in die keusche und züchtige Jungfraw/ allda in grosser Sanfftmuht zu warten/ biß GOtt das Reich dieser Welt mit den Sternen und Elementen zerbricht; da denn alsobald das reine Element an stat der Außgeburht stehen wird: Da soll grünen und auffgehen der newe Leib an der Seelen/ in dem H. Element, vor GOtt ewiglich.

36. So wir uns nun entsinnen seiner thewren Menschwerdung/ so müssen wir recht die Augen des Geistes auffthun/ und nicht also irrdisch gesinnet seyn/ wie es jetzo zu Babel geschiehet: und müssen recht betrachten wie GOtt sey Mensch worden/ denn die Schrifft saget: Er sey ohne Sünde empfangen/ und gebohren worden von einer reinen Jungfrawen. Da dencke du liebes Gemühte/ waß das vor eine Jungfraw sey gewesen: Denn alles was vom Fleisch und Blut dieser Welt gebohren wird/ das ist unrein/ und kan keine reine Jungfraw in diesem verderbten Fleische und Blute gebohren werden. Der Fall Adams zerbricht alles/ und ist alles unter der Sünden/ und wird keine reine Jungfraw von Mannes Saamen gebohren; und dieser Christus ist von einer reinen Jungfrawen/ ohne Sünde empfangen und geboren worden.

37. Alhier höret der Gelehrte von der Schulen dieser Welt auff/ und muß der Schüler auß GOtt gebohren/ anfangen von dieser Gebuhrt zu lehren. Denn der Geist dieser Welt begreifft alhier weiter nichts/ es ist ihm eine Thorheit/ und so er weit komt/ so ist er doch in Babel/ in seiner eigenen Vernunfft.

38. Also setzen wir nach unserer Erkäntnuß/daß die reine züchtige Jungfraw/ in welcher GOtt gebohren ist/ ist die reine züchtige Jungfraw vor GOtt/ und ist eine ewige Jungfraw: Ehe Himmel und Erden geschaffen worden/ war sie eine Jungfraw/ und darzu gantz rein ohne einigen Mackel. Und dieselbe reine/ züchtige Jungfraw GOttes hat sich in Marien eingelassen in ihrer Menschwerdung/ und ist ihr newer Mensch im heiligen Element GOttes gewesen/ darumb ist sie die gebeuedeyte unter allen Weibern/ und der Herr ist mit ihr gewesen/ wie der Engel saget.

39. So uns dan nun erkäntlich ist/daß Gott Alles in allem ist/ und alles erfüllet/ wie geschrieben stehet: Bin nicht ich der alles erfüllet? so wissen wir/ daß das reine heilige Element im Paradeiß seine Wohnung ist/ das ist das ander Principium, dasselbe stehet in allen Dingen/und das Ding/ als eine todte finstere

Außgebuhrt kennet es nicht / als der Topff seinen Töpfer / auch so ergreiffet oder fasset es nicht. Denn ich kan nicht sagen / so ich etwas auffhebe oder fasse / daß ich das heilige Element mit dem Paradeiß oder Gottheit fasse / sondern ich fasse die Außgebuhrt / das Reich dieser Welt / als das dritte Principium und dessen Wesen / und bewege darmit die Gottheit nicht. Also ist uns zu erkennen der Heilige newe Mensch im alten verborgen / und doch nicht getrennet biß in zeitlichen Todt.

40. So dann nun das Heilige an allen Ohrten ist / und unser Seele ein Geist ist / so fehlets an nichts / als das unsere Seele das Heilige ergreiffe / daß sie dessen eigenthumblich habhafft werde / und so sie dessen habhafft wird / so zeucht sie an das reine Element, darinnen GOtt wohnet.

41. Also auch sagen wir von Maria / sie hat ergriffen die heilige / himlische / ewige Jungfraw GOttes / und angezogen das reine und heilige Element, mit dem Paradeiß / und ist doch wahrhafftig eine Jungfraw in dieser Welt / von Joachim und Anna gewesen. Nun aber wird sie nicht eine heilige / reine Jungfraw genannt nach ihrer irrdischen Gebuhrt / das Fleisch das sie von Joachim und Anna hatte / war nicht rein ohne Mackel / sondern nach der himlischen Jungfrawen ist ihre Heiligkeit und Reinigkeit. Auch so hat sie die himlische Jungfraw nicht aus eigener Macht an sich gebracht / denn der Engel sagte zu ihr: Der H. Geist wird über dich kommen / und die Krafft des Höchsten wird dich überschatten / darumb das Heilige / das von dir gebohren ist / wird GOttes Sohn genennet werden.

42. Alhier verstehe recht: Die Krafft ist die himlische Jungfraw / denn sie ist GOttes Barmhertzigkeit / und das Heilige ist das Centrum darinnen / das ist die ewige Gebuhrt der heiligen Dreyfaltigkeit und der heilige Geist / der aus dem Centro GOttes außgehet / hat die Menschheit Mariæ überschattet. Du solt nicht dencken / daß die verderbte Menschheit habe die heilige Gottheit eigenthumblich ergriffen / daß wir könten sagen: Maria in ihrer verderbten Menschheit sey GOtte gleich. Nein / ist doch das reine Element sambt dem Paradeiß unter GOtt / und obs gleich von seiner Krafft erbohren wird / so ists doch substantialisch / und GOtt ist pur Geist. Denn der Nahme GOttes urkundet sich im Centro deß Geistes und nicht im Himmel / alleine das Liecht im Centro ist das Heilige / und hat kein Centrum, denn es ist das Ende aller Wesen.

43. Also sagen wir von Maria / daß sie hat empfangen das
hei‍m‍-

heimliche Pfand / daß der Natur war unbekant / und sie in ihrem äusserlichen Menschen gar nicht kant / als die himmlische züchtige Jungfraw GOttes / und in derselbigen das ewige Wort GOttes des ewigen Vatters / welches ewig in dem Vatter bleibet / aus welchem der heilige Geist ewig außgehet / in welchem ergriffen ist die gantze GOttheit.

44. Wir können nicht sagen / daß die himlische Jungfraw der Barmhertzigkeit / als die in Maria ist eingegangen / aus GOttes Rath ist irrdisch worden: sondern wir sagen / daß die Seele Mariä hat die himmlische Jungfraw ergriffen / und daß die himmlische Jungfraw hat der Seelen Mariä das himmlische newe reine Kleidt des heiligen Elements, aus der züchtigen Jungfrawen GOttes / als aus GOttes Barmhertzigkeit / angezogen / als einen newen wiedergebohrnen Menschen / und in demselben hat sie den Heyland aller Welt empfangen / und zu dieser Welt gebohren. Darumb spricht er zu den Jüden: Ich bin von oben her / ihr aber seyd von unten her / aus dieser Welt: Ich bin nicht aus dieser Welt. Und sagt auch zu Pilato: Mein Reich ist nicht von dieser Welt.

45. Das soltu nun wissen: Gleich wie Maria hat getragen das himmlische Bild / als einen newen Menschen aus GOttes Barmhertzigkeit erbohren / in dem alten irrdischen / als im Reiche dieser Welt / welches sie eigenthumblich in ihr hatte / welcher doch den neuen nicht fasset. Also auch ist Gottes Wort eingegangen in den Leibe der Jungfrawen Mariä in die himmlische Matrix, in die ewige Jungfraw GOttes / und ist in derselben ein himmlischer Mensch worden / aus dem Paradeisischen heiligen reinen Element in der Person des newen wieder-erbohrnen Menschen der Jungfrawen Mariä / und ist zugleich mit der ewigen GOttheit in der Jungfrawen Mariä anfänglich eigenen Seele auch erbohren worden / und hat mit seinem Eingange seiner GOttheit die Seele der Mariä wieder in den heiligen Vatter bracht / daß die Seelen der Menschen / welche waren von der H. GOttheit außgegangen / nun in Christi Seele sind wieder newgebohren / und zum Hertzen GOttes erkohren.

46. Dem Christus hat keine frembde Seele aus dem Himmel mitte bracht in die hochgebenedeyete / himmlische reine Jungfraw / sondern wie alle Seelen erbohren werden / also hat Christus seine Seele in seinem Leibe empfangen / aber in seinem unbefleckten Leibe der Heiligkeit / welcher der Marien Eigenthumb war werden. Denn wir müssen sagen / daß das reine Element

Cap. 22.   Göttliches Wesens.   347

in der Barmhertzigkeit GOttes ist der Marien Eigenthumb
worden / darinnen ihr newer Leib mit ihrer urkundlichen Seele stehet.

47. Denn es wird keine andere Seele gebohren in kleinen
Menschen / sondern ein newer Leib / alleine die Seele wird reno-
viret mit der reinen Gottheit / und Christus hat sie mit seinem
Eingange in Todt / in dem er hat seinen heiligen Menschen vom
Reiche dieser Welt abgerissen / auch von der Grimmigkeit des
ewigen Zornes und Quaals des Urkundes abgerissen.

48. Und wie das reine Element, welches vor GOTT ist / darinnen GOTT wohnet / warhafftig in dem gantzen Raum dieser
Welt ist / an allen Orten / und hat das Reich dieser Welt / als
seine eigene Außgebuhrt an sich gezogen / als einen Leib / und dadoch dieser Leib das Element nicht ergreifft / als wenig der Leib
die Seele: Also auch hat Christus warhafftig in der Jungfraw-
en Mariä Leibe unsere menschliche Essentien an sich gezogen /
und ist unser Bruder worden. Und die menschliche Essentien
können doch seine ewige Gottheit nicht ergreiffen / alleine der
newe Mensch in GOTT gebohren / ergreifft die Gottheit / auff
Art wie der Leib die Seele / und gar nicht anderst.

49. Darumb ist der Leib Christi unter der Gottheit / und in
diesen unsern Menschlichen Essentien hat er den Todt erlitten /
und ist seine Gottheit deß heiligen Menschen im reinen Element
mitte in Todt gegangen / und hat dem Tode seine Macht genommen / und die natürliche Seele / welche Christus seinem Vatter
befahl / als er am Creutze starb / vom Reiche dieser Welt / auch
vom Tode / Teuffel und der Hölle in starcker Göttlicher Macht
abgetrannt / und uns allen eine Porten eröffnet / die wir zu ihm
kommen / und uns mit Sinn und Gemühte zu ihm aneignen:
so zeucht uns der Vatter unsere Seele / welche in ihme ist / in die
reine Liebe Christi / da sie dan ihre Imagination wieder durch
Christum vor sich in die heilige Dreysaltigkeit setzet / und wird
wieder gespeiset vom Verbo Domini, da sie dan wieder ein Engel
ist / vom Reiche deß Teuffels / und dieser Welt / im Tode Christi reine abgetrannt.

50. Und umb dieser Ursachen willen ist GOTT Mensch worden / daß er die arme Seele des Menschen wider in sich new gebiere / und von den Ketten der Grimmigkeit deß Zorns erlösete:
und gar nicht umb des thierischen Leibes willen / welcher muß
wieder in den vier Elementen zerschmeltzen / und ein Nichts werden von welchem nichts mehr bleibet / als der Schatten in der Fi-

gur aller seiner Wercke und Wesen / so er je hat gemachet.

51. Aber in dem newen Menschen / welchen wir in der Jungfrawen Schoß anziehen an unsere Seele / werden wir grünen und wiederkommen / und darinnen ist kein Leid noch Todt / denn das Reich dieser Welt vergehet. Darumb welcher nicht diese Bildnüß wird haben in der newen Gebuhrt / deme wird die Bildnüß seines hie-gewesenen Hertzens und Zuversicht angezogen werden in der Wiederbringung vom Geiste der ewigen Natur. Denn ein jedes Reich bildet seine Creaturen nach ihren Essentien, in ihren hie-gewesenen Willen.

52. Und daß du uns recht und eigent verstehest / wir verstehen keinen frembden Christum, der nicht unser Bruder wäre / wie er selber saget in seiner Aufferstehung: Gehe hin zu meinen Brüdern / und zu euren Brüdern / und sage ihnen / ich fahre auff zu meinem GOTT und zu eurem GOTT.

53. Gleich wie der Leib / den wir alhie tragen / nicht ist die Bildnüß GOttes / welche GOtt schuff. Denn das Reich dieser Welt zog uns ihre Bildnüß an / als Adam darein willigte: und wir mit unserm newen Menschen (sind wir aber wiedergebohren) nicht in dieser Welt daheimen sind / wie Christus zu seinen Jüngern saget: Ich habe euch von dieser Welt beruffen / daß ihr seyd wo ich bin. Und S. Paulus spricht: Unser Wandel (nach dem newen Menschen) ist im Himmel. Also auch verstehen wir unsern Emanuelem, den Allerheiligsten / der mit seiner wahren Bildnüß GOttes / darinnen unsere rechte Bildnüß Gottes auch stehet / nicht von dieser Welt / sondern wie uns der alte tödtliche Mensch deß Reichs dieser Welt anhangt / also hieng unser tödtlicher Mensch am Bilde GOttes in Christo / welches er von seiner Mutter Maria an sich zog / gleich wie das reine Element das Reich dieser Welt.

54. Nun ist uns aber nicht zu gedencken / daß der heilige Mensch in Christo gestorben sey. Denn der stirbet nicht / sondern der tödliche vom Reiche dieser Welt / der schrie am Creutze: Mein GOTT / Mein GOTT / wie hastu mich verlassen! Und sehen wir klar die grosse Macht des Heiligen Menschen in Christo / als der tödtliche von dieser Welt angenommene in Todt gieng / wie der Heilige / Allmächtige mit dem Tode gerungen / davon die Elementen erzitterten / und die Sonne / als das Liecht der Natur dieser Welt / ihren Schein verlohr / als solte sie nun zerbrechen / da hat der lebendige Ritter in Christo mit dem Zorn gestritten / und ist in der Höllen deß Zornes GOttes gestanden /

und

Cap. 22.   Göttliches Wesens.

und hat die Seele/ welche er seinem Vatter befahl/ vom Zorn GOttes/ auch von der Höllen Quaal getrannt. Und das ist/ was David saget: Du wirst meine Seele nicht in der Höllen lassen/ noch zugeben/ daß dein Heiliger verwäse.

55. Die Gottheit ist in der Menschlichen Seele gewesen/ und hat alhie dem Cherub sein Schwerdt zerbrochen/ daß gleich wie Adam hat seine Seele in die Gefängnüß des Zornes geführet/ und hernach alle Seelen sind von Adam erbohren worden/ und sind alle/ als in einer Wurtzel im Zorn des Todes gefangen gewesen biß auff Christum; Also hat der edle Ritter Christus alhier in der Menschlichen Seelen den Todt zerbrochen/ und die Seele durch den Todt in seine ewige newe Menschheit eingeführet/ und in ewige Vermählung gesetzet.

56. Und wie Adam hat die Porten des Zornes eröffnet; Also hat Christi Gottheit die Porten des ewigen Lebens eröffnet/ also daß alle Menschen können in dieser offenen Porten zu GOTT eindringen. Denn alhier ist das dritte Principium zerbrochen/ und gehet das Gerichte über den Fürsten der Finsternüß/ welcher uns also lange im Tode gefangen hielt.

57. Dieweil dan der Mensch also zäher Begreifflichkeit ist/ so möchten wir also noch nicht gnug verstanden seyn/ wollens derowegen noch eins kurtz und eigentlich setzen/ wie diese grosse Geheimnüsse sind. Denn wir wissen/ waß wir vor einen Wiederpart haben/ als nemblich den Fürsten dieser Welt/ der wird nicht schlaffen/ könte er dieses edle Sanfft-körnlein unterdrucken.

58. Sihe du edles Gemühte/ der du das Reich GOttes begehrest/ mit dir reden wir/ und nicht mit dem Anti-Christ in Babel/ der nur das Reich dieser Welt begehret/ mercke auff/ der Schlaff ist aus/ der Bräutigam kompt/ denn die Braut spricht: Kom! laß dirs ernst seyn/ vergaffe dich nicht an der Hand dieser Feder/ es hats ein andere Feder geschrieben/ welche du und ich nicht kennen. Dann das Gemühte/ so es trew ist/ ergreifft die Gottheit/ schätze dich nicht so leichte/ so du in GOtt gebohren bist/ so bistu grösser als diese Welt.

59. Mercke/ der Engel sagte zu Maria; Du solt schwanger werden und einen Sohn gebähren/ deß Nahmen soltu Jesus heissen/ der wird groß/ und ein Sohn des Höchsten genennet werden; und GOTT der Herr wird ihm den Stuhl seines Vatters Davids geben/ und er wird ein König seyn über das Hauß Jacob ewiglich/ und seines Königreichs wird kein Ende seyn.

60. Ver-

60. Verstehe/ Maria solte schwanger werden im Leibe/ (verstehe) in ihrem eigenen Leibe/ nicht in einem frembden angenommenen/ sie hat keinen frembden angenommen/ wie es der unerleuchtete in unserer Schrifft möchte deuten/ der das Reich GOttes nicht begreifft. Auch so ist das nicht der Grund/ den die Alten (welche zwar auch treflich hoch sind gegangen) gesetzet haben/ als sey Maria in Ternario Sancto von Ewigkeit verborgen gewesen/ und sey in dieser Zeit in den Kasten Annä eingegangen/ und sey nicht vom Saamen Joachim/ und vom Fleisch und Blut Annä.

61. Sie sagen/ sie sey eine ewige Jungfraw aus der Trinität/ und von dieser sey Christus gebohren worden/ dieweil er nicht vom Fleisch und Bluht eines Mannes sey herkommen/ und wie er selber bezeuget/ er nicht von dieser Welt sey/ sondern vom Himmel kommen. Er spricht/ er sey von GOtt außgegangen/ und gehe wieder zu GOtt. Und zu Nicodemo spricht er: Es fähret Niemand gen Himmel/ als des Menschen Sohn/ der vom Himmel kommen ist/ und der im Himmel ist.

62. Da redet er ja klar von des Menschen Sohn/ von seiner Menscheit/ und nicht bloß von seiner Gottheit/ da er spricht: Deß Menschen Sohn. GOtt von Ewigkeit ist nicht eines Menschen Sohn gewesen. Darumb kan kein Menschen Sohn aus der Trinität gehen/ so müssen wir recht sehen. Wäre Maria aus der Trinität kommen/ wo blieben unsere arme gefangene Seelen? Hätte Christus eine frembde Seele vom Himmel bracht/ wer wolte uns erlösen? Wäre es möglich gewesen den Menschen zu erlösen/ was hätte GOtt dörffen in unsere Gestalt kommen/ und sich creutzigen lassen? Hätte es können seyn/ so hätte ja GOtt Adam alsbald vom Tode abgetrennt/ in deme er fiel/ oder meynestu/ daß GOtt alß ein boßhafftiger Eyferer sey/ der also zürne?

63. Zwahr da sein Grimm im Menschen gewachsen war/ so wolte er seine Wunder eröffnen/ das war aber nicht GOttes Fürsatz/ als er Adam schuff/ sondern es ward versucht/ welches möchte siegen: die Sanfftmuth/ oder die Grimmigkeit in der ewigen Wurkel/ so war doch die Seele in Adam frey/ und war alhier nichts mehr/ daß da kőnte verderben/ als der eigene Wille.

64. So war nun die Seele der Wille/ welche Adam war durch den Geist GOttes aus dem ewigen Willen des Vatters eingeblasen/ und zwahr auß diesem Ohrte/ da der Vatter als

GOtt

Cap. 22. **Göttliches Wesens.**

GOtt aus der Finsternüß in seinen eigenen wieder gefasseten Willen in sich selber eingehet/ und in sich selber die Sanfftmut in seinem eigenen wiedergefasten Willen erbiehret.

65. Also ist die Seele des Menschen aus derselben Wage im Angel des wiedergefasten Willens zum Liechte/ und dann im ersten Willen in sich in ihr eigen Centrum eingegangen/ da hinter sich die Finsternüß ergriffen wird/ und vor sich ist des ewigen Bandes Ende/ und wäre in sich selbst nichts als eine ängstliche Quaal. Soll aber etwas anders werden/ so muß der erste Wille im ewigen Bande einen andern Willen fassen in sich selbst/ aus der finstern Quaal einzugehen in eine Wonne ohne Quaal.

66. So nun der erste ewige Wille also einen anderen fasset/ so zersprenget er die Quaal der Finsternüß/ und wohnet in sich selber/ in der Wonne/ und die Finsternüß bleibet doch eine Finsternüß und eine Quaal in sich/ aber sie rüget den wiedergefasseten Willen nicht/ denn er wohnet nicht in der Finsternüß/ sondern in sich selber. Also verstehen wir die eigene Macht der Seelen/ welche GOtt dem Adam/ aus den Thoren der Durchbrechung in sich selber/ ins Liecht der Wonne/ einblies.

67. Diese Seele/ als sie mit dem reinen Elementischen und Paradeisischen Leibe war umbgeben/ hat ihren Willen/ aus des Vatters Willen welcher nur dahin gehet seine Krafft zu fassen/ davon er schwanger ist/ sein Hertze zugebähren/ von des Vatters Willen abgetrannt/ und ist in Lust dieser Welt eingangen/ da nun hinter sich in Zerbrechung der Welt kein Liecht/ und vor sich keine begreifflikeit der Gottheit ist: und da war kein Raht/ es gienge dan der reine Wille GOttes des Vatters wieder in sie/ und führete sie in seinem eigenen Willen wider in ihren ersten Sitz/ also daß ihr Wille wieder gerichtet sey ins Hertze und Liecht GOttes.

68. Solte Jhr nun geholffen werden/ so muste das Hertze GOttes mit seinem Liechte/ und nicht der Vatter/ in sie kommen. Denn im Vatter stehet sie ohne das/ aber von dem Eingang zur Gebuhrt des Hertzens GOttes abgewandt zurücke in diese Welt/ da weder hinter sich/ noch vor sich kein Liecht mag ergriffen werden/ denn wann das Wesen des Leibes zerbricht/ so stehet die arme Seele im finstern Kercker gefangen. Und hie wird die Liebe von GOtt gegen der armen gefangenen Seelen erkant. Bedencke dich/ O theures Gemühte!

69. Alhier ist nun kein Raht gewesen/ weder in GOtt noch einiger Creatur, es muste nur die blosse Gottheit des Hertzens GOttes

Gottes in Ternarium Sanctum eingehe/ verstehen in die Barmhertzigkeit/ welche aus seiner Heiligkeit ist von Ewigkeit erbohren/ darinnen die ewige Weißheit/ welche aus dem Sprechen des Worts durch den heiligen Geist/ als eine Jungfraw vor der Gottheit stehet/ und ist das grosse Wunder/ und ist ein Geist in der Barmhertzigkeit/ und die Barmhertzigkeit machet Ternarium Sanctum, die heilige Erde: des Vatters Essentien im Anziehen zum Worte/ sind das H. Gestirne/ also zuvergleichen.

70. Als wir dencken/ daß in dieser Welt ist Fewer/ Lufft/ Wasser und Erde/ und dan die Sonne und Sternen/ und darinnen sind alle Wesen dieser Welt. Also dencke im Gleichnüß/ daß der Vatter sey das Fewer des gantzen Gestirnes/ und auch im Element: und der Sohn sein Hertze sey die Sonne/ der alles Gestirne in eine liechte/ süsse Wonne setzet/ und der H. Geist sey die Lufft des Lebens/ ohne welches keine Sonne und Gestirn bestünde/ und der zusammen gefaste Geist Majoris Mundi, sey die züchtige Jungfraw vor GOtt/ welcher Geist Majoris Mundi in dieser Welt allen Creaturen Gemühte/ Sinn und Verstand/ durch der Sternen Einfluß gibt/ also auch im Himmel.

71. Die irrdische Erden vergleicht sich Ternario Sancto, darinnen ist der Himmlische Aquaster, verstehe in der Hiñlischen Erden/ welche ich das Element heisse/ daß da rein ist. Also ist GOTT ein Geist/ und das reine Element ist Hiñlische Erde/ denn es ist substantialisch/ und die Essentien in der Hiñlischen Erden sind Paradeis des Auffwachsens/ und die Jungfraw der Weißheit ist der grosse Geist der gantzen Hiñlischen Welt also zu vergleichen/ und die eröffnet nicht alleine in der himmlischen Erden die grossen Wunder/ sondern auch in der gantzen Tieffe der Gottheit.

72. Denn die Gottheit ist unfaßlich und unsichtlich/ aber empfindlich: Aber die Jungfraw ist sichtlich/ als ein reiner Geist/ und das Element ist ihr Leib/ das heist Ternarius Sanctus, die heilige Erde.

73. Und in diesen Ternarium Sanctum ist die unsichtliche Gottheit eingegangen/ daß sie eine ewige Vermählung sey/ daß also im Gleichnüß zu reden/ die Gottheit sey im reinen Element, und das Element sey die Gottheit. Den GOTT und Ternarius Sanctus ist ein Ding werden/ nicht im Geiste/ sondern im Wesen/ wie Leib und Seel/ und wie die Seele über den Leib/

also

also auch GOTT über Ternarium Sanctum.

74. Das ist nun die Himmlische Jungfraw/ davon der Geist GOttes in den alten Weisen hat geredet/ und Ternarius Sanctus ist unser rechter Leib in der Bildnüß/ welchen wir haben verlohren/ dehn hat nun das Hertze GOttes an sich genommen zu einem Leibe. Und dieser edele Leib ist Mariä/ mit sambt der züchtigen Jungfrawen GOttes angezogen worden/ nicht als ein Kleid/ sondern gantz mächtig in ihre Essentien, und doch den Essentien dieser Welt des Fleisches und Blutes im Leibe Mariä unfaßlich/ aber der Seelen Mariä faßlich. Denn die Seele tratt in Ternarium Sanctum: Sie könte aber also noch nicht vom Grimme getrannt werden/ sondern in Zerbrechung des Jrdischen vom Himmlischen im Tode Christi.

75. Also hat sich das Wort im Ternario Sancto in die Jrdigkeit eingelassen/ und eine warhafftige Seele aus den Essentien der Seelen Mariä/ wie alle Menschen/ an sich in der Zeit als in Außgang der dreyer Monden empfangen/ nicht aus Ternario Sancto, sondern unsere Seele/ aber nicht unsern Leib/ in welchem das Reich dieser Welt mit den Sünden steckete.

76. Zwar er hat unsern Leib an sich genommen/ aber nicht mit Ternario Sancto vermischt. Denn in unserm Leibe steckete der Todt/ und Ternarius Sanctus war sein Hertz unsers Todes Tod und Uberwindung: Und im Ternario Sancto war seine Gottheit. Und derselbe Mensch ist vom Himmel kommen/ und hat den Jrdischen angezogen/ und das Werck der Erlösung zwischen den Himlischen und Jrdischen verbracht/ da die Seele vom Zorn und Grimme ward abgetrannt.

77. Du must nicht sagen/ der gantze Christus mit Leib und Seele sey vom Himmel kommen: Er brachte keine Seele aus Ternario Sancto. Die Himlische Jungfraw war die Seele in Ternario Sancto, und die bracht er mitte/ unserer Seele zu einer Braut/ wie diß gantze Buch also handelt.

78. Was hülffe mich das/ so er eine frembde Seele hätte mitbracht? nichts. Aber daß er meine Seele hat in Ternarium Sanctum eingeführet/ deß frewe ich mich: Also kan ich sagen: Christi Seele ist mein Bruder/ und Christi Leib ist meiner Seelen Speise. Wie er in Joh. im 6. cap. v. 55. saget: Mein Fleisch ist die rechte Speise/ und mein Bluht ist der rechte Tranck.

79. Allhier ihr Zanck-hirten zu Babel/ thut ewer Augen auff/ und dencket was Christi Testamenta mit der Tauffe und letzten Abendmahl seyn/ ich werde euchs noch zeigen/ seyd ihr aber deß wehrt/

wehrt/ wiewol wir den Kindern der Lilien schreiben. Darumb sehe ein jeder zu/ wo er jetzt daheime sey/ es ist kein Schertz! Wir schertzen nicht der alten Verstandt/ er mag gantz rein im Anfang gebohren seyn gewesen/ aber wir befinden/ wie sich der Antichrist hat drein gesetzet/ und auß der Creatur/ Götter gemacht.

80. Man kan ja nicht sagen: Maria sey auß einem unfruchtbahren Leibe erbohren/ ob gleich der Leib Annæ sey unfruchtbahr gewesen/ das ist auß GOttes Raht/ dieweil sie fromme Gottsfürchtige Leute sind gewesen/ damit ihre Tinctur nicht möchte befleckt werden/ sintemahl sie diese solte gebähren/ welche der Herr wolte hoch benedeyen. GOTT weiß wol auffzuschliessen zu seiner Zeit/ und zwar im Alter/ wann die Brunst dieser Welt auß den Elementen erlöschet/ wie bey Sarah Abrahams Weib.

81. Denn so die Seele in GOttes-furcht stehet/ so ist die Tinctur, in welcher die Seele auffgehet/ auch reiner/ wiewohl sie von der Erb-Sünde nicht frey ist: So ist doch Maria warhafftig von Joachim gebohren/ und hat ihre Seele von Vatter und Mutter: Und der Christus hat auß der Tinctur der Marien seine natürliche Seele/ aber nur halb. Denn der Limbus Gottes war der Mann/ und darinnen die züchtige Jungfraw GOttes im Ternario Sancto, und im Ternario Sancto die Trinität/ die gantze Fülle der Gottheit/ der H. Geist war Werck-meister.

82. Allhier befinden wir klar/ was Christus von uns Menschen sagte zu seinem himmlischen Vatter: Siehe die Menschen waren dein/ und du hast sie mir gegeben/ Joh. 17. v. 6. 24. Und ich wil daß sie sein wo ich bin/ daß sie meine Herrligkeit sehen. Als das Wort oder Hertze GOttes in Ternarium Sanctum einging/ da war er des Vatters Sohn/ und auch sein Knecht/ wie Esaias saget/ und in Psalmen stehet: Denn er hatte sich im Element vermählet/ und hatte Knechts Gestalt/ aber das Wort das ins Element gieng/ war sein Sohn. Nun nahm er unsere Seele an sich/ nicht allein als Bruder/ denn der Limbus GOttes in der Himlischen Tinctur war Mann/ und derselbe war unser Herr; denn die gantze Welt stehet in derselben Macht/ und dieselbe Macht wird die Tennen dieser Welt fegen. Also sind wir seine Knechte/ und auch seine Brüder. Brüder sind wir von seiner Mutter/ aber Knechte von seinem Vatter. Und vor dem Falle waren wir des Vatters/ auch biß auff seine Menschheit/ wiewohl im Worte der Verheissung/

Cap. 22. Göttliches Wesens. 355

sung / in welchem die Gläubigen zu GOTT eingingen.

83. Also ist er ein König über das Haus Jacob ewiglich / und sein Königreich hat kein Ende / und er hat den Stuhl seines Vatters Davids / denn diese Welt ist sein worden. Er ist in diese Welt eingangen / und hat sie gefasset: Er stehet in Ternario Sancto, und auch in der Trinität / und auch in dieser Welt. Er hat die Worffschauffel / wie Johannes der Täuffer saget / in der Handt / das Gerichte ist seine / darob die Teuffel erzittern. Er hat den Stuhl Davids auß GOttes Raht: Denn David war sein Fürbilde / und hatte die Verheissung: Und GOTT satzte ihn in der Verheissung auff den Stuhl / denn seines Reiches Scepter war das Scepter der Gläubigen / die auff GOtt sahen / daß er der König wäre / und gleichwohl war auch das äussere Reich seine. Also auch Christus / der war ein König in Ternario Sancto, und war gleichwohl auch diese Welt sein eigen:

Von dem theuren Namen Immanuel.

84. Also können wir recht sagen Immanuel? GOTT mit uns / GOTT in uns! In der Natur-sprache lautets recht / aber unsere Zungen von dieser Welt stamlen nur daran / und könnens nicht nennen nach unserm Verstande. Denn Im ist das Hertze GOttes in Ternario Sancto, denn es ist gefasset / wie du es in des Worts Fassung / verstehest. Ma ist sein Eingang in die Menschheit in die Seele: Denn das Wort oder Sylbe bringet aussem Hertzen / und verstehen / daß er hat das Hertze / als des Vatters Krafft in der Seelen gefasset / und fähret mit dem Worte Nu / in die Höhe / bedeutet seine Himmelfart nach der Seelen. El / ist der Name deß grossen Engels / der mit der Seelen über die Himmel triumphiret; nicht allein im Himmel / sondern in der Trinität.

85. Denn das Wort Himmel hat in der Natur-sprache einen andern Verstand: Die Sylbe Him / führet auß dem Hertzen / als auß des Vatters Krafft / oder auß der Seelen Essentien / und stösset über sich in Ternarium Sanctum, da fasset sichs mit beyden Lippen / und führet den Engels Namen unter sich / als die Silbe Mel bedeutet der Engel Demüthigkeit / daß sie ihr Hertze nicht fliegend in die Trinität auß Hoffart erheben: Sondern wie Jesaias saget / daß sie haben mit ihren Flügeln das Antlitz vor dem H. GOtt auß Demüthigkeit verdecket / und immer geschrien: Heilig / Heilig / Heilig / ist der Herr Zebaoth.

86. Ma

86. Also verstehestu/ daß dieser Engel grösser ist als ein Engel im Himmel/ denn er hat 1. einen Himlischen Menschen-Leib/ und hat 2. eine Menschliche Seele/ und 3. hat er die ewige Himmels Braut/ die Jungfraw der Weißheit/ und hat 4. die heilige Trinität; und können wir recht sagen: Eine Person in der heiligen Dreyfaltigkeit im Himmel/ und ein wahrer Mensch im Himmel/ und in dieser Welt/ ein ewiger König/ ein Herr Himmels und der Erden.

87. Sein Name JEsus zeiget daß in der Natur-sprache viel eigentlicher an. Denn die Sylbe Jhe/ ist seine Erniedrigung auß seinem Vatter in die Menschheit/ und die Sylbe Sus ist der Seelen Einführung/ über die Himmel in die Trinität/ wie dan die Sylbe Sus in die Höhe durch alles dringet.

88. Vielmehr wird in dem Namen Christus verstanden/ der fässet nicht seine Menschwerdung/ sondern gehet als ein gebohrner Mensch durch den Todt/ denn die Sylbe Chris bringet durch den Todt/ und bedeut seinen Eingang in Todt/ und den mächtigen Streit/ aber die Sylbe Tus bedeut seine starcke Macht/ daß er aus dem Tode außgehet/ und durchdringet. Und verstehet man im Worte gar eigent/ wie er das Reich dieser Welt und den Englischen Menschen von einander trennet/ und im Englischen Menschen in GOTT bleibet. Denn die Sylbe Tus ist rein ohne Todt.

89. Wiewohl wir allhier möchten vor der Welt stumme seyn/ so haben wir doch für uns geschrieben/ denn wirs wol verstehen/ ist auch dem Lilien Baum deutlich gnug. Damit dem Leser die Person Christi recht gezeiget werde in seinen Thaten und Wesen/ und er die recht ergreiffe/ weise ich ihn an seine Versuchung in der Wüsten nach seiner Tauffe/ da magstu deine Augen auffthun/ und nicht sagen wie der Geist in Babel/ welcher spricht: Wir wissen nicht was seine Versuchung sey gewesen; schelten also auff den Teuffel/ daß er also unverschämet Christum habe versuchet/ sagen darneben: Wir sollen darinnen nicht grübelen/ wir sollens sparen/ biß wir dort hin kommen/ so werden wirs sehen: Verbiethen noch wohl dem Sehenden die Augen/ er soll nicht forschen und gründen/ heissen ihn einen Flatter-geist/ und schreyen ihn aus als einen Newling und Ketzer.

90. O ihr blinden Wölffe zu Babel/ was haben wir mit euch zu thun? sind wir doch nicht auß ewrem Reich erbohren/ warumb wolt ihr uns unsern lieben Immanuel auß unsern Augen und Hertzen reissen/ und wolt uns blind
ma-

Cap.22.   Göttliches Wesens.   357

machen? Ist das Sünde / daß wir ewrer Schwermerey und Lästerung zuhören/ darmit ihr auß unsern Weib und Kindern Läster-bälge machet/ daß sie nur hönische Schand-worte lernen/ und also in Babel einander darmit treiben. Wird dan Christi Reich darinnen erkant/ oder bawet ihr nicht hiermitte die Schand-Laster-Kirche zu Babel? Wo ist ewer Apostolisch Hertze in der Liebe? Ist ewer Spott die Sanfftmuht Christi? der da sprach: Liebet einander / folget mir nach/ so wird man erkennen/ daß ihr meine Jünger seyd/ Joh. 13. 34, 35. Euch wird gesaget/ daß der Zorn in Babel brennet/ wenn der auffgehet/ so werden die Elementa erzittern/ und Babel im Fewer brennen.

91. Die Versuchung Christi bewehret uns seine Person recht/ darumb thue die Augen auff/ laß dich Babel nichts anfechten/ es kostet Leib und Seel/ denn es ist der harte Stand im Garten in Eden bey Adam/ dehn Adam nicht konte außstehen/ dehn hat alhier der theure Ritter außgestanden/ und behalten den Sieg in seiner Menscheit/ in Himmel und über diese Welt.

92. Als wir haben angezeiget den rechten Christum/ der da ist GOtt und Mensch in einer unzertrennlichen Person/ so müssen wir nun auch anzeigen/ was er eigentlich vor ein Mensch sey/ nach dem Reiche dieser Welt/ denn man kan die grossen Wunder nicht gnug beschreiben/ sie sind noch immer grösser. Denn wir solten darzu eine Engels Zunge/ und dan auch eine irrdische haben: So wir dan nur eine irrdische haben/ so wollen wir doch auß einem Englischen Gemühte schreiben/ und mit der irrdischen Zungen reden die grossen Wunder GOttes.

93. Wir sehen an seine Tauffe/ und dan seine Versuchung alsbalde auff die Tauffe/ so werden wir finden unsere newe Wiedergebuhrt/ und dan in welchem Reiche wir gefangen ligen; und es erfrewet uns hoch in dieser Erkäntnüß/ daß GOtt ist Mensch worden. So wir dan dieses wollen ergreiffen/ so wollen wir im Anfang die Tauffe Christi setzen/ und dan die Versuchung/ so stehets in rechter Ordnung.

Von der Tauffe Christi auff Erden im Jordan.

94. Als wir wissen/ daß wir im Fall Adams sind in GOttes Zorn gefallen/ in deme sich der Geist oder Seele Adams vom Hertzen GOttes gewandt in Geist dieser Welt/ da alsbald das heilige/ himlische Bilde verloschen/ und der Zorn in der Finsternüß die arme Seele gefangen hielt/ da denn der Teuffel alsbalde seinen Zutritt und Wohnung im Zorn der menschlichen

Seele

Seele bekam/ und wann der Schlangen-tretter nicht wäre ins Scheide-ziel/ ins Centrum des Lebens-liecht alsbald eingegangen/ so hätte uns der Zorn verschlungen/ und wären ewige Gesellen aller Teuffel blieben.

95. So aber der Schlangen-tretter ist also ins Mittel getretten/ wiewohl nicht in der Menschheit/ sondern ins Centrum des Lebens-liecht/ so sind die arme Gefangene Seelen/ welche wieder umbgewandt haben zu GOtt/ also im Centro wieder an die Gottheit angebunden worden/ biß der Held in die Menschheit kam/ da hat er den gantzen Menschen wieder in seiner Empfängnüß und Menschheit angenommen. Und sehen wir das klar in seiner Tauffe: Denn da stund eine Person/ die GOtt und Mensch war: Er hatte den hiũlischen und auch den irdischen Leib.

96. Nun war aber die Tauffe nicht angesehen worden/ und auffgerichtet umb des irdischen/ zerbrechlichen/ welcher in die Erde gehöret/ auch nicht umb des himmlischen willen/ welcher ohne das rein ohne Mackel war/ sondern umb der armen Seelen willen/ dieweil der hiũlische Mensch in Christo hatte unsere Natürliche Seele in der Marien Leibe an seinen hiũlischen Menschen genommen/ und auch zugleiche der Irdische an der Seelen hieng; so hat GOtt die heilige Dreyfaltigkeit durch Menschen Hand das Wasser des ewigen Lebens im reinen Element genommen/ und die Seele darein getauchet/ oder getaufft/ wie ich reden möchte.

97. Siehe du liebe Seele/ du wahrest aus GOtt außgegangen/ aber seine Liebe fieng dich wieder/ und band dich an seinen Fadem mit der Verheissung: Nun kam der Verheissung Erfüllung/ und zog dir einen andern newen Leib an: Nun kanstu aber keine andere Seele bekommen/ denn deine war ohne das aus der Ewigkeit. Nun gleich wie der heilige Geist Mariam überschattete und erfüllete; also hat das Wasser aus der Himmels Matrix welches seinen Anfang aus der Trinität hat/ in der Tauffe Christi und aller getaufften Christen/ die Seele Christi/ und aller Christen in der Tauffe im Jordan überschattet und erfüllet/ und also das irdische Wasser der Außgebuhrt in der Seelen renoviret und schön gewaschen/ daß sie in dem newen Leibe für sich ein reiner Engel sey/ der für sich mag essen von der Himmelsfrucht/ und das ist die Ursache der Tauffe.

O. Mensch

Cap.22.   **Göttliches Wesens.**   359

O Mensch bedencke dich!

98. SO nun die arme Seele also gebadet im Wasser des ewigen Lebens / aus dem reinen Element, welches im Ternario Sancto ist / daß sie dasselbe nicht alleine von aussen genossen / sondern damit erfüllet / gleich wie der H. Geist Mariam im Ternario Sancto: So stundt sie vor sich / verstehe / recht vor sich gegen GOTT und in GOTT / als eine newgebohrne und halbgewaschene Creatur, und hinter sich gegen dem Zorne der Finsternuß im Reich dieser Welt / noch feste angebunden / daß sie also nicht könte gantz loß werden / sie gienge dan in Tod / und breche das Reich dieser Welt rein ab.

Von der Versuchung Christi.

99. DArumb muste nun Christus nach der Tauffe versuchet werden / und ward gegen dem Reiche der Grimmigkeit gestellet / ob dieser andere Adam jetzund also auffs newe zugerichtet / welcher in den newen und alten Menschen / mit der halb newgebohrnen und gewaschenen Seelen könte bestehen / daß er seine Imagination in GOTT setzete / und äße vom Verbo Domini. Alda ward die Seele versuchet / ob sie wolte zu GOTT eindringen / oder wieder in Geist dieser Welt?

100. Und soltu hier klar wissen / daß als der Geist GOttes hat diesen Christum in die Wüsten zu der Versuchung geführet / da ist dem Teuffel vergönnet worden in GOttes Zorn-reich gegen ihm zu tretten / und diesen andern Adam zu versuchen / wie er den ersten im Garten in Eden hatte versuchet.

101. Da ist nun keine irdische Speise und Tranck gewesen / und hat die Seele in Christo nun wohl verstanden / in welcher Herberge sie sey / daß sie in GOTT sey / und daß sie konte aus Steinen irdisch Brod machen / weil sonst keines da war: Sie solte aber nicht irdisch Brod essen / sondern Himlisch / aus Ternario Sancto, in ihren himmlischen Leib / und muste der irdische Leib im Hunger stehen / auff daß die Seele recht versuchet würde: Denn den irdischen Leib hat gehungert / wie der Text gantz recht im Evangelio saget.

102. Nun solte der himlische den irdischen überwinden / daß also der irdische gleich wie tod und unmächtig sey / und der himlische das Regiment behalte. Nun gleich wie Adam stund im Angel / zwischen Liebe und Zorne / als er versuchet ward / da stunden beyde Reiche gegen ihme / und zogen in ihme: Und wie GOtt der Vatter 2. für sich in seinem wiedergefasseten Willen /

das

das Himmelreich mit der klaren Gottheit ist / und 2. hinter sich in die ewige Wurtzel der Natur sein Grimm und Zorn ist/und ist doch beydes im ewigen Vatter. Und wie in der ewigen Natur der Grimmigkeit das Liecht/ oder Reich GOttes nicht erkant wird/ und im ewigen Liechte nicht das Reich deß Grimmes und Zorns/ denn ein iedes in sich selber ist. Also ist die Seele des Menschen auch / sie hat beide Reiche an sich/ in welches sie wirbet /darinnen stehet sie. So sie nun in das Himmel-reich wirket/ so ist das Höllen-reich tod in ihr/ nicht daß es verginge/ sondern das Himmelreich wird rähs/ und das grimmige Reich wird in Frewde verwandelt. Also auch/ so sie ins grimmige Reich wirbet/so ist dasselbe rähs/ und das Himmelreich wie tod/ obs gleich in sich nicht vergehet/ so ist doch die Seele nicht darinnen.

103. Also ist die Versuchung Christi auch gewesen / welch Reich in der Seelen möchte siegen. Darumb ist dem irdischen Leibe die Speise und Tranck entzogen worden/ und ist das Himmelreich rähß in ihme gewesen/ verstehe in Ternario Sancto und in seiner Gottheit. Und das grimmige Reich auch/ und der Teuffel gegen ihme/ da ist die new-gewaschene/ und halb wiedergebohrne Seele in mitten gestanden/ und ist von beyden Reichen gezogen worden/ wie Adam im Paradeiß.

104. Die Gottheit in Christo/ in Ternario Sancto sprach: Iß vom Verbo Domini, so gehestu aus dem irdischen Menschen aus/ und ruhest im Himmelreich/ lebe im Newen Menschen/ so ist der Alte tod umb des Newen willen. So sprach der Teuffel zu der Seelen: Deinen irdischen Leib hungert/ auff daß er lebe/ weil kein Brod da ist/ so mache aus Steinen Brod/ daß er lebe.

105. Und die starcke Seele in Christo als ein Ritter stund und sprach: Der Mensch lebet nicht vom Brod allein/ sondern von einem jeglichen Worte/ das durch den Mund GOttes außgehet. Und verwarf das irdische Brod und Leben/ und stellete seine Imagination ins Wort GOttes/ und aß vom Verbo Domini, da ward die Seele im Himmelreich rähs/ und war der irdische Leib wie tod umb des Himmelreiches willen/ da er doch nicht tod war/ sondern ward des Himmels Knecht/ und verlohr sein mächtig Regiment.

106. Als nun das Höllen-reich diesen mächtigen Stoß kriegte/ und also auff diese Weise überwunden ward/ so verlohr der Teuffel sein Recht in der Seelen. Noch sprach er in sich: Du hast Recht über den irdischen Leib/ und ward ihm eines vergönnet/

da

da fassete er den Leib mit der Seele/ und führete sie auff die Spitze deß Tempels/ und sprach: laß dich hinab/ denn du bist mächtig/ und kanst alles thun/ so werden die Leute sehen/ daß du GOTT bist/ und hast überwunden. Das ist der rechte Flatter-geist/ damit der Teuffel immer wil über die Thronen außfahren über die Gottheit/ und führet also nur in sich selber/ ins höllische Fewer/ und ergreifft die Gottheit nicht.

107. Und alhier ward Adam auch versuchet/ ob er wolte stäts seine Imagination ins Hertze GOttes setzen/ so wäre er im Paradeiß geblieben; da er aber sein Gemühte vom Hertzen GOttes abwandte in Geist dieser Welt/ und wolte über die Demühtigkeit außfahren/ und GOTT gleich seyn/ so fuhr er über GOttes Thron aus in Geist der Grimmigkeit/ deß Zornes.

108. Darumb muste die Seele Christi alhie recht versuchet werden/ ob sie nun/ weil sie das Himmel-brod hatte erhalten/ auch wolte in Hoffart in Fewers-macht fliegen/ oder ob sie wolte in Demuht nur auffs Hertze GOttes sehen/ und sich deme ergeben/ auff das sie alleine in GOttes Willen getragen/ und ein Engel der Demuht würde/ und sich auff sich alleine nichts verlassen in eigener Macht zu fliegen.

109. Und siehet man des Teuffels Meister-stück/ wie er die Schrifft anzeucht/ und spricht: Die Engel werden ihn auff den Händen tragen/ da es doch alhie nicht umb den Leib zuthun war/ sondern umb die Seele/ die wolte er in Hoffart führen/ daß sie sich solte aus GOttes Liebe reissen/ und sich auff der Engel tragen verlassen/ sie solte wieder aus dem newen Leibe außreissen/ welcher ohne das wohl fliegen kan/ und solte einen Sprung herunter in den alten thun/ und sich auff die Engel verlassen/ und solte also aus GOTT fliegen wieder in Geist dieser Welt.

110. Aber man siehet Christi Ritterschafft/ ob er gleich mit seinem irrdischen Leibe auff der Spitzen des Tempels stund/ befahl er doch seinen irrdischen Leib GOTT/ und trawete in ihn/ daß er allenthalben in GOTT sey/ und sprach zum Teuffel: Es stehet geschrieben: Du solt GOTT deinen Herrn nicht versuchen. Alhier ist recht des Teuffels Hoffart im Reiche der Grimmigkeit überwunden worden/ und ist die Demuht/ Stärcke und Macht geblieben unsers Christi/ und ist Christi Seele in Ternarium Sanctum, als in die demühtige Liebe eingegangen/ und hat sich vermählet mit der demühtigen züchtigen Jungfrawen der Weißheit GOttes.

111. Als er dan nun in zweyen Weegen verlohren hatte/ kam

er mit der endlichen mächtigen Versuchung/ wie er Adam auch thät/ er wolte ihm die gantze Welt geben/ so er niederfiele/ und ihn anbetete.

112. Es war Adam auch umb diese Welt zu thun: Er wolte diese Welt anziehen/ und also darmit gleich seyn wie GOtt/ dieweil GOtt diese Welt hat an sich gezogen/ darmitte seine grosse Wunder zu eröffnen/ so dachte die Seele in Adam: Du bist GOttes Gleichnüß/ du wilsts auch also machen/ so bistu wie GOtt: aber sie gieng darmit aus GOtt auß/ in Geist dieser Welt.

113. Nun muste der andere Adam den Stand des ersten Adams bestehen/ da dann versuchet ward/ ob die Seele wolte im newen/ heiligen/ himmlischen Menschen bleiben/ und in Gottes Barmhertzigkeit leben/ oder im Geiste dieser Welt.

114. Also stund nun die Seele Christi/ als ein theurer Ritter/ und sprach zum Sathan: Hebe dich weg Sathan! du solt GOtt deinen Herrn anbeten/ und ihme alleine dienen: Ich mag dein nimmer. Da ist dem Teuffel/ der Höllen/ und dem Reiche dieser Welt Urlaub gegeben worden/ und hat gesieget der theure Ritter/ und hat sich der Teuffel müssen weg machen/ und ist überwunden worden das Irdische. Alhie tritt nun der theure Ritter auff den Monden/ und nimt allen Gewalt im Himmel/ Höllen und auff Erden in seine Gewalt/ und regiret mit seiner Seele in Ternario Sancto, in diesem äussern Leibe über Tod und Leben.

115. Und alhie ist diese Welt Christo eigen worden: Denn er hat sie überwunden/ er konte in GOtt leben/ und durffte nicht der irdischen Speise und Tranck.

116. Und soll der Leser wissen/ daß der Streit mit der Versuchung ist in Leib und Seele gehalten worden: und daß uns diese Versuchung Christi auch angehet. Christus hat uns gesieget/ so wir unser gantze Zuversicht in Christum setzen/ so siegen wir in ihme über Sünde/ Tod/ Teuffel/ Hölle/ und auch über diese Welt. Denn den letzten Sieg hat er in seinem Tode erhalten/ da er dem Cherub hat sein Schwerd zerbrochen/ und dem Teuffel die Hölle zerstöret/ und hat das Gefängnüß gefangen geführet/ davon du beym Tode Christi magst lesen.

117. Und sehen wir/ daß das alles wahr ist/ wie obgemeldet/ denn da er in der Versuchung gesieget/ und viertzig Tage war bestanden/ hatte er gantz gesieget/ biß auff den letzten Sieg im Tode (denn also lange stund Adam auch im Garten Eden in der

Verſuchung) da fieng er ſein Prieſterlich Königreich an/ als ein König über Himmel und dieſe Welt/ mit Wunder und Zeichen / und machte in ſeinem erſten Miracul Waſſer zu guten Weine / machte auch Krancke/ Blinde/ Lahme/ Auſſätzige geſund/ ſehend und rein: auch ſo weckete er Todten auff/ und erzeigete ſich als der rechte König über Todte und Lebendige/ und ſaß auff dem Stuhl Davids der Verheiſſung / und war der rechte Prieſter in der Ordnung Melchiſedech. Alles was Aaron war in des Vatters Macht im Fürbilde geweſen/ das war dieſer Hohe=Prieſter Chriſtus in der Krafft/ mit Wunder und Thaten/ welches wir wollen im andern Buche nach dieſem/ gantz klar außführen und beſchreiben/ ſo wir leben und uns GOtt dieſes wird vergönnen.

Das 23. Capittel.

Von Chriſti hochwürdigen Teſtamenten/ als von der Tauffe und ſeinem letzten Abendmahl/ am grünen Donnerſtage zu Abend/ mit ſeinen Jüngern gehalten/ welches er uns zu einer letze gelaſſen.

Die Aller=edelſte Porte der Chriſtenheit.

1. Wie man biß anher umb den Kelch Jeſu Chriſti/ und umb ſeine heilige Teſtamenta in Babel getantzet/ iſt am Tage/ da man auch viel Krieg und Blut=vergieſſen hat dadurch angerichtet/ was aber vor ein Erkäntnüß iſt in Babel davon geweſen/ das zeigen die Wercke ihrer Liebe untereinander. Das haben ihre Concilia angerichtet/ da man dem heiligen Geiſte hat ſeinen Mund geſtopfet/ und aus Chriſti Prieſterthum ein Weltlich Regiment gemachet.

2. O ihr Hohen=Prieſter und Schrifft=gelehrten! was wolt ihr Chriſto antworten/ ſo ihr alſo erfunden werdet? Oder meynet ihr/ ihr ſtehet im Dunckelen? O ihr ſtehet vor dem klaren Angeſichte Jeſu Chriſti/ der da iſt ein Richter der Lebendigen und der Todten. Thut doch ewere Augen auff/ und weydet die Heerde Jeſu Chriſti recht: Er komt und fordert ſie von euch: Ihr ſeyd nicht alle Hirten/ ſondern eingedrungene/ geitzige Wölffe: Ihr verlaſſet euch auff ewre Kunſt ewerer Schulen/ O es gilt vor GOTT nichts! Der H. Geiſt redet nicht darauß/ er läſſet ſich

nicht binden. Wolt ihr Christi Hirten seyn/ so müsset ihr in der Versuchung bestehen/und des Lambs Kleid im Hertzen anziehen/ und nicht nur ihre (der Schafe der Heerde) Wolle meynen. Ihr müsset ihnen Speise deß heiligen Geistes geben in rechter Liebe/ und selber Thäter seyn. Wie wolt ihr sie aber geben/ so ihr nur in der Wüsten seyd/ und habt euch in der letzten Versuchung das Reich dieser Welt erwehlet? Was soll man doch davon sagen? Ist doch der Zorn entbrandt/ traget nur Holtz zu/ denn Babel verbrennet/ das Wasser ist vertrocknet/ oder was habe ich mit dir zu thun/ daß ich also schreiben muß?

3. So wir also haben mit wenigen angezeiget die Menschwerdung und Gebuhrt Jesu Christi des Sohnes GOttes/ und wir aber doch nur also irrdisch sind/ und könnens nirgend begreiffen/ stehen also und fragen immerdar: Wo ist dann Christus mit seinem Leibe? Wo sollen wir ihn suchen? So lüstert unsere Seele zu schreiben von seiner Allgegenwart/ und solches wieder alles Wütten und Toben des Teuffels und Anti-Christs.

4. So wir dan klar gesetzet/ wie GOtt sein liebes Hertz hat aus seiner Liebe und Barmhertzigkeit aus Gnaden wieder zu uns gewandt/und wie er unserer Seelen habe die Porte zum Himmelreich eröffnet/ ꝛc. Ist uns nun ferner zu entsinnen von Christi Leibe. Denn die Vernunfft spricht immer: Christi Leib ist in Himmel geflogen: Er ist weit von uns/ wir müssen ein Reich auff Erden anrichten/ darmit wir ihm abwesend dienen: wie Jerobeam mit den Kälbern/ also heisset das Reich recht Babel.

5. Rühmestu dich ja einen Christen/ warumb glaubestu dann nicht Christi Worten/ da er saget: Er wolte alle Tage bey uns seyn/ biß an der Welt Ende. Und spricht ferner: Er wolle uns seinen Leib zur Speise geben /:und sein Blut zum Trancke. Item, Sein Leib sey die rechte Speise/ und sein Blut sey der rechte Tranck: Was verstehestu hiermit? Einen abwesenden? O du armer krancker Adam! Warumb bistu abermahl aus dem Paradeiß außgegangen? hat dich doch Christus wieder nein geführet: Warumb bistu nicht drinnen geblieben? Sahestu nicht/ daß die Apostel Christi und ihre Nachkommen/ welche in Christi Paradeiß mit ihrer Seelen waren/ grosse Wunder thäten/ warumb bistu wieder in Geist dieser Welt eingangen? Meynestu du wilt das Paradeiß mit deiner Vernunfft in deiner Kunst finden? Weistu nicht/ daß es ein ander Principium hat/ und daß du es nicht findest/ du werdest dann wieder new gebohren?

6. Du sprichst: Christus ist gen Himmel gefahren/ wie kan

Cap. 23.   Göttliches Wesens.   365

er dan in dieser Welt seyn? Wann du weit kommest/ so dencke-
stu/ er sey alleine mit seinem heiligen Geiste alhie in seinen Testamenten gegenwärtig/und die Testamenta seyen nur ein Zeichen
seines Verdienstes: Was sagestu von deinem newen Menschen/
so ja die Seele mit dem H. Geiste gespeiset wird/ was hat dann
dein newer Mensch? Denn ein jedes Leben isset von seiner Mutter.
Die Seele ist Geist/ die isset geistliche Speise/ und der newe
Mensch isset von dem reinen Element, und der äussere Mensch
isset von der Außgebuhrt der vier Elementen.

7. So nun die Seele von der klaren Gottheit isset/ was hat
denn der Leib? Denn du weist daß Seel und Leib nicht ein
Ding ist. Wol ist es ein Cörper/ aber die Seele ist Geist/ und
muß geistliche Speise haben/ und der Leib muß leibliche Speise
haben: Oder wiltu dem newen Menschen irdische Speise geben?
so das ist/ so bistu noch fern von GOttes Reich. Hat doch Christi
himmlischer Leib nicht irdische Speise genossen/ sondern nur der
äussere irdische. Ist doch Christi Leib jetzo in Ternario Sancto,
(verstehe in der reinen heiligen Wesenheit/ als in der Englischen Welt) und isset der Speise des Paradeises/ warumb auch
nicht unser newer Mensch? Hat er nicht in der Wüsten 40. Tage
himmlische Speise gegessen/ und hernach immerdar? Sprach er
nicht beym Jacobs-Brunnen zu seinen Jüngern: Ich habe eine
Speise zu essen/ davon ihr nichts wisset. Und ferner: Das ist
meine Speise/ daß ich thue den Willen meines Vatters im
Himmel. Ist GOttes Wille seine Speise/ warumb nicht auch
unsere/ so wir in ihm leben? Hat nicht Christi Gottheit das
Himmelreich zu einem Leibe angezogen? Ist nicht das reine Element sein Leib/ da die Gottheit innen wohnet?

8. So spricht die Vernunfft: Der Leib Christi ist an einem
Orte/ wie kan er überall seyn/ er ist eine Creatur? Nun kan ja
eine Creatur nicht auff einmahl zugleich überall seyn? Höre liebe
Vernunfft/ da das Wort GOttes in Marien Leibe Mensch
ward/ war es dan damahls nicht auch hoch über den Sternen?
Da es zu Nazareth war/ war es nicht auch zu Jerusalem/ und
überall in allen Thronen? Oder meynestu/ da GOTT Mensch
ward/ daß er sey also in der Menschheit eingepresset gestecket/
und sey nicht überall gewesen? Meynestu die Gottheit habe sich
in Christi Menschwerdung zertrennt? O nein/ er ist nie von seinem Sitz gewichen/ daß kan nicht seyn.

9. Nun so er dan Mensch ist worden/ so ist ja seine Menschheit überall gewesen/ wo seine Gottheit war: Denn du kanst
Q 3   nicht

nicht sagen / daß ein Ort im Himmel und in dieser Welt sey / da nicht GOtt sey: Wo nun der Vatter ist / da ist auch sein Hertz in ihme / da ist auch der H. Geist in ihme. Nun ist sein Hertz Mensch worden / und ist in der Menschheit Christi: So du nun woltest dencken / Christi Leib ist fern eim Himmel / so mustu ja auch sagen / das Hertze GOttes ist in ihme. Woltest du dan nun sagen / wan du sagest GOtt der Vatter sey alhier gegenwärtig / es sey nicht auch sein Hertz in ihme alhier gegenwärtig? Oder wiltu GOttes Hertz zertheilen / und wilt einen Funcken in Christi Leibe haben / und dan das ander gantz überall? Was thustu? stehe ab / ich wil dir zeigen den rechten Grund warhaftig und eigentlich.

10. Siehe / GOtt der Vatter ist überall / und sein Hertz und Liecht ist überall in dem Vatter: Denn es wird von Ewigkeit immer überall in dem Vatter gebohren / und seine Gebuhrt hat keinen Anfang noch Ende. Es wird noch heute immer vom Vatter gebohren; Und da es gleich im Leibe Mariæ war / so stund es doch in der Gebuhrt des Vatters / und ward vom Vatter immer gebohren: und der H. Geist ist von Ewigkeit immer vom Vatter durch sein Hertze außgegangen; Denn die gantze Gebuhrt der Gottheit ist nichts anders / und kan nicht anderst thun.

11. Nun ist der Vatter grösser dan alles / und seine Varmhertzigkeit auch grösser dan alles / und der Sohn in ihme auch grösser dan alles: Und das Element stehet in seiner Varmhertzigkeit / und ist so groß als GOtt / allein daß es von GOtt erbohren ist / und ist wesentlich / und ist unter GOtt / und darinnen ist Ternarius Sanctus, mit GOttes Weißheit in den Wundern / denn alle Wunder werden darinnen eröffnet / und das ist Christi himlischer Leib / mit unserer hie angenommenen Seele darinnen / und die gantze Fülle der Gottheit im Centro darinnen / und ist die Seele also mit der Gottheit umbgeben / und isset von GOtt / denn sie ist Geist. Also meine liebe Seele / so du in Christo wieder erbohren wirst / so zeuchstu den Leib Christi an aus dem heiligen Element, und der gibt deinem newen Leibe Speise und Tranck / und der Geist dieser Welt in den vier Elementen, dem alten irdischen.

12. Also wisse hochthewer / gleich wie Christus hat einen Bund im Garten Eden mit uns gemacht / daß er also wolle (wie obbemeldet) ein Mensch werden. Also hat er auch einen Bund gemacht mit uns / nach deme er das irdische ablegete / und hat uns
seinen

seinen Leib zur Speise bescheiden/ und sein Blut zum Trancke/ und das Wasser des ewigen Lebens im Urkunde der Gottheit/ zu einer H. Tauffe/ und befohlen/ daß wir solches sollen brauchen biß er wieder komme.

13. Nun sprichstu: Was hat Christus seinen Jüngern im letzten Abendmahl gegeben/ da er bey ihnen am Tische saß? Siehe/ die Gottheit ist nicht umbfaßlich/ und der heilige Leib Christi ist auch nicht meßlich/ er ist wol Creaturlich/ aber nicht meßlich. Er gab ihnen seinen heiligen/ himmlischen Leib/ und sein heiliges himmlisches Blut zu essen und zu trincken/ wie seine eigene Wort lauten/ Matt. 26. 26, 27, 28.

14. Sprichstu/ wie kan das seyn? sage mir/ wie kan das seyn/ daß das heilige Element hat diese Welt angezogen/ und hat ein ander Principium in dem Leibe dieser Welt/ und das heilige Element ist Christi himlischer Leib? Also hat Christus seinen Jüngern äusserlich Brod gegeben/ und äusserlichen Wein im Reiche dieser Welt/ und darunter seinen heiligen himmlischen Leib im andern Principio, welcher das äussere hält/ und sein heiliges himmlisches Blut/ darinnen die himmlische Tinctur stehet/ und das heilige Leben.

15. So spricht die Vernunfft: Das wäre ein frembder Leib in frembden Blute/ und wäre nicht der Leib seiner Creatur.

Liebe Vernunfft/ sage mir/ wie das ein frembder Leib seyn kan/ wol ist er in einem andern Principio, aber von keiner andern Creatur. Sprach nicht Christus: Ich bin nicht von dieser Welt/ und er war doch auch wahrhafftig nach dem äussern Menschen von dieser Welt. Oder verstehestu das alleine von seiner Gottheit/ wo bliebe dan seine ewige Menschheit/ nach welcher er ein König der Verheissung auff dem Stuhl Davids war?

16. So uns die Verheissung hätte können ranzioniren/ so hätte das Werck nicht dörffen erfolgen: So hätte Moses auch können das Volck Israel ins rechte gelobte Land einführen/ welches auch Josua/ der da war ein Fürbilde dieses Jesu Christi/ nicht thun können: sondern führete sie nur ins Land der Heyden/ da immer Krieg und Streit war/ und nur ein Jammerthal.

17. Aber dieser Christus sitzet auff dem Stuhl Davids/ auff dem Stuhl der Verheissung. Gleich wie David war ein äusserlicher König/ und in seinem Geiste ein Prophet vor GOtt/ und saß also äusserlich als ein Richter in der Welt/ und innerlich als ein Priester vor GOtt/ der da von diesem Christo weissa-

gete/ daß er kommen solte/ und hieß alle Thüren auffmachen/ und alle Thoren hoch erheben/ daß dieser König der Ehren einzöge. Also redete er nicht alleine von seiner Gottheit/ aus welcher er weissagete/ denn die war ohne das bey ihme/ und er redete in derselben Krafft und Erkäntnüß/ sondern er weissagete von seiner ewigen Menschheit. Denn das wäre kein König/ der nur im Geiste da säsße/ den könten wir nicht sehen/ und mit ihm umbgehen/ aber das ist ein König/ der in der Menschheit da sitzet.

18. Nun ist derselbe König von GOtt verheissen worden/ daß er soll besitzen die Thoren seiner Feinde/ und soll die Feinde gefangen führen/ und seynd dieselben Feinde die Teuffel.

19. Wie meynestu nun/ so dieselbe Creatur hätte die Teuffel zu Jerusalem gebunden/ und als eine meßliche Creatur/ die nicht weiter reichte/ gefangen geführet/ wer hätte dann die zu Rom gebunden? Sprichstu: Seine Gottheit. O Nein/ das war nicht ihr Ambt: Die Teuffel sind ohne das ins Vatters innersten Wurtzel in seinem Zorne: Es muste es nur eine Creatur thun/ die so groß wäre/ daß sie überall beyn Teuffeln seyn konte.

20. Darumb muste Christus in seiner Versuchung das Reich des Zornes und seiner Außgebuhrt überwinden/ und in seinem Eingange in Tod zertratt er der Schlangen (dem Teuffel/ und allen Teuffeln) den Kopff/ und nahm sie gefangen. Das soltu also verstehen/ daß das innere Element, welches hält den gantzen Leib dieser Welt/ Christi ewiger Leib ist worden. Denn die gantze Gottheit in dem Worte und Hertzen GOttes ist allda eingegangen/ und hat sich vermählet in Ewigkeit darinnen zu bleiben/ und ist dieselbe Gottheit eine Creatur worden/ eine solche Creatur/ die überall seyn kan/ wie die Gottheit selber. Und dieselbe Creatur hat alle Teuffel im Reich dieser Welt gefangen: und alle Menschen/ welche mit ihrem Gemühte sich zu diesem Christo nahen/ und seiner im rechten Ernste begehren/ die werden durch des Vatters Geist/ als von der klaren reinen Gottheit in diese Menschheit Christi/ als ins reine Element, für die Trinität gezogen.

21. Und so sie beständig bleiben/ und nicht wieder von GOtt außgehen in die Sucht des Teuffels/ so wird in ihre Seele die edle Perle gesäet/ als das Liecht GOttes/ das zeucht an sich den edlen Leib Jesu Christi mit dem Paradeiß und Himmelreich. Und wächset an der Seelen der rechte newe Mensch Christus in

der

Cap. 23. Göttliches Wesens. 369

der himmlischen Jungfrauen der Weißheit GOttes in Ternario Sancto im Himmelreich. Und ist also ein solcher Mensch nach diesem neuen Menschen im Himmel im Leibe Jesu Christi/ und nach dem alten irrdischen Menschen/ welcher dem Heiligen anhanget/ in dieser Welt im Sünden-hause/ und treibet den neuen Menschen die Gottheit/ und den Alten der Geist dieser Welt/ biß er den im Tode ableget. Denn er ist ein Mensch im Himmel gebohren/ in der Barmhertzigkeit GOttes/ im Leibe Jesu Christi. (Mit dem innern Seelen-Menschen in der newen Gebuhrt im Himmel der Ewigkeit: Und mit dem äussern sterblichen Menschen in der Eitelkeit der Zeit/ darinnen das Sünden-Joch noch lebet.)

22. Ich setze hoch: Siehe/ wie die Thron- und Fürsten-Engel im Anfang sind durch die Weißheit GOttes erblickt/ welchen Blick das Fiat gefangen hat zuschaffen/ und im Thron-Engel die unzählbare Vielheit/ alles nach der ewigen Weißheit in den Wundern GOttes/ welches alles also geschaffen worden im Fiat GOttes nach allen Essentien des ewigen Limbi GOttes: daß also alle Engel in jedem Thron ihren Willen in den Thron- und Fürsten-Engel geben/ wie solches beym Falle Lucifers gnug zu erkennen ist/ und auch an den Regionen der Königlichen Regimente dieser Welt mag erkant werden/ so nicht der Teuffel die rechte Einigung also verwüstete/ wie dan gar kläglich zu sehen ist.

23. Also auch/ du edles hoch-theures Gemühte/ verstehe uns doch/ ist diese andere hoch-theure Schöpffung im Fiat. Als GOTT sahe und erkante unsern kläglichen Fall/ erblickete er sich durch seine heilige ewige Jungfraw seiner Weißheit in den ewigen Wundern in der Barmhertzigkeit/ so aus seinem Hertzen immer erbohren wird/ und fassete mit seinem Blick den Thron/ und erblickte sich ferner in dem Thron in vieltausent-mahl tausent ohne Zahl/ und setzete seinen Bund mit seinem Eyde darein mit seiner theuren Verheissung vom Weibes-Saamen.

24. Also mein hoch-theures Gemühte/ vernimbs/ derselbe Thron ist in der Zeit/ als die Zeit seines Bundes eröffnet ward/ ein Hoch-Fürsten-Engel in der Barmhertzigkeit GOttes/ im heiligen reinen Element im Ternario Sancto (das ist/ in der heiligen Erden/ in welcher die Gottheit substantialisch erkant wird) worden/ also daß die gantze Barmhertzigkeit GOttes/ welche unmeßlich und überall ist in Ternario Sancto, welche auch also groß ist im heiligen Element, welches den Himmel und diese Welt hält/ ein Mensch worden/ das ist eine substantialische

Q 5 Gleich-

Gleichnuß des Geistes der Trinität/ in welcher die Trinität mit gantzer Fülle wohnet Col. 2. 9. Und in diesem grossen Thron- und Fürsten-Engel ist im Anfang und von Ewigkeit gestanden der Blick in der unendlichen Vielheit aus allen Essentien im Limbo des Vatters/ und in Zeit der Verheissung recht im Fiat erblicket worden.

25. Also stehet jetzo noch auff heute alle Ding in dem Schaffen/ und hat die Schöpffung kein Ende biß ins Gerichte Gottes/ da wird das jenige/ welches im heiligen Baume ist gewachsen/ von den unheiligen Disteln und Dornen geschieden werden. Und sind wir Menschen dieselben unzehlbaren Blicke im Fiat des grossen Fürstlichen Thrones/ und die wir Heilig sind/ werden geschaffen in dem Leibe dieses Fürstens in GOTT: Die wir aber verderben/ werden außgeworffen/ als faule Aepffel für die Säwe des Teuffels.

26. Also sind wir in Christo Jesu versehen worden/ ehe der Welt Grund ist geleget worden/ daß wir seine Engel und Diener in seinem Hoch-fürstlichem Throne in dem Leibe seines Elements seyn sollen/ in welchem sein Geist/ als die heilige Trinität/ wohnen wil.

27. Dieses wolte ich dir am Reiche dieser Welt klar erweisen/ ja an allen Dingen: du solt nicht etwas können nennen/ daraus nicht zu erweisen ist/ so es uns GOTT zu liesse. Weil es aber zu viel Raum darff/ wil ich ein eigen Buch davon schreiben/ so es der Herr zulässet.

28. Darumb meine liebe Seele sey lebendig/ und siehe was dir dein edler Bräutigamb zu einer Letze in seinen Testamenten hat gelassen: als nemlich in der Tauffe das Wasser seines Bundes aus seinem heiligen Leibe des Urkundes/ da wir in dieser Welt/ als in der Außgebuhrt seines Leibes/ erkennen vier Dinge: Als Fewer/ Lufft/ Wasser/ Erde/ darinnen unser irdischer Leib stehet.

29. Also auch im Himlischen Leibe stehen solcher vier Dinge: Das Fewer/ ist die Anzündung der Göttlichen Begierde; Das Wasser ist das jenige/ welches das Fewer begehret/ davon das Fewer sanffte und ein Liecht wird: Die Lufft ist der frewdenreiche Geist/ der das Fewer auffbläset/ und in dem Wasser die Beweglichkeit machet; und die Erde ist recht das Wesen/ was in den dreyen erbohren wird/ und heist recht Ternarius Sanctus, in welcher die Tinctur erbohren wird im Liechte der Sanfftmuht/ darinnen das heilige Blut aus dem Wasser/ als ein Oele des
Wassers

Cap. 23. Göttliches Wesens. 371

Waſſers erbohren wird / in welchem das Liecht ſcheinet / und der Geiſt des Lebens ſtehet.

30. Alſo verſtehe / iſt das Waſſer des ewigen Lebens in dem Limbo GOttes / in Te nario Sancto, und das iſt das Waſſer / welches die Seele täuffet / ſo wir den Gebrauch ſeines Teſtaments halten. Denn die Seele wird in Chriſti Bunde in daſſelbe Waſſer eingetauchet und gewaſchen / und iſt recht ein Badt der Wieder-gebuhrt. Denn ſie wird mit dem eintauchen in das heilige Waſſer / vom heiligen Waſſer empfangen und erquicket/ und kompt in Bund Chriſti, in die Seele Chriſti, zwar nicht drein/ ſondern in ſeinen Leib / und wird Chriſti Seelen Bruder. Denn Chriſti Seele iſt eine Creatur als unſere Seelen / und iſt im Leibe der Barmhertzigkeit in der Trinität darmit umbgeben / und derſelben in ſich habhafft zu einer Speiſe und Stärcke: Alſo auch unſere Seelen im Bunde / ſo ſie trew und an GOtt bleiben / ſind ſie Chriſti Seelen Brüder.

31. Denn dieſes Pfand / als unſere Seele / hat Chriſtus von uns Menſchen in Maria angenommen / deß frewen wir uns in Ewigkeit / daß Chriſti Seele unſer Bruder iſt / und Chriſti Leib unſer Leib im newen Menſchen iſt.

32. Solte ich mich nicht frewen / daß meine Seele in Chriſti Leibe iſt / und Chriſti Seele mein Bruder / und die heilige Trinität meiner Seelen Speiſe und Krafft ? Wer wil mich richten / oder fangen / oder verderben/ ſo ich in meinem rechten Menſchen in GOTT bin/ſo ich unſterblich bin in meinem newen Menſchen ? Was zage ich dan viel in dem Irrdiſchen/ welcher der Erden gehöret ? Nehme ein jedes das ſeine / ſo wird mein Seele des Treibers loß.

33. Oder was ſol ich ſagen / muß ich nicht in dieſem Leibe / den ich alhier trage in der Irrdigkeit / durch den newen Menſchen GOttes Wunder eröffnen / daß alſo ſeine Wunder offenbahr werden ? Nicht rede ich allein von mir / ſondern von allen Menſchen / gut und böſe. Es muß ein jeder in ſeinem Reiche die groſſe Wunder eröffnen/ darinnen er ſtehet/ es ſey in Liebe oder Zorn. Es wird nach Zerbrechung der Welt alles in der Figur ſtehen. Den dieſe Welt ſtehet jetzt in der Schöpffung und im Saamen / und iſt gleiche einem Acker / der Frucht träget.

34. Alſo wollen wir ein jeder ſein Tag-werck in ſeinem Acker herfür bringen und vollenden / und in der Erndte wird ein jeder in ſeiner Arbeit ſtehen / und ſeines Gewächſes / ſo er geſäet / genieſſen; darumb ſoll meine Hand nicht laß ſeyn zu gra-

ben/sagen wir ohne Schertz/hoch-thewer in den Wundern Gottes erkant/ im Raht der edlen Jungfrawen.

Von dem Gebrauche der hochwürdigen Testamenten Jesu Christi des Sohnes GOttes.

35. Christus hat den Brauch der Tauffe mit Johanne angefangen/ welcher sein Vorlauffer war/ und Johannes war vor Christo zu dieser Welt gebohren/ das bedeut was: Thue die Augen auff. Gleich wie das Wasser ist im Urkunde/ und eine Ursache und Anfang des Lebens/ und in dem Wasser wird erst durch die Tinctur der Sulphur erbohren/ in welchem das Leben räge wird/ und die Tinctur erbieret wieder den Sulphur und das Wasser/ in welchem hernach das Blut in der Tinctur wird. Nun also wie des Lebens Anfang ist/ also muste auch die Ordnung in der Wieder-Gebuhrt seyn/ daß die arme Seele erst empfinge das Wasser des ewigen Lebens/ und in dasselbe eingetauchet würde: alsdenn gibt ihr GOtt das Senff-korn der Perlen/ daß so sie dieselbe annimbt/ ein new Gewächse in GOtt wird.

36. Darumb hat er seinen Engel vor ihm hergesandt/ daß er mit dem Wasser des ewigen Lebens tauffe. Denn so kam der ewige Leib/ in welchen die Seele muste eingehen/ und in seiner Tinctur in seinem Blute wieder newgebohren werden/ und in den Leib Christi versetzet werden. Darzu im schreiben viel Raum gehörete/ wils aber kurtz enden/ und im andern Buch melden/ und jetzt zum Wesen des Brauchs greiffen. Denn der Einfältige ist fast unbegreifflich/ so wollen wir kindlich mit ihm umbgehen/ ob er möchte sehend werden/ und die Perle finden. Denn nicht alle werden finden/ was wir in GOttes Liebe funden haben/ ob wirs wol gerne allen gönneten/ so ist doch ein grosses darzwischen/ als das geschwulte Reich dieser Welt mit dem Teuffel/ der wird sich wehren als ein gebeißiger Hund/wiewohl ihn der Lilien Ruch unmächtig machet/ so wollen wir jetzt kindlich reden.

37. Der Diener im Brüderlichen/ Christlichen Ambte des Bundes und Testaments Christi/ nimbt Wasser/ und geust das in seinem Bunde und Testament auf Befehl Christi dem Täufling auffs Haubt/ im Namen des Bundes/ und im Namen der H. Dreyfaltigkeit/ des Vatters ✚/ Sohnes ✚ und Heiligen Geistes ✚. Das ist nun Christi Befehl gewesen/ und hat damit seinen Bund mit uns auffgerichtet/ und ist ein Testament/ welches er hernach mit seinem Tode bestätigte. Das sollen wir thun

und

und nicht laſſen. Es ſtehet nicht in der Chriſten Wilkühr zu thun oder zu laſſen / ſondern wollen ſie Chriſten ſeyn / ſo ſollen ſie das thun / oder verachten ſein Teſtament / und wollen nicht zu ihme kommen.

38. Denn der Teſtator ſtehet im Bunde / und ſpricht: Kom/ und wer nicht kommen wil / der gehet nicht zu ihme ein. Darumb liegts nicht an unſerer hohen Erkäntnuß und Wiſſenſchafft / deñ er ſtehet in ſeinem Bunde / und iſt ihm das newgebohrne Kind ſo lieb / als der alte ſündige Menſch / welcher umbkehret und in ſeinen Bund tritt. Denn es lag nicht an uns / daß er Menſch ward / und uns in ſeine Liebe nahm / ſondern an ſeiner Liebe in ſeiner Barmhertzigkeit. Wir wuſten nichts von ihme / oder ob uns möchte gerahten werden / alleine er erwehlete uns / und kam aus Gnaden zu uns in unſere Menſchheit / und nahm ſich unſerer an / ſo war doch ſein Bund der Verheiſſung ein Liebe-Bund aus Gnaden / und nicht aus unſern Vorwiſſen und Verdienſte. Darumb wer anderſt lehret / der iſt ein Babel / und verwirret den Bund Chriſti.

39. Denn Chriſtus ſprach auch: Laſſet die Kindlein zu mir kommen / denn ſolcher iſt das Reiche GOttes. Sprich nicht: Was ſoll einem Kind die Tauff? Es verſtehets nicht. Es liegt nicht an unſerm Verſtande / wir ſind alzumahl unverſtändig am Reiche GOttes. So das Kind dein Zweiglein / iſt in deinem Baum gewachſen / und ſteheſt im Bunde / warumb bringeſt u nicht auch dein Zweiglein in den Bund? Dein Glaube iſt ſein Glaube / und deine Zuverſicht im Bunde zu GOtt / iſt ſeine Zuverſicht / es ſind ja deine Eſſentien, und von deiner Seelen erbohren. Und du ſolt thewer wiſſen / biſtu ein rechter Chriſt im Bunde Jeſü Chriſti / daß auch dein Kind in ſeines Lebens Anzündung in den Bund Chriſti tritt / und obs in Mutterleibe ſtürbe / im Bunde Chriſti erfunden wird. Deñ die Gottheit ſtehet im Centro des Lebens-Liecht: So nun der Baum im Bunde ſtehet / billich auch ſeine Zweige.

40. Nicht ſoltu darumb die Tauffe unterlaſſen. Denn ſo das Kind zur Welt gebohren iſt / ſo iſts von ſeinem Baume abgetrannt / und iſt in dieſer Welt; da ſolls ſelber in Bund tretten / und du mit deinem Glauben ſolſts darſtellen / und mit deinem Gebete GOtt in ſeinen Bund geben. Es darff keiner Pracht darzu / mit welcher der Bund verunehret wird / es iſt Ernſt.

41. Es ſind drey Zeugen zu dieſem Bunde: Einer heiſt GOtt Vatter / der ander GOtt Sohn / und der dritte GOtt

GOtt H. Geist. Die sind der Werck-meister/ die das Ambt treiben/ die da tauffen. So du unflätige Spiegel-hure nun also kömst geprangtet/ und bringest die arme Seele zum Bunde Christi/ stehest nur und prangest/ verstehest wol nichts von der Tauffe/ thust wol nicht eins ein Vatter unser zu GOtt. Was meynestu/ wie du vor diesem Bunde/ vor der H. Dreyfaltigkeit stehest? wie eine Saw vorm Spiegel.

42. Oder soll ich schweigen? Ich muß es sagen/ denn ich sehe es/ thue was du wilt/ es ist wahr/ du trägest eine new-gewaschene Seele von der Tauffe/ aber du bist eine besudelte Saw/ wol im Reiche aller Teuffel/ aber das Badt der Wieder-geburt ligt nicht an dir: so du gleich ein Thier bist/ und ferne von GOttes Reich/ es ligt an Christi Bunde.

43. Aber das sage ich nach meiner Erkäntnuß/ und nicht aus Befehl/ so die Eltern Gottlose/ auch wol im Reiche deß Teuffels sind/ und haben aus ihren falschen Essentien also ihre Frucht gezeuget/ in denen wol kein Glaube ist/ als nur eine falsche Schein-heucheley/ daß sie also nur für Christen Spotts halber wellen geachtet seyn: Und wie der Teuffel sich auch offte in Gestalt deß Liecht-Engels verstellet/ und schicken denn auch ihre Kinder mit dergleichen geschmücktem falschen Engeln für den Bund Christi/ daß es wol gantz fährlich ist/ welches sich dan auch alsbald in des Baumes Wachsung erweiset. Der Bund bleibet wol/ aber es wil ein Ernst seyn/ dem Teuffel zu entstehen. Es mag auch wol manches im Zorn GOttes getauffet werden/ weil man den Bund nur verachtet/ und manchmahl wol heyllose truncken Pfaffen darzu sind/ die wol auch im höllischen Fewer biß übern Kopff stehen.

44. Darumb stehet der Gnaden-bund auch wol zum Zeugnuß über dem Hauffen der Gottlosen/ und das/ was sie sehen und wissen/ aber nicht im Ernste thun/ wird sie richten.

45. Nun spricht die Vernunfft: Wie ist dan die Tauffe/ ich sehe doch nur Wasser und Worte? Höre liebe Vernunfft/ dein äusserer Leib ist auch nur in dieser Welt/ darumb muß ein äusserlich Wasser darzu seyn: Aber gleich wie der verborgene Mensch Christus mit seinem reinen Element die Außgebuhrt dieser Welt (als die vier Elementa/ in welchen unser Leib stehet) hält/ und ist alles sein: Also auch hält er das äussere Wasser/ und tauffet mit dem innern Wasser seines Elementes/ mit dem Wasser des ewigen Lebens/ aus seinem heiligen Leibe. Denn der H. Geist im Bunde tauffet mit dem innern Wasser/ und der Diener tauffet

Cap. 23.   **Göttliches Wesens.**   375

set mit dem äussern: Der äussere empfähet das irrdische Elementische Wasser/ und die Seele das Wasser des Bades in der Wieder-Gebuhrt.

46. Die Seele wird im heiligen Wasser gewaschen/ und das Wort stehet gegen ihr/ und sie im Bunde. Nun mag sie nach der Perle greiffen: Ob sie wol hinter sich am Reich dieser Welt angebunden stehet/ so stehet sie doch im Bunde. Und so sie also im rechten Glauben der Eltern/ Priester und Beystehenden im Bade der Wiedergebuhrt gewaschen ist/ und in Bund getretten/ mag sie der Teuffel nicht rühren/ biß sie erkennet was böse und gut ist/ und in derselben eins in freyen Willen eingehet.

47. So sie nun in die Boßheit dieser Welt eingehet/ und lässet sich den Teuffel ziehen/ so gehet sie aus dem Bunde aus/ und verlässet GOTT und Himmelreich. Da stehet dann die edle Jungfraw GOttes im Centro deß Lebens Liecht/ welche sich also balde im Eingange deß Lebens ins Centrum des Lebens Liechts begiebet/ der Seelen zu einem Geleits-manne/ zu einem lieben Buhlen/ und warnet die Seele fürm ungöttlichen Weege/ sie soll umbkehren/ und wieder in Bund tretten: wo nicht/ und Sie ins Teuffels Reich bleibet/ so bleibet Sie im Centro des heiligen Paradeises stehen/ und ist eine Jungfraw für sich/ aber die Seele hat sie betrübet. Also sind sie geschieden/ die Seele komme dann wieder in wahrer Rew und Busse/ so wird sie von ihrer Jungfrawen mit grossen Ehren und Frewden angenommen.

48. Darumb hat Christus zwey Testamenta gemacht/ eines in dem Wasser des ewigen Lebens/ und das ander in seinem wahren Leib und Blute; daß ob je die arme Seele vom Teuffel wieder besudelt würde/ daß sie doch in dem andern kan wieder in Christi Leib eingehen. Und so sie umbkehret mit Rew über ihre begangene Sünde/ und setzet ihr Vertrawen wieder in die Barmhertzigkeit GOttes/ so tritt sie wieder in den ersten Bund/ so mag sie zu dem andern Testament kommen/ und sich zu GOTT nahen/ so wird sie mit Frewden wieder angenommen/ wie Christus spricht: Daß mehr Frewde im Himmel ist über einen armen Sünder/ der Busse thut/ dann über neun und neuntzig Gerechten/die der Busse nicht bedürffen.

49. So spricht die Vernunfft: Ich sehe nur Brod und Wein/ und Christus gab seinen Jüngern auch Brod und Wein. Antwort:

50. Gleich wie die Tauffe im äussern ein Wasser ist/ und das
innere

innere ist das Wasser des ewigen Lebens/ und die heilige Dreyfaltigkeit tauffet/ wie am Jordan zu sehen/ daß drey Personen erschienen/ der Sohn GOttes im Wasser/ und der Vatter
in der Stimme des Worts/ und der H. Geist über dem Wasser
auff dem Häubt Christi schwebend/ und tauffen alle drey Personen in der Gottheit diesen Menschen Christum.

51. Also auch im Abendmahl. Das äussere ist Brod und
Wein/ wie dein äusserer Mensch auch irdisch ist/ und das innere
in seinem Testament ist sein (Christi) Leib und Blut/ das
empfähet dein innerer Mensch. Verstehe es recht: Die Seele
empfähet die Gottheit/ denn sie ist Geist/ und dein newer Mensch
empfähet Christi warhafftigen Leib und Blut/ nicht als einen
Gedancken im Glauben (wiewol der Glaube auch da seyn muß)
sondern im Wesen/ dem äussern Menschen unfaßlich.

52. Nicht verwandelt sich das Heilige in das äussere/ daß du
woltest sagen von dem Brod/ daß du mit dem äussern Munde
issest/ so wol auch von dem Weine/ den du mit dem äussern Munde trinckest/ dasselbe äussere sey Christi Fleisch und Blut: Nein/
sondern es ist der Kasten/ und da es doch der Kasten nicht kan faß-
sen noch einsperren/ gleich wie diese Welt den Leib Christi im
heiligen Element, oder wie der äussere Leib an uns nicht kan den
innern newen an der Seelen fassen/ das lehret dich auch das erste Abendmahl Christi/ da Christus bey seinen Jüngern am Tische saß/ und gab ihnen seinen heiligen verborgenen Leib und
Blut unter Brod und Wein/ auff seine eigene Art zu essen
und zu trincken.

53. Denn du kanst nicht sagen/ so du das gesegnete Brod an-
greiffest: Hie halte ich in meinen Händen den Leib Christi: Ich
kan ihn betasten. Nein/ mein Geselle/ das äussere ist irdisch
Brod aus dem äussern Element, und das unbegreiffliche im heiligen Element ist Christi Leib/ der wird dir in diesem seinen
Bunde und Testament/ unter dem äussern Brod dargereichet/
den empfähet dein newer Mensch/ und der Alte das Brod: Also
auch mit dem Weine.

54. Mache mir mit Christi Leibe und Blut keine Absentiam
oder Abwesenheit/ die Seele darf nicht weit darnach lauffen/ auch
so ist der Leib Christi in seinem Blute nicht der Seelen Speise in
diesem Testament/ sondern die bloße Gottheit ist der Seelen
Speise/ und der Leib Christi ist des newen Menschen (welchen
die Seele hat aus dem Leibe Jesu Christi angezogen) Speise.
Der Leib und das Blut Jesu Christi speiset den newen Men-
schen/

schen / und so der newe Mensch trew bleibet im Leibe Jesu Christi / so wird ihm die edle Perle deß Liechtes GOttes gegeben / daß er kan sehen die edle Jungfraw der Weißheit GOttes / und die Jungfraw nimt die Perle in ihren Schoß / und gehet stäts mit der Seelen in dem newen Leib / und warnet die Seele für dem falschen Weege. Was aber das für eine Perle sey / wünschete ich / daß sie alle Menschen kenneten / aber wie sie erkant wird / das ist leider vor Augen. Sie ist schöner als der Sonnen-glantz / und grösser-schätzig als die gantze Welt: Aber wie helle sie ist / so ist sie doch auch so heimlich.

55. Nun spricht die Vernunfft: Was empfähet denn der Gottlose / der nicht wiedergebohren ist? Antwort: Höre meine Vernunfft was saget S. Paulus: Darumb daß er nicht unterscheidet den Leib Christi / empfähet ers ihme zum Gerichte. Wie der Herr beym Propheten saget: Mit ihren Lippen nahen sie sich zu mir / aber ihr Hertze ist ferne von mir. Und wie vorn gemeldet: Wer von GOTT außgehet / der gehet in seinen Zorn ein.

56. Wie wiltu den heiligen Leib Christi in der Liebe empfahen / so du ein Teuffel bist? Ist doch der Teuffel auch ein Engel gewesen / warumb gieng er aus GOTT aus (in die grimme Matrix) so nur dein alter Mensch im Zorn an deiner Seelen ist / und kein neuer / so empfähet deine Seele den Zorn Gottes / und dein alter Mensch das Elementische Brod und Wein. Man wirffet die edle Perlen nicht für die Säwe: Zwar das Testament stehet da / und der Testator ladet dich darzu / du aber spottest deß / er wolte dir gerne helffen / und du wilt nicht.

57. Nicht sage ich / daß du im Brod und Wein Gottes Zorn empfähest / sondern in deiner falschen Zuversicht. Du bist mit Leib und Seele im Zorne / und wilt nicht ausgehen: Was nahestu dan viel zu GOttes Bunde / so du vom Teuffel gefangen bist? Meynestu GOTT werde deine Heucheley schmücken / und werde seine Perle daran hängen / so du ein Wolff bist? Du heulest mit den Hunden / dein Mund betet / und deine Seele ist ein Schalck.

58. Wann sie vom Testament Christi gehet / so gehet sie wieder in Raub-stall / und ist ein Mörder: Sie heulet mit den Hunden / sie ist eine meineydige Hure / wann sie vom Bunde gehet / so gehet sie in Hurenwinckel / in Diebswinckel / da stehet man denn und gibt grosse Heiligkeit für: Ach es ist mir heute ein heiliger Tag / ich darff nicht sündigen / und dencket doch / morgen oder übermorgen wiltu wieder hingehen.

59. O du Schalck/ bleib nur von Christi Testament aussen/ so du nicht einen andern Menschen darzu bringest/ du bist nur ein Mörder/ und ärgerst deinen Nähesten/ so lange du auff solchem Wege bist. Dein Gebet ist falsch/ es gehet dir nicht von Grund deines Hertzens. Dein Hertz begehret nur den Wollust dieser Welt/ und dein Gebet nimbt der Treiber auff/ der ist dein GOtt/ darumb dencke was du thust.

60. O Babel/ wir hätten viel mit dir zu reden/ aber alhie nicht. Es wird eins mit dir im Zorne geredet werden/ davon die Elementa werden erzittern/ gehe aus es ist Zeit/ daß sich der Zorn lege.

Das 24. Capittel.

Von rechter wahrer Busse: Wie der arme Sünder wieder zu GOtt in seinen Bund kan tretten/ und wie er seiner Sünden kan loß werden.

Die Porte der Rechfertigung deß armen Sünders vor GOtt.

Ein schöner Spiegel für alle hungerige bußfertige Seelen.

1. Ein lieber Leser! wir fügen dir dieses/ daß alle Dinge vom Urkunde her der Wesen aller Wesen/ ein jedes von seinem Urkunde seinen Trieb in seiner Gestalt hat/ und machet immer dasselbe Wesen dessen der Geist schwanger ist: Der Leib muß immer in demselben arbeiten/ worinnen der Geist entzündet ist. So ich mich entsinne und dencke/ warumb ich also schreibe/ und es nicht andern scharffsinnigen stehen lasse/ so finde ich/ daß mein Geist in diesem Wesen/ davon ich schreibe/ entzündet ist. Denn es ist ein lebendig lauffend Fewer dieser Dinge in meinem Geiste. Darumb was ich mir auch sonst fürnehme/ so quillet doch immer das Ding oben/ und bin also in meinem Geiste damit gefangen/ und ist mir auffgeleget als ein Werck/ das ich treiben muß. So es dann je mein Werck ist/ das mein Geist treibet/ so wil ich mirs zu einem Memorial schreiben/ und eben auff eine solche Art/ wie ichs in meinem Geist erkenne/ und dann auff die Art/ wie ich darzu kommen bin/ und wil nichts frembdes setzen/ was ich nicht selber erfahren habe/

habe/ damit ich mir nicht selber ein Lügner vor GOTT erfunden werde.

2. Wäre es nun/ daß einen lüsterte mir nach zufahren/ und begehrte dieser Dinge Wissenschafft/ davon ich schreibe/ dem gebe ich den Raht/ daß er mir in der Nachfolge-Tafel nicht mit der Feder also balde/ sondern mit der Arbeit deß Gemühtes nachfahre/ so wird er erfahren/ wie ich habe können also schreiben/ da ich doch nicht von der Schulen dieser Welt gelehret bin/ als nur ein klein wenig/ mit dieser geringen Handschrifft/ wie vor Augen ist.

3. Weil ich aber itzo mit dem Articul der Busse umbgehe/ so füge ich dem Leser/ daß in meinem Ernste mir diese Feder ist gegeben worden/ welche mir der Treiber wolte zerbrechen/ da ich dann also einen ernsten Sturm mit ihm angefangen/ daß er mich zu bodem unter die Füsse des Treibers geworffen hatte/ aber der Odem GOttes halff mir auff/ daß ich noch stehe/ und habe noch die erste Feder in meinem Gemühte/ darmit wil ich fortschreiben / und solte der Teuffel aus Boßheit die Hölle stürmen.

4. So wir dan nun wollen von diesem ernsthafften Articul reden/ so müssen wir von Jerusalem gen Jericho gehen/ und sehen wie wir unter den Mördern liegen/ welche uns also sehr haben verwundet und zerschlagen/ daß wir halb todt sind; und müssen uns umbsehen nach dem Samariter mit seinem Thier/ daß er uns verbinde/ und in seine Herberge führe.

5. O kläglich und jämmerlich ists/ daß wir von den Mördern den Teuffeln sind also harte geschlagen worden/ daß wir halb todt sind/ daß wir auch unsere Schmertzen nicht mehr fühlen ! O wann doch der Artzt käme/ der uns verbünde/ daß unsere Seele wieder lebendig würde/ wie wolten wir uns frewen ! So richtet die Begierde/ und hat ihr sähnlich Wünschen : Und wiewol der Artzt da ist/ so kan ihn doch das Gemühte nirgend ergreiffen/ denn es ist zu sehr verwundet und lieget halb todt.

6. Mein liebes Gemühte/ du denckest/ du seyest gar gesund/ aber du bist also sehr zerschlagen/ daß du deine Kranckheit nicht mehr fühlest/ bistu doch dem Tode gar nahend unterworffen/ wie kanstu dich dan gesund schätzen ?

7. Ach meine liebe Seele/ rühme dich nicht von deiner Gesundheit/ du liegest gar in schweren Banden gefangen/ gar in einem finstern Kercker/ du schwimmest in einem tieffen Wasser/ welches dir biß ans Maul gehet/ und must immer des Todes ge-

warten; darzu ist der Treiber hinter dir mit einer grossen Rotte deiner ärgsten Feinde / da er dich dan an seiner Ketten immer hinab zeucht / in die grausame Tieffe / in der Höllen Abgrund / und seine Rotte stösset immer hernach / und lauffen auff allen Seiten umb dich / bellen und jagen gleichsam haben sie die Hinde / der sie nachjagen.

8. So spricht die Vernunfft: Warumb thun sie das? O meine liebe Seele / sie haben deß eine grosse Ursache / sihe du bist ihre Hinde gewesen / und bist aus ihrem Garten ausgerissen: Darzu so bistu so starck worden / daß du hast ihren Zaun am Garten zerbrochen / und ihnen ihre Wohnung eingenommen / darzu hastu ihnen ihre Speise vergallet / daß sie die nicht können essen: Du hast mit deinen Hörnern ihren Stuhl zerbrochen: Darzu hastu ein frembdes Heer eingeführet in ihren Garten / und einer frembden Macht gebrauchet / sie aus ihrem Garten zu treiben. Und ob sie dich an ihrem Bande haben / so stellestu dich gegen ihnen / als woltestu ihr Reich zerbrechen / ihre Seyle reissestu auff stücken / und ihre Bande zerbrichstu / und bist ein stäter Stürmer ihres Reiches: Du bist ihr ärgster Feind / und sie deiner / und so du noch aus ihrem Garten außgiengest / so wären sie doch zu frieden: So du aber darinnen bist / so währet der Krieg / und hat kein Ende / biß der Alte komt / der wird euch scheiden.

9. Oder meynestu / wir sind unsinnig / daß wir also schreiben? So wir das nicht wüsten und sähen / so würden wir doch schweigen. Oder kanstu denn dein Dorn-badt nicht eins erkennen / darinnen du badest? Sagestu noch / du bist gantz im Rosen-Garten? So du ja im Rosen-Garten bist / wie du meynest / sihe ja zu / daß du nicht auffs Teuffels Weyde bist / und bist seine liebste Hinde / die er mästet zu einem Schlacht-Mahl zu seiner Speise.

10. Warlich ich sage dirs / und ist kein Schertz / als ich zu Jericho war / da eröffnete mir mein lieber Geföhrte meine Augen / daß ich sahe / und siehe / ein groß Geschlechte und Hauffen der Völcker der Menschen waren untereinander / und waren ein Theil gleich als Thiere / und ein Theil als Menschen / und es war ein Streit unter ihnen / und der Höllen-Abgrund war unter ihnen / und die Thiere sahen das nicht / aber die Menschen fürchteten sich und wolten fliehen / so wolte der Teuffel ihnen das nicht verjahen / denn sein Garten hatte keine Thüren / und sie zerbrachen ihme seinen Garten: Also muste er die Thiere hüten /

daß

daß sie ihm nicht auch entlieffen. Aber die Thiere/ welche auch Menschen waren/ assen seiner Speise/ und truncken seines Trancks/ und er that ihnen nichts/ denn er mästete sie zu seinem Schlacht-Mahl: und es war eine stäte Feindschafft zwischen den rechten Menschen und den Thier-Menschen.

11. Oder meynestu/ es sey nicht wahr/ was mir mein lieber Gesehrte gewiesen hat/ in deme er mir meine Augen auffthät/ daß ich sahe. So kom und gehe mit mir gen Jerusalem/ wir wollen mit einander den Weeg hinab gen Jericho gehen/ und denselben wol beschawen/ und unterwegen ist dieser Garten/ da der Teuffel mit diesem grossen Geschlechte innen wohnet: Wir wollen dir grosse Wunder weisen/ du wirst das alles/ wie hieroben gemeldet worden/ sehen und erkennen/ bistu aber ein Mensch und nicht des Teuffels Mast-Thier.

12. Sihe wir verstehen mit Jerusalem das Paradeiß/ und mit dem Weege gen Jericho/ den Außgang aus dem Paradeiß in diese Welt/ da uns dann diese Welt in ihrem Garten hat gefangen/ darinnen ist das grosse Jammer-Meer/ da unsere Seele innen schwimmet: Auch so ist der Teuffel darinnen/ der uns an Gottes Zorn-Kette hat gebunden/ und führet die arme Seele im finstern Garten des Fleisches und Bluts in seinem grimmen Zorngarten gefangen: Da ihm dan die newgebohrnen Seelen immer aus seinem Garten ausreissen/ und zersprengen ihm sein Höllenreich. Auch so haben sie ihme seinen Königlichen Stuhl eingenommen/ da er ein Engel war/ und haben ihme seinen höllischen erbauten Stuhl mit dem Sturm ihrer Hörner (welche sind der Geist GOttes) zersprenget: auch so wütten sie wider ihn mit ihrem Sturm aus der Höllen in Himmel/ und stürmen ihm sein Reich: aber er hält die arme Seele an der Ketten des Zornes in diesem bösen Fleische und Blute gefangen/ und hetzet immer wider sie die Rotte der Gottlosen/ daß sie die verführen und in GOttes Zorn tauchen biß ans Maul. Da stehet die arme Seele im Jammer-meer biß an ihren Gaumen/ als solte sie ersauffen/ da stosset der Teuffel mit deß Leibes Sünden und Laster immer hinnach/ und wil die arme Seele in GOttes Zorn in der Höllen Abgrund ersauffen.

13. Alle boßhafftige gefangene Menschen/ so er hat gefangen/ sind seine Jagt-hunde/ die jagen die arme Seele mit Hochmuht/ Pracht/ Geitz/ Unzucht/ Zorn/ Gottes-lästerung/ mit falschem Drangsal; also daß die arme Seele mit diesen Dingen inficiret/ und gar offte auffs Teuffels Pferd gesetzet wird/ als ein

Gefangener/da denn der Teuffel wil mit ihr in die Hölle reuthen/ in GOttes Zorn. Ach wie raubet er der armen Seelen offt ihr schön Kleid der Erkäntnüß GOttes; wie reist er das Wort Gottes von ihren Ohren und Hertzen/ wie Christus klar saget. So sie dann nicht wil wie er wil/ und wil je aus seinem Garten außreissen/da wirfft er erst seinen Koht und Unflaht auff sie/da erräget er alle seine Jagt-hunde/ die müßen sie anbellen/ und eitel Spott auff sie werffen. Da stehet sie dann als eine Eule unter den Vögeln/ welche sie alle anschreyen/ und ein jeder wil sie beissen: Also auch gehets dieser armen Seelen/ welche aus des Teuffels Netze durch ernste Busse in die newe Wiedergebuhrt tritt.

14. Dargegen stehen die jenigen/ welche des Teuffels Untraut in seinem Garten/ in Sünden und Lastern in sich fressen/ in gutem Frieden. Denn er mästet sie in GOttes Zorne/ und sie sind seine Jagt-hunde/ damit er die Hinde/ die arme Seele (welche ihme wil entrinnen und sein Höllen-reich stürmen) jaget.

15. Der Teuffel wäre ja noch zu frieden/ ob ihme gleich etliche Seelen außrissen/ wiewol er sein Reich lieber grösser machete/ als schwächete; Aber daß ihm sein Reich darmit zerbrochen wird/ damit ist er nicht zu frieden.

16. Denn gleich wie er in seinem Reich jaget und die armen Seelen fänget/ wie er nur kan/ und durch seine Diener der armen Seelen nachstellet mit allen Lastern/ und stellet der Seelen stäts einen Spiegel für/ daß sie sich soll in seinen Lastern besehen/ kitzelt sie auch noch wol mit grosser Verheissung grosser Ehren/ Macht und Gewalt/ stellet ihr das arme verachtete Häufflein für/ und saget zur Seelen: Was wiltu alleine der Welt Narr seyn? Gehe mitte/ ich wil dir das Reich dieser Welt zubesitzen geben/ wie er Christo thäte.

17. Also auch in gleichem Fall/ wann die Seele das Himmel-reich hat angezogen/ daß sie also in diesem finstern Thal im Fleisch und Blut stecket/ und siehet des Teuffels Morden an ihren Brüdern und Schwestern/ so wird sie gleich auch von GOtt gewapnet/ wider den Teuffel zu streiten/ und ihme sein Raub-loch zu offenbahren. Denn die Liebe zu ihrem Nähesten treibet sie auch dahin/ daß sie wil helffen ihr Himmel-reich mehren. Darumb lehret und straffet sie/ sie warnet vor Sünden/ und lehret den Weeg zum Himmel-reich/ welches zwar der äussere thierische Leib nicht verstehet.

18. Er gehet dahin/ als ein grober Esel/ und dencket mit dem

Sternen und Elementischen Gemühte: Ach welch übel thue ich mir doch selber an / daß ich mich zum Narren der Welt mache / was habe ich darvon als Spett? Bin ich doch meines Lebens damit nicht sicher / und entziehe mir und den meinen damit das tägliche Brod und Nahrung / und muß immer des Todes warten / und in der Leute Spott baden. Ach! wie balde magstu nicht irren/ so wirstu verfolget / und wirst als ein fauler Apfel weg geworffen: Was haben dan die deinen nach dir darvon zu Lohn / als daß sie müssen deiner entgelten?

19. Also richtet der Mensch in Fleisch und Blute / und wenn das der Teuffel verstehet / ach! ist er doch alsbald da / als eine Katze nach der Mauß / der spricht: O wer weiß obs wahr ist was du lehrest / hastu das doch nicht gesehen / so ist auch keiner von den Todten kommen und hat dirs gesaget: ihrer sind viel gestorben/ die also haben gelehret als du. Darumb stehet die Welt nicht in ihrem Orden einmahl als das ander: man hielt jene vor Narren / das geschicht dir auch / und nach dir bleibts als es je war / was hülfft dich dann dein grosser Kummer und Mühe?

20. Endlich komt er mit dem listigen Stücke / und spricht durch den Geist der grossen Welt im Gemühte in sich selber: O der Himmel hat dich also erbohren / daß du also solche närrische Dinge treibest / er hat also sein Gauckel-spiel in dir: Du hast deine Gaben nicht von GOtt / hat doch GOtt nie mit dir geredet / was weistu dan das? Stehe nur ab / laß gut seyn / kanstu doch sonst wol ein Christen-Mensch seyn / wenn du gleich stille bist: laß die Pfaffen lehren / die haben ihren Lohn davon / was gehet dichs an? Siehe mein lieber Leser / mit diesem Knittel ist diese Feder einmahl zu boden geworffen worden / und wolte sie der Treiber zerbrechen / aber der Odem GOttes hub sie wieder auff / darumb sol sie schreiben / wie es ihr gieng / allen Liebhabern zu einem Exempel / und ist hochtheuer.

21. Als sie nun der Teuffel hatte also niedergeschlagen / ward sie stumm / und wolte nicht alleine nicht mehr schreiben / sondern der Teuffel rauschete über sie her / und wolte sie zerbrechen: Er kam mit seinen Saw-äpfelen auffgezogen / und hielt sie der Seelen dieser Feder für / sie solte essen von seiner Kost / auch strewete er Zucker darauff: Hätte er sie wieder an seine Ketten bekommen / wie solte er sich gerochen haben: Als es dan hernach im Sturm erkant ward / da sein Gemühte gar wohl erkant ward. Als es nun also ergieng / verwelckete die Lilien / und verlohr ihren schönen Ruch / die Perle verbarg sich / und der Perlen Jungfrau

stund

stund in hohen tieffen Trawren/ und das edle Göttliche Gemühte sanck nieder in eine grosse Unruhe.

22. Der Treiber sagte wol im Anfange/ sie würde mit ihrem stille=stehen Ruhe haben/ aber es war eine Ruhe im Fleisch und Blute/ und da es doch nicht Ruhe war/ sondern ein hefftig Treiben zum Jäger: Als sich aber das Gemühte wegen der Seelen in grosser Unruhe fand/ raffete es die Seele zu hauffe/ und suchete die Perlen/ welche die Seele hatte vor diesem gehabt/ und meynete sie läge im Kästel der Seelen/ als ein Schatz verborgen/ aber sie war hinweg: Da suchete sie das Gemühte in Leib und Seele/ und sihe/ sie war weg/ sie konte nicht gefunden werden/ und ward nichts ersehen als des Teuffels Säw=äpffel/ die waren für die Seele gestrewet/ sie solte davon essen; aber die Seele stund in grossen Trawren/ und mochte seiner fälschen Frucht nicht essen; sie rieff ihrer Jungfrawen/ aber sie erzeigete sich als schlieffe sie.

23. Also stund die Seele mit grossem Sähnen und Verlangen/ auch gar offte in grossen Streit gegen den Treiber/ der sie dan immer wolte zu bodem werffen: wan sie sich gegen ihm in Streit stellete/ so nahm er alle Untugend/ so im Fleisch und Blut stecken/ und warff das auff die Seele/ verwickelte sie damitte/ daß sie nur nicht solte wieder die Jungfraw ergreiffen. Aus der Sünden im Fleische machte er Centner Berge/ und deckete darmit GOttes Barmhertzigkeit/ als den newen Menschen in Christo feste zu. Die Porten des Himmelreichs/ welche zuvoren waren weit offen gestanden/ die waren feste zu: Es häuffete sich nur Jammer und grosse Arbeit mit der Seelen/ biß sie sich dermahleines aus GOttes Odem/ welcher wieder in sie kam/ verwegete dem Teuffel seine Ketten zu zersprengen/ und mit ihme in Streit zoch/ daß er zu bodem lag/ und seine Decke zersprang/ da sahe die Seele wieder ihre liebe Jungfraw. Was nun alda vor ein freundlich beneveniren sey gewesen/ wolte ich lieber daß es der Leser selber erführe/ denn daß ichs schreiben soll.

24. Also begehrte die Seele der edlen Perle wieder/ aber sie war weg/ und muste von newen gebohren werden. Als ein Senff=korn gesäet wird/ welches klein und wenig ist/ und hernach ein Baum darauß wächst; Also wächset die Perle in der Seelen/ in der Jungfrawen Schoß.

Darumb halt lieber was du hast/
Noht leiden ist ein böser Gast.

Laß dir den Teuffel nicht Zucker auffstrewen/ ob dir das Reich dieser Welt gleich Zucker-süsse gemacht wird/ so ist doch nur Galle darinnen: Dencke nur daß die arme Seele in dieser Welt/ so wohl auch in deinem Fleische und Blute nicht daheime ist/ sie muß wandern in ein ander Land. Darumb laß sie den Teuffel nicht mit dem Unlust des Fleisches also verdecken. Denn es gehöret gar ein grosser Ernst darzu den Teuffel abzutreiben/ wiewohl das in unsern Kräfften nicht stehet/ so uns der theure Ritter JEsus Christus nicht beystünde.

25. Darumb soll man nicht also kühn seyn zu spotten der Kinder GOttes/ welche im Streit stehen gegen den Teuffel/ dencke du must auch daran/ wiltu nicht bey deinen guten gesunden Tagen/ so mustu in deinem Tode/ wenn die arme Seele muß vom Leibe scheiden/ so muß sie in Streit/ es ist kein anderer Raht/ denn sie muß vom Leibe aus dem Geiste dieser Welt/ da stehen alsdan zwo Porten offen/ als Himmel- und Höllen-reich/ in der eins muß sie/ es ist sonst kein Ohrt noch Stäte mehr ausser dieser Welt.

26. So sie nun also harte ist in Sünden gefangen/ und hat nur immer auff Morgen gesündiget/ und ist also mit GOttes Zorne bekleidet/ und hat nur eitel Spott der Kinder GOttes auff sich gehäuffet/ daß sie in GOttes Zorn stecket biß an Gaumen/ und hanget kaum an einem Faden.

27. O Ach schwer ist das/ da dencke/ ob nicht die Seele muß in dem Spotte/ den sie den Kindern GOttes hat angetahn/ eine weile baden? Wird sie auch die edle Jungfraw in der Liebe und Barmhertzigkeit GOttes können alsobalde erreichen? Wo bleibet dan der edle Perlen-baum/ der da gesäet wird als ein kleines Senff-korn/und in Beharrung wüchset als ein Lorber-baum? Wo hat er seinen Safft zum Grünen/so die Seele also im Zornbade stehet? Oer wird in vielen in Ewigkeit nicht recht grünen! Darumb saget Christus: Sie werden in der Aufferstehung einander mit Klarheit übertreffen/als Sonne/Mond undSternen.

28. Was hülfft dich dan nun dein hie-gehabtes Gelt und Gut/ auch deine Ehre und Gewalt? So dich das alles verlässet/ und du must davon? was hilfft dich dein Spott und Verachtung der Kinder GOttes/so wohl dein Geitz und Neid/ so du nun mit grossen Schanden in grosser Angst must selber drinnen baden? da du dessen grosse Schande vor GOttes Engeln hast/ und alle Teuffel spotten dein/ daß du bist ein Gewächse GOttes gewesen/ und hast so lange Zeit darzu gehabt/ und bist nun so ein dürres magers Zweiglein!

R   29. Oder

29. Oder wie meynestu/ so also dein Zweiglein gar verdorret ist/ und du must ewig in GOttes Zorne baden/ da dir dan auch alsobalde deine menschliche Bildnüß genommen wird/ und wirst gleich den gräulichsten Thieren/ Würmen und Schlangen figuriret/ alles nach deinem hier-gewesenen Trieb und Thaten/ da dir dan deine Thaten in der Figur in der Tinctur ewig unter Augen stehen/ und dich wol nagen/ daß du immer denckest: Hättestu diß und jenes nicht gethan/ so köntestu zur Hulde GOttes kommen: dein Spotten stehet vor deinen Augen/ und schämest dich/ daß du woltest nur einen guten Gedancken in deine Seele lassen/ denn das Gute ist vor dir als ein Engel/ und darffsts mit deinem Gemühte wegen grosser Schande nicht anrühren/ viel weniger erblicken: Sondern du must also deinen Spott mit allen Lastern und Sünden ewig in dich fressen/ und must ewig verzweifelen. Ob du meynest nach Abstinentz außzufahren/ so schläget dich doch das Liecht in grossen Schanden nieder/ und fähret also nur in deinem fressenden Wurm in dir selber über die Thronen GOttes aus/ und ist dir gleich als einem/ der auff einem Felsen stehet/ und begehret sich in eine unmeßliche Klufft zu schwingen/ und je tieffer er drein siehet/ je tieffer fället er darein. Also sind deine eigene Sünden/ Spott und Laster in Verachtung GOttes/ dein höllisch Fewr/ welches dich ewig naget/ sagen wir im Worte des Lebens.

30. Darumb O liebe Seele/ kehre umb/ laß dich den Teuffel nicht fangen/ achte nichts der Welt Spott/ alle dein Trauren muß in grosse Frewde verkehret werden: Ob du in dieser Welt gleich nicht grosse Ehre/ Macht und Reichthumb hast/ hülfft dich doch das nichts/ du weist nicht/ ob nicht morgen der Tag ist/ da du an den Reyen solst. Schmecket doch dem Dürfftigen sein Bissen Brod besser/ als dem Mächtigen das beste; was hat er dan Vortheil/ als daß er viel siehet/ und muß sich in vielen quälen/ und muß am Ende von alle seinem Thun und Haushalten Rechenschafft geben/ wie er ein Pflantzer ist in dieser Welt gewesen. Er muß von allen seinen Knechten Rechnung geben/ so er denselben ist mit bösen Exempeln fürgegangen/ und hat sie geärgert/ daß sie auff den gottlosen Weeg sind getretten: So schreyet ihre arme Seele ewig Ach und Wehe über ihren Obern: Da stehet alles in ter Figur in der Tinctur. Was reissestu dich dan also harte nach weltlichen Ehren/ welche vergehen? Trachte lieber nach dem Perlen-baum/ den nimstu mitte/ und frewest dich ewig seines Gewächses.

31. Ach

31. Ach ist das nicht freundlich Wolthun/ so die Seele darf in die heilige Dreyfaltigkeit sehen/ davon sie erfüllet wird/ daß also ihre Essentien im Paradeiß grünen/ da immer der Lobgesang auffgehet/ in GOttes Wunderthat/ da die immer-wachsende Frucht in unendlich nach deinem Willen auffgehet/ da du alles mächtig bist/ da keine Furcht/ Neid oder Leid ist/ da eitel Liebe untereinander ist/ da sich eines des andern Gestalt erfreuet/ da einem jeden Frucht nach seinen Essentien auffgehet; wie ein Fürbilde war bey Israel in der Wüsten vom Manna/ da es einem jeden schmeckete nach seinen Essentien.

Vom Weege des Einganges.

32. Liebes Gemühte/ so du dieses Weeges begehrest/ und wilt dehn erlangen mit der edlen Jungfrawen in dem Perlen-baum/ so mustu gar einen grossen Ernst brauchen. Es muß nicht Mund-heucheley seyn/ da das Hertze ferne davon ist; nein/ du erreichest nichts auff solchem Weege. Du must dein Gemühte mit allen deinen Sinnen und Vernunfft gäntzlich zusammen raffen in einen Willen/ daß du dich wilt bekehren/ und von deinen Greweln ablassen/ und must deinen Sinn in GOTT setzen/ in seine Barmhertzigkeit/ mit gewisser Zuversicht/ du wirsts erlangen.

33. Und ob der Teuffel in deinen Sünden spricht: Es kan jetzt nicht seyn/ du bist ein zugrosser Sünder. Laß dichs nicht schrecken/ er ist ein Lügener/ und machet dir dein Gemühte verzaget/ er stellet sich wohl/ als wäre er nicht da/ aber er ist da/ und wehret sich als ein böser Hund. Und magsts gewiß wissen/ daß alles was dir in dein Gemühte im Zweifel einkomt/ das sind alles seine Einwürffe.

34. Denn es sind nicht mehr als zwey Reiche/ die dich rügen: Eines ist das Reich GOttes/ darinnen ist Christus/ der begehret deiner: und das ander ist der Höllen-Reich/ darinnen ist der Teuffel/ der begehret auch deiner. Nun gilts alhie streitens mit der armen Seele/ denn sie stehet in Mitten. Christus beut ihr das newe Kleid/ und der Teuffel beut ihr das Sünden-Kleid. Und so wahr als du einen Gedancken oder Anneigung zu GOTT hast/ daß du gerne woltest in rechte Busse eingehen/ so wahr ist derselbe Gedancke nicht aus dir eigen/ sondern GOttes Liebe locket dich/ und die edle Jungfraw GOttes ruffet dir darmit/ du solt nur kommen/ und nicht nachlassen. Und so wahr dir auff solchem Weege deine grosse Sünde einkomt/ und

dich zurücke hält / daß deinem Hertzen manchmahl kein Trost wiederfähret / so wahr ists des Teuffels Auffhalten / der wirfft dir in deine Gedancken / GOtt wolle dich nicht erhören / du seyest noch in zugrossen Sünden / er wil der Seelen den Trost nicht einlassen / er decket das sündige Reich dieser Welt darüber. Aber laß du dich nichts tawren / er ist dein Feind / es stehet geschrieben: Wenn ewre Sünde blutroht wäre / so ihr euch bekehret / so soll sie schneeweiß werden wie Wolle. Item: So wahr Ich lebe / Ich habe nicht Lust am Tode des armen Sünders / sondern daß er sich bekehre und lebe: Spricht der Herr Herr Zebaoth.

35. Du must mit diesem gefasseten Sinne beständig bleiben / und ob du gleich keine Krafft in dein Hertze bekömst / dir auch der Teuffel deine Zunge niederschlüge / daß du nicht köntest zu GOTT beten / so mustu zu ihme seufftzen und wünschen / und in diesem Sinne bleiben / mit dem Cananeischen Weiblein immer anhalten; je mehr du es treibest / je schwächer wird der Teuffel. Du must das Leiden / Sterben und Genugthuung Jesu Christi für dich nehmen / und deine Seele in seine Verheissung wickelen / da Christus spricht: Mein Vatter wil den H. Heist geben / denen die ihn darumb bitten. Item / Bittet / so werdet ihr nehmen; Suchet / so werdet ihr finden; Klopffet an / so wird euch auffgethan. Und je mächtiger du vom Teuffel und deinen Sünden außdringest / je mächtiger dringet das Reich GOttes in dich ein. Du must nur nicht aus dem Willen außgehen / biß du das Kleinod erlangest / und ob es währete den Tag biß in die Nacht / und fort viel Tage. Ist dein Ernst groß / so wird auch das Kleinod groß seyn / so du wirst in der Uberwindung erlangen.

36. Denn was es sey / weiß Niemand / als der es selber erfähret. Es ist gar ein thewrer Gast / wann er in die Seele einzucht / da ist gar ein wunderlicher Triumph / da hertzet der Bräutigamb seine Liebe Braut / und gehet auff der Lobgesang des Paradeises. Ach muß doch der irdische Leib darob erzittern / ob er gleich nicht weiß was da ist / so frewen sich doch alle Glieder. Ach welch eine schöne Erkäntnüß bringet die Jungfraw der Weißheit GOttes mit sich! sie machet einen Gelehrten / und ob er sonst stumm wäre / wird doch die Seele in GOttes Wunderthat gekrönet / sie muß von seinen Wundern reden / ist doch eitel Begierde in ihr / der Teuffel muß weichen / und wird gantz matt und müde.

37. Also wird das edle Kleinod / und darinnen die theure
Perle

Perle gesäet/ aber mercke es wol/ es ist nicht alsobalde ein Baum/ O wie offte rauschet der Teufel darüber her! und wil das Senff-körnlein außrotten/ wie gar harte Stürme muß die Seele außstehen/ wie wird sie offte mit der Sünden bedecket. Denn es ist alles in dieser Welt wider sie/ sie ist gleich als wäre sie alleine und verlassen. Es rauschen auch die Kinder GOttes über sie/ denn der Teuffel thut der armen Seele solche Plage an/ ob er sie noch möchte verführen. Es ist kein Feyren bey ihme/ entweder mit Heucheley/ daß ihr die Seele soll selber heucheln/ oder mit Sünden und Gewissen. Du must nur immer wider ihn streiten/ denn also wächset der Perlen-baum/ gleich als das Graß im ungestümen Regen und Winde: so er aber groß wird/ daß er seine Blüte erreichet/ so wirstu seiner Frucht wol geniessen/ und besser verstehen was diese Feder geschrieben hat/ wo sie erbohren ist. Denn sie ist auch lange Zeit an diesem Reyen gewesen/ es ist manch Sturm über sie gegangen/ darumb sols ihr stehen zu einem stäten Memorial und stäter Eindenckung/ weil wir alhier ins Teuffels Mord-gruben müssen sitzen/ so wir nur überwinden/ unser grosser Lohn wird uns schon nachfolgen.

38. Nun spricht die Vernunfft: Ich sehe doch an dir/ oder deines gleichen keine andere Gestalt oder Gebehrde als an andern armen Sündern/ es muß nur ein Schein seyn/ zur Heucheley. Darzu spricht sie: Ich bin auch an dem Reyen gewesen/ und stecke doch gleichwol in meiner Boßheit/ und thue was ich schier nicht wil: Ich werde gleichwol zu Zorn/ Geitz und Haß beweget. Wie muß ihm dan seyn/ daß nicht der Mensch nach seinem gefasseten Willen thut/ sondern thut eben/ das er selber strafset/ und das er weiß daß nicht recht ist?

39. Alhier stecket der Perlen-baum verborgen. Sihe meine liebe Vernunfft/ der Perlen-baum wird nicht in den äussern Menschen gesäet/ er ists auch nicht wehrt/ er gehöret in die Erde/ und der Mensch der Sünden stecket darinnen. Und der Teufel machet ihme offt seinen Sitz darein/ der häuffet Zorn und Boßheit darinnen/ führet offt die arme Seele in ein Laster/ das sie nicht gewilliget hat/ daß der Leib zugreifft nach dehme was der Seelen zuwider ist.

40. Und so es nun geschiehet/ so thuts nicht allewege die Seele/ sondern der Sternen- und Elementen-Geist im Menschen. Die Seele spricht: Es ist nicht recht. So spricht der Leib: Wir müssens haben/ daß wir leben und genug haben. Also gehets denn durcheinander/ und kennet sich ein rechter Christ selber nicht/

nicht/ wie wolte er dan von andern erkant werden? Der Teuffel kan ihn wol verdecken/ daß er nicht erkant wird. Und das ist sein Meister-stück/ wenn er kan einen rechten Christen in Laster führen/ daß er in Sünde fället/ daß also von aussen nichts an ihme erkant wird/ als daß er andere der Sünden straffet/ und sündiget doch selber von aussen.

41. Und so er nun sündiget/ so thut nicht ers in dem neuen Menschen/ sondern der Alte in der Sünde/ welcher der Sünden unterworffen ist; welcher in GOttes Zorne ist/ den treibet der Zorn/ daß er nicht immer recht thut. Und so er etwas guts thut/ so thut ers nicht aus seinem Willen und Kräfften/ sondern der Newe zwinget ihn darzu/ daß ers thun muß; denn der Alte ist zerbrechlich/ aber die Seele ist unzerbrechlich. Darumb stehet die arme Seele immer im Streit/ und stecket zwischen Thür und Angel/ und muß sich wohl quetschen lassen.

42. Nicht sagen wir/ daß darumb die Sünde im alten Menschen nicht schade/ ob sie schon der Newe nicht kan allemahl bändigen/ so gibts doch Aergernüß/ und sollen wir aus dem newen Menschen GOTT leben/ obs wol nicht müglich/ in dieser Welt vollkommen zu seyn/ noch müssen wir immer wehren: Und ist der newe Mensch in einem Acker/ da der Acker kalt/ bitter/ grimmig und erstarret ist.

43. Und gleich wie das Kraut aus der Erden von einem lieblichen Sonnen-schein wächst: also auch unser neuer Mensch in Christo/ aus dem alten/ grimmigen/ kalten/ rauhen Menschen unsers irdischen Fleisches und Blutes. Und das ist recht der Perlen Liecht/(wann wir das rechtschaffen in der Erkäntnuß im neuen Menschen ergriffen/) und ist das Schwerd/ damit wir können mit dem Teuffel streiten/ ohne daß wir das Schwerd des Todes Christi müssen in die Hände nehmen/ welches recht schneidet/ da der Teuffel fliehen muß.

Das 25. Capittel.

Vom Leiden/ Sterben/ Tod und Aufferstehung JEsu CHRISTI deß Sohnes GOttes: Auch von seiner Himmelfahrt/ und Sitzen zur Rechten GOttes seines Vatters.

Die Porte unsers Elendes/ und dan die starcke Porte der Göttlichen Krafft in seiner Liebe.

Cap. 25. Göttliches Wesens.

1. So wir uns in unserer rechten Vernunfft entsinnen/ und sehen an das Reich dieser Welt/ in welchem wir mit unserem Fleisch und Blute/ auch der Vernunfft und Sinnen / stehen / so finden wir freylich wohl / daß wir desselben Wesen und Trieb in uns haben: denn wir sind desselben Eigenthum. Alles was wir nun in dem äussern Menschen gedencken/ thun und fürhaben/ das thut der Geist dieser Welt in den Menschen. Denn der Leib ist nur sein Werck-zeug/ darmit er sein Werck machet. Und befinden / daß / gleich wie aller anderer Werck-zeug/ so aus dem Geist dieser Welt wird erbohren; endlich verfaulet/ zerbricht/ und zu Staub wird: also auch unser irdischer Leib/ in welchem der Geist dieser Welt nur eine zeitlang quallet.

2. Darumb soll Niemand den andern verachten/ ob er nicht einher gehet als er/ und ob er nicht sein Gemühte und Willen führet/ auch nicht seine höfliche/ freundliche Gestalt und Sitten kan ergreiffen und erlernen; Denn der natürliche Himmel machet aus einem jeden wie seine Gestalt in seinen Influentien zu allen Zeiten ist; also bekomt auch jede Creatur seine Geberde und Gestalt/ auch seinen Trieb und Willen/ und dasselbe ist von dem äussern Menschen gar nicht zu nehmen/ biß der Himmel sein Thier zerbricht.

3. Darumb ist uns zu gedencken des grossen Streits in uns/ so wir wiedergebohren werden aus dem Ewigen/ so streitet das Ewige wider das Zerbrechliche/ wider die Boßheit und Falschheit des Zerbrechlichen.

4. Nun verbringet ein jedes Reich seinen Willen/ das Innere gehet schlechts für sich/ und williget nicht in die Boßheit des Aeussern/ sondern lauffet zu seinem Ziel: und das äussere Reich/ als der äussere Mensch/ gehet mit seiner Begierde auch für sich/ und verbringet sein Werck nach seinen Influentien des Gestirnes.

5. Ists aber/ daß der äussere das nicht thut/ was seine Begierde wollen/ so ists nicht aus seiner Weißheit/ sondern der Himmel hats verändert durch eine andere Conjunction.

6. So er aber gezwänget wird von dem falschen abzulassen/ das ist nicht des Himmels Trieb/ sondern des neuen wiedergebohrnen Menschen/ welcher mit dem irdischen im Streite stehet/ der sieget offte. Er kan aber den irdischen nicht verschlingen/ denn der irdische windet sich wieder empor/ welches wir an unserem Zorn erkennen. Denn so mein newer Mensch sieget/ so wil er keines Zornes noch böser Begierde; So ihn aber der Trei-

ber dieser Welt mit Falschheit ansicht/ so gehet auff das Zorn-fewer in dem alten Menschen/ und wird offte seine Begierde ent-zündet/ daß er thut was er erst verworffen und selber gestraf-fet hat.

7. Nun können wir nicht sagen/ daß das falsche und zornige alleine der Geist dieser Welt willige und thue/ denn es lauffet offte der gantze Mensch mit allen Sinnen und gantzen Willen hinan. Alhierinnen erkennen wir unser grosses Elend/ denn die arme Seele/ welche noch am Bande des Zornes ist/ wird offte angestecket/ daß sie als ein Fewer brennet und mitte lauffet. Denn sie ist am Bande der Ewigkeit im Vatter/ und erreichet in ihrer innersten Wurtzel den Zorn GOttes/ und es ist eben ihres Lebens Gebuhrt und Urkund/ und wird offte das edle Senff-korn verwüstet und zerbrochen/ welches der Seelen new-es Kleid war/ das ihr in ihrer Busse angezogen ward. Darumb soll Niemand sicher seyn/ ob er gleich einmahl den Perlen-krantz erlangete/ er kan ihn wieder verliehren. Denn wan die Seele in die Sünde williget/ so gehet sie von Christo aus in die Falschheit/ und in den Zorn GOttes.

8. So wir dan nun also wissen/ daß uns Christus mit seinem Eingange seiner Menschwerdunge eine Thür im Himmel in sei-nem heil:gen Leibe hat eröffnet/ daß wir alse durch rechte wahre Busse und Vertrawen zu ihme können unseren Seelen ein new weiß Kleid seiner Unschuld in seiner Liebe anziehen: So wissen wir auch/ daß die Seele die Zeit dieses irrdischen Lebens an drey grausame Ketten fast angebunden stehet: als 1. ist GOttes stren-ger Zorn/ der Abgrunde und finstere Welt/ welche das Centrum und Creatürliche Leben der Seelen ist: Und ist ferner ihre selbst-eigene Lebens-gebuhrt/ welche innerste Wurtzel ist Gifft und Grimmigkeit. So dan die Seele aus dem ewigen Quaal ist/ und urkundet sich aus der Ewigkeit/ so mag sie hinter sich in ihrer eigenen Wurtzel der Ewigkeit Niemand erlösen/ oder aus dem Zorne außführen/ es kom dan einer/ der die Liebe selber sey/ und werde in ihrer selbst-eigenen Gebuhrt gebohren/ daß er sie aus dem Zorn in die Liebe setze in sich selber/ als in Christo ge-schehen.

9. Die andere Porte und Ketten ist des Teuffels Begierde gegen der Seelen/ damit er die Seele stäts sichtet/ versuchet/ und sie ohne Unterlaß von GOttes Wahrheit in die Eitelkeit/als in Hoffart/ Geitz/ Neid/ Zorne/ stürtzen wil/ und dieselben böse Eigenschafften mit seiner Begierde stäts in der Seelen auff-
bla-

Cap. 25.   Göttliches Wesens.   393

bläset und anzündet/ dadurch sich der Seelen Wille von GOTT abwendet/ und in die Selbheit eingehet.

10. Die dritte und allerschädlichste Kette / daran die arme Seele angebunden stehet/ ist das verderbte und gantz eitele/ irrdische sterbliche Fleisch und Blut / voll böser Begierde und Neigligkeit/ und ist das Sternen-Region, darinn sie schwimmet / als in einem grossen Meer / dadurch die Seele täglich angestecket/ daß sie entzündet wird.

11. Von solchen drey Ketten wissen wir nun in unserer tieffen Erkäntnuß/ welches wir im Grunde des Urkundes sehen/ und gar eigentlich erkennen / daß wir nicht könten entlediget werden/ es gienge dan die Gottheit in die Seele/ und gebehre der Seelen Willen wieder aus der Grimmigkeit in sich selber / ins Liecht der Sanfftmuht/ denn die Lebens-wurtzel muß bleiben/ sonst zerbräche die gantze Creatur.

12. Dieweil aber die Seele mit ihrer innersten Wurtzel in der Höllen Abgrunde stund/ und nach dem Reiche dieser Welt im harten Tode/ daß/ so sie das Fleisch und Blut / so wol das Sternen-Region verliesse/ sie also müste im Aeusseren in einer Härtigkeit / da keine Quaal wäre/ bleiben/ und sie in ihrer eigenen Quaal in sich selber/ nur im Grimme des Urkundes stünde / in grossem Elende: So that nicht alleine Noth/ daß GOTT in die Seele kame/ und sie zum Liechte erbahre / denn es war Gefahr/ ob nicht die Seele möchte wieder mit ihrer Imagination aus dem Liechte ausgehen/ sondern daß GOTT auch eine menschliche Seele annahme/ aus unserer Seelen/ und einen newen himmlischen Leib aus dem ersten herzlichen Leibe/ vorm Falle/ an die Seele anzoge/ mit dem alten irdischen Leibe anhängig/ nicht alleine als ein Kleid/ sondern in den Essentien habhaft; daß also eine Creatur darstünde/ welche wäre der gantze GOTT/ mit allen dreyen Principien.

13. Und da je eines muß vom andern getrennet werden/ als das Reich dieser Welt/ welches ist eine Wurtzel/ oder Auffblaser der Wurtzel des Grimmes: So thäte noht/ daß GOTT mit dem newen Leibe in die Scheidung der Wurtzel/ und des Reiches dieser Welt tratt/ als in Tod des Grimmes/ und brach den Tod entzwey/ und qualle mit seiner eigenen Krafft durch den Tod/ als eine Blume aus der Erden/ und hielte also den innersten Grimm in seiner eigenen Krafft deß newen Leibes gefangen.

14. Also verstehen wir solches von Christo/ der ist warhafftig also eingangen/ und hat den grimmen Zorn/ und darinnen die

R 5   Teuffel

Teuffel gefangen genommen/ und grünet mit seinem heiligen hüm̄lischen Leibe durch den Todt / und hat den Todt zersprenget/ daß das ewige Leben durch den Todt grünet. Also ist der Tod mit dem newen ewigen Leibe gefangen worden/ und ist eine ewige Gefängnüs/ daß also im Tode ist ein ewig Leben gewachsen/ und tritt der newe Leib dem Tode und dem Grimme auff seinen Kopff/ denn ihre Quaal stehet in der Gefängnüß des newen ewigen Lebens.

15. Also stehet das Weib/ darinnen das newe Leben grünet/ auff dem irdischen Monden/ und verachtet das Irdische/ denn das Irdische vergehet/ so bleibet alsdan vom Irdischen der harte Todt. So ist GOttes Wort/ als ein lebendiger Quaal in Todt eingegangen/ und hat die Seele in sich selber erbohren/ und grünet aus der Seelen durch den Todt/ als eine newe Blume/ und die Blume ist der newe Leib in Christo.

16. Also verstehestu/ 1. wie Christus habe den Todt zersprenget/ dieweil das ewige Leben in der Gottheit durch den Todt grünet; Und verstehest 2. wie der newe Leib in GOttes Liebe den ewigen Zorn-quaal gefangen halte: Denn die Liebe ist die Gefängnüß. Denn der Zorn-quaal kan nicht in die Liebe eingehen/ sondern bleibet für sich einig/ wie er ist gewesen von Ewigkeit/ und darinnen sind die Teuffel gefangen. Denn das Liecht GOttes schläget sie nieder/ sie können noch dürffen das in Ewigkeit nicht erblicken/ es bleibt ein Principium darzwischen. Denn die Liebe grünet im Centro der Seelen/ und darinnen erscheinet die heilige Trinität.

17. Also haben wir einen Fürsten des ewigen Lebens bekommen/ und dürffen nichts mehr darzu thun/ als daß wir mit starcker Zuversicht und Glauben zu ihm eindringen/ so empfähet unsere Seele seine Liebe/ und grünet mit ihme durch den Tod/ und stehet auff dem Irdischen/ als auff Fleische und Blute/ und ist ein Gewächse in GOttes Reiche/ im Leibe Jesu Christi/ und triumphiret über den Grimm. Denn die Liebe hält den Grimm gefangen/ und ist des Todes Spott/ wie S. Paulus saget: Todt/ wo ist dein Stachel? Hölle/ wo ist dein Sieg? GOtt sey Lob und Danck/ der uns den Sieg gegeben hat durch unsern Herren Jesum Christum!

18. Und wiewohl es ist/ daß wirs im Geiste klar verstehen und ergreiffen/ so sind wir doch Schuldener/ dem Unbegreifenden das Liecht zu zeigen/ welcher also in der Vernunfft gefangen lieget/ und immer gründet in den Umbständen/ wie sichs hat zugetragen.

tragen. Deñ es spricht die Vernunfft: So es dann also seyn muste/ daß Christus muste in Todt gehen und den Todt zerbrechen/ und durch den Todt grünen/ und uns also zu ihme einziehen. Was ist dann/ daß er muste also verachtet/ gegeiselt/ mit einer Dornen-Krone gekrönet/ und endlich zwischen Himmel und Erden gekreutziget werden? Konte er nicht sonst sterben und durch den Todt grünen mit seinem himlischen Leibe?

19. Diese schwere Puncten stossen alle Juden/ Türcken und Heyden darnieder/ und halten sie vom Christlichen Glauben dahinden.

20. So sollen wir nun schreiben umb des Perlenbaums willen/ und was uns erscheinet im grossen Wunder/ nicht schweigen.

21. Sihe du Menschen-kind/ betrachte was wir alhier setzen/ vergaffe dich nicht an der Hand der Feder/ du gehest sonst irre und verleurest das Kleinod/ welches dich wohl möchte ewig reuen. Betrachte dich nur selber/ du wirst alle Ursachen in dir finden/ was hie geschrieben ist. Denn es ist eine wunderliche Feder im schreiben gewesen/ und dehn der sie führet/ kennestu und die Hand im schreiben nicht genug: obs wol der Geist erkennet/ so ist doch der natürliche Mensch blind/ und kan mit irdischen Worten nicht geredet werden. Darumb betrachte dich selber/ und so du im newgebohrnen Menschen forschest/ so findestu die Perle.

Die gantze erschröckliche Wunder-Porte der Menschen Sünden.

22. Als wir im Anfange dieses Buchs von der ewigen Gebuhrt im Urkunde geschrieben/ so haben wir gemeldet von der Gebuhrt der Essentien, und sieben Geistern der ewigen Natur/ und darinnen angedeutet/ wie in der ewigen Gebuhrt in der vierdten Gestalt eine ✠ Gebuhrt sey/ da die Essentien im drähenden Rade eine ✠ Gebuhrt machen/ in dehme sie nicht aus sich können ausgehen/ sondern die ewige Gebuhrt überal also sey in allen Dingen in dem Wesen aller Wesen.

23. So sagen wir euch nun dieses in unserer sehr scharffen Erkäntnüß zu dieser Stunde dieses Texts, daß alle Essentien in allen Qualitäten zur Zeit des Todes Uberwindung/ als Christus solte den Todt überwinden und die Hölle zerstören/ und den Teuffel binden/ sind rähs gewesen/ denn also muste es seyn/ Christus muste die Seele von allen Essentien entledigen.

24. Nun ist die ✠ gebuhrt das Mittelste in den Essentien noch

vorm Fewer/ sie stehet im ängstlichen Tode/ in der Höllen-Grimm. Denn vom Grimmen-blitz im Schwefel-Geiste gehet das Fewer aus/ und im Blitze das Liecht/ und der Grimm machet selber den Schwefel-Geist/ und im Liechte wird Wasser drauß/ wie vorne gemeldet. Nun ist die Seele des Menschen im Blitze/ als ein Geist erblicket und vom Fiat gehalten und geschaffen oder erbohren/ und für sich in die fünfte Gestalt der Gebuhrt/ als in die Liebe geführet worden/ da sie dan ein Engel war im Liechte GOttes.

25. Dieweil aber diese Welt/ als ein Principium ist in der vierdten Gestalt/ als eine Außgebuhrt erschaffen worden/ und zwischen der vierdten und fünfften Gestalt das Paradeiß/ und in der fünfften Gestalt das Element, und darinnen das ewige Liecht der Gottheit ein ander Centrum auffschliessend/ und sich die Seele wieder zurücke in die vierdte Gestalt vergaffet/und eingangen ist: So hat sie alle Essentien, so in der vierdten Gestalt stunden/ in ihr rähs gemacht.

26. So nun der Seelen Leib war in der vierdten Gestalt ein Mesch worden aus dem Wasser/ mit Einmischung der andern Gestalten/ so stachen alle Essentien aus der vierdten Gestalt auff die Seele; Denn sie war mit diesem Leibe gefangen/ und wäre in ewiger Gefängnüß blieben/ wenn sich nicht hätte das ewige Wort alsobalde ins Centrum der fünfften Gestalt eingelassen/ wie dan Adam und Hevä im Garten Eden geöffnet ward.

27. Und als nun die Zeit kam/ daß das Wort Mensch ward/ so kam das Liebe-Leben in die Seele; Als aber nun der harte Streit kam/ daß die vierdte Gestalt solte zerbrochen werden/ so stundt der äusserliche Leib Christi/ und wir alle in der vierdten Gestalt mit dem Tode umbgürtet. So erregten sich nun alle Gestalten in der Natur/ und wurden alle rähs/ davon die Persohn Christi aus seinem Leibe im Garten hat Blut geschwitzet/ da er schrie: Mein Vatter/ ists müglich/ nimb diesen Kelch von mir. Also schrie der äussere Mensch: Und der innere sprach: Doch nicht mein Wille (verstehe des äußern) sondern dein Wille geschehe.

28. Dieweil dan der Teuffel nun also hoch hatte triumphiret/ er hätte den Menschen in ewiger Gefängnüß/ so wurde nun dem Geiste dieser Welt zugelassen/ daß diejenigen/ welche nur im Geiste dieser Welt/ als die Phariseer/ lebeten/ möchten alles dasjenige thun/ und ins Werck richten/ was der Teuffel hatte

Cap. 25.   Göttliches Wesens.

in die Essentien im Garten Eden eingeführet. Da ward alles zu einer Substantz und zu einem Wesen im Wercke/ uns zu einem schröcklichen Exempel/ daß alles/ was wir in die Seele einlassen/ und die Seele mit vollem Willen überfüllen/ in der Figur stehet/ und muß an Tag fürs Gerichte GOttes kommen.

29. Denn als Adam 1. aus der Engels-Gestalt in die Grimmigkeit und Schlangen-gestalt eingieng/ da spotteten die Teuffel seiner/ und derselbe Spott muste nun jetzt alda am äussern Menschen Christo im Wesen stehen/ und musten sich des Teuffels Mast-säwe/ die Hohen-Priester wol daran ergetzen.

30. Und dann 2. da Adam aus der Engels-gestalt und Quaal in die vierdte Gestalt eingieng/ da fielen alle grimmige Essentien auff ihn/ und inqualirten in ihme/ und peitscheten ihn recht. Aber das Wort GOttes in der Verheissung linderte das wieder/ wiewol wir solches gnug fühlen müssen/ hastu Vernunfft! Nun also ward dem äusserlichen Menschen Christo auch diese Pein von aussen angethan/ daß er gepeitschet ward. Denn alle innerliche Gestalt/ welche der Mensch Christus muste von innen tragen umb unsert willen/ davon er Blut schwitzete/ die stund auch äusserlich an seinem Leibe als ein Zeichen/ und geschahe ihm auch äusserlich zu einem Zeichen/ daß der äussere Mensch in der äussern Welt daheim wäre/ und in solcher Quaal stünde.

31. Und 3. wie Adam aus Hoffart das Reich dieser Welt begehrete/ und wolte darinnen seyn GOTT gleiche/ und wolte tragen die Crone dieser Welt: Also muste Christus eine Dorne-Cron tragen/ und sich darinnen als einen falschen König lassen spotten. Denn also thäten die Teuffel dem Adam auch/ als sie ihm die Narren-Kron hatten auffgesetzet mit dem Reiche dieser Welt.

32. Und 4. wie Adam nach seinem Eingange in Geist dieser Welt seine Essentien zerbrochen wurden/ da ihme das Weib darauß gemacht/ und eine Rippe aus seiner Seite gebrochen ward zum Weibe; Also auch muste auß allen Essentien Christi Blut fliessen in seiner Peitschunge/ und muste seine Seite mit einem Spieß geöffnet werden/ daß wir doch solten sehen den zerbrochenen Menschen in uns/ dessen der Teuffel hatte gespottet/ also muste dieser Christus wieder den Spott am Leibe für uns tragen.

33. Und 5. wie Adam aus dem ewigen Tage in die ewige Nacht gieng/ darinn der Zorn GOttes war; Also muste dieser Christus in finsterer Nacht gebunden geführet werden für die zornige

zornige Mörder / welche alle ihren Rachen auffsperreten / und wolten ihren Grim über ihn außschütten.

34. Und 6. wie Adam aus eigner Fürsichtigkeit im Willen hoch klug zu werden / wie GOTT selber / in Geist deß grimmen Quals in diese Welt eingieng; Also muste Christo / dem andern Adam / aller Spott / Marter und Pein / von den klugen Schrifft-Gelehrten wiederfahren; daß wir doch sehen / daß wir in unserer grössesten Kunst / die wir vermeynen nach der Schule dieser Welt zu haben / Narren sind / welche Weißheit für GOTT nur närrisch ist. Denn es steckt unser eigener Dünckel darinnen / wie in Adam / der dachte / es könte ihme nicht fehlen / er wäre ja ein Herr darinnen / und er ward ein Narr; also auch / wenn wir von GOtt auff unsere Vernunfft fallen / sind wir Narren.

35. Wie wolt ihr Antichristische Narren uns dan an ewer Kunst binden / daß wir sollen von GOttes Hertze auff ewern gedichteten Tant sehen / da ihr doch nur weise Narren dieser Welt seyd / wie Adam auch ward / da er seinen Geist vom Hertzen GOttes zog / welchen Spott hat unser lieber Herr Christus müssen auff seinen Schultern tragen. Oder meynestu / wir seyen abermahl toll? Unsere Thorheit wird dir am jüngsten Gerichte unter Augen stehen / dahin appelliren wir.

36. Und 7. wie Adam muste den schweren tölpischen Leib tragen / welchen ihme der Geist dieser Welt hatte angezogen / und war für allen Teuffeln verspottet / daß er den Englischen Leib hätte allda in eine Larve verkehrt: Also muste Christus sein schwer hölzern Creutz selber tragen / und ward von allen gottlosen Menschen verspottet umb unserent willen.

37. Und 8. wie die grimmigen Essentien GOttes Zornes in Adam eindrungen / mit welchen er in Todt eingieng / davon GOTT sagte: Welches Tages du issest vom Baum des Erkäntnüß Gutes und Böses / soltu des Todes sterben / (verstehe den Todt im Fleische / auch noch im irrdischen Leben.) Also auch musten die scharffe Nägel Christo durch seine Hände und Füsse geschlagen werden / und muste er also in Todt gehen.

38. Und 9. wie in menschlichen Essentien eine Creutz-gebuhrt ist für dem Liecht GOttes / und so das Liecht GOttes darinnen scheinet / alles in eine liebliche Blume des Gewächses verwandelt wird / da die scharffen Essentien nie empfunden werden: und als Adam mit seiner Seelen in die vierdte Gestalt in Geist dieser Welt eingieng / ward dieselbe Creutz-gebuhrt rege / und er wurd

auch /

auch / als sein Weib aus seinen Essentien gemacht ward / in derselben Creutz-gebuhrt zersprenget / also hat das Weib das halbe Creutz / und der Mann die andere helffte / welches du im Hirnschedel suchen magst; also auch in den Essentien. Darumb muste Christus am Creutz sterben / und den Todt am Creutz zerbrechen.

39. Wie 10. Adams Seele zwischen zweyen bösen Reichen schwebete / als zwischen dem Reich dieser Welt / und dem Reich der Höllen: Also hieng auch Christus zwischen zween Mördern schwebende am Creutze / und muste also Christus alles hierwieder bringen was Adam verlohren hatte. Und wie sich der eine Schächer wieder bekehrete / und zu Christo in sein Reich begehrete: Also muß auch das eine Reich / als der irrdische Mensch wieder umbkehren / und muß die arme Seele durch den irrdischen Todt wieder in Christum eingehen / und grünen als dieser Mörder oder Schächer am Creutze / welcher Christi Reich begehrete.

40. Und magst uns glauben / daß alles waß sich im Falle Adams hat zugetragen / dadurch er ist gefallen / das hat alles der ander Adam Christus müssen auff seinen Schultern tragen/ denn der erste Adam war in GOttes Zorn gefallen: Solte der nu wieder gestillet und versöhnet werden / so muste sich der andere Adam darein stellen / und seinen äussern Leib mit allen Essentien darein ergeben / und must durch den Todt gehen / in die Hölle / ins Vatters Zorn / und denselben mit seiner Liebe versöhnen / und also den harten Standt/ den wir hätten müssen bestehen in Ewigkeit / selber ausstehen.

41. Und als nun zu diesem Ernste gegriffen ward / daß der Welt Heyland als ein Fluch am Creutze hieng / und mit Hölle und Erden rang / sprach er / Joh. 19. 20. Mich dürstet. Ach des grossen Dursts! das grimmige Reich ward matt / so wohl das Reich dieser Welt / die begehrten Krafft/ und das Himmelreich dürstete nach unserer Seelen/ es war ein Durst aller dreyen Principien.

42. Und als er Johannem siehet unterm Creutze mit seiner Mutter stehen / spricht er: Siehe das ist deine Mutter; Und zu ihr: Siehe das ist dein Sohn. Und alsobalde nahm sie der Jünger zu sich. Seine Mutter bedeutet seine ewige newe Menschheit/ welche er in seiner Mutter hatte an sich genommen / als in Ternario Sancto, die sollen wir nun zu uns nehmen/ und uns seiner Mutter wohl ergötzen/ darumb weiset er sie dem
Johanni

Johanni/ davon gar viel zu schreiben wäre/ welches an einem andern Ort soll geschehen/ und verhoffentlich hoch erkläret werden.

43. Und ist hier gar sonnen=klar/ daß/ wie die arme Seele in uns zwischen zweyen Reichen schwebet/ welche sie beyde gefangen halten: Also muste Christus schweben zwischen den Ubelthätern. Das nimb in grosse acht/ und bedencke es/ es ist kein Schertz; und sehen wir den gantz schrecklichen Ernst/ als sich Christi Seele vom irrdischen Leibe abebrach/ da sie in deß Vatters Zorne/ als in die Hölle eintratt/ wie die Erde erzitterte/ und die Felsen zerklüben/ auch die Sonne ihren Schein verlohr. Und sehen wir hier klar/ und verstehens ja aus Christi Munde.

44. Als er nun hatte allen Spott und Plagen außgestanden/ sprach er am Creutze: Es ist vollenbracht. Da er noch im irrdischen Leibe lebete/ sagete er/ es wäre vollenbracht/ verstehe alles was auff uns hätte müssen ewig bleiben/ und in uns quellen mit allem Spotte/ in welchem wir stunden vor der Höllen und Himmelrich/ das hatte er alles auff sich geladen. Davon Esaias saget: Fürwahr er trug unser Kranckheit/ und nahm auff sich unser Schuld; Wir aber hielten ihn/ als der von GOTT also geplaget/ geschlagen und gemartert wäre. Aber er nahm auff sich unser Kranckheit/ und lud auff sich unsere Schmertzen/ und durch seine Wunden sind wir geheilet. Wir gingen alle in der irre wie Schafe/ ein jeglicher sahe auff seinen Weeg. Also hätten wir uns nicht können helffen/ sondern wir gingen als elende/ halb erwürgete Schafe/ und musten lassen mit uns machen was der Teuffel in GOttes Zorn wolte. Den wir trugen ein Larven=kleid an uns/ und stunden in grossem Spotte vor Himmel und Höllen.

45. Wie dann GOTT Adams spottete im Garten Eden/ als er ihme das äussere Kleid hatte angezogen/ da er sprach: Siehe Adam ist worden als unser einer. Allen diesen Spott muste Christus allein auff sich nehmen/ auch alle Quaal/ darinnen Adam war gegangen/ muste der Mensch Christus/ der Held im Streit/ vor seinem Himlischen Vatter allein auff sich nehmen: Und da stund das Lamm GOttes/ und hieng am Creutze/ als ein gedultiges Lamm/ an unser Statt/ denn wir solten ewig in unser Creutzgebuhrt in uns gequälet werden/ so hieng alda in grosser Gedult/ als ein gehorsames Schlacht=Lämmlein/ der Fürst des ewigen Lebens/ und stellete sich für seinen Vatter/ als wäre er der Selb=Schuldige.

Die

Cap. 25.　　Göttliches Wesens.　　401

Die Porte der grossen Geheymnüsse.

46. Alhier mein lieber Leser/ bistu aus GOTT gebohren/ so thue die Augen deines Geistes weit auff/ auff daß der König der Ehren bey dir einziehe/ und dir die Verständnüß eröffne/ und mercke auff alle Sylben; denn sie sind sehr groß/ und nicht stum̃ aus einem blinden Centro ins Liecht gestellet. Siehe alhier hing am Creutz GOTT und Mensch/ alda war die heilige Dreyfaltigkeit/ alda waren alle drey Principia, und stund der Heldt im Streite. Nun wer war der Heldt im Streite? Siehe/als Christus hatte alles vollendet/sprach er: Vatter/ich befehle dir meinen Geist in deine Hände; und neigete sein Haubt/ und verschied.

47. Siehe/ sein Vatter ist das Reich/ Krafft und Herrligkeit/ und in ihme ist alles/ und alles ist seine. Die Liebe ist sein Hertz/ und der Zorn ist seine ewige Stärcke: Die Liebe ist sein Liecht/ und der Zorn ist die ewige Finsternüß/ und machet ein ander Principium, darinnen sind die Teuffel.

48. Nun war die Liebe Mensch worden/ und hatte angezogen unsere menschliche Seele/ und die Seele ward von der Liebe erleuchtet/ und stund mit ihrer Wurtzel im Zorne/ als in der starcken Macht des Vatters. Nun befahl der newe Mensch in der Liebe die Seele dem Vatter in seine Macht/ und gab auff das irrdische Leben aus dem Gestirne und Elementen, als das Reich dieser Welt; so stund nun die Seele nicht mehr im Reich dieser Welt ins Lebens-quaal/ sondern im Tode/ denn das Reich dieser Welt/ als der Auff-blaser/ die Lufft/ war weg.

49. So war nun nichts mehr an der Seelen/ als nur das jenige/ was sie in ihrer eigenen ewigen Wurtzel in dem Vatter selber ist. Und alhier hätten wir nun müssen im Zorne/ in der finstern Hölle bleiben/ aber der Liechte-Vatter in seiner Heyligkeit nam die Seele in sich in die Trinität.

50. Nun war die Seele angezogen in der Liebe im Worte/ die machete den zornigen Vatter in der Seelen innersten Quell lieblich/ versöhnlich. Also gieng in diesem augenblick in der Seelen Essentien wieder auf das verlohrne Paradeiß. Davon erzitterte die Erden der Außgebuhrt aus dem Element, und verlohr die Sonne im dritten Principio, ein König des Lebens/ ihren Schein/ deñ es gieng eine andere Sonne auff im Tode: Verstehe im Zorne des Vatters ward die Liebe in der Seelen scheinend/ als der helle Morgen-sterne.

51. Und so dan der Leib Christi/ an seiner Seele war das

reine

reine Element vor GOtt/ daraus die Sonne dieser Welt ist erbohren/ und derselbe Leib die gantze Welt beschloß/ so erzitterte die Natur dieser Welt/ und zerkloben die Felsen. Denn der grimmige Tod hatte die Felsen zusammen gezogen im Fiat, und nun gieng das heilige Leben in den grimmigen Tod/ davon zerkloben die Steine/ zur Anzeigung/ daß das Leben wieder im Tode stünde/ und grünete durch den Tod.

52. Auch so giengen aus den Gräbern der Heiligen Leiber. Vernimb diß hoch! Welche ihre Zuversicht hatten in Messiam gesetzet/ die hatten das reine Element zu einem newen Leibe in der Verheissung bekommen. Und als jetzund nun der verheissene Heldt durch den Todt ins Leben gieng/ und hatte das Element zu einem Leibe/ so wurden ihre Seelen im Helde (in welchem sie stunden in der Hoffnung/) rähs/ und zogen in Christi Leib ihren neuen Leib an/ und lebten in ihme in seiner Krafft. Das waren die heiligen Ertz-Vätter und Prepheten/ welche in dieser Welt waren mit dem Schlangentretter angethan gewesen im Worte GOttes/ in welchem sie von ihme hatten geweissaget und Wunder gewürcket/ die wurden jetzo in Christi Krafft lebendig. Deñ Christi Krafft grünete durch den Todt/ und hatte den Vatter versöhnet/ welcher die Seelen hatte im Zorn gefangen gehalten/ die giengen jetzo mit Christo ins Leben.

53. Alhier du liebes Schäflein/ mercke/ als Christus ist gestorben/ so hat er nicht seinen hier-gehabten Leib weggeworffen/ und den vier Elementen gegeben zu verschlingen/ daß er also einen gantz frembden Leib habe behalten: Nein/ sondern nur dieser Welt quaal/ welche ist im Gestirn und in den vier Elementen, und hat das unverwesliche angezogen/ also daß es sey ein Leib/ der da in Göttlicher Krafft lebe in GOtt/ und nicht im Geiste dieser Welt: wie S. Paulus vom jüngsten Gerichte redet/ daß das Unverwesliche/ als der newe Mensch/ werde das Verwesliche anziehen/ und werde das Verwesliche verschlingen/ daß man den Tod wird spotten/ und sagen: Tod wo ist dein Stachel? und zur Höllen: Hölle/ wo ist dein Sieg?

54. Du solt wissen/ daß Christus/ weil er noch auff Erden gieng/ und wir alle/ die wir in ihme new-gebohren sind/ hat himmlisch Fleisch und Blut in dem irdischen getragen/ und wir tragens auch im newen Menschen/ in Christi Leibe.

55. So wir dan also in dem alten irdischen Leibe sterben/ so leben wir im newen Leibe/ im Leibe Jesu Christi/ und grünen in ihme aus dem Tode/ und unser Grünen ist unser Paradeiß/

da unsere Essentien in GOTT grünen/ und wird das irdische verschlungen im Tode/ und ziehen an unsern Herrn Jesum Christum/ nicht allein im Glauben und Geiste/ sondern in der Krafft des Leibes in unserm himmlischen Fleisch und Blute/ und leben also GOTT dem Vatter in Christo seinem Sohne/ und der heilige Geist bestätiget all unser Thun. Denn alles was wir thun werden/ das thut GOTT in uns.

56. Also wird eine Hütte GOttes seyn bey den Menschen/ und Christi Leib wird unser Tempel seyn/ da wir die grossen Wunder GOttes werden inne kennen/ sehen/ davon reden/ und uns ewig darinnen frewen. Und das ist der Tempel/ das newe Jerusalem/ davon Ezechiel der Prophet schreibet.

57. Und siehe/ ich sage dir ein Geheimnuß: Also wohl/ als alles/ was Adam hatte verschuldet/ muste noch in dieser Welt am Leibe Christi stehen/ und in dieser Welt gesehen werden: Also wirstu auch diesen Tempel für der Zeit/ ehe das Unverwesliche wird das Verwesliche gantz anziehen/ noch in der Lilien im Wunder sehen/ da der Zorn gegen der Lilien stehet/ biß er in der Liebe versöhnet/ und auß dem Treiber ein Spott wird/ als es im Tode Christi auch geschahe. Darauff die Juden hoffen/ aber ihr Scepter ist zerbrochen/ und stehet das Leben in der Gebuhrt Jesu Christi. Sie aber kommen von den Enden der Welt/ und gehen aus Jericho wieder in das heilige Jerusalem/ und essen mit dem Lamm/ das ist Wunder! Aber der Treiber ist gefangen/ darumb reden wir also wunderlich/ und werden jetzo nicht erkant/ biß der Treiber zerbricht/ dan komt unser Leben wieder/ und stehet in Josaphats Thale.

Die andere Porte vom Leiden Christi.

58. ES wird klar gezeiget/ warumb der Mensch Christus sich muste lassen verspotten/ verhönen/ geiselen/ krönen und creutzigen/ auch warumb er sich muste lassen für einen Besessenen des Teuffels außschreyen; Und warumb ihm von den Klugen und Weisen also widersprochen ward: Auch warumb das einfältige Völcklein alleine an ihme hieng; und dan auch etliche unter den Fetten dieser Welt: Wiewehl es ist/ daß wir mit diesem nicht wer=

werden allen gefällig seyn / so reden wir doch nicht unser Wort / sondern / wir reden in unserer Erkäntnüß und Trieb im Geiste / was uns in GOTT gezeiget wird / darumb verstehe es recht.

59. Siehe / es ward der unschuldige Mensch Christus an unser Statt ins Vatters Zorn dargestellet/ der solte nicht alleine das versöhnen / was Adam hatte mit seinem Außgange aus dem Paradeiß in diese Welt verschuldet / daß er vor GOTT und allen Teuffeln in Spott fiel / sondern auch das / was hernach geschahe / und noch immerdar von uns geschiehet.

60. Als wir stellen dirs in Göttlicher Erkäntnüß und im Ernst unter Augen / nicht daß wir wolten jemanden schmähen und uns erheben / wir wolten eher von dieser Welt verbannet seyn / als daß wir aus Hoffart und eigen-Ruhm wolten also treiben / der doch nur Koht wäre / und würde uns der Geist der Erkäntnüß nicht beystehen / das magstu wohl vermercken ; wollen demnach in unserm Erkäntnüß schreiben für uns / und das Ende GOTT befehlen.

61. Siehe / als Adam in diese Welt eingieng / so war es ihme umb Hoffart zu thun / er wolte seyn gleich als GOTT / wie Moses saget / daß sie die Schlange / der Teuffel / solches beredet habe / er wolte alle drey Principia an ihme offen im quallen haben / und damit verlohr er GOTT und Himmelreich. Daß aber solches wahr sey / daß es umb Hoffart zu thun war / so siehe Cain an / der wolte alleine Herr seyn / er wolte nicht daß sein Bruder Habel vor GOTT angenähme wäre / er möchte sonst das Region bekommen / darumb schlug er ihn todt.

62. Also hat Cain und seine Nachkommen ein gewaltig Reich erbawet / da komt die Herrschafft her / daß immer ein Bruder ist über den andern gestiegen / und hat seinen Bruder leib-eigen gemacht. Auch so findet sich die grewliche Tiranney / daß der gewaltige alles gethan was ihn nur gelüstet hat: Er hat den Elenden unterdrücket nach seinem Willen / er hat das Reich der Erden an sich gezogen / und treibet darmit Tiranney und Falschheit / und man muß zu ihm sagen / es sey recht; er hat alle List erdacht / und ihm Recht darauß gemacht / das hat er hernach andern für Recht verkauffet / und seine Kinder mit Falschheit auffgezogen: Er hat den Blöden sein Gewissen im guten Gemühte niedergeschlagen / und hat Recht erdichtet / die in seinen Gesetzen schweben / zu seinem Trug wider das Liecht der Natur. Alle Lästerungen sind in seiner Stärcke gestanden / damit hat er den Blöden erschrecket / auff daß seine Macht nur groß würde.

63. Also

Cap. 25.   Göttliches Wesens.   405

63. Also ist Falschheit mit Falschheit gewürcket / und der Niedrige auch falsch worden / hat Lügen vor Wahrheit zu marckt gebracht / und seinen Obern auch fälschlich betrogen; Darauß ist erwachsen fluchen / schweren / stelen / morden / daß einer den andern vor einen falschen Trieger / Lügener / Ungerechten gehalten / denn sie sinds auch / und haben Worte mit Worten gewechselt / und damit in Lügen und Wahrheit einander die bittere Saltzen des Teuffels / im Zorne GOttes eingerieben / darmit ist GOttes Name gelästert und geschändet / und ist die Welt eine Mord-grube / im Zorne GOttes erfunden worden.

64. Als denn auß diesem ungerechten Volcke solte ein Heer ins Himmelreich erbohren werden / und keiner auff Erden lebete / der nicht mit diesem Laster besudelt wäre / und gleichwol in GOttes Liebe die Möglichkeit gemacht ward / daß wir / die wir Rewe und Leid über die arge / jetzt erzehlte / Bestiam hätten / und begehrten darauß außzugehen / könten wieder zu GOttes Hulde kommen / und zwar anderst nicht / als in diesem Christo / und sich es auch noch täglich bey den wiedergebohrnen Christen findet / daß der alte irrdische Leib also in solcher Boßheit angestecket wird / und daß ob wir gleich gerne wolten daraus gäntzlich außgehen / können wir doch nicht / denn der Zorn hält uns im alten Menschen gefangen / und der Teuffel ist Herr darinnen / der treibet den Leib im Geiste dieser Welt offte in böse Laster / die er ihm zuvorn nicht hatte fürgenommen / denn die Boßheit des Gottlosen entzündet durch seinen Fluch und Falschheit den Zorn des alten Menschen / und ob er gleich von innen ist in GOTT gebohren / daß er nicht erkant wird.

65. Darumb / weil unsere Falschheit und Ungerechtigkeit / auch Lästerung alle vor GOTT ist / und in der Tinctur erscheinet / und wir nicht können genäsen von solchem Ubel / so hat Christus all unsern Spott auff sich geladen / und ließ sich für einen Teufels-besessenen schelten / für einen Zauberer und Verführer / für einen Trieger / als wolte er die Keyserliche Kron auffsetzen / wie ihn die Hohenpriester fälschlich beschuldigten. Er ließ sich verspotten / geiseln / verspeyen / ins Angesicht schlagen / er ließ ihm eine falsche Dorne-Kron auffsetzen. Und wie wir auff Erden einander auß Falschheit mitte fahren / da der Gewaltige thut was er wil / seinen Zorn zu erfüllen / wie wir einander schänden / lästern / verhönen / verspotten / dem Teuffel geben / einander umb Ehr und Gut aus Falschheit bringen; Also muste Christus das alles auff sich nehmen.

66. Und

66. Und siehestu klar daß ihme das von den falschen Phariseern und Schrifft-gelehrten wiederfuhr/ denn es geschahe nicht vergebens ohngefehr/ es solte also seyn/ denn die Phariseer und Schrifft-gelehrten und Obristen haben das eingebrockt/ was Christus muste außessen. Oder sollen wir schweigen? Wir müssens sagen/ und solten wir darumb unser irrdisch Leben verlieren.

67. Siehe du falscher Antichrist, du bists/ der du je gewesen bist/ und bist ein alter und kein newer. Deine List ist im Zorne GOttes erbohren/ der Teuffel lehret dich das/ das du thust. Du richtest unter Fürsten und Königen/ welche in der Natur gegründet seynd/ Kriege und Widerwillen an/ daß du nur bey ihnen durch deinen Trug/ Heucheley und Schalcks-list erhoben werdest/ das thustu aus Hoffart. Du zerrest die Schrifft der Heiligen nach deinem Auffsteigen/ und bist ein Mörder der Seelen/ du richtest Spotten an unter den Unverständigen/ daß sie meynen/ sie thun GOTT einen Dienst daran/ wenn sie offte eine heilige Seele verfolgen/ du lehrest sie das/ sonst wüsten sie das nicht/ also würckestu Verwirrung und bist Babel/ eine Behausung der Huren und aller Teuffel/ das saget der Geist.

68. Also treibet sichs nun untereinander/ da lüstet einer diß/ der ander ein anders/ und ist ein stätes Teuffels-Geheule. Alle Liebe und Einträchtigkeit erlöschet/ was der Mund redet/ da dencket das Hertze anderst/ es schreyet untereinander/ und Niemand weiß/ wo das Wehe ist. Also muste Christus dieses alles auff sich nehmen; da schrien viel unwissende aus der Hohenpriester Eröffnung: creutzige/ creutzige ihn: Er hat das Volck räge gemacht/ und wusten doch nicht die Ursache. Also gehets noch heute/ so der Antichrist einen im Griff erhaschet/ schreyet er ihn aus/ so schreyet dann jederman: O Ketzer/ Ketzer/ und da doch das Hertze nichts böses kan von ihme sagen.

69. Also siehe du falscher Wider-Christ/ und Lärmen-meister auff Erden/ wie viel sind unverständige Menschen unter dieser deiner Lästerung/ die du lästern machest/ offte über eine heilige Seele. Siehe/ so nun die verfolgete Seele zu GOTT umb Rettung schreyet/ so wirds alles zu einer Substantz/ zu einem Wesen vor GOTT. Nun kommen dan offt die armen Seelen/ welche also unwissend haben die heilige Seele gelästert/ für GOTT/ und wolten gerne seelig werden: So nun Christus nicht hätte alle diese Lästerung und Falschheit auff sich genommen/ und seinen Vatter in sich mit seiner Liebe versöhnet/ wo woltestu armer

Sünder bleiben? Darumb heist uns Christus vergeben/ wie uns sein Vatter in ihme vergeben hat/ werden wir das nicht thun/ so soll uns mit der Maße gemessen werden/ da wir mit messen.

Die Porte des armen Sünders.

70. Darumb du liebe Seele/ so du ja durch Trug des Wider-Christs und Verführung des Teuffels uñ seines Anhangs bist in Lästerung und schwere Sünde gefallen/ bedencke dich balde/ bleibe nicht darinnen/ verzage auch nicht darinnen/ vergib deinem Widersacher seine Fehle/ und bitt GOtt den Vatter umb Christi willen/ der alle unsere Falschheit und Ungerechtigkeit hat an ihme/ als ein unschuldiges/ gedultiges Lämmlein getragen/ sie wird dir wol vergeben werden. Hätten wir doch aus diesem Ubel ewig nicht können kommen/ so uns nicht hätte die Barmhertzigkeit GOttes/ ohn unsern Bewust und Verdienst herauß geholffen.

71. Ach wie gar auß lautern Gnaden hat uns doch GOtt der Vatter seinen Sohn Jesum Christum geschencket/ daß er hat unser Schuld auff sich genommen/ und hat ihn versöhnet in seinem Zorne.

72. Es sind alle Menschen zu dieser Gnade geladen/ sie sind weß Geschlechts sie wollen/ sie mögen Alle kommen/ es seyen gleich Türcken/ Juden/ Heyden/ Christen/ und wie sie heissen/ es ist Niemand außgeschlossen. Alle die da mühseelig und beladen sind die mögen zu Christo komen/ er wil sie Alle annehmen und erquicken/ wie er selber saget. Wer anderst lehret und redet/ oder einen andern Weeg suchet/ der ist der Antichrist/ und gehet nicht zur Thür in Schaf-stall Christi.

73. So wir uns nun in dem Spotten und Verachtung Christi umbsehen/ daß ihme solches alles aus Anregen der grossen Hansen geschehen/ und ihme gemeiniglichen das arme geringe Völcklein/ biß auff etliche Fette anhiengen/ so finden wir klar/ was Christus saget: Es wird schwerlich ein Reicher ins Himmelreich eingehen; Das ist nicht auffs Reichthumb gemeynet/ sondern auff das eigen-ehrige/ hoffärtige/ geitzige Leben/ da man dem Elenden seinen Schweiß in Hoffart verzehret/ und vergisset GOttes. Ach wie schwer ists doch einem Hoffärtigen sich vor GOtt und Menschen zu demütigen/ und das Himmelreich stehet alleine in Krafft der Demuht.

74. Doch sihet man/ wie auch etliche Fetten zu Christo sich naheten/ darumb zu sehen/ daß das Himmelreich nicht alleine

im Elende/ sondern in der Frewde/ im heiligen Ge
darff sich Niemand seelig schätzen/ daß er Arm und
er, ungläubig und gottloß ist/ so ist er gleichwol
Teuffels. Es darff auch kein Reicher sein Guth da
tretten und dem Prasser geben/ daß er vermeinet da
seyn. Nein Geselle/ das Reich GOttes stehet in 2
rechtigkeit und in der Liebe gegen dem Dürfftigen/
Niemand/ der es nur recht brauchet. Du darffst nic
ter niederlegen und in einen Winckel lauffen und
nur Heucheley. Du kanst der Gerechtigkeit/ un
GOttes besser dienen/ so du deinen Scepter hälteste
den Verdruckten/ und schaffest Recht und Gerech
nach deinem Geitz/ sondern in der Liebe und (
Denn/ so bistu auch ein Bruder des Josephs
thia/ und wirst leuchten vor GOTT für ander
und Mond gegen den Sternen. Alleine die Ho
Neid/ Zorn und Falschheit ist die Kron des Teuf
vernunns recht.

Von Christi Ruhe im Grabe.

75. WJr wissen daß der Leib ohne Geist ein
Wesen ist. Denn ob gleich Christi Leib/
lement erbohren in der Barmhertzigkeit/ aus G
het doch die Beweglichkeit und das Leben alleine
heit/ und in uns Menschen im Geist der Seelen u
der grossen Welt/ welche in diesem Leibe auff Er
net sind.

76. Also fraget sichs nun: Wo ist Christi See
Zeit/ als der Leib in der Ruhe im Grabe lag? Mei
nunfft/ mache es nicht wie die Blinden an GOTT
Die Seele sey weit vom Leibe hinunter in die Höll
gefahren/ und habe dieweile/ in Göttlicher Krafft/
in der Höllen unter den Teuffeln gehalten/ unt
Ketten gebunden/ und die Hölle zerstöret. O es i
ders. Die in der Stunde des Todes Christi auffer
kigen beweisen viel ein anders.

77. Diese Vernunfft weiß noch nicht von GOT
nicht müglich ist aus GOttes Gaben weiters zu
fahr er ja nicht in diese Tieffe/ sondern bleibe nur
Articul/ es schadet seiner Seeligkeit nicht/ GOT
ue auff des Hertzens Willen. Du must nicht al

im Sinne ergründen / so dirs nicht ist gegeben / als die=
se Feder / diese Feder schreibet in GOttes Raht / dehn die
Hand noch lange nicht weiß / und wohl kaum ein Füncklein
daran verstehet / und doch gar tieff / wie du siehest / die
künfftigen Dingen gar in einer schweren Tieffe angezei=
get werden / welche GOTT alleine wird eröffnen zu sei=
ner Zeit / welche von uns unerkant ist.

78. Du weist / daß GOTT selber alles ist / und nur drey
Principia, als drey Gebuhrten der Unterscheid ist seines We=
sens / sonst wären alle Wesen ein Wesen / und wäre alles durch=
aus pur GOtt / und so das wäre / so wäre alles in einer süssen
Sanfftmuht / wo bliebe aber die Beweglichkeit / das Reich /
Krafft und Herrligkeit? Darumb haben wir zum öfftern gesagt /
der Zorn sey eine Wurtzel des Lebens / und so er ohne Liecht ist /
so ist er nicht GOtt / sondern höllisch Feuer / so aber das Liecht
darinnen scheinet / werde er Paradeis und frewdenreich.

79. Also können wir von Christi Seele anderst nicht sagen / als
da er sie dem Vatter in seine Hände befahl / so nahm sie der Vat=
ter in seine Göttliche Krafft : Verstehe / sie stund vorhin darin=
nen mit ihrer eigenen Wurtzel / aber ihr eigene Wurtzel war
ohne GOttes Liecht im Zorne. Nu kam die Seele Christi mit
GOttes Liecht in Zorn / da erzitterten die Teuffel / denn das Liecht
nahm den Zorn gefangen / und ward der Vatter im Himmelreich
Paradeiß / verstehe sein Zorn / und in der Höllen blieb Zorn.
Denn das Liecht schloß das Principium der Höllen zu / also zu ver=
stehen / daß sich kein Teuffel darff darein erblicken / er ist blind dar=
innen / und ist sein Schrecken und Schande.

80. Also soltu nicht dencken / daß Christi Seele sey vom Leibe
weit weggefahren / deñ waren doch alle drey Principia am Creutz /
warumb auch nicht im Grabe? Den Augenblick als Christus
das Reich dieser Welt von sich ließ / drang Christi Seele in Tod
und in Zorn GOttes / und im selben Augenblick ward der Zorn
in der Liebe im Liechte versöhnet / und ward Paradeiß / und wur=
den die Teuffel im Zorn in sich selber gefangen mit allen Gottlosen
Seelen / und grünete alsobalde das Leben durch den Tod / da
ward der Tod zerbrochen / und ward ein Spott aus ihme. Den
Gottlosen / welche im Zorne bleiben / ist er ein Tod / aber den Hei=
ligen in Christo ist er ein Leben.

81. Also hat die Seele Christi viertzig Stunden im Grabe im
Vatter geruhet mit ihrem Leibe gegenwärtig : Denn der himm=
lische

lische Leib war nicht tod/ sondern der irdische. Die Seele grünete im himmlischen Leibe durch den Tod/ und stund vierzig Stunden in der Ruhe. Das waren die vierzig Stunden/ welche Adam im Schlafe/ als sein Weib aus ihm gemacht ward/ hatte gestanden: Auch die vierzig Tage der Versuchung beym Mose auffm Berge/ obs müglich wäre in des Vatters Krafft zu leben im Himmelreich. Weil es aber unmüglich erfunden ward/ so fiel das Volck alsobalde von des Vatters (als der Natur) Gesetze abe/ und ehreten ein gemacht Kalb für GOtt/ und Moses zerbrach die Tafeln des Gesetzes.

82. Und GOtt redete ferner im Fewer mit Israel/ daß sie doch sehen solten/ es wäre nicht müglich ins gelobte Land des Paradeises einzugehen/ biß der rechte Josua oder Jesus käme/ der sie durch den Todt ins Leben einführete. Deme dencke nach/ ich wils im andern Buche gantz klar von den Taffeln Mosis außführen/ darnach forsche/ so wirstu allen Grund finden/ was Moses hat geredet und getahn.

Von Christi Aufferstehung aus dem Grabe.

83. Gleich wie Adam aus dem hellen Liecht GOttes in das finstere Reich dieser Welt eingieng/ und stund die Seele Adams zwischen zweyen finstern Principien, als zwischen Tod und Hölle im Leibe grünend; Also wolte auch Christus in seinem grünenden Leibe in der Mitternacht vom Tode auffstehen/ und die Nacht in seinem heiligen Leibe zu einem hellen ewigen Tage machen/ da keine Nacht nimmermehr einkäme/ sondern das Liecht GOttes des Vatters und des Lamms schiene.

84. Und soltu nicht dencken/ daß die Seele Christi sey diese vierzig Stunden an einem anderen Orte gewesen/ als eben im Vatter/ und in seinem Leibe/ allda sie auff die Verfolgung gegrünet in grosser Sanfftmuht/ als ein Röselein/ oder schönes Blümelein aus der Erden/ als dan unsere Seelen auch in unserer Ruhe im Leibe Jesu Christi also grünen biß an jüngsten Tag. In Vergehung dieser Welt wird wieder die newe Creatur auß der alten herfür brechen/ und unter deß grünet die Seele im heiligen Element im Leibe Christi in stiller sanffter Ruhe/ biß unsere vierzig Stunden auch umb sind/ und keine Stunde länger/ als die bestimte Zeit ist: Also ist der Leib Christi in des Vatters Krafft durch die Seele wieder auffgestanden und herfürgangen/ und hat in ihme gehabt das ewige Liecht der Trinität.

85. Es hätte keines Stein abwelzens bedürfft/ alleine den
klin-

Cap. 25.   **Göttliches Wesens.**   411

blinden Juden zu einem Schein / daß sie doch sähen / daß all ihr
Thun eine Thorheit sey / daß sie wolten GOtt halten; auch umb
der schwachen Vernunfft willen der Jünger / daß sie sähen / er
wäre gewiß aufferstanden / denn also könten sie ins Grab gehen /
und selber sehen.

86. Auch erschien ihnen der Engel allda / und tröstete sie; also wil Christus seine Betrübten / die umb seinetwillen betrübet werden / auch trösten / ja er ist bey ihnen / wie bey Maria Magdalena / und den zween Jüngern nach Emaus.

87. Du solt wissen / daß Christi Leib kein Fels noch Stein halten / noch fassen kan / er gehet durch alle Dinge / und zerbricht doch auch nichts: Er fasset diese Welt / und die Welt ihn nicht: Er leidet von nichtes Quaal / in ihme ist die gantze Fülle der Gottheit / und ist doch nicht eingesperret. Er scheinet eine Creatur in unserer Menschlichen Gestalt also groß / als unsere Leiber / und sein Leib hat doch kein Ende: Er ist der gantze Fürstliche Thron des gantzen Principii.

88. Als er hie auff Erden war in dem irdischen Menschen / so war sein äusserlicher Mensch meßlich / wie unsere Leiber / aber der innere Mensch war unmeßlich. Denn wir sind in der Auferstehung im Leibe Jesu Christi auch unmeßlich / aber sichtlich und begreifflich im Himlischen Fleisch und Blute / als der Fürste des Lebens selber. Wir können in der Himlischen Figur groß und kleine seyn / und wird doch nichts an uns zerbrochen / es darff keiner Einpressung.

89. O lieben Christen / stehet ja von ewrem Zancken / wegen des Leibes Jesu Christi abe / er ist überall an allen Orten / aber im Himmel: und der Himmel / da GOtt innen wohnet / ist auch überall. GOtt wohnet im Leibe Jesu Christi / und alle heilige Seelen der Menschen / wann sie von diesem irdischen Leibe scheiden / auch: Und so sie new-gebohren werden / so stehen sie in Worte im Leibe Jesu Christi / auch noch in diesem irdischen Leibe. Nicht hat eine Seele alhie in unserm Leibe auff Erden den Leib Christi im begreiflichen Wesen / sondern im Worte der Krafft / welches alles fasset: Leib und Krafft ist wol in Christo eines / wir müssen aber in dieser Welt nicht die Creatur verstehen.

90. Und der Geist deutet / so ihr nicht werdet abstehen von diesem Zancke / so werdet ihr doch kein ander Zeichen erlangen / als das Zeichen Eliä im Fewer-Eyfer. Den der Eyfer wird euch fressen / und ewer Zanck muß euch selber fressen. Ihr müsset euch selber auffressen / und seyd doch tolle; seyd ihr nicht Brüter / und

S 2   alle

alle in Christo? was zancket ihr umb ewer Vatterland/ in welchem ihr wohnet/ so ihr in der Liebe wandelt?

91. Ach stehet doch abe/ ewer Sache ist nur böse vor GOtt/ und werdet alle in Babel erfunden. Lasset euch rahten/ denn der Tag bricht an/ wie lange wolt ihr bey der Ehebrecherischen Huren liegen? Stehet auff/ euere Edle Jungfraw ist geschmücket in ihrem schönen Perlen-krantze: Sie träget eine Lilien/ die ist wonnesam/ seyd Brüder/ sie wird euch wohl schmücken/ wir haben sie warhafftig gesehen/ und in ihrem Namen schreiben wir dieses.

92. Es darff keines Zanckens umb den Kelch Jesu Christi/ sein Leib wird im Testament vom Gläubigen warhafftig empfangen/ auch sein Himlisches Blut/ und die Tauffe ist ein Badt im Wasser des ewigen Lebens/ in dem äussern verborgen im Worte des Leibes Christi. Drumb ist aller Zanck nichts nütze/ nur brüderliche Liebe her/ und vom Geitze der Hoffart gelassen/ so seyd ihr alle in Christo.

93. Die viel tieffe und schwere Sachen sind euch nichts nütze/ ihr dürfft euch nicht darinn vergaffen/ wir müssen sie nur setzen/ daß ihr sehet was der Grund ist/ was der Irrthumb ist/ denn wir sind nicht Ursache dieses Schreibens/ sondern ihr in ewrer hoch-erhabenen Lust habet den Geist erwecket/ daß ihr ewres Hertzens Gedancken erführet. Lasset euch Christi Aufferstehung ein kräfftig Ding seyn/ denn Christi Aufferstehung ist unsere Aufferstehung/ und in ihme werden wir grünen und aufferstehen/ und ewig leben. Halt dich nur an Christum/ so kanstu in keiner Noth verderben/ denn wenn du Christum hast/ so hastu die heilige Dreyfaltigkeit GOttes.

94. So du wilt zu GOtt beten/ so ruffe GOtt deinen Himlischen Vatter im Namen seines Sohnes Jesu Christi an/ umb die Erleuchtung seines H. Geistes/ daß er dir wolle deine Sünde umb seines bittern Leidens und Sterbens willen vergeben/ und dir das geben das dir gut und seelig ist. Stelle alles was irrdisch ist in seine Erkäntnuß und Willen: Denn wir wissen nicht was wir beten und begehren/ sondern der H. Geist vertritt uns selber/ mit unaußsprechlichen Seufftzen/ in Christo Jesu/ bey seinem Himmlischen Vatter: drumb darffs nicht so lange Worte/ sondern nur eine gläubige bußfertige Seele/ die sich mit gantzem Ernste in die Barmhertzigkeit GOttes ergiebet in seinen

Wil-

Willen / die lebet im Leibe Jesu Christi / und ist wohl sicher fürm Teuffel / so sie also beständig bleibet.

95. Die Phantasey mit der Heiligen Fürbitte / ist kein nütze / es ist nur eine Quaal der ängsten / daß du die Heiligen in ihrer Ruhe verunruhigest. Ruffet dich doch ohne das GOtt immerdar / und deine Jungfraw wartet deiner mit sähnlichem Begehren / kom nur selber / sie ist dein / du darffst ihr keinen frembden Legaten schicken: Es gehet nicht zu wie zu Hofe / Christus wil seinen Himmel in seiner Frewde gerne immer mehren / was zagestu lange wegen deiner Sünden? Ist doch die Barmhertzigkeit des Herren grösser als Himmel und Erden / was machstu dan? Es ist dir nichts näher als GOttes Barmhertzigkeit / nur in deinem sündlichen unbußfertigen Leben bistu beym Teuffel / und nicht bey Christo. Sage was du wilt / und wan du hundert tausent Legaten zu ihme schickest / und bist selber Gottloß / so bistu nur beym Teuffel / und ist dir kein Rath: Du must nur selber mit Christo auffstehen / und newgebohren werden im Leibe Jesu Christi / durch Krafft des H. Geistes / im Vatter / in deiner eigenen Seele. So du wilt ein Begängnüß machen / das thue zu Nutz und Erhaltung des Elenden / daß GOtt in deiner Liebe gepreiset werde / das ist wohl gut / aber von dem reichen Fresser / der nur Hoffart und Faulheit damit treibet / hastu kein Nutz / denn GOtt wird damit nicht gepreiset / so grünet auch das Paradeis nicht darinnen.

96. Verlaß dich ja nicht auff die Heucheley des Antichrists / er ist ein Lügner und Geitziger / darzu ein Gleißner / er meynet nur seinen Abgott Bauch / und ist vor GOtt ein Dieb / er frisset das Brod das dem Dürstigen gehöret / er ist des Teuffels Hund / lerne ihn recht kennen / das sage ich dir / denn er tödtet dich gantz und gar so er deinen Willen erhaschet / durch seine Gleißnerey und Scheinheiligkeit.

97. Als wir dan reden von Christi warhafftiger Aufferstehung / so zeigen wir euch auch an / von seinem Wandel der vierzig Tage nach seiner Aufferstehung vor seiner Himmelfart: Als wir wissen / daß er ein warhafftiger Herr über Himmel / Hölle und Erden ist worden; so zeigen wir euch dieses / daß ihme das Reich dieser Welt / mit allen Essentien und Qualitäten hat müssen unterthänig seyn: Und wiewol er nicht immer sichtbar bey seinen Jüngern hat gewandelt / so hat er sich doch zum offtermahlen sichtbar / begreifflich und beharzlich bey ihnen erzeiget / nach dem Reiche dieser Welt / nach seinem hie-gehabtem Leibe / wel-

chen der Newe hatte verschlungen/ den muste er auch wieder darstellen. Denn GOtt ist Herr aller Wesen/ und muß sich alles verwandelen/ wie er wil/ damit er seinen Jüngern könte seinen warhafftigen Leib zeigen in seinen Nägelmahlen/ welche im heiligen Christo/ in seinem heiligen Leibe in Ewigkeit/ als ein Sieges=zeichen stehen/ und schöner sind als die Morgen=sterne.

98. Er bekräfftigte seine schwach=gläubige Jünger damitte/ und zeigete hiermit an/ daß er auch ein Herr sey über das äussere Reich dieser Welt. Daß alles was wir säen/ bawen/ pflantzen/ essen und trincken/ hat er in voller Allmacht/ und kan alles seegnen und mehren/ und ist nicht also von uns getrant/ sondern als eine Blume grünet aus der Erden/ also auch sein Wort/ Geist und Krafft in allen Dingen. Und so unser Gemühte zu ihm geaneignet ist/ so sind wir in Leib und Seele von ihme geseegnet/ wo aber nicht/ so ist der Fluch und GOttes Zorn in allen Dingen/ und essen an aller Frucht den Todt. Darumb beten wir/ daß uns GOtt wolle in Christo geseegnen unser Speise und Tranck/ auch Leib und Seele/ und das ist recht.

99. Zum andern zeigen wir euch an/ daß Christus hat viertzig Tage nach seiner Aufferstehung auf Erden gewandelt/ verstehe im Reich dieser Welt/ da er gleichwol im Himmel war/ aber er trug die Bildnüß ohn äusserliche Klarheit für Menschen Augen/ und hatte gäntzlich den Leib mit allen Wesen/ der am Creutze hieng/ biß auff die Quaal des Principii hatte er nicht/ sonst alle Wesen im Fleisch und Blut: Und da doch das äussere Fleisch in Macht des Himmlischen stundt. Das sehen wir/ wie er zu seinen Jüngern durch verschlossene Thüre eingieng/ und führete seinen Leib durch Holtz und Steine: Also verstehest du daß diese Welt für ihme ist als ein Nichtes/ und er alles mächtig ist.

100. Und dan sagen wir euch/ daß diese viertzig Tage sind die Tage Adams im Paradeiß vor seinem Schlafe/ ehe das Weib aus ihme gemacht ward/ da er in der Paradeisischen Versuchung stund/ da er noch rein und Himlisch war: Also muste auch Christus auch viertzig Tage in Paradeisischer Quaal in der Versuchung stehen/ ob der Leib wolte Paradeisisch bleiben/ ehe er glorificiret würde/ darumb aß und tranck er für seinen Jüngern mit ihnen auff Paradeisische Art/ als Adam auch thun solte im Maule/ und nicht im Leibe/ dann die Verzehrung stund in der Krafft.

101. Als

Cap. 25. **Göttliches Wesen.**

101. Allhier ward recht versuchet / ob der Leib wolte in Göttlicher Macht und Krafft leben / als denn Adam auch thun solte / da er in dieser Welt im Paradeiß war / da solte er zwar in dieser Welt seyn / aber nicht in dieser Welt Quaal leben / sondern in Paradeisischer über diese Welt / und auch über den Grimm des Zornes in der Höllen/ Er solte in der Quaal in der Liebe/ Demuht/ Sanfftmuht und Barmhertzigkeit / in freundlichen Willen GOttes leben : Also hätte er geherrschet über die Sternen und Elementen, und wäre in ihme kein Todt noch Zerbrechen gewesen.

102. Darumb solt ihr Türcken und andere abergläubische Völcker mercken und recht verstehen / warumb uns Christus hat solche Gesetze gegeben / daß wir nicht sollen Rachgierig seyn / so uns jemand auff einen Backen schläget / so sollen wir ihm auch den ander bieten / und so fort : Wir sollen seegnen die uns fluchen / und wolthun denen die uns hassen und beleidigen / verstehestu das ?

103. Siehe ein rechter Christ / der im Geiste Christi lebet/ der soll auch in Christi Wandel gehen / er soll nicht im grimmen / rachgierigen Geiste dieser Welt einhergehen : Gleichwie Christus nach seiner Aufferstehung in dieser Welt lebete und gieng / und doch nicht in dieser Welt Quaal lebete und gieng / und obs uns wohl / weil wir in dieser Welt Quaal leben/ nicht wohl müglich ist / aber doch im newen Menschen in Christo / welchen der Teuffel verdecket ; so wir in der Sanfftmuht leben / so überwinden wir die Welt in Christo : so wir guts für böses thun / so bezeugen wir daß Christi Geist in uns ist. So sind wir nach dem Geiste dieser Welt todt unnd Christi Geist willen / der in uns ist/ und ob wir gleich in dieser Welt sind / so hanget uns doch nur diese Welt an / wie sie Christo nach seiner Aufferstehung anhieng/ und er lebte doch im Vatter im Himmel ; Also auch wir / so wir in Christo gebohren sind.

104. Darumb lassets euch gesagt seyn ihr Juden/ Türcken und Völcker / ihr dürffet keines andern warten/ es ist keine andere Zeit vorhanden/ als die Zeit der Lilien/ und sein Zeichen ist das Zeichen Eliä / darumb sehet zu in welchem Geiste ihr lebet/ daß euch nicht das Zorn-fewer verschlinge und auffresse. Es ist nunmehr Zeit/ daß die Jesabel mit ihrer Hurerey aus dem Hause gejaget werde/ daß ihr nicht der Huren Lohn empfa-

het / und wie ihr euch untereinander schindet / also auch fresset. Warlich / so nicht balde gewehret wird / so brennet das Fewer über Babel auß / so ist dan kein Rath / biß der Zorn alles / was in ihme gewachsen ist / auff-frisset.

105. Darumb gehe ein jeder in sich / und sage nicht von andern / und halte sie für Falsche / sondern er bekehre sich nur selber / und sehe daß er nicht im Zorne des Fressers erfunden werde / sonst so er wird schreyen: joch! Babel brennet / so muß er auch verbrennen / denn er ist desselben Feuers fähig. So du einen Gedancken in dir fühlest / der nach dem Zorne wünschet / so ist er auß Babel.

106. Darumb ists schwär Babel zu erkennen / ein jeder meynet er stehe nicht darinnen / und der Geist zeiget mir doch / daß Babel den gantzen Erden-kreiß beschleust. Darumb habe ein jeder für sich selber acht auff seine Sachen / und jage nicht nach dem Geitze / denn der Treiber zerbrichts / und der Stürmer frists auff. Es hülfft mehr kein Menschen weiser Raht. Es stehet alle Weißheit dieser Welt in Thorheit / denn das Fewr ist von GOttes Zorne / deine Klugheit wird zu deinem Schaden und Spotte.

Von der Himmelfahrt Christi.

107. Also wissen wir / als Adam hatte viertzig Tage im Paradeiß gelebet / so gieng er in Geist dieser Welt ein / da er solte in die heilige Trinität eingehen / denn er stunde in der Zeit der Versuchung / und so er wäre diese viertzig Tage bestanden / so wäre er völlig mit seiner Seelen im Liechte GOttes bestanden / und sein Leib in Ternario Sancto, als dieser Christus.

108. Denn nachdehme Christus hatte viertzig Tage nach seiner Aufferstehung in dieser Welt gewandelt in der proba, da ging er auf einen Berg / dahin er seine Jünger beschiedete / und fuhr sichtlich auff in die Höhe / mit seinem eigenen Leibe / den er am Creutze hatte auffgeopffert / also biß eine Wolcke kam / und ihn verbarg / zu einem gewissen Zeichen / daß er ihr Bruder wäre / und er sie in dieser irdenen Gestalt und Leibe nicht wolte verlassen / wie er dan auch zu ihnen sagte: Siehe ich bin bey euch alle Tage / biß an der Welt Ende.

109. Nun spricht die Vernunfft: Wo ist Christus hingefahren? Ist er auß dieser Welt gefahren / hoch über das Gestirne in

ne in einen andern Himmel? Höre meine liebe Vernunfft/ neige dein Gemüte in Christo/ und siehe/ ich wil dirs sagen/ denn wir sehens und wissens/ nicht ich. Dann so ich rede Wir/ muſtu nicht meinen irrdischen Menschen bloß verstehen/ denn der Geist/ so in dieser Feder treibet/ wird mitte genannt: Darumb schreibe ich und sage/ so Ich wil von mir/ als vom Author reden/ Wir. Denn Ich wuste nichts/ so der Geist nicht in mir die Wissenschafft auffbliese/ und hat auch nichts mögen gefunden werden/ als auff solche weise/ anderst wolte der Geist nicht/ sondern verbarg sich/ da sich dan meine Seele gantz unruhig in mir mit großem Sähnen nach dem Geiste erzeigete/ biß ich erlernet wie es wäre.

110. Siehe das ist nicht der Grund/ den man bey den Alten hat gedichtet und gemessen/ wie viel hundert tausent Meilen es sey biß in den Himmel/ dahin Christus ist gefahren: Sie thätens zu dem Ende/ daß sie wolten GOTT auff Erden seyn/ wie es dan ihr gedichtet Reich außweiset/ welches mehr in Babel stehet: wenn wir von den Thronen reden/ so ist es viel anderst/ und findet man ihre Blindheit und Unwissenheit: Wiewol in ihrer Erkäntnüß auch ein Geist ist/ welchen man nicht also hinwirfft/ aber er ist nicht auß Ternario Sancto, aus dem Leibe Jesu Christi/ sondern auß der hohen Ewigkeit/ der da fähret über die Thronen/ davon an einem andern Orte kan gemeldet werden.

111. Wir müssen im Thron bleiben/ was gehen mich die andern Thronen an/ welche sind der Engels-Fürsten/ sind sie doch ohne das unsere Freunde und lieben getrewen im Dienste GOttes/ Hebr. 1. 4. Wir müssen auff unsern Thron sehen/ darinne wir sind zu Creaturen erschaffen worden/ und auff unsern Thron-Fürsten in GOtt. Der erste Fürsatz GOttes/ als er uns schuff/ und uns in dem ewigen Bande erblickete/ muß bestehen.

112. Dieser Thron war dem Lucifer mit seinen Legionen/als er aber fiel/ ward er außgestossen ins erste Principium: So stund der Thron im andern Principio ledig/ darinnen schuff GOtt den Menschen/ der solte darinnen bleiben/ und ward versuchet/ obs müglich wäre: darumb schuff GOtt das dritte Principium im Loco dieser Welt/ daß doch der Mensch im Falle nicht auch ein Teuffel würde/ daß ihme doch möchte gerathen werden: Drumb ist die Feindschafft des Teuffels wieder Christum/ daß er ihme auff seinen Königlichen Stuhl sitzet/ und hält ihn noch mit seinem Principio gefangen.

113. Also ist der Locus dieser Welt nach dem Himmlischen Principio, unserm Christo/ sein Thron und eigener Leib/ und ist auch alles was in dieser Welt im dritten Principio ist/ sein eigen/ und der Teuffel/ welcher in diesem Loco im ersten Principio wohnet/ der ist unsers Christi Gefangener.

114. Denn alle Thronen sind in GOtt dem Vatter/ und ausser ihme ist nichts/ er ist das Band der Ewigkeit/ aber seine Liebe im Leibe Christi/ als in seinem Throne/ hält den Zorn in dem Bande der Ewigkeit/ mit samt den Teuffeln gefangen. Und verstehest/ wie also alles Creatürlich ist/ seine Liebe/ und auch sein Zorn/ und ist nur eine Gebuhrt/ (wie vorne gemeldet) der Unterscheid/ da man nicht kan sagen/ die Teuffel wohnen weit von Christo. Nein/ sie sind nahe/ aber in Ewigkeit nicht erreichet. Denn sie können die klare Gottheit im Lichte nicht sehen/ sondern verblinden darvon: und wir werden sie auch in Ewigkeit nicht sehen/ noch spüren/ als wir sie jetzo/ weil sie in einem andern Principio sind/ nicht sehen/ also bleibet dasselbe Principium.

115. Also mein liebes Gemühte/ wisse daß die Creatur Christi ist das Centrum dieses Thrones/ da alles Leben (verstehe was himmlisch ist) von außgehet. Denn in dem Centro ist die heilige Dreyfaltigkeit: und nicht alleine in diesem Centro, sondern in allen Englischen Thronen/ auch in des Menschen heiligen Seelen: Alleine wir müssen also reden euch zu verständigen.

116. So ist der Leib/ verstehe die Creatur, der Mensch Christus/ in Mitten dieses Thrones eingesessen/ und stehet also im Himmel/ verstehe in seinem Principio, sitzend mit seinem Thron zur Rechten GOttes des Vatters.

117. Die Rechte GOttes ist/ da die Liebe den Zorn leschet/ und das Paradeiß erbiehret/ das ist billich die Rechte/ da der zornige Vatter GOtt genannt wird in der Liebe und Liecht seines Hertzens/ welches sein Sohn ist/ und dieser leibliche Thron/ als der gantze Leib Christi/ ist alles in der Rechten GOttes. So man aber saget zu der Rechten GOttes/ so verstehe die innerste Wurtzel der scharffen Macht des Vatters/ darinnen die Allmächtigkeit stehet/ da der Vatter in sich selber außgehet/ im wiedergefasseten Willen in die Sanfftmuht/ und schleust auff die Thören in der Zersprengung der Finsternuß in sich selber/ so ist Christus dahin eingesessen/ und sitzet also zur Rechten der Krafft und Allmacht/ und das wir mit unsern Zungen höher nicht sagen können/ im Geist verstehen wirs wohl. Darumb dir auch

auch nicht nöht ist zu gründen/ sondern erhasche nur den Leib Christi/ so hastu GOtt und Himmelreich. Wir aber müssen also schreiben umb der Welt Irrthumb/ und umb ihrer Lust willen.

118. Wan du aber fragest: Sitzet Christus/ oder stehet er? oder liegt er? So fragestu wie der Esel vom Sacke/ wie der Schneider den Sack hatte gemacht/ den er tragen muß. Doch muß man dem Esel Futter geben/ daß er den Sack länger trage. Siehe/ er sitzet in sich selber/ und stehet in sich selber/ er darff keiner Bäncke oder Stühle/ seine Krafft ist sein Stuhl/ es ist kein oben und unten/ wie du das Gesichte im Ezechiel, das voll Augen hinten und vorne/ oben und unten siehest/ also der Leib Christi/ die heilige Dreyfaltigkeit scheinet im gantzen Leibe/ und darff keiner Sonnen noch Tages. Apoc. 21. 23.

Das 26. Capittel.

Vom Pfingst-feste: von der Sendung des heiligen Geistes und von seinen Aposteln und Gläubigen.

Die heilige Porte von der Göttlichen Krafft.

1. SO spricht die Vernunfft: So denn Christus mit dem Leibe/ den er am Creutz auffopfferte/ also auffuhr/ wan ist er denn mit seinem Leibe verkläret worden/ oder wie ist sein Leib/ ist er jetzo also/ als ihn seine Jünger sahen gen Himmel fahren? Meine liebe Vernunfft/ meine Irrdische Augen sehen das nicht/ aber die Geistlichen in Christo wohl. Die Schrifft saget: Er ist verkläret ein Herr über alles. Wir aber wollen dir die Porte der grossen Wunder eröffnen/ daß du siehest als wir sehen.

2. Siehe/ als GOtt der Vatter hatte Israël in die Wüsten geführet an Berg Sinai/ und wolte ihnen Gesetze geben/ darinnen sie solten leben/ hieß er Mosen auff den Berg steigen zum Herrn/ und die andern Eltesten musten von ferne bleiben/ und das Volck unten am Berge: Und Moses stieg alleine zum Herrn auff den Berg. Da erschien die Klarheit des Herrn/ und am siebenden Tage rieff er Mosen/ und redete mit ihme von allen Gesetzen/ und Mosis Angesichte ward verklähret vom Herrn/ daß er kente für ihm stehen und mit ihm reden; Also auch der Mensch

Christus

Chriſtus in Ternario Sancto, als er war auffgefahren in ſeinen Thron/ ward er am neunden Tage glorificiret mit der heiligen Trinität.

3. Verſtehe es recht/ nicht erſt ſeine Seele in der Creatur, ſondern ſein gantzer Leib/ oder Fürſtliche Thron/ alda gieng auß im Centro der heiligen Dreyfaltigkeit der heilige Geiſt. Und ſieheſt klar./ daß die jenigen/ welche Chriſti Geiſt hatten angezogen/ die wurden hoch erleuchtet. Denn der heilige Geiſt gieng auß dem Centro der Trinität auß/ im gantzen heiligen Element GOttes/ und wallete in der Barmhertzigkeit GOttes/ Und wie er im Leibe Jeſu Chriſti triumphirete/ alſo auch in ſeinen Jüngern und Gläubigen/ da giengen alle Thüren der groſſen Wunder auff/und redeten die Apoſteln mit aller Völcker Zungen.

4. Und ſiehet man klar daß der Geiſt GOttes hatte alle Centra aller Eſſentien auffgethan/ und redete auß allen. Denn Chriſtus war der Herr und das Hertz aller Eſſentien. Darumb gieng der heilige Geiſt auß allen Eſſentien, und erfüllete aller Menſchen Eſſentien, welche nur ihre Ohren mit Begierde darzu wandten. In die drang er in alle/ und hörete ein jeder auß ſeiner Eſſentz und Sprache derſelben/ den Geiſt GOttes auß den Jüngern reden. Und ward der heilige Geiſt in aller derer die zuhöreten Leiber/ welche nur einen Ernſt daran wandten/ erbohren/ und wurden alle erfüllet. Denn der Geiſt drang ihnen durchs Hertze/ wie er auß dem Centro der Trinität in gantzen Leib/ und Fürſtlichen Thron Jeſu Chriſti drang/ und alles im äuſſern in der Klahrheit erfüllete.

5. Alſo wurden auch aller Heiligen Seelen erfüllet/ daß ihr gantzer Leib in allen Eſſentien räge gemacht ward/ von der thewren Krafft/ welche außgieng in Wunder/ in Krafft und Thaten/ die da geſchahen. Und wird uns hier fürgeſtellet 1. des Vatters Krafft im Fewer/ in ſeiner ſtrengen Allmacht auffm Berge Sinai, und dan 2. die ſtille liebliche Krafft des Sohnes GOttes (im Liechte der Liebe) in der Liebe und Barmhertzigkeit. Denn wir ſehen/ wie wir ſo gar nicht hätten können im Vatter ins Fewers-qual leben/ darumb zubrach Moſes die Tafeln/ und fiel das Volck von GOtt abe.

6. Als aber jetzt die Sanfftmuht im Vatter war/ ſo hielt die Liebe den Zorn gefangen/ und gieng auß deß Vatters Quaal im Sohne auß gar ein frewdenreicher Paradeiſiſcher Quaal/ und der war der heilige Geiſt im Wunder. Da ſtund die thewre Himmels-Jungfraw der Weißheit GOttes in ihrer höchſten

Zierde/

Zierde/ mit ihrem Perlen-krantz. Da stund Maria im Ternario Sancto, davon der Geist in den Alten wunderlich hat geredet/ und hie ward Adam wieder ins Paradeiß eingeführet.

7. Da wir aber wollen von Christi Verklärung reden/ und von seinem Leibe/ welchen er sichtlich und in der Gestalt/ wie er auff Erden hatte gewandelt/ in die Höhe geführet/ so müssen wir auff die Gestalt reden/ als wie die Liebe des Hertzens GOttes hat den Zorn des Vatters versöhnet/ und hält ihn gleich als gefangen/ in sich/ also auch hat Ternarius Sanctus den äussern hart begreifflichen Leib Christi/ als das Reich dieser Welt/ in sich gefasset als wäre er gantz verschlungen/ und da er doch nicht verschlungen ist/ sondern die Quaal dieser Welt ist zerbrochen im Tode/ und Ternarius Sanctus hat den Leib Christi angezogen/ nicht als ein Kleid/ sondern kräfftig in den Essentien, und ist als wäre er verschlungen/ alleine vor unsern Augen also zu dencken/ und da er doch wahrhafftig ist/ und wird am Jüngsten Tage wieder kommen/ und sich offenbahren in seiner eigenen hiegehabten Gestalt/ auff daß ihn alle Menschen sehen können/ sie sind böse oder gute/ und er wird auch in dieser Gestalt das Gerichte der Scheidung halten. Denn in seiner Göttlichen glorificirten Gestalt könten wir ihn nicht anschauen vor unserer Verklärung/ vorauß der Gottlose. So aber werden ihn alle Geschlechte sehen und erkennen/ und werden die Ungläubigen darüber heulen und weinen/ daß sie also sind von ihrem Fleisch und Blute außgangen in eine andere Quaal/ und da sie hätten in ihren eigenen Essentien sollen und können Gott anziehen/ so haben sie das grimme Reich des Zornes Gottes mit dem Teuffel angezogen/ und denselben in ihre Essentien der Seelen eingelassen/ und sich verderbet.

8. Also sagen wir/ daß in der Seelen Christi in ihren Essentien ist ergriffen die klare Gottheit/ als das Liecht GOttes/ das hat den Zorn im Quaal der Seelen geleschet. Also verkläret das Liecht die Seele/ und wird durch die Krafft des Außganges auß der Seelen immer erbohren die Tinctur, und das Fiat in den Essentien machts begreifflich und faßlich. Und das ist Ternarius Sanctus, oder die heilige Erde/ das ist/ das heilige Fleisch. Denn GOtt erleuchtet alles in allem in diesem Leibe.

9. Also ist sein irrdischer Leib verschlungen in GOtt/ wiewol er nie keinen gantz irrdischen Leib uns gleiche hat gehabt. Denn er war nicht von Mannes Saamen: Sondern wir reden nur von der Begreifflig keit und Sichtligkeit in unsern Augen/ nach

dehm er unser Bruder ist. Und er wird sich in unserer fleischlichen Gestalt in Göttlicher Krafft am Jüngsten Tage wieder darstellen/ als ein Herr über alles. Denn alle Kräffte sind ihm unterthan im Himmel und in dieser Welt/ und er ist ein Richter über alles/ ein Fürste des Lebens und Herr des Todes.

10. Also ist das Himmelreich seines eigenen Leibes und gantzen Fürstlichen Thrones seines Principii ein Paradeis/ darinnen auffgehet die holdselige Frucht in der Krafft GOttes. Denn der heilige Geist ist die Krafft des Gewächses/ als die Lufft in dieser Welt. Also ist der H. Geist die Lufft und Geist der Seelen in Christo und allen seinen Kindern/ denn es keine andere Lufft im Himmel im Leibe Christi hat/ und GOtt der Vatter ist Alles in Allem. Also leben und sind wir in Christo alle in dem Vatter/ und keine Seele forschet von der Tieffe/ sondern wir leben alle in Einfalt/ in grosser Demuth und Liebe gegeneinander/ und frewen uns als die Kinder vor ihren Eltern/ und zu dem Ende hat uns GOtt auch geschaffen.

11. Also meine liebe Seele/ suche und an-eigne dich in Christo/ so empfähestu den heiligen Geist/ der wird dir deine Seele newgebähren/ und dich erleuchten/ führen und leiten/ und wird dir Christum offenbahren. Laß nur abe von allen Menschentand und Fündlein/ denn das Reich GOttes ist dir nahe/ (ja es ist in dir inwendig/ wie Christus selber sagt Luc. 17.) und hält dich nur dein eigener Unglaube/ und deine böse Wercke/ als Geitz/ Hoffart/ Neid/ Zorn/ und Falschheit ausser GOtt. Denn dasselbe zeuchstu an/ also stehestu ins Teuffels Kleid ausser GOTT.

12. So du aber dasselbe ablegest/ und gehest mit deines Hertzens Begierde in die Barmhertzigkeit Christi/ so gehestu in Himmel in GOtt den Vatter/ und wandelst im Leibe Christi in dem reinen Element, und der heilige Geist gehet auß deiner Seelen auß/ und führet dich in alle Wahrheit/ und hanget dir der alte verderbte Mensch nur an. Denselben wirstu im Tode zerbrechen/ und mit deiner Liebe in Christo den Zorn deß Vatters in deiner Seelen stillen/ und überwinden/ und gefangen nehmen/ und wirst mit deinem newen Menschen durch den Todt grünen/ und am Jüngsten Tage darinnen herfür gehen.

Die Porte zu Babel, oder vom Urkunde der mancherley Secten und Streiten in der Religion.

13. SO wir uns nun entsinnen der mancherley Secten und Streiten in der Religion, wovon sie doch herkommen und sich urkunden/ so ist das Sonnenklar/ und findet sich in der That im Wercke. Denn es werden grosse Kriege und Empörungen wegen des Glaubens angerichtet/ und entstehet darinnen grosser Neid und Haß/ und ein jeder verfolget den andern umb seiner Meynung willen: Daß er nicht seiner Meynung ist/ darff er wol sagen/ er sey des Teuffels/ und ist das das allerelendeste/ daß das von den Gelehrten der Schulen dieser Welt geschiehet.

14. Und ich wil dir einfältigen Menschen ihre Gifft zeigen: Denn siehe/ jedermann unter den Layen sihet auff sie/ und dencket das muß ja recht seyn/ weil es unser Pfarrer saget: Er ist Gottes Diener/ und sitzet an Gottes Statt/ der H. Geist redet auß ihme. Aber S. Paulus spricht: Prüfet die Geister/ denn es ist nicht jedermans Lehre zu gläuben/ und Christus spricht: An ihren Wercken solt ihr sie erkennen: denn ein guter Baum träget gute Frucht/ und ein fauler Baum träget böse Frucht. Und lehret uns trewlich/daß wir nicht der Weissagung/so auß Gott ist/ wider-streben/ sondern an der Frucht sollen wir die Lehre prüfen.

15. Nicht reden wir von vollkommenen Wercken des Leibes/ welcher im Geist dieser Welt gefangen ist/ sondern von ihrer Lehre/ daß wir sie prüfen/ ob sie auß GOTT erbohren ist. Denn so der Geist Lästerung und Verfolgung lehret/ so ist er nicht von GOTT/ sondern vom Geitz und Hochmuth deß Teuffels. Denn Christus lehret uns sanfftmütig in einer Brüderlichen Liebe wandeln/ damit können wir den Feind überwinden/ und dem Teuffel seine Macht nehmen/ und ihme sein Reich zerstören.

16. Aber wenn man zum Schwerd/ Fewer und Verwüstung Land und Leute greiffet/ da ist kein Christus/ sondern des Vatters Zorn/ und der Teuffel ist Auffblaser. Denn das Reich Christi lässet sich nicht also finden/ sondern in der Krafft/ wie das das Exempel der Apostel Christi außweiset/ welche nicht Rache lehreten/ sondern liessen sich verfolgen/ und beteten zu GOtt/ der gab ihnen Zeichen und grosse Wunder/ daß die Völcker hauffen-weiß zu fielen: Also wuchs die Kirche Christi mächtig/ daß sie fast die Erde beschattete. Nun wer ist dan der

Verwüster derselben? Siehe/ thue die Augen recht auff/ es ist am Tage/ und muß an Tag kommen. Denn GOtt wils haben umb der Lilien willen. Das ist der Gelehrten Hoffart.

17. Als der heilige Geist mit Kräfften und Wundern in den Heiligen redete/ und sie kräfftig bekehrete/ so fielen die Menschen zu/ und thaten ihnen grosse Ehre an; neigeten und beugeten sich für ihnen/ als wären sie GOtt. Nun bey den Heiligen war es gut/ denn man gab die Ehre GOtt/ und wuchs also die Demuht und Liebe/ und war alles ein freundliche Ehr-erbietung/ als den Kindern GOttes gebühret und seyn soll.

18. Als aber die Heiligen ihre Lehre in Schrifften fasseten/ damit man sie könte abwesende verstehen was sie lehreten/ da fiel die Welt zu/ und ein jeder wolte ein solcher Lehrer seyn/ und dauchten nun/ die Kunst steckte im Buchstaben; Da kamen sie gelauffen alte und newe/ die ein Theil nur im alten Menschen stecketen/ und hatten kein Erkäntnuß von GOtt/ lehreten also nach ihrem Dünckel nach den auffgeschriebenen Worten/ und legeten dieselben auß nach ihrem Gutdüncken.

19. Und dieweil sie sahen/ daß man den Lehrern grosse Ehre bewieß/ so stecketen sie im Ehr-geitze/ und in der Hoffart/ und auch im Geld-geitze/ denn die Einfältigen trugen zu/ und meyneten der heilige Geist steckete im Lehrer/ da doch der Teuffel der Hoffart in ihnen steckte: und kam dahin/ daß sich ein jeder nach seinem Meister nante: Einer wolte Paulisch seyn/ der ander Apolisch/ der dritte Petrisch/ und so fort. Dieweil die Heiligen nicht alle einerley Worte führeten in der Lehre und Schrifft/ und da es doch aus einem Geiste war; So fieng der natürliche Mensch (welcher von GOtt ohne Gottes Geist nichts weiß) allerley Streit und Secten an/ und setzten sich allerley Leute zu Lehrern ein/ nicht alle umb GOttes/ sondern umb zeitlicher Ehre/ Reichthumb und Wollust willen/ daß sie möchten guhte Tage haben/ denn es war kein schwer Handwerck also dem blossen Buchstaben anzuhangen; und ist also ein Zanck und Streit unter ihnen worden/ daß man einander auffs hefftigste anfeindete: Und derselben war keiner auß GOtt gebohren/ sondern ihre Eltern hielten sie zur Schrifft/ daß sie solten Lehrer werden/ daß sie grosse Ehre an ihnen erlebeten/ und sie in guten Tagen sässen.

20. Also trieb sichs/ daß ihme wolte ein jeder den grösten Zulauff machen/ daß er bey den Leuten gesehen würde/ und wurden derselben Maul-Christen also viel/ daß man die hertzliche Begierde zu GOtt vergaß/ und sahe auff die

Maul-

Maul-Pfaffen/ welche nur Streit und Zanck anrichteten/ und brüstete sich ein jeder mit seiner Kunst/ so er in der Schulen hatte gelernet/ und schrie: Da ist Christus/ lauffet hie zu/ so hat Paulus geschrieben. Der ander sagte: lauffet hie zu/ hie ist Christus/ so hat Petrus geschrieben: Es war ja Christi Jünger/ und er hatte des Himmelreichs Schlüssel/ es kan mir nicht fehlen/ jener betreuget euch/ folget mir nach.

21. Also sahe das arme unverständige Volck auff die Maulaffen und Geitz-hälse/ welche nur Larven-pfaffen waren/ und verlohren also ihren lieben Immanuel, den Christum in ihnen/ da der H. Geist ausgehet/ der den Menschen leitet und führet in alle Wahrheit/ und der sie am Anfange hatte mit Krafft und Wunder gebohren/ der muste nunmehro eine Historia seyn/ und wurden nur Historien-Christen. So lange die Apostel lebeten/ und ihre rechte Jünger/ wehreten sie ja/ und straffeten das/ und weiseten sie den rechten Weeg; und wo sie nicht waren/ da machten sie die Historien-Pfaffen irre/ wie genug an den Ephesern zu sehen ist.

22. Also wuchs das Reich Christi nicht alleine in der Krafft/ sondern meistentheils in der Historien/ die Heiligen in Christo gebohren/ bestätigten das offte mit grossen Wundern/ und die Baals-Historien-Pfaffen baueten dan immer also darauff/ mancher etwas gutes zu guten Sitten und Tugenden/ mancher nur Dornen und Disteln/ zu Krieg und Streit/ mancher zu grosser Ehre/ Dignität und Herrligkeit/ die man der Kirchen Christi und ihren Dienern solte anthun; wie das am Pabsthumb genug zu sehen ist/ auß welcher Wurtzel es ist gewachsen: Und war des Treibens also viel/ sonderlich mischete man die Jüdischen Ceremonien mit ein/ als ob die Rechtfertigung des armen Sünders darinnen steckete/ weil es ein Göttlich Gesetze wäre; wie denn die Apostel das erste Concilium umb deßwillen zu Jerusalem hielten/ da doch der H. Geist beschloß/ man solte nur an Christo in rechter Liebe untereinander hangen/ das wäre alleine die Rechtfertigung vor GOTT.

23. Aber es halff nicht/ die Hoffart wolte ihren Stuhl bawen/ und sich über Christum setzen/ der Teuffel wolte GOTT seyn/ und machten Glossen/ wie sie das könten zu weege bringen/ daß es der Einfältige nicht mercke. Da muste Petri Schlüssel Stadthalter seyn/ und zogen ihnen Göttliche Gewalt mit dem Schlüssel zu/ und mochten der Göttlichen Krafft in Wunder und Thaten nicht mehr/ denn sie wolten auff Erden reich und sett seyn/ und
nicht

nicht arm mit Christo / welcher in dieser Welt (wie er selber bezeugete) nicht hatte da er sein Haubt hinlegte: Solche Christen in Krafft und Wunder wolten sie nicht seyn / gleich wie Adam/ der wolte auch nicht in der Krafft leben / sondern in einem grossen Hauffen/ (in Turba Magna) daß er zu fassen hatte/und siehet man alhier recht unser Elende / darein uns Adam führete / daß unsere Essentien immer nach dem Geiste dieser Welt greiffen / und wollen sich alleine mit grossen Hauffen füllen / davon Adam und uns allen ein solch geschwule und tölpischer Leib wird in Kranckheit und stäten Wider-willen.

24. Als nun die Historische Christenheit neben den rechten Christen wuchs/ so stund das Scepter allezeit bey den Gelehrten/ die erhuben sich und machten sich mächtig/ und der Einfältige gab ihnen alles recht: und da gleichwol eine Begierde zum Reiche GOttes im Menschen erfunden ward / als das edle Wort GOttes/welches sich in der Verheissung hatte ins Lebens-Liecht eingebildet/ und durch Christum rege gemacht; das trieb sie doch gleichwol/ daß sie solten GOtt fürchten. Da bawete man grosse steinerne Häuser / und ruffete jederman dahin / und sagte: Der H. Geist wäre allda kräfftig / und man müste aldahinein gehen: sagten auch noch wohl / in dehme sie sich böse und falsch erfunden/ der H. Geist wäre kräfftig in des GOttlosen Munde.

25. Aber du Heuchler/du leugest: So du GOttloß bist/kanstu keinen Todten auffwecken; du kanst keinen bekehren/ der im Geiste dieser Welt in Sünden verteuffet ist: Du rügest wol durch deine Stimme dem Gläubigen sein Hertze / daß der Geist würcket: Aber du gebierest keinen auß dem Tode / es ist ein unmüglich Ding. Denn so du wilt den armen Sünder/der in Sünden verkäuffet ist/und im Zorne gefangen lieget/ bekehren/so muß in deinem Munde der H. Geist seyn/und deine Essentien müssen seine sahen / so wird dein Liecht in ihme leuchten / und wirst ihn auß dem Tode der Sünden auffwecken/ und mit deiner Liebe in deiner Tinctur sahen / so wird er zu dir kommen mit hertzlichem Flehen und Begierde des Himmelreichs. Dann so bistu sein Beicht-Vatter/und hast Petri Schlüssel/und so du ausser diesem bist/so hastu keinen Schlüssel.

26. Wie die Beichte ist / also ist auch die Absolution, ist der Patient ein Historicus, also auch der Artzt/und ist in beyden eine Mund-heucheley: Ist aber der Patient kräfftig / so bläset die Stimme auch auff seine Krafft/nicht auß Krafft des Artztes/sondern in Krafft GOttes / der auch mit seiner Krafft in einem

Dern-

Cap.26.   Göttliches Wesens.   427

Dorn-busche das Gedeyen machet/ daß er grüne/ welche ist die Krafft in allen Wesen/also auch wohl in einer Stimme/welche in ihr selber keine Macht hat.

27. Also giengs im Schwange/daß jederman an steinern Tempel gebunden ward/ und der Tempel GOttes in Christo blieb sehr ledig stehen: Als man aber sahe die Verwüstunge im Zancke/ so stellete man Concilia an/ und machete Gesetze/daß jederman die halten solte bey Verlust seines Lebens. Also ward auß dem Tempel Christi ein steinerner Tempel gemachet/ und auß dem Zeugnuß des H. Geistes ein weltlich Gesetze/da redete nicht mehr der H. Geist frey/ sondern er solte reden nach ihren Gesetzen: Straffete er ihre Irrthüme/ so verfolgeten sie ihn: Also ward der Tempel Christi in Menschlicher Erkäntnuß sehr blind/ kam einer auß GOtt gebohren/ und lehrete im heiligen Geiste/so es ihren Gesetzen nicht ähnlich war/so muste er ein Ketzer seyn.

28. Also wuchs ihre Macht/ und jederman sahe drauff/und sie stärcketen ihre Gesetze in Macht S. Petri immerdar/ biß sie sich also hoch setzeten/ daß sie sich auch so unverschämbt für GOtt über der Apostel Lehr/ als Herrn setzten/ und fürgaben GOttes Wort und der Heiligen Lehre müste von ihrem Raht den Wehrt empfahen/und was sie setzeten/das thäte GOtt/sie wären GOttes Stadt-halter im Worte/ man müste ihre Gesetze gläuben/ denn es wäre der Weeg der Rechtfertigung des armen Sünders vor GOtt.

29. Wo bleibet dan die newe Wiedergebuhrt in Christo durch den H. Geist? Bistu nicht Babel/eine Behausung aller Teuffel in der Hoffart? Wie hastu dich geschmücket/ nicht umb Christi/ sondern umb deiner selbst eigenen Hoffart willen/ unb deines Abgott-bauches willen/und bist ein Fresser? Aber dein Bauch ist stincticht worden/ und hat eine grimme Quaal bekommen. Es ist ein Feuer der grossen Angst in deiner Quaal/ denn du bist vor GOtt offenbahr/ du stehest als ein unzüchtig Weib: Was hangestu armer Laye an dieser Huren? Ihre selbst-eigene genommene Macht ist ihr Thier/ darauff sie reuthet/ schawe sie doch in der Offenbahrung Jesu Christi an/ wie sie der Heilige Geist mahlet.

30. Wilt du Christi Apostel seyn/ und wilt nur ein Bauch-diener seyn/und nur nach deiner Kunst lehren/wehn lehrestu dan? deinen Bauch/ daß du dich darvon nehrest und fett wirst. Zwar nehren solt du dich davon/ und man soll dich pflegen/ so du Christi Jünger bist/ aber dein Geist soll nicht im Geitze stecken/ sondern

in

in Christo. Du solt dich nicht alleine verlassen auf Kunst/ sondern dich GOTT ergeben/ daß GOTT auß dir redet/ so bistu im Tempel GOttes/ und nicht im Tempel der Gesetze des Menschenstandes.

31. Siehe an S. Petrum am Pfingst-tage/ der drey tausend Menschen in einer Predigt bekehrete: Er redete nicht auß der Pharisäer Gesetze/ sondern auß dem Geiste Moysis und der Propheten/ aus dem Tempel des H. Geistes/ das drang durch/ und erleuchtete den armen Sünder. Also/ der du jetzt nur Verfolgunge lehrest/ dencke worauß bistu darmitte gewachsen? Auß dem ersten Stocke/ da man auß dem Tempel Christi fiel in Menschenstand/ da man Lehrer auffblies/ nach denen ihnen die Ohren juckten/ nur zum Schein/ wie du möchtest in deiner Hoffart groß werden. Und so du nur solches gesucht hast/ so hat dich auch GOtt lassen fallen in verkehrten Sinn/ daß auß dir sind worden die/ die die wahre Lehre von Christo lästern.

32. Siehe! worauß ist der Türck gewachsen? Auß deinem verkehrten Sinn/ als man sahe/ daß man nur nach Hoffart trachtete/ und nur zanckete umb den Tempel Christi/ und daß es solte stehen auff Menschen-Grund und Fund: So kam der Mahometh herfür/ und suchte einen Fund/ der der Natur ähnlich wäre/ weil jene nur nach Geitz trachteten/ und fielen vom Tempel Christi/ und auch vom Liechte der Natur in eine Wirrung der Hoffart/ wie man nur möchte den Antichristischen Stuhl schmücken. So machte er ihm auch selber Gesetze und Lehre auß der Vernunfft.

33. Oder meynestu/ es sey vergebens geschehen? Ja der Geist der grossen Welt hat ihn also im Wunder erbauet/ dieweil jene nichts besser waren/ so muste dieweil das Liecht der Natur im Wunder stehen/ als ein GOTT dieser Welt/ und war GOTT einer so nahe als der ander. Deine Zeichen im Testament Christi/ die du treibest/ welche Christus zu einem Bunde ließ/ die stunden im Zancke: Darzu verkehretestu sie nach deiner Hoffart/ und bogest sie nach deinem Gesetze. Es war dir nicht mehr umb den Bund in Christo/ sondern umb den Brauch/ der Brauch solte es thun: Und da doch ein Holtz ohne Glimmen kein Feuer ist/ und ob es schon ein Feuer wird im Anzünden: Also auch der Bund ohne Glauben/ ist er als ein Holtz ohne Glimmen/ das man wolte Feuer nennen.

34. Oder soll dirs der Geist nicht unter Augen stellen/ du Unzüchtige? Siehe wie hastu den Ehestandt zerrissen/ und eine Parte der Hurerey auffgethan/ daß mans für keine Sünde ach-

tet. Haſtu nicht geritten auff deinem Thier/da jederman hat auff dich geſehen/ und iſt dir nach geritten? Oder biſtu nicht noch ſchöne? Meyneſtu wir ſtellen dirs vergebens dar? Das Urtheil ſtehet über dir/ das Schwerd iſt gebohren und wil freſſen: Gehe aus Babel/ſo lebeſtu/wiewohl wir ein Feuer ſahen in Babel/und Babel brandte/ſo wirds doch dehn nicht brennen/der außgehet.

Das 27. Capittel.

Vom Jüngſten Gerichte/ und Aufferſtehung der Todten/ und ewigen Leben.

Die ſehr ſchröckliche Porte der GOttloſen/ und auch die frewdenreiche Porte der Heiligen.

1. Ir wiſſen/ 1. daß uns Chriſtus gelehret hat/ daß ein Gerichte ſoll gehalten werden/nicht alleine umb der Straffe der Verächter GOttes/ und umb der Belohnung des Guten/ ſondern auch umb der Creatur und Natur willen/ daß ſie der Eitelkeit eins loß würde. Und wiſſen 2. daß das Weſen dieſer Welt muß vergehen mit ſeiner Quaal: Es müſſen Sonne/Mond und Sternen ſo wol die vier Elementa vergehen in ſolcher Quaal/ und alles herwieder bracht werden/ da dan das Leben wird durch den Todt grünen/und alles Weſens Figur vor GOTT ewig ſtehen/zu welchem Ende es je war geſchaffen. Auch ſo wiſſen wir 3. daß unſere Seelen unſterblich ſind/ erbohren auß dem ewigen Bande. So dan dieſe Welt vergehet/ ſo vergehet auch ihr Weſen/ was auß ihr erbohren iſt/ und bleibet doch die Tinctur im Geiſte.

2. Darumb O Menſch bedencke dich alhie in dieſer Welt/ in welcher du in der Gebuhrt ſteheſt! du wirſt geſäet ein kleines Körnlein/ und wächſet auß dir ein Baum/ ſo ſchawe doch nun/in welchem Acker du ſteheſt/ daß du möchteſt erfunden werden ein Holtz zu dem groſſen Gebäw GOttes in ſeiner Liebe/ und nicht ein Holtz zu einem Stege/ da man mit Füſſen auff gehet/ oder das übler iſt/welches man zum Feuer braucht/ da nur ſeine Aſche bleibet/und eine Erde wird.

3. Es wird dir geſaget/daß dein Holtz von deiner Seelen wird brennen im letzten Feuer/ und deine Seele eine Aſche im Feuer bleiben/ und dein Leib ein ſchwartzer Ruß erſcheinen. Warumb wiltu dan ſtehen in einer Wüſten/ ja auff einem Felſen/ da kein
Waſſer

Waſſer iſt/ wie wird dann dein Baum wieder grünen.

4. Ach des groſſen Elendes/ daß uns nicht wiſſend iſt/ in welchem Acker wir wachſen/ und was Eſſentien wir an uns ziehen! So doch unſer Frucht wird geſchawet und gekoſtet/ und die ſo lieblich iſt/ auff GOttes Tiſche ſtehen/ die andere für des Teuffels Säwe geworffen werden. Darumb laß dichs erwegen/ und ſiehe daß du im Acker Chriſti wachſeſt/ und bringeſt Frucht/ ſo man auff GOttes Tiſche brauchet/ welche nimmer verweſet/ ſondern immer quellet/ und je mehr man der iſſet/ je lieblicher die ſey/ wie wirſtu dich frewen in dem Herrn!

5. Das Jüngſte Gericht iſt dermaſſen angeſehen/ als wir wiſſen/ wie alle Ding ſeinen Anfang hat genommen/ alſo auch ſein Ende. Denn es war vor den Zeiten der Welt nichts/ als das ewige Band/ das ſich ſelber machete/ und im Bande der Geiſt/ und der Geiſt in GOTT/ der iſt das höchſte Gut/ das von Ewigkeit immer war/ und hat nie keinen Anfang genommen/ dieſe Welt aber hat einen Anfang auß dem ewigen Bande in der Zeit.

6. Denn dieſe Welt machet eine Zeit/ darumb muß ſie vergehen/ und wie ſie war ein Nichts/ alſo wird ſie wieder ein Nichts/ denn der Geiſt ſchwebete im Æther, und ward darinnen erbohren der Limbus, welcher vergänglich iſt/ auß welchem alle Ding herkommen/ und da doch kein Schnitzer war/ als der Geiſt in den Eſſentien, oder der Vulcanus. So waren auch keine Eſſentien, ſie wurden im Willen des Geiſtes erbohren/ darinnen iſt der Schnitzer/ der alle Ding auß Nichts/ nur bloß auß dem Willen hat geſchnitzet. So es dann auß dem ewigen Willen iſt geſchnitzet/ ſo iſts Ewig/ nicht im Weſen/ ſondern im Willen/ und ſtehet dieſe Welt nach der Zerbrechung des Weſens gäntzlich im Willen/ als eine Figur zu GOttes Wunderthat.

7. So wiſſen wir/ daß wo ein Wille iſt/ der muß ſich faſſen/ daß es ein Willen iſt/ und das Faſſen machet ein Anziehen/ und das Angezogene iſt im Willen/ und iſt dicker als der Wille/ und iſt des Willens Finſternüß/ und ein Qual in der Finſternüß. Denn der Wille wil frey ſeyn/ und kan doch nicht frey ſeyn/ er gehe dan wieder in ſich auß/ auß der Finſternüß; Alſo bleibet die Finſternüß im erſten Willen/ und der wieder-gefaſſete Wille in ſich ſelber im Liechte.

8. Alſo geben wir euch zuverſtehen/ daß dieſe Welt iſt auß dem finſtern Willen (als der Wille ward räge gemachet) erſchaffen/ und der Außgang auß dem Willen in ſich ſelber iſt Gott/ und der Außgang auß GOTT iſt Geiſt/ der hat ſich im finſtern
Willen

Cap. 27.   **Göttliches Wesen.**   431

Willen erblicket/ und der Blick waren die Essentien, und der Vulcanus war das Rad des Gemühtes/welcher sich in sieben Gestalten theilet/wie vorn gemeldet worden/und dieselben sieben Gestälte / eine jede in sich selber wieder in unendlich nach Erblickung des Geistes.

9. Und darinnen stehen die Wesen aller Wesen/ und ist alles in grossen Wundern: Und ist unser gantze Lehr nur dahin gerichtet/ daß wir Menschen sollen in die liechten heiligen Wunder eingehen. Denn am Ende dieser Zeit wird alles offenbahret werden/ und ein jedes worinnen es gewachsen ist / stehen ; und so dan das Wesen/ das es jetzt hält und gebieret/ vergehet/ so ist alsdann eine Ewigkeit.

10. So sehe nun ein jeder / wie er seine Vernunfft brauche/ damit er in den Wundern GOttes in grossen Ehren stehe. Wir wissen daß diese Welt soll im Feuer vergehen/ und nicht Fewer von Holtz oder Kraut/ das würde keinen Stein zu Asche und nichts machen: Auch so wird sich kein Feuer häuffen/ da diese Welt solte neingeworffen werden/ sondern das Feuer der Natur entzündet sich in allen Dingen/ und wird jedem Dinge seinen Leib/ oder das / was begreifflich war / zerschmeltzen und zu nichts machen.

11. Denn gleichwie alles im Fiat ward gehalten und geschaffen nach dem Schnitzer/ welcher ein gantzer Schnitzer war in allen Dingen in den sieben Geistern der Natur/ welcher nichts zerbrach als er das schnitzete / auch nicht eines vom andern warff/als ers gemacht hatte/ sondern ein jedes scheidete sich selber/und stund im Quaal seiner Essentien. Also wirds auch nicht viel polterns/ donnerens/blitzens/brechens dürffen/ wie die Welt zu Babel lehret / sondern ein jedes vergehet in sich selber ; Die Quallung der Elementen höret auff / gleich als ein Mensch im Tode/ und gehet alles ins Æther.

12. Und zur Zeit/ ehe solch Gebäwde vergehet und ins Æther tritt / komt der Richter der Lebendigen und Todten. Da müssen ihn alle Menschen in seinem und ihrem Fleische sehen/und müssen alle Todten aufferstehen durch seine Stimme/ und vor ihme stehen/ und da wird die Englische Welt offenbahr / und werden heulen alle Geschlechte der Erden / welche nicht im Leibe Christi werden ergriffen seyn ; und dan so werden sie geschieden in zwo Heerden / und gehet der Sentenz Christ über all:/ Böse und Gute. Und da gehet an gelffen/ zittern und schreyen/sich selber verfluchen/ die Kinder die Eltern / und die Eltern

-tern die Kinder/ und wünscheten/ daß sie sie nicht gebohren hätten.

13. Also verfluchet ein GOttloser den andern/ der ihn zur GOttlosigkeit verursachet hat; der Untere den Oberen/ der ihme Aergernüß gegeben/ der Laye den Pfaffen/ der ihn mit bösen Exempeln geärgert/ und mit falscher Lehre verführet hat. Der falsche Flucher und Lästerer zerbeisset seine Zunge/ die ihm solchen Mord angethan hat: Das Gemühte zerstösset den Kopff wider die Felsen/ und verkreucht sich der GOttlose in die Klippen für dem Schrecken des Herrn. Denn es ist ein groß Schrecken und Beben in den Essentien von dem Zorne und Grimme des Herrn/ und die Angst bricht das Hertze/ und da doch kein sterben ist/ denn der Zorn ist rage/ und des GOttlosen Leben quället im Zorne: Da verfluchet der GOttlose Himmel und Erde/ die ihn getragen/ und das Gestirn/ das ihn geleitet hat/ und die Stunde seiner Geburt/ und stehet ihme alle seine Unreinigkeit unter Augen/ und siehet seines Schreckens Ursachen/ und verdammet sich selber: Er mag den Gerechten nicht anschawen für Schande/ alle seine Wercke stehen ihm in seinem Gemühte/ und schreyen wehe in den Essentien über seinen Macher/ klagen ihn an: Aller beleydigten Tränen werden feurig als ein beissen der Wurm/ er begehret Abstinentz/ aber es ist kein Tröster/ es gehet ewig Verzweiffelen in ihme auff/ denn die Hölle schrecket ihn.

14. Auch so erzittern die Teuffel für der Anzündung des Zornes/ welcher Gesichte den GOttlosen unter Augen stehet. Denn sie sehen die Englische Welt für ihnen/ und das Höllische Feuer in ihnen/ und sehen wie alles Leben brennet/ ein jedes in seiner Quaal/ in seinem Feuer. Die Englische Welt brennet im Triumph/ in der Frewden/ im Liechte der Klarheit/ und erscheinet als die helle Sonne/ welche kein Teuffel noch GOttloser darff für Schanden anblicken: Sie stehet im Lobe/ daß der Treiber gefangen ist.

15. Alda wird das Gerichte besetzet/ und müssen alle Menschen/ Lebendige und Toden alda stehen/ ein jeder in seinem Leibe/ und wird der Englische Chor der heiligen Menschen gesetzet zum Gerichte/ welche umb des Zeugnuß Jesu Christi willen sind ermordet worden: Da stehen die heiligen Vätter der Stämme Israels/ und die heilige Propheten mit ihrer Lehre/ und ist alles offenbahr/ was sie haben gelehret/ das stehet den GOttlosen unter Augen/ davon sollen sie Rechenschafft geben/ von aller Mordtaht der Heiligen. Denn der Ermordete umb der Wahrheit willen/ stehet seinem Mörder unter Augen/ deme soll der Mörder umb

umb sein Leben antworten / und er hat nichts / sondern erstummet: Alle seine Lästerung / die er hat auff den Gerechten geschüttet/stehet da für ihm im Wesen/und ist eine substantz / davon wird ihm Leges gelesen.

16. Wo ist nun deine Gewalt/ deine Ehre/dein grosser Reichthumb/ deine Pracht und Schönheit? Wo ist deine Krafft/ damit du den Elenden schrecketest / und beugetest das Recht nach deinem Muhtwillen? Siehe / es ist alles im Wesen / und stehet für dir! der Beleidigte lieset dir dein Latein / und da wird widerruffen alles / was in dieser Welt falsch gesprochen ward / und du bleibest in deinem Unrecht ein Lügener / und must von dehm geurtheilet werden / dehn du alhie hast geurtheilet in Falschheit: Alle Lügen und Trug stehet im Wesen offen; Alle deine Worte stehen in der Tinctur im Wesen der Ewigkeit für dir / und sind dein Spiegel: Sie werden dein ewig Nage-Hündlein / und das Buch deines Trosts. Darumb bedencke dich was du thun wirst / wirstu dich nicht selber verfluchen und verurtheilen?

17. Dagegen stehen die Gerechten mit unaußsprechlicher grosser Frewde / und ihre Freude steiget auff im Quäll-brunne deß heiligen Geistes; Alle ihre gehabte Trawrigkeit stehet für ihnen im Wesen / Und erscheinet wie sie zu Unrecht haben gelitten: Ihr Trost steiget im Leibe Jesu Christi auff / der sie hat erlöset aus so grossem Trübsal: alle ihre Sünden sind gewaschen / und erscheinen Schneeweiß: Da dancken sie ihrem Bräutigamb / der sie hat aus solcher Noht und Elende / darinnen sie alhie gefangen lagen / erlöset / und ist eine eitel hertzliche Frewde / daß der Treiber zerbrochen wird / und alle ihre gute Wercke / Lehre und Thaten / erscheinen für ihnen / alle Wort ihrer Lehre und Straffen / damit sie dem Gottlosen haben den Weeg gewiesen / stehen in der Figur.

18. Da wird der Fürste und Ertz-hirte Jesus Christus seinen Sentenz lassen ergehen / und sagen zu den Frommen: Komt her ihr Gesegnete meines Vatters / ererbet das Reich das euch ist von Anbegin bereitet gewesen: Ich bin hungerig / durstig / nacket / kranck / gefangen / und elend gewesen / und ihr habt mich gespeiset / geträncket / bekleidet / getröstet / und seyd in meinem Elende zu mir kommen / darumb gehet ein zur ewigen Frewden. Und sie werden antworten: Herr / wann haben wir dich hungerig / durstig / nackend und gefangen / oder im Elende gesehen / und haben dir gedienet? Und er wird sagen: Was ihr habt ge-

than dem geringsten unter diesen meinen Brüdern/ das habt ihr mir gethan. Und zu den Gottlosen wird er sprechen: Gehet hin von mir/ ihr Vermaledeyeten in das ewige Fewer. Denn ich bin hungerig/ durstig/ nackend/ gefangen und elend gewesen/ und ihr habt mir nicht gedienet. Und sie werden antworten: Herr/ wan haben wir dich je also gesehen/ und dir nicht gedienet? Und er wird sprechen: Was ihr den Armen und Geringsten unter diesen meinen Brüdern nicht habt gethan/ das habt ihr mir auch nicht gethan; und sie müssen sich von ihme scheiden.

19. Und in dem Augenblick der Scheidung zergehet Himmel und Erden/ Sonn und Mond/ Sternen und Elementa, und ist fürbaß mehr keine Zeit.

20. Da zeucht bey den Heiligen das Unverwesliche das Verwesliche in sich/ und wird der Todt/ und dieses irrdische Fleisch verschlungen/ und leben wir alle im grossen und heiligen Element des Leibes Jesu Christi/ in GOTT dem Vatter/ und der heilige Geist ist unser Trost; und vergehet mit dieser Welt und unserm irrdischen Leibe/ alle Erkäntnüß und Wissenschafft von dieser Welt/ und leben als die Engel/ und essen der Paradeisischen Frucht/ denn da ist kein Schrecken/ Furcht noch Tod mehr. Denn das Principium der Höllen mit den Teuffeln wird in dieser letzten Stunde zugeschlossen: Und kan eins das ander ewig nicht mehr ersehen/ noch einen Gedancken vom andern fassen: die Eltern werden nicht an ihre Gottlose Kinder in der Höllen gedencken/ so wol auch die Kinder nicht an ihre Eltern. Denn alles wird vollkommen seyn/ und höret auff das Stückwerck.

21. Da wird im Paradeis diese Welt mit der Figur bleiben stehen im Schatten/ aber der Gottlosen Wesen vergehet darinnen/ und bleibet in der Höllen. Denn einem jeden folgen seine Wercke nach. Und wird ewige Frewde seyn über die Figuren aller Dinge/ und über der schönen Frucht des Paradeises/ welcher wir ewig geniessen werden.

Das helffe uns die heilige Dreyfaltigkeit/ GOTT Vatter/ Sohn/ Heiliger Geist/ Amen.

Was alhie mangelt/ suche im andern Theil dieser Schrifften: Sonderlich von Mose und allen Propheten/ und vom Reiche Christi.

Cap. 27. Göttliches Weſens.

Rechter Unterricht der verwirreten Babel: zu Troſt den Suchenden / und Entgegenſatz wider den Spötter zu einem Zeugnüß.

22. SO denn jetzo ſo mancherley Lehren und Meynungen ſich eröffnen / ſoll der Spötter / welcher nur von dieſer Welt gebohren iſt / darumb nicht alſo zu fahren / und alles auff einen hauffen verwerffen / ſo er das nicht begreiffet / denn es iſt nicht alles falſch / viel iſt durch den Himmel erbohren / welcher jetzt ein ander Seculum machen wil / der erzeiget ſich mit ſeiner Krafft auffs höchſte / und ſuchet die Perlen: Er wolte gerne die Tinctur eröffnen in ſeinem Weſen / damit die Krafft der Gottheit in ihme erſcheine / und er der Eitelkeit loß würde / das iſt in allen Seculis geſchehen / wie es die Hiſtorien geben / dem Erleuchten wol kündlich.

23. Denn viel ſuchen jetzt / die da finden / einer Gold/ der ander Silber / einer Kupffer / der ander Zinn/ und da es doch nicht ſoll von Metallen verſtanden ſeyn / ſondern vom Geiſte in der Krafft / in dem groſſen Wunder GOttes/ in dem Geiſte der ewigen Krafft.

24. So nun alſo in den Myſterien geſuchet wird/ durch Trieb und Anregunge des Geiſtes GOttes / ſo ſuchet ein jeder in ſeiner Geſtalt in ſeinem Acker darinnen er ſtehet / und darinnen findet er auch / und bringet alſo das Geſundene ans Liecht / daß es erſcheine / und das iſt des groſſen GOttes Fürſatz / daß er in ſeinen Wundern offenbahr werde. Und iſt nicht alſo alles vom Teuffel / wie die Welt zu Babel plärret in ihrer groſſen Narrheit / da man alles auff einen hauffen hinwirffet / und wil Feyerabend machen / und den Epicureiſmum an die Stelle ſetzen.

25. Siehe ich ſetze dir ein gerecht Gleichnüß vom rechten Säemann: Ein Säemann richtet ſeinen Acker zu nach ſeinem beſten Vermögen / und ſäet guten Weitzen aus. Nun ſind auch andere Körner unter dem Weitzen / und ob er gleich gantz rein wäre / ſo zeucht ihme doch die Erde andere Kräuter / auch Dorn und Diſteln unter dem Weitzen auff. Was ſoll aber der Säeman thun? Soll er dan die Saat deß Gewächſes gantz wegwerffen oder verbrennen umb der Diſteln und des Unkrauts willen? Nein / ſondern er driſchet das / und ſiebet das Unreine weg / und brauchet den guten Saamen zu ſeiner Koſt / und die Spreu giebt er ſeinen

nem Thier/ und mit dem Halme dünget er seinen Acker/ und muß ihm alles nütze seyn.

26. Also wird dem Spötter gesaget/ daß er ein Unkraut ist/ und wird für die Thier geworffen werden. Und ob nun anderer Saame unter dem Weitzen gefunden wird/ in dem ers werffelt und siebet/ den er nicht mag raußbringen/ soll er dan darumb den Weitzen nicht zu seiner Kost brauchen? Hat doch ein jedes Korn seine Krafft: Eines stärcket das Hertze/ das ander den Magen/ das dritte die Glieder: Deñ eine Essentz alleine macht keine Tinctur, sondern alle Essentien zugleiche machen die Sinnen und den Verstand.

27. Gehe auff eine Wiese/ und siehe an die Blumen und Kräuter/ welche alle aus der Erden wachsen/ und ist je ein Kraut schöner und wolriechender als das ander/ und hat doch offt das allerverächtlichste die gröste Tugend. Nun komt der Artzt und suchet: Er wendet aber sein Gemühte ins gemein zu den grössesten und schönesten Kräutern/ dieweil sie also treiben im Gewächse/ und sind starck im Ruche/ vermeynet er/ sie sind die besten/ da doch offt ein kleines unansehnliches Kraut ihme zu seiner Artzney seines Patienten, dehn er in der cur hat/ besser dienete.

28. Also gebe ich euch diß zu erkennen: Der Himmel ist ein Säemann/ und GOtt gibt ihm Saamen/ und die Elementen sind der Acker/ darinn der Saame gesäet wird: Nun hat der Himmel das Gestirne/ und empfähet auch GOttes Saamen/ der säet alles untereinander hin: Nun empfahen die Essentien der Sternen den Saamen im Acker/ und inqualiren mit ihme/ und ziehen sich im Kraute mit auff/ biß im Kraute auch ein Saame wird.

29. So nun des Gewächses mancherley ist nach der Sternen Essentien, und gleichwol der Saame GOttes welcher im Anfang gesäet ward in den Acker/ und also miteinander wuchs/ soll denn nun GOtt das gantze Gewächse/ daß es nicht einerley Essentien hat/ weg werffen? Stehet es nicht in seinen Wundern/ und ist eine Frewde seines Lebens/ und erquicket ihme seine Tinctur? Also im Gleichnüß.

30. Darumb mein liebes Gemühte/ siehe was du thust/ richte nicht also geschwinde/ und sey umb der mancherley Meynungen willen nicht ein Thier/ deme die Sprew von den edlen Saamen gehöret. Der Geist GOttes erzeiget sich in jedem/ der ihn suchet/ aber auff Art seiner Essentien: Nun ist doch der Saa-

me GOttes mit in die Eſſentz geſäet: und ſo der Sucher in Göttlicher Begierde ſuchet/ ſo findet er die Perle nach ſeinen Eſſentien, und werden alſo hiemit die groſſen Wunder GOttes geoffenbahret.

31. So du nun wilt wiſſen den Unterſcheid/ welches ein falſcher Saame oder Kraut iſt/ verſtehe ein falſcher Geiſt/ in deme nicht die Perle oder der Geiſt GOttes iſt/ ſo kenne ihn an ſeinem Gewächſe/ Geruche und Schmacke. Iſt er ein auffgeblaſener/ eigen-ehriger/ Geitziger/ Läſterer/ Verächter der Kinder GOttes/ der alles untereinander wirfft/ und wil Herr drüber ſeyn/ da wiſſe/ daß es ein verdorbener Saame iſt/ und iſt eine Diſtel/ und wird von GOttes Säemanne außgeſiebet werden. Von deme gehe aus/ denn er iſt ein verwirret Radt/ und hat keinen Grund/ auch keinen Safft oder Krafft von GOTT zu ſeinem Gewächſe/ ſondern wächſet als eine Diſtel/ die nur ſticht/ und ſonſt keinen guten Saamen trägt.

32. Der gute Ruch in dem Kraute/ darauff du ſolt jetzt ſehen in den mancherley Meynungen/ iſt alleine die newe Wiedergebuhrt aus dem alten verderbten/ Adamiſchen/ vermiſchten Menſchen in dem Leibe Jeſu Chriſti/ in Krafft des heiligen Geiſtes/ als ein newes Gemühte gegen GOtt in der Liebe und Demuth/ welches nicht iſt gerichtet auff Hoffart/ Geitz und eigen-Ehr/ auch nicht auff Krieg und einigerley Empörung der Untern wieder den Obern/ ſondern als ein Weitzen-korn wächſt in Gedult und Sanfftmuth unter den Dornen/ und gibt ſeine Frucht zu ſeiner Zeit.

33. Alſo ſiehe wo ein ſolch Gewächſe iſt/ das iſt von GOtt erbohren/ und iſt die edle Krafft in ihme. Von den andern/ welche Empörung lehren des Untern wieder den Obern/ gehe aus/ denn es ſind Diſteln/ und wollen ſtechen. GOtt wird ſeinen Weitzen ſelber ſegen.

34. Die Lilie wird nicht in Krieg/ oder Streit gewonnen werden/ ſondern in einem freundlichen demütigen Liebe-Geiſt/ mit guter Vernunfft/ der wird den Rauch des Teufels zerbrechen und vertreiben/ und grünen eine Zeit. Darumb dencke Niemand/ der wird ſiegen/ ſo der Streit angehet/ nun wirds gut werden; und der unten liegt/ dencke nicht: Ich bin alſo ungerecht erfunden worden/ du muſt auff jener Meynung tretten/ und dieſen Hauffen helffen verfolgen: Nein/ es iſt nicht der Weeg/ und iſt nur in Babel.

35. Gehe

35. Gehe ein jeder in sich selber / und mache einen gerechten Menschen auß sich selber / und fürchte GOTT und thue recht / und dencke / daß sein Werck im Himmel vor GOtt erscheine / und daß er alle Stunden vor GOttes Angesichte stehet / und daß ihme alle seine Wercke werden nachfolgen: So grünet die Lilie GOttes / und stehet die Welt in seinem Seculo. Amen.

E N D E.

APPENDIX.

Das ist.

Gründliche und wahre Beschreibung des Dreyfachen Lebens im Menschen.

Als:

I. Vom Leben des Geistes dieser Welt in der Sternen und Elementen Qualität und Regiment.

II. Vom Leben des Urkundes aller Wesen / welches stehet in dem ewigen Bande / darinnen dan die Wurtzel der Menschlichen Seelen stehet.

III. Vom Paradeisischen Leben in Ternario Sancto: ~~Als vom~~ Leben in der newen Wiedergebuhrt/ welches ist ~~das Leben~~ des Herrn Jesu Christi : Darinnen das Englische Leben verstanden wird / so wol das heilige Leben des newen wiedergebohrnen Menschen.

Alles gantz gründlich / im Liecht der ewigen Natur erforschet / zu Trost der armen / Krancken und verwundeten Seelen/ zu suchen das heilige Leben in der newen Wiedergebuhrt/ darinnen sie aus dem Irrdischen Leben außgehet /. und tritt in das Leben Jesu Christi des Sohnes GOttes.

APPENDIX.

Das ist:
Gründliche und wahre Beschreibung des dreyfachen Lebens im Menschen.

1.  Jeweil in unsern vorigen Schrifften etliche Worte stehen/ darinnen wir dem Leser möchten unverstanden seyn/ sonderlich da wir geschrieben haben: wir werden in der Aufferstehung der Todten im Leibe Jesu Christi seyn in Ternario Sancto. Da wir deñ Ternarium Sanctum haben heilige Erde genennet/ da es doch nicht soll von Erden verstanden werden/ sondern von dem heiligen Leibe aus der heiligen Krafft der Dreyheit GOttes: und Ternarius Sanctus eigentlich in unserm Schreiben die Porte GOttes des Vatters/ von welchem alle Ding/ als aus einem einigen Wesen/ außgehen/ verstanden wird.

2. So wollen wir den Leser des andern Buches unserer Schrifften etwas gründlicher berichten/ damit er nicht an blossen Buchstaben hange/ und ein Historisch Wesen aus unsern Schrifften mache/ sondern daß er auff den Sinn und Geist mercke/ was der meyne/ wan er vom Göttlichen Leben redet/ und darinnen nicht einerley Worte und Namen führet/ da doch manchmahl drey oder viererley Namen eben nur dasselbe einige Göttliche Leben verstehen.

3. Denn so wir uns umbschawen in der Schöpffung GOttes/ so finden wir gar wunderliche Dinge/ welche doch im Anfang sind alle aus einem Brunnen gegangen. Denn wir befinden Böses und Gutes/ Leben und Todt/ Freude und Leid/ Liebe und Feindung/ Trawrigkeit und Lachen: Und befinden daß es alles aus einem Wesen sich urkundet.

4. Denn solches fast an allen Creaturen zu sehen ist/ fürnemlich am Menschen/ welcher GOttes Gleichnüß ist/ wie Moses davon schreibet/ und das Liecht der Natur uns überzeuget.

5. Derewegen ist uns hoch nöht zubetrachten das Dreyfache Leben im Menschen/ welches auch also in der Porte GOttes des Vatters erfunden wird.

Appendix. 441

6. So wir uns dan entsinnen von der Veränderung/ wie sich das Gemüht also verändere / und also balde die Frewde in Leid verwandelt werde / als Leid in Frewden / so müssen wir ja sinnen/ wovon ein solcher Ursprung sey. Denn wir befinden/ daß es alles / in dem einigen Gemühte stehe: So sich den eine Gestalt erhöhet/ und für den andern Gestälten quellet/ davon denn alsobalde ein Wesen erfolget/ daß das Gemühte alle Sinnen zusammen raffet/ und des Leibes Gliedern gibt/ daß Hände/ Füsse/ Maul und alles zugreifft/ und ein Werck macht nach des Gemühtes Begehren; so sagen wir/ dieselbe Gestalt sey räsch/ (oder rähs) das ist für allen andern Gestälten qualificirende und würckende. Als da zwar alle andere Gestälte der Natur auch inne liegen/ aber verborgen/ und sind dieser einigen Gestalt unterthan. Und da doch das Gemühte so ein wunderliches Wesen ist/ und balde auß einer Gestalt / welche itzo räsch/ (oder rähs) oder für allen andern qualificirend war/ eine andere Gestalt herfür bringet und erhebet/ und die erste entzündete verdämpffet/ daß sie gleich als ein Nichts ist / wie das an Frewd und Leid zu ersehen ist.

7. So wir nun sinnen/ wovon sich solches alles urkundet/ so finden wir fürnemlich drey Gestälte im Gemühte. 1. Nicht reden wir allein vom Geiste dieser Welt/ denn wir befinden/ daß unser Gemühte auch nach einem andern Gemühte ein sähnen hat/ und sich ängstet nach dehme/ was die Augen des Leibes nicht sehen/ und der Mund nicht schmecket/ und die Fühlung des irrdischen Leibes nicht begreiffet/ auch das irrdische Gehör nicht höret/ und die Nase nicht reucht; aber das edle Gemühte sehen/ schmecken/ fühlen/ greiffen und hören kan; so die rechte Göttliche Gestalt in ihm räsch/ oder für den andern beyden Gestälten qualificirend wird. Da dann die andern beyde Gestälte/ alsbalde wie halb Todt/ oder überwunden werden/ und sich die Göttliche alleine erhebt/ da sie denn in GOTT ist.

8. Und 2. so sehen wir auch/ wie das Gemühte alsbalde eine andere Gestalt erhebet und räsch machet/ daß die Göttliche Gestalt nieder gedrucket wird/ als den Geist dieser Welt zu Geitz und Hoffart/ zu unterdrucken den Elenden/ und sich alleine zu erheben/ und alles in sich zu ziehen. 1. Darauff dann auch alsbalde die dritte Gestalt herfür bricht auß dem ewigen Bande/ als Falschheit/ Neid/ Zorn und Haß/ und also die Bildnüß GOttes/ gleich wie im Tode oder überwunden stehet/ da dann das Gemühte also im Zorne GOttes/ im Tode/ in der Höllen Rachen stehet. Welches sich die Hölle im Zorne GOttes erfrewet

denn ihr Rachen wird ihr hie weit auffgesperret/ und wird qualificirende. Und da aber die Göttliche Gestalt wieder herfür bricht/ das Höllen-reich überwunden/ und wie ein Todt wird/ und das Himmelreich wieder räsch und qualificirende.

9. Drumb spricht S. Paulus: Welchem ihr euch begebet zu Knechten in Gehorsam/ (entweder der Sünde zum Tode/ oder dem Gehorsam GOttes zur Gerechtigkeit) deß Knechte seyd ihr. Dessen Quaal haben wir/ und in demselben Reiche leben wir/ und dasselbe Reich mit seiner Quaal führet uns. So dan alles alhier in diesem Leben im Saamen und Wachsen ist/ so wird auch einmahl die Ein-erndte erfolgen/ da dan ein Reich vom andern wird geschieden werden.

10. Denn es sind drey Principia in des Menschen Gemühte/ welche er in dieser Zeit mag alle drey auffschliessen. So aber der Leib zerbrochen ist/ so lebet er nur in einem/ und hat den Schlüssel verlohren/ und kan kein anders mehr auffschliessen/ er muß in derselben Quaal ewig bleiben/ welche er alhier hat angezündet.

11. Denn wir wissen daß uns Adam mit seinem Außgehen außm Paradeiß in diese Welt/ hat in Tod geführet/ und auß dem Tode grünet die Hölle im Zorne GOttes. Also ist unser Seele des Höllen-reichs fähig/ und stehet im Zorne GOttes/ da dan der Höllen Rachen gegen uns offen stehet/ uns immer zu verschlingen/ und haben einen Bund mit dem Tode/ und uns ihm ergeben im Stachel des Zornes im ersten Principio.

12. Nicht alleine wissen wir dieses/ sondern wir wissen auch/ daß uns GOTT hat wiedergebohren im Leben Jesu Christi seines Sohnes/ zu einer lebendigen newen Creatur, in ihme zu leben/ und wie er ist in Todt gegangen; und wider durch den Tod ins ewige Leben/ also müssen wir auch in Christi Todt eingehen/ und im Leben Jesu Christi auß dem Tode außgehen/ und in GOTT seinem Vatter leben/ alsdann ist unser Leben/ auch unser Fleisch nicht mehr irrdisch/ sondern heilig in GOttes Krafft/ und leben recht in Ternario Sancto, in der heiligen Dreyzahl der Gottheit. Denn wir tragen das heilige Fleisch auß dem heiligen Element für GOTT/ welches unser lieber Bruder und Heiland oder Emanuel in unser Fleisch bracht hat/ und hat uns in sich und mit sich auß dem Tode geführet in GOTT seinen Vatter/ und in uns ist alsdan die heilige Dreyheit der Gottheit wesentlich würckende.

13. Und wie das ewige Wort im Vatter ist wahrer Mensch worden/

Appendix,

worden/ und das ewige Liecht in ihme scheinende hat/ und sich erniedriget in die Menschheit/ und angezogen die Bildnüß in diesem unserm Leibe/ dehn wir alhier tragen/ die Bildnüß welche wir in Adam haben verlohren auß dem reinen unbefleckten Element vor GOtt/ welches stehet in der Barmhertzigkeit Gottes/ wie in unserm andern Buche klar gemeldet nach allen umbständen: Also auch müssen wir dieselbe Bildnüß auß dem reinen Element, auß dem Leibe Jesu Christi an uns ziehen/ und leben in dem leiblichen Wesen/ da er innen lebet/ in derselben Quaal und Krafft.

14. Nicht verstehen wir hiermit seine Creatur, daß wir solten drein schleichen/ sondern seine Qual/ denn die Weite und Tieffe seines Lebens in seiner Quaal/ ist unmäßlich: also wie GOtt sein Vater unmäßlich ist/ also auch das Leben Christi. Denn das reine Element in der Quaal GOttes des Vatters in seiner Barmhertzigkeit ist Christi Leib. Gleich wie unser irrdischer Leib in den vier Elementen stehet; also stehet der newe Mensch in einem reinen Element, davon diese Welt mit den vier Elementen ist erbohren/ und des reinen Elements Qual; ist des Himels und Paradeises Quaal/ und auch unser Leib in der newen Wieder gebuhrt.

15. Nun ist das Element im gantzen Principio GOttes an allen Enden und Orten/ und darzu unmeßlich und unendlich/ und darinnen ist Christi Leib und seine Qualität/ und darinnen die Dreyzahl der Gottheit/ daß also der Vatter im Sohne/ das ist im Leibe Jesu Christi/ wohnet/ und der Sohn im Vatter/ als Ein GOtt/ und der heilige Geist gehet also vom Vatter im Sohn auß/ und wird uns gegeben/ daß er uns wiedergebieret zu einem newen Leben in GOtt/ im Leben Jesu Christi/ und hanget uns der irrdische Mensch in seiner Bildnüß und Quaal in dieser Zeit nur an/ so wir aber in GOtt mit unserm Gemühte wieder erbohren sind.

16. Denn gleich wie GOtt der Vatter in seinem eigenen Wesen begreiffet alle drey Principia, und ist selber das Wesen aller Wesen/ darinnen begriffen wird Frewde und Leid/ und gehet doch in sich selber auß/ auß der Quaal der Angst/ und machet ihm selber die Frewden-reich der Traurigkeit unsäglich/ und die Quaal seines Zornes in der Angst unbegreiflich/ und gebieret ihm selber sein Hertz in der Liebe/ darinnen dann der Name GOttes urkundet: Also auch hat das Menschliche Gemühte alle drey Principia an sich/ darinnen dan die Seele begriffen wird/ als im Bande des Lebens/ die muß wieder in sich selber eingehen/

und einen Willen schöpffen im Leben Jesu Christi/ und sich nach demselben sähnen/ dasselbe mit starckem Willen begehren/ nicht bloß in der Historia, oder in der Wissenschafft stehen/ daß man weiß davon zu reden/ und achtet die Rede und Worte für eine Christliche Person/ da doch das Gemühte in Babel in eitel Zweifel stehet. Nein! das ist nicht die Wieder-gebuhrt/ sondern es muß Ernst seyn/ das Gemühte muß in sich selber außgehen in die Demuht gegen GOtt/ und in GOttes Willen tretten/ als in Gerechtigkeit und Wahrheit/ und in die Liebe.

17. Und wiewol es doch ist/ daß das Gemühte solches nicht vermag auß eigner Krafft zu thun (dieweil es mit dem Geist dieser Welt gefangen ist) so hat es doch den Fürsatz in seiner Macht/ und GOtt stehet gegen den Fürsatz/ und nimt den in seine Liebe/ und sähet darein das Körnlein der Liebe in seiner Krafft/ auß welchem der newe Mensch im Leben Jesu Christi wächset.

18. Darumb liegt es an rechtem Ernste/ welches man rechte Busse heisset/ denn die Fassung des Wortes GOttes in Gehorsam der Liebe wächset nicht im irrdischen Leben/ sondern im new-gebohrnen/ im Leben Jesu Christi.

19. Darumb ist das Himmel-reich ein Gnaden-geschenck deme/ der es mit Ernste begehret. Nicht daß man bey sich saget: Ich habe ja einen Willen mich mit Ernste GOtt zuergeben/ aber ich darff noch eine weile dieser Welt/ alsdan wil ich eingehen in Gehorsam GOttes/ und wäret also eine weile auf die andere/ und einen Tag an andern/ und wächset derweil der Mensch der Boßheit/ oder daß du es sparest biß ans Ende/ und wilt alsdan eine Himmlische Gebuhrt seyn/ so du doch bist die gantze Zeit deines Lebens im Zorne GOttes/ in der Höllen Abgrund gewachsen/ nein/ das ist Betrug/ du betreugest dich selber.

20. Der Pfaffe zu Babe/ hat hernach keinen Schlüssel zum Himmelreich dir auffzuschliessen. Du must selber eingehen und new-gebohren werden/ anderst ist kein Raht/ weder im Himmel/ noch in dieser Welt: Alhier in dieser Zeit stehestu im Acker/ und bist ein Gewächse/ wan aber der Tod koint/ und schneidet den Stock abe/ so bistu kein Gewächse mehr/ sondern eine Frucht/ welche gewachsen ist. Bistu alßdann nicht eine Speise GOttes/ so gehörestu auch nicht auff GOttes Tisch/ so wird GOtt in dir nicht wohnen.

21. Denn wir wissen/ daß die Gottheit alleine ist die Krafft
zur

Appendix.

zur Newen-gebuhrt / welche / so du sie mit Sähnen und grossem Ernste begehrest / sich in dein Gemühte und Seele säet / darauß der newe Mensch im Leben Jesu Christi wächset / daß ihm also der irrdische in dieser Welt nur anhanget.

22. Also ist der newe in GOtt im Leben Christi / und der alte in dieser Welt. Davon S. Paulus in seiner Epistel an die Römer klar schreibet: Daß / was wir also in der Newen Gebuhrt leben / GOtte leben / und im alten Adam in dieser Welt sind. Da sich dann auch die Quaal des ewigen Bandes in der Seelen verändert / und die Seele in sich selber eingehet ins Leben Christi / ins heilige und reine Element, welches ich in meinem andern Buche an etlichen Enden Ternarium Sanctum heiße.

23. Nicht nach dem Verstande der Lateinischen Sprache / sondern nach dem Verstande der Göttlichen Natur / als mit welchem Worte trefflich außgesprochen wird das Leben Jesu Christi in GOtt dem Vater / wie es auch sein eigener Character, so wohl die Geister in den Sylben bezeichnen / da man die Gebuhrt der Gottheit trefflich innen verstehet.

24. Wiewohl es ist / daß es dem historischen Menschen von der Schule dieser Welt verborgen ist / aber dem von GOtt erleuchteten gar begreifflich / der dann auch die Qual der Geister im Buchstaben verstehet / welches jetzt zur Zeit alhier noch nicht zu setzen ist / und doch wird zum Verstande gebracht werden.

25. Und ist dem Menschen / in seinem Anfange zur Newen-gebuhrt nichts nützlicher / als wahre rechte ernste Busse / mit grosser ernster Beständigkeit / denn er muß ins Himmelreich / ins Leben Christi eindringen / da dan sein Wieder-gebährer gegen ihm tieff in seinem Gemühte ins Lebens-liecht stehet / und ihme mit Begierden und Ernste hülfft / und sich also als ein Sänff-korn ins Menschen Seele einsäet / als eine Wurtzel zur newen Creatur. Und so der Ernst in der Menschlichen Seele groß ist / so ist auch der Ernst in seinem Wieder-gebährer groß.

26. Und ist gar nicht möglich zu schreiben die newe Wiedergebuhrt in Christe / denn der darein komt / erfähret es selber / es wächset ein ander Gewächse in seinem Gemühte / ein anderer Mensch mit anderer Erkantnüß / er wird von GOtt gelehret / und siehet wie alles Treiben in der Historia ohne GOttes Geist nur ein verwirret Babelisch Werck ist / davon Zanck und Streit in eigener Hoffart komt. Denn sie meynen nur Hoffart / und ihre Erhöhung / sich in Lüsten des Fleisches wol zuergetzen: Sie sind nicht Christi Hirten / sondern Diener des Wider-Christs /

sie haben sich auff Christi Stuhl gesetzet/ aber denselben in diese Welt gebauet.

27. Aber Christi Reich ist nicht von dieser Welt/ sondern stehet in Krafft/ und ist keine wahre Erkantnüß von GOtt in keinem Menschen/ er sey dann in GOtt wiedergebohren/ auß seinem verderbten Sünden-hause/ da sich dan der Grim in die Liebe verwandelt/ und er wird ein Priester Gottes im Leben Jesu Christi/ welcher immer suchet/ was im Himmel in den Wundern GOttes ist: Und ist der newe Mensch im alten verborgen/ nicht von dieser Welt/ sondern im Ternario Sancto, im heiligen Leibe Jesu Christi/ verstehe in der Krafft seines Leibes.

28. Denn also ist auch sein Bund der Tauffe und letzten Abendmahls mit uns: Er nahm nicht sein Fleisch von seiner Creatur und gabs den Jüngern/ sondern den Leib des reinen Elements für GOTT/ in welchem GOTT wohnet/ welcher allen Creaturen gegenwärtig ist/ aber in einem andern Principio ergriffen wird/ und gab ihn den Jüngern unter irdischem Brod und Weine zu essen und zu trincken. Also tauffet er auch den äußerlichen Menschen mit irdischem Elementischen Wasser/ aber den innern Newen/ mit dem Wasser im heiligen reinen Element seines Leibes und Geistes/ welches Wesen alleine im andern Principio erscheinet/ und ist an allen Orten gegenwärtig/ aber dem dritten Principio, als dem Geiste dieser Welt verborgen.

29. Denn als wir wissen/ daß unser Gemühte reichet in diese gantze Welt/ und auch ins Himmelreich zu GOTT; Also reichet daß Leben des reinen Elements, darinnen die Creatur Christus, und unser newer Mensch in Christo im andern Principio stehet/ an alle Ende/ und ist überall voll die Fülle vom Leben Christi/ aber alleine im Element, und nicht in den vier Elementen, im Sternen-geiste.

30. Darumb darffs nicht viel Martereus und schweren denckens in unsern tieffen Schrifften/ wir schreiben auß einem andern Principio. Es verstehet uns kein Leser recht im Grunde/ sein Gemühte sey dann in GOTT gebohren: Es darff keine historische Wissenschafft in unsern Schrifften gesucht werden. Denn als es nicht müglich ist GOTT zu schawen mit irdischen Augen/ also ists auch nicht möglich/ daß ein unerleuchtetes Gemühte Himlische Gedancken und Sinnen fasse in das irdische Gefässe/ es muß nur gleich mit gleichem gefasset werden.

31. Wir tragen ja den Himlischen Schatz in einem irdenen Gefässe/ aber es muß ein Himlischer Behalter im Irdischen verborgen seyn/ sonst wird der Himlische nicht ergriffen und

erhal-

Appendix.

erhalten. Es darff Niemand dencken/ daß er die Lilien des Himlischen Gewächses wil mit tieffen Forschen und Sinnen finden/ so er nicht durch ernste Busse in die Newe-gebuhrt tritt/ daß sie in ihme selber wächset/ sonst ist es nur eine Historia, da sein Gemühte den Grund nimmer erfähret/ und vermeynet doch/ es habs ergriffen/ aber sein Gemühte machts offenbahr/ weß Geistes Kind es sey. Denn es stehet geschrieben: Sie sind von GOtt gelehret.

32. Wir wissen/ daß ein jedes Leben ein Fewer ist/ das da zehret und muß zu zehren haben/ oder erlischet. So wissen wir auch/ das ein ewig Band des Lebens sey/ da eine Materia ist/ davon das ewige Fewer immer zu zehren hat. Denn das ewige Fewer machet ihme dieselbe Materia zu einer Speise selber.

33. So wissen wir auch/daß der ewigen Leben zwey in zweyerley Quaal sind/ und ein jedes stehet in seinem Fewer. Eines brennet in der Liebe im Frewden-reich/ das ander im Zorne/ hn Grimme und Wehe/ und seine Materia ist Hoffart/ Neid/ Zorn/ seine Quaal vergleichet sich einem Schweffel-geist. Denn auffsteigen der Hoffart in Geitz/ Neid und Zorn/ macht zusammen einen Schweffel/ darinnen das Fewer brennet/ und sich immer mit dieser Materia entzündet. Denn es ist eine grosse Bitterkeit/ in welcher des Lebens Beweglichkeit stehet/ so wol auch der Auffschläger des Fewers.

34. Nun wissen wir/ wie ein jedes Fewer einen Schein und Glantz hat/ und der gehet in sich selber auß der Quaal auß/ und erleuchtet die Materia der Quaal/ also daß in der Quaal eine Erkäntnuß/ und Verstand des Wesens sey/ davon sich ein Gemühte mit der Macht urkundet/ also zu thun und zu fassen einen Willen zu Etwas/ und da doch im Urkunde nichts war. Und derselbe Wille gehet in sich in der Quaal auß/ und machet ihm eine Freyheit auß der Quaal/ und der Wille begehret die Freyheit/ darinnen zu stehen/ und hat sein leben vom Willen ins Liechte/ und lebet in sich selber in der Wonne ohne Quaal/ und da er doch im Urkunde in der Quaal Grunde stehet.

35. Also mein liebes/ thewres/ suchendes Gemühte/ wisse und mercke/ daß alles Leben auff des Grimmes Abgrunde stehet. Denn GOTT nennet sich auch ein verzehrend Fewer/ und auch einen GOTT der Liebe/ und sein Name GOTT urkundet in der Liebe/ da er dan auß der Quaal in sich selber außgehet/ und machet ihm in sich selber Frewde/ Paradeiß und Himmelreich.

36. Wir haben allesambt des Zornes und Grimmes Quaal im Urkunde

Appendix.

Uhrkunde unsers Lebens/ sonst wären wir nicht lebendig. Aber wir sollen zu sehen/ und mit GOTT in uns selber auß der Quaal des Grimmes außgehen/ und in uns erbähren die Liebe/ so wird unser Leben Frewde und liebliche Wonne/ und stehet recht im Paradeiß GOttes. So aber unser Leben im Grimme/ als in Geitz/ Neid/ Zorn und Boßheit bleibet/ und gehet nicht auß in einen andern Willen/ so stehets in der ängstlichen Quaal gleich allen Teuffelen/ in welchem Leben kein guter Gedanck noch Wille seyn mag/ sondern eine lautere in sich selber Feindung.

37. Darumb seind die zwey Leben/ als erstlich das Leben in der Liebe wieder erkohren/ und dan 2. das Leben im Urkunde der Quaal widereinander/ und so das Leben in der Liebe nicht feindig ist/ so mus sichs lassen also dorn=stechen und quetschen/ und wird ihme das Creutz auffgeleget zu tragen/ unter Gedult der Sanftmuht. Uund muß ein Kind GOttes in diesem Gewächse dieses Ackers ein Creutz=träger seyn: und zu dem Ende hat GOtt ein Gerichte und Scheide=tag in sich bestimbt/ da er wil erndten/ was in jedem Leben gewachsen ist/ und werden alle Gestalten des ewigen Wesens hiermit offenbahr werden/ und muß alles zu GOttes Wundertaht stehen.

38. Darumb O Mensch! schawe zu/ verderbe dich nicht selber/ schawe daß du wachsest im Acker der Liebe/ Sanfftmuht und Gerechtigkeit/ und gehe mit deinem Leben in dir selber ein in die Sanfftmuth Jesu Christi/ in die Wiedergebuhrt zu GOTT/ so wirstu in GOttes Quaal der Liebe leben: und so dan der Acker dieses Gewächses von dir weggenommen wird/ so ist dein Leben eine Frucht und Gewächse GOttes/ und wirst grünen und blühen mit einem newen Leibe aus dem reinen und heiligen Element für GOTT/ im Leben deines thewren Helffers und Erlösers Jesu Christi/ deme ergib dich gantz und gar in diesem Streitleben/ so wirstu mit ihme durch seinen Tod und Aufferstehen grünen in einem newen Menschen vor GOTT. Fiat Amen!

E N D E.

Register.

Verzeichnüß der Capittel dieses andern Buchs
von den drey Principiis Göttliches Wesens / und was darinnen begriffen.

Die Præfation handelt / daß der Mensch sich selbst soll lernen erkennen / und warumb. à p. 3. ad p. 10.

Cap. 1.
Vom ersten Principio Göttliches Wesens. Pag. 11

Cap. 2.
Vom ersten und andern Principio, was GOTT und die Göttliche Natur sey / darinnen weitere Erklärung des Sulphuris und Mercurii wird beschrieben. 15
Die Porte GOttes. 19

Cap. 3.
Von der unendlichen und unzehlbahren / vielfältigen Außbreitung oder Gebährung der ewigen Natur.
Die Porte der grossen Tieffe. 20

Cap. 4.
Von der rechten ewigen Natur / das ist von der unzehlbahren / oder unendlichen Gebährung der Gebuhrt des ewigen Wesens / welches ist das Wesen aller Wesen / daraus erstanden / gebohren und endlich erschaffen ist diese Welt mit den Sternen und Elementen, und alles was sich beweget / webet und lebet.
Die offenbahre Porte der grossen Tieffe. 26
Die hohe tieffe Porte der H. Dreyfaltigkeit den Kindern GOttes. 33
Beschreibung eines Teuffels / wie er in seiner eigenen Gestalt sey / und auch in Engels Gestalt gewesen. 43

Cap. 5.
Vom dritten Principio, oder Erschaffung der Materialischen Welt / sambt den Sternen und Elementen, da dan das erste und andere Principium klärer verstanden wird. 46

Cap. 6

Register.

Cap. 6.
Von der Scheidung in der Schöpffung im dritten Principio.
Pag. 54

Cap. 7.
Vom Himmel / seiner ewigen Gebuhrt und Wesen / und wie die Elementa erbohren werden / darinnen dan das ewige Bandt durch Anschawen und Betrachtung der Materialischen Welt besser und mehr verstanden wird: Die grosse Tieffe. 59

Cap. 8.
Von der Schöpffung der Creaturen / und Auffgang aller Gewächse / so wohl von den Sternen und Elementen, und Urkund der Wesen dieser Welt. 69

Cap. 9.
Vom Paradeiß / und dan von aller Creatur Vergänglichkeit / wie alles seinen Anfang und Ende nimbt / und zu waserley Ende es alhier erschienen ist. Die edle hoch-theure Porte der vernünfftigen Seele. 82
Die Porte. 86
Die H. Porte. 88
Die Tieffe im Centro. 89

Cap. 10.
Von Erschaffung des Menschen und seiner Seelen / und vom Einblasen GOttes.
Die liebreiche Porte. 95
Die tieffe Porte der Seelen. 99
Die heimliche Porte vom Versuchen des Menschen. 102
Die Tieffe. 105.

Cap. 11.
Von allen Umbständen des Versuchens. 109
Die Porte Gutes und Böses. 113
Die Tieffe im Centro. ibid.
Die Versuch-Porte. 115
Die höchste / stärckste und mächtigste Porte des Versuchens in Adam. 116

Register.

Vom Baum des Erkäntnüß Gutes und Böses. Pag. 119

Cap. 12.

Die Eröffnung der heiligen Schrifft/ die Umbstände hoch zu betrachten; die güldene Porte/ die GOtt der letzten Welt gönnet/ in welcher wird grünen die Lilien. 120
Von Adams Schlafe. 124
Die Porte der höchsten Tieffe des Lebens von der Tinctur. 126
Von ihrer Essentia und Eigenschafft/ die tieffe Porte des Lebens. 127
Vom Tode und Sterben/ die Porte des Jammers und Elendes. 128
Die Porte der Himmlischen Tinctur, wie sie ist gewesen in Adam vorm Falle/ und wie sie in uns seyn wird nach diesem Leben. 129

Cap. 13.

Von Erschöpffung des Weibes aus Adam/ die fleischliche/ Elende und finstere Porte. 136
Die Porte der Tieffe. 138
Eine liebliche Porte. 140
Von der Seelen Fortpflantzung/ die edle Porte. 142
Die Porte unserer Fortpflantzung im Fleisch. 146
Die heimliche Porte der Weiber. 148
Die Porte der grossen Mühseeligkeit und des Elendes. 151
Weiter in der Menschwerdung. ibid.

Cap. 14.

Von des Menschen Gebuhrt und Fortpflantzung/ die sehr heimliche Porte. 154
Die starcke Porte des unaufflöslichen Bandes. 156
Die Porte des Syderischen oder Sternen-Geistes. 162
Die Tieffe im Centro. 164
Die sehr hochthewre Porte in der Lilien-Wurtzel. 169
Die Porte GOttes des Vatters. 173
Die Porte des Sohns GOttes. 176
Die Wunder-Porte GOttes in der Lilien-Rosen. ibid.

Cap. 15.

Von Verständnüß der Ewigkeit in der Zerbrechligkeit der Wesen aller Wesen. 179

Register.

Das Leben der Seelen; die Porte. Pag. 192

Cap. 16.

Von dem edlen Gemühte/ vom Verstande/ Sinnen und Gedancken/ von dem dreyfachen Geiste und Willen/ und von der Tinctur der annehmligkeit/ was ein Kind in Mutter Leibe mit angebohren wird. Item, Vom Bilde GOttes/ und denn auch vom Viehischen Bilde/ und dan vom Bilde der Höllen-Abgrund/ und Gleichnüß des Teuffels/ in dem einigen Menschen zu erkennen und zu finden: Die edle Porte der theuren Jungfrawen/ und auch die Porte der Frawen dieser Welt/ gar hoch zu betrachten. 198
Die Porte der Sprache. 203
Die Porte des Unterscheids zwischen Menschen und Thieren. 208

Cap. 17.

Von dem erschrecklichen/ kläglichen und elenden Falle Adams und Hevä im Paradeiß/ der Menschen Spiegel. 215
Die Porte des grossen Jammers und Elendes der Menschen. 222
Die Porte der grossen Sünden und Wider-willen wider GOtt/ durch den Menschen. 231
Von der Stimme GOttes im Garten in Eden zwischen GOTT und den zween Menschen/das Gespräch von der Sünden. 237
Die allerholdseligste und liebreichste Porte von der Verheissung des Schlangen-tretters/ hoch zu betrachten. 239
Die Porte der Erlösung. 242
Die Porte der Menschwerdung Jesu Christi des Sohns GOttes/ die starcken Glaubens Articul der Christen. 244

Cap. 18.

Vom verheissenen Weibes-Saamen und Schlangen-Tretter/ und vom Außgange Adams und Hevä außm Paradeiß/ oder Garten in Eden: Item, Vom Fluch GOttes/ wie er die Erden verfluchete umb der Menschen Sünde willen. 245
Die starcke Porte der Menschwerdung Jesu Christi des Sohns GOttes. 251
Von den dreyen Regionen der Menschwerdung der Bildung des Herrn Jesu Christi. 257
Der Unterscheid zwischen der Jungfrawen Maria und ihrem Sohne

Register.

Sohne Jesu Christo / die ernste und gerechte Porte der Christlichen Religion und Glaubens=Articul / ernstlich zu betrachten umb des Menschen Seeligkeit willen / auch umb aller Ketzer und Schwätzer Fund und Meynung willen / von wegen der verwirrten Babel des Antichrists: Die hoch=tieffe Porte der Morgen=röthe und Tages=Auffgang in der Wurtzel der Lilien. Pag. 260
Vom Fegefewer. 270

Cap. 19.

Vom Eingange der Seelen zu GOTT / und Eingange der Gottlosen Seelen ins Verderben. Die Porte des Leibes Zerbrechung von der Seelen. 272
Vom Außfahren der Seelen. 276
Die ernste Porte vom Fegefewer. 285
Die rechte Porte des Einganges in Himmel oder Höllen. 287

Cap. 20.

Vom Außgange Adams und Hevä außm Paradeiß / und vom Eingange in diese Welt / und dan von der rechten Christlichen Kirchen auff Erden / und von der Antichristischen Cainischen Kirchen. 289
Von Adams und Hevä Außstossung außm Paradeiß des Gartens in Eden. 299
Die Porte der Mysterien. 301
Von dem frommen gerechten Habel / die Porte der Christlichen Kirchen. 305
Die Sünde wacht in Cain auff. 311

Cap. 21.

Von dem Cainischen und dan auch Habelischen Reiche / wie beyde ineinander sind / auch von ihrem Urkunde / Auffgange / Wesen und Trieb / und dan von ihrem endlichen Außgange. Item, von der Cainischen Antichristischen Kirchen / und dan auch von der Habelischen rechten Christlichen Kirchen / wie diese beyde ineinander sind / und gar schwer zu erkennen sind: Item, von den mancherley Künsten / Ständen und Ordnungen dieser Welt: Item, vom Regenten=ambt und seinen Unterthanen / wie in allem eine Göttliche und gute Ordnung / und dan auch eine falsche / böse und Teuflische / da man die Göttliche Fürsichtigkeit in allen Dingen spüret / und des Teufels Trug / List und Bosheit / auch an allen Dingen. 320

Register.

Vom Antichristischen Reiche/ der Quell-brunn. **Pag.** 326
Vom Reiche Christi in dieser Welt. 329
Die ritterliche Porte der armen Seelen. 333

Cap. 22.

Von der Newen Wieder-gebuhrt in Christo aus dem alten Adamischen Menschen/ die Blume des heiligen Gewächses/ die edle Porte der rechten wahren Christenheit. 336
Die Porte Emanuels. 342
Von dem thewren Namen Emanuels. 355
Von der Tauffe Christi auff Erden im Jordan. 357
Von der Versuchung Christi. 359

Cap. 23.

Von Christi hochwürdigen Testamenten/ als von der Tauffe und seinem letzten Abendmahl am grünen Donnerstage zu Abend mit seinen Jüngern gehalten/ welches er uns zu einer Letze gelassen/ die aller-Edelste Porte der Christenheit. 363
Von dem Gebrauch der hochwürdigen Testamenten Christi des Sohns GOttes. 372

Cap. 24.

Von rechter wahrer Busse/ wie der arme Sünder zu GOTT in seinen Bund tretten und seiner Sünden kan loß werden: Die Porte der Rechtfertigung des Sünders vor GOTT. 378
Vom Weege des Einganges. 387

Cap. 25.

Vom Leiden/ Sterben/ Tod und Aufferstehung Jesu Christi des Sohnes GOttes/ auch von seiner Himmelfahrt/ und sitzen zur Rechten GOttes seines Vatters: die Porte unsers Elendes/ und dan die starcke Porte der Göttlichen Krafft. 390
Die gantz erschröckliche Wunder-Porte der Menschen Sünden. 395
Die Porte der grossen Geheimnüß. 401
Die andere Porte vom Leiden Christi. 403
Die Porte des armen Sünders. 407
Von Christi Ruhe im Grabe. 408
Von Christi Aufferstehung aus'm Grabe. 410
Von der Himmelfahrt Christi. 416

Cap.

Register.

Cap. 26.

Vom Pfingst-fest/ von der Sendung des H. Geists seinen Apostlen und Gläubigen/ die H. Porte von der Göttlichen Krafft.
Pag. 419
Die Porte zu Babel. 423

Cap. 27.

Vom Jüngsten Gerichte und Aufferstehung der Todten/ und ewigen Leben/ die sehr schröckliche Porte der Gottlosen/ und auch die frewdenreiche Porte der Heiligen. 429
Rechter Unterricht der verwirreten Babel/ zu Trost den Suchenden/ und Entgegen-satz wider den Spötter/ zu einem Zeugnüß. 435
Appendix dieses Buchs. 439

E N D E.

www.ingramcontent.com/pod-product-compliance
Lightning Source LLC
Chambersburg PA
CBHW031959300426
44117CB00008B/834